Straßen dieser Qualität sind auf Kamtschatka eher die Ausnahme

Hermann Zöllner

Sibirien

REISEHANDBUCH

Sibirien

Alle Informationen, schriftlich und zeichnerisch, wurden
nach bestem Wissen zusammengestellt und überprüft.
Sie waren korrekt zum Zeitpunkt der Recherche.
Eine Garantie für den Inhalt, z.B. die immerwährende
Richtigkeit von Preisen, Adressen, Telefon- und Faxnummern
sowie Internet-Adressen, Zeit- und sonstigen Angaben,
kann naturgemäß von Verlag und Autor - auch im Sinne der
Produkthaftung - nicht übernommen werden.

Der Autor und der Verlag sind für Lesertipps
und Verbesserungen (besonders als E-Mail)
unter Angabe der Auflagen- und Seitennummer dankbar.

Dieses OutdoorHandbuch hat 566 Seiten mit 53 farbigen und
9 schwarzweißen Abbildungen sowie 19 Kartenskizzen. Es wurde
auf chlorfrei gebleichtem Papier gedruckt und der größeren
Strapazierfähigkeit wegen mit PUR-Kleber gebunden.

Titelfoto: Blick auf Sagorsk

Updates Verlagsprogramm Schnäppchen

www.conrad-stein-verlag.de

ReiseHandbuch
ISBN 978-3-86686-953-0   4. Auflage 2007

Dieses OutdoorHandbuch wurde konzipiert und redaktionell erstellt vom
Conrad Stein Verlag GmbH, Postfach 1233, 59512 Welver,
Dorfstr. 3a, 59514 Welver, ☎ 02384/963912, FAX 02384/963913,
✉ info@conrad-stein-verlag.de, 🖳 www.conrad-stein-verlag.de.

Unsere Bücher sind überall im wohl sortierten Buchhandel und in cleveren
Outdoorshops in Deutschland, Österreich und der Schweiz erhältlich.
Auslieferung für den Buchhandel:
D   Prolit, Fernwald und alle Barsortimente
A   freytag & berndt, Wien
CH   AVA-buch 2000, Affoltern und Schweizer Buchzentrum
I   Mappa Mondo, Brendola
NL   Willems Adventure, LT Maasdijk

Text und Fotos: Hermann Zöllner
Titelfoto: Dr. Julia Koinova-Zöllner
Karten: Heide Schwinn
Lektorat: Marion Malinowski & Jutta Hanke
Layout: Manuela Dastig
Gesamtherstellung: AZ Druck & Datentechnik GmbH, Kempten

00249000

Inhalt

Über den Autor

Hermann Zöllner bereist Sibirien bereits seit Anfang der 1990er Jahre, inzwischen mit seiner aus Russland stammenden Frau und seinem Sohn. Beruflich ist er als Mediziner in einem Bezirkskrankenhaus im Osten Deutschlands tätig. Die erste Auflage des ReiseHandbuches erschien bereits 1996. Reisen wurden und werden aus privaten, touristischen und beruflichen Gründen unternommen. Tatkräftige Unterstützung erfuhr der Autor beim Zusammenstellen des Materials für dieses Buch von einer Reihe Sibirien-Enthusiasten, welche verschiedene Beiträge zum Text und Aufnahmen beisteuerten.

Symbole

🖐	Achtung!	🚁	Helikopterflüge	⊗	Naturpark
🜊	Apotheke	🖥	Homepage	✯	Polizei/Miliz
🚗	Auto	✚	Hospital/Med.	☿	Post
✔	Autoservice		Hilfe	⊕	Reiseveranstalter
	Bademöglichkeit	🛏	Hotel, Turbasa		Tourismusorg.
🚆	Bahn(hof	⇧	Höhe über NN	✕	Restaurant
BANK	Bank/	🛈	Info-Zentrum	⛴	Schiff/Fähre
	Geldwechsel	🏠	Jugendherberge	⛽	Tankstelle
⚓	Bootscharter	☦	Kirche/Religions-	🎭	Theater
📖	Buch/Kartentipp		gemeinschaft	☎	Telefon
🚌	Bus(bahnhof)	♪	Konzerte	☺	Tipp
☕	Café	⚖	Markt/Krämer-	🎡	Unterhaltung
🛍	Einkaufen		laden	☞	Verweis
📧	E-Mail-Adresse	☾	Moschee	☽	Vorwahl
✈	Flug(hafen)	🏍	Motorrad	⧗	Zeitunterschied
📖	geöffnet ...	⌘	Museum	✙	Zoo

Kürzel

пр.   Abkürzung für **проспект**, Prospekt, große Straße/Magistrale
ул.   Abkürzung für **улица**, Uliza, Straße
пер. Abkürzung für **переулок**, Pereulok, eine kleine Gasse
пл.   Abkürzung für **площадь**, Ploschtschad, Platz
а/я   Abkürzung für Postfach
обл. Abkürzung für **область**, Oblast, Gebiet/Bezirk
р-он Abkürzung für **район**, Rayon, Kreis

CD   Botschaft/Konsulat
DZ   Doppelzimmer
EZ   Einzelzimmer

Einleitung

Bis Anfang der 1990er Jahre spielte Sibirien als Ziel für Reisende aus dem deutschsprachigen Raum nur im Osten Deutschlands eine gewisse Rolle. Hier galt es schon lange Zeit als eine Art Geheimtipp in puncto Abenteuerurlaub. Wer mit etwas Risiko und den (aufgrund des in der damaligen DDR obligaten Russisch-Unterrichtes) erlangten Sprachkenntnissen in der Lage war, unter eigener Interpretation der Bestimmungen des Reiseverkehrs das Wagnis einzugehen, sich mit einem eigentlich nur wenige Tage gültigem Transitvisum von Moskau über mehrere Wochen durch das riesige Land bis in den Altai oder gar an die Lena oder den Baikal durchzuschlagen, konnte Jahre von den Reiseeindrücken zehren. Kamtschatka oder Wladiwostok waren damals (fast) unerreichbar. Noch bessere Möglichkeiten hatte, wer z.B. in Moskau studierte und während der Semesterferien das Land gemeinsam mit russischen Freunden bereiste. Der Dokumentarfilm "Unerkannt durch Freundesland" von Cornelia Klauß (2006) vermittelt eine interessante Rückschau auf diese vergangenen Zeiten.

Sicher: Gut durchorganisierte Reisen nach Moskau, Leningrad oder in bestimmte Regionen des Kaukasus unter der Obhut der staatlichen sowjetischen

Firma Intourist gab es schon in den 1970er- und 1980er Jahren, in Ost wie West. Und der eine oder andere Interessierte fuhr auch schon zu Sowjetzeiten per Transsib nach China. Eine Vielzahl von Städten und Regionen war damals "закрытый" (zakrytij) und damit für alle Ausländer gesperrt. Erst nach dem Zerfall der UdSSR und der damit verbundenen politischen Veränderungen sowie gewissen Lockerungen im Reiseverkehr gewann Sibirien als Reiseland mehr an Bedeutung. Der lange Zeit aus westeuropäischer Sicht über Russland schwebende Schleier des Verborgenen und Geheimnisvollen wurde seit 1990 immer dünner. Es gibt heute natürlich viel weniger starke Berührungsängste mit Russland und Sibirien.

Sibirien, in seinen Dimensionen fast einem Kontinent gleichkommend, reicht von den Bergen des Ural bis an den fernen Pazifik. Polares Eismeer, menschenleere Tundra, schier undurchdringliche Taiga, Sümpfe von Deutschlandgröße, Steppengebiete, vergletscherte Hochgebirge und riesige, kilometerbreite Ströme gen Norden machen nur einen Teil des geografisch fassbaren Substrates des Landes aus. Wir beziehen in diesem Buch auch Kamtschatka mit seinen einzigartigen Vulkanlandschaften mit ein. Die viel gerühmte russische Gastfreundschaft, die sibir-jakische Lebensart, die östliche Mentalität der oft leidgeprüften Menschen sowie nicht zuletzt die schlichte Erhabenheit und zugleich oft faszinierende Schönheit der Landschaft mit für uns bisher unerwarteten Maßstäben der Weite tragen mit dazu bei, durchaus mehr als nur ein simples Interesse an diesem Land zu entwickeln.

Wir können den Lesern dieses Buches nur nahelegen, Sibirien zu besuchen, ob als Individualtourist oder als Teilnehmer einer (organisierten) Gruppenreise. Dies hängt nicht nur vom Zweck und der Dauer der Reise, sondern auch vom Anpassungsvermögen des Einzelnen an eine andere Kultur ab. Zwischen Moskau und "Sibirien" liegen auch heute noch Welten, auch wenn diese inzwischen fast überall durch Technik überbrückt werden können. In Jakutsk per Handy zu telefonieren ist ebenso möglich wie aus einem Bergdorf im Altai E-Mails zu versenden, meist gibt es da zumindest einen Telefonanschluss. Trotzdem sind in der Tiefe Sibiriens im Vergleich zu den Metropolen im europäischen Teil Russlands noch andere kulturelle Traditionen lebendig und historisch bedingte Unterschiede begegnen Reisenden auf Schritt und Tritt.

Dieses ReiseHandbuch zeigt nur einige der wenigen erschlossenen touristischen Ziele in Sibirien auf - das Land selbst bietet tausendmal mehr an bekannten und unbekannten Plätzen, schon entdeckten und vielen noch zu entdeckenden Sehenswürdigkeiten.

Wenn es die Zeit erlaubt, sollte der Reisende Sibirien mit der Transsib "erfahren" und so oft wie möglich Zwischenstopps einlegen. Nur vom Zugfenster gesehen, erhält man einen falschen Eindruck vom Land und fährt im wahrsten Sinne des Wortes an den Attraktionen vorbei. Die Transsibirische Eisenbahn als längste Eisenbahn der Welt ist auch in den heutigen Tagen ein Erlebnis, obwohl sie scheinbar ein wenig von ihrem ehemals legendären Ruf verloren hat.

Bei Reisen nach Russland muss man einen einzigen Grundsatz ständig vor Augen haben: Immer das Unerwartete erwarten. Es wird also immer gute und böse Überraschungen geben. Blitzartig werden Grenzübergänge geschlossen oder Flüge gestrichen, Schiffe verkehren trotz Plan je nach Wetterlage, Preise steigen oder fallen über Nacht, oder es gibt wieder einmal einen Militärputsch in Moskau.

Da es ungewiss ist, in welche Richtung Russland sich in den nächsten Jahren hin entwickeln wird und ob damit evtl. Einschränkungen des jetzigen Status verbunden sein werden, ist es ratsam, dass Land lieber heute als morgen zu besuchen.

Ein kleiner Sprachführer namens "Fremdsprech" am Ende des Buches erleichtert die Kommunikation mit den Einheimischen etwas - aber auch in Russlands Städten sprechen inzwischen viele junge Leute etwas Englisch.

Sibirien - ein Reiseland?

Welche Assoziationen verbindet jemand mit Sibirien, der noch nie dort weilte? Viele denken sofort an die fast unendliche Weite, die wahrhaft sibirische winterliche Kälte, an endlose Taiga und Transsib, aber auch an die Gulags in Sibirien und die dorthin verbannten Menschen. Sibirien diente schon immer - seit der Eroberung durch die Russen - als Gefängnis für politisch Andersdenkende. Bereits zu Zarenzeiten kam es zur Deportierung Zehntausender nach Sibirien. Die Anhänger der Dekabristen (1825) waren nicht die ersten.

Unter Dzherschinskij (radikaler Berufsrevolutionär polnischer Herkunft und 1917 Gründer der Tscheka) sowie später Stalin und dem NKWD-Chef Berija wurden ganze Volksgruppen in die sibirischen Weiten zwangsumgesiedelt, in den Jahren 1943/44 allein mehr als eine Million Menschen, darunter Tschetschenen, Krimtataren, Balkaren, Tscherkessen, Wolgadeutsche ...

Nach 1945 füllten dann in Gefangenschaft geratene Angehörige der Wehrmacht und ihrer Verbündeten die Lager. Viele von den Gefangenen erbaute Städte, Staudämme, Straßen und Bahnlinien künden noch heute von der Zwangsarbeit. Auch ein großer Teil der russischen Bevölkerung aus den während des Krieges von Deutschen besetzten Gebieten wurde in die Lager geschickt, weil sie sich nicht gegen die Besatzer gewehrt hätten.

Gleiches Los wurde den während der Kriegsjahre in Deutschland gefangen gehaltenen russischen Zwangsarbeitern und sowjetischen Kriegsflüchtlingen zuteil, die nach 1945 auf alliiertem Territorium aufgegriffen wurden (allein 1946/47 eine Million Menschen). Diejenigen Russen, die die faschistischen KZs überlebt hatten wurden per Zug ohne größeren Umweg nach Sibirien verbracht. Später folgten ihnen neben rechtskräftig verurteilten Kriegsverbrechern und Angehörigen der im Zweiten Weltkrieg auf deutscher Seite kämpfenden Kosakentruppen, kaukasischer Verbände, Wlassow-Kämpfer, ukrainischen Nationalisten und Tataren auch Deutsche aus ehemals deutschen Gebieten (z.B. Ostpreußen) sowie mehr oder weniger willkürlich aufgegriffene Zivilisten aus der sowjetischen Besatzungszone.

Stets waren es aber auch große Massen der eigenen Bevölkerung, die aufgrund von Denunziationen und unwahren Beschuldigungen ihre Reise (meist) ohne Rückkehr antraten. Gründe für die Verhaftungen und strengsten Strafen - insbesondere gegenüber Studenten, Minderjährigen, Menschen jüdischer oder deutscher Abstammung - waren z.B. vermeintliche Spionage für die USA, fehlende Ablehnung gegenüber der Politik des Westens, religiöse Aktivitäten und Bagatelldelikte wie Lebensmitteldiebstahl aus Hunger.

Erst nach Stalins Tod (1953) wurde es (ein wenig) ruhiger. Man kann alles in Alexander Solshenizyns "Archipel Gulag" nachlesen. Wir empfehlen das Buch für längere Bahnfahrten in Russland als unbedingte Reiselektüre.

Gulags für politisch Andersdenkende gibt es angeblich keine mehr, "Arbeits- und Erziehungslager für Kriminelle" natürlich nach wie vor. Die Überreste der großen Straflager aus den 1940er oder 1950er Jahren kann man stellenweise heute noch sehen, z.B. im Akikan-Flusstal in der Nordbaikalregion, nahe der BAM-Bahnstation Kholodnoje.

Das heutige Russland ist sowohl wirtschaftlich als auch politisch als instabil einzuschätzen. Dabei bedingt die Wirtschaft die Politik und umgekehrt. Die Putsche von 1991 und 1993, zahllose kleine Bürgerkriege und der Krieg in Tschetschenien erscheinen als gefährliche Wegweiser. Kräfte um Alexander Ruzkoj und dessen politische Gruppierung Derschawa strebten die Wiederherstellung der UdSSR an. Von Gorbatschows Ideen und der Perestroika wurde leider nicht viel umgesetzt. Unter Putin sind gewisse totalitäre Züge in Russlands Politik schon nicht mehr zu übersehen.

Eine reelle Chance für die Entwicklung einer Demokratie gab es wohl zuletzt im Oktober 1993 - jedoch wurden der Putsch und alle positiven Bestrebungen von Jelzin gewaltsam niedergeschlagen (☞ auch 🖳 http://ros1993.narod.ru). Politisch rechts und teilweise sehr nationalistisch orientierte neue Parteien und Bewegungen sind darüber hinaus eine wachsende Gefahr für die Stabilität im Land.

Das politische Spektrum des postsowjetischen Russlands war sehr bunt - es reichte von Altkommunisten, Stalinisten, Anarchosyndikalisten über die eher zentralistischen Neokommunisten Sjuganows bis zu den Anhängern Schirinowskijs und seiner Liberaldemokratischen Partei Russlands. Politiker aus Sowjetzeiten vollzogen schnell einen Kurswechsel.

Die Russische Orthodoxe Kirche unter dem Patriarchen Alexeij II. von Moskau lebte nach Jahrzehnten der Unterdrückung seit 1990 stark auf.

Nach einer von politischer Vielfalt geprägten Übergangszeit scheint seit den letzten 2 bis 3 Jahren die Kontrolle der Opposition langsam zu wachsen. Das hängt wohl mit den nahenden Wahlen (Dumawahl im Dezember 2007 und Präsidentenwahl im März 2008) zusammen. Die Macht ist an Konkurrenz nicht interessiert.

Nach dem Ende der Jelzin-Ära setzen viele Leute gewisse Hoffnungen in den neuen Präsidenten Putin. Schon 2001 war ein positives Wirtschaftswachstum für Russland zu verzeichnen. Es stiegen vor allem die Kurse der Ölfirmen (z.B. Gazprom) und der Telekommunikationsbranche (Rostelecom).

Mit Verwirrung sehen auch viele Menschen in Russland die wirtschaftlichen und politischen Umstrukturierungen; in den Kleinstädten und von Landeszentren weit abgelegenen ländlichen Gebieten ist die zerrüttete Wirtschaft am deutlichsten sichtbar. Die Arbeitslosenzahlen steigen. Ein Sozialsystem befindet sich erst im Aufbau. Etwa 70 % (!) der Bevölkerung leben unterhalb der Armutsgrenze.

Die Volksseuche Alkoholismus grassiert - dieses Leben "ist nur im Suff zu ertragen". Russische Soziologen sprechen bereits von einer "alkogolisazija obschtscheswa" - die Alkoholisation der Gesellschaft. Das Geschäft mit Wodka aus technischem Spiritus boomt. Nach neueren Zahlen schätzt man den pro-kopf-verbraucht von reinem Alkohol inzwischen auf ca. 15 Liter jährlich (Deutschland hat allerdings auch satte 10,3 Liter zu bieten).

Bestimmten Berufsgruppen konnte in den vergangenen Jahren aus Geldmangel mitunter monatelang kein Lohn gezahlt werden - die Menschen erhielten dann Kompensation in Form von Lebensmitteln oder Gutscheinen. Der ausstehende Lohn wurde irgendwann nachgezahlt - durch Inflation hatte das Geld aber zwischenzeitlich an Wert verloren. Solche Probleme werden in den letzten Jahren seltener.

Die Korruption ist leider in Russland nicht wegzudenken. Auf politischer Ebene arbeiten zum Teil die alten Kräfte unter neuer Fahne weiter Hand in Hand, die Mafia und die Neureichen verdienen bei diesem Prozess tüchtig mit. Mafiöse Verstrickungen und politische Morde gab es in Russland bereits in den 1990er Jahren (Galina Starowoitowa), Fortsetzung erlangte dieses Kapitel 2006 u.a. durch die Morde an Anna Politkowskaja und den Vizedirektor der Zentralbank Kozlow. Aktuelle Informationen zur politischen Lage in Russland finden wir auf der Internetseite 🖳 www.russland.ru.

Vielerorts wird auf die indigene Bevölkerung Sibiriens wenig Rücksicht genommen. Der Export von Erdöl und Erdgas ist die wichtigste Säule der russischen Wirtschaft. In Westsibirien sind bereits seit 1990 über 130 Gewässer als biologisch tot zu bezeichnen. Durch kaputte Pipelines versickern Unmengen von Öl in der freien Natur. Die Lebensgrundlage der Ureinwohner (z.B. die Rentierzucht) wird zerstört, das Öl gelangt auf Weiden und vergiftet die Tiere. In den Flüssen gab es mehrfach Fischsterben. Auch deutsche Unternehmen verdienen mit an russischem Öl und Gas (☞ auch: 🖳 www.gfbv.it/).

Die soziale Lage vieler Menschen in den Städten - besonders der älteren Generation - ist katastrophal schlecht; manche können sich nur noch von Tee und

Brot (den billigsten Produkten) ernähren. Hier und da kommt es zu Streik-Aktionen bei Bergarbeitern, mancherorts wird eine Bahnlinie blockiert. Zu organisierten, gewalttätigen Unruhen mit Widerstand gegen die Machthaber ist es bis jetzt (noch) nicht gekommen.

Zurzeit kann man sich innerhalb Sibiriens und Russlands relativ frei bewegen. Nur für wenige Gebiete werden Sondergenehmigungen verlangt. Von den Krisengebieten oder etwaigen Unruheherden in Russland (☞ Abschnitt Sicherheit) sollte man sich fernhalten. Wie lange es noch möglich ist, individuell und frei zu reisen, ist unbekannt. Die Lage in Sibirien unterscheidet sich immer etwas vom europäischen Teil des Landes. Politisch gesehen ist es hier im Allgemeinen etwas "ruhiger". Vielen Sibiriern ist es auch egal, wer in Moskau regiert, an ihrer Lebenslage wird sich dadurch so schnell ohnehin nichts ändern. Die Bevölkerung ist aber durch Radio und Fernsehen (fast überall verfügbar) meist gut über die Situation im Lande informiert.

Seit Beginn der 1990er Jahre kommt es zu einer nicht zu übersehenden Verwestlichung der russischen Gesellschaft. Durch den Zusammenbruch der UdSSR griff dieser Prozess noch mehr um sich.

Alles Westliche war mehrere Jahre einfach chic und supermodny. Amerikanisierungstendenzen waren allgegenwärtig - auf der Straße, im Fernsehen, in der Werbung, in der Literatur, in Filmen, in der Kultur. Dies machte sich auch in der Sprache bemerkbar und Kritiker warnten schon recht bald.

Die zurückliegenden 70 Jahre Sowjetmacht - sieben Jahrzehnte Restriktionen, Einschränkungen und Abschottung - waren sicher nicht die alleinige Ursache für den Wandlungsprozess. Hinzu kam vielerorts eine kritiklose Hinnahme von anspruchsloser westlicher Kultur, bedingt durch fehlende Vergleichsmöglichkeiten bei gleichzeitig schlechten Lebensbedingungen.

Die gesellschaftlichen Verhältnisse wurden völlig auf den Kopf gestellt und die neue Form der russisch-kapitalistischen Marktwirtschaft nutzt die Empfänglichkeit der Menschen für billige Reklame und primitive Klischees aus (z.B. Deutschland: Wohlstand für alle, schnelle Autos und Bier).

Westeuropäischer Schund und Ami-Kitsch dominieren gegenüber dem kulturellen russischen Erbe bedauerlicherweise bereits in einigen Bereichen.

Im Jahre 1929 schrieb George B. Shaw: "Für Touristen ist Russland das interessanteste Land der Welt - und es wird mit jeder Woche ... interessanter." Das Zitat ist auch heute noch in gewisser Weise aktuell, besonders im jetzigen politischen Schwebezustand - allerdings muss man wohl beim Wort "Touristen" differenzieren. Für gewöhnliche Pauschaltouristen ist Russland als Urlaubs-Ziel ungeeignet, denn es ist kein herkömmliches Reiseland, wenn man einmal Moskau, St. Petersburg und die Städte des Goldenen Rings ausnimmt. Und wer ausschließlich Fünf-Sterne-Hotels, Business-Class und Service bis in das letzte Detail erwartet, sollte in Europa bleiben. Bei einer Reise nach Sibirien sollten Strapazen, Schwierigkeiten, Mangelzustände und Probleme einkalkuliert werden.

Auch ist Russland nicht unbedingt mit Sibirien gleichzusetzen (und umgekehrt). In Sibirien sind Zeitdruck, Hektik und 100-prozentige Gründlichkeit kaum anzutreffen - dafür aber oft eine überwältigende Gastfreundschaft und ein hohes Maß an Improvisationsvermögen, eine andere Lebensart und Lebensauffassung sowie Kultur. Man benötigt eine gewisse Abenteuerbereitschaft. Sehr schnell werden Sie bemerken, dass Sibirien weit mehr verkörpert als schier unendliche Taiga-Wälder, raue Schönheit des hohen Nordens, Transsib und winterliche -40°C.

Wir wünschen Ihnen einen schönen Aufenthalt in Sibirien - einem Land voller Kontraste - ganz im Sinne von Wladimir Wysotskys Ausspruch: "Лучше гор могут быть только горы, на которых еще не бывал...".

Den Ausspruch des viel zu zeitig aus dem Leben gegangenen bekannten Liedermachers Wysotsky kann man ungefähr übersetzen mit: "Besser als die Berge können nur die Berge sein, welche man noch nicht erstieg ...".

Danke, Спасибо ...

Für ihre Hilfe beim Zustandekommen dieses ReiseHandbuches danke ich Carolin Grosse, Susanne Weise, Birgit Zimmermann, Kerstin Prendel, Uwe Zierke, Claus Michelfelder, Prof. Berthold Kühn, Markus Rauschenberger und Peter Eichenberger sowie meiner Familie.

Спасибо auch für die Hinweise von Alina Koutimskaja, Ruben Hühne, Hans-Jürgen Gebhardt, Peter Runge, Willy Baumeister, Nicole Brutschi, Dr. E. Pramböck, Nadezhda Dezhnjowa und Sibyll Saya sowie meinen Freunden in Russland.

Land und Leute

Der traditionelle russische Ofen (russkaja petshka) ist im Dorf noch anzutreffen. Hier wurden soeben leckere Bliny gebacken.

Geografie

Das riesige Land Sibirien - fast ein Kontinent für sich - umfasst ca. 11 Mio. km²
Fläche und reicht in der Vorstellung vieler Menschen vom Ural im Westen (Grenze zu Europa) bis zum Pazifik, Kamtschatka und Sachalin im Fernen Osten inklusive. Diese landläufige Vorstellung ist nicht ganz korrekt, da die Region des "Fernen Ostens" aufgrund bestimmter Unterschiede im Klima, in der Fauna und Flora
sowie der Landschaft als geografisch gesondert zu betrachtende Region angesehen wird. Die Meinungen diesbezüglich sind - auch in Russland - geteilt. Manche
zählen Jakutien zu Ostsibirien, andere bereits zum Fernen Osten. Westlich des
Urals gelegene Gebiete wurden in die föderale Region des Uralskij Okrug einge-
gliedert, sodass die ehemals feststehende Grenze zwischen europäischem Teil und
Sibirien im Süden nicht mehr durchgängig gilt.

Neben den geografischen Einteilungen existieren nämlich auch Aufteilungen in
föderale Bezirke, was politisch-wirtschaftliche Hintergründe hat. Die aktuelle
administrative Einteilung Russlands umfasst im europäischen Teil neben dem
Nordwestlichen föderalen Okrug (Bezirk) noch die föderalen Bezirke Zentralnij
Okrug, den Wolgabezirk sowie den Südlichen Bezirk (Kaukasusregion). Im asiatischen Teil gibt es drei Bereiche: den Uralbezirk (уральский округ), den sogenannten Sibirskij Okrug (сибирский округ) und den Fernöstlichen Bezirk
(дальневосточний округ). Letzterer entspricht in etwa der geografischen
Region Ostsibirien samt dem Fernen Osten und beinhaltet folgende Gebiete:
Jakutien (Republik Sacha), Primorije, Chabarovsk, Amurskaja Oblast, Kamtschatskaja Oblast, Magadan, Sachalin (Insel Sachalin und Kurilen-Inseln) sowie die autonomen Gebiete Ewrejskaja AO, Tschukotskij AO und Korjakskij AO (aktuell plant
man in Russland allerdings eine Zusammenlegung von Kamtschatka und dem Korjakskij AO).

Die Region Fernost (дальний восток) wird in diesem ReiseHandbuch
zusammen mit West-, Mittel- und Ostsibirien dargestellt, was unter Berücksichti-
gung touristischer Möglichkeiten und der vorhandenen Infrastruktur vertretbar
erscheint. Auf geografische Besonderheiten der fernöstlichen Region wird gesondert Bezug genommen.

Im Norden lässt sich die Grenze einfach ziehen: Das Nordpolarmeer (Karasee,
Laptewsee und Ostsibirisches Meer) mit seinen Inseln Nowaja Semlja, Sewernaja

Semlja, den Neusibirischen Inseln, Nordland und den Bäreninseln bildet die natürliche Abgrenzung.

Die südliche geografische Grenze Sibiriens erscheint fast willkürlich gezogen (Kasachische Steppe, Grenzen zu Kasachstan, Mongolei und China). Die Natur und Geografie des nördlichen Kasachstans ist mit den südlichen Abschnitten der Regionen Tjumen, Omsk und des Altaiskij Kraj fast identisch. So gehören aber z.B. die Städte Ust-Kamenogorsk (Усть-Каменогорск), Petropawlowsk (Петропавловск) oder Kostanaj (Костанай) streng genommen nicht mehr zu Sibirien, da sie sich heute in Kasachstan befinden. Ein Teil des nördlichen Kasachstans gehörte in Sowjetzeiten bis in die 1960er Jahre zur damaligen RSFSR. Die südliche Grenze Sibiriens sollte man also als fließende Grenze sehen, die sich nicht genau mit einer Linie festlegen lässt und die am ehesten der Übergangszone zwischen Waldsteppe und Steppenlandschaft im Süden entspricht.

Dazwischen befinden sich riesige menschenleere Flächen mit polaren Gebieten, Tundra und Taiga, Gebirge wie Altai, Sajan, das Jablonowygebirge, das Stanvoygebirge und das Werchojansker Bergland. Fast alle großen Ströme wie z.B. Ob, Irtysch, Jeniseij, Lena, Kolyma fließen in nördliche Richtung zum Polarmeer und prägen die Natur Sibiriens. An ihren Mündungsgebieten sind die großen Flüsse bis in den Frühsommer zugefroren; im Süden schmilzt das Eis schon einige Wochen eher. Daher staut sich das Wasser weit zurück. Große Flächen verwandeln sich dann in ausgedehnte Sümpfe, die Flüsse schwellen mehrere Kilometer breit an und es kommt zu katastrophalen Überflutungen, wie zuletzt im Mai 2001 im jakutischen Lensk (Ленск).

Schiffbar sind die sibirischen Ströme nur im Sommerhalbjahr, die letzten regulären Schiffe fahren mancherorts im September. Im Winter werden die zugefrorenen Flüsse von LKW als Straße benutzt. Große Teile Sibiriens sind weder mit der Bahn noch per Straße erreichbar. Somit sind Flugzeuge im Norden die wichtigsten Transportmittel. Im Mündungsgebiet der Flüsse im Nordpolarmeer befinden sich einige Hochseehäfen, z.B. in Tiksi. Nach wie vor gibt es in Sibirien noch "weiße Flecken" - Stellen in der unberührten Taiga, die noch niemand jemals betreten hat.

Zur besseren Übersicht wird Sibirien in diesem ReiseHandbuch in drei Komplexe aufgeteilt:

Westsibirien

erstreckt sich vom Uralgebirge bis zum Jeniseij und besteht im Wesentlichen aus der Westsibirischen Tiefebene, die von den Flüssen Ob, Irtysch und Tobol durchströmt wird und in der viele Sümpfe liegen.

Das Land liegt nur wenig über 200 m ü.NN, größere Erhebungen gibt es nicht. Die wichtigsten Städte sind Surgut, Tjumen, Omsk, Barabinsk und Nowosibirsk. Die große Wasjugaebene in der Mitte von Westsibirien geht allmählich in die steppigen Baraba-Ebenen über. Weiter im Süden schließt sich das Vorland des Altai an.

Wirtschaftlich am bedeutendsten sind die riesigen Erdölfördergebiete im Tjumen-Oblast und der Steinkohleabbau im Kusnezbecken. Westsibirien hat etwa 13,5 Mio. Einwohner auf einer Fläche von 2,5 Mio. km².

Mittelsibirien

reicht vom Jeniseij bis etwa zur Lena im Osten und ist etwas bergiger. Im Osten Mittelsibiriens liegt der Baikalsee, der größte und tiefste Süßwassersee der Welt, ein einzigartiges Naturbiotop. Im Norden befindet sich das Mittelsibirische Bergland.

Das Land Jakutien (Republik Sakha) ist äußerst reich an Bodenschätzen wie z.B. Erzen, Kohle, Gold, Diamanten. Bedeutend sind außerdem die Energie-(Wasserkraft) und die Holzwirtschaft. Das Krasnojarsker und Irkutsker Gebiet gehören zu Mittelsibirien, wie auch die Republik Burjatien. Flächenmäßig ist dieser Teil Sibiriens am größten.

Ostsibirien (und Ferner Osten)

reicht von der Lena und dem Baikal bis an den Pazifischen Ozean. Die Beringsee, das Ochotskische Meer und das Japanische Meer bilden die Begrenzung. Ebenfalls zum Fernen Osten zählen die Beringinseln, Kamtschatka, Sachalin und die Kurilen in der Nähe zu Japan. Auf weiter Strecke bildet der Fluss Amur die natürliche Grenze zu China.

Ostsibirien ist sehr gebirgig, insbesondere im nördlichen Teil (Werchojansker Gebirge, Kolymagebirge, Korjakengebirge u.a.). Neben der Holzindustrie hat die Fischerei-Industrie ökonomische Bedeutung. Die größten Städte sind hier Magadan, Chabarovsk, Komsomolsk, Wladiwostok und Juschno-Sachalinsk. Auf Sachalin gewinnt die Erdöl- und -gasförderung an Bedeutung.

Klima und Natur

In Sibirien herrscht Kontinentalklima mit strengen Wintern, warmen bis heißen Sommern und insgesamt wenig Niederschlag. Etwa 75 % des Bodens sind dauernd gefroren, im Norden z.T. mehrere Hundert Meter tief; man spricht von **Permafrost**. Schon mehrfach fand man im Dauerfrostboden Relikte aus zurückliegenden Jahrtausenden, z.B. gut konservierte Mammuts (wie 1979 in der Nähe des Flusses Kolyma das Mammutbaby Dima).

Einen großen Einfluss auf das Klima haben die kalten arktischen Luftströmungen, die von Norden eindringen. Fünf bis sieben Monate im Jahr herrscht Winter und das Thermometer fällt dann auf -50°C oder punktuell noch tiefer. Im relativ kurzen Sommer wird es tagsüber dagegen sehr heiß. Die Anzahl der Sonnentage liegt in der Baikalregion oder im Altai höher als in Mitteleuropa.

In der Tundra taut die oberste Bodenschicht dann auf. Die Wurzeln der Pflanzen können dann einige wenige Zentimeter in den Boden vordringen; Bäume finden sich in der Tundra wegen des Frosts keine. Kleinere Sträucher, Kräuter, Gräser und Pflanzen der Hochgebirgsfauna kommen vielfältig vor. Die Zwergsträucher wachsen sehr langsam und können 150 oder sogar 200 Jahre erreichen. Das Auftauen der oberen Bodenschicht in der Permafrostzone impliziert ganz besondere Anforderungen für den Bau von Brücken, Straßen, Gebäuden, Rohrpipelines oder gar Bahnlinien, wie bei der BAM verwirklicht.

Die wirtschaftliche Entwicklung des Landes war und ist an die Erschließung der Naturressourcen gebunden. Zur weitergehenden Erschließung kam es mit dem Bau der Transsibirischen Eisenbahn um die Jahrhundertwende.

In den 1980er Jahren wurde der Bau der Baikal-Amur-Magistrale (BAM) abgeschlossen. Sie führt durch Gebiete, die vor nicht allzu langer Zeit noch weiße Flecken auf der Landkarte waren. Heute befinden sich dort schon größere Städte. Leider wurde das ökologische System Sibiriens mit Füßen getreten - die Erdölfelder Westsibiriens sind nur ein Beispiel dafür. Das Ökosystem Tundra ist so anfällig, dass die zwischen 1980 bis 1985 im Rahmen von Öl- und Gaserkundungen in Westsibirien durch Kettenfahrzeuge angerichtete Schäden in der dünnen Kulturschicht auf dem Boden der Tundra auch 20 bis 25 Jahre später (!) noch als deutliche Furchen erkennbar sind. Mangelhaftes Umweltbewusstsein war zu Sowjetzeiten ein Problem und ist es heute zu Zeiten der entstehenden wilden Marktwirtschaft in Russland leider nach wie vor.

Weiter südlich, etwa in Höhe des Polarkreises, folgt die Übergangszone der Waldtundra, die kurz darauf in die sogenannte boreale Zone übergeht, die Taiga (das Wort ist jakutischen Ursprungs). Der Taiga-Nadelwald ist das größte zusammenhängende Waldgebiet, am häufigsten kommen Kiefern und Lärchen vor. Die Lärche ist eine der anfänglich schnellwachsenden Baumarten und kann ohne Weiteres ein Alter von 400 Jahren oder mehr erreichen. Das Holz erzielt die besten Preise pro Festmeter und ist außerordentlich beliebt als Bauholz, da es kaum verwitterungsanfällig ist. Die Zirbelkiefer, auch als sibirische Zeder bezeichnet, ist vor allem wegen der essbaren Kerne in den Zapfen bekannt. Das gesamte Waldvorkommen wird auf etwa 750 Mio. ha geschätzt. Problematisch ist, dass der Dauerfrostboden nach Abholzungen, welcher vorher durch die Bäume auch im Sommer vor dem kompletten Auftauen geschützt war, nunmehr in der warmen Jahreszeit auftaut und größere Feuchtgebiete mit Morast entstehen können, die nicht wieder problemlos aufgeforstet werden können. Besonders im Fernen Osten sind eine ganze Reihe ausländischer Unternehmen aus Süd-Korea, China und Japan dabei, riesige Holzmengen einzuschlagen. Nach statistischen Angaben soll die Abholzung bereits jetzt bei bis zu 6 Mio. ha pro Jahr liegen.

Hinzu kommen Tendenzen der Klimaveränderung: die allgemeine Erwärmung bleibt nicht ohne Folgen, bereits eine höhere Durchschnittstemperatur von 1 bis 2°C führt zu einer bedeutsamen Verschiebung der Permafrostgrenze nach Norden und größere Methangasmengen werden freigesetzt. Methan (CH_4) wird eine ca. 20-fach stärkere Klimaschädigung als Kohlendioxid zugeschrieben. Das Max-Planck-Institut Jena hat zusammen mit russischen Wissenschaftlern und dem Leipziger Institut für Troposphärenforschung einen 300 m hohen metallenen Messturm in der Taiga aufgebaut, welcher für die nächsten 30 Jahre Luftströmungen und Temperaturunterschiede im Jahresverlauf sowie weitere wetterrelevante Daten erfassen wird. Es bleibt abzuwarten, welchen Schaden das empfindliche Ökosystem der Taiga durch eine globale Erwärmung nimmt.

Vor allem im Süden Sibiriens gibt es auch ausgesprochene Trocken- und Steppenzonen. Ein Teil der riesigen Steppengebiete wurde kultiviert. Einen Eindruck, welche großen Dimensionen die südsibirischen Steppen einnehmen, bekommt man, wenn man z.B. mit dem Zug von Barnaul (Барнаул) über Karasuk (Карасук) nach Omsk (Омск) und weiter nach Kurgan (Курган) fährt. Fast ursprüngliche steppige Landschaften finden sich auch in der Region Abakan (Абакан)

oder auf der Insel Olchon (о. Олхон) im Baikal ☞ S. 392. Hochsteppen gibt
es im Altai, z.B. im Rayon Kosh-Agatsh (Кош-Агач), wo man auch Kamele
bewundern kann. Die Steppe hat ihre eigenen Reize und wirkt nur auf den ersten
Blick eintönig, vor Ort ist jedoch eine unerwartete Artenvielfalt auffallend, besonders ab dem Frühling blüht alles wunderbar. An Bäumen kommen in der Steppe
vereinzelt Birken vor, oft in der Nähe von kleineren Tümpeln. Alle in der Steppe
lebenden Tierarten (☞Routenvorschläge, Trekking im Gebiet der Hochsteppe
im Rajon Kosh-Agatsh) sind große Anpassungskünstler.

📖 *Das grüne Licht der Steppen*, Brigitte Reimann, Tagebuch einer Sibirienrei-
se, Aufbau Taschenbuch-Verlag, 2.Auflage 2000, ISBN 978-3746615349.
Teil eines literarischen Tagebuches.

Das Klima im Fernen Osten ist durch den nahen Pazifik beeinflusst, und mitunter gerät die Region unter Monsuneinfluss. Insgesamt ist das Niederschlagsauf-
kommen höher als in Zentralsibirien. Die Winter sind weniger streng.

Bevölkerung

Sibirien ist größtenteils sehr dünn besiedelt, das Gros der Bevölkerung lebt in den
Großstädten, die - historisch begründet - immer an schiffbaren Flüssen oder alten
Handelswegen liegen. Handel wurde mit Sibirien schon immer betrieben, vor-
nehmlich wegen der Pelze oder den Edelmetallen.

Zur Eroberung Sibiriens durch die russischen Kosaken kam es erst im 16. Jahrhundert, nachdem die Mongolen und Tataren niedergeschlagen worden waren.
Deshalb ist die unmittelbar zurückliegende Geschichte Sibiriens noch einigermaßen "frisch". Es gibt nur eine Handvoll russische Städte in Sibirien, die deutlich
älter als 300 Jahre sind.

Durch den Einstrom der Russen (Händler, Pelztierjäger, Soldaten, Strafver-
bannte) kam es zur schrittweisen Russifizierung und Vermischung der ursprünglich ansässigen indigenen Völker Sibiriens, die hier schon lange vor Ankunft der
Russen lebten. Um 1700 gab es etwa 300.000 ansässige russische Einwanderer
und Eroberer, was in etwa der Zahl der Ureinwohner entsprach.

Nicht zuletzt durch die damals übliche Methode des jassyr (Entführung von
Frauen durch russische Kosaken) trat eine teilweise Verschmelzung der Völker ein.

Von den russischen Eindringlingen, die hart gegen die Urbevölkerung vorgingen, wurden die in Sibirien lebenden Ethnien durchweg als "Fremdvölker" betrachtet und entsprechend behandelt.

Auch in der heutigen Zeit ist bei manchen Russen eine Antipathie gegenüber diesen Völkern vorhanden, die pauschal als "primitiv" oder "allgemeingefährlich" abgetan werden.

Heute stellen Russen, Belorussen, Ukrainer und Balten den größten Anteil der Bevölkerung. Eingeborene Völker wie Burjaten, Jakuten, Ewenken, Ewenen und die vielen kleinen Völker Sibiriens stellen vielerorts nur noch einige wenige Prozent in der Bevölkerungsstatistik dar.

Man spricht davon, dass sich durch die Besiedlung Sibiriens, das raue Leben und die schweren Lebensbedingungen ein besonderer Menschenschlag herausgebildet haben soll, der Sibirier (russ. sibirjak). Das ist nicht von der Hand zu weisen, am besten überzeugt man sich davon selbst vor Ort.

Geschichte

Sibirien war schon sehr frühzeitig besiedelt (☞ Kultur der Völker Sibiriens). Hinweise über erste Kulturen fanden Archäologen unter anderem im Baikalgebiet. So lebten etwa 4000 v.Chr. in der Nähe des heutigen Bratsk Stämme von Jägern und Fischern, die noch kein Metall kannten. Als Grabbeigaben fand man in einem großen Gräberfeld Steinbeile und knöcherne Pfeilspitzen (Issakovo-Kultur). Gräber, die dem Zeitraum um 3000 v.Chr. zugerechnet werden, enthalten bereits Schmuckbeigaben. Ab dem Neolithikum besiedelte der (burjatische?) Stamm der Kuzha die Insel Olchon im Baikal. Nachgewiesen sind Handelsbeziehungen mit den Mongolen. Zahlreiche archäologische Funde zeugen von frühen zivilisationsähnlichen Strukturen.

📖 *Kuzha - Ein Mythos in Sibirien*, K. Heid, 1997, Heidelberger Kunstverein, ISBN 978-3925521324.

Weitere tausend Jahre später, etwa um 2000 v.Chr., waren Bronze- und Kupfergegenstände üblich. Gut erhaltene Gräber wurden bei Irkutsk gefunden. Bestattungen erfolgten in der Art des Flachgrabes, als Grabbeigaben verwandte man Schmuck und Keramik. Etwa um die gleiche Zeit war auch der hohe Norden schon besiedelt. Schon 2000 v.Chr. lebten im äußersten Norden nomadische Stämme. In der Nähe von Salechard (**Салехард**) fand man kürzlich Hügelgräber. Von der frühzeitigen Besiedlung zeugen auch die in Sibirien anzutreffenden Felsenbilder. Sehr viele fand man am Oberlauf des Jeniseijs im Gebiet von Schalabolinsk.

Auf den frühgeschichtlichen Zeichnungen sind die gejagten Tiere (Bär, Elch) sowie Reiter, Krieger und sogar seetüchtige Schiffe dargestellt. Die Zeichnungen sind über ganz Sibirien bis in den Süden der Mongolei hin vorhanden.

   📖   *Höhlenmalerei im Ural. Kapova und Ignatievka. Die altsteinzeitlichen Bilderhöhlen im südlichen Ural,* Vjaceslav E. Scelinskij und Vladimir N. Sirokov, Verlag Thorbecke, Sigmaringen, ISBN 978-3799590044, € 14,80, sehr empfehlenswert.

Am weitesten bis in die nördlichsten Gebiete der Tundra drang das Volk der **Nganassani** vor. Während der letzten Eiszeit sollen Teile der Nganassani auch über die damals noch passierbare Beringstraße auf den amerikanischen Kontinent nach Alaska eingewandert sein. Jahrtausende lebten sie nur als Jäger und Fischer. Im Gegensatz zu anderen Völkern des Nordens gelang es ihnen nie, das Rentier zu zähmen. In den letzten hundert Jahren nahm die Anzahl der Angehörigen des kleinen Volkes immer mehr ab, zurzeit sind es noch knapp tausend. Ihr Hauptsiedlungsgebiet liegt im Gebiet Taimyr.

Ungefähr 500 v.Chr. wanderten aus dem Süden und aus dem Schwarzmeergebiet nomadisch lebende Skythenstämme ein. Besondere Verbreitung fanden sie im Gebiet des Altai und in den benachbarten Steppengebieten. Die Altai-Skythen unterhielten umfangreiche Handelsbeziehungen nach China und Persien sowie zu den Völkern des sibirischen Nordens und errichteten eine später untergegangene Kultur, von der heute noch die Hügelgräber und Steinsetzungen in den Steppen und Bergen des Altai künden. Im südöstlichen Teil des Altai wurde 2006 in Nähe der mongolisch-russischen Grenze eine im Dauerfrost auf einer Höhe von 2.500 m ü. NN konservierte Mumie gefunden, eine Art "sibirischer Ötzi", der allerdings wahrscheinlich bestattet wurde.

In den folgenden Jahrhunderten der Völkerwanderung gelangten aus dem chinesischen Raum die zur Turkfamilie zählenden Hunnen in Richtung Westen. Sie unterwarfen alle Völker, die ihnen in den Weg kamen, z.B. die am Aralsee lebenden Alanen, und erreichten um 450 Europa. Ihre Kultur zerfiel kurze Zeit später.

In Sibirien leben mehrere ganz verschiedene Völkergruppen, welche anders als in Nordamerika nur wenig Verwandtschaft zeigen. Das ist an den verschiedenen Sprachen erkennbar. Die indigenen Völker der Chanten, Mansen und Samojeden gehören wie die Komi, Esten und Finnen zur finnisch-ugrischen Sprachgruppe. Ebenfalls später eingewandert sind die von ihnen abzugrenzenden Turkvölker der Jakuten, die tungusischen Stämme (Ewenen, Ewenken; als Ursprungsgebiet der Ewenen und Ewenken vermutet man die Mandschurei) sowie die Altaier im Altaigebiet. Alle "zugewanderten" Ethnien werden als "neosibirisch" klassifiziert, denen die paläosibirischen Völker gegenübergestellt werden. Hierzu gehören z.B. die Keten, die Tschuktschen oder Jukagiren und weitere kleine Völker wie die Itelmenen oder Korjaken. Die neu aus dem Süden zugewanderten Stämme führten zu einer Verschiebung der Siedlungsgebiete der alteingesessenen paläosibirischen Stämme nach Norden und Nordosten (z.B. Halbinsel Tschukotka), was natürlich nicht immer friedlich verlief.

Im Gebiet des Baikalsees siedelten sich die Burjaten an, ein Volk mongolischer Abstammung. Die Burjaten waren anfangs am Schamanimus orientiert, erst um 1750 tauchte der Lamaismus als Religion auf.

Im äußersten Westen von Sibirien lebten slawische Stämme, die allmählich mit den Finnougriern verschmolzen und in westliche Richtung abdrifteten. Das Ergebnis der Vermischung war die Herausbildung der altrussischen Völkerschaft, etwa um 1200 - bevor die Mongolen in das Land einfielen.

Die Jakuten stammen von türkischen Stämmen ab, die sich, wiederum aus dem Nordosten der heutigen Mongolei kommend, über die Baikalregion an den Flüssen nach Norden verteilten. Dementsprechend zeigt ihre Sprache Ähnlichkeiten mit dem Türkischen, was auch für viele andere in Sibirien lebende turkstämmige Völker zutrifft (Altaizy, Tuwinzy u.a.).

Ab dem 12. Jh. durchzogen die Heerscharen der Mongolen und Tataren unter Batu Khan das Land. Sie gründeten in Sibirien das Reich der "Goldenen Horde". Die ansässige Urbevölkerung war fortan tributpflichtig. Im Jahre 1239 erreichten die Tataren Moskau und brannten 1241 Kiew und Krakow (Polen) nieder. 1380 gelang es den Russen erstmals, den Mongolen und Tataren eine empfindliche Niederlage zuzufügen. Trotzdem waren große Teile des Landes noch unter mongolischer Herrschaft, und das sollte auch die nächsten 200 Jahre so bleiben. Im Laufe der Zeit zerfiel das riesige Mongolenreich in kleinere Staaten.

📖   "Die Mongolen", Hrsg. Ziegler / Hogh, Wissenschaftliche Buchgesellschaft,
       Konrad Theiss Verlag GmbH, Stuttgart 2005, ISBN 978-3806219401.

In Sibirien entstanden verschiedene Khanate. Tatarische Städte sind Kazan und
Tschingi-Tura (das heutige Tjumen).

1553 wurden die Tataren bei Kazan vernichtend geschlagen, das Ende des
Khanats Sib-Ir begann - parallel dazu setzte nun auch die Eroberung Sibiriens
vom Westen durch die Russen ein. Nach der Zerstörung von Tschingi errichteten
die Russen an der Tura die Stadt Tjumen.

Die Tataren zogen sich nach Kashlyk (dem heutigen Tobolsk) zurück, wurden
aber um 1582 wiederum geschlagen und danach immer weiter in Richtung Osten
abgedrängt. Dabei spielte das Kosakenheer des legendären Jermak die Hauptrol-
le. Auf Befehl des Zaren Iwan d. Schrecklichen wurden nun die Grenzen des russischen Reiches auf Sibirien und immer weiter nach Osten ausgedehnt. Die Tataren und ursprünglichen Völker Sibiriens wurden rücksichtslos unterdrückt und
vernichtet.

Den nach Osten vordringenden russischen Soldaten, Kosaken und Pelzhändlern (später auch verbannte Strafgefangene) konnte die sibirische Urbevölkerung
kaum Widerstand entgegenbringen. Es entstanden russische Festungen, aus
denen dann Städte wie Tobolsk (1587), Tomsk (1604), Omsk (1716) und Irkutsk
(1652) hervorgingen.

Bei der Eroberung Sibiriens gingen die Russen sehr brutal vor. Völker, die sich
nicht unterwerfen wollten, wurden ausgerottet. Die Überlebenden mussten jahre-
lang Tribut (jassak) in Form der begehrten Zobelpelze oder von Gold an den russischen Zar leisten. Die Kolonisierung Sibiriens ist vergleichbar mit der Eroberung
Amerikas durch die Europäer.

Das in der Westsibirischen Ebene gelegene Tobolsk wurde als Militärposten
gegründet und war längere Zeit Hauptstadt Sibiriens. Von Moskau führte die
sogenannte alte sibirische Poststraße bis nach Tobolsk, später bis Irkutsk.

Um 1600 eroberten die Kosaken das Gebiet nördlich von Tjumen und unterwarfen die dort lebenden Chanten, Mansen und Samojeden. Das Interesse der
Russen galt hauptsächlich Pelzwaren und Gold. Die unbeschränkte Jagd führte
dazu, dass der sibirische Zobel fast ausstarb.

An der Erforschung Sibiriens waren zum großen Teil Europäer beteiligt, die im
Dienste der russischen Krone standen. Nach der Gründung der Akademie der

Wissenschaften in der damaligen Hauptstadt St. Petersburg (1725) zog es viele ausländische Wissenschaftler nach Russland. Der dänische Kapitän Bering führte im Auftrag des Zaren zwei Kamtschatka-Expeditionen durch. Nach dem Schiffbruch der St. Peter starben Bering und der Großteil seiner Mannschaft im sibirischen Winter an Skorbut und Entkräftung.

Eine kleine Insel trägt heute auch Berings Namen. An der 2. Expedition war auch der deutsche Arzt und Botaniker Georg Wilhelm Steller (1709 bis 1746), der in Halle und Leipzig studierte, maßgeblich beteiligt (zoogeografische und völkerkundliche Beschreibungen) gewesen. Steller beschrieb einen Großteil der sibirischen Fauna und Flora, so z.B. 211 Pflanzenarten der Beringinsel sowie über 30 Fischarten in Kamtschatka und die legendäre, schon kurz nach ihrer Erstbeschreibung ausgerottete Stellersche Seekuh (bei der ausgestorbenen Art handelte es sich um eine, den Elefanten entfernt verwandte Riesen-Sirenenart mit einer maximalen Länge bis zu 7,5 m, die vor allem wegen ihres Fleisches erbarmungslos gejagt wurde). Steller sah Deutschland nie wieder. Er starb 1746 auf der Rückreise in der sibirischen Stadt Tjumen.

📖 *Die große Nordische Expedition von 1733 bis 1743*, aus Berichten der Forschungsreisenden Gmelin und Steller, Beck'sche Verlagsbuchhandlung, München, ISBN 978-3406335969.

♦ *Der Mann, der Sibirien entdeckte*, Beitrag in National Geographic 02/2007 (S. 31-61), über die größte Landexpedition aller Zeiten.

♦ *Auf der Spur von Steller*, Beitrag in National Geographic, 08/2001 (S. 108-111), Stellers Weg in Sibirien von 1737 bis 1746.

In Sibirien kam es sehr schnell unter der Russifizierung zum Verschwinden der ursprünglichen Kulturen. Einen Anteil hatte daran sicherlich die Christianisierung durch die russisch-orthodoxe Kirche. Amtssprache wurde Russisch.

Alaska und die Aleuten-Inseln, die sich seit 1741 in russischem Besitz befanden ("Russisch-Amerika"), wurden 1867 vom Zaren für lächerliche 7 Mio. Dollar an die USA verkauft (damals misstraute man aber dem amerikanischen $-Papiergeld noch etwas, sodass das Geld in Form von Münzen überbracht werden musste, wofür mehrere Schiffe nötig waren). Heute künden noch einige Relikte von der vor 140 Jahren zu Ende gegangenen russischen Epoche in Alaska, wie z.B. Kirchen oder russische Familiennamen.

Anfang des 19. Jahrhunderts fehlten sowohl die technischen Voraussetzungen als auch die Transportwege, um die gewaltigen Bodenschatzreserven Sibiriens auszubeuten. Das änderte sich im Laufe der nächsten 50 Jahre, und mit dem Bau der Transsibirischen Eisenbahn im Jahre 1891 kam es zur verstärkten Ansiedlung östlich des Ural.

Millionen von Menschen aus westlichen Gebieten strömten nach Sibirien: landlose Bauern aus Belorussland (Weißrussland) sowie der Ukraine wurden umgesiedelt. Entlang der neuen Bahnlinie entstanden überall neue Siedlungen und Städte. Durch die Bahn als schnelles und leistungsfähiges Transportmittel entwickelte sich Sibirien wirtschaftlich. Im Jahre 1904/05 entbrannte zwischen Russland und Japan der Russisch-Japanische Krieg, den das zaristische Russland verlor. Nach der Oktoberrevolution setzte man die Industrialisierung des Landes fort.

Auch in sozialistischer Zeit wurden die Nachfahren der einstigen Urbevölkerung unterdrückt - wenn auch auf andere Art und Weise als zu Zeiten der Eroberung. Auf der Suche nach Erdöl und Gas wurden die kleinen Völker Sibiriens zwangsumgesiedelt, z.T. in für sie lebensfeindliche Betonneubaustädte. Die Kinder der Nomaden wurden von den Familien getrennt und mussten 9 Monate im Jahr in zentralen Internaten leben, sie durften nur in den Sommermonaten zur Familie zurückkehren. In den Internatschulen wurde hauptsächlich Russisch gelehrt, einige der alten Sprachen und Kulturen gingen schon nach zwei Generationen verloren, einige Sprachen stehen praktisch vor dem Aussterben: zum Beispiel soll es nur noch 40 bis 50 Itelmenen auf Kamtschatka geben, die ihre itelmenische Muttersprache noch fließend beherrschen (2006).

In die letzte Phase der Unterdrückung fällt auch der Bau der BAM, nördlich der Transsib (1974 bis 1984).

Bei der Ausbeutung der Natur und der Bodenschätze wird, wie bereits erwähnt, überhaupt keine Rücksicht auf die Umwelt genommen. Ökologische Katastrophen wie die Ölpest 1994 an der Petshora sind somit vorprogrammiert. Weite Landstriche wurden und werden verseucht - auch radioaktiv. In einigen Gegenden ist Waldsterben zu verzeichnen. Im Gebiet Norilsk (Норилск) wurde die Häufung von Fehlgeburten und Missbildungen schon mehrfach mit der bedeutsamen Umweltverschmutzung durch die Industrie, welche die Nickelgewinnung und Erzverarbeitung nach sich zog, in Verbindung gebracht.

Vom Profit aus der Förderung der Bodenressourcen - seien es Diamanten, Gold, Erdöl oder Gas - haben die sibirischen Völker im Prinzip nichts erhalten.

Damit erklären sich auch die Forderungen nach wirtschaftlicher und politischer Autonomie.

Noch gibt es einige der kleinen Völker Sibiriens, wie lange noch, ist allerdings fraglich. Einige Volksgruppen sind vom Aussterben bedroht, wie z.B. die Tschuktschen (nur noch einige Tausend), Jukagiren oder Dolgen. Über das Volk der Tschuktschen (sie leben auf der Halbinsel Tschukotka) kursieren in Russland schon seit längerer Zeit die berühmt-berüchtigten (und manchmal auch diskriminierenden) Tschuktschenwitze (ähnlich der Ostfriesenwitze in Deutschland).

Insgesamt schätzt man die Zahl der Nachkommen der sibirischen Urbevölkerung auf etwa 25.000 Menschen. Sie alle sind in ihrer Existenz stark bedroht. Durch Umsiedlungen in Städte können sie ihren gewohnten Erwerbsquellen wie z.B. der Rentierzucht nicht mehr nachgehen. Von den Nachkommen und Kindern, die meist zentral in auswärtigen sowjetischen Schulen unterrichtet wurden, wissen die wenigsten, wie ihre Vorfahren gelebt haben.

Ein weiteres Problem ist die Versorgung im Norden. In Gegenden, wo nicht mindestens 90 Tage Frostfreiheit herrschen, können praktisch keine ertragbringenden Kulturpflanzen angebaut werden und man ist auf Importe angewiesen. In manchen nördlichen Regionen Jakutiens ist manchmal nur der Monat Juli frostfrei. Von den mageren Erträgen der zu Sowjetzeiten gegründeten Kolchosen und Tierhaltungsbetriebe wird im Norden niemand satt. Eine ausreichende Unterstützung und Versorgung ist in letzter Zeit immer schlechter geworden. Früher mehrmals im Jahr übliche Versorgungsschiffe fahren nur noch unregelmäßig.

Kultur der Völker Sibiriens — von Carolin Grosse

Geschichte

Vor der Kolonialisierung durch den Russischen Zarenstaat bewohnte eine Vielzahl kleinerer und größerer Völker den asiatischen Teil Russlands. Obgleich sich ihre Wirtschaftsweise aufgrund der natürlichen Bedingungen ähnelte, unterschieden sie sich doch stark hinsichtlich ihrer Sprache und Kultur.

Archäologische Funde zeigen eine relativ kontinuierliche Entwicklung seit Jahrtausenden. Man vermutet, dass Amerika von Sibirien aus besiedelt wurde. Als letzte Gruppe wanderten 10.000 bis 6.000 Jahre v.Chr., zum Ende der Eiszeit, die Vorfahren der Inuit über die Bering-Landbrücke.

Anfänge des Pelzhandels - im Austausch gegen Metallgefäße, Waffen, Schmuck - reichen wahrscheinlich ins Subneolithikum zurück. Vermittler waren dabei die Steppenvölker. Eine wichtige Pelzstraße verlief entlang der heutigen Transsibirischen Eisenbahn.

Erste Berichte über das Gebiet hinter dem Ural stammen aus dem 11. Jahrhundert von Nowgoroder Fürsten, die Handelsbeziehungen zu den Ob-Ugriern (Chanten und Mansen) und Nenzen unterhielten. Im 16. Jahrhundert begann die Erschließung Sibiriens durch Pelzhändler und Missionare.

Das tatarische Khanat Sib-Ir, nach dem das ganze Gebiet vom Ural bis zum Pazifik benannt war, wurde unter seinem letzten Herrscher Kutschum durch den berühmten Feldzug des Kosaken Jermak (1581 bis 1585) zerschlagen.

Kolonialisierung

Gier nach Pelzen war der eigentliche Grund für die Eroberung Sibiriens. Das Jassak-System zum Eintreiben der Pelzsteuer wurde von den Tataren übernommen. (Der Jassak ist ein Tributsystem der Tartaren über Naturalienabgabe unterworfener Völker.)

Diese Ausbeutung der Natur führte zu einer drastischen Verringerung der Pelztierbestände bis hin zur Ausrottung einzelner Arten.

Der Jassak wurde mit großer Härte, z.T. mit Waffengewalt, eingetrieben, meistens wirtschafteten die eingesetzten Eintreiber noch zusätzlich in ihre eigenen Taschen. Es kam zu zahlreichen brutalen Raubzügen, Umsiedelungen der Ureinwohner, aber auch zu Aufständen gegen die russische Oberhoheit.

Zur Verarmung der Bevölkerung führte vor allem der Handel. Russische und andere Händler lieferten Waren auf Kredit, bis die Jäger so sehr verschuldet waren, dass sie in Abhängigkeit zu dem Händler gerieten.

Die Fischgründe gingen immer mehr in russische Hände über, was die Menschen aus ihren angestammten Lebensräumen trieb; Krankheiten und Alkoholismus verschlechterten das Leben der Ureinwohner. Neue Ansprüche und Abhängigkeit von nicht selbst produzierten Waren verstärkten das Elend.

Christianisierung

Im Rahmen der Christianisierung wurde versucht, nomadisch lebende Gruppen in Dörfern anzusiedeln, die nicht verlassen werden durften. Der traditionelle Lebensunterhalt war somit kaum noch möglich.

Die Religion der meisten Völker Sibiriens war der Schamanismus. Obschon seit mehreren Jahrhunderten von christlichen Missionaren bekämpft und später von den atheistischen Kommunisten verfolgt, ist diese Naturreligion doch immer noch tief im Glauben vieler Menschen verwurzelt.

Der indigene Bevölkerungsanteil ging und geht immer stärker zurück: von etwa 80 % um 1700 auf 20 % Ende des 19. Jahrhunderts. 1991 stellte die gesamte Urbevölkerung Sibiriens noch etwa 8 %, in manchen Gebieten sogar unter 2 % der Einwohner.

Die Sibirjaken, die inzwischen angestammte russische Bevölkerung, leben schon über mehrere Generationen in Sibirien. Ihre Vorfahren kamen als Beamte, Militärangehörige, Kirchenangestellte oder Verbannte in das Gebiet hinter dem Ural. Sie lernten die Sprachen der Ureinwohner und übernahmen zum Teil auch deren naturverbundene Lebensweise.

Ein neuer Siedlungsstrom kam nach der Aufhebung der Leibeigenschaft (1861) besonders in die Städte und in die Ackerbauzonen.

Sozialismus

Nach der Oktoberrevolution, d.h. in den 1920er Jahren, schien sich die Geschichte der Völker Sibiriens zum Besseren zu wenden. Lenin regte die Bildung autonomer Regionen zur Aufhebung der nationalen Unterdrückung an. Mit Bestimmungen zum Schutz der Sprache, Einführung einer Schriftsprache und der Stärkung der traditionellen Wirtschaftsweise sollten die Ureinwohner von der Sowjetregierung unterstützt werden. Es wurde sogar eine wirtschaftliche Autonomie der Gebiete angestrebt.

Am 10.12.1930 fand die Gründung von acht Nationalen Kreisen statt. 1977 wurden die Nationalen Kreise in Autonome Kreise (*avtonomni okrug*) umgewandelt. Die Idee des Kulturpluralismus wurde spätestens Mitte der 1930er Jahre aufgegeben. Mit Stalins "Konzept der kulturellen Minderwertigkeit" versuchte man, die noch nomadisierende Bevölkerung sesshaft zu machen und ihre kulturelle Eigenständigkeit zu zerstören.

Für die Kinder bestand eine ganzjährige Schulpflicht; sie waren daher in Internaten untergebracht, wo es verboten war, die eigene Muttersprache zu sprechen. Sie wurden ihren Familien und somit ihrer eigenen Kultur entfremdet, um sie zu einheitlichen "Sowjetmenschen" zu erziehen.

Die gegründeten Kolchosen und Sowchosen entsprachen nicht mehr der alten Familienstruktur, die neu angelegten Siedlungen waren viel zu weit von den Jagd- und Fischgründen entfernt. In Moskau wurden die Jagd- und Fischfangquoten festgelegt, sodass die Menschen gezwungen waren, den Fisch aus ihren Gewässern zu stehlen.

Schamanen und Schriftsteller wurden als nationale Führer verfolgt und ermordet, und religiöse Lieder wurden umgedichtet und lobten statt der Sonne nun Stalin. 1933 kam es am Kasym in Westsibirien zu einem Aufstand, der blutig niedergeschlagen wurde. Darüber ist auch heute fast nichts zu erfahren.

"Archipel Gulag" - Hunderte von Arbeitslagern, in die sogenannte Volksschädlinge in den 1930er Jahren gebracht wurden, dann auch viele Kriegsgefangene, befinden sich hauptsächlich im Norden. Unter unwürdigen Bedingungen mussten sie wahnwitzige Projekte, wie die Eisenbahnlinie von Salechard nach Igarka, ausführen. Unzählige Häftlinge kamen dabei ums Leben - die Strecke wurde nie benutzt.

Industrialisierung

Sibirien ist reich an Bodenschätzen wie Kohle, Erze, Erdöl und -gas, Gold und Diamanten; besonders in Ostsibirien existieren große Holzreserven.

Während des Zweiten Weltkriegs wurden viele Industriekomplexe hinter den Ural verlagert und später ausgebaut. In den 1960er Jahren entdeckte man in Westsibirien die bisher größten Öl- und Gaslagerstätten.

Die Erschließung und Förderung der Bodenschätze erfolgt auch heute noch ohne Rücksicht auf die Natur. Die völlig veraltete Technik und das Desinteresse der Arbeiter verursachen häufig Havarien, die dann nicht so ernst genommen werden. Auf großen Flächen wird die oft empfindliche Pflanzendecke einfach vernichtet, zurück bleibt eine verwüstete Landschaft voller Müll, die sich selbst nach Jahrzehnten noch nicht regeneriert hat.

Auslaufendes Öl aus lecken Pipelines und von Unfällen gelangt in Seen und Flüsse und verseucht das Grundwasser. Etwa 7,2 % des geförderten Öls gehen so verloren, das ist täglich fast die doppelte Menge der Exxon-Valdez-Katastrophe!

Viele Flüsse und Gegenden sind durch das Kühlwasser von Kernkraftwerken radioaktiv verseucht. Beim Straßenbau, dem Bau von Staudämmen und beim Verlegen der Erdgasleitungen wurden radioaktive Sprengungen durchgeführt.

Der Holzeinschlag erfolgt äußerst uneffektiv und unökologisch. Viel Material geht beim Flößen auf den großen Flüssen verloren. Riesige Waldflächen werden abgeholzt, besonders amerikanische und japanische Firmen machen in Ostsibirien riesige Profite.

Am Bau großer Industriekomplexe und neuer Städte waren oft zwangsverpflichtete Arbeiter beteiligt, die besonders im Norden mit schwersten Lebensbedingungen auszukommen hatten. An der Umwelt und den katastrophalen Auswirkungen ihrer Arbeit waren sie nicht interessiert. Im Zuge der Industrialisierung ging der indigene Bevölkerungsanteil extrem zurück.

Die meisten Ureinwohner Sibiriens sind heute sozial und kulturell entwurzelt. Das Land ihrer Ahnen wird immer mehr zerstört, Tiere und Pflanzen werden ausgerottet, ein Überleben in den traditionellen Formen in Taiga und Tundra ist nur noch in ganz abgelegenen Gebieten möglich. In den Dörfern und Städten, Wohnformen, die ihrer Kultur fremd sind, fehlt den Menschen der Lebenssinn. Beschäftigungslos und abhängig von staatlicher Unterstützung, ertränken sie ihre Probleme in Alkohol.

Völker

(die Bevölkerungszahlen stammen aus der letzten Erhebung 1989)

Westsibirien

▷   Die **Chanten** (22.521) und **Mansen** (8.459) findet man an den Nebenflüssen von Ob und Irtysch; in den letzten Jahrzehnten wurden sie immer weiter nach Norden abgedrängt. An den großen Flüssen lebten sie als sesshafte Fischer in kleinen Siedlungen, in der Taiga als halbnomadische Jäger und Fischer mit kleinen Rentierherden. Heute wohnen sie in Holzhäusern, früher im Winter in Erdhütten. Die Rentiere dienen hauptsächlich als Schlittenzugtiere. Im gleichen Gebiet lebt auch ein Teil der komi-syrjänischen Bevölkerung.

▷   Nördlich davon ist das Gebiet der **Nenzen** (34.665), die auch westlich des Ural zu finden sind. Ihren Lebensunterhalt liefert fast ausschließlich das Rentier. Mit ihren großen Herden ziehen sie entsprechend der Jahreszeiten durch die großen Weidegebiete in der Tundra. Sie wohnen das ganze Jahr in Zelten, was ihrer nomadischen Lebensweise entspricht.

▷   Am Mittellauf des Jeniseij leben die **Keten** (1.113), etwas östlicher am Tas die ihnen nahe stehenden **Selkupen** (3.612).

▷   Tataren sind schon vor Jahrhunderten in die südlichen Steppengebiete vorgedrungen.

Mittleres und östliches Sibirien

▷ Die **Ewenken** (30.233) leben ganzjährig in Stangenzelten, die mit Rentierhaut oder Birkenrinde bedeckt sind. Sie betreiben kombinierte Jagd- und Fischereiwirtschaft sowie Rentierzucht (zehn bis 20 Tiere pro Familie). Den Ewenken sprachlich und kulturell verwandt sind die östlich von ihnen lebenden **Ewenen** (17.199). An der Kolyma und der Igarka findet man die **Jukagiren** (1.142). Ihren Lebensunterhalt bestreiten sie durch Jagd und Fischfang. Die **Negidalen** (622) und **Enzen** (209) findet man am Jeniseij.

▷ Die **Jakuten** (ca. 290.000) haben eine eigene autonome Republik im Lenagebiet. Sie betreiben Rinderzucht und ernähren sich hauptsächlich von Milchprodukten. Früher besaßen sie Pferde, nur im Norden diente das Ren als Zugtier. Bemerkenswert waren ihre hochentwickelte Töpferei und Eisenverarbeitung sowie die Anfertigung von Silberschmuck.

▷ Die **Dolganen** (6.929) leben am Oberlauf der Lena.

▷ Die **Nganassanen** (1.278) leben auf der Taimyr-Halbinsel von Rentierzucht und Jagd.

Ferner Osten

▷ Die **Tschuktschen** (15.183) und **Korjaken** (9.242) besitzen im Inland große Rentierherden von mehreren Hundert bis Tausend Tieren. Die traditionelle Wirtschaftsform der Küstenbewohner ist die Meerestierjagd. Sie stehen den **Inuit** (1.718) auf der Tschuktschen-Halbinsel und **Aleuten** (702) auf der Wrangel-Insel nahe.

▷ **Tschuwanen** (1.511) findet man auf Tschukotka.

▷ Die **Nanaien** (Golden) (12.017) und **Ultschen** (3.233) leben am Unterlauf des Amur als Fischer, die **Udegieren** (2.011) sind vorwiegend Jäger, die **Orotschen** (915) östlich des Amur-Unterlaufs sind Fischer und Jäger.

▷ Die **Niwchen** (Giljaken) (4.673) auf Sachalin und im Amur-Mündungsgebiet ernähren sich vom Fischfang, die **Oroken** (190) auf Sachalin sind Jäger und Rentierzüchter, die **Itelmenen** (2.480) auf Kamtschatka betreiben Fischfang.

Burjatien und altaisch-sajanischer Raum

▷ Die ca. 300.000 **Burjaten** bewohnen eine eigene autonome Republik. Ihre Lebensweise ist charakterisiert von halbsesshafter Viehzuchtwirtschaft,

Jagd und Fischfang. Östlich des Baikalsees entsprach der gesamte Typ der Wirtschaftsformen und des materiellen Kulturbesitzes den mongolischen Formen.

▷ **Tuwinen** (ca. 107.000), **Chakassen** (ca. 60.000), **Altaier** (ca. 47.000), die z.T. Bodenbau, in den südlichen Steppengebieten Nomadenviehwirtschaft (Schafe, Rinder und Pferde) betreiben, **Schoren** (ca. 16.000), **Tofalaren** (731) leben im Quellgebiet und am Oberlauf des Jeniseij.

Sprachen

Im sibirischen Raum gibt es verschiedene Sprachgruppen. Die Jakuten, Altaier, Tuwinen und Dolganen sprechen eine **Turksprache**, die Burjaten eine **burjatisch-mongolische**. Zur **uralo-altaischen** Sprachgruppe gehören neben den tunguso-mandschurischen Sprachen (Ewenen, Ewenken, Nanaien, Ultschen, Oroken, Orotschen, Udege-Oroken und Mandschuren) auch die **uralischen** Sprachen mit der **samojedischen** (Nenzen, Selkupen) und der **finno-ugrischen** Gruppe (Chanten und Mansen).

Eskimo-aleutische Sprachen findet man bei den gleichnamigen Volksgruppen. Nicht genau einzuordnen sind die **paläo-asiatischen** Sprachen (Tschuktschen, Korjaken, Itelmenen, Niwchen, Jukagiren). Isoliert stehen die Sprachen der Ainu und Keten da.

Erst in den 20er Jahren des letzten Jahrhunderts bemühte man sich, für einen Teil dieser Sprachen ein Alphabet aufzustellen. Im Rahmen der eingeführten Schulpflicht lernten alle Russisch.

Es gibt nur noch ganz wenige alte Leute, die ausschließlich ihre Muttersprache sprechen, dagegen sind viele junge Leute und Kinder ihrer eigenen Kultur und Sprache entfremdet worden.

Religion

Genau wie ihre Lebensweise ist auch die Religion vieler Völker sehr stark an die Natur gebunden. Viele Wünsche und Gebete, die an die Götter gesandt werden, handeln von der Umwelt und vom Wetter. Wichtig sind eine Vielzahl von guten und bösen Geistern der Luft, der Erde, des Wassers und des Feuers. Diese Geister wohnen zum Teil an heiligen Orten, wo ihnen auch heute noch Gaben und Opfer dargebracht werden. Es gibt verschiedene heilige Tiere und Verhaltensvorschriften, und Tabus bestimmen über das Jagdglück.

Vermittler zwischen den Menschen und den Geistern sind die Schamanen, die mit Hilfe ihrer Fähigkeiten Krankheitsursachen erforschen und Möglichkeiten der Heilung erfahren können. Schamanen tragen zu ihren Séancen spezielle Gewänder und benutzen meistens Trommeln. Schamane zu sein ist kein Amt. Meistens leben und arbeiten sie ganz normal mit anderen Menschen zusammen. Gleichzeitig sind die Schamanen auch Übermittler und Bewahrer der Traditionen. In ihren Liedern und Gesängen leben alte Mythen weiter und werden Bräuche und Erfahrungen beschrieben, die auch die Identität des Volkes ausmachen. Vieles davon ist inzwischen schon verloren gegangen, da das Wissen der Schamanen systematisch ausgerottet werden sollte.

Neben den Naturreligionen existierten im Süden lange schon der Buddhismus und der Islam; das Christentum wurde im 16. Jahrhundert eingeführt.

Das Projekt des Jahrhunderts

Ende der 1970er Jahre plante man in der ehem. UdSSR einen aus ökologischer Sicht radikalen und verhängnisvollen Einschnitt in die Natur Sibiriens: Das Projekt sah eine teilweise Umleitung der Wassermassen der sibirischen Flüsse Ob und Irtysch in Richtung Süden nach Mittelasien vor. Glücklicherweise kam es nicht zu der geplanten Ausführung des Planes - einerseits aus Geldmangel (die Baukosten errechnete man Anfang der 1980er Jahre mit etwa 15 Mrd. Rubel), und andererseits stand dem Projekt wachsender Protest, besonders vonseiten der Wissenschaftler entgegen, die vor allem die ökologischen Veränderungen sowie die Auswirkungen auf das Klima befürchteten.

Was sah dieses gigantische "Gydroprojekt" vor? In der ersten Ausbaustufe hatte man einen Kanal geplant, der das Wasser vom Zusammenflusspunkt Ob/Irtysch in Richtung Usbekistan leitete. Den Berechnungen zufolge sollten 1.000 m³ Wasser pro Sekunde in Richtung der mittelasiatischen Baumwollanbaugebiete gelangen. Dort reichten die natürlichen Wasservorräte nicht mehr zur notwendigen Bewässerung. Es zeichnete sich bereits eine Erschöpfung der Wasservorräte des Amu-Darja und Syr-Darja - die größten Flüsse im Süden - ab. Dazu kam und kommt auch heute noch unaufhaltsam ein weiteres jährliches Absinken des Wasserspiegels des Aralsees. Dies hat weitreichende Folgen: es kommt zur Austrocknung riesiger Gebiete und infolgedessen zur Entstehung salziger Steppen, auf denen nie wieder etwas wachsen wird. Von diesem Standpunkt aus erschien das geplante Projekt verständlich, konnten doch große Gebiete vor der Austrocknung bewahrt und weitere brachliegende Flächen urbar gemacht werden. Man dachte dabei vor allem an den Anbau von Getreide und Baumwolle.

Die Wissenschaftler legten exakte Zahlen vor: Es sollten maximal 60 km³ Wasser pro Jahr umgeleitet werden. Die Abflussmenge der westsibirischen Ströme in das Nordpolarmeer gab man mit 1.300 km³ jährlich an. Die kleine Menge Wasser, die entnommen werden sollte, so argumentierte man, würde keine Veränderungen des Klimas oder gar der Temperaturverhältnisse im Nordmeer nach sich ziehen. Die 60 km³ Wasser waren aber der errechnete Bedarf in den Steppengebieten des Südens.

Allerdings würden im Verlaufe des über 2.000 km langen Kanals riesenhafte Verluste durch Versickerung und Verdunstung auftreten, sodass man ein Mehrfaches der geplanten Wassermenge hätte entnehmen müssen, um den Bedarf in den Trockengebieten zu decken. Außerdem wären weitere Ausbaustufen erfolgt - noch mehr Wasser würde dann umgeleitet.

So sollte der Kanal mindestens 15 m tief sein und eine Breite von 200 m haben - und damit auch für größere Schiffe schiffbar sein. Geplant war auch der Anschluss an das Kaspische Meer, den Aralsee und das bereits bestehende Kanalnetz. Für den Bau des Kanals allein hätte man die kaum vorstellbare Menge von 6 Mrd. m³ Erdmasse und Gestein bewegen müssen.

Der Kanal hätte wahrscheinlich seinen Ausgangspunkt in Chanti-Mansisk gehabt, wo der Irtysch in den Ob mündet (Westsibirien, Gebiet Tjumen).

Andere Projekte, die man in den 1980er Jahren parallel dazu entwickelte, beabsichtigten z.B. Umleitungen von Wasser aus der Petshora in Richtung Süden. Ein weiterer Plan sah vor, Wasser nicht durch Kanäle, sondern durch Rohrleitungen fließen zu lassen. An die Veränderungen im Wasserhaushalt der betroffenen Gebiete Westsibiriens und die möglichen ökologischen Folgen wurde - zumindest auf offizieller Seite - nicht gedacht.

Schon bald wurden Kritikerstimmen aus dem In- und Ausland laut, und so kam es unter den politischen Veränderungen der Perestroika nicht mehr zur Realisierung der Vorhaben.

Der kasachische Aralsee - obschon nicht zur *zemlja sibirskaja* gehörend - soll hier kurz erwähnt werden, da er heute vor einem ökologischen Desaster steht. Aus dem Meer (russ. **Аралькое Моpе**) entstanden durch Austrocknung zwei Teilseen. Durch einen Damm versucht man einen Teil abzutrennen und zu erhalten, wodurch der südliche Teil aber von der Wasserzufuhr des Syr-Darja abgeschnitten wird. Ganze Dörfer und Städte, die früher vom Fischfang lebten, liegen heutzutage manchmal 50 km von der jetzigen Uferlinie des Arals entfernt. Dafür liegen in der Steppe weitab vom Wasser verrostete Schiffswracks.

📖 *Der sterbende See*, Roman von Abdishamil Nurpeissow, erschienen in der Reihe Kasachische Bibliothek bei Dagyeli Verlag Berlin (deutsche Ausgabe, 2006), 🖥 www.dagyeli.com, ISBN 978-3935597470.

🖥 http://www.aralsee.org (mit zahlreichen Links zum Thema)

Reise-Infos von A bis Z

Detail der Basiliuskathedrale in Moskau

Anreise

✈ Flüge

Direkte Flugverbindungen von Lufthansa nach Sibirien gibt es derzeit keine. Lufthansa fliegt zurzeit nur Ziele in der Nähe von Sibirien wie Ufa (Уфа), Perm (Пермь) und Ekaterinburg, das ehemalige Swerdlowsk (Екатеринбург) an, aber aktuell nicht mehr Nowosibirsk wie noch Anfang der 1990er Jahre.

Man muss also auf Aeroflot, Transaero, Sibir u.a. zurückgreifen, um ohne Umweg nach Sibirien zu gelangen:

♦ Sibir-Airlines (neue Bezeichnung: S7), ⌨ www.s7.ru (Flüge von Frankfurt/M. und Hannover nach Omsk und Nowosibirsk in Sibirien).

♦ Transaero-Airlines ist die erste private Airline Russlands, 1991 gegründet. Das Charterprogramm von Transaero reicht vom Atlantik bis an den Pazifik, ⌨ www.domodedovo.de/transaero-airlines.html, Buchungen in Deutschland z.B. über Alexander Reisen GmbH, Schlossgrabenstr. 7, 63065 Offenbach, ☎ 060/9218710, ⌨ www.alexanderreisen.de, Flüge u.a. zu folgenden sibirischen Zielen: Ekaterinburg, Nowosibirsk, Irkutsk (von Frankfurt/M.)

♦ Aeroflot Deutschland, ⌨ http://germany.aeroflot.aero/deutsch/, u.a. Büros in Düsseldorf, Frankfurt, Hamburg, Hannover und München

♦ Aeroflot, Unter den Linden 51-53, 10117 Berlin, ☎ (030) 2269810, im Flughafen Berlin-Schönefeld: Halle A, ☎ (030)-60915370

♦ Aeroflot in der Schweiz, Talacker Str. 41, 8001 Zürich, ☎ 01-344-6200 oder 01-344-6211, FAX 01-344-6216, siehe auch unter ⌨ www.aeroflot.ru

♦ Aeroflot-Büro, Pl. De Cornavin 16, 1201 Genf, ☎ 022-9092770

♦ Aeroflot in Österreich, Parkring 10, 1010 Wien, ☎ 01-51215010 bzw. Haizingerg 54, 1180 Wien, ☎ 01-4706631

Informationen zu Flugverbindungen (und Transsib-Reisen):

♦ Reisebüro Trojka, c/o Lufthansa-City-Center Dresden Nord, Königsbrücker Str. 48, 01099 Dresden, ☎ 0351/877170 und 814020, FAX 8771720 und 8140211 (Visa, Voucher, Flüge). Seit 1990 auf dem Markt, spezialisiert auf Russland und GUS-Staaten. ⌨ www.lcc-dresden.de bzw. ⌨ www.trojka-reisen.de, ✐ info@trojka-reisen.de.

- Reisedienst Geros, Swetlana Janker, Königsbrücker Str. 68, 01099 Dresden, ☎ 8011614
- Billigflüge nach Russland: 🖥 www.germanwings.com, Last Minute Flüge auch unter 🖥 www.lastminute.com, ☎ 01805/777257
- Informationen zu Flughäfen/Landeplätzen in ganz Russland gibt es auf der Seite: 🖥 http://dir.avia.ru/airports/.

✋ Beachten Sie die jeweils gültigen Sicherheitsbestimmungen bei Abflügen aus Europa hinsichtlich der Mitnahme von Flüssigkeiten im Handgepäck, welche Ende 2006 beschlossen wurden. Mit einer Anpassung ist je nach Sicherheitslage zu rechnen, vor dem Abflug sollten Sie sich noch einmal beim jeweiligen Flughafen oder bei Ihrer Fluggesellschaft informieren.

🛳 Fähren

Um Sibirien per Schiff zu erreichen, gibt es prinzipiell die Möglichkeiten, von Japan ausgehend die Fährverbindungen nach Wladiwostok (Владивосток) oder nach Nachodka (Находка) zu nutzen.

Informationen zu möglichen Passagen über das japanische Fremdenverkehrsamt. Hinweise zu Visa und zu Zollbestimmungen erteilen die japanischen Auslandsvertretungen.

- 🔋 Japanische Fremdenverkehrszentrale, Kaiserstraße 11, 60311 Frankfurt/M., ☎ 069/20353, 🖷 069/284281
- Botschaft von Japan, Hiroshimastraße 6, 10785 Berlin, ☎ 030/210940, 🖷 030/21094222, ✉ info@botschaft-japan.de
- Obschon die größte Reederei in der Region Fernost, FESCO (Far East Shipping Company) im Oktober 2004 das Fährschiff Antonina Nezhdanowa, welches zwischen Wladiwostok und Fushiki (Japan) verkehrte, bei einem Taifun im Hafen von Fushiki verlor, stehen inzwischen andere Schiffe bereit. Die FESCO hat ihren Hauptsitz in Wladiwostok und existiert bereits seit 1880. Zahlreiche internationale Schiffsverbindungen, u.a. auch nach Südkorea (Masan, Pusan) und Japan. Containerschiffe verkehren auch zwischen Wladiwostok und Magadan, Sachalin (Korsakow), Kamtschatka (Petropawlowsk-Kamtschatskij) und Tschukotka (Anadyr),
🖥 www.fesco.ru; Büro in Moskau, 129110 Moskau, pr. Mira 39/2/3 Etage, ☎ 495/5408000, 🖷 5408100.

◆   TSA, Travel Service Asia Reisen, 91093 Hessdorf-Niederlindach,
     ☎ 09135/736078-0, FAX 736078-11, 💻 www.tsa-reisen.de

Ansonsten besteht - theoretisch - die Möglichkeit, in Sibirien vom Nordpolar-meer her anzulanden. Es existieren zwar Schiffsverbindungen zwischen den euro-päischen Häfen am Weißen Meer (**Белое Море**) nach Osten, z.B. nach Dikson (**Диксон**) an der Jeniseij-Mündung oder nach Tiksi (**Тикси**) an der Lena-Mün-dung, jedoch gibt es keine regelmäßig verkehrenden Schiffe auf der Nordostpas-sage, welche ausländische Passagiere mitnehmen. Man befindet sich praktisch ständig in der Grenzzone. Mit einem gewaltigen Aufwand an Organisation, Zeit und finanziellen Mitteln sowie guten Vor-Ort-Kontakten, welche für das Einholen der entsprechenden "Stempel" unabdingbar sind, lässt sich vielleicht eine Mög-lichkeit finden. Als "Lesereise" ist empfehlungswert:

📖   *Abenteuer russische Arktis*, Arved Fuchs, Verlag Delius Klasing & Co., Bie-lefeld, ISBN 978-3768811415.

🚢   Mit dem Kreuzfahrtschiff MS Kapitan Klebnikov (Baujahr 1981, das Schiff gehört zur Reederei FESCO), einem robusten russischen Eisbrecher, wird für zahlungskräftige Interessenten (Ticketpreise liegen im fünfstelligen Bereich) die Nordwest-Passage befahren. Informationen dazu u.a.
     💻 www.kreuzfahrten-pool.de/

🚂 Bahn

Erfolgt die Anreise nach Russland mit der Bahn von Europa aus, führt die Reise in der Regel über Moskau (Hauptverkehrsknotenpunkt, Beginn der Transsib). Die Züge nach Sibirien fahren in Moskau entweder vom Jaroslawskij bzw. Kazanskij Vokzal ab. Empfehlenswerte Verbindungen nach Moskau sind:

▷   Berlin direkt nach **Moskau** über Polen, Belorussland (Grenzstation und Bahnhof zum Wechseln der Drehgestelle: **Brest, Брест**)

▷   Berlin-Lichtenberg nach **St. Petersburg** (☞ Moskau) über Polen, Belo-russland (Grenzpunkt **Grodno**) und baltische Staaten (seit 1999 ist das Baltikum visafrei für Deutsche). Von St. Petersburg fahren viele Züge nach Moskau, außerdem gibt es eine Direktverbindung nach Omsk (Zug Nr. 66). Abfahrt in St. Petersburg ist auf jeden Fall vom Moskauer Bahnhof.

▷   Kurswagenverbindung der DB von Berlin-Hbf. - Frankfurt/Oder nach **Nowosibirsk** (**Новосибирск**), Zug D 1249, Fahrtdauer von

Frankfurt/Oder bis Nowosibirsk 88 Std. Fahrt via Warschau - Brest - Minsk - Osinovka - Smolensk - Gorkij - Kirow - Perm - Ekaterinburg - Tjumen - Ishim - Omsk, nur 2.-Klasse-Schlafwagenabteile. Der relativ günstige Preis wird durch das doppelt erforderliche weißrussische Transitvisum wieder fast zunichte gemacht. Rechtzeitige Buchung nötig, da oft für zwei Monate im Voraus ausgebucht. Keine Preisauskunft über das Internet möglich, Informationen zur Fahrt: 💻 http://reiseauskunft.bahn.de/.

✋   Ohne weißrussisches Transitvisum in Brest (Брест) keine Weiterreise. Wer versäumt hat, ein Transitvisum zu beantragen, wird mit einem der nächsten Züge zurück nach Warschau (Polen) geschickt und kann dort sein Glück bei der Botschaft Weißrusslands versuchen.

🚗 Eigenes Fahrzeug

Für die **Einreise** mit dem eigenen Fahrzeug benötigt man kein Carnet de Passage. Angeraten sind jedoch neben dem Führerschein auch ein internationaler Führerschein, die Zulassung sowie eine gültige Versicherung für den Bereich der gesamten Russischen Föderation. Die "grüne Karte" deckt Russland nicht mit ab, informieren Sie sich vor Abreise bei Ihrem Kfz-Versicherer. Das Fahrzeug wird bei der Einreise nicht im Pass eingetragen, stattdessen erhält man an der Grenzübergangsstelle ein Dokument vom Zoll, das bei Ausreise (oder einer etwaigen Veräußerung des Fahrzeuges im Lande bzw. einer Preisgabe bei Unfall/Totalschaden etc.) unbedingt wieder vorgelegt werden muss.

Zu Versicherungsfragen rund um Russland kann die SOVAG Schwarzmeer und Ostsee Versicherungs-AG ausführlich Auskunft geben, welche neben Büros in Moskau, Wien, London, Hamburg auch zwei Außenstellen in Köln und Berlin unterhält.

💻   www.sovag.de

ℹ️   SOVAG, Schwanenwik 37, 22087 Hamburg, ☎ 040/2271280, FAX 225719

◆   SOVAG Büro Moskau, 109180 Moskau, 2-Kazatshij Pereulok 6,
     ☎ 495-7256040/41, FAX 7256045

◆   SOVAG Österreich, Prinz Eugen Str. 10, 1040 Wien,
     ☎ 0043-(0)1-5055498, FAX 5055498-50.

◆   Die SOVAG bietet neben Kfz-Versicherungen auch Transport-, Güter-, Reisekranken- und Unfallversicherungen an.

Sinnvoll kann der Abschluss eines Schutzbriefes (Informationen beim ADAC) sein! Denken Sie daran, dass für Sibirien eine weltweite Deckung nötig ist, eine europaweite gilt nur für den europäischen Teil Russlands.

Zur Überführung eines Autos nach Russland mit dem Ziel der Veräußerung braucht man ein internationales Zollkennzeichen (= Ausfuhrkennzeichen, erhältlich bei den Kfz-Zulassungsstellen). Einmal beantragt, kann das Fahrzeug nicht wieder nach Deutschland eingeführt werden. Trägt der Wagen normale Kennzeichen, so empfiehlt sich vor einer Veräußerung und Verzollung in Russland die Abmeldung beim deutschen Konsulat (☞ Ausfuhrbestimmungen)!

☞ Autofahren in Russland; Motorradfahren in Russland.

Hinweise zu St. Petersburg (Петербург)

St. Petersburg hat als Ausgangspunkt für die Weiterreise nach Sibirien insofern Bedeutung, dass es von hier direkte Zugverbindungen sowohl eine Vielzahl nationaler Flüge nach Sibirien gibt. St. Petersburg wird auch von Lufthansa angeflogen und verfügt neben Vertretungen der Schweiz und Österreichs auch über ein deutsches Generalkonsulat. Auf Russisch heißt es nicht Petersburg, sondern Peterburg oder in der Kurzform "Piter" (Питер). Obwohl das ehemalige Leningrad umbenannt wurde, wird die Region weiterhin als Leningradskaja Oblast bezeichnet.

✆ 812, aus Deutschland: 007812 ...

🚗 Kfz-Regioncode "78"

🔧 Mercedes-Werkstatt, 196247 St. Petersburg, Leninskij pr. 146, AOST Logo-VAZ-Newa, ☎ 1533257

ℹ Informationen zu St. Petersburg 💻 www.petersburg.aktuell.ru/ sowie 💻 http://spb.allnw.ru (News auf Russisch), Seite der Regionalzeitung Komsomolskaja Prawda: 💻 http://spb.kp.ru, allgemeine Informationen und Stadtplan 💻 www.cityspb.ru/.

🛏 💻 www.privetspb.ru/

♦ In Nähe zum Flughafen und der Pulkowskaja Chaussee liegt das 1978 erbaute Hotel Pulkowskaja ☎ 3158169, Einzelzimmer ab € 65. Metro-Station: Moskowskaja.

🚗 Autovermietung, 197046 St. Petersburg, Petrogradskaja Nab. 18A, City-Center, ☎ (812)-3320101, FAX 3320186, 💻 www.vwproakt.ru

✈ Lufthansa, Newskij pr. 32, ☎ 3201000. Die russische Airline Aeroflot hat ihr Büro auf dem Newskij pr. 7.

- Flugverbindungen der Lufthansa 🖥 www.lufthansa.ru (Frankfurt/M.), Austrian Airlines (Wien)

- Flüge von/nach Deutschland mit Airline Pulkovo (Berlin, Hamburg, Frankfurt/M., Düsseldorf, München, Hannover), auch Wien und Zürich sind angebunden. Airline Pulkovo hat ihren Hauptsitz in St. Petersburg. Ticketoffice: 1. Krasnoarmejskaja ul. 4, ☎ 3039268.

✋ Die Auslandsflüge laufen über das Terminal Pulkovo II (☎ 1043444, Bus Nr. 13 ab Metro-Station Moskowskaja), die Inlandsflüge über Pulkovo I (☎ 1043822, Bus Nr. 2 ab Metro-Station Moskowskaja). An Zielen in Sibirien existieren u.a. Ekaterinburg, Nowosibirsk (tgl.), Surgut, Norilsk, Irkutsk, Chabarowsk, Barnaul, Magadan, Petropawlowsk-Kamtschatskij, Tjumen, Wladiwostok.

🚢 St. Petersburg ist eine bedeutende Hafenstadt an der Newa (Нева) und kann auch gut mit der Fähre von Deutschland in ca. 50 Std. angelaufen werden.

🚆 Bei Ausreise und Weiterreise per Bahn ist zu beachten, dass es in St. Petersburg verschiedene Bahnhöfe gibt.

- Warschauer Bahnhof (Verbindungen ins Baltikum, nach Pskov, Grodno, Polen/Warschau, Berlin)

- Finnländischer Bahnhof (Verbindungen von/nach Helsinki)

- Für die Weiterreise in Russland: Moskauer Bahnhof (Züge nach Moskau, Krim und Georgien und in den Norden), liegt am Newskij pr.

- Vitebsker Bahnhof (Züge nach Smolensk, Belorussland, Kiew, Odessa, Moldawien)

CD Deutsches Generalkonsulat, ul. Furschtatskaja 39, 191123 St. Petersburg, ☎ 812/3202400, FAX 3273117, Visastelle FAX 5793242,
✉ info@sankt-petersburg.diplo.de, 🖥 www.sankt-petersburg.diplo.de

- Generalkonsulat der Schweiz, ul. Marata 11, ☎ 7123922 bzw. 3259006 (Metro-Station Majakowskaja)

- Honorarkonsulat Österreich, ul. Furschtatskaja 43, ☎ 2750502

- Die nächstgelegene Metro-Station zum Erreichen des deutschen bzw. österreichischen Konsulates ist die Station Tshernyshewskaja.

➕ Schnelle medizinische Hilfe ☎ 03

- Kommerzieller Notarztdienst (kostenpflichtig) ☎ 3275150, 3271313

B&B RB Bed & Breakfast, ul. Bol. Konjushennaja 3/15, ☎ 812/3151917, FAX 3150495, ✉ bedbreakfast@mail.ru

◆   Informationen über preiswerte Unterkünfte

        🖳 http://bed-and-breakfast.gastgeber.net/Russland

🏠   Russian Youth Hostel, ul. 3-aja Rozhdjestvenskaja (Sowjetskaja)28,

        ☎ 812/3298018, FAX 3298019, € 20 bis 25 Nacht/Person. Entfernung vom
Moskowskij Vokzal ca. 5 Gehminuten. Das Hostel arbeitet mit dem Traveller's Guest House in Moskau zusammen (☞ Moskau) und ist beim Besorgen von Tickets (Bahn, Flug) behilflich. ✍ ryh@ryh.ru

🔞   Wenn Sie glücklicherweise einige Tage Aufenthalt in St. Petersburg haben:
St. Petersburger Jazz-Club, Zagorodny pr. 27, oder Club "Joy", ul. Kanal
Gribojedova 28.

Im Sommer - besonders während der Zeit der "Weißen Nächte" (dann ist es
so hell, dass man um Mitternacht noch Zeitung lesen kann) - werden des Öfteren
Live-Konzerte gegeben, z.B. auf den Inseln der Newa. Populär ist u.a. die Grup-
pe "DDT", die aus St. Petersburg stammt. Einen Spaziergang durch eine laue
Sommernacht sollten Sie nicht versäumen - allerdings werden nachts um 2:00 die
Brücken, die die Inseln miteinander verbinden, bis zum nächsten Morgen für den
Schiffsverkehr hochgeklappt.

⌘   Die Museenlandschaft in St. Petersburg ist ebenso wie das kulturelle
Angebot sehr vielfältig und die Aufzählung würde den Rahmen dieses ReiseHandbuches sprengen. Wer sich für die Eremitage, das Zoologische Museum, das
Eisenbahnmuseum oder die Vielzahl der Kirchen interessiert, ist mit einer aktuellen Ausgabe des Baedecker oder einem adäquaten Stadtführer gut beraten.

♱   Eine evangelisch-lutherische Kirche gibt es auf dem Newskij-pr. 22-24, die
katholische Katharinen-Kirche befindet sich in der gleichen Straße (Nr. 32).

Aeroflot

Die staatliche Aeroflot (IATA-Code: SU) wurde 1932 gegründet (seit 1992
Aktiengesellschaft, seit 2006 Mitglied im Skyteam) und war zu Sowjetzeiten die
weltgrößte Fluggesellschaft. Auf dem etwa 1 Mio. km großen Flugnetz wurden
2004 ca. 7 Mio. Passagiere transportiert. In den letzten Jahren hat Aeroflot seine

Flotte deutlich modernisiert. Neben modernen ИЛ96 sind eine große Anzahl von Airbus A320 und A350 vorhanden. Die ИЛ86 und die ИЛ96 gelten als die "sichersten" russischen Maschinen, Letztere wird auch von der Regierung als Präsidentenmaschine genutzt. Aeroflot gelang es in den letzten 10 Jahren, das früher etwas negative Image in Bezug auf die Flugsicherheit deutlich zu verbessern.

Der letzte Absturz einer Aeroflot-Maschine war am 23.03.1994 in Sibirien (Nähe Region Altai), 🖥 www.airsafe.com oder 🖥 http://aviation-safety.net, 🖥 www.airdisaster.com.

Einige Unfälle, welche sich in den letzten Jahren in Russland ereignet hatten, wurden Aeroflot zugeschrieben, jedoch gehörte z.B. die Maschine, welche am 09.07.2006 bei der Landung in Irkutsk verunglückte, zur Airline Sibir/S7. Die Ursachen für die Katastrophen sind vielschichtig. Die russischen Piloten selbst gelten eigentlich als sehr gut ausgebildet, viele sind auch ehemalige Militärpiloten. Probleme gab es in der Vergangenheit mit der Überladung von Maschinen, wodurch die Manövrierfähigkeiten eingeschränkt waren.

In den 1990er Jahren drängten auf lokaler Ebene immer mehr neue Fluggesellschaften und Agenturen auf den Markt. Inzwischen hat eine gewisse Marktbereinigung eingesetzt. Sie sollten sich dennoch nicht unbedingt von superbilligen Preisen ködern lassen, denn mitunter kommen alte ausgediente Propellerflugzeuge oder ausgemusterte Armeehubschrauber zum Einsatz.

Im Norden Sibiriens, z.B. in **Jakutien**, ist man auf das Flugzeug als Transportmittel angewiesen. Abgesehen von den wenigen Pisten durch die Taiga, die nur kurze Zeit im Jahr befahrbar sind, gibt es kein Straßennetz. So haben alle Städte und bedeutenden Siedlungen in Jakutien einen Flugplatz. Selbst kleinere Dörfer verfügen über einen Landeplatz für Hubschrauber. Gleiches gilt im Prinzip auch im Fernen Osten auf der Halbinsel Tschukotka oder auf **Kamtschatka**: auch hier ist der Hubschrauber Transportmittel Nr. 1.

Ein "Check-in", wie bei uns auf dem Flughafen üblich, gab es im Russland der 1990er Jahre eigentlich nur auf großen Flughäfen oder bei Auslandsflügen. Auf kleinen Regional-Airports waren die Metalldetektoren mitunter ausgeschaltet.

Seitdem zunehmend Terrorakte drohen und im August 2004 zwei Bomben von tschetschenischen Passagieren in zwei Flugzeuge geschmuggelt wurden, gibt es überall verstärkte Kontrollen. Wenn man bei Kontrollen eventuell seine Schuhe und Strümpfe ausziehen muss und Leibesvisitationen durchgeführt werden, sollte man immer bedenken, dass dies der eigenen Sicherheit dient. Es ist also ausreichend Zeit einzuplanen, da die Kontrollen sehr akribisch sind. Zudem werden in Russland immer noch Milizkräfte bei den Kontrollen eingesetzt, ein Outsourcing an zivile Sicherheitsfirmen fraglicher Qualifikation hat nicht stattgefunden.

Das russische Flugwesen hat natürlich auch einige Highlights - vor allem technischer Art - zu bieten: Das weltweit erste Überschallflugzeug war die russische TU-144, die Ende der 1960er Jahre in Dienst gestellt wurde. Das schnellste mit Propellerantrieb versehene Flugzeug kommt ebenfalls aus Russland: Es handelt sich um die mit vier Motoren ausgerüstete TU-95/142, die eine Fluggeschwindigkeit bis zu 930 km/h erreichen kann.

Auch der weltweit größte Hubschrauber wurde in der ehemaligen Sowjetunion gefertigt, vor allem für militärische Einsatzzwecke. Es ist der Mi12, auch als "V12" bezeichnet. Die Spannweite beträgt 67 m. Der Hubschrauber hat vier Turbinen mit jeweils 4,8 MW. Noch etwas gigantischer ist allerdings der Mi26. Das überhaupt größte Flugzeug der Welt ist die AN225, welche selbst ihren westlichen Bruder C5-Galaxy weit hinter sich lässt (☞ Anreise)

Autofahren in Russland

Anzuraten ist neben der **Auslandshaftpflichtversicherung** zumindest auch eine Teilkaskoversicherung, die weltweit gültig ist. Reist man mit dem Auto nach Russland ein, so muss die Grenzübergangsstelle (z.B. Brest) auch im Visum stehen (☞ Einreise).

Die **Verkehrszeichen** sind in Russland die gleichen wie bei uns und wie international üblich. Nur der Fahrstil ist etwas anders: Dass man wegen Fußgängern auf der Straße das Tempo verringert, ist kaum vorstellbar; sie werden bestenfalls durch Hupen oder aber durch Gasgeben verdrängt.

Die Milizionäre stoppen eher Fußgänger, die bei Rot die Straße überqueren, als Autofahrer, die bei Rot über die Kreuzung preschen.

Üblich ist auch, außerhalb der Stadtgrenzen, wo sich die GAI-Posten befinden (ГАИ, staatliche Autoverkehrsinspektion, eine Art bewaffnete **Verkehrspolizei**), angehalten zu werden und Papiere zeigen zu müssen. In letzter Zeit werden an Kontrollpunkten vor Moskau, aber auch im Landesinnern, ganz gezielt Wagen wie Mercedes, BMW und Opel von der GAI angehalten und kontrolliert, um als gestohlen gemeldete Fahrzeuge aufzuspüren.

Klären Sie die **Ersatzteilbeschaffung** am besten, bevor Sie mit dem Auto durch Russland reisen. Ersatzteile gibt es in Russland im Allgemeinen für alle Lada-Typen (Shiguli). Autopannen kommen wegen der vielen schlechten Straßen häufiger vor.

Da in letzter Zeit die Anzahl der aus Westeuropa importierten Autos (**иномарки**), ob legal oder illegal, stark zugenommen hat, ist auch hier die Ersatzteilbeschaffung meist lösbar, aber teuer. Die nötigen Teile findet man evtl. in den Autoservicestationen, am ehesten aber auf dem avtorynok, dem Autobasar. Ein teurer Neuwagen ist nicht empfehlungswert. Alarmanlagen oder Wegfahrsperren nützen wenig, denn, wenn es sich lohnt, kommen die "Interessenten" gleich mit Lkw oder Abschleppkran vorbei.

☺ Kaufen Sie bei längerfristigem Aufenthalt vor Ort einen Lada! Dieser ist günstig und an welchem anderen Pkw kann man bei leerer Batterie und eventuell defektem Anlasser mit Hilfe einer Kurbel den Motor heute noch "andrehen"? Außerdem handelt es sich beim Lada um ein sehr robustes Auto (besonders Niva, VAZ-2106 sowie VAZ-21061, kaum die neueren Modelle wie vom Typ Samara). Am einfachsten ist es, den Wagen auf einen russischen Bekannten zuzulassen und eine schriftliche Vollmacht über das Benutzen des Kfz mit sich zu führen.

Antenne, Spiegel und Scheibenwischer werden kaum noch abmontiert. Bis Ende der 1990er Jahre war das in Russland sehr wahrscheinlich, wenn man sein Fahrzeug nachts an der Straße abstellte und nicht über eine Garage verfügte. Solche **Kleinteile** waren damals sehr schlecht erhältlich. Wenn Sie Ihr Fahrzeug über längere Zeit abstellen müssen, sollten Sie trotzdem einen bewachten Parkplatz nehmen.

P Seit einiger Zeit gibt es zumindest in Großstädten und an Transitmagistralen bewachte **Autoparkplätze**, und zwar überall dort, wo das Hinweisschild **автостоянка** (*avtostojanka*) oder **ПАРКИНГ** (*parking*) an großen, mit Stacheldraht umzäumten Grundstücken prangt. Das bewachte Parken ist nicht ganz billig, denn meist muss der Besitzer des Parkplatzes auch Schutzgeld an die örtliche Mafia zahlen.

Im Straßenverkehr herrscht absolutes **Alkoholverbot** = 0,0 Promille Blutalkohol. Die Strafen für Verkehrsdelikte sind hoch, unabhängig davon, ob es sich beim Verursacher um ausländische Touristen handelt oder nicht.

In den Metropolen des Landes werden **Falschparker** neuerdings gebührenpflichtig abgeschleppt oder aber mit Zement-Stahlkonstruktionen zunächst an der Weiterfahrt gehindert, bis die Strafe beglichen ist.

Bei Geschwindigkeitsverstößen oder Mängeln am Fahrzeug wurde in der Vergangenheit das **Strafgeld** durch einen Milizionär kassiert. Es soll Fälle gegeben haben, wo sich bei Verzicht auf eine offizielle Quittung die Strafsumme auf wundersame Weise halbierte. Um etwaiger Korruption vorzubeugen, wird die Geldstrafe jetzt vom für den jeweiligen Rayon zuständigen Gericht erhoben und nicht mehr von der Miliz abkassiert, einmal abgesehen von Parkverstößen. Der Strafbescheid kommt dann (bei russischen Bürgern) mit der Post, wie wir das aus Deutschland kennen. Bei Ausländern kommt es vor, dass eine Sicherheitsleistung verlangt wird, bis die Strafe beglichen wurde, das kann auch ein Dokument oder Bargeld sein. Angesichts der hiermit verbundenen Schwierigkeiten ein Grund mehr, sich auch hier an die Verkehrsregeln zu halten.

✋   Wie die genauen Reglungen bei der Vollstreckung höherer Strafgelder für Ausländer sind, ist nicht genau bekannt, wir bitten um etwaige Erfahrungsberichte.

Kraftstoffe

Superbenzin ist das mit 93 Oktan, Normalbenzin das mit 72. Viele Lkw (z.B. Kamaz) fahren wegen der sibirischen Kälte statt mit Diesel mit **Benzin**. Bleifreies Benzin gibt es noch nicht überall flächendeckend (abgesehen von den Gebieten Moskau, St. Petersburg, Kaliningrad). Dem bei uns üblichem Super verbleit entspricht in Russland etwa die Benzinsorte **АИ95**, sofern erhältlich. **АИ95** und auch **АИ93** werden wahrscheinlich aus Ölsorten wechselnder Qualität hergestellt - je nach Raffineriebetrieb und Verschnittmasse mit Nebenprodukten - und unterscheiden sich daher manchmal in ihrer Zusammensetzung. Die billigste Sorte ist das 72er-Benzin (АИ72), man sollte es aber auch einem Pkw westeuropäischer Produktion ohne Katalysator nicht unbedingt zumuten, wenn man die Wahl hat. Ein alter VW Passat (Baujahr 1985) kam nach eigenen Erfahrungen allerdings problemlos damit zurecht.

Die Preise für einen Liter Benzin liegen je nach Sorte zwischen € 0,70 bis 0,75. Ein Liter Diesel kostet ca. € 0,60.

Damit die wechselnde Qualität des Benzins die Fahreigenschaften nicht wesentlich beeinflusst, kann man am Auto den Zündzeitpunkt verstellen. Das geht nur bei älteren Modellen. In russischen Ladas, Wolgas u.a. befindet sich daher an leicht zugänglicher Stelle neben dem Zündverteiler der Oktanversteller (je nach Drehsinn "+" für Vorzündung und "-" für Spätzündung). Bei stärkeren Motorklopfgeräuschen muss die Schraube in "-"-Richtung (Uhrzeigersinn) gedreht werden.

Der Eintrag einer Tankstelle auf einer Autokarte und auch eine real vorhandene Tankstelle (бензо заправочная станция, *benzozapravotshnaja stanzija*) bedeuten - zumindest in der Provinz oder auf dem Lande - noch lange nicht "Benzin". Eher wird man - wenn die Tankstelle geschlossen hat - den Treibstoff an einer Straßenecke von den dort bereits mit Kanistern wartenden Händlern kaufen müssen, natürlich ein wenig teurer als normal. Ob das Benzin dann "gestreckt" ist, zeigt sich alsbald.

☺   Mit den russischen Bezeichnungen für Motorenöle, Brems- und Kühlflüssigkeiten kommt man normalerweise nicht auf Anhieb klar, daher folgende Tabelle mit dem internationalen Produkt und dem, was man als Ersatz in Sibirien dafür verwenden kann:

Motorenöle (Sommer)

Agip SAE 20W30, Shell X-100-30	М12Г1
Shell X-100-20W40	М12ГИ

Motorenöle (Winter)

SAE 10W20, Shell X-100-20W	М8Г1
10W40 oder Shell Super 101	М8ГИ

Motorenöl für jede Jahreszeit

SAE 10W40 Öl   М10ГИ

Kühlflüssigkeit

Agip F1 Antifreeze o.Ä.   тосол 40

Bremsflüssigkeit

Agip F1 Brake fluid Super HD   Нева
Shell Donax B oder DOT-4.

Autoersatzteile

Ersatzteile für ausländische Fahrzeuge sind in Sibirien nicht immer sofort zu bekommen (Ausnahme: Autoersatzteile für die am häufigsten vorkommenden Importmodelle wie Opel, Mercedes, BMW, Audi). Je weiter man nach Osten kommt, umso reichhaltiger wird das Angebot an Ersatzteilen für Fahrzeuge japanischer/koreanischer Produktion. Selbst Motorenöl und Bremsflüssigkeit sind teilweise in nur mäßiger Qualität vorhanden. Die russischen Mechaniker sind jedoch wahre Meister im Improvisieren. Sie bekommen fast alles wieder hin. Zum Schweißen wird bei Bedarf auch schon einmal eine Überlandleitung angezapft.

Mit Motorradersatzteilen sieht es generell nicht gut aus: was jemals kaputtgehen kann, sollte mitgeführt werden.

Autohilfe

Reifen für (fast) alle Fahrzeuge kann man in Russland über lokale Händler der Firma Ros-Shina erwerben, die in über 40 Städten landesweit präsent sind. Zudem gibt es in jeder Stadt Reifendienste, erkennbar an den Schildern шиномонтаж. Hier werden auch noch Reifen vulkanisiert.

Banja

Die russische *Banja* (баня, russ. Dampfbad, Badehaus) entspricht nicht vollständig der bei uns üblichen finnischen Sauna (diese wird in Russland als *finskaja banja* bezeichnet). Die ursprüngliche Banja ist ein kleines, aus Holz bestehendes Häuschen, das früher mittels eines Holzfeuers oder durch glühende Steine erwärmt wurde. Diesen Typ findet man auch heute noch in dörflichen Gegenden - prinzipiell fast überall in Sibirien. Modernere Badehäuser in den Städten werden elektrisch beheizt.

Die *Banja* ist vielerorts ein wichtiges Element des Alltags. Werden Gäste erwartet, so wird die *Banja* angeheizt, selbst wenn es spät am Abend ist. In der *Banja* erwarten den Besucher meist 95 bis 100°C. Zunächst wärmt man sich für fünf bis 10 Min. auf, anschließend erfolgt die Abkühlung. Das kann in einem kalten Tauchbecken, im nahen Gebirgsfluss oder durch gegenseitiges Begießen mit kaltem Wasser erfolgen.

Danach wärmt man sich wieder auf den Holzbänken in der *Banja* auf. Diese Prozedur wird mehrfach wiederholt - meist dreimal oder ganz nach Belieben. Je trockener die Luft in der *Banja* ist, desto besser wird die Hitze ausgehalten. Wird mehr feuchte Hitze bevorzugt, so wird auf den Ofen Wasser gegossen.

Interessant und äußerst wohltuend ist das gegenseitige Schlagen mit Ruten (meist Birkenzweige, веник), die vorher in Wasser getaucht werden. Bequem auf der Bank in der Banja liegend, lässt man sich von Kopf bis Fuß mit der Rute bearbeiten. Das fördert die Durchblutung der Haut und wirkt außerdem noch aggressionsabbauend. Regelmäßige Banjabesuche wirken stimulierend auf das Immunsystem und das Herz-Kreislauf-System.

Die *Banja* ist auch in gewisser Weise mit Leben und Tod verbunden. Früher steckte man die scheinbar unheilbar Kranken und Geschwächten in das Banjahaus und überließ sie ihrem Schicksal. Als geheilt galt, wer nach einigen Tagen wieder aus eigener Kraft das Häuschen verlassen konnte.

Die *Banja* ist immer auch der sauberste und wärmste Ort des ganzen Hauses, weswegen in ländlichen Gegenden dort auch die Kinder geboren wurden. In der *Banja* ist Wodka tabu und Essen und Trinken gibt es üblicherweise nach dem Besuch.

CD Diplomatische Vertretungen

Deutschland hat in der Russischen Föderation (RF) in Moskau, St. Petersburg, Nowosibirsk, Kaliningrad, Ekaterinburg und Wladiwostok Vertretungen (Das Honorarkonsulat Saratow stellte im Jahre 2006 seine Tätigkeit ein). Auch in den angrenzenden Staaten der GUS gibt es deutsche Vertretungen. Die deutsche Botschaften bzw. ihre Konsularabteilungen erkennt man schon von Weitem an den langen Warteschlangen. Die Botschaften können beispielsweise bei Passverlust einen Ersatzpass ausstellen. In absoluten Notfällen gewährt die Botschaft auch ein Konsularhilfe-Darlehen, das später verzinst in Deutschland zurückgezahlt werden muss.

... in Russland

Ⓓ   Deutsche Botschaft, 119285 Moskau, ul. Mosfilmowskaja 56, ☏ 495/937-9500, ⒻⒶⓍ 9382354, 🖳 www.moskau.diplo.de. Die Rechts- und Konsularabteilung ist auf dem Leninskij pr. 95a (im Gebäude der ehem. DDR-Botschaft) lokalisiert.

◆   Deutsches Generalkonsulat St. Petersburg, 191123 St. Petersburg, ul. Furstadtskaja 39 (nahe Metro-Station Tschernyshevskaja), ☏ 812/3202400, ⒻⒶⓍ 3273117, Visastelle ⒻⒶⓍ 5793242, ✉ info@sankt-petersburg.diplo.de

◆   Deutsches Generalkonsulat Ekaterinburg, 620026 Ekaterinburg, ul. Kuibyshewa 44, c/o World Trade Center, Office 503/504, ☏ 343/3596399, bislang ohne Visastelle (Visaangelegenheiten werden über Moskau geregelt), 🖳 www.jekaterinburg.diplo.de, ✉ gk_jeka@yahoo.de

◆   Deutsches Generalkonsulat, 630099 Nowosibirsk, Krasnij pr. 28, ☏ 383/2231411, 2233454 und 232256, ⒻⒶⓍ 2234417, Visastelle ☏ 2234869, ⒻⒶⓍ 2234417. Das Konsulatspersonal gibt kompetente Auskünfte und Hilfe in Problemsituationen. 🖳 www.nowosibirsk.diplo.de

◆   Honorarkonsulat Wladiwostok, ☞ Wladiwostok. Zuständig nur für Wladiwostok und den Primorskij Kraj, in seinen Kompetenzen eingeschränkt. Übergeordnete zuständige Auslandsvertretung: Nowosibirsk.

◆   Krisenvorsorgeliste: Die Deutsche Botschaft Moskau empfiehlt allen längerfristig in Russland lebenden Deutschen, sich bei der Botschaft bzw. den zuständigen Konsulaten auf freiwilliger Basis in eine sog. Krisenvorsorgeliste eintragen zu lassen, nähere Informationen bei 🖳 www.moskau.diplo.de/ oder telefonisch.

◆   Änderungen ☞ Webseite des deutschen Außenministeriums: 🖳 www.auswaertiges-amt.de oder 🖳 www.diplo.de

◆   Aktuelle Informationen auch bei 🖳 www.konsulate.de oder 🖳 www.visa-online.de. Wir empfehlen vor jeder Russlandreise, etwaige

Änderungen auf diesen Seiten zu prüfen. Öffnungszeiten, Telefon- und Faxnummern etc. ändern sich u.U. sehr schnell.

(CH) Schweizer Botschaft, 101000 Moskau, Ogorodnij Slobody pereulok 2/5,
☎ 2583830, 6413889, Visastelle: ☎ 9742459, Metro-Station Okhotnij Rjad.
✍ mos.vertretung@eda.admin.ch. Die Schweiz betreibt auch ein Konsulat
in St. Petersburg.

(A) Österreichische Botschaft, 119034 Moskau, Starokonjushenij per. 1,
☎ 495/5029512, 5029516, 5029513, 2017317, 2017379, FAX 9374269;
nächste Metro-Station Kropotkinskaja. ☐ Mo bis Fr von 9:00 bis 13:00.
Zusätzlich Honorarkonsulat in St. Petersburg.

♦ Österreicher Kulturforum, 119034 Moskau, Starokonjushenij pereulok 1,
☎ 5029512

... in ...

(D) Botschaft der Russischen Föderation, Unter den Linden 63-65,
10117 Berlin, ☎ 030/2291110, FAX 2299397, 🖳 www.rusbotschaft.de

♦ Visastelle, Behrensstr. 15, 10117 Berlin, ☎ 030/2291207, 22651184

♦ Passstelle, ☎ 030/22651183, FAX 22651999

♦ Generalkonsulat der Russischen Föderation, Waldstraße 42, 53177 Bonn,
☎ 0228/3867930 (Visastelle), FAX 312164, 🖳 www.ruskonsulatbonn.de

♦ Generalkonsulat Hamburg, Am Feenteich 20, 22085 Hamburg,
☎ 040/2295301, 2295201, FAX 2297727

♦ Generalkonsulat München, Seidlstraße 28, 80335 München,
☎ 089/592528, FAX 5503828

♦ Generalkonsulat Leipzig, neue Adresse: Turmgutstraße 1, 04155 Leipzig,
☎ und FAX 0341/5851876, 5902923, FAX 5649589. ☐ Mo, Di, Do und Fr von
9:00 bis 12:00. ✍ rusgenkon_leipzig@t-online.de

♦ Russische Honorarkonsulate in 40479 Düsseldorf, 90489 Nürnberg und
70469 Stuttgart (für Visaerteilung nicht zuständig)

(A) Botschaft der Russischen Föderation, Reisnerstr. 45-47, 1030 Wien,
☎ 01/7123233, FAX 01/7147612, 🖳 www.austria.mid.ru, ✍ rusem@chello.at

♦ Russisches Generalkonsulat, Bürgelsteinstr. 2, 5020 Salzburg,
☎ 0662/624184, FAX 6217434

♦ Handelsvertretung Russlands, Argentinierstr. 25-27, 1040 Wien,
☎ 01/5052668, ✍ au.russhv@aon.at

ⒸⒽ   Botschaft der Russischen Föderation, Brunnadernrain. 37, 3006 Bern,
      ☎ 031/3520565, -66, FAX 3525595, 🖵 www.switzerland.mid.ru,
      ✑ rusbotschaft@bluewin.ch.
◆   Konsularabteilung Bern, Brunnadernstr. 53, ☎ 031/3520567, FAX 3526460
◆   Generalkonsulat, Rue Schaub 24, 1202 Genf, ☎ 022/7349083,
      FAX 7403470, ✑ consulat.russie@bluewin.ch
◆   Handelsvertretung, Schanzeneckstr. 19, 3012 Bern, ☎ 031/3011871
☞   Die russischen Konsulate aller Länder der Welt unter
      🖵 www.russianembassy.net/
☺   Die russischen Vertretungen sind an den ☞ russischen Feiertagen
      geschlossen.

Für die Erteilung des Visums sind die Visaabteilungen der Botschaft der Russischen Föderation und die russischen Generalkonsulate zuständig. Visaformulare und die näheren Bestimmungen erhält man in jedem guten Reisebüro bzw. im Internet zum Download oder direkt vom Konsulat (Rückporto nicht vergessen). Zur Erteilung des Visums ist neben der Einladung ein Reisepass notwendig. Die Visabestimmungen ändern sich gelegentlich (wie auch die Öffnungszeiten), erkundigen Sie sich am besten vorab telefonisch.

✋   Neuerdings wird in Deutschland nur noch ein Passfoto für den Antrag benötigt, Hochglanzfotos werden oft mit der Begründung zurückgewiesen, dass darauf der Stempel verwischbar und damit manipulierbar sei.

✋   Mitreisende Kinder unter 16 Jahren sollten einen eigenen Kinderreisepass haben, der in Deutschland beantragt wird. Kinder bis 4 Jahre können auch im Pass der Eltern eingetragen sein. Im ersten Fall ist ein Visum im Kinderreisepass nötig, im zweiten Fall ein Eintrag auf dem Visum im Pass des jeweiligen Elternteils.

✋   Eine Migrationskarte wird seit 2003 bei der Einreise ausgeteilt, sie besteht aus zwei Teilen, auf denen jeweils die persönlichen Daten sowie Passnummer und Dauer des Aufenthalts etc. einzutragen sind. Ein Teil wird bei der Einreise nach der Abstempelung abgerissen und einbehalten, der zweite Abschnitt soll bei der Registrierung mit vorgelegt werden und ist bei der Ausreise zusammen mit dem Pass vorzuzeigen.

✋   Deutsche Staatsbürger benötigen für die Reise mit der Bahn über das Baltikum nach Russland oder zurück seit 1999 kein Transitvisum mehr. Seit dem EU-Beitritt der baltischen Staaten hat sich auch für viele andere europäische Länder diese Visaangelegenheit erübrigt.

Botschaften ehemaliger UdSSR-Republiken

Bei der Anreise nach Russland mit dem Zug via Brest benötigt man ein weißrussisches Transitvisum. Bei Anreise mit dem Zug via Ukraine bitte rechtzeitig Informationen einholen, da ein ukrainisches Transitvisum nötig ist, sofern nicht temporär die Visapflicht ausgesetzt wurde, wie zurzeit für Deutschland. Auch hier ist mit Änderungen zu rechnen. Plant man nach Russland die Weiterreise z.B. in die mittelasiatischen GUS-Staaten, z.B. nach Usbekistan oder Kasachstan, ist ebenfalls eine vorherige genaue Information hinsichtlich der aktuellen Visabestimmungen ratsam.

- ◆ Botschaft Belarus (Weißrussland), Am Treptower Park 32, 12435 Berlin,
    ☎ 030/5363590, FAX 53635923, Konsularstelle/Visastelle
    ☎ 030/53635932/-33, FAX -24, 💻 www.belarus-botschaft.de,
    ✉ info@belarus-botschaft.de
- ◆ Außenstelle der Botschaft, F.-Schäfer-Str. 20, 53113 Bonn,
    ☎ 0228/2011310, FAX 2011319, ✉ bonn@belembassy.org
- ◆ Botschaft der Ukraine, Albrechtstr. 26, 10117 Berlin, ☎ 030/28887220,
    FAX 28887163, 💻 www.botschaft-ukraine.de
- ◆ Außenstelle in 53424 Remagen-Oberwinter, Generalkonsulate der Ukraine in Frankfurt/M., Hamburg und München. Honorarkonsulat in Bochum.

Einkaufen

Einkaufen wird man als **Bahntourist** am ehesten bei längeren Zwischenaufenthalten auf den Bahnsteigen, bei Kiosken und Händlern, ansonsten auf dem *rynok* (рынок, Markt, Basar) oder im *magazin* (магазин). Auf den Bahnsteigen bekommt man neben Nahrungsmitteln, Obst und Gemüse auch Eis, Getränke und Zeitungen angeboten. Der Preis ist kaum verhandelbar, denn der Händler hat nur die 10 Min., die der Zug hält, um seine Waren "an den Mann zu bringen" und kann nicht stundenlang mit Reisenden über den Preis verhandeln. Außerdem haben viele ambulante Händler keine Lizenz, sodass sowieso alles schnell gehen muss. Die Waren sind auf dem Bahnsteig mindestens doppelt so teuer wie im Laden. Wodka zweifelhafter Herkunft sollte man besser nicht kaufen. Der Weiterverkauf von Nahrungsmitteln, *produkty*, an Reisende ist oft die Lebensgrundlage vieler Babuschkas, die auf diese Art ihre schmale Rente aufbessern. Beim Kauf von Lebensmitteln im Speisewagen zahlt man deutlich mehr, auch ist das Sortiment begrenzt.

Auf **Märkten** und Basaren gibt es fast alles, was man in den Geschäften oft vergeblich sucht oder nur im sogenannten *Komertshesky Magazin* erhält. Üblicherweise kann man auf dem Basar auch probieren, wie z.B. die Weintrauben oder die Melonen schmecken. Kein Händler hat etwas dagegen, zumindest, wenn man ihn fragt. Es hinterlässt keinen guten Eindruck, wenn westliche Touristen alle Sorten an allen Ständen kosten und dann überhaupt nirgendwo nichts kaufen, dafür aber satt sind. Einem Russen würde dies nie einfallen. Die Preise sind hier verhandelbar.

Das Fleisch auf dem Markt wird kiloweise verkauft. Dabei hängt es vom Verkäufer ab, ob es Schulter oder Schwarte ist. Fleischprodukte, Fisch und Molkereierzeugnisse werden üblicherweise in den Markthallen verkauft. Alle anderen Erzeugnisse (Obst, Gemüse, Süßigkeiten, Textilien, Schuhe, billige Massenware aus China, Technik und Bücher) finden sich an den Ständen im Freien.

Die Lebensmittelhygiene wird nicht immer und überall 100-prozentig eingehalten - darüber täuscht auch nicht hinweg, dass die Verkäufer in der Markthalle weiße Kittel tragen.

Sowohl in Markthallen als auch auf dem Basar bezahlt man direkt beim Verkäufer. In den Geschäften gibt es hin und wieder noch ein anderes **Kassensystem**. Man stellt sich an einem Stand an und fragt nach dem Preis des gewünschten Artikels (der für radebrechende Ausländer auch schon mal aufgeschrieben wird). Danach geht man erst zu der für die jeweilige Abteilung zuständigen Kasse, sagt, was man möchte, und bezahlt den betreffenden Geldbetrag. Mit dem Kassenbon geht man sodann zum Verkaufsstand zurück, gibt den Kassenbon ab und erhält nun das Gewünschte. Nicht jede Kasse darf für jeden Verkaufsstand Bons verkaufen. An jeder Kasse und an jedem Stand wartet man. Damit das Einkaufen letztendlich nicht Std. dauert, stellen sich die Russen gleichzeitig in mehreren Reihen an. Man sagt dem Hintermann, dass man gleich wieder zurückkommt und steht kurz in einer anderen Reihe/an einer anderen Kasse an. Auf diese Art und Weise kann man z.B. in fünf Reihen gleichzeitig präsent sein; dies ist hier so üblich, um Zeit zu sparen. In den Supermärkten und Kaufhallen, die in den letzten Jahren entstanden, herrscht dagegen ein uns vertrautes System vor, man nimmt den Artikel und bezahlt an einer Kasse. In modernen Supermärkten größerer Ketten werden hier und da auch Kreditkarten genommen.

Kriegsveteranen können ohne anzustehen sofort nach vorn gehen. Dies gilt nicht nur im Laden, sondern auch im Bahnhof, der Busstation, Bank und in der Metro. Nicht nur die ordentragenden Rentner, auch jüngere Kriegsversehrte beispielsweise aus dem Afghanistankrieg oder dem Tschetschenienkonflikt (von 1995 bis heute) zählen dazu.

In größeren Geschäften muss man seine Tasche am Eingang abgeben und erhält eine Blechmarke dafür. In größeren Supermärkten gibt es auch Schließfächer. Nehmen Sie aber trotzdem einige Plastiktüten mit, um z.B. Fleisch/Fisch zu verpacken.

In vielen Städten und Dörfern, auch auf Bahnsteigen oder an Busstationen gibt es Kioske, die hauptsächlich Bier, Alkoholika, Zigaretten, Süßigkeiten und mitunter einige Konserven im Sortiment haben. Das Fenster befindet sich meist in einer sehr kinderfreundlichen Höhe. Die Preise sind kaum teurer als im Geschäft.

Geschäfte im Allgemeinen ab 9:00, in den Städten meist bis 20:00, manche Kaufhallen oder Supermärkte bis 21:00. Es gibt aber fast überall Kioske und kleinere Geschäfte, welche 24 Std. an sieben Tagen die Woche geöffnet sind, erkennbar an dem Schriftzug "круглосуточный" (russ. = ganztägig bzw. rund um die Uhr). In dörflichen Gegenden schließen die vorhandenen Läden oft schon 19:00, im Winter 18:00. Oft gibt es aber ein "diensthabendes" Geschäft, wo man auch noch zu späterer Stunde Brot kaufen kann.

Duty-Free-Shops gibt es auf Flughäfen mit internationalem Verkehr nach der Zollkontrolle. Souvenirs sind dort deutlich teurer als in der Stadt. Die Freigrenzen für bestimmte Genussmittel sind zu beachten, denn spätestens am deutschen Ankunftsflughafen interessiert sich der Zoll für die Tüten mit der Aufschrift "Duty-Free-Moscow".

Einreise

Touristen benötigen zur Einreise nach Russland ein **Touristenvisum**. Dieses ist oft nur 21 Tage gültig. Wer sich privat einladen lässt, erhält ein Privat-Visum, die Gültigkeit kann bis 90 Tage betragen. Für Geschäftsreisen ist ein **Kommertsheskaja Visa** (Geschäftsvisum) nötig. Für mehrere Ein-/Ausreisen innerhalb kurzer Zeit ist ein **Multi-Entry-Visum** sehr dienlich (Preis bis zum Zehnfachen eines normalen Visums). Seit 1998 besteht das russische Visum aus einem in den Pass eingeklebten Wertpapier mit Hologramm zur Fälschungssicherheit.

Visa werden von den Konsulaten der RF nur erteilt, wenn eine Einladung vorliegt oder Hotelbuchungen durch Voucher vorgewiesen werden können. Außerdem muss eine anerkannte Auslandskrankenversicherung nachgewiesen werden. Betreffend der Einladung heißt das im Einzelnen:

Von Privatpersonen (z.B. Freunden/Verwandten) muss die Einladung von den örtlichen Behörden (OVIR-Abteilung der Miliz) bestätigt werden. Dieses kleine grüne Formular wird nur im Original von der Botschaft anerkannt, eine Kopie oder ein Fax nicht. Bedenken Sie bei der Reiseplanung, dass die Postübersendung der Einladung drei bis vier Wochen dauern kann und auch die Beantragung in Russland vor Ort mit Wartezeit und Gebühren verbunden ist.

Bestimmte größere Unternehmen, Institute, Hochschulen, öffentliche Einrichtungen etc. können formlose Einladungen aussprechen, z.B. im Rahmen eines Studentenaustauschprogrammes. Die Einladung sollte Name, Geburtsdatum, Adresse und Passnummer des/der Eingeladenen enthalten. Da nicht alle Einrichtungen berechtigt sind, Einladungen so zu formulieren, gibt es bei den Botschaften eine Liste der Ermächtigten.

Ohne Einladung bekommt man Visa nur bei Nachweis von z.B. Hotelbuchungen (Voucher), Transitvisa bei Nachweis der gekauften Fahrkarte (Kopie). In der Regel übernimmt das Reisebüro z.B. bei der Buchung einer Fahrt mit der Transsib zusätzlich auch die Visabeschaffung.

Von einem guten Reisebüro kann man erwarten, dass die Visa problemlos innerhalb von 14 Werktagen beschafft werden. Zu den Diensten, die gute Reiseagenturen auszeichnen, gehören auch die unkomplizierte Bestellung von Unterkünften im Privatsektor (also privat oder ggf. Studentenwohnheim), z.B. in Moskau, aber auch in anderen größeren Städten des Landes, und weitere Serviceleistungen wie z.B. Autovermietung (☞ Reiseveranstalter).

Ein Visum kostet ca. € 35 bis 40 (normal), Express (€ 100 bis 120), andere Sonderwünsche (Double/Multi) sind wesentlich teurer. Beauftragt man ein Reisebüro mit der Beschaffung, kommen meist Zusatzgebühren hinzu. Man kann also, wenn man eine Einladung oder entsprechende Voucher hat, auch selbst bei der Botschaft oder dem Konsulat vorstellig werden (Berlin, Leipzig, München, Hamburg, Bonn), muss dann aber entweder ein zweites Mal zur Abholung anreisen oder sich den Pass mit der Post zuschicken verlassen. In der Schweiz sollen die Visagebühren im Wesentlichen von der Bearbeitungszeit und der Anzahl der Einreisen abhängig sein, ein Visum zur einmaligen Einreise kostet ca. SFr 105, ein Multi-Entry-Visum ca. SFr 550 (☞ Diplomatische Vertretungen).

Dem in leserlicher Schrift auszufüllenden Antrag wird (neuerdings) nur ein Passfoto beigefügt. Behalten Sie besser dennoch ein bis zwei Passfotos extra parat, da sich alle Bestimmungen immer mal ändern. Der Reisepass, in den das Visum eingeklebt wird, muss noch mindestens 6 Monate gelten. Wenn im Pass keine Seiten mehr frei sind, müssen Sie einen neuen auch vor Ablauf der Gültigkeit beantragen.

🚗 Bei der Anreise mit einem Fahrzeug muss der Pkw (Kennzeichen) im Visum eingetragen sein bzw. ein anderer Vermerk in der Codierung weist darauf hin. Bei Beantragung muss man darauf hinweisen, dass man plant, als *avtoturist* zu reisen. Es gibt Probleme und Rückfragen, wenn man mit solch einem Visum dann ohne Auto, sondern z.B. per Bahn einreist (und umgekehrt).

Normalerweise gilt ein Visum nur für eine einzige Einreise (*odnokratnaja*). Wer eine zwischenzeitliche Ausreise (z.B. nach Kasachstan oder Usbekistan, Mongolei u.a.) plant, benötigt auf dem russischen Visum unbedingt "2x Einreise". Am erstrebenswertesten und teuersten ist das Multi-Entry-Visum (mnogokratnaja) mit 1 Jahr Gültigkeit.

Transitvisa: Gültigkeit früher 8 Tage, aktuell auf 3 Tage gekürzt. Bei der Beantragung müssen die Visa für das Folgeland bereits vorliegen, außerdem gelten bestimmte Reglungen im Zusammenhang mit dem Nachweis der Weiter- und Rückreise (Vorlage der Tickets und Buchungsbestätigungen). Auch hier sollte man vor Beantragung nochmals Informationen beim Konsulat einholen. Die Gebühr bei den Konsulaten lag 2006 bei € 65.

☆   Registrierung: An jedem Ort, wo man länger als 72 Std. (in manchen Regionen werden Samstage und Sonntage sowie sonstige Schließtage der Behörden nicht mit gerechnet) verweilt, ist man gehalten, sich bei den Behörden des УВД (Verwaltung für Inneres) zu melden und den Pass registrieren zu lassen. Zuständig sind die OVIR-Abteilungen, eine Art Pass-, Melde- und Ausländeramt. Auf jeden Fall ist die Registrierung am Endpunkt der Reise erforderlich. Man erhält selten einen weiteren Stempel in den Pass auf die Seite mit dem Visum, in jedem Fall aber einen Vermerk auf die Einreisekarte. Reisende in Reisegruppen oder diejenigen, welche in einem Hotel wohnen, können den Pass beim Hotel oder Reisegruppenleiter abgeben und erhalten ihn nach erfolgter Prozedur zurück. Wer privat eingeladen wurde, musste bislang mit seinem Gastgeber die Behörde aufsuchen. Oftmals war dann mehrstündiges Warten angesagt, es mussten sehr viele Papiere ausgefüllt werden. In Kürze soll es jedoch zu Vereinfachungen kommen, wie vom МВД in einer Presseerklärung im Januar 2007 mitgeteilt wurde, da ein neues Migrationsgesetz in Kraft tritt. Neu bei der Regelung soll sein, dass die Registrierung auch auf Postämtern erfolgen kann, von wo das ausgefüllte Meldeformular weiter zum Migrationsdienst gesandt wird. Eine Kopie des Formulars erhält der Reisende, eine Kopie von Pass, Visum und der Einreisekarte wird einbehalten. Die Kopie des Meldeformulars sowie die Einreisekarte soll man bis zur Ausreise bei sich behalten.

Die Zeiten, wo bei einem maximal ausgereizten 90-tägigen Aufenthalt die fehlende Registrierung mit einer mündlichen Ermahnung durch die Grenzbeamten geahndet wurde, sind vorbei. Mittlerweile werden die Regeln von Jahr zu Jahr strenger ausgelegt. Bei Nichtbeachtung sind Geldstrafen möglich. Zu beachten ist auch, dass bei Verstößen gegen die Meldepflicht auch Nachteile für den Gastgeber entstehen können und man bei einer späteren geplanten Reise nach Russland u. U. eine Ablehnung des Visa-Antrages erhält. Auch wer ein Multi-Entry-Visum hat, muss sich bei jeder Ein- und Ausreise registrieren.

ℹ️   Aktuelle Informationen unter 🖥 http://reisen.russland.ru/

Visa-Verlängerung und Neuigkeiten

Eine zeitliche Verlängerung des Visums kann extrem schwierig sein. Zuständig ist die OVIR-Abteilung der Miliz. Ohne hilfreiche russische Freunde oder Sprachkenntnisse ist dies aber schwierig, und es muss schon triftige Gründe für eine Verlängerung geben.

Es gab wohl in den letzten Jahren ein Modellprojekt an einigen wenigen Grenzübergängen (Flughäfen Moskau und St. Petersburg sowie an einem Autoübergang im Kaliningrader Gebiet), wo unter besonderen Bedingungen Expressvisa an Ort und Stelle ausgegeben wurden; zunächst nur an EU-Bürger und Schweizer. Man glaubte, dass dies Bedeutung für Geschäftsreisende hätte haben können. Sehr nachgefragt wurde dieser Service allerdings nicht.

Wir hoffen natürlich, dass irgendwann visafreier Reiseverkehr nach/in Russland möglich sein wird und auch entsprechende Erleichterungen für russische Reisende nach Europa eingeführt bzw. Visavorschriften abgeschafft werden.

Elektrizität

In den Hotels beträgt die Stromspannung 220 V. Flache Eurostecker passen fast immer, Probleme bereiten nur deutsche Schukostecker. Irgendwelche Worldwide-Universalsteckerkonstruktionen sind im europäischen Teil Russlands eigentlich unnötig. In der Region Fernost gibt es hier und da Elektrogeräte und Steckdosen aus Korea/Japan/China/Taiwan, wo sich die Mitnahme eines solchen Adapters bezahlt machen kann. In den Zügen gibt es in den Toilettenräumen Steckdosen für Rasierapparate. Üblich sind ebenfalls 220 V~, in einigen Waggons älterer Bauart manchmal auch 110 V=.

Essen und Trinken

Die russische Küche überrascht uns Europäer immer wieder durch verschiedene sehr schmackhafte Gerichte. Sibirien war mit Nahrungsmitteln jedoch nicht immer gut versorgt, zumindest zu Kriegszeiten und teilweise zu Sowjetzeiten. In dörflichen Gegenden ist die Versorgung auch heute z.T. noch unterdurchschnittlich und viele Dörfer sind voll und ganz auf Selbstversorgung eingestellt. Aber in den

Städten ist an den Kiosken am Straßenrand und in den Supermärkten (**суперма-ркет**) vom deutschen Dosenbier bis zur Milkaschokolade fast alles zu bekommen. Die Supermärkte sind gut ausgestattet.

Schaschlyk wird vielerorts angeboten und ist meist sehr schmackhaft. Die Herkunft des verwendeten Fleisches soll aber manchmal zweifelhaft sein.

Man hüte sich auch vor dem Kauf übersüßer Limonadengetränke, die laut Etikett angeblich nach Lizenz einer vorgeblich deutschen Firma namens *Döhler* gefertigt sind.

Neuerdings finden sich auch in Russlands Restaurants und Kneipen Speisen, die aus dem südlichen oder kaukasischen Raum stammen, z.B. *Saziwi* (Huhn), *Lawasch* (Fladenbrot), *Suluguni* (Salzkäse), *Airan* (erfrischendes Milchgetränk), *Zipljiata tabaka* (Hähnchen).

Der oft auf den Märkten und Bahnsteigen angebotene Trockenfisch schmeckt sehr scharf und macht entsprechenden Durst. *Pelmeni* sowie verschiedene Fischspezialitäten gelten mit als traditionelle Gerichte in Sibirien.

Die gerösteten Sonnenblumenkerne werden mit den Zähnen geknackt und zwischendurch verzehrt, z.B. beim Warten auf den Bus, am Bahnhof usw.

In Russland wird viel warmes und gebratenes Essen verspeist. Schon das Frühstück besteht aus Rührei oder gebratener Wurst (keine Bratwurst) mit Ei oder diversen Breien (russ. *Kascha*, **каша**) wie z.B. Reis-, Hafer-, Buchweizen- oder Grießbrei. Das traditionelle Mittagessen besteht aus mehreren Gängen. Als erstes gibt's Suppe (Gemüsesuppe, *Borshtsch* oder *Soljanka*, selten Pilzsuppe). Als zweiter Gang wird oft eine Fleischzubereitung (z.B. *Kuriza* = Hühnchen, *Kotlett* = Frikadellen oder *Bifshtek*, **бифштекс** = Fleischklöße) aufgetischt, die mit Kartoffeln oder Nudeln oder anderen Getreideerzeugnissen garniert wird.

Sehr oft werden eingesäuerte, gesalzene oder anderweitig konservierte Gemüse in Form von Salaten verspeist (Tomaten, Gurken, Paprika) oder im Sommer frisch zubereitet. Zum Trinken reicht man Tee (evtl. mit Backwaren oder *Warenije*, selten auch Konfekt als Nachtisch), Kompott oder (je nach Verfügbarkeit) auch Kaffee, Kakao, Säfte (begrenzte Auswahl) oder Mineralwasser. Beteuern Sie ruhig mehrfach, dass das Essen schmeckt, und richten Sie am Ende der Mahlzeit auch ein Dankeswort an die Hausfrau.

Oft wird davon gesprochen, dass die Russen sich zu fetthaltig und ungesund ernähren und keine Feinschmecker sind. Das hängt zum Teil mit dem jahrzehntelangen Mangel zusammen: es gab z.B. kaum pflanzliche Öle, Säfte, Mineralwasser, Obst, Wurst, Käsesorten usw.

Erst seit einigen Jahren hat sich das Angebot verbessert (im Gegensatz zu den Preisen). Für den durchschnittlichen Bürger sind diese neuen Lebensmittel oft zu teuer, und deswegen kommen sie höchst selten auf den Tisch. Manche Produkte, wie beispielsweise Edelpilzkäse, sind mancherorts auch heute noch unbekannt.

Sehr häufig wird auch aus Sparsamkeit Leitungswasser getrunken. Die in Deutschland übliche Vesper (Kaffeetrinken) und Abendmahlzeiten gibt es in Russland nicht. Abends wird das aufgewärmt, was vom Morgen oder Mittag übrig blieb, bei Weitem kommt nicht so viel Brot wie in Deutschland am Abend auf den Tisch, jedoch wird Brot grundsätzlich zu allen Mahlzeiten gereicht. Die Anzahl der Brotsorten (sieht man einmal von Großstädten ab) ist ohnehin begrenzt, Kürbis-, Dinkel- oder Sonnenblumenkernbrot z.B. gibt es nicht. Häufige Sorten sind *Ukrainskij Khleb* (ukr. Graubrot), *Borodinskij* (mit Thymian) oder *Baton* (Weißbrot).

In manchen Restaurants isst man weniger gut als zu Hause, obwohl sich in den letzten Jahren einiges verbessert hat. Staatliche oder öffentliche Restaurants sollte man mit Vorsicht genießen. Das Essen ist manchmal vom Vortag und wird wieder aufgewärmt, und der Service ist mitunter schlecht.

In den Abendstunden gibt es nicht selten Livemusik, für die manchmal auch "Eintritt" bezahlt werden muss. Wir erlebten auch einmal, als wir auf der Speisekarte (die nach 30 Min. gebracht wurde) nichts Passendes fanden und uns dann zum Gehen entschlossen, dass man "Austritt" bezahlen musste, weil wir ja in der letzten halben Stunde der Musik zugehört hätten.

Etwas obskur ist es auch, wenn nach dem Bringen der Speisekarte und dem Anzünden einer Tischkerze auf dem Rechnungsblock des Kellners bereits 50 Rubel notiert werden. Achten Sie auf die Qualität des Essens und scheuen Sie sich nicht, mangelhafte Produkte zu beanstanden, auch wenn der Preis für deutsche Verhältnisse vielleicht gering erscheint.

Inzwischen gibt es in fast allen Städten privat geführte Gaststätten mit internationalem Angebot von Fast Food über Pizzerien bis zum chinesischen Restaurant, außerdem Cafés oder Bierkneipen. In Moskau ist z.B. die Restaurantkette Jolki palki (**елки палки**) verbreitet und auch empfehlenswert.

Eine Besonderheit und günstigere Alternative stellt die *stalowaja* (столовая) dar, eine Mischung aus Mensa, Kantine und Bahnhofskneipe. Hier gehen vom Jugendlichen über Arbeiter bis zum Pensionär alle hin, die Preise sind bezahlbar. Die Anzahl der Gerichte ist meist sehr begrenzt, auch ist weniger die Qualität des Essens als vielmehr die ungezwungene Atmosphäre und der wirkliche Spottpreis anziehend für die Gäste.

Häufig wird "Kompott" angeboten. Dies ist meist warmer Saft mit einer eher geringen Anzahl nicht unbedingt gleichartiger eingekochter Früchte.

Vorsicht vor Selbstgebranntem (*Samogonka*, самогонка), der mehr als 70 bis maximal 95 % Alkohol enthalten kann und mitunter von zweifelhafter Qualität ist. Dies gilt auch bei privaten Einladungen. In Restaurants wird kein selbstgebrannter Wodka ausgeschenkt.

Außer Wodka gibt es nicht zu verachtenden Kognak (*kanjak*, коньяк) - zu empfehlen sind besonders georgische oder armenische Sorten (Marke *Ararat* - je älter, desto besser) - und natürlich Russischen Sekt (*shampanskoje*). Wobei selbst halbtrocken (*polusladkoje*) eher halbsüß ist, aber mit trockenem (*suchoje* oder Brut) ist man jederzeit gut beraten.

Wie beim Essen spielt auch beim Trinken der soziale Aspekt eine große Rolle. Im Kreis von Freunden oder Geschäftspartnern wird gerne das eine oder andere Glas Alkohol getrunken.

Feiertage

Beginnend mit **Neujahr** (*nowy god*, Новый год) am 1. Januar geht es weiter mit dem orthodoxen **Weihnachtsfest** (7. Januar, Рождество Христово). Mitunter begangen, aber kein arbeitsfreier Tag ist der 14. Januar, das alte Neujahrsfest nach dem julianischen Kalender (Гражданский Новый год по старому стилю). Am 8. März ist **Frauentag**.

Ostern, **Pfingsten** und **Himmelfahrt** als bewegliche Feste fallen jedes Jahr auf ein anderes Datum. Ostern (Пасха) ist das wichtigste orthodoxe Fest. Die heilige Messe beginnt am späten Abend des Ostersamstags und dauert bis in die Morgenstunden des Sonntags. Die Gläubigen begrüßen sich freudig mit "Христос воскресе!" (Christus ist auferstanden!), die Antwort auf diese Osterbotschaft lautet "Воистину воскресе!" (Ist wahrhaftig auferstanden!). Die Fastenzeit ist mit dem Ostersonntag beendet, ☞ auch 💻 www.paskha.ru/XB/.

Staatliche Feiertage sind auch der 1./2. Mai und der **Tag des Sieges** am 9. Mai (*Djen pobedy*). Der 12. Juni ist der **Unabhängigkeitstag**.

Am 4. November wird der Tag der nationalen Einheit begangen. Der 7. November als **Tag der Oktoberrevolution** ist heute in Russland kein offizieller Feiertag mehr, obschon es an diesem Tag immer Demonstrationen der entsprechenden Gruppierungen und Parteien gibt. Der 12. Dezember ist der Tag der Verfassung. Eine Besonderheit gibt es in Russland noch: Wenn einer der staatlichen Feiertage auf einen Sonntag fällt, ist der darauf folgende Montag meist arbeitsfrei.

Die christlichen Weihnachtstage vom 24. bis 26. Dezember sind in Russland keine offiziellen Feiertage und auch nicht arbeitsfrei, sie sind aber allgemein bekannt und schon mal ein Grund für ein abendliches Treffen mit Freunden. Besonders im europäischen Teil Russlands werden mittlerweile um diese Zeit auch schon Tannenbäume aufgestellt und Lichterketten aufgehängt. Der Tannenbaum ist in Russland aber schon über 300 Jahre bekannt. Historisch war es wohl so, dass Zar Peter der I. um 1700 den ersten Januar als Feiertag und Jahresanfang auch in Russland einführte. Ebenfalls auf seinen Reisen durch Europa war Peter der Große mit dem weihnachtlichen Brauch des Tannenbaumes bekannt geworden und kurze Zeit später verbreitete sich der Weihnachtsbaum auch im Zarenreich.

Einige orthodoxe Feiertage:

7. Januar	Christi Geburt (orthodoxes Weihnachten)
19. Januar	Christi Taufe (**Крещение**)
15. Februar	Christi Darstellung am Tempel
19. August	Christi Verklärung
28. August	Mariä Entschlafung (**Успение Богородицы**)
21. September	Mariä Geburt
27. September	Kreuzerhöhung
14. Oktober	Mariä Obhut (**Покров**)
4. Dezember	Einführung Mariä in den Tempel

Alle in orthodoxen Kirchenkalendern angegeben Tage entsprechen dem "Alten Stil" (Julianischer Kalender), der innerhalb der orthodoxen Kirche auch heute weiterhin gilt. Der sog. "Neue Stil" (Gregorianischer Kalender) hat eine Differenz von 14 Tagen im 21. Jahrhundert.

Fastenzeiten:

Sieben Wochen vor Ostern	Großes Fasten
4.Juni (2007) bis 12. Juli	Petrus-Fasten (*Petrow-Post*)
14. August bis 27. August	Fasten vor Mariä Entschlafung
28. November bis 6. Januar	Fasten vor Christi Geburt

Der Beginn des Petrus-Fastens hängt vom Datum des Ostersonntags ab und ist somit ebenfalls jedes Jahr veränderlich, es endet jedoch stets am 12. Juli, dem Peter- und Paul-Tag. Zusätzlich sind noch Fastenzeiten jeden Mittwoch und Freitag in der laufenden Woche sowie am Vortag von Christi Taufe (18.1.) und den Feiertagen 11.9. (Enthauptung Johannes des Täufers) sowie am 27.9. (Kreuzerhöhung) vorgeschrieben. Ausnahme: Wenn die Feste von Christi Geburt (7.1. jeden Jahres) oder Christi Taufe (19.1.) auf einen Mittwoch oder Freitag fallen, entfällt das Fasten. An den Fastentagen sind Milchprodukte verboten, ebenso Fleisch und zum Teil Fisch. Man verzehrt Getreideprodukte mit Wasser und Gemüsesuppen, Kartoffeln und Buchweizen.

Es gibt auch eine sogenannte Butterwoche, die etwa der in Deutschland bekannten Karnevalswoche entspricht. In dieser Woche verzichtet man auf Fleischprodukte, während alle Milchprodukte (Butter, Käse, Sahne usw.) und Backwaren erlaubt sind. Anschließend folgt das sieben Wochen andauernde Fasten vor Ostern.

Weihnachten/Neujahr in Russland   von B. Zimmermann

Wenn in den tief verschneiten Wäldern Sibiriens unheimliche Gestalten von Baum zu Baum huschen, wenn die Kinder mit leuchtenden Augen und dick eingemummelt vor den Häusern im Schnee stehen und ganz laut nach "Mischka", "Snegoroschka" und "Djed Maros" rufen, dann ist das neue Jahr nicht mehr weit.

Grundsätzlich ist Neujahr der wichtigste nichtkirchliche Feiertag in Russland. Der eigentliche Weihnachtstag nach dem russischen Kirchenkalender, der 7. Januar, hatte zu Sowjetzeiten keine große Bedeutung und wird erst seit der Renaissance der Orthodoxie in den 1990er Jahren wieder landesweit begangen. In Russland findet man zum Jahreswechsel überall in den Städten auf den Marktplätzen kleine Städte ganz aus Schnee, in deren Mitte eine große geschmückte Tanne steht und in denen sich die Kinder auf vereisten Rutschbahnen und in den Schneehütten tummeln. "Frohe Weihnacht und ein gesundes Neues Jahr" - Schilder mit dieser Aufschrift prangen überall in Dörfern und Städten. Für die Kinder werden ähnlich wie in Deutschland Weihnachtsfeiern organisiert. Es gibt spezielle Weihnachtsaufführungen in den Theatern oder auch einfache Feiern, bei denen die Kinder singend um einen geschmückten Baum tanzen und an deren Ende der russische Weihnachtsmann "Djed Maros" ("Väterchen Frost") kleine Geschenke verteilt.

In der Nacht vom 31. Dezember zum 1. Januar wird sehr gern und sehr ausschweifend gefeiert. Es gilt das Motto: Wie man das Neujahr anfängt, so wird das ganze Jahr. In der Familie oder im Kreis einiger Freunde beginnt der Abend mit einem ausführlichen Abendessen: gegessen wird, was Kühlschrank und Vorratskammern hergeben.

Traditionell gibt es in der Nacht zum neuen Jahr auch *pelmeni*. Das sind - italienischen Ravioli ähnlich - mit einer Fleischmasse und Zwiebel gefüllte Teigtaschen, die zuvor in stundenlanger Arbeit vorbereitet wurden. Außerdem wird den ganzen Abend über gesungen, getanzt und natürlich auch getrunken, wobei Sekt und Wodka bevorzugt werden.

Wenn Mitternacht naht, taucht bei größeren Feiern weinend "Snegoroschka" ("Schneeflöckchen") auf und berichtet, dass sie Väterchen Frost im verschneiten Wald nicht mehr finden kann und nun nicht weiter weiß. Sie bittet die Menschen, ihr zu helfen. Diese tun es auch, indem sie mit Schneeflöckchen vor die Tür gehen und ganz laut nach Mischka, dem Bären, rufen. Das ist notwendig, weil Mischka sich im Wald auskennt und außerdem, wie alle anderen Tiere auch, ein Freund von Väterchen Frost ist. Leider weiß auch Mischka nicht, wo Väterchen Frost ist, aber er bietet den Menschen an, mit ihnen den Weihnachtsmann zu rufen. Irgendwann erscheint "Djed Maros" dann tatsächlich - mit einem großen Sack voller Geschenke für die Kinder.

Doch mit der Bescherung ist die Neujahrsnacht längst nicht zu Ende. Punkt zwölf wird mit *Schampanskoje* (Russischer Sekt) das neue Jahr begrüßt. Wer will, kann im Fernsehen die ca. halbstündige Neujahrsansprache des russischen Präsidenten verfolgen - sie wird übrigens in jeder der Zeitzonen pünktlich um 12:00 Ortszeit ausgestrahlt.

Die Feier reicht dann meist noch weit bis in die Nacht und wird auch am 1. Januar fortgeführt. Das Leben geht erst am zweiten Januartag wieder einen einigermaßen geregelten Gang.

♀☒ Aufgrund der vielen Zeitzonen nutzen feierfreudige Russen oft die Möglichkeit, jede volle Stunde auf das Neujahr einer anderen Zeitzone Russlands anzustoßen, beginnend mit Tschukotka und Kamtschatka und Fernost, jede Stunde eine Zeitzone weiterrückend in Richtung West bis zum Gebiet Kaliningrad im äußersten Westen (Moskau plus 1 Std.) Russlands.

Foto und Film

Militäranlagen, Uniformträger im Dienst, Kraftwerke, Staudämme und Flughafenanlagen sollten nicht fotografiert werden. Davon abgesehen gibt es keine Einschränkungen mehr. Des Öfteren wird man sogar aufgefordert, etwas zu fotografieren, was früher undenkbar war, z.B. die Pazifikflotte in Wladiwostok. Im Zweifelsfall sollten Sie aber immer fragen. Die Sibirier lassen sich meist gern fotografieren. In Großstädten muss man mit einer teuren Fotoausrüstung vorsichtig sein und darf seine Sachen nicht unbeaufsichtigt lassen. Filme von Kiosken können mitunter überlagert sein.

In Russland erhältliche **Fotoapparate** sind zwar meist etwas voluminös, aber sehr robust. Bekannt sind Spiegelreflexkameras vom Typ *Zenit* oder Mittelformatkameras 6x6 (*Kiev*). Eine interessante Kombination wird unter dem Namen *Foto-Snaiper* vertrieben: Es handelt sich um ein Zenitgehäuse mit Automatik, einem Objektiv 4,0/300 mm und einer anmontierten Schulterstütze.

500-mm-Teleobjektive mit M-42-Anschluss sind preisgünstig zu bekommen. Preiswert: Kleinbildkameras mit Belichtungsautomatik und 35-mm-Objektiv vom Typ *LOMO*. In der Region Fernost ist relativ moderne Fototechnik, wie *Nikons* D70 oder die D200 zu einem etwas günstigeren Preis (20 bis 30 % preiswerter) als in Deutschland erhältlich sind, da sie direkt aus dem nahen Japan importiert werden. Die Garantie ist aber dann nicht weltweit gültig.

Reparatur-Service-Adressen werden über Kaufhäuser und Fotogeschäfte vermittelt bzw. dort befinden sich auch Serviceabteilungen.

Geld

Die offizielle Währung ist der Rubel. Nachdem bei den hyperinflationären Preisen der letzten Jahre zu Beginn 1998 durch Präsidentenbeschluss einfach drei Nullen von allen Preisen, Löhnen etc. gestrichen wurden und neue Banknoten in Umlauf kamen, gab es auch die Kopeken wieder (100 Kopeken = 1 Rubel). Anfang der 1990er Jahre waren sie wegen Wertlosigkeit erst abgeschafft worden.

Die bis Ende 1997 herausgegebenen Banknoten sind nicht mehr gültig. Ungültig wurden auch die vor 1998 in Umlauf gebrachten alten Münzen.

✋ Schon seit Langem ungültig sind die alten sowjetischen Banknoten, die man außer an der Jahreszahl auch an Lenins Ebenbild und dem Aufdruck der Staatsbank der CCCP erkennt. Dies beachte man besonders bei der Entgegennahme von Wechselgeld im Gedränge auf dem Basar.

📖 *Istorija djeneg v Rossii* (История денег в России) (2005, Moskau, Autor S.V. Zverev, ISBN 978-5-88678-122-9), gut bebilderter Abriss der Geschichte der russischen Währung, erschienen zum 350-jährigen Jubiläum der Rubelmünzen. Interessant für Numismatiker.

✋ Die Ein- und Ausfuhr russischer Währung war bislang noch verboten. Für Reisende, die per Bahn anreisen, ist es dennoch günstig, einige Rubel auf der Fahrt bei sich zu führen (z.B. für den Speisewagen, Zeitschriften etc.). Mit etwas Glück kann man in Warschau Rubel am *kantor* (Wechselschalter) im Hauptbahnhof tauschen.

Einige der bis Ende 1997 gültigen Münzen finden stellenweise noch Verwendung bei Gepäckfächern, älteren Telefonen und Automaten. Mehr und mehr setzt sich aber das Jeton-System durch. In der Moskauer Metro wurden inzwischen Magnetkarten und elektronische Monatskarten mit Magnetstreifen eingeführt.

Alle Informationen zur Währung und zu angegebenen Preisen sind unter Vorbehalt. Zu schnell kann es zu gravierenden Änderungen kommen, wie der Herbst 1998 zeigte: DM- und Dollar-Kurs schnellten urplötzlich in die Höhe. Die Banken blieben jedoch geschlossen und rückten für längere Zeit weder Rubel noch Valuta heraus.

$ müssen nicht unbedingt mitgenommen werden, der Euro wird überall von den Wechselstellen akzeptiert. Der Euro-Kurs ist zudem immer etwas günstiger als der US$-Kurs. Für Euro statt $ spricht auch, dass viele gefälschte Dollarnoten im Umlauf sind, nach vorsichtigen Schätzungen sollen bis zu 10 % der zirkulierenden Menge Blüten sein. Andere Währungen (z.B. Schweizer Franken oder Britisches Pfund) werden nur von wenigen größeren Banken gekauft. Bei allen Scheinen ist grundsätzlich darauf zu achten, dass sie keinerlei Kritzeleien, Stempel oder Verschmutzungen haben. Gleiches gilt für Risse, die mit Tesa geklebt sind. Diese Scheine werden oft auch von den Banken nicht genommen - ebenfalls ältere Dollarnoten, die vor 1990 herausgegeben wurden (wenn man Glück hat, tauscht sie ein Schwarzhändler zum halben Kurs).

Es hat sich bewährt, etwas Geld in kleiner Stückelung vorrätig zu halten: Kleine Scheine eignen sich naturgemäß sehr gut als Trinkgeld (чаевые) oder Schmiergeld (russ. *vzjátka*, взятка, dieser Begriff ist negativ belegt) - man lässt im Bedarfsfall gleich einige von ihnen im Pass liegen. Achten Sie darauf, immer genug Rubel zu haben. Wechselstuben schließen oft schon um 16:00 oder der Währungshandel wird auch schon mal ausgesetzt. In Sibirien sind die Wechselstellen (russ. *punkt obmjen valuty*, обмен валюти) auf Städte und größere Dörfer (*Rajonzentr.*) mit Bank oder Sparkasse beschränkt. Einige der Umtauschquittungen aufheben (Zollkontrolle bei der Ausreise). Beim Umtausch wird die Vorlage des Passes mit Visum von einigen Banken verlangt.

Kreditkarten (American Express, Visa, DC, Eurocard u.a.) wurden bis ca. 2000/2001 nur in einigen Hotels, bei Aeroflot, bei Intourist, in Valutageschäften und in manchen teuren Restaurants (Moskau und St. Petersburg) akzeptiert. Immer stärkere Verbreitung fand dabei in der Folge die Visacard, die inzwischen neben Eurocard/Mastercard auch von russischen Banken emittiert wird. Viele Geschäfte in Moskau auf dem Arbat (bekannte Fußgängerzone und Flaniermeile im Zentrum) oder der Twerskaja ul. akzeptieren sie. Mittlerweile gibt es auch Geldautomaten für Visacard. Es ist inzwischen auch in Sibirien möglich, mit der Kreditkarte Geld am Bankschalter zu erhalten. Fast immer findet man in größeren Städten auch Bankautomaten mit dem Visa-Symbol. Die modernen Supermärkte der größeren Ketten akzeptieren zunehmend Plastikgeld.

◆   Hinweise über das Netz der Geldautomaten (engl. ATM = Automatic Teller Machine) 💻 www.europay.com

◆ Hinweise zum Geldautomatennetz der Filialen der russischen Alfabank auf der Seite 💻 www.alfabank.ru/atm/ (in russischer Sprache)

Keinesfalls verlasse man sich jedoch vollständig auf das (noch) nicht flächendeckende Automatennetz. In finanziellen Krisensituationen bleiben nicht nur die Banken geschlossen, auch alle Automaten sind dann außer Betrieb.

Bei Verlust der Kreditkarte erstatte man Anzeige bei der Miliz und sperre die Karte telefonisch unter der neuen einheitlichen Sperr-Telefonnummer (24-h-Service): ☎ 116116 (aus dem Ausland: ☎ +49 116116, aus Russland wählt man derzeit noch ☎ 8-1049-116116).

US$-Reiseschecks von American Express (Amexco) oder Thomas Cook werden von den größeren Banken in Zahlung genommen. Die Einlösegebühr liegt bei 3 bis 4 %. Das Einlösen selbst kann mit den Formalitäten und dem Fotokopieren von Pass, Visum und jedem einzelnen Scheck auch einmal 30 Min. dauern.

Den einzig hinlänglichen Service bei einer **Geldüberweisung** aus dem Ausland bot bisher der auch in Deutschland bekannte Service Western Union (in großen Bahnhöfen, Flughäfen, bei der Deutschen Verkehrsbank). Die Einzahlung in Deutschland erfolgt am günstigsten bar, der Betrag steht kurze Zeit später in Russland zur Verfügung. Die Gebühren sind angemessen und von der Betragshöhe abhängig. Im Überweisungsformular ist der korrekte Name (Schreibweise wie im Pass) des Empfängers sowie wahlweise ein Codewort anzugeben. In den meisten russischen Großstädten gibt es eine Partnerbank, die den Betrag dann an den Empfänger auszahlt.

◆ Ein worldwide-Verzeichnis der kooperierenden Banken gibt es bei der Deutschen Verkehrsbank bzw. unter 💻 www.westernunion.com . Die russische Alpha-Bank unterhält allein in Sibirien zurzeit über 20 mit Western Union kooperierende Filialen, 💻 www.alfabank.ru/.

✋ Die Gebühren für den Geldtransfer ins Ausland bei Einzahlung in Deutschland reduzieren sich etwas, wenn man die Mitgliedskarte des ADAC vorlegen kann.

Bislang erfolgte die Auszahlung in Russland in US$. Mit Änderungen (Auszahlung in Euro oder Rubel oder verzögertes Auszahlen) rechne man jedoch immer!

Gorodskaja Sprawka (Gorsprawka)

Die Gorsprawka ist ein spezieller **Auskunftsdienst** der jeweiligen Stadt, meist untergebracht in einem kleinen Kiosk in der Nähe des Bahnhofs oder auf zentralen Plätzen und mit deutschen Vorstellungen vom Datenschutz natürlich in keinster Weise vereinbar, aber im Bedarfsfall ausgesprochen praktisch.

Die Gorsprawka hat sowohl ein Adressenauskunftsbüro als auch eine Telefonauskunft. Zu Telefonnummern erhält man die genaue Wohnadresse der gesuchten Person und umgekehrt (Telefonbücher mit Verzeichnis der privaten Anschlüsse gibt es nicht in allen Städten in ausreichender Anzahl, mit der Produktion von Gelben Seiten begann man erst kürzlich). Selbst bei Angabe von Namen, Beruf und evtl. Geburtsdatum bekommt man die dazugehörige Adresse genannt.

Dies funktioniert auch innerhalb der gesamten RF - in diesem Fall muss man aber einen freigemachten Rückumschlag bei der Anfrage mit abgeben, die Auskunft kommt dann schriftlich. Bei Auskunftswünschen außerhalb der Stadt können allerdings vier Wochen vergehen, bis die Antwort eintrifft. Eine einfache Auskunft kostet umgerechnet etwa einen Euro.

An den Auskunftskiosken heißt es wie fast überall: warten, warten und nochmals warten - meist tut nur eine einzelne *Babuschka* Dienst. Üblicherweise bekommt man hier auch Informationen zu Verkehrsverbindungen und mitunter werden Stadtpläne angeboten.

Die Kioske der Gorsprawka erkennt man am Schild Горсправка.

♦ Zwischenzeitlich beginnt das Internet diesen Service mehr und mehr abzulösen. Einige Infodienste von größeren Städte wie z.B. Moskau (🖥 www.eip.ru/gorspravka/), St. Petersburg (🖥 www.globalexpo.ru, derzeit vor allem Firmen und Institutionen verzeichnet), Tjumen (🖥 http://tumen.info/) oder Krasnojarsk (🖥 www.kgs.ru/gorspravka.shtml) sind bereits im Netz vertreten.

Informationen

Aktuelle Informationen kann man von Reisenden bekommen, die vor Kurzem das Land besucht haben (entsprechende Zettel an den schwarzen Brettern von Ausrüstungs- und Trekkingläden anbringen). Weiterhin zu nennen wären beispielsweise russische Presseerzeugnisse (erhältlich an Bahnhöfen oder Flughäfen) sowie gute Reisebüros. Im Internet suchen Sie direkt mit Hilfe der russischen Suchmaschinen wie z.B. 🖥 www.google.ru, 🖥 yandex.ru oder 🖥 rambler.ru (man muss in der Eingabegebietsschemaleiste bei Windows dann "Russisch" wählen, um die entsprechenden Suchbegriffe in Russisch einzugeben). Sucht man nach allgemeinen Informationen z.B. zur Stadt Irkutsk, so gibt man in das Suchfenster z.B. "Иркутск общая информация" ein, sucht man nach den administrativen Verwaltungsorganen einer Region, empfiehlt sich die Suche nach "органы власти".

Schon seit einigen Jahren sind viele russische Städte und Regionen auch im Internet präsent. Es gibt zahlreiche Einträge überwiegend auf Russisch, ein paar auch auf Englisch. Die informativsten Webseiten sind in den Infoblöcken zu den jeweiligen Regionen und Städten angegeben. Sucht man eine bestimmte Person oder Bekannte aus früheren Zeiten, welche z.B. umgezogen sind, ohne eine Adresse zu hinterlassen, kann man seine Suche per Internet ausweiten. Auf vielen privaten Websites zu russischen Städten (weniger auf den offiziellen Seiten) oder privaten Internetforen gibt es oft eine entsprechende Rubrik Suche, die man unter "пойск"(кто уехал куда, кто переехал, кто потерялся?) bzw. "ищу тебя" starten kann.

- ◆ Verein für das Deutschtum im Ausland e.V., Kölnstraße 76, 53757 St. Augustin, ☏ 02241/21071, für Jugendaustausch ☏ 02241/21735, ☏ 202905, FAX 29241, 🖥 www.vda-globus.de Der bereits 1881 gegründete Verein unterhält in Russland einige Kontaktstellen in den von Russlanddeutschen besiedelten Regionen.

- ◆ Russlandinfo.de, c/o Lernidee-Reisen, Eisenacher Str. 11, 10777 Berlin, ☏ (0190)-761655, FAX (030)-78600041, ✉ info@russlandinfo.de, 🖥 www.russlandinfo.de

- ◆ Bundesverband der West-Ost-Gesellschaften, Friedrichstr. 176-179, 10117 Berlin (U-Bahnstation Stadtmitte (U2), der BDWO ist im sogenannten Russischen Haus), ☏ 030/20455120, f 20455118, 🖥 www.bdwo.de. Interessante Reiseprojekte

- ◆ Besuchen Sie die Ost-West-Zeitschrift Wostok unter 🖥 www.wostok.de (Archiv, Texte herunterladbar, Probeheft anfordern)

- ◆ Deutsch-Russisches Kulturinstitut, Zittauer Str. 29, 01099 Dresden, ☏ 0351/8014160, FAX 8047588, 🖥 www.drki.de mit umfangreicher Bibliothek, russischem TV, Sprachkursen und versch. kulturellen Angeboten.

- ◆ Club St. Petersburg e.V. Dresden, Hechtstr. 32, 01097 Dresden, ☎ 0351/8048989, FAX 8048988, 📧 club-spb@web.de (u.a. Herausgeber der russischsprachigen Zeitung "Моя Газета").
- ◆ NetzwerkNord-Ost AO, M. Müller und R. Bogdanow, A. Bebelstr. 15, 01723 Wilsdruff-Grumbach, 📧 nordostinfo@aol.com
- Ⓐ Russisches Kulturinstitut, Brahmsplatz 8, 1040 Wien, ☎ 01-5051829, FAX 01-505182933, 🖥 www.rki-wien.at
- ◆ Weitere Informationen zu Russland in Österreich 🖥 www.orfg.net/russisches_wien.htm

☺ Aktuelle Informationen sind der russischen (deutschsprachigen) Online-Internet-Zeitung 🖥 www.moskau.ru zu entnehmen (auch interessante Links). Wir verdanken dem ursprünglich in Moskau ansässigen deutschen Journalisten Volker Handloik, der 2001 in Afghanistan umkam, viele interessante Situationsberichte aus dem Russland der Jahrtausendwende.

- ◆ Eine regelmäßige Nachrichtenmitteilung im Sinne einer Wochenschau zu Russland kann man unter 🖥 www.r-a.ru (Russland-Aktuell) in deutscher Sprache abonnieren (Kosten derzeit € 12 bzw. SFr 20 für 6 Monate).
- 📖 Bezugsquelle für Literatur, Wörterbücher, russ. CD/DVDs u.a.: Gelikon Europe, Kantstraße 84, 10627 Berlin, ☎ 030/3234815, 32764639, 🖥 www.gelikon.de, 📧 knigi@gelikon.de bzw. Russische Bücher (в русском доме культуры) Friedrichstraße 176-179, 10117 Berlin, ☎ 030/20302321 oder Immermannstr. 65, 40210 Düsseldorf, ☎ 0211/3677271.
- 🛈 Auch durch Medien (Radio, TV) sind aktuelle Informationen erhältlich. So betreibt die Stimme Russlands auch einen deutschen Sendedienst, der in Deutschland auf KW und MW (z.B. 1431 kHz) zu empfangen ist, 🖥 http://www.ruvr.ru/.
- ◆ Radio Maximum Samara 🖥 www.max.samara.ru
- ◆ Radio Majak (Маяк) im Internet: 🖥 www.radiomayak.ru/
- ◆ Radio Sibir (Радио Сибирь) war die erste nicht-staatliche Radiostation, welche 1992 zu senden begann. Neben Tomsk sendet Radio Sibir auch in Omsk und Tshita. 🖥 www.radiosibir.ru/
- ◆ Bekannt ist auch die Station "Echo Moskvy" (🖥 http://echo.msk.ru/news), mit KW-Empfänger auch in Deutschland zu empfangen.

◆   Über Satellit (oder in einigen Regionen per Kabel) sind auch in Deutschland russische TV-Kanäle zu empfangen. Das Fernsehprogramm des zweiten Telekanal "Россия" findet man unter 🖥 www.rutv.ru/. Andere Kanäle präsentieren sich im Web auf 🖥 www.ntv.ru bzw. 🖥 www.1tv.ru (der erste Kanal des stattlichen Fernsehens).

☺   Die Autoren dieses ReiseHandbuches geben ebenfalls gerne Informationen weiter. Wir bitten aber darum, bei allen Anfragen - z.B. auch wegen Kartenmaterial - ausreichend Rückporto beizulegen oder die Anfrage per E-Mail zu senden. Der Verlag leitet die Zuschriften in Abständen gesammelt weiter.

Intourist (Интурист)

Intourist wurde in der Sowjetunion bereits 1929 als Allunions-Aktiengesellschaft für Auslandstourismus ins Leben gerufen. Aufgaben waren die Entwicklung der Tourismusbranche und die Versorgung von ausländischen Gästen bzw. Transitreisenden in der Sowjetunion. Nachdem mit dem Zweiten Weltkrieg der Tourismus insgesamt zum Erliegen gekommen war, begann Intourist 1955 wieder zu arbeiten.

Bis zum Zerfall der UdSSR war Intourist das größte staatliche Reisebüro weltweit und für westliche Touristen die einzige Möglichkeit, in die Sowjetunion zu reisen. Gäste aus 170 Ländern der Welt wurden und werden von Intourist durch Russland geschleust, ob sie nun mit Flugzeug, Bahn, Schiff oder individuell anreisen.

Hat man bei Intourist eine Reise gebucht, ist die Firma zuständig für Unterbringung, Verpflegung, Reisebegleitung, Transfers, Besichtigungsprogramme usw.

Jede Reisegruppe wird während des Aufenthaltes von einem Reiseleiter geführt. Für Besichtigungen und in Museen stellt Intourist dann entsprechende Betreuer bereit, die über Fremdsprachenkenntnisse verfügen.

Einzelne Reisende werden vom Flugplatz oder Bahnhof abgeholt, in das Intourist-Hotel gefahren, dort zum Intourist-Schalter zum Geldumtausch gebracht (Intourist-Wechselkurs), und bis vor einigen Jahren wurde jeder dieser "Intouristen" nur mit Begleitung in die Stadt gelassen. Individuelles Reisen war somit nahezu unmöglich.

Wer nicht über eine Einladung verfügte, brauchte eine Buchungsbestätigung von Intourist, um überhaupt ein Visum zu erhalten (☞ Einreise). Das hat sich glücklicherweise inzwischen geändert.

Die Angebote von Intourist bzw. deren Nachfolgeorganisationen sind weltweit bei kooperierenden Reiseunternehmen buchbar. Mitunter merkt man erst bei der Ankunft in Moskau, das man nun doch mit Intourist unterwegs ist. Auf Individualreisende ist man weniger eingestellt - die Firma arbeitet lieber mit großen Touristengruppen, die ganze Busse füllen.

Bei dem Reisebüro "Sputnik" handelt es sich um einen Ableger. Derzeit werden viele Filialen privatisiert.

Heutzutage hat sich beispielsweise Intourist in den nunmehr selbstständig gewordenen Republiken ebenfalls verselbstständigt (z.B. in Jakutien als Yakutintour) bzw. eigenständige Filialen in verschiedenen Regionen gebildet (Firma Uralintur, Inturist-Tomsk u.a.). Innerhalb der letzten drei Jahre wurden einige kleinere private Tourismusunternehmen gegründet, die auf dem freien Markt mit Intourists Überbleibseln konkurrieren.

🛈   Das Zentralbüro von Intourist befindet sich in Moskau auf dem pr. Mira 150 (c/o Hotel Kosmos), Metro-Station ВДНХ, ☎ 495/7530003, FAX 495/7301996, 🖳 www.intourist.ru/

Jagd

Die Jagd unterliegt - zumindest auf dem Papier - äußerst strengen Bestimmungen. Diese werden aber sehr häufig unterlaufen. Für zahlungskräftige Touristen aus dem Ausland werden entsprechende Jagdtouren angeboten. Die Schutzbestimmungen und Schonzeiten werden zum Teil missachtet, nur das Geld zählt.

Die Abschusslizenz für einen Braunbär kostet $ 3.000 bis 5.000. Mitte der 1980er Jahre begann ein wahrhafter Bären-Boom, der bis heute anhält. Das "Bärenschießen" mit automatischen Waffen wurde in bestimmten Gesellschaftskreisen zum Statussymbol.

Sehr oft werden die Bären mit speziellen Hunden während ihres Winterschlafs aufgespürt und dann brutal abgeknallt. Eventuell vorhandene Bärenjunge werden entweder gleich mit der Axt erschlagen oder an Zirkus oder Gaukler verhökert, wo sie ein elendes Dasein fristen.

Außerdem sind Bärengalle, Fett und Felle heiß begehrt - 100 g Galle kosten etwa $ 500 bis 1.000. Galle, Fett und Harnblase sind in China und anderen asiatischen Ländern zur Herstellung zweifelhafter Arzneien und Potenzmittel gefragt. Einige Tierarten sind deswegen inzwischen schon fast ausgestorben, so z.B. der Sibirische Tiger oder der Schneeleopard.

Bei Gesprächen mit den örtlich Verantwortlichen zur Organisation der Jagd und auch mit vor Ort tätigen Biologen zeigen sich mitunter unvereinbare Diskrepanzen: die Hetzjagd auf Bären wird zum Teil verharmlost oder als nötige und geförderte Einnahmequelle angesehen. Es gibt sogar Nationalparkverwaltungen, die ihren oft geringen Etat durch den (angeblich) kontrollierten Abschuss durch finanzkräftige Ausländer aufzubessern gezwungen sind.

Medien

Das staatliche **Fernsehen** ORT ist mit zwei Programmen aus Moskau über Satelliten überall im Lande zu empfangen. Neben dem 1. Kanal (🖥 www.1tv.ru) existiert das Programm Россия, der 2. Kanal (🖥 www.rutv.ru) des von einer staatlichen Medienholding betriebenen Fernsehens. Der Kanal NTW (🖥 www.ntv.ru) wird überwiegend von Gazprom-Media kontrolliert. Örtlich gibt es immer noch ein bis zwei lokale Programme und seit Kurzem noch einige privat-kommerzielle Kanäle (z.B. 🖥 www.ren-tv.com und 🖥 www.ctc-tv.ru). In die Filme des lokalen Ortsfernsehens werden oft zeitgleich Werbetext und Anzeigen als Untertitel eingeblendet. In Sibirien kann man stellenweise auch CNN empfangen. Auch Euronews sendet auf Russisch, der Empfang erfordert einen Satellitenspiegel.

Zur Radiolandschaft ☞ 🚹 Informationen

Am bekanntesten sind Radio *Mayak* und Echo *Moskvy* sowie Radio *Swoboda* 🖥 www.svobodanews.ru.

Die auflagenstärkste (ca. 3 Mio.) Wochenzeitung ist АиФ (Argumenty i Fakty, 🖥 www.aif.ru/archives), welche auch per Auslandsabo bezogen werden kann. Bekannte Tageszeitungen sind die Komsomolskaja Prawda (🖥 www.kp.ru/), Moskowskij Komzomolez und die Iswestja. Eine interessante Sichtweise auf die russische Gesellschaft liefert Sowjetskaja Rossija (🖥 www.sovross.ru).

Es gibt außerdem eine Vielzahl von Boulevard- und Skandalblättern mit bezeichnenden Namen wie z.B. Kriminalnaja Khronika (Kriminal-Chronik),

Sowersheno Sekretno (Streng Geheim) oder Express Katastroph (Katastrophen-Express), die gern von Handverkäufern auf Bahnsteigen, in Unterführungen und auf großen Plätzen feilgeboten werden.

An Internet-Zeitungen existiert eine Vielzahl, z.B. 🖥 www.lenta.ru, 🖥 www.gazeta.ru oder 🖥 www.strana.ru (mehrheitlich in russischer Sprache).

Miliz und Kriminalität

Die Polizei bezeichnet man in Russland als **Miliz** (*milizija*, **милиция**). Es gibt neben der normalen Miliz einige besondere Abteilungen wie z.B. die Kriminalmiliz, **GAI** (Verkehrsmiliz), Bahnmiliz sowie direkt dem Innenministerium unterstehende militärisch organisierte und ausgestattete Polizeitruppen, die als **OMON-Truppen** bezeichnet werden und hauptsächlich Antiterroraufgaben wahrnehmen.

Aber auch der gesamte Bereich des Pass- und Meldewesens wird in Russland noch durch Dienststellen des MWD (**МВД**, Innenministerium) abgedeckt, was man bei der Registrierung seines Passes/Visums als Ausländer unschwer erkennen kann. Im Gegensatz zu anderen Ländern behielt das **МВД** diesen Bereich unter Kontrolle, was der Sicherheit in dem Vielvölkerstaat Russland sicherlich von Nutzen ist.

Die Kriminalität in Russland ist in den letzten zehn Jahren stark angestiegen. Die Verbrechensrate lag in den 1990er Jahren bei ca. 15 Morden auf 100.000 Einwohner und ist auf 20 bis 22 pro 100.000 gestiegen. Sie liegt somit achtmal höher als in Deutschland.

Die größte Häufung von Verbrechen findet man in den Ballungszentren sowie in den Gebieten Omsk, Nowosibirsk und Tambov. Die niedrigste Verbrechensrate (bei Gewaltverbrechen) gibt es laut der Statistik auf der Halbinsel Tschukotka. In den Gefängnissen sind gut eine Million Häftlinge weggeschlossen, teilweise unter miserablen Bedingungen. Überbelegungen in den Zellen kommen vor, die medizinische Versorgung der Strafgefangenen ist schwierig zu gewährleisten, Tuberkulose verbreitet sich in den Haftanstalten.

Morde auf Bestellung sind an der Tagesordnung. Unliebsame Personen bekommen schon mal eine Bombe oder ein Mordkommando geschickt. Die letzten zwei Fälle im Jahre 2006 gingen auch durch die deutsche Presse: die bekannte kritische Publizistin und Journalistin Anna Politkowskaja wurde ermordet. Der stellvertretende Direktor der Staatsbank Russlands, Andreij Kozlow, und sein Fahrer wurden im September 2006 von Unbekannten nach einem Fußballspiel gezielt erschossen.

Nach Schätzungen soll es in der RF etwa 3.000 organisierte bewaffnete Banden geben. Der Organisationsgrad krimineller Vereinigungen in der Art von Mafia-Strukturen nimmt zu. Die Miliz steht dieser Entgleisung scheinbar machtlos gegenüber: der Polizeiapparat ist unterbesetzt und die Bezahlung der Polizisten unterdurchschnittlich. Somit sind alle Wege zur Korruption geöffnet. Der Verkauf von Papieren ist dabei noch harmlos, in einigen Fällen soll es auch zu Kooperationen von Polizisten mit Verbrecherbanden gekommen sein.

Es wurden auch Fälle bekannt, bei denen Milizangehörige selbst straffällig wurden und beispielsweise Gefangenen Geld und Papiere stahlen. Nicht nur im Gaunerjargon bezeichnet man diese Menschen als "Karas" (russ. карась für Karausche: ein Fisch, der ausgenommen wird). Die Strafen für überführte Täter sind hoch, verurteilte Milizangehörige (und selbst ehemalige Milizangehörige) werden zum Selbstschutz in Spezialgefängnissen interniert, da sie in einem normalen Gefängnis einem hohem Bedrohungspotential durch andere Strafgefangene ausgesetzt wären.

Die Ausbildung der Milizionäre in den Polizeischulen und Akademien des Innenministeriums ist - gemessen an den Bedingungen auf der Straße - noch verbesserungswürdig. Auch der Zustrom von jungen Leuten zur Polizei hat nachgelassen - heute will jeder "Bisnesmen" werden. Die einzige Stütze der Miliz scheinen ausgemusterte Militärangehörige zu sein, die hart durchgreifen können.

Höchststrafe in Russland ist die Todesstrafe, sie wird im Allgemeinen durch Erschießen durchgeführt: 1985 gab es noch 612 Hinrichtungen, 1996 waren es noch 140. Die aktuellen ai-Berichte sprechen davon, dass die Todesstrafe in der Praxis abgeschafft ist. Weitere Informationen zur Rechtslage und Hintergrundinformationen bieten die Jahresberichte von ai, die auch im Internet veröffentlicht werden, 🖳 www2.amnesty.de/internet/.

Bereits mehrfach wurden von amnesty international vor allem die noch vorkommenden folterähnlichen Methoden und die teilweise noch üblichen Gulag-Verfahrensweisen scharf angeprangert. In den Gefängnissen werden oft Schwerstkriminelle mit der Aufsicht über Kleinkriminelle beauftragt und erhalten dafür Vergünstigungen.

Seit einigen Jahren gibt es neue Polizeiregelungen. Die Miliz kann z.B. jede verdächtige Person ohne Weiteres (d.h. ohne Urteil) bis zu 30 Tagen festhalten, und dies auch bei geringfügigen Vergehen. Angeblich dient diese Maßnahme der Mafiabekämpfung. Es wurden schon Menschen von der Miliz zusammengeschlagen und mehrere Tage eingesperrt, weil sie z.B. nicht sofort mit dem Auto auf ein Signal anhielten und sich aufsässig verhielten.

✋ Uneingeschränkte Macht auf der Straße genießt die GAI (staatliche Autoinspektion, ГАИ), eine Art militärische Verkehrspolizei, die gleichzeitig Aufgaben der Autozulassung und der technischen Überwachung wahrnimmt. De facto kann jeder GAI-Polizist einen Autofahrer verhaften und bis zu zwei Wochen einsperren. Bei erheblichen technischen Mängeln kann das Auto sofort beschlagnahmt werden. Die Realität sieht nicht ganz so düster aus. Abkassieren von Geldstrafen wird dem endlosen Papierkram manchmal vorgezogen. Bei einem Pfiff oder anderen Zeichen hat man als Fahrer allerdings sofort anzuhalten. Manchen Polizisten kann man sehr imponieren, wenn man sie mit dem an den Schulterstücken erkennbaren Dienstgrad anspricht.

МЧС   (Ministerium für Zivilverteidigung und Katastrophen)

Der vollständige Name der Einrichtung lautet: Ministerium der RF für Zivilverteidigung, außergewöhnliche Situationen und Naturkatastrophen. Die Kräfte sind ausgesprochene Profis auf allen Gebieten des Rettungsdienstes. Die Hauptaufgaben liegen in der Feuerrettung (die Feuerwehr untersteht dem МЧС), der Wasserrettung, der Evakuierung von Personen aus Gefahrenzonen und im Such- und Rettungsdienst, zusätzlich werden noch Kräfte für psychologisches Krisenmanagement für Katastrophensituationen bereitgehalten. Ein Netz von Sicherheitsinspektionen registriert den Stand des Brandschutzes sowie der allgemeinen Sicherheit. Gemeinschaftseinrichtungen wie Schulen, Wohnheime und Krankenhäuser, die es z.B. mit der Sicherheit nicht sehr genau nehmen, werden ohne Ausnahme mit voller Adresse auf einer schwarzen Liste im Internet auf der Website des Ministeriums veröffentlicht. Dort findet man auch die aktuellsten Berichte zu Sicherheitswarnungen, Reports zu Naturkatastrophen oder z.B. Prognosen zur seismischen Aktivität in der Region Fernost. Detaillierte Berichte zu Großschäden, größeren Bränden, Waldbränden, Verkehrsmittelunfällen, Krankheitsausbrüchen finden sich ebenso wie Meldungen über Hochwasser oder Erdrutsche. Diese Meldungen werden für ganz Russland täglich aktualisiert. Es werden viele Daten sehr transparent dargestellt. Es gibt wenige unnötige Links. Die Site ist verständlicherweise in russischer Sprache, nur ein kleiner Teil ist in Englisch. Das Ministerium unterhält in jeder Region Russlands eine Zentrale. In den Infoblöcken zu den jeweiligen Regionen/Städten sind die Dienststellen unter МЧС bzw. ПСС (Such- und Rettungsdienst) verzeichnet. Eine aktuelle Liste der Dienststellen ist auf der Website vorhanden.

- ▮ МЧС России, 109012 Moskau, Teatralnij pr. 3, ☎ 495/6263901, Bürgerservice ☎ 495/7352939 (121352 Moskau, ul. Dawydowskaja 7),
  ✍ pressa@mchs.gov.ru.

- ◆ Ob Vulkanausbruch auf Kamtschatka oder Ausbruch einer Epidemie hämorrhagischen Fiebers in Zentralrussland oder sommerliche Waldbrände in der sibirischen Taiga, diese Informationen sind relativ zeitnah zu finden unter 💻 www.mchs.gov.ru/.

Medizinische Versorgung

Die Sowjetunion verfügte in ihren besten Zeiten über ein gutes **Gesundheitssystem** - vergleichbar mit dem in der damaligen DDR. Zu Zeiten der UdSSR standen eintausend Menschen etwa drei bis vier Ärzte gegenüber. Dies hat sich deutlich gewandelt, besonders in ländlichen Gegenden. Der Arztberuf im heutigen Russland hat auch seine Attraktivität eingebüßt. Ein Grund dafür ist die schlechte Bezahlung im Gesundheitswesen: jeder private Taxifahrer oder Verkäufer mit eigenem Kiosk verdient mehr.

Außerdem haben sich die ökonomischen Verhältnisse innerhalb der letzten fünf Jahre entscheidend verändert. Die ehemals leistungsfähige pharmazeutische Industrie gibt es nicht mehr. Selbst einfache Medikamente und dringend benötigte Arzneimittel wie Antibiotika müssen importiert werden, zum Teil aus Ländern wie Indien. Früher war es umgekehrt, die UdSSR war einer der größten Hersteller von Impfstoffen.

Die technische Ausstattung der Kliniken ist mangelhaft, einmal abgesehen von größeren Kliniken in St. Petersburg, Moskau und den weiteren Metropolen des Landes bzw. den seit einiger Zeit vorhandenen Privatkliniken. Wichtige Medikamente sind mitunter in den staatlichen Kliniken kaum vorhanden. Die ehemals staatlichen Apotheken wurden teilweise privatisiert. Früher waren Medikamente in der Apotheke kostenlos oder sehr preisgünstig. Russische Medikamente gibt es in den Apotheken nur wenige, dafür aber fast überall teure Präparate aus Westeuropa, die sich der Durchschnittsbürger nicht leisten kann.

Dieser allgemeinen Verschlechterung des Gesundheitssystems steht eine Verschlimmerung der Gesundheit der Menschen gegenüber. Viele Krankheiten, die es früher nur sehr selten gab, verbreiten sich heute wieder in Russland. Als Beispiele seien nur genannt: Diphtherie, Cholera und Tuberkulose. Eine Ursache dafür ist der Zusammenbruch des Impfwesens. Entweder gibt es keine Impfstoffe oder das Interesse der Bevölkerung an Schutzimpfungen ist zu gering. Man muss aber auch weitere Ursachen wie Verschlechterung der hygienischen Gegebenheiten und zunehmende Armut, Drogenmissbrauch, Alkoholismus sowie die zunehmende Umweltverschmutzung als Ursachen sehen.

Seit dem Zerfall der UdSSR liegt die mittlere Lebenserwartung in Russland allgemein für Frauen (Rente ab 55 Jahre) bei 74 Jahren, bei Männern (Rente ab 60) nur bei 59 (!) Jahren. In einigen Regionen Sibiriens ist die Sterberate inzwischen höher als die Anzahl der Geburten.

Früher war die medizinische Behandlung kostenlos. Seit Kurzem ist dies nicht mehr so; als ausländischer Tourist muss man für Behandlung, Transport und Krankenhausaufenthalt bezahlen. Deshalb ist der Abschluss einer Auslandsreisekrankenversicherung für die gesamte Dauer des Aufenthaltes unumgänglich. Sie sollte unter Umständen auch für den medizinisch notwendigen Transport nach Deutschland aufkommen. Zusätzliche Leistungen (Dolmetscher oder Kontaktvermittlung zu deutschsprechenden Ärzten vor Ort) kosten natürlich extra, machen sich im Krankheitsfall aber bezahlt.

Impfungen und Vorsorge

Bei der Einreise nach Russland sind keine Impfungen vorgeschrieben. Aber im Interesse der eigenen Gesundheit sind einige prophylaktische Maßnahmen anzuraten! Impfschutz empfiehlt sich gegen: **Diphtherie**, **Tetanus**, **Hepatitis A**, **Poliomyelitis**, **FSME** (und ggf. **Tuberkulose**, BCG-Impfung).

▷   Gegen **Diphtherie** und **Tetanus** (Wundstarrkrampf) gibt es eine ausgezeichnet verträgliche Kombinationsimpfung.

▷ **Hepatitis A** (Leberentzündung, Gelbsucht) wird meist durch verunreinigtes Trinkwasser bei entsprechendem niedrigem hygienischem Standard übertragen. Auch eine Übertragung durch Speisen (Fisch, Salate, mit verseuchtem Wasser gewaschenes Obst etc.) ist möglich. Von gesetzlichen deutschen Krankenkassen wird die Hepatitis-A-Impfung, die der passiven Immunisierung durch Immunglobuline (hält nur etwa drei Monate an) vorzuziehen ist, als "Reiseimpfung" nicht bezahlt. Man benötigt eine erste Impfung, die bereits Schutzwirkung hat, und lässt nach 6 Monaten boostern. In Russland (und Sibirien) gibt es sich jährlich saisonal wiederholende Ausbrüche, "Hot Spots" gab es zuletzt 2005/2006 u.a. in der Republik Tuwa (тыва) und im Autonomen Ewenkischen Gebiet.

▷ Die Tuberkuloseimpfung (**BCG**) selbst bietet keinen wirklichen Schutz vor der Erkrankung. Ist man aber geimpft, verläuft die Tbc nicht so schwer wie bei ungeimpften Personen, auch die gefürchtete tuberkulöse Meningitis soll dann viel seltener auftreten. In Russland ist ein enormer Anstieg der Tuberkulose zu verzeichnen. Am meisten verbreitet ist sie in Mittelasien, im nördlichen Sibirien und in Großstädten. Hauptproblem dürften die Strafgefangenen in den Vollzugsanstalten sein, wobei ein Erkrankter mit "offener" Tbc bei jedem Husten die Erreger streut und in Kürze eine Vielzahl der Zellengenossen ansteckt. Die Abwehrkräfte der Gefangenen sind schwach, nicht zuletzt auch durch eine gewisse Mangelernährung. Wenn dann die medikamentöse Behandlung nicht vorschriftsgemäß erfolgt, lassen Resistenzen nicht lange auf sich warten. Bei Entlassung aus dem Strafvollzug werden die resistenten Erreger dann weitergetragen. Gefährdet sind besonders Personen mit Immunschwäche. Über epidemische Ausbrüche wurde bisher u.a. in Tschetschenien, im Gebiet Irkutsk und Taishet (Тайшет), im Primorskij Kraj (Находка u.a.) berichtet, das ist aber nur die Spitze des Eisbergs.

▷ Infolge schlechter Hygiene und fehlendem Impfstoff tritt auch die Kinderlähmung (**Poliomyelitis**) wieder in Einzelfällen auf. Dieses Krankheitsbild betrifft natürlich auch Erwachsene und geht mit sehr schweren Lähmungen einher. Ausreichenden Schutz bietet die in Deutschland vor der Reise erfolgte Auffrischungsimpfung, eine Kassenleistung.

▷ Die **FSME** (Frühsommer-Meningo-Encephalitis) wird durch Zecken übertragen. In Russland ist das Virus von Kaliningrad im äußersten Westen bis nach

Wladiwostok am Pazifik verbreitet (FSME kommt auch in Deutschland vor, jedoch seltener). Ein ausgezeichnet wirksamer Impfstoff (Schutz für Jahre) ist verfügbar. Die Sterblichkeit bei Infektion eines Nicht-Geimpften liegt in Europa bei 2 %, in Sibirien aufgrund einer etwas "aggressiveren" Virusform bei 10 bis 20 %!

Gefahr besteht nicht nur in der Taiga; virusbeladene Zecken kommen auch in Parks, Feuchtgebieten und ländlichen Regionen vor (jedoch nicht oberhalb von 1.500 m). 1998 meldeten die Behörden einen regionalen Ausbruch mit vielen Erkrankten und Todesfällen in der Region Birobidzhan (Amur-Gebiet). Es war zu einer außerordentlich starken Zeckenvermehrung mit Ausbreitung der Überträger in das Stadtgebiet gekommen. Berichtet wurde 2005 über deutlich erhöhte Erkrankungszahlen in der Republik Udmurtija, dem Gebiet Nowosibirsk sowie dem Krasnojarskij Kraj. 2006 kam es in der Republik Tuwa in Südsibirien zu ca. 60 Erkrankungen mit 6 Todesfällen.

Einige der Impfungen bestehen aus mehreren Teilimpfungen. Über die Art und Anzahl sowie die einzuhaltenden Abstände informiere man sich beim Arzt oder beim Tropenmedizinischen Dienst. Hat man in Bezug auf das Reisegebiet mehrere Impflücken, sollte man mindestens drei Monate vor der geplanten Reise beim Arzt vorsprechen.

Unter Umständen ist auch der Impfschutz gegen folgende Krankheiten bei Reisen nach Sibirien in Erwägung zu ziehen: **Tollwut, Hepatitis B, Japanische Encephalitis, Typhus, Masern.**

Wird man irgendwo als Reisender von einem Hund oder einem anderen Tier gebissen, lässt sich oft nicht feststellen, ob das Tier selbst gegen **Tollwut** geimpft oder gar infiziert ist. Besonders bei streunenden Hunden stellt das ein Problem dar. Auch Fledermaustollwut ist ein Risiko, besonders beim Aufenthalt in Höhlen oder alten Gemäuern. Die Zeit bis zum Ausbruch der Krankheit kann bei der Tollwut (russ. **бешенство**), abhängig von der Lokalisation der Bisswunde, von einer Woche bis zu einem Jahr dauern. Ohne Impfung verläuft die Tollwut zu 100 % tödlich.

Ob man in Sibirien im Notfall sofort und an jedem Ort die nötigen Impfungen erhalten kann, ist unsicher. In größeren Kliniken der Bezirksstädte gibt es Punkte der Impfprophylaxe, welche postexpositionelle Tollwutimpfungen und Serumgaben durchführen. Es werden regional verschiedenen Impfstoffe eingesetzt, während in Moskau auch in Europa zugelassene Impfstoffe (z.B. Rabipur®) beschaffbar sind, ist dies im Hinterland unklar. Man lasse sich daher in Deutschland vom Hausarzt über die Möglichkeit der vorherigen präexpositionellen Immunisierung gegen Tollwut beraten und es ist dringlich empfohlen, eine vorbeugende Tollwutimmunisierung durchführen zu lassen, ganz besonders dann, wenn ein Aufenthalt in ländlichen Regionen geplant ist und Tierkontakte möglich sind (dazu muss man sich nicht 300 km weit in die Taiga begeben). Die Gefahr der potentiellen Risikokontakte durch Tiere sollte nicht unterschätzt werden, ein deutscher Reisender wurde von zwei am Bahnsteig streunenden Hunden angefallen, als er versuchte, seinen kurz vor Abfahrt stehenden Zug noch zu erreichen, eine schweizerische Touristin hatte kurz vor Abflug beim Einsteigen in das Flugzeug noch schnell ein Foto von dem "niedlichen" Hund gemacht, der um die Gangway strich - zum Abschied gab es dann einen unmotivierten Biss in die Wade.

2006 registrierten die Gesundheitsbehörden immerhin zwölf Todesfälle bei Menschen (landesweit). Gefahr droht nicht nur in unwegsamen Gebieten Sibiriens, auch in Moskau gab es Hinweise auf das Einschleppen durch streunende Hunde der weiteren Umgebung (Region Kaluga). Berichtet wurde auch über Tollwutprobleme in den Regionen Baschkortostan, Swerdlowsk, Tscheljabinsk und in der Republik Udmurtien. Die Schutzdauer nach einem abgeschlossenen Impfschema ist nicht sehr lang anhaltend, sodass im Bedarfsfall Wiederholungsimpfungen oder Boosterungen nötig sind.

Informationen über russische Kliniken mit Impfstellen kann man ggf. über den Regionalarzt der Deutschen Botschaft (Moskau) erhalten.

♦   Deutsche Botschaft Moskau, 119285 Moskau, ul. Mosfilmowskaja 56,
      ☎ +7 495/9379500 (Vermittlung), Regionalarzt ☎ 9399269, FAX 9382370.

▷   Die **B-Hepatitis** wird vorzugsweise durch ungeschützten Geschlechtsverkehr, durch Bluttransfusionen oder unsterile Injektionsspritzen, Kanülen, Instrumente übertragen. Die Chance der Übertragbarkeit ist sehr viel höher als bei HIV, d.h. es sind viel kleinere Blutvolumina zur Übertragung erforderlich. Intravenöser Drogenabusus ist ein weiterer Risikofaktor. Es existiert ein Kombinationsimpfstoff gegen Hepatitis A und B. Die Impfung mittels z.B. Twinrix® erfolgt nach dem Schema 0 - 1 - 6 Monate (Auffrischung nach 5 Jahren). Die Krankenkassen

tragen die Kosten für die Impfungen in Deutschland nur bei Kindern und Jugendlichen bis 18 Jahre. Diese Investition in die Gesundheit sollte nicht ausgespart
bleiben, da bei chronischer Hepatitis B (eine Chronifizierung betrifft ca. 20 % aller
akut Erkrankten) beträchtliche Folgen (Leberzirrhose, u.U. Leberkrebs nach Jahrzehnten) drohen können.

▷ **Japanische Encephalitis** (Gefährdungszone nur im äußersten Südosten
Sibiriens, ländliche Regionen und küstennahe Gebiete südöstlich von Chabarovsk,
prinzipiell ganzjähriges Risiko, besonders erhöht aber in den Monaten Juli bis
September) ist nur bei einem Aufenthalt in der genannten Region von eventueller
Bedeutung (Übertragung des Virus' durch stechende Insekten). Die Virusinfektion kann zu einer schweren Hirnhautentzündung führen. Symptome: starke Kopfschmerzen, hohes Fieber, Übelkeit, Verwirrung, Nackensteifheit, Lähmungen und
Bewusstlosigkeit. Eine prophylaktische Impfung (drei Teil-Impfungen) ist prinzipiell möglich, der Impfstoff ist jedoch in Deutschland nicht zugelassen und nur
über internationale Apotheken zu beziehen; Informationen erhält man bei den
Tropeninstituten.

▷ **Typhus** spielt vor allem in Regionen mit unterdurchschnittlich schlechtem
Hygienestandard (fehlende Kanalisation, defekte Wasserversorgung) eine Rolle.
Die bakteriellen Erreger werden durch verunreinigtes Trinkwasser oder Speisen
aufgenommen. Nach ca. zwei Wochen kommt es zu hohem, schwerem Fieber.
Klinikbehandlung ist nötig, weil es zu Komplikationen wie lebensgefährlichen
Darmblutungen oder Bauchfellentzündung kommen kann. Die Möglichkeit einer
prophylaktischen Schutzimpfung gegen Typhus existiert in Form einer Schluck-
impfung (je eine Kapsel an den Tagen 1 - 3 - 5) bzw. eines Totimpfstoffes (einmalige Injektion). Der Schutz ist bei beiden Immunisierungsarten jedoch nicht
100 %ig. Größere Ausbrüche wurden unlängst aus den Regionen Irkutsk (Иркутск), Perm (Пермь), Moskau und St. Petersburg (Massenausbruch in einer Einrichtung für Militärkadetten) berichtet.

▷ Wenn man nicht mehr über einen entsprechenden Impfschutz gegen
Masern verfügt oder noch nie dagegen geimpft wurde, sollte man das nachholen
lassen. Es besteht eine große Gefahr für ausländische Touristen, die nicht geimpft
sind. Masern können auch für Erwachsene tödlich verlaufen.

▷   In Sibirien treten sporadisch immer wieder durch **Viren** hervorgerufene fieberhafte Erkrankungen mit teilweise sehr schwerem kurzem Verlauf auf (z.B. das Omsker Hämorrhagische Fieber). Überträger sind Nagetiere. Eine spezifische Impfung gibt es nicht.

▷   1997 kam es auch zu einem **Hanta-Virus-Ausbruch** im Ural (Orenburg), Übertragung ebenfalls durch Nagetiere. Bei dieser fieberhaften Virusinfektion kommt es häufig zu Blutungen und Nierenversagen. Bei unklarem Fieber suche man einen Arzt auf (sofern dazu noch Gelegenheit besteht - es gibt genug Berichte über in unwegsamer Gegend für immer verschwundene Geologen oder Touristen). Ein größerer Ausbruch war im Jahre 2005 und im Oktober 2006 in der Republik Mariy El zu verzeichnen. Einzelberichte gibt es aus Baschkortostan, u.a. aus der Region um Ufa (Уфа). Als Prophylaxe empfiehlt sich eine strikte Sauberkeit der Unterkunft/Zimmer und ein verschlossenes Aufbewahren von Lebensmitteln, um Kontaminationen durch kleine Nager (Mäuse u.a.) zu verhindern.

▷   **Malariafälle** wurden in den letzten Jahren eher vereinzelt aus dem Süden des Gebiets Omsk und der Grenzregion zu Kasachstan berichtet, ansonsten besteht aktuell nur bei Weiterreise/Aufenthalt im Süden der mittelasiatischen Republiken (Usbekistan, Tadschikistan, Kasachstan) ein relevantes Risiko für Malariaerkrankungen, meist nur Malaria tertiana. Die Situation kann sich ändern, wenn es im Rahmen der Klimaerwärmung zu einer Vergrößerung des Verbreitungsgebietes der Überträgermücken kommt, bereits heute sind in vielen warmen Feuchtgebieten, so auch in der Region Moskau, Anopheles-Mücken vorhanden.

▷   In den letzten Jahren verzeichnete man ein gelegentliches Auftreten regional begrenzter Ausbrüche von **Cholera** (russ. холера) auch in Sibirien. Übertragung durch mit Fäkalien verschmutztes Trinkwasser bzw. mit unsauberem Wasser zubereitete Speisen, Getränke oder ungenügend gewaschenem Obst. Durch die starken Migrationsbewegungen in Russland und der GUS nahm neben den regional begrenzten Ausbrüchen auch die sog. Transitform (*transitnaja kholera*) an Bedeutung zu, die oft durch erkrankte Reisende aus mittelasiatischen Gebieten entlang der Bahngleise der Turk-Sib (Turksibirische Bahn) verstreut wird. Aushänge und Durchsagen auf den Bahnhöfen informieren darüber. Die Inkubationszeit liegt bei etwa 2 bis 5 Tagen. Bei entsprechenden Symptomen (wässriger Durchfall,

Erbrechen und Bauchschmerzen) begebe man sich sofort zum nächsten Med-Punkt. Sterblichkeit ohne Behandlung bis zu 50 %. Die auch in Deutschland als Reiseimpfung erhältliche Cholera-Impfung bietet keinen absolut sicheren Schutz und hält auch nur kurze Zeit (ca. 6 Monate) an. Brennpunkte sind die mittelasiatischen Republiken, das südliche Sibirien, Teile der Ukraine und der Kaukasus-Region, sporadische Hot Spots wurden bereits registriert in Kazan, im Primorskij Kraj und auf Sachalin.

▷   Selten kommt z.B. in Kasachstan auch heute noch die **Pest** (russ. *tschuma*, чума) vor. In der Vergangenheit gab es auch Einzelfälle im Grenzgebiet zwischen der Mongolei und der Republik Tuwa. Der Erreger zirkuliert zwischen Nage-tieren/Ratten und Flöhen. Einige gefährliche Infektionskrankheiten sind wahr-scheinlich durch frühere Versuche zur Herstellung von sog. B-Waffen (biologische Waffen der Armee) im Land verbreitet worden; dies gilt z.B. für den ähnlich gefürchteten **Milzbrand** (сибирская язва), wobei Meldungen über Erkrankun-gen aus den Regionen Orenburg, Baschkortostan, Altai, Region Rostow am Don und Tschetschenien in den letzten 2 bis 3 Jahren bekannt wurden.

▷   **Influenza-Virusgrippe** (грипп) tritt in ganz Russland in der kalten Jahres-zeit gehäuft auf. Eine vorherige Impfung in Deutschland empfiehlt sich, wenn man nicht im Sommer reist. Diese bietet keinen direkten Schutz gegen die Aviäre Influ-enza (Vogelgrippe H5N1, bird flu), erscheint aber dennoch als zweckmäßig. In Russland kam es 2005 zum massiven Auftreten von Vogelgrippe im südlichen Sibirien (u.a. Republik Tuwa, Region Altai, Gebiet Nowosibirsk und Omsk) bei Nutztieren und Wildvögeln. Expositionsprophylaxe ist angesagt, man halte sich von Geflügelfabriken und Geflügelmärkten am besten fern. Aktuelle Informationen im Internet z.B. unter: 🖥 www.who.int/csr/disease/avian_influenza/en/.

🖐   Die vorgenannten Infektionen, welche nicht flächendeckend vorkommen und überwiegend saisonal in bestimmten Regionen auftreten einmal außer Acht gelassen - das landesweit häufigste Gesundheitsrisiko sind Speisen/Lebensmittel unklarer Herkunft oder Kontaminationen infolge von Hygienemängeln bei der Zubereitung/Lagerung oder dem Straßenverkauf. Am meisten werden Reisende nämlich von oral übertragbaren Infektionen geplagt, die neben den schon genann-ten Nahrungsmitteln auch durch verunreinigtes Trinkwasser hervorgerufen werden. Die Spannweite ist breit, von bakterieller Gastroenteritis durch Salmonellen-erkrankungen bis zur Shigellen-Ruhr oder "nur" Durchfall durch Giardia lamblia (hervorgerufen durch einzellige Darmparasiten) bis hin zur Trichinellose durch den Verzehr von unzureichend gegartem Bären- oder Wildschweinfleisch ist vieles möglich. Auch über Botulismus (**ботулизм**) wurde berichtet, es handelt sich um eine Erkrankung durch bakterielle Toxine z.B. in Verbindung mit dem Verzehr von nicht sachgemäß hergestellten hausgemachten Konserven (Gemüse, Pilze u.a.), unzureichend konserviertem Fisch etc., welche zu Schluck- und Sprachstörungen, Doppelbilder bis hin zur tödlichen Atemlähmung führt und rascher fachärztlicher Hilfe bedarf (Antiserum). Aus der Republik Burjatien sind ca. 500 Fälle aus den Jahren 2001 bis 2006 bekannt, wobei es zu 30 Todesfällen kam, Hauptursache war hier der infolge unzureichender Räucherung/Konservierung bakteriell belastete Fisch Omul, eine bekannte örtliche Delikatesse.

Das Meiden von Speisen zweifelhafter Herkunft oder von Konservendosen mit sichtbarem Hinweis auf Bombagenbildung gehört zu den wichtigsten Möglichkeiten der Vorsorge. Bei Unsicherheit, ob eine Speise aus Wildfleisch richtig durchgebraten ist, verzichte man darauf. Ansonsten gilt auch hier die alte Regel: "Cook it, peel it, wash it (mit möglichst sehr heißem Wasser) or forget it …".

✋ Obst und Gemüse muss ebenfalls vor dem Verzehr gewaschen werden (möglichst heißes Wasser). Achtung, das Wasser im Zug-WC kann kontaminiert sein (Verunreinigungen beim Befüllen der im Waggondach befindlichen Tanks sind schon vorgekommen). Man nutze im Zug daher das heiße Wasser (> 85°C) aus dem Samowar, welcher fast immer auch ein Thermometer am Kessel aufweist.

✋ Ebenfalls mit ernstem gesundheitlichem Risiko behaftet ist der Genuss von alkoholischen Getränken aus unklarer Quelle oder eigener Herstellung, es kommt jedes Jahr in Russland zu ca. 40.000 Todesfällen durch mit Methanol (Methylalkohol) verunreinigte Alkoholika oder Genuss von vergälltem technischem Alkohol. In geringeren Konzentrationen sind durch Methanol auch Schäden am Sehnerv bis zur Erblindung möglich. Die letzten größeren Massenvergiftungen sind aus Irkutsk (800 Fälle, 33 tödliche Ausgänge) und Jakutien berichtet worden.

Ein internationaler Impfpass ist in Russland nicht erforderlich. Er kann aber notwendig werden, wenn man weiterreisen möchte (z.B. Mongolei, China, Japan).

📖 Merkblatt für Auslandstätige und Auswanderer. Merkblatt Nr. 23: Ratschlä- ge zur Erhaltung der Gesundheit in tropischen und subtropischen Ländern. Hrsg. vom Bundesverwaltungsamt, 50738 Köln. Enthält viele Tipps und Adressen der Tropeninstitute.

♦ Informationen zu Infektionskrankheiten von A bis Z finden sich auf der Web- site des Berliner Robert-Koch-Institutes 💻 www.rki.de.

🛈 Institut für Tropenmedizin, Kepplerstr. 15, 72074 Tübingen, ☎ 07071/2982365.

♦ Institut für Tropenmedizin, Spandauer Damm 130/Haus 10, 14050 Berlin, ☎ 030/301166.

♦ Impfstelle am Zentrum für Infektiologie und Tropenmedizin, Klinikum Dres- den-Neustadt, Industriestraße 40, 01129 Dresden, ☎ 0351/8560.

♦ Medizinisch-Poliklinisches Institut der Universität, Abt. Tropenmedizin, Här- telstr. 16-18, 04107 Leipzig, ☎ 0341/9724971.

♦ Institut für Infektions- und Tropenmedizin der Universität, Leopoldstraße 5, 80802 München, ☎ 089/21803517.

♦ Institut für Medizinische Parasitologie der Universität Bonn, S.-Freud-Str. 25, 53127 Bonn, ☎ 0228/2875673.

Weitere Informationen und lokale Adressen erhalten Sie von den zuständigen Gesundheitsämtern Ihrer Region.

📖 *CRM-Handbuch* vom Centrum für Reisemedizin, Oberrather Str. 10, 40472 Düsseldorf, das alle 6 Monate neu erscheint. Informationen in Kurz- form auf den Webseiten 💻 www.crm.de und 💻 www.travelmed.de zu ent- nehmen. Eine kostenpflichtige Beratung ist auch telefonisch möglich unter ☎ 0190/883883 (ca. € 1,80/Minute).

♦ Newsletter zur Gesundheitslage (Russland) verfügbar bei Netzwerk Nord- Ost AO, ✍ nordostinfo@aol.com

Prophylaxe

Dieser Abschnitt ist mehr für Rucksackreisende gedacht. Im Hotel wohnende Rei- sende werden in den Großstädten im Normalfall nicht mit verseuchtem Wasser konfrontiert oder durch Zeckenbisse geplagt.

Durch entsprechendes Verhalten kann man einer Vielzahl verschiedener Krankheiten aus dem Weg gehen. Es sei hier noch mal an die **Tollwutimpfung** erinnert, die bei längerem Aufenthalt in Sibirien, der Taiga oder im Gebirge notwendig ist, da es fast überall zu (unvorhersehbaren) Tierkontakten kommen kann. Sie kann lebensrettend sein.

▷   Um die Gefahr von **Zeckenbissen** zu mindern, sollte man in der Taiga grundsätzlich eine Kopfbedeckung tragen und den Kragen geschlossen halten. Die auf Schweiß und Körperwärme reagierenden kleinen Insekten gelangen von Bäumen, Büschen und Gräsern auf ihr Opfer (Mensch oder Tier), können beim Vorübergehen von Gräsern abgestreift werden. Beim Biss können FSME (virale Hirnhautentzündung) oder andere Infektionskrankheiten (**Borreliose**, **Rickettsien**) übertragen werden. Nur gegen FSME gibt es eine Schutzimpfung. Sehr gut gegen Insekten und Zecken wirken Repellentsprays oder Sticks mit dem entsprechenden Wirkstoff (z.B. **Autan®**). Auch andere Hersteller bieten Präparate z.B. auf DEET-Basis an, wie etwa Anti Insect® (Informationen siehe 🖥 www.medidar.de).

Wenn sich eine Zecke festgebissen hat, sollte sie so schnell wie möglich entfernt werden - und zwar ohne Verwendung von Alkohol, Öl oder brennenden Streichhölzern, dadurch erhöht sich die Gefahr der Übertragung. Am einfachsten ist es, die Zecke mit einer Pinzette rasch zu entfernen, ohne sie stark zu quetschen. Sollte nach einiger Zeit am Ort des Bisses eine rund-ovale, sich ausbreitende Hautrötung auftreten, Arzt aufsuchen. Diese Rötung (*Erythema migrans*) kann das erste Anzeichen der durch Zecken übertragenen Borreliose sein, einer chronischen Erkrankung, die auch Herz, Gelenke und das Nervensystem befallen kann.

Zur Behandlung eignen sich Penizillin oder Doxycyclin (bei einem Frühstadium) bzw. intravenös über 21 Tage zu verabreichende Cephalosporine z.B. Ceftriaxon® bei sicher nachgewiesenem chronischem Stadium.

▷   **Gifttiere** gibt es in Sibirien nur wenige. In der Taiga kommen an Giftschlangen **Kreuzottern** vor. Mit ihnen braucht man einer Faustregel entsprechend nur südlich des 65. Breitengrades rechnen. Weiter nördlich in der Taiga gibt es keine. Ein Gebissener sollte zu einem Arzt gebracht werden.

Das straffe und lange Abbinden der betroffenen Extremität bringt keine Vorteile - im Gegenteil: der Schaden in dem entsprechenden Körperteil durch mangelnde Durchblutung ist größer als vorher. Da das Gift sich sowieso zum größeren Teil nur über oberflächlich gelegene Blut- und Lymphgefäße ausbreitet, reicht

ein lockeres, wenig straffes Abbinden. Zu unterlassen ist Ausschneiden und Aus-
brennen von Bissverletzungen.

Im Fernen Osten kommt außerdem die **Halysotter** vor, sie gehört zu den Gru-
benottern und ist giftig. Auf Kamtschatka gibt es keine Giftschlangen.

▷   Keine gesundheitliche Gefahr - wohl aber eine erhebliche Belastung - stellen die riesigen Mückenschwärme in Gewässernähe dar, besonders im Juni/Juli.
Weder Rauch noch die teuersten Antimückenmittel helfen hundertprozentig. Man
suche nach Möglichkeit leicht windige Stellen auf, da dort evtl. weniger **Mücken**
sind. Während Mücken (*komari*) und **Bremsen** Blut saugen, gelingt es den **Kribbelmücken** nicht, die menschliche Haut zu durchdringen, aber um so belastender
sind deren Versuche, wenn Tausende der nur zwei Millimeter kleinen Insekten
über einen herfallen. Man kann nichts tun, als zu rennen, sich unter Wasser aufzuhalten oder im Zelt zu bleiben - wenn dort nicht auch schon welche sind.

Antimückenmittel helfen nicht immer zuverlässig. Die Kribbelmücken erscheinen in zwei täglichen Gipfeln meist früh und von spätnachmittags bis zum Ein-
bruch der Dunkelheit.

▷   Steht kein sauberes Trinkwasser zur Verfügung, müssen Wasserentkei-
mungstabletten angewendet werden (beispielsweise Multiman® oder Mikro-
pur®). Hat man genug Brennstoff, kann das Wasser auch abgekocht werden.
Beide Methoden können allerdings eine evtl. vorhandene Verschmutzung, Belastung mit Giftstoffen nicht entfernen (in diesem Fall helfen nur spezielle und nicht
ganz billige Wasserfilter, die auch noch Krankheitserreger zurückhalten).

▷   Es ist schließlich kein Geheimnis, dass einige Landstriche Sibiriens radioaktiv belastet sind. Das ist nicht auf den Reaktorunfall von Tschernobyl (1986)
zurückzuführen, sondern vor allem auf Atomwaffenversuche und nicht ans Licht
der Öffentlichkeit gekommene Unfälle. In den kasachischen Steppen des Gebietes
Semipalatinsk (Семипалатинск) wurden früher Atomtests durchgeführt. Meist
erfolgten sie, wenn der Wind in Richtung China oder Mongolei stand; radioaktive Niederschläge regneten dort ab. Nach massiven Protesten der betroffenen
benachbarten Länder wurden die Atomtests nur noch bei Wind in Richtung Norden (Sibirien) durchgeführt. Entsprechende Karten, die den radioaktiven Verseu-
chungsgrad wiedergeben, sind noch nicht vorhanden (im Gegensatz zu Beloruss-

land und der Ukraine) oder werden geheim gehalten. Überall Messungen mit Radiometern durchzuführen, wo man sich aufhält, erscheint unpraktisch und bringt im Endeffekt auch keinen Erfolg, wenn nur Gammastrahlung gemessen wird. Angereicherte Isotope, z.B. in Waldpilzen, werden dabei nicht erfasst.

Einer der Orte mit der höchsten radioaktiven Kontamination soll sich in der Nähe von Kyshtym (Кыштым) in der Region Tsheljabinsk befinden, wo sich 1957 eine nukleare Explosion ereignete. Im Ort Majak explodierte ein Behälter mit radioaktivem Material und verseuchte eine riesige Fläche. Das Gebiet wird durch den Fluss Tetsha (р. теча) entwässert, der sein verschmutztes Wasser natürlich weiterträgt. Auch heute nach 50 Jahren sind gewisse Landstriche weiter verseucht, die Anzahl der über die Jahrzehnte gesundheitlich Betroffenen liegt im sechsstelligen Bereich (☞ auch 🖳 www.greencross.ch/).

Die russische Zeitschrift *Ogonjok* berichtete bereits 1995 über die Probleme der Entsorgung und Lagerung der radioaktiven Materialien in den Fabriken, die Plutonium herstellten. Heute ist es schon kein Geheimnis mehr, dass sich derartige Anlagen in der Nähe von Krasnojarsk, Tomsk und Tscheljabinsk befinden. Die Anlage in der Nähe von Krasnojarsk liegt 200 m unter der Erde, der Bau erfolgte Anfang der 1950er Jahre. Die unterirdische Fabrik trug den Tarnnamen "Shelesnogorsk-Krasnojarsk 26".

Von den ehemals insgesamt 13 Reaktoren arbeiteten 1995 noch drei (zwei davon in der Fabrik "Tomsk-7"). Alle diese Anlagen lagen bzw. liegen in der Nähe von großen Städten. Niemand hat ein Konzept für die Entsorgung, die Lagerung von 1 kg radioaktivem Material kostet etwa € 200 pro Jahr. Der Verkauf von Plutonium erbringt ein Vielfaches dieses Betrages.

In der Bevölkerung stößt das Thema Radioaktivität immer mehr auf Interesse und Protest. Auch die geplante und bereits zum Teil durchgeführte Verbringung von Atommüll und verbrauchten Kernbrennstäben aus Deutschland nach Russland wird von den Aktivisten deutlich thematisiert.

Stichwort Reaktorunfälle: in Russland arbeiten eine Vielzahl von Reaktoren und Atomanlagen verschiedenster Art. Welche Gefahr von ihnen (weltweit) ausgehen kann, zeigte 1986 Tschernobyl. Die militärmedizinische Empfehlung bei Reaktorstörfällen lautete: Kalium-Jodid 0,1g (Kalium-jodatum Comprimetten, initial zwei Stück, dann alle 8 Stunden eine weitere bis zur Gesamtdosis von 10 Stück). Wir können nur hoffen, dass dieses Mittel nicht benötigt wird.

▷   Krankheiten wie Cholera, Typhus, Hepatitis A und oral übertragbare Darminfektionen werden u.a. durch schmutziges Trinkwasser übertragen. In den Dörfern, die ihr Trinkwasser aus Brunnen (*kolodjez*) beziehen, hat man Verunreinigungen des Trinkwassers zu unterlassen. Zum Beispiel darf nur mit dem dafür vorgesehenen Metalleimer aus dem **Brunnen** geschöpft werden, keinesfalls mit eigenen Gefäßen. Der Inhalt des Eimers muss dann mit dem Eimer in die Flaschen oder Wasserbeutel gefüllt werden, niemals dürfen eigene - evtl. unsaubere - Behältnisse im Eimer durch Untertauchen befüllt werden! Das macht man dort schon kleinen Kindern verständlich, und auch als Tourist muss man diese Grundregeln der Hygiene einhalten. Meist befindet sich der Brunnen in einem speziell dafür errichteten Haus an einem zentralen Platz im Dorf und ist umzäumt oder abgeschlossen (wegen frei laufender Kühe und Hunde).

Vorsicht gilt auch beim Verkauf von Getränken entlang der Bahnstrecken. Oft merkt man erst im Abteil, dass die Flaschen selbst konfektioniert sind und dass leere handelsübliche Mineralwasserflaschen mit Leitungswasser aufgefüllt wurden. Auch Schwarztee in Colaflaschen ist keine Seltenheit. Gefahrlos ist der Genuss des aus dem Samowarwassers bereiteten Tees im Zug.

▷   Auch durch Nahrungsmittel drohen mitunter gesundheitliche Gefahren. Es ist in Sibirien vielerorts beliebt, Fisch auch in rohem Zustand mit Salz und Brot zu essen (was beim zweiten Mal auch schmeckt). Es besteht hier die Gefahr, im Fischfleisch enthaltene **Parasiten** aufzunehmen, z.B. Larven des Fischbandwurmes oder des Katzenleberegels. Am meisten sind die Fische im Bereich der sibirischen Flüsse Ob und Irtysch mit letztgenanntem Parasit befallen, welcher die Erkrankung Opisthorchiasis hervorruft. Nachweise des Parasiten gibt es aber auch aus der Region Tomsk, Tsheljabinsk und Swerdlowsk.

Verzehrt man ausschließlich kleine und sehr junge Fische, ist das Risiko eventuell etwas geringer, da die Parasiten häufiger in älteren Exemplaren vorkommen, dennoch ist davon abzuraten. Durch Kochen (mind. 20 bis 25 Min.), Durchrösten am Feuer oder Braten werden die Parasiten abgetötet. Beim Ausnehmen sieht man, dass fast jeder Fisch in seinen Eingeweiden kleinere wurmartige Mitbewohner aufweist. Diese werden ebenfalls durch Erhitzen unschädlich gemacht.

Aids-Situation

Bis Mitte der 1990er Jahre spielte diese Erkrankung keine übergroße Rolle. 1997/98 kam es zu einem überschnellen Anstieg der Neuinfektionen. Mit mindestens 60.000 HIV-Infizierten rechnete das Gesundheitsministerium Ende 2000, was damals noch ca. 0,05 % der Bevölkerung im Erwachsenenalter entsprach - die Dunkelziffer war beträchtlich. Im Jahre 2001 sprach man bereits davon, dass die Anzahl der Neuinfektionen höher sei als in sämtlichen Vorjahren der Epidemie zusammen. Aktuell ist in Russland von mindestens 900.000 bis 1 Mio. HIV-Infizierten auszugehen (2006), der größte Teil ist zwischen 15 und 30 Jahre alt (davon 30 % Frauen). Informationen zu verschiedenen Regionen der globalen Epidemie 💻 www.hiv.net/.

Besonders betroffen sind Drogenabhängige. In bestimmten Regionen Russlands gebrauchten zwischen 5 bis 10 % der männlichen Bevölkerung zeitweilig oder dauerhaft Drogen. Es gibt Gegenden, wo Alkohol teurer ist als Narkotika. In diesen Gebieten ist die Prävalenz für HIV sowie die parenteral übertragbaren Hepatitisformen B und C stark erhöht. Hotspots finden sich daher an den von den zentralasiatischen Republiken Usbekistan, Tadschikistan, Kirgisistan und Kasachstan nach Norden verlaufenden Verkehrswegen. Extreme Ausmaße nahm HIV und AIDS (im Russischen spid, СПИД genannt) in einigen der ehemals sowjetischen Provinzen (z.B. Odessa, Ukraine) als Folge der Prostitution im Zusammenhang mit der wachsenden neuen Armut an. Gewerbliche Prostitution ist in Russland strafbar. Zuhälter und Freier werden aber in den seltensten Fällen belangt.

Für die Verbreitung der Krankheit werden oft auch Ausländer verantwortlich gemacht. Schon im Herbst 1994 beschloss die russische Duma das sogenannte **Aids-Gesetz**. Eine Genehmigung zum längerfristigen Aufenthalt von Ausländern in Russland wird von einem negativen HIV-Test abhängig gemacht. Sich nur kurz im Lande aufhaltende Touristen waren bisher von den Durchführungsbestimmungen der Verordnung nicht betroffen.

Die Regierungsverfügung Nr. 1158 vom 25.11.1995 besagt konkret: Ausländer über 15 Jahre, die sich länger als 90 Tage in Russland aufhalten wollen, müssen einen negativen HIV-Test vorweisen. Ausnahmen: Diplomaten und Inhaber eines russischen Reisepasses. Das Dokument über den Test soll in Russisch oder Englisch ausgestellt sein und muss obligat die folgenden Daten enthalten: Personalien, Passnummer, Herkunftsstaat, vorgesehene Aufenthaltsdauer in der RF,

HIV-Testergebnis und Chargen-Nr. sowie Name des verwendeten Test-Systems sowie des untersuchenden Labors mit Unterschrift und Stempel des Arztes. Nähere Auskünfte und Formulare halten die Konsulate bereit.

Reiseapotheke

Man sollte sich auf das Wesentliche beschränken, zumal es viele Medikamente (wenn auch teuer) in den privaten Apotheken zu kaufen gibt. In den kommerziellen Apotheken werden alle uns bekannten Präparate gehandelt. Oft staunt man, wie viele Medikamente in Russland im Vergleich zu Deutschland frei verkäuflich sind. Apothekenkioske trifft man in den Städten fast an jeder größeren Kreuzung.

An den Kiosken werden auch Kondome zumeist ausländischer Produktion aus Korea oder Indien verkauft, neuerdings auch deutsche Kondome. Man frage nach *preserwativy*. Hormonelle Kontrazeptiva sind nicht überall verfügbar; das gilt auch für die Morning-after-Pille (z.B. Tetragynon®).

Einige der wichtigen Medikamente, die man bei einem längeren Aufenthalt abseits der Stadt mit sich führen sollte, stehen in der nachfolgenden Liste.

Ein Mittel (z.B. Jacutin-Gel bzw. Spray) gegen Läuse, Flöhe und Milben (Krätze) ist bei längerem Verweilen in häufig frequentierten Turbasas (Herbergen) nützlich. Die nötigen Medikamente für die Reiseapotheke lasse man sich vom Hausarzt verschreiben (ggf. Privatrezept). Schmerzmittel können auch vom Zahnarzt verschrieben werden. Zumindest ein potentes Analgetikum ist nötig, wenn es in abgelegenen Gegenden zu Verletzungen kommt.

▷   Elektrolytpulver (z.B. Elotrans®) und Loperamid gegen Reisedurchfall - Loperamid **keinesfalls** bei blutigem, fiebrigem Durchfall anwenden!

▷   Paracetamol bei Kopfschmerzen und leichtem Fieber; ist auch für Kinder geeignet (es gibt auch Paracetamol-Saft).

▷   Novaminsulfat-Tropfen (Schmerzmittel)

▷   Valoron-N® (stark wirkendes Schmerzmittel); Fahrtauglichkeit wird bei Einnahme eingeschränkt.

▷   Jacutin (gegen Milben, Flöhe, Läuse - enthält Lindan)

▷   Antibiotikum Penizillin (bei Infektionen, z.B. Tonsillitis/Angina)

▷   Antibiotikum Trimethoprim (z.B. Cotrim®) bei Harnwegsinfektionen

▷   ggf. Breitspektrumantibiotikum aus der Gruppe der Gyrasehemmer (Cibrobay®, Avalox® oder Tavanic®)

▷ Cerucal/Paspertin-Tropfen (Wirkstoff: Metoclopramid) gegen Erbrechen, Übelkeit, Reisekrankheit (Flugzeug, Schnellboote). Für kleine Kinder nicht geeignet.

▷ Super-Pep® Reise-Kaugummi (Apotheke)

▷ Clemastin-Tabl. oder Fenistil-Tropfen gegen Allergien; Antihistaminika können Müdigkeit hervorrufen

▷ antibiotische Augensalbe bei Infektionen (z.B. tetrazyklinhaltige)

▷ antiallergische Augentropfen (z.B. Yxin®)

▷ Wundverband (Cosmopor® o.a.), Binden, Pflaster, Steri-Strips und evtl. steriles Nahtmaterial mit Pinzette, Lokalanästhetikum (Xylozitin), Desinfektionsmittel (praktischerweise als Spray)

✋ Antibiotika wirken nur, wenn der betreffende Erreger nicht resistent gegen das verwendete Mittel ist. Ggf. muss man eine kalkulierte Therapie durchführen, die sich nach dem Leitsymptom und dem zu erwartenden Erreger richtet, da vor Ort keine Möglichkeiten zur Labordiagnostik bestehen. Bei Anwendung von Antibiotika im Notfall (Dosis, Einnahmezeitraum, welches Antibiotikum bei welchen Symptomen usw.) sollten Sie als Laie unbedingt vorher Informationen von Ihrem Arzt einholen. Das gilt besonders bei Reisen/Unternehmungen, die weitab der Zivilisation stattfinden und nicht ärztlich begleitet sind.

📖 *DocHoliday - Taschendoktor für Traveller und Outdoorer*, Dr. Walter Rose, Conrad Stein Verlag, Basiswissen für draußen Band 108, ISBN 978-3-89392-508-7, € 6,90

♦ *Gesund unterwegs,* Dr. Karl Lang, Conrad Stein Verlag, Basiswissen für draußen Band 36, ISBN 978-3-89392-136-2, € 6,90

♦ *Erste Hilfe*, Martin Schepers, Conrad Stein Verlag, Basiswissen für draußen Band 39, ISBN 978-3-89392-139-3, € 7,90

Motorradfahren von Claus Michelfelder

Das Motorradfahren in Russland ist nicht zu vergleichen mit einer Motorradfahrt in Deutschland. Optimale Vorbereitung und gute russische Sprachkenntnisse gehören daher zu den Grundvoraussetzungen.

📖   *Motorradreisen zwischen Urlaub und Expedition*, Thomas Troßmann, RKH,
      ISBN 978-3894167349, ca. € 22. Für Planung und Durchführung unent-
      behrlich.

Für die Einreise mit dem eigenen Fahrzeug benötigt man kein Carnet de Passage. Wichtig sind jedoch: internationaler Führerschein, internationale Zulassung
und gültige Versicherung für den gesamten Bereich der RF und etwaiger mit
besuchter/durchquerter Nachbarstaaten. Das Fahrzeug wird normalerweise nicht
im Pass oder Visum eingetragen. Informationen erteilt z.B.:

📇   Japanischer Motorradclub, Transcyclist International (The Director),
      CPO Box 2064, Tokio 100-91, Japan (bitte für die Rückantwort einen inter-
      nationalen Antwortschein beilegen, erhältlich bei Postämtern).

Bei der **Wahl des Motorrads** sollte man sich für eine Enduro entscheiden, am
besten mit großem Motor und niedriger Verdichtung, wegen des schlechten Benzins. Das Motorrad sollte zusätzlich durch Hand- und Motorprotektoren und ein
Lichtschutzgitter geschützt sein, da die Steinschlaggefahr sehr hoch ist. Bei der
Motorradbekleidung ist auf jeden Fall Goretex-Material empfehlenswert, außerdem stabile Endurostiefel, eine ausreichende Menge an Handschuhen und zusätzliche Schutzmaßnahmen. Ein Zusatzvisier sollte man auch bei sich haben.

Während viele auf **Schlauchreifen** schwören, habe ich mit Schlauchlosreifen
(Metzeler Enduro 4) sehr gute Erfahrungen gemacht. Das Reifenflickset von BMW
hat sich ebenfalls bewährt. Für den Notfall (Felgenschaden) sollte man aber passende Schläuche mitnehmen.

Vor Reisebeginn ist eine gründliche **Inspektion** des Motorrads notwendig,
wobei ältere oder verschlissene Teile ausgewechselt werden müssen. Ein Enduro-
Training ist hilfreich. Ein großer Reisetank und vor allem auch ein Tuning-Feder-
bein sind unerlässlich. Die Reise sollte man nicht mit einem russischen Motorrad
machen, da hierfür Ersatzteile genauso schwer zu bekommen sind wie für Motorräder aus dem Westen. Die geringe Leistung und die hohe Reparaturanfälligkeit
sprechen ebenfalls dagegen.

Die **Schwierigkeiten** und die Belastung für den Fahrer sind sehr hoch. Jeden
Tag muss für Essen, Trinken, Sprit und einen sicheren Übernachtungsplatz
gesorgt werden. Dazu kommt noch, dass man keine Privatsphäre hat, sondern
immer im Mittelpunkt steht: Als Westtourist ist man ein Exot, der von jedem

bestaunt und befragt wird. Die meist unfreundliche und korrupte Bürokratie erschwert die Reise zusätzlich.

Die ständige Kontrolle durch die GAI empfand ich schon als Überwachung. Dies ist eines der letzten sozialistischen Überbleibsel. Oft kann man keine 30 km fahren, bis man beim nächsten GAI-Checkpoint wieder seine Dokumentensammlung zeigen muss. Mit der Zeit lernt man aber auch damit umzugehen. Hat man seine Papiere erst einmal aus der Hand gegeben, bekommt man sie manchmal erst gegen Trinkgeld oder ein kleines Geschenk zurück.

Der **Streckenzustand** ist grundsätzlich bedeutend schlechter als in Deutschland. Die besten Straßenverhältnisse kann man noch im europäischen Teil Russlands und auf der Krim erwarten. Extrem schlecht sind auch die Überlandstraßen, vor allem in der Ukraine und in Kasachstan.

Besonders gefährlich daran ist jedoch, dass es immer wieder Streckenabschnitte gibt, die gut ausgebaut sind und die man mit hohem Tempo befahren kann. Unvermittelt tauchen dann aber Weichsandfelder, Bodenwellen, Schlamm, riesige Schlaglöcher, tote Tiere, unbeleuchtete Fuhrwerke, Ölspuren, verloren gegangenes Transportgut oder betrunkene Autofahrer auf. Besonders vor Nachtfahrten ist daher dringend abzuraten!

Des Öfteren kommt es auch vor, dass sich einheimische Autofahrer mit einem messen wollen und mit gewagten Überholmanövern sich und andere gefährden. Dichtes Auffahren ist üblich. Mancher Autofahrer besitzt keinen Führerschein.

In Sibirien ist die Straße zwischen Krasnojarsk, Taishet und Tulun schlecht. Dies wird sich aber hoffentlich ändern, da hier bereits seit Jahren Bautrupps im Einsatz sind. Die Strecke ist jedoch 300 km lang.

Zwischen Tshita und Chabarovsk gibt es besondere Probleme. Während man bis Tshita noch einigermaßen durchkommt (die Straßen werden während der kurzen Sommer repariert), so gibt es ab Tshita keine durchgehende Straßenverbindung nach Chabarovsk mehr. Nur im Winter, wenn der Boden zugefroren ist (Permafrost), wird die Piste befahrbar. Dabei werden wegen fehlender Brücken auch zugefrorene Flüsse als Piste genutzt. Im Sommer, wenn die oberste Bodenschicht wieder auftaut, ist die Piste für alle unpassierbar. Dann gibt es als einzige Verbindung nur noch die Transsibirische Eisenbahn.

Wer es trotzdem versuchen will, an den Pazifik zu fahren, der hat nach meinen Informationen die Möglichkeit, ab Tshita nach Jakutsk und von dort weiter nach Magadan zu fahren. Ich habe jedoch keine genauen Kenntnisse über den aktuellen Streckenzustand. Von Magadan in südlicher Richtung nach Wladiwostok gibt es keine Straßenverbindung.

Alles, was kaputtgehen kann, sollte an **Ersatzteilen** mitgeführt werden. Daher ist es vorteilhaft, wenn alle Reiseteilnehmer das gleiche Modell fahren, dann können Ersatzteile untereinander getauscht werden. In Russland ist fast nichts zu bekommen - selbst Motorenöl und Bremsflüssigkeit, wenn überhaupt, nur in schlechter Qualität. Die Nachsendung von Ersatzteilen ist eine unsichere Angelegenheit. Auf dem Motorrad sollte man nichts befestigen, das nicht abschließbar ist: Abschließbare Koffer und starke Schlösser müssen unbedingt sein!

Tagesetappen bis zu 500 km sind möglich, wenn man erst einmal die Essens- und Benzinversorgung sowie die GAI-Checkpoints im Griff hat. Die GAI ist jedoch in Sibirien zum Glück nicht so präsent wie im europäischen Teil Russlands. Das Benzin sollte für mindestens 300 km reichen, sinnvoll sind aber Reserven bis 500 km.

Eine **Navigation** mit Kompass und Landkarte reicht aus. Ein GPS-Satellitennavigationsgerät ist nicht unbedingt erforderlich.

Aufgrund der rapide gestiegenen **Kriminalität** ist eine Motorradfahrt durch Russland und die anderen GUS-Länder etwas unsicherer geworden. Wer sich aber an die wichtigsten Vorsichtsmaßnahmen hält, kann seine Reise unbeschadet überstehen.

Wer sein Motorrad auf die **Transsib** laden möchte, braucht viel Zeit und Nerven. Die Angestellten im Güterbahnhof verlangten eine kleine Prämie für ihre Dienste. Wer kein oder nur schlecht Russisch spricht, hat es besonders schwer. Russische Freunde können hilfreich sein, um das Motorrad in den Güterzug zu bekommen: es wird vorher gewogen bzw. geschätzt und dann nach Gewicht berechnet.

☺   Man sollte sein Motorrad im Güterwagen selbst befestigen. Die Bahnangestellten sind hierbei ziemlich nachlässig, und die alten Schienen sind oft in einem katastrophalen Zustand.

Außer einem Ticket für sein Motorrad braucht man natürlich auch ein Ticket für den Personenzug. Der Güterzug fährt viel langsamer und hat längere Stopps als der Personenzug. Daher kann man nach Abfahrt des Güterzugs noch einen Tag bleiben und kommt trotzdem vor ihm an.

Bei der Ankunft in Chabarovsk wird oft versucht, noch etwas zu kassieren. Weitere Zahlungen brauchen aber nicht geleistet werden. Merken Sie sich die Wagennummer des Güterzugs!

Motorradtouren

♦ Roman Dobkin, 630093 Nowosibirsk, ul. Sowjetskaja 10/68,
   ☎ 007/3832-234517, FAX 220063 (Information; organisierte Motorradtouren per Enduro im Altai).

♦ MOTO, 107082 Moskau, ul. Bakuninskaja 72, ☎ 007/495/2611355,
   FAX 2071630 (Motorradtouren in die Umgebung von Moskau).

🛈 Einen Erfahrungsbericht von Jochen Stather über eine Motorradtour von Düsseldorf nach Wladiwostok auf der Website 🖳 www.bikerszene.de.

Notfall

♦ DRF Deutsche Rettungsflugwacht e.V., Raiffeisenstraße 32, 70794 Filderstadt, ☎ 0711/7007-2219, ✉ service-team@drf.de

♦ IAMAT - International association for medical assistens for travellers, Gotthardstr. 17, 6300 Zug, ✉ iamat@sentex.net

♦ Zur Hilfestellung vor Ort ist zunächst der Rettungsdienst zuständig, welcher dem ☞ МЧС-Ministerium untersteht.

Post und Telekommunikation

Post

In jedem größeren Bahnhof gibt es ein **Postamt** bzw. einen Briefkasten und ein Telegrafenamt. Telegrammformulare kann man sich schon vor Fahrtantritt in Moskau besorgen und sie während der Fahrt ausfüllen, da die 5 bis 10 Min. Wartezeit der Züge auf den Bahnhöfen dazu nicht reichen (☞ Versenden von Telegrammen).

Briefe ins Ausland sind mit dem Postindex "500" zu versehen. Am günstigsten ist es, wenn man mehrere Umschläge kauft, die bereits frankiert sind. Soll ein Brief per **Luftpost** verschickt werden, muss das angegeben werden (*Avia*, **авиа**).

Das Porto für einen Standardluftpostauslandsbrief (20 g) kostete 2006 umgerechnet € 0,60. Mit der **Briefsicherheit** ist es teilweise schlecht bestellt. Es kann passieren, dass die Post für die Zustellung eines Briefes innerhalb einer Stadt zwei Wochen benötigt. Immer wieder kommt es auch zum Verlust oder zum Diebstahl von Postsendungen. 1993 sorgte der Fund von vier Containern Auslandspost in einem See in der Nähe des Moskauer Flughafens für Schlagzeilen - kein Einzelfall. Wichtige Sendungen sollten daher grundsätzlich per **Einschreiben** (*zakaznoje*/заказное, Extrakosten umgerechnet ca. € 1) verschickt werden. Die Ersatzleistungen der russischen Post beim Verlust einer Sendung (Nachforschung kann innerhalb von 6 Monaten nach Einlieferung einer Sendung beantragt werden) sind relativ gering, sodass teure Wertsendungen besser einem der Kurierdienste (z.B. EMS worldwide oder DHL, 🖥 www.dhl.ru/, in 20 Städten Sibiriens vertreten) anvertraut werden sollten.

Für Briefe innerhalb Russlands muss die sechsstellige **Postleitzahl** in das vorgegebene Feld exakt eingezeichnet werden. Versenden von Geld in normalen Briefen ist verboten. Bücher, Broschüren, Landkarten und dergleichen kann man als Drucksache (**бандероль**) verschicken; das Gewicht darf 1 kg nicht überschreiten.

Päckchen und **Pakete** dürfen - zumindest den Bestimmungen entsprechend - keine Lebensmittel und feuergefährlichen Stoffe enthalten. Das Paket muss in Stoff eingenäht werden, dies erfolgt auf größeren Postämtern an einem dafür eingerichteten Schalter. Auf kleinen Postämtern oder in kleinen Städten oder wenn es in dem Postamt keinen solchen Stoff gibt, muss man das Paket selbst einnähen. Am besten eignen sich dafür alte Bettlaken (russ. *prostynja*) oder Sackleinwand, notfalls reißfeste undurchsichtige Folie.

Die Anschrift ist auf eine **Paketkarte** und ebenfalls auf den Umhüllungsstoff zu übertragen. Danach wird das Paket mehrmals gewogen und letztendlich versiegelt, bei Paketen mit Wertangabe (**ценная посылка**) mehrfach versiegelt. Nach Zahlen der Gebühr (Porto für 5-kg-Inlandspaket 2006 ca. € 5) erhält man einen Einlieferungsschein als Quittung.

Bei **wertvollem Inhalt** muss man den Wert auf der Paketkarte deklarieren (in Rubel). Die Tarife für Sendungen in Staaten der GUS entsprechen etwa den dreifachen Inlandstarifen. Pakete ins Ausland (Welt) sind erheblich teurer. Beim Versand sind Zolldeklarationen in russischer oder französischer Sprache (dreifach) abzufassen. Eine Inhaltskontrolle ist obligatorisch. Zum Teil strenge Zoll- und Postbestimmungen kommen zur Anwendung. Der Versand von Lebensmitteln, topografischen Karten, Tonträgern und bestimmten Druckerzeugnissen ist nicht ohne Weiteres möglich. Für die Versendung eines Päckchens mit Büchern von Russland nach Deutschland rechne man mindestens 2 Wochen ein, bei Einlieferung in entfernten Gebieten auch 3 Wochen.

Die Postlaufzeit eines Nichtluftpost-Auslandspäckchens (DHL-Päckchen, max. 2 kg, Porto 2007 € 8,60) aus Deutschland nach Sibirien liegt bei ca. 3 Wochen. Man kann sich bedarfsweise aus Deutschland "Versorgungspäckchen" mit wichtigen Dingen (spezielle Fotobatterien, Filme, Ersatzteile etc.) an die auf der Reiseroute liegenden Städte *poste restante* senden lassen, die daher mind. 21 Tage vor geplanter Ankunft am Zwischen- bzw. Endpunkt der Reise aus Deutschland abgeschickt werden müssen - das klappt natürlich nur, wenn die Post nicht streikt. Um ganz sicher zu gehen, kann man das Päckchen auch 4 Wochen eher absenden und einen Vermerk (in Russisch oder Französisch) über die Lagerfrist (sowie einer Verfügung über die Rücksendung auf dem billigsten Weg nach Deutschland zurück, falls man doch eher oder später am Endpunkt der Reise ankommt) neben der Anschrift anbringen. Bedauerlicherweise ist seit einiger Zeit die Zusatzleistung Recommandé/Einschreiben auch bei Auslandspäckchen in Deutschland weggefallen, sodass die Sendungen nicht mehr registriert sind, was die Verlustquote erhöht.

ℹ Achten Sie auf die Zollbestimmungen beim Versand ins Ausland, Auskunft der Deutschen Post unter ☎ 01805/3452255.

Im Postamt gibt es auch für wenig Geld stabile Holzkisten, in die man sein Paket einnageln lassen kann. Das scheint bei zerbrechlichen Inhalten dringend nötig zu sein. Insgesamt kann somit das Versenden eines Pakets einige Zeit beanspruchen. In den sibirischen Großstädten, z.B. Omsk, Nowosibirsk, Barnaul, Irkutsk, gibt es inzwischen den EMS-Kurierdienst (weltweit) an speziell eingerichteten Schaltern.

Adressierung

1. Name der Region/des Gebiets, z.B. томская область
2. Postindex mit Angabe der Stadt/des Dorfes/der Siedlung (hier mit Angabe des Rayons), z.B. 634950 г. томск
3. Straße mit Hausnummer und Wohnungsnummer (ул. Ленина 20/2)

4.   Familienname, Vorname des Empfängers (im Dativ): Ивановой Ю. М.

5.   Bei einem vorgedruckten Umschlag (*konvert*) von der Post müssen die Empfängerangaben unbedingt auf das Feld mit den Vordruckzeilen für wohin? (russ. куда) und wem? (russ. кому) geschrieben werden. Ansonsten Verzögerung oder Fehlleitung möglich. Den Absender ergänzen durch от кого: (russ. von wem).

Telefon

Stadtgespräche sind in einigen Städten kostenlos, anderswo muss man spezielle Jetons kaufen.

In Moskau und St. Petersburg gibt es auch Kartentelefone, die erforderlichen Karten sind an Bahnhofskiosken und bei der Post erhältlich. Die bisher oft kostenlos für Ortsgespräche zu nutzenden Taxophone wurden ab 2001 vielerorts (selbst in entlegenen sibirischen Gegenden) durch Kartentelefone oder zumindest Taxophone mit Jetoneinwurf ersetzt - wobei nur selten ein Kompatibilität der Magnetkarten oder Jetons in verschiedenen Städten oder sogar innerhalb einer Stadt gewährleistet ist. Etwa 85 % der Bevölkerung in den Städten haben ein Telefon, Telefonbücher sind nach wie vor kaum vorhanden.

In Städten, auf Bahnhöfen und Flughäfen kann man von den Fernsprechern alle nationalen Gespräche selbst wählen. In ländlichen Gegenden muss man mitunter Ferngespräche beim Telegrafenamt vorher anmelden und bekommt dann eine Zeit und Kabine zugewiesen. Im Voraus muss man den Betrag für z.B. ein 10-Min.-Gespräch anzahlen. Kommt das Gespräch nicht zustande, erhält man den Betrag gegen Vorlage der Quittung wieder zurück.

In größeren Städten kann man vielerorts internationale Ferngespräche auch im Selbstwählverfahren erledigen - am schnellsten von einem privaten Anschluss aus. Jedem Gespräch muss die 8 vorgewählt werden, nach dem Freizeichen wähle man für Deutschland 1049 gefolgt von der Vorwahl ohne Null und dann die Rufnummer. Bis zur Herstellung der Verbindung vergehen mitunter 30 bis 60 Sekunden. Bei sehr großen Entfernungen, z.B. bei einem Anruf aus Fernost oder Kamtschatka nach Deutschland besteht eine gewisse Übertragungsverzögerung von 1 bis 2 Sekunden.

Es ist überhaupt nicht ungewöhnlich, wenn im Hintergrund noch andere Gespräche zu hören sind und gleichzeitig Melodien aus Rachmaninows Klavierkonzerten ertönen.

Sofern man sich aus Deutschland zurückrufen lässt: Zeitverschiebung beachten und die sehr verschiedenen (!) Tarife der einzelnen Anbieter prüfen. Der Knackpunkt bei der Telekom und einigen anderen Gesellschaften ist der 40. geografische Längengrad als Tarifgrenze zwischen Russland West/Ost. Es ergeben sich aber Sparmöglichkeiten, wenn man Vorwahlen anderer Telefonanbieter vor der russischen 007 nutzt.

In Russland sind Ferngespräche ins Ausland für russische Verhältnisse sehr teuer. Im Gegensatz dazu sind Ortsgespräche meist sehr preiswert.

Telegramme und **Telefax** kann man von den der Post unterstehenden Kommunikationszentren absenden. Die Kosten für ein Fax sind in Russland regional verschieden, aber € 1 bis 2 muss man für eine Seite A4 rechnen. Da ist die Nutzung eines Faxgerätes bei Freunden oder Bekannten preiswerter, da dort dann nur die Telefongebühr anfällt.

In allen größeren Städten haben in letzter Zeit auch Internetcafés eröffnet auch im ländlichen Bereich ist E-Mail über die Post möglich (*elektronaja potshta*).

Landesvorwahlnummern

Deutschland	1049	Norwegen	1047
Österreich	1043	Dänemark	1045
Schweiz	1041	Schweden	1046
Niederlande	1031	Italien	1039

An manchen (alten) Münzfernsprechern muss man einen Knopf mit der Aufschrift ответ drücken, sobald sich der Gesprächspartner am Leitungsende meldet, sonst kommt man über ein kurzes "Hallo" nicht hinaus und die Verbindung bricht zusammen.

☽ Das System der **Städtevorwahlen** wird in Russland gerade geändert. Alle Vorwahlnummern der RF, welche als erste Ziffer eine "0" hatten, haben jetzt eine "4" als erste Ziffer. Die neue Vorwahl für Moskau lautet demnach (495). Es wird offenbar angestrebt, einheitliche dreistellige Vorwahlnummern für die Regionen und Großstädte einzuführen. So hatte Nowosibirsk bislang die Vorwahl (3832), diese wurde 2006 auf (383) geändert. Die bisherige letzte Ziffer der alten Vorwahl (2) gehört jetzt automatisch zur Telefonnummer des jeweiligen Anschlusses. Mitunter führt das zu Unklarheiten, da eine neue Rufnummer innerorts nun statt

z.B. 450670 jetzt 2450670 lautet. Vielerorts, selbst auf Webseiten, ist die Vorwahl aber oftmals noch mit (3832) angegeben. Auch werden die Stadtbezirke und
Vororte zu verschiedenen Zeitpunkten umgeschaltet und automatische Ansagen
der Post über Rufnummernänderungen sind außerordentlich rar.

Sollten Sie beim Wählen einer Telefon- oder Faxnummer keinen Erfolg haben,
überprüfen Sie am besten die Vorwahl, z.B. mit einer russischen Suchmaschine
wie 🖳 www.yandex.ru oder auch der russischen Version 🖳 www.google.ru. Als
Suchbegriff gibt man "код город" oder "телефонный план нумерации"
und den Namen der Stadt bzw. des Gebietes ein. Hinweise zur Vorwahl und Aufbau der Anschlussnummern erhält man auch auf den russischen Wikipedia-Seiten
🖳 http://ru.wikipedia.org/.

ℹ️   In vielen örtlichen Telefonnetzen ist die Nummer der Telefonauskunft
☎ 09, meist kostenlos oder zum Ortstarif. Nur in Moskau und (wenigen) Großstädten kann man damit rechnen, dass vielleicht jemand Englisch spricht.

✍️   In Zukunft sollen die Vorwahlen für das Ausland nach internationalem
Standard auf "00" umgestellt werden. Auch die "8", die bei jedem Ferngespräch
gewählt werden muss, um das Freizeichen zur Weiterwahl der Vorwahl zu erhalten, soll irgendwann durch die "0" ersetzt werden.

Versenden von Telegrammen

Das Versenden von Telegrammen innerhalb Russlands und auch innerhalb der
GUS-Staaten ist auf jedem Telegrafenamt der Post möglich. Der Wortpreis ist ver-
gleichsweise sehr niedrig. Der Telegrammdienst der russischen Post arbeitet (fast)
tadellos. Innerhalb der RF und der GUS sind Telegramme grundsätzlich nur in
kyrillischer Schrift möglich.

Es gibt zwei Bearbeitungskategorien: normal und schnell, für Letztere sind die
Kosten etwa dreimal höher. Die Empfängeradresse ist deutlich und vollständig
anzugeben, sie gehört zum Text dazu und muss auch bezahlt werden. Der Absender muss ebenfalls in einem dafür vorgesehenen Feld angegeben werden, wird
aber nicht mit übermittelt. Soll eine Absenderangabe übermittelt werden, muss
diese am Ende des Textteils stehen.

Die auf jeden Fall auf dem Telegrammformular obligate Angabe des Absen-
ders kann z.B. das Hotel sein, in dem man als Tourist wohnt. Unterwegs, z.B. mit

der Eisenbahn, muss man zumindest den Namen der Bahnstation als Absender-
adresse angeben. Das müsste dann so aussehen:

656000 г. Барнаул, ж/д вокзал, П. Шмидт (проездом).

Das russische Wort *proesdom* bedeutet so viel wie "auf der Durchreise".
Nachdem man das Telegrammformular abgegeben hat, wird es durchgelesen. Es
gibt meist Rückfragen bei undeutlicher Schrift.

Außerdem wird die *deshurnaja*, die Dame am Schalter, mitunter vorschlagen,
im Text Kürzungen vorzunehmen, die den Informationsgehalt des Textes aber
nicht betreffen. Das ist nur gut gemeint, weil es dadurch einige Rubel billiger wird.

Internationale Telegramme können nicht von allen Postämtern aufgegeben
werden. Zuständig ist das Hauptpostamt oder das Telegrafenamt der Stadt. Dort
sind in der Regel auch moderne Telegrafengeräte zu finden, die die Benutzung
der lateinischen Schrift ermöglichen. Für den Fall, dass einmal doch nur Fern-
schreiber mit kyrillischem Zeichensatz vorhanden sein sollten, kann man den Text
zwar in deutscher Sprache schreiben, muss aber russische Buchstaben verwenden. Das Telegramm wird dann vor dem Weg ins Ausland im internationalen Telegrafenamt (z.B. Moskau) umgesetzt, d.h. der Empfänger in Europa erhält den Text
in einer ihm bekannten Schrift. Pro Wort kostet dies etwa € 0,15 bis 0,80 (Tarif-
staffelung nach 3.000-km-Schritt-Tabelle). Die Telegramme sind sehr schnell (!) in
Deutschland. Allerdings erfolgt seit 1996 durch die Telekom die Zustellung der
Telegramme an den Empfänger als Brief, sodass eine wichtige Nachricht in
Deutschland noch weitere 2 bis 3 Tage als Brief benötigt. Telegramme sind also
nur dann eine Alternative zu E-Mails, wenn man keinen Internetzugang hat.

Funk und Mobiltelefon

Mobilfunknetze: (Funktelefone, ähnlich dem D-Netz, aber auch moderne GSM-
1.800-Varianten) befinden sich schon seit Mitte der 1990er Jahre im Aufbau. In
Moskau (Bee-Line, MTS), St. Petersburg (NW-GSM), Kaliningrad, Omsk (SCS-
Netz), Kirov (NW-GSM), Nowosibirsk und Krasnojarsk sowie praktisch fast allen
größeren Städten entlang der Transsib kann man mit dem Handy telefonieren.

♦   MTS, einer der Mobiltelefon-Anbieter in Russland 🖳 www1.mts.ru/,
     ☎ 495/7660166. Informationen für ausländische Besucher auf der Subsei-
     te 🖳 www.mts.ru/guests/

Russische Handynummern erkennt man an der Vorwahl, die (914) wird an Mobiltelefonkunden der Firma MTS (МтС) vergeben, bei dem Anbieter Megafon (Мегафон) lautet die Vorwahl (924). Aus Deutschland wählt man 007-(924), anschließend die Nummer des Handys. Will man eine Handy-Nummer in Russland vom russischen Festnetz anwählen, muss man derzeit noch 8-(924) vorwählen. Nicht alle russischen Netze erlauben den MMS-Versand für Roaming-Kunden, auch wenn man z.B. telefonieren kann. Auch wenn das (deutsche) Handy in Moskau funktioniert, kann es dennoch Probleme in einer anderen Region geben, weil die deutsche SIM-Karte nicht überall anerkannt wird. Abhängig ist es u.a. davon, ob Ihr deutscher Anbieter eine entsprechende Vereinbarung mit einem russischen hat. Am besten informieren Sie sich vor der Reise bei Ihrem Anbieter.

Nehmen Sie ein Dual-Band-Gerät mit, da sowohl 900er-GSM-Netze (Ekaterinburg, St. Petersburg, Samara, Tolyatti, Nowosibirsk, Omsk u.a.) als auch 1.800-MHz-Netze existieren (Moskau und Umgebung). Achten Sie auf einen leistungsfähigen Akku, da die Auflademöglichkeiten unterwegs begrenzt sind und die Steckdosen im Zug in älteren Waggons nur 110 V Gleichspannung liefern. In einigen Netzen muss die Vorwahl nach Deutschland mit 8-1049- ... bzw. 8-0049- ... erfolgen, bei manchen Netzen kann man direkt ++49 wählen.

Amateurfunkgeräte: dürfen auch in Russland nur von Lizenzinhabern genutzt werden. Die genauen Bestimmungen erfragt man am besten bei der jeweiligen Botschaft. Bei Expeditionen in die unwegsame Taiga sind Funkgeräte u.U. von Vorteil. Geräte sollten bei der Einreise deklariert werden. Für manche Geräte wird noch eine Betriebsgenehmigung benötigt.

CB-Funk: In Russland gibt es heutzutage mehrere zehntausend legale CB-Funker. Am bekanntesten sind die Geräte Megajet 1101 und 5501. Die käuflichen Geräte stammen oft aus Südostasien oder Taiwan. Laut einer Bestimmung des Staatlichen Komitees für Funk und Frequenzen darf die Sendeleistung maximal 10 Watt betragen, auch ist die Betriebsart "SSB" erlaubt. Über die "Assoziation 27" (Name rührt von der CB-Frequenz 27 MHz her), die ihre Geschäftsstelle in Moskau betreibt, kann man neben CB-Geräten auch Echolotgeräte und andere Funktechnik erwerben.

🛈   Assoziazia 27, 119034 Moskau, ul. Pretschistenka 38/215,
☎ 495/ 2470368, FAX 2033981, 🖳 www.a27.ru, ✉ info@a27.ru

📖   Ein ausführlicher Bericht steht in der sehr informativen Rubrik "CB" der
      deutschen Zeitschrift *Funkamateur*, Heft 9, 1995, S. 926.

Radioempfang in deutscher Sprache ist auch in Russland möglich. Die entsprechende Technik (Weltempfänger mit einer externen Antenne, notfalls ein 10
bis 20 m langer Draht als Antenne) vorausgesetzt, empfängt man im europäischen Teil z.B. die Deutsche Welle auf 11.785 und 11.865 kHz (25-m) oder auf
15.105 und 15.270 kHz (19-m).

Im sibirischen Teil sind die Empfangsbedingungen etwas schlechter, evtl.
7.110 kHz (im 41-m-Band), 13.780 kHz (22-m). Nachrichten zur vollen Stunde. Einen aktuellen Sendeplan mit Zeitangaben (UTC) gibt es bei der Deutschen
Welle in Köln 🖳 www.dwelle.de.

Reiseplanung

Eisenbahn-Kursbuch Russland

Kursbücher, Streckenübersichtspläne und Reiseliteratur waren lange Zeit wichtige
Planungsmittel für die längste Bahnlinie der Welt von Moskau nach Wladiwostok.
In Russland gibt es keinen Sommer- und Winterfahrplan der Eisenbahn, es
erscheint ein Jahreskursbuch, das von Juni bis Juni des nächsten Jahres gültig ist.
Angaben zu den Bahnstrecken und Zügen 🖳 www.rzdmsk.ru/ finden.

In Russland selbst sind die Kursbücher meist sehr schnell vergriffen. Wer
glaubt, ein Kursbuch für die Vorausplanung zu benötigen, kann auch ein russisches über die Verkaufsstelle für ausländische Kursbücher in St. Gallen bestellen.
Der Preis für ein aktuelles Kursbuch lag zuletzt bei etwa SFr 50. Das Kursbuch
enthält In- und Auslandsverbindungen und die Lieferzeit beträgt etwa zehn Tage.

♦   Verkaufsstelle für ausländische Kursbücher, Hauptbahnhof, Büro 224,
     Postfach, CH-9001 St. Gallen, ☎ 071/226180, FAX 858151.

Gleichfalls gibt es in Russland einen Atlas aller Bahnverbindungen für den Passagierverkehr (*Atlas sheleznich dorog SSSR*), der praktischer erscheint als das
Kursbuch (gleiche Bezugsquelle, etwa SFr 25), aber keine An- und Abfahrtszeiten enthält.

Mit etwas Glück bekommt man diesen hilfreichen Atlas aber auch in Moskau (Belorussischer Bahnhof, Kiosk für Fahrpläne oder in dortigen Buchläden). Als Reisender kann man auch auf den Atlas zurückgreifen, denn in jedem Waggon hängt gegenüber vom Schaffnerabteil ein für diesen Zug gültiger Plan mit den An- und Abfahrtszeiten und Aufenthaltszeiten auf dem jeweiligen Bahnhof. Alle Zeitangaben sind in Moskauer Zeit (gilt auch für das Kursbuch). Ist man in Sibirien mit dem Zug unterwegs, nimmt man im Allgemeinen sowieso den Zug, für den noch Plätze frei sind, und in jedem Bahnhof befindet sich ein großer übersichtlicher Zugplan.

Aeroflot-Plan

Obschon jedes Quartal ein neuer gedruckter Flugplan herausgegeben wird, ist es einfacher, auf die Daten im Internet zurückzugreifen, z.B. auf der Seite

🖥   www.switzerland.aeroflot.aero/eng/ oder
       http://germany.aeroflot.aero/deutsch/.

Auto-Atlas

Recht praktische (und neue) Straßenkarten gibt es z.B. von Mair (Shell-Eurokarten, Maßstab 1:750.000) - allerdings nur für den westlichen Teil Russlands. Lediglich für Übersichtszwecke ausreichend sind: "Soviet Union" von freytag & berndt (westlicher Teil 1:200.000 und östlicher Teil 1:800.000) - Ortsbezeichnungen und Register sind bedauerlicherweise nicht in kyrillischer Schrift, so wie die GUS-Übersichtskarte von Hildebrand.

Der zurzeit aktuellste und beste Autoatlas ist der "Atlas avtomobilnych dorog" (Minsk). Er deckt die gesamte RF und alle ehemaligen Sowjetrepubliken vollständig ab (Stadtdurchfahrtspläne und Karten der angrenzenden GUS-Staaten sowie Iran, Afghanistan, Mongolei, China sind enthalten). In Deutschland ist er leider nicht erhältlich; man kann nur versuchen, den Atlas in Russland zu bekommen. Allerdings wird man kaum in Buchläden fündig, mehr Chancen hat man an den Buch- und Zeitungsständen in Bahnhöfen, an Straßen, in der Metro oder auf Märkten. Hergestellt wird der Atlas von der:

♦   Minskaja kartografitsheskaja fabrika, 220050 Minsk, ul. Wolodarskovo 3, Belorussland.

✓   In diesem Plan sind auch alle Servicestationen der Autohilfe und der Kfz-Firma "Lada-Service AO" verzeichnet.

Landkarten

sind in Deutschland nicht auf Anhieb erhältlich. Versuchen kann man die Bestellung über internationale Buchhandlungen (aber: lange Bestellzeit, teuer). Im Übrigen muss man auf die amerikanischen Pilotenkarten zurückgreifen (1:500.000). In Russland werden Karten in den Buchläden verkauft; wenn man dort Freunde oder Bekannte hat, kann man sie sicher bitten, ab und an im dom knigi vorbeizuschauen.

♦ Travelcenter Woick, Plieninger Str. 21, 70794 Filderstadt, ☎ 0711/7096700, FAX 0711/7096770, 🖳 www.woick.de (Landkarten, GPS-Geräte, Spezialausrüstungen).

♦ Geo-Buchhandlung, Schülperbaum 9, 24103 Kiel, ☎ 0431/91002, FAX 94249, 🖳 www.geobuchhandlung.de

Man sagt, die USA haben gute Fliegerkarten herausgegeben, weil sie ihre Kriege aus der Luft führen - während die Russen gute topografische Karten herausgeben, weil sie ihre Kriege mit Panzern am Boden führen. Die amerikanischen Fliegerkarten ONC im Maßstab 1:1 Mio. und TPC in 1:500.000 decken natürlich auch ganz Russland ab, sind preiswert, großflächig, aber für Landratten nicht besonders geeignet.

Auch haben diese Karten in Russland einen besonderen Ruf, weil Mathias Rust an einem Vatertag in seinem Kleinflugzeug mit ihrer Hilfe von Finnland nach Moskau navigierte, um auf dem Roten Platz zu landen. ONC- und TPC-Karten wurden damals groß als "amerikanische Spionagekarten" in der russischen Presse herausgestellt.

Das Militärtopografische Institut Russlands hat in den 1970er- und 1980er Jahren sehr interessante, mehrfarbige, topografische Landkarten mit durchgezogenen Längen- und Breitenkoordinaten und angerissenen Gauss-Krüger-Koordinaten der ganzen Landmasse der Erde herausgebracht. Russlandkarten gibt es in den Maßstäben 1:1 Mio., 1:500.000, 1:200.000, 1:100.000 und 1:50.000.

Durch die gezogenen Koordinaten sind sie sehr nützlich bei der Satellitennavigation mit GPS. Besonders eindrucksvoll sind natürlich die Blätter der gebirgigen Regionen wie Kaukasus, Ural und Kamtschatka.

Da sie kyrillisch beschriftet sind, liefert der deutsche Importeur eine Übersetzung der Kartenlegende mit und bietet ein ausführliches Heftchen mit noch mehr Informationen über diese Karten an. Ein Kartennetz zur Ermittlung der benötigten

Blätter würde das Format dieses Buches sprengen. In über 80 Blättern des Maß-
stabs 1:1 Mio. ist ganz Russland erhältlich. Von den ca. 300 Blättern in
1:500.000 sind nicht mehr alle lieferbar, da sie derzeit nicht aus Russland ausgeführt werden dürfen.

- ♦   Därr Expeditionsservice, Theresienstr. 66, 80333 München,
      ☎ 089/282032, FAX 282525, ⌨ www.daerr.de
- ♦   Stadtpläne zu russischen Städten sind im Internet z.B. auf der russischen
      Seite ⌨ http://mom.mtu-net.ru/ als ZIP-Files (Größe zwischen 20 bis
      100 KB) vorhanden.

Bezug von russischen topografischen Karten

Für Touren abseits der Touristengebiete oder der großen Städte braucht man
unbedingt ortskundige Führer oder gutes Kartenmaterial. Seit einiger Zeit sind in
Russland auch topografische Karten (bis vor Kurzem streng geheim!) käuflich. Das
Problem ist nur die Beschaffung.

Versuchen sollte man es in Buchgeschäften (*Dom knigy*), die mitunter spezielle Kartenabteilungen haben. Anderenfalls kann man von guten russischen Reiseveranstaltern erwarten, dass vor der Tour Karten besorgt werden. Die neuen "Topo-
Karten" sind zum Teil mit Hilfe von Satellitenaufnahmen ergänzt bzw. korrigiert.

Mit den altbekannten amerikanischen Pilotenkarten kann man auch ganz gut
"danebenliegen" - einige stammen noch aus den 1970/80er Jahren: Eingezeich-
nete Brücken gibt es dann in der Realität schon seit 10 Jahren nicht mehr, anstelle des Flusstales besteht schon seit längerer Zeit ein Stausee etc.

Eine empfehlenswerte Topo-Karte für das Altai-Gebirge stellt die "Aqua-
Karte" dar (von der Firma Aqua bearbeitete topografische Karte). Sie wird oft von
Jägern, Geologen oder russischen Touristen benutzt und besteht aus neun Einzel-
karten im Maßstab 1:200.000.

Da es in den Buchläden (oder an Buchverkaufsständen an der Straßenecke)
eigentlich immer Glückssache ist, die gewünschte Karte zu erhalten, kann man
versuchen, sich an die mit der Herstellung beauftragten Druckereien zu wenden,
die z.T. auch für den Vertrieb verantwortlich sind. Am besten lässt man sich dabei
von russischen Freunden helfen.

- ♦   Nowosibirskaja kartografitscheskaja fabrika, Russia, 630005 Nowosibirsk-5,
      ul. Demjana Bjednovo 55 (z.B. Hersteller von Obshegeografitscheskaja
      karta zu Jakutien).

◆ Uralskaja kartografitsheskaja fabrika, Russia, 620026 Ekaterinburg-26, ul. Krasnoarmejskaja 92a (z.B. Karten für Westsibirien und Ural-Region).

Reiseveranstalter

Es gibt inzwischen viele auf Russland spezialisierte Reisebüros/Agenturen und noch mehr, die vorgeben, spezialisiert zu sein, jedoch auch nur Dienste anderer Agenturen/Reisebüros in Anspruch nehmen und sich das gut bezahlen lassen. Man muss ihre Dienste vor allem dann in Anspruch nehmen, wenn es um die Visabeschaffung geht und man weit vom nächsten Konsulat entfernt wohnt und seinen Pass nicht der Post anvertrauen möchte oder wenn Buchungen von Inlandsflügen oder Bahntickets in Russland nötig sind. Die Buchungen der Flüge von Deutschland (Schweiz, Österreich) nach Russland kann man auch per Internet erledigen und dabei bei rechtzeitiger Buchung auch einige Euro sparen.

In dieser Liste sind auch Reisebüros aufgenommen, die z.T. Reisen in den europäischen Teil Russlands anbieten. Ihr Spektrum ist relativ schnell veränderlich.

◆ Albatros-Tours, Ornithologische Studienreisen, Altengaßweg 13, 64625 Bensheim, ☎ 06251/2294, FAX 64457, 🖥 www.albatros-tours.com (Naturkundliche Touren in Kleingruppen, u.a. auch nach Russland).

◆ Aventura Travel, Zentralstraße 29, CH-8610 Uster, ☎ 01/9401701, FAX 9403233, Transsib-Reisen.

◆ Biss e.V., Freiligrathstr. 3A, 10967 Berlin, ☎ 030/69568767, FAX 6941851, z.B. Kamtschatka, Radtouren am Baikalsee-Chubsugul (Mongolei), Samarkand, Dushanbe, Mittelasien. Siehe 🖥 www.biss-reisen.de/aktivreisen/. Man setzt vor allem auf Reiseleiter mit sehr viel Ortskenntnis oder engagierte einheimische Guides.

◆ CVJM-Reisedienst, An der Alster 40, 20099 Hamburg, ☎ 040/28409570, FAX 2802011, ✍ CVJM-Reisedienst@t-online.de, 🖥 www.cvjm-russlandreisen.de Schwerpunkt St. Petersburg, Flüge, Hotels.

◆ Doris Knop Reisen, Hollanderweg 77, 28355 Bremen, ☎ 0421/9885030, 🖥 www.knop-reisen.de, ✍ knop-reisen@t-online.de, Spezialisten für Kleingruppen und Individual-Transsib-Reisen sowie nach China, Usbekistan. Kamtschatka-Reisen.

◆ Reisedienst Geros, Königsbrücker Str. 68, 01099 Dresden, ☎ und FAX 0351/ 8011518. Buchung von Flügen, Beschaffung von Visa.

- Globotrek, Neuengasse 30, CH-3001 Bern, ☎ 031/3130010 bzw. 3266000, FAX 3130011, ✍ gk@globotrek.ch, 🖳 www.globotrek.ch Organisation geführter Touren in Russland.

- GoEast Reisen, Bahrenfelder Ch. 53, 22761 Hamburg, ☎ 040/8969090, FAX 894940, 🖳 www.go-east.de, ✍ info@go-east.de (Sprach- und Studienreisen, Reisen mit der Transsib).

- Intra-Express GmbH, Burgherrenstr. 2, 12101 Berlin, ☎ 030/7853391, 🖳 www.intraexpress.de ist einer der wenigen Veranstalter, der z.B. gut organisierte Reisen für Bahnfreaks auf der BAM im Programm hat.

- Lernidee-Reisen, Eisenacher Str. 11, 10777 Berlin, ☎ 030/7860000 bzw. 0190/761655, FAX 786000-41. Breites Spektrum zu Russland (Kreuzfahrten auf Wolga und Don, verschiedene Studienfahrten) und Sibirien (Transsib-, Sprachreisen, Silvester mit Sonderzug etc.), 🖳 www.lernidee-reisen.de oder 🖳 www.lernidee.de.

- Perelingua-Sprachreisen aus Berlin ☞ unter Sprachreisen

- Reimer-Reisen, An der Magistrale 59, 06124 Halle/Sa., ☎ 0345/4788113, FAX 9772643, ✍ reimer-reisen@freenet.de (Bahntickets, Flüge, Visa, Tickets für Fährverbindung Rostock - St. Petersburg u.a.).

- Hans Ryter, Wyttenbachstr. 10, CH-3013 Bern, ☎ und FAX 031/3327140, 🖳 www.sibirjak.com Ansprechpartner für Reisen nach Sibirien.

- Schulz Aktiv-Reisen, Görlitzer Str. 15, 01099 Dresden, ☎ 0351/266255, FAX 266256, 🖳 www.schulz-aktiv-reisen.de Reisen weltweit, auch nach Russland, Sondertouren Kaukasus, Reit- und Radtouren Mongolei, nach Baschkortostan im Südural, zum Baikalsee, Touren nach Mittelasien.

- Sputnik Travel Berlin, Stresemannstr. 107, 10963 Berlin, ☎ 030/20454581, FAX 20455998, ✍ sputnik-berlin@t-online.de, hält ein umfangreiches Programm an Bahn-, Fluss- und Rundreisen bereit.

- Studytours München, Adalbertstr. 23, 80799 München, ☎ 089/28660521, FAX 286040, ✍ info@studytours.de, 🖳 www.studytours.de

- Trojka Business Plus, c/o Lufthansa City Center Reisebüro Nord, Königsbrücker Straße 48, 01099 Dresden, ☎ 0351/877170 und 814020, FAX 8140211. Voucher, Visa, Russlandflüge. Fundierte, langjährige Erfahrungen.

- TSA-Reisen Thomas Fischer, Schmelzweg 10, 88400 Biberach, ☎ 07351/373277, FAX 373211, 🖳 www.travel-service-asia.de Transsib (auch ab Peking), Direktzüge, Transmandschurische Route, Transmongolische Route, Erholung am Baikalsee, Weiterreise ab Sibirien.

♦ Reise- und Visaservice Valentina, Dübener Str. 41a, 04509 Delitzsch, ☎ 034202/329176 (Visa für Russland, Weißrussland, Kasachstan u.a.), 🖳 www.valentinareisen.de

♦ VDA - Verein f. d. Deutschtum im Ausland e.V., Kölnstraße 76, 53757 Sankt Augustin, ☎ 02241/21071, 🖳 www.vda-globus.de Projekte zur kulturellen Förderung der Russlanddeutschen, auch Jugendaustauschprojekt mit Russland und weiteren GUS-Staaten.

♦ Vostok Reisen, Weinbergsweg 2, 10119 Berlin, ☎ 030/30871022 und 48493713, FAX 48493715, 🖳 www.vostok.de.

Workcamps in Russland und den GUS-Staaten werden vom SCI (Service Civil International) angeboten. Workcamp bedeutet, dass man zwei bis drei Wochen mit jungen Menschen aus Russland zusammenlebt und -arbeitet, z.B. in St. Petersburg oder in der Republik Komi.

♦ SCI, Blücherstr. 14, 53115 Bonn.

📖 *Jobben weltweit. Arbeiten und Helfen. Tausende von Jobmöglichkeiten*, Verlag Interconnections, ISBN 978-3860400029 (viele Adressen zu zahlreichen Jobangeboten in aller Welt).

Mitunter gibt es interessante Ferienjobangebote, so z.B. im Umweltsektor oder beim Renovieren von alten Kirchen.

♦ Deutsch-Russischer Austausch, Brunnenstr. 181, 10119 Berlin, ☎ 030/4466800, FAX 4449460, ✒ dra@austausch.com.

☺   Weitere Reiseveranstalter und Touristenorganisationen sind im Buchtext in den jeweiligen Kapiteln enthalten.

Russische Reiseveranstalter - speziell Sibirien

Bei in Russland ansässigen Firmen handelt es sich in der Mehrzahl um neu egründete Firmen, die noch nicht alle genug Erfahrung mit ausländischen Kunden gesammelt haben. Die Qualität des Service ist sehr unterschiedlich. Außerdem ist damit zu rechnen, dass schon in einiger Zeit einige der hier in den jeweiligen Kapiteln angegebenen Firmen nicht mehr existieren, dafür aber zwanzig andere ...

Russkaja Wodka

Schon im Mittelalter brannte man in Russland aus Getreide oder Kartoffeln mehrere Sorten Wodka. Das russische Wort *Wodka* ist die sprachliche Verkleinerungsform von *Woda* (Wasser), heißt also nichts anderes als "Wässerchen". Wodka wird in den Gaststätten oder Bistros nach Gramm bestellt: *sto gramm* sind einhundert Gramm. Wodka ist gerade beim Essen üblich, auch zur Begrüßung von Freunden und Gästen. Manche Russen fassen es als Beleidigung auf, wenn man dann nicht mithält, auch Ausreden wie "bei uns in Deutschland trinken wir immer nur Bier" zählen nicht. Aber man muss sein Glas nicht jedes Mal ganz austrinken, sodass über mehrere Runden die kumulative Dosis etwas geringer ausfällt.

Wodka wird oft auch als "Vitamin" oder Heilmittel betrachtet - eine alte russische Redensart meint sinngemäß: wenn weder Arznei noch Banja oder Wodka helfen, ist die Krankheit meist tödlich - *Na sdarowje*! (Prost!).

Der übliche russische Wodka enthält meist 40 % Alkohol, auf dem Etikett ist angegeben: "nicht weniger als 40 %". Einige Sorten sind etwas härter, z.B. der "Sibirskaja" mit 45 %. Noch hochprozentigere Getränke enthalten bis zu 96 % Alkohol; es handelt sich hierbei um *spirt* (спирт), also Spiritus. Dieser wird pur getrunken oder je nach Belieben mit Wasser verdünnt. Die bekanntesten Wodkabrennereien in Russland sind "Krystall" in Moskau und "Liwiz" in St. Petersburg. In St. Petersburg befindet sich auch ein Wodka-Museum.

Bekannte original russische Wodkasorten wie z.B. *Stolitshnaja* oder *Moskovskaja* wurden zunehmend durch ausländische Produkte, die vom Gesetzgeber eine Zeit lang auch geringer besteuert wurden, vom Markt verdrängt. Meist stammen die neuen Wodkasorten aus Deutschland, Belgien oder den USA und werden wie alles "Westliche" bevorzugt gekauft. Nur gegen polnischen Wodka und *Kitaiskij spirt* (aus China) haben die Leute etwas - ersterer ist als plumpe Fälschung verschrien und Letzterer wird mit "unsauber gebrannt" und "giftig" assoziiert, dafür ist sein Preis konkurrenzlos niedrig. Jährlich liegt die Zahl der Todesfälle und Erblindungen durch Methyl-Alkohol russlandweit im fünfstelligen Bereich. Mit wachsender Tendenz, da u.a. vor 2 Jahren die in der Vergangenheit niedrig besteuerten Importprodukte mit höheren Zöllen belegt wurden und auch im Inland die Steuer auf Ethanol erhöht wurde. Ziel der unweigerlich folgenden Preiserhöhungen war es, den Alkoholismus im Lande zurückzudrängen. Im

Gegenzug begann wie in den 1980er Jahren wieder die private Destillation und halblegale Herstellung alkoholischer Erzeugnisse bedenkliche Ausmaße anzunehmen, wobei oftmals der sehr preiswerte und gering besteuerte technische Alkohol verwendet wird.

Seit 1995 sind auf allen höherprozentigen alkoholischen Getränken spezielle Siegelbanderolen aus Wertpapier (seit 2000/2001 auch mit Hologrammaufdruck) angebracht. Hier kann man (relativ) sicher sein, dass der Inhalt einwandfrei ist, wenn man die Ware in einem offiziellen Geschäft erwirbt, obschon es vereinzelt schon Fälschungen gegeben haben soll.

Kaufen Sie möglichst keine alkoholischen Getränke auf der Straße, dort wird unter Umständen der "Selbstgebrannte" in Flaschen mit Originaletiketten angeboten. Zur Unterscheidung ist manchmal hilfreich: die Wodkapanscher kleben das Etikett mit sehr viel Leim auf die Flaschen, bei Originalabfüllungen rollt die Etikettiermaschine lediglich einige dünne Leimstreifen auf die Etikettrückseite, was man beim Blick gegen das Licht erkennt. Flaschen mit trübem Inhalt sollten Sie stehen lassen, ebenso Flaschen mit Metallclipverschluss anstelle des üblichen Industrie-Schraubverschlusses. Gleiches gilt für Kognak.

Bereits als Gorbatschow Ende der 1980er Jahre mit dem *suchoi sakon* (wörtlich übersetzt "das trockene Gesetz") den Verkauf von Alkohol einschränkte (Verkauf nur in speziellen Läden und auf Bezugschein sowie gegen Abgabe der leeren Wodkaflasche, Verkauf nur zu bestimmten Tageszeiten, im Restaurantwagen der Bahn kein Alkohol usw.), begann man verstärkt, seinen eigenen Wodka (*samogon*) zu brennen. Resultat: enorme Zuckerknappheit in den Geschäften und auf allen Garagen kleine Schornsteine der selbst gebauten Destillierapparate. Wodka bekam man nur, wenn man eine leere Wodkaflasche abgab. Diese waren sehr knapp und es gab einen regen Handel mit leeren Flaschen. Vor allem ältere Menschen, Rentner etc. verdienten sich einige Rubel mit dem Verkauf.

Die Grundidee dieser Anti-Alkohol-Aktion war an sich nicht schlecht, doch brachte das *suchoi sakon* nur geringe Erfolge. Man begann zudem mit der Rodung von Weinanbaugebieten im Süden, was zum Glück noch gestoppt werden konnte, bevor alle Weinplantagen vernichtet waren. Die Sortenvielfalt der alkoholischen Getränke verringerte sich eine Zeit lang.

Sucht man zu einem Anlass eine gute Flasche Wein, kann das im heutigen Russland schwierig werden. In den Kiosken und kleineren Geschäften sind oft nur "weinhaltige Getränke" (Sangria-Verschnitt, zum Teil sogar deutscher Herkunft) im Sortiment. Im *magazin* gibt es einen (halb)trockenen Weißwein namens Monastirskaja Izba in einer russischen und bulgarischen Abfüllung. Durchaus empfehlenswert sind jedoch neuere Abfüllungen aus der Republik Moldawien oder Rote Weine aus Georgien, wie z.B. Kindzmarauli oder Khwantschkara, der als Perle der georgischen Rotweine gilt.

Sicherheit und Verhaltenstipps

Eine mit dem Tourismus verknüpfte Kriminalität findet sich hauptsächlich in Großstädten wie Moskau oder St. Petersburg oder in Hafenstädten (Wladiwostok) (☞ Miliz und Kriminalität).

In Sibirien, in ländlicher Gegend oder im Gebirge ist im Prinzip keine Gefährdung vorhanden. Die Hauptgefährdung für Touristen sind immer noch Unfälle durch Selbstüberschätzung oder Unfälle mit Kfz, oft auch unter Einfluss von ungewohnt starken russischen Alkoholika. Natürlich sollten Sie keine dicke Brieftasche oder wertvollen Schmuck offen tragen.

Große Menschenmengen in Städten sollte man nach Möglichkeit meiden. Es gab in den letzten Jahren mehrfach Sprengstoff-Attentate. Auch Moskau blieb davon nicht verschont (Anschläge in der U-Bahn, in einem Stadion bei einem Rock-Konzert). Von Reisen in die Kriegsgebiete Tschetscheniens ist derzeit abzuraten, Ziele in Dagestan, Inguschetien und Ossetien sollten zurzeit auch besser gemieden werden.

☺   Informationen und Sicherheitswarnungen 🖥 www.auswaertiges-amt.de oder 🖥 www.touristiklinks.de/laender/asien.php/russland/reisewarnungen/

Souvenirs

☺   Einige kleine Geschenke aus dem Heimatland sollte man mitnehmen. Das können z.B. farbige Ansichtskarten oder Fotografien sein oder einige dieser kleinen Mini-Likörflaschen mit möglichst buntem Etikett, Kosmetika, guter Tee, für Kinder Süßigkeiten oder Kartenspiele. Die kleinen Geschenke sind nur nette Gesten, denn auch in Russland gibt es Likör, Seife und deutsche Schokolade am Kiosk und in den Geschäften.

Oft genug kommt man als ausländischer Tourist ins Gespräch mit netten Russen, die mitunter oft selbstlos freigiebig sind - sehr schnell bekommt man eine Uhr, eine Mütze oder ein Messer geschenkt und muss das Geschenk auch annehmen. Es ist dann immer etwas traurig, wenn man selbst nichts verschenken kann.

Ebenfalls sehr beliebt ist das gemeinsame Ansehen von Fotografien von zu Hause (Familienfotos, Fotos vom Urlaub und Fotos mit Auto). Wenn man selbst einige Bilder zeigen kann, fördert das die Kommunikation ungemein! Als kleine Geschenke für Bekannte und neu gewonnene Freunde eignen sich auch kleine Wörterbücher (englisch/russisch oder deutsch/russisch) oder T-Shirts aus Deutschland.

1996 schrieben wir an dieser Stelle, dass das Verschenken von Geldscheinen einfallslos, unüblich und unbeholfen sei. Dies mag zwar im Allgemeinen stimmen, jedoch hat sich in den letzten Jahren die wirtschaftliche Lage so stark destabilisiert und die Armut in vielen Lebensbereichen stark zugenommen, sodass man Bedürftigen materiell mit einem mehr oder weniger großen Geldbetrag durchaus sehr behilflich sein kann. Eine Umfrage vom Dezember 2006 ("Wie man in Russland feiert und was man schenkt", unter ⌨ http://russlandonline.ru/ veröffentlicht) gibt Aufschluss über die beliebtesten Souvenirs und am meisten gewünschten Geschenke.

Es gibt in den **Kaufhäusern** ganze Etagen mit Souvenirs, wo vom Samowar bis zu Keramik, Schnitzkunst, den beliebten *Matrijoshkas* (bemalte Holzpuppen, viele kleine in einer großen), Porzellan, Silber- oder Goldschmuck, Bernsteinschmuck, Gefäßen und Körben aus Birkenrinde, Pelzerzeugnissen und moderner Kunst alles vorhanden ist.

Die goldenen und reich bemalten **Samoware** erscheinen unpraktisch und sind wirklich nur zum Ansehen. Möchte man einen funktionsfähigen Samowar kaufen, bekommt man ihn mit etwas Glück auch im Kaufhaus (Abteilung "Elektro-Towary"). Es gibt welche zu 3, 5 und 7 Litern (Preis umgerechnet ab ca. € 25).

Musikliebhaber (von Klassik bis zu neuerem russischem Rap) dürften auch auf ihre Kosten kommen. Musik aller Genres bekommt man zu einem vernünftigen Preis in meist sehr guter Qualität (CD). Auch das Gesamtwerk des Liedermachers Wladimir Wysotsky, der 1980 starb, ist inzwischen auf CD verfügbar. Hier und da bekommt man auch noch Vinyl des ehemaligen staatlichen Labels Melodija. Von weniger guter Qualität (Haltbarkeit) sind oft die billigen Audio-Kassetten, die an Kiosken verkauft werden.

Die Preise für schwarzen **Kaviar** (*tschörnaja ikrá*) - sei es nun der grobkörnige Beluga, der mittelgroße Ossiotr oder der fein-zarte Sewrugakaviar - steigen weiter stark an, 2007 rechnete man auf dem internationalem Markt mit bis zu € 6.000 für ein Kilogramm.

Eine Zeit lang war der Export verboten, aktuell hat die UNO eine beschränkte Ausfuhr für die Anrainerstaaten des Kaspischen Meeres beschlossen. Seit 1997 stehen alle Stör-Arten (der Stör hat es bisher auf immerhin 240 Mio. Jahre gebracht) auf der Liste des Washingtoner Artenschutzabkommens (Zoll-Bestimmungen der EU beachten!). Der Fang war zu Sowjetzeiten streng unter Kontrolle. Nach dem Zerfall der UdSSR teilen sich nun vier miteinander konkurrierende Staaten und der Iran das Geschäft mit den kleinen, schwarzen, edlen Eiern. Die Bestände der Störe gingen bereits besorgniserregend zurück, zumal auch noch Wilderer ihr Unwesen trieben und treiben.

Man kann daher nur hoffen, dass endlich strenge Kontrollen gegen die Wilderer durchgesetzt werden und die offizielle Fangquote nicht überschritten wird. Es gibt inzwischen auch Störfarmen, wo die Tiere gezüchtet werden. Gehandelt wird der schwarze Kaviar meist in kleinen metallenen Dosen aus Metall oder Glas mit Metalldeckel.

Packungen, die älter als 1 Jahr (Jahres-Stanze am Deckel) sind oder nicht entsprechend kühl gelagert werden, lassen merklich in der Qualität nach. Vorsicht bei scheinbar preisgünstigem Kaviar unklarer Herkunft auf den Märkten - der mitunter auch völlig unsachgemäß in Plastikbechern verkauft wird. Es kann sich um Fälschungen handeln (kleine eiförmige Kügelchen aus Fett, die schwarz eingefärbt sind) oder die Ware ist stark überlagert bzw. hat durch Konservierungsmittel an Geschmack eingebüßt.

Und dann gibt es noch roten Kaviar (*krasnaja ikrá*). Er stammt von verschiedenen Lachsarten, z.B. vom Keta-Lachs. Auch er bedarf einer kühlen Lagerung. Häufig findet man in den Fisch- oder Konservenabteilungen der Lebensmittelgeschäfte die kleinen rot-grünen Metalldöschen zu 140 g (Lososjewaja ikrá - Preis etwa € 15 pro Dose). Hauptherkunftsorte sind Wladiwostok und Kamtschatka (☞ Kamtschatka).

Russisches **Konfekt** hatte bereits seit Ende des 19. Jahrhunderts europaweit einen guten Ruf. Auch heute produziert die Moskauer Süßwarenfabrik *Krasny Oktyabr* (russ. Roter Oktober) wieder über 300 Sorten feine Schokoladen, Pralinen, Bonbons und Toffees. Die Firma (Hoflieferant zu Zarenzeiten) wurde 1867 von dem Deutschen Theodor Einem gegründet. Ein Teil der Süßwarenfabriken wurde vom Nestlé-Konzern übernommen.

🖳   www.konfetki.ru

Bei den höherprozentigen **Getränken** ist außer Wodka oder echtem Krimsekt der Armenische Kognak empfehlenswert. Zur Ausfuhr ☞ Zollbestimmungen.

Die Ausfuhr von **Kunstgegenständen** (Ikonen, Gemälde, zum Teil auch Schnitzereien aus Walrosszähnen oder Mammutstoßzahnmaterial, Teppiche, historische Waffen etc.) ist genehmigungspflichtig. Eine Genehmigung muss man sich vom Kulturministerium erteilen lassen. Könnte der Gegenstand von historisch-nationaler Bedeutung sein, was bei allen Gegenständen von vor 1945 unterstellt wird, kann es mit der (legalen) Ausfuhr schwierig werden. Kundenfreundliche Antiquitätenhändler zeichnen sich dadurch aus, dass sie bei der Beschaffung der Ausfuhrgenehmigung behilflich sind (Cash). Generell gilt: Kaufquittung unbedingt aufheben (Zoll). Vorsicht bei der Einfuhr (nach Deutschland) von Erzeugnissen, die unter das Artenschutzabkommen fallen können, wie z.B. Elfenbeinschnitzereien.

Interessante Souvenirs sind auch die von der staatlichen Zentralbank Russlands geprägten **Rubel-Gedenkmünzen**, deren Auflage niedrig gehalten wird. Als der Eiserne Vorhang im Osten gefallen war und die ehemalige UdSSR sich dem Westen öffnete, stieg international die Nachfrage nach diesen begehrten historischen Zeitdokumenten. Neben Silberprägungen gibt es auch Exklusivauflagen in Platin. Am bekanntesten sind u.a. die Gedenkmünzen "1.000 Jahre Russland". Hohe Wertsteigerungen kommen vor (z.B. erreichte der Silbergedenkrubel "Wladimir" bisher 240 % Wertsteigerung seit seiner Ausgabe im Jahre 1988). Außer in Souvenirabteilungen von Kaufhäusern und Spezialgeschäften bekommt man Münzen auch von Straßenhändlern angeboten - billiger, aber ohne Kaufquittung.

Erwähnenswert erscheinen noch die russischen **Armbanduhren**. Wegen ihrer Robustheit und ihrer schön gestalteten Zifferblätter sind sie inzwischen zum Sammelobjekt geworden. Es gibt eine riesige Anzahl von Uhren mit Sowjetstern, Abbildungen von Lenin, Gagarin oder Gorbatschow und militärischen Symbolen sowie KGB- und Kommandeursuhren. Die Uhren sind meist mit mechanischen Uhrwerken ausgestattet, z.T. auch als Automatikversionen erhältlich. Am günstigsten bekommt man diese Uhren bei Souvenirhändlern an der Straße.

📖   *Russische Armbanduhren* Juri Levenberg, Verlag Callwey, 2 Bände mit Abbildungen, ISBN 978-3766711687 (Bd. 1) und 978-3766711731 (Bd. 2).

Spezialnahrung

Ist man in Sibirien in Gegenden unterwegs, wo es keine Geschäfte (Lebensmittel) gibt, so sind die sog. **Trekking-Mahlzeiten**, die in den Ausrüsterläden und Outdoorgeschäften in Deutschland vertrieben werden, zu empfehlen. Vorteil: die in verschiedenen Größen abgefüllten Packungen sind gefriergetrocknet und belasten daher den Rucksack weitaus weniger als die (zwar billigeren, aber voluminöseren) russischen Konservendosen. Hersteller ist u.a. die Firma Schultheiss in Mörfelden-Walldorf. Ebenfalls interessant ist das Cathay-Pemmikan (getrocknetes Fleisch). Unentbehrlich erscheint dennoch ein russisches Produkt: **Kondensmilch** (gezuckert) in Metalldosen. Sie ist eine wichtige Energiequelle und gleichzeitig Süßungsmittel für Tee, Kaffee, Grießbrei, Buchweizengrütze etc., sogar Eis kann man daraus herstellen - mit Schnee. Fragen Sie im Geschäft nach *Sgushtschjonnoje moloko* oder kurz nur *Sgushtschjonka* (Metalldosen mit blauem Etikett).

Sprachreisen

Sinnvoll erscheinen die von verschiedenen Veranstaltern angebotenen Sprachreisen nur, wenn tagsüber der Unterricht von qualifizierten Lehrern abgehalten wird und man ferner allein in einer ausschließlich russisch-sprechenden Familie untergebracht ist. Die Schule, in der die Ausbildung stattfindet, sollte eine staatliche Lizenz zur Erteilung von Russisch als Fremdsprache haben (Adressen ☞ Informationen; Reiseveranstalter).

◆ Siehe unter 💻 www.vostok.de (Vostok-Reisen ist bereits seit 1991 einer der bekanntesten Anbieter für Russland-Reisen und bietet auch diverse Sprachreisen an).

◆ Studiosus-Sprachreisen München, ☎ 00800/24042404 (gebührenfreier Anruf aus Ⓓ, ⓒⒽ und Ⓐ).

◆ Perelingua-Sprachreisen, Gosslerstr. 24, 12161 Berlin, ☎ 030/8518001, FAX 8516983, ✎ info@perelingua.de bietet neben Sprachreisen in Moskau und St. Petersburg sowie am Schwarzen Meer auch einen Kurs in Irkutsk mit Besuch des Baikalsees an.

◆ Sprachreisen mit carpe diem 💻 www.carpe.de/ (Münsterstr. 111, 48155 Münster, ☎ 02506/8303300)

◆   Filialen in der Schweiz, Hummelbergstraße 135, 8645 Jona, und in Öster-
     reich, Leitermayergasse 43/3, 1180 Wien: z.B. ✎ info@carpe.at (Wien:
     ☎ ++43/01/81737800)

Tanken

Das in Karten oder im Autoatlas verzeichnete dünne Tankstellennetz ist real noch
viel dünner, weil Tankstellen geschlossen wurden oder einfach kein Benzin vorhanden ist. Häufig findet man "mobile" Tankstellen, d.h. Tanklaster, die am Straßenrand stehen und mit dem Benzinverkauf schon auf dem Weg von der Raffinerie
zur Tankstelle beginnen.

Tanken an den Tankstellen in Russland ist ein besonderes Erlebnis. Der Tankwart sitzt in einem kleinen Steinhaus, das besser gesichert ist als die Staatsbank
von Russland. Bezahlt wird immer vor dem Tanken! Über eine Aufsehen erregen-
de Konstruktion wird das Geld durch die dicken Mauern geschleust und mittels
Gegensprechanlage nennt man die gewünschte Litermenge. Das Restgeld kehrt
auf demselben Weg wieder zurück und der Tankwart nennt die entsprechende
Zapfsäule. Wer sich beim Bezahlen verschätzt, dem kann es passieren, dass der
Tank überläuft. Auch die Eichung stimmt nicht immer genau (statt einem Liter
erhält man etwas weniger oder etwas mehr).

In Sibirien sollte der Sprit immer für 300 km ausreichen, Reserven bis zu
500 km sind aber sinnvoll. Der Preis für Benzin liegt normalerweise zwischen $ 2
bis 4 pro 20 Liter 93er, das 72er-Benzin ist billiger, das 96er teurer und entspricht rein theoretisch unserem Super plus. Seit Kurzem werden auch Motoröle
etc. mit angeboten (☞ Autofahren in Russland, Benzin).

Tiere

Die Ein- und Ausreise mit Tieren (z.B. Jagdhunde) stellt ein Problem dar, wenn
die nötigen Dokumente fehlen. Bei der Einfuhr braucht man für das Tier ein
"Gesundheitszeugnis", das nicht älter als 10 Tage sein darf und vom Amtstierarzt
ausgestellt sein muss. Eine **Tollwutimpfung** wird zurzeit bei der Einreise nach
Russland nicht verlangt, ist aber unbedingt anzuraten. Bei der Wiedereinreise

nach Deutschland ist der Nachweis einer noch gültigen Tollwutimpfung nämlich
nötig (bei neu gekauften Tieren, aber auch für bereits aus Deutschland stammende Tiere). Beim Transit durch Polen sind Gesundheitszeugnis, internationaler Tier-
impfausweis und der Nachweis einer neuen Tollwutimpfung (mind. 21 Tage, aber
max. 1 Jahr alt) notwendig. Die Bestimmungen für die Ausfuhr von Tieren allgemein (z.B. Raubtiere, geschützte Vögel) aus Russland stammen noch aus Zeiten
der Sowjetunion, mit Änderungen ist zu rechnen. Genauere Informationen gibt es
bei der Botschaft/beim Konsulat.

Toiletten

In Hotels, guten Restaurants und Neubauwohnungen befinden sich die uns
bekannten Toiletten. An allen anderen Orten gibt es - wenn überhaupt - nur Toiletten ohne Sitz, d.h. man muss stehen oder kauern und darauf achten, dass z.B.
das Geld aus der Gesäßtasche nicht 5 m tiefer in die Grube fällt. In den Zügen
gibt es normale Sitz-WCs.

An Menschen, die sich lieber hinhocken, hat man aber auch gedacht: Unter
der WC-Brille aus Hartplastik befindet sich ein stabiler Metallrahmen, dessen Ränder mit einer Art metallenem Noppenprofil versehen sind. Dieses wirkt dem Her-
unterfallen entgegen, wenn man sich bei fahrendem Zug aus Gewohnheit - oder
aus hygienischen Gründen - auf das WC kauert. So kann man mit den Schuhen
nicht abrutschen.

✋   Wichtig ist, dass Sie immer selbst an Toilettenpapier denken, sogar in den
Hotels ist es oft knapp. Das Papier wird nach der Benutzung in bereitgestellte
Behälter geworfen, weil die russischen Abflussrohre sonst schnell durch Papier
verstopfen.

✋   Bei Zugfahrten zu beachten: die WCs werden bereits bei Annäherung an
eine Stadt abgeschlossen (zanitarnaja zona = Hygienezone der Stadt) ☞ Bahn
(einige Expresszüge verfügen über wenige Toiletten mit Auffangbehälter, die nicht
abgeschlossen werden). Vorsicht bei den metallenen Waschbecken im Zug: Im
Abfluss befindet sich kein Sieb, und schnell sind Zahnbürsten, Ringe, Rasierklin-
gen oder Uhren für immer verschwunden.

Transport

🚐 Mietwagen

🆘　　siehe auch: 🖥 www.autoserver.ru/

♦　　Hertz, Moskau, ul. Gorburiova 14, ☏ 495/9373274, im Internet präsent auf:
　　　🖥 www.hertz.ru (Neben Moskau und St. Petersburg gibt es Partnerfirmen
　　　in Tsheljabinsk, Nowosibirsk und auf Sachalin).

♦　　Mietwagen von Auto Europe: Informationen über
　　　🖥 www.touristiklinks.de/mietwagen/ (2007 nur Möglichkeiten für Moskau,
　　　St. Petersburg und Ekaterinburg angezeigt, 5 Tage Mittelklassewagen je
　　　nach Leistungsumfang/km-Grenze zwischen € 300 bis 500).

♦　　Avis im Airport Sheremetjewo-2 in Moskau: ☏ 495/5787179,
　　　🖥 www.avis-moscow.ru

♦　　🖥 www.avis.de/avisonline/ ermöglicht das Reservieren von Mietwagen
　　　online (bislang nur für bestimmte Flughäfen in Moskau)

♦　　Mietwagenfirmen in St. Petersburg: ☞ Hinweise zu St. Petersburg

Nur wenige Reiseagenturen können von Deutschland aus einen Mietwagen in Russland vermitteln. Die Nachfrage ist viel zu gering, sodass es sich nicht rentiert, ein Netz von Partnern in Russland aufzubauen. Auch in Russland wird man vielerorts eher einen Wagen mit dazugehörendem Fahrer (шофер) bekommen, als einen Leihwagen wie gewünscht. Mietwagenfirmen gibt es erst wenige und nicht flächendeckend.

🚆 Bahn

Als Ausländer - egal woher - war man bisher im Prinzip in Russland grundsätzlich angehalten, seine Bahntickets über **Intourist** oder am Schalter für Ausländer zu kaufen, natürlich zu einem höheren Preis. Das gilt sowohl für In- als auch Auslandsverbindungen. Ausnahme: Wer in der RF studierte oder arbeitete (z.B. Praktikum), durfte zum Inlandstarif Fahrkarten kaufen, erst 2000/2001 begann man zunächst schrittweise die unterschiedlichen Preise anzugleichen. Ab 2005 gab es nur noch auf wenigen Strecken deutliche Unterschiede in den Preisen.

Der **Ticketkauf** ist nicht so einfach wie in Deutschland. Zuerst suche man auf dem ausgehängten Plan (Züge meist nach Zielrichtungen West und Ost etc. sortiert) die Zugnummer und prüfe, ob der Zug überhaupt verkehrt. Die Ziffern

1 bis 7 auf dem Plan stehen für die Wochentage. Mitunter fahren einzelne Züge oder Kurswagen nur an bestimmten Tagen im Monat (Zahl zwischen 1-31 angeben). Es gibt noch eine weitere Stolperstelle: Züge fahren *po tschjotnym* (по чет.) oder *po nje-tschjotnym* (по нечет.) - an geraden und ungeraden Tagen des Monats. Auch beziehen sich alle Angaben inklusive der Abfahrtszeit auf *moskovskoje wremja* - Moskauer Zeit (!), egal, wo man sich in Russland befindet. Fahrkarten werden immer nur bis maximal 15 Min. vor Ankunft des betreffenden Zuges verkauft.

☺   Um möglicherweise zweckloses Anstehen an der Kasse zu vermeiden: Am Auskunftsschalter (*sprawotschnoje*) holt man folgende Informationen ein: "Gibt es überhaupt noch Tickets für den gewünschten Zug? Was kostet das Ticket heute?" Sodann suche man die zuständige Kasse. Manche Kassen verkaufen nur Tickets nach Osten, andere nur für Invaliden und Militärs, andere haben technische Pause. Hat man die richtige Kasse gefunden, sollte man sich am Kassenfenster vergewissern, dass die nächste Pausenzeit noch weit entfernt ist, denn die Wartezeiten sind oft lang. Die Pausenzeiten sind angegeben und richten sich manchmal nach Ortszeit, manchmal nach Moskauer Zeit.

Ist man an der Reihe, gibt man die Bestellung in dieser Reihenfolge durch:
1.   Tag der Fahrt und Nummer des Zuges
2.   Anzahl der Plätze
3.   Wagenkategorie
4.   Fahrtziel

Das sind nur ein paar Wörter, die man so gut wie möglich in Russisch rüberbringen muss. Wurde der Ticketpreis am Auskunftsschalter erfragt, kann man den passenden Geldbetrag an der Ticketkasse gleich bereit halten.

Auf dem Ticket wird der Name des Reisenden nach Einblick in den Pass eingedruckt. Damit soll dem Ticket-Schwarzhandel Einhalt geboten werden.

Es gibt bei der Staatsbahn üblicherweise drei **Waggonkategorien**:
platzkartny - etwa **3. Klasse**, billigste Art, 81 Plätze pro Waggon)
kupeny - entspricht der **2. Klasse**, Platz finden hier 38 Passagiere,
firmeny - entspricht der **1. Klasse** (Luxus).

Auf einigen Strecken gibt es noch **obshe** (wie *platzkartny*, aber nur harte Holz-bänke, im Extremfall bis zu drei übereinander und ohne Matratzen oder Decken). Auf den kürzeren Strecken (z.B. Moskau - St. Petersburg) gibt es noch *mezho-blastny* (II. Klasse, aber nur Sitze mit Polster, die manchmal sehr durchgesessen sind). Der Waggon enthält nur mehr oder weniger bequeme Sessel (ähnlich wie im Flugzeug).

Bei Waggons der **3. Klasse** (Kategorie *platzkartny*, пл.) gibt es keine abge-trennten Abteile. Auf der (in Fahrtrichtung) rechten Waggonseite befinden sich immer je vier Bettplätze, die quer zur Fahrtrichtung angeordnet sind. Ihnen gegenüber auf der anderen Waggonseite sind zwei weitere Klappbetten in Längs-richtung angeordnet. Somit ist für mindestens 81 Passagiere Platz.

Die Matratzen, die zusammengerollt ganz oben liegen, dürfen nur in Verbin-dung mit Bettwäsche (*postelnoje beljo*) benutzt werden. Diese wird vom *provod-nik* ausgegeben, der Preis der Bettwäsche hängt vom jeweiligen Zug ab; rechnen Sie mit ca. € 2.

Das Interessante bei *platzkartny* ist, dass alle Passagiere an allem teilhaben können, da es ja keine Abteile gibt. Das Licht im Waggon wird bis auf zwei Not-leuchten abgeschaltet, wenn eine zentrale Anordnung vom Hauptprovodnik erfolgt ist und die Nachtruhe festgelegt wurde.

Die Waggons der **2. Klasse** (*kupeny*, купе) haben neun Vierer-Abteile mit verschließbarer Tür. Wie in jedem Wagen gibt es an jedem Ende des Waggons ein WC mit Waschbecken und einer Steckdose für Rasierapparate.

In der **1. Klasse** gibt es gewöhnlich Zweier-Abteile. Einige Züge (z.B. Moskau -Peking) haben auch in der 1. Klasse Vierer-Abteile, die allerdings weitaus luxu-riöser ausgestattet sind als in der 2. Klasse.

Die **Abteiltür** kann man von außen auch ohne den speziellen Vierkantschlüs-sel des Schaffners verschließen, indem man den Türriegel erst in "Geschlossen"-Stellung bringt und dann die Tür von außen zuschlägt. Das ist nützlich, wenn man den Waggon bei einem Zwischenstopp kurz verlassen will.

Nach der Rückkehr und Weiterfahrt öffnet der Zugbegleiter die Tür wieder mit dem Vierkant.

Abteil- und Gangfenster sind in der Regel abgeschlossen und bleiben es auch meist, es sei denn, man hat einen besonders freundlichen *provodnik* gefunden. Auf jeden Fall ist vor dem Öffnen schwergängiger Abteilfenster zu warnen: Öffnen geht mit vereinten Kräften oft noch, das Fenster bei starkem Fahrtwind, Abgasen von außen oder Regen/Kälte wieder zu verschließen ist dagegen fast unmöglich.

Wenn bei längeren Fahrten trotz verschlossenem Fenster kalte Zugluft eintritt, kann man sich behelfen, indem man die Ritzen am Fenster mit Zeitungen oder Servietten, dem Handtuch oder einem Laken zustopft. Mitunter kann es im Zug nachts bereits im September empfindlich kalt werden, besonders dann, wenn man einen "faulen" *provodnik* hat, der es nicht für nötig hält zu heizen, da nach dem Kalender noch Sommer ist. Neben dem schon erwähnten Abdichten des Fensters hilft dann nur noch, die Leselampen eingeschaltet zu lassen (produzieren relativ viel Wärme) oder (verbotenerweise) einige Teelichter anzuzünden, natürlich unter ständiger Aufsicht.

Rauchen darf man nur in den Raucherecken zwischen den Waggons.

Müllbehälter sind meist gegenüber der WC-Tür. Der Schaffner ist für die Entsorgung des Mülls verantwortlich, was meistens in der Nacht und während der Fahrt passiert. Leider sieht man entlang der Bahnstrecke viele Tüten, Coladosen, Flaschen und Abfälle herumliegen.

Im Abteil befinden sich Gepäckablageflächen über der Tür und unter den unteren Betten (aufklappbar).

Züge mit den Nummern kleiner als 149 sind *Expresszüge*. Alle anderen Züge sind "Polu-Express" (Halbexpress) oder normale Passagierzüge. Die bekanntesten Expresszüge auf der Transsibstrecke sind der Rossija, der Sibirjak sowie der Baikal. Der Sibirjak bedient die Strecke Moskau - Nowosibirsk und zurück, es ist der Zug Nr. 25/26, er benötigt nur knapp 48 Std. Zug Nr. 2 fährt bis nach Wladiwostok (Rossija), und Zug Nr. 10 verkehrt zwischen Moskau und Irkutsk (Baikal). Zwischen Moskau und Krasnojarsk verkehrt täglich der Express Jeniseij (Nr. 55/56). Zug 36 bzw. 96 bedient die Linie Moskau - Barnaul (Fahrzeit 53 bzw. 57 Std., verkehrt zweimal pro Woche).

☺   In den Expresszügen erhält man auf Wunsch Tee oder Kaffee serviert. Man kann auch Seife, Zahncreme etc. kaufen. Die Züge sind sehr sauber. In einigen Zügen führte man eine Bio-Toilette ein, welche den Vorteil hat, dass sie nicht während des Haltes auf Bahnhöfen bzw. bei der Annäherung an eine Stadt geschlossen werden muss, da ein Fäkalientank alles auffängt.

✋   Hat man aus irgendwelchen Gründen keine Fahrkarte, kann man auch versuchen, unter Zahlung einer gewissen Summe und dem Fahrpreis an einen der Schaffner doch noch mitzukommen. Da die Züge in der Regel mind. 10 Min. halten, kann man mehrere Wagen abklappern. Größte Chancen hat man bei Wagen der 2. Klasse (*kupeny*), da diese manchmal nur halb voll sind. Wagen der Kategorie *platzkartny* sind aus Kostengründen meistens randvoll. Riskant ist es trotzdem, denn wenn eine Kontrolle der Passagiere und der Schaffner (um derartigen Geschäften entgegenzuwirken) stattfindet (durch sogenannte Konduktoren), muss man mit ziemlicher Sicherheit am nächsten Haltepunkt aussteigen, egal ob das in der menschenleeren Steppe oder hundert Kilometer vor der nächsten Stadt ist.

☺   Was soll man machen, wenn man zwar eine Fahrkarte besitzt, aber den Zug verpasst hat? Sofort zum "Administrator"-Schalter gehen und sich die Nichtbenutzung des Tickets bescheinigen lassen (Stempel). Der im Fahrkartenpreis enthaltene Teil für die Platzkarte verfällt, den Anteil für die Fahrstrecke bekommt man verrechnet, wenn eine neue Fahrkarte gekauft wird.

Sicherheit in den Zügen

Immer wieder hört man von Überfällen auf Passagierzüge. Dies kommt natürlich vor und wird auch in Russland von gewissen Printmedien exzessiv ausgeschlachtet. Es ist aber nicht alles Übertreibung.

Am häufigsten werden Züge in Richtung Süden überfallen, die in Richtung Kaukasus oder über die abtrünnige Republik Tschetschenien fahren. Auch Raubüberfälle in Zügen der Transsib wurden bekannt, sind jedoch seltener: Meist haben die Diebe die Händler ins Auge gefasst, die mit ihren Waren und Einnahmen ständig zwischen Moskau und Peking hin- und herpendeln.

Laut Anordnung der Eisenbahnverwaltungen begleiten Sicherheitsleute der Bahn nunmehr die besonders gefährdeten Züge. Die Banditen steigen irgendwo in der Nacht zu, haben meist sogar eine richtige Fahrkarte, um nicht aufzufallen.

Sie sind immer in der Gruppe und oft bewaffnet. Zielpunkte sind Wagen der I. oder II. Klasse, denn in platzkartny-Waggons gibt es nicht so viel zu holen - einmal abgesehen von 81 Passagieren, die zum Teil aus Selbstschutzgründen auch bewaffnet sein können.

Den Verbrechern gelingt es fast immer, auch verschlossene Abteiltüren zu öffnen. Da helfen weder Türhaken noch Ketten oder Riegel. Es wurden auch Fälle bekannt, wo vom Nachbarabteil Schlafgas in das Abteil der zu beraubenden Reisenden geleitet wurde. Im Falle eines Überfalls sollte man sich ruhig verhalten. Auf Tränengassprays als Abwehr kann man im Prinzip verzichten.

Um einem Raubüberfall vorzubeugen, sollte man versuchen, die folgenden Tipps zu befolgen:

▷   Niemals bei geöffneter Abteiltür schlafen.

▷   Nicht mit Unbekannten oder Verdächtigen trinken.

▷   Kein Geld, Pass, Visum in Jacken oder Taschen lassen.

▷   Keine Wertsachen, Dokumente unter das Kopfkissen legen.

▷   Die Abteilwände überprüfen (manchmal lassen sich diese vom Nachbarabteil öffnen oder aufschieben).

Am sichersten erscheint es, das Geld an verschiedenen Stellen am Körper zu tragen oder in der Matratze zu verstecken. Nur darf man es dort nicht vergessen ...

Toiletten im Zug

Das **WC-Papier** ist meist schnell aufgebraucht und es ist deshalb empfehlenswert, sein eigenes mitzubringen - für Seife gilt das gleiche. Hat man einen freundlichen *provodnik* erwischt, kann man unter Umständen auch in dem Waschraum neben dem Dienstabteil duschen. Der Schaffner dreht dann warmes Wasser an, und meist hängt im Raum ein passender Schlauch, der auf den Wasserhahn aufgesteckt werden muss. Durch das Loch im Fußboden der Toilette fließt das Wasser ab. Dieser Schlauch eignet sich auch zum Haare waschen.

Schon längere Zeit vor Ankunft des Zuges am jeweiligen Zielbahnhof wird man mehrfach vom *provodnik* **geweckt** und aufgefordert, seine Sachen und sich selbst "zu sammeln".

Die **Bettwäsche** muss dann zurückgegeben werden. Das gilt auch für die Handtücher und ausgeliehenen Teegläser.

Bahnhofsmafia

Die Bahnhofsmafia (*Vokzalnaja Mafia*) ist überall dort vertreten, wo Passagierzüge des Fernverkehrs losfahren und ankommen.

Die **Bahnhofserpresser** finden sich immer dann auf dem Bahnsteig ein, wenn ein Fernzug ankommt. Diese gucken sich dann Reisende, meist Händler oder reich aussehende Touristen aus und verlangen von diesen einen Geldbetrag (etwa in der Art: "Für jedes Gepäckstück € 5 und es passiert nichts!"). Weigert man sich zu bezahlen oder "versteht nicht", hat man schnell etwas weniger Gepäck. Die Diebe sind in dem dichten Gedränge von Gepäckkarren, hin- und herstürzenden Reisenden und Händlern weg wie nichts.

Auch die vielleicht zwei patrouillierenden Bahnpolizisten können in dem Gedränge nicht viel ausrichten und einem dann nur den Weg zum Revier zeigen, wo man Anzeige erstatten sollte. Es erscheint ratsam, eine Reisegepäckversicherung für die Dauer des Aufenthalts in Russland abzuschließen. Typisch ist diese Form der Kriminalität vor allem in Großstädten und gehört leider zum Alltag der Bahnreisenden.

Ist man am Zielbahnhof angelangt und will von dort mit einem der nächsten Züge weiterfahren, sollte man zuerst die großen Gepäckstücke in die Aufbewahrung geben und möglichst nicht mehr Gepäckstücke als unbedingt nötig bei sich tragen. Gepäck- und Taschendiebe gibt es überall. Die Blechmarken der Gepäckaufbewahrung gut aufheben. Danach kann man sich um den Kauf der Fahrkarten kümmern.

Eisenbahnversicherung

Seit 1994 erhält man beim Kauf der Fahrkarten im Fernzugverkehr für einen kleinen Betrag ein zusätzliches Stück Papier in der Art einer Gesundheitsversicherung. Wenn es durch Zugunglücke oder Havarien im Bahnbereich und auf der Fahrt zu Gesundheitsschäden kommt, hat man Anspruch auf Entschädigung (deren Höhe muss allerdings relativ niedrig sein, da der Versicherungsbeitrag oft nur umgerechnet € 1 bis 2 ausmacht). Wir empfehlen vor der Reise den Abschluss einer Unfallversicherung mit weltweiter Geltung.

Motorradtransport

☞ Motorradfahren in Russland, Transport mit der Eisenbahn.

Bus

In den Städten gibt es Stadt- und Nahverkehr mit Bussen und Trolleybussen. Talons für den Bus sind an den Kiosken oder auf dem *avtovokzal* (Busbahnhof) erhältlich. In Stadtbussen mancher Städte gibt es auch einen *konduktor* (Billett-verkäufer).

Wird man beim Schwarzfahren erwischt, ist eine Geldstrafe fällig, auch bei ausländischen Touristen. Kontrollen sind aber eher selten. Die Moral der Russen ist ziemlich hoch, fast jeder kauft oder hat ein Ticket.

Außerdem besteht ein recht dichtes Netz von Busverbindungen für den Über-landverkehr. Die Tickets müssen am Vortag gekauft werden (avtovokzal), die Plät-ze im Bus sind nummeriert und begrenzt, oft sind die Busse auch ausverkauft. Für große Gepäckstücke braucht man ein Extrabillett.

So ein Überlandbus ist z.B. auf seiner 500-km-Tour fast einen Tag unterwegs, mit Halt in größeren Städten, die am Wege liegen. Nach einer bestimmten Zeit werden am Waldrand oder an größeren Parkplätzen Pausen eingelegt.

🚗 Taxi und *avtostop*

Öffentliche Taxis (meist Pkw vom Typ Wolga) sind entsprechend beschriftet (такси). Vorn rechts im Wagen leuchtet ein rotes oder grünes Lämpchen - je nachdem, ob der Wagen besetzt oder frei ist.

Die städtischen Taxis sind an die Tarifbestimmungen gebunden und dürfen nicht mehr Rubel verlangen als vorgeschrieben.

Private Taxis sind keine Taxis im eigentlichen Sinne. Man braucht nur den Arm an der Straße herauszuhalten bzw. zu winken, und innerhalb weniger Min. hält ein Wagen. Man nennt dann das Ziel, und der Fahrer sagt seinen Preis. Wenn das Ziel nicht in der Richtung des Autobesitzers liegt, fährt er weiter. Nach einigen Versuchen klappt es aber meist.

Avtostop kann mitunter sehr gefährlich sein. Es wurden mehrere Fälle bekannt, bei denen einzelne Touristen beraubt wurden, was noch die mildere Variante ist. Durch die Miliz wurden auch schon solche "Privattaxis" (in Wirklich-keit gestohlene Autos) aufgefunden - ohne Fahrer, aber auch vom Mitreisenden fehlte jede Spur. Deshalb lieber mindestens zu zweit fahren und es im Notfall kei-nesfalls auf tätliche Auseinandersetzungen mit dem Fahrer ankommen lassen. Manche, besonders Lkw-Fahrer sind außerdem bewaffnet.

🖐   Alleinreisende Frauen sollten abends oder nachts nur im absoluten Notfall auf die Variante avtostop zurückgreifen.

Trinkgeld

Trinkgeld (**чаевые**) wird nicht überall gegeben, bestenfalls dem Taxifahrer in Abhängigkeit seiner Leistung, dem Kellner oder dem Gepäckträger auf dem Bahnhof. Man findet in Russland auch oft Menschen, die das Trinkgeld höflich, aber bestimmt ablehnen werden. Bekannten, Dolmetschern oder Fremdenführern sollte man als Tourist lieber ein kleines Geschenk oder Souvenir überreichen, ☞ Souvenirs.

Unterkunft

🛏 Hotel

In allen größeren Städten gibt es Hotels (*gastiniza*, **гостиница**). Die Preise variieren ebenso wie der Zustand. Meist liegen die Preise auf hohem Niveau (ca. € 100 sind üblich). Da kann man nur auf die Turbasa ausweichen oder sein Zelt im Wald aufschlagen. Oder man wird - wie in Sibirien sehr oft - von Einheimischen eingeladen. Die Gastfreundschaft ist hier sehr stark ausgeprägt.

☺   In kleineren Städten (und sogar in Wladiwostok) gibt es günstigere Volkshotels, in denen man für etwa € 25 pro Nacht bleiben kann. Eine weitere, sehr günstige Übernachtungsmöglichkeit sind die Mehrbettzimmer im *avtovokzal* (Busbahnhof), die meist von 22:00 bis früh um 6:00 Übernachtungen anbieten.

Camping

Das Netz der Campingplätze (russ. *kémping*) ist - gemessen an der Weite des Landes - eher etwas dürftig.

Abgesehen von den Campingplätzen am Schwarzen Meer und im Kaukasus befinden sich im europäischen Teil der RF nur wenige empfehlenswerte Plätze, die evtl. Platz für Autotouristen haben, die den Weg nach Sibirien in mehreren Etappen zurücklegen.

▣   Perestroika Tours, Campingplatz Schinderhannes, 56291 Hausbay,
      ☎ 06746/80280, FAX 802814, ✆ info@mir-tours.de

Die Campingplätze bei **Kaliningrad**, **Vyborg** und **Brest** sind vor allem für Reisende von Interesse, die mit eigenem Fahrzeug vom Baltikum, von Finnland oder
aus Polen nach Russland einreisen und erst einmal nach der Grenze für einige
Tage Zwischenstation machen. Die Visabestimmungen betreffend dem Kaliningrader Gebiet und Belorussland (Brest) sind zu beachten.

Der übliche mitteleuropäische oder deutsche Standard ist nicht überall anzutreffen. Aktuelle Informationen zum Campingplatznetz entnehme man dem jährlich erscheinenden Campingführer (DCC).

Im sibirischen Teil Russlands gibt es hier und da auch kleinere Campingplätze, die z.T. privat sind oder sich noch im Aufbau befinden. Doch kann man in
Sibirien vielerorts sein Zelt aufschlagen (Ausnahmen sind natürlich Friedhöfe,
Parkanlagen im unmittelbaren Stadtzentrum, Militärsperrgebiete oder Bahnhofsgelände etc.).

Auch in den Nationalparks ist "Wildes Campen" untersagt - mitunter kann
man aber vom natschalnik oder einer anderen Amtsperson gegen Gebühr die
Erlaubnis erhalten, ein Zelt am Rande oder in der Nähe einer Ranger-Hütte aufzustellen. Deshalb: immer fragen. Dies gilt natürlich besonders, wenn es sich
offensichtlich um Privatgrund handelt (heutzutage noch selten, da die Wälder und
Ländereien fast alle staatlich sind).

⮕ Turbasa (т/б, турбаза)

Preisgünstige Touristenunterkunft, vergleichbar mit Jugendherbergen. Pässe werden beim Administrator abgegeben, bezahlt wird meist im Voraus, dann bekommt
man die Zimmerschlüssel. Die Duschen sind (sofern vorhanden) meist kalt. In
jeder größeren Stadt und in touristisch erschlossenen Regionen gibt es Turbasas.

🏘 Jugendherbergen

Jugendherbergen nach deutschem Verständnis gibt es in Sibirien kaum.

Stattdessen gibt es "Erholungsheime" (*dom otdycha*) in touristisch erschlossenen Gebieten; sie sind etwas teurer als eine Turbasa, bieten aber auch etwas
mehr Komfort.

Verhalten

Besonders Westeuropäer, die zum ersten Mal in Russland sind, ecken häufig an, weil sie mit der russischen Mentalität und Kultur noch nicht vertraut sind. Zunächst einige Tipps zur eigenen Sicherheit:

Geldumtausch beim Schwarzhändler sollte man unterlassen, da die Differenz zum offiziellen Kurs nur gering ist. Das ganze lohnt sich demzufolge nur, wenn man sehr große Summen umtauschen will - Schlussfolgerung, die sich daraus ergibt: Wer beim Schwarzhändler umtauscht, ist wahrscheinlich im Besitz einer größeren Menge Valuta, sofort wird man interessant für einige zwielichtige Typen, die sich immer in der Nähe von Bahnhöfen, Exchange-Offices und Märkten konzentrieren ...

Ist man dennoch im Notfall auf Geldtausch auf der Straße angewiesen, sollte man nicht allein sein und am besten einen russischen Freund dabeihaben. Trotzdem muss man immer damit rechnen, einige falsche Scheine zu erhalten.

Schwarzumtausch ist natürlich verboten und es gab schon Fälle, bei denen der Dealer mit den Polizisten gemeinsame Sache machte, d.h. urplötzlich tauchte die Miliz auf, nahm den Touristen fest, den Dealer ebenfalls (aber nur zum Schein). Das Geld wird beschlagnahmt und es können sich dann - abhängig vom Geldbetrag - noch andere Konsequenzen ergeben.

Die **Papiere** (Pass und Visum, ggf. Voucher sowie Geld und Schecks) niemals aus den Augen lassen! Dass es Geldgürtel und Brustbeutel gibt, ist auch den Taschendieben in Russland bekannt. Von den wichtigsten Dokumenten sollte man Fotokopien im Rucksack haben; dies erleichtert bei Verlust der echten Dokumente die Neubeschaffung bei der deutschen Botschaft. Sind Pass nebst Visum gestohlen, melde man sich bei der nächsten Botschaft (☞ Diplomatische Vertretungen). Im ungünstigsten Fall bekommt man einen Ersatzpass und muss, da ohne Visum, das Land innerhalb einer gewissen Frist verlassen.

Den Anordnungen der **Miliz** oder **GAI** ist unbedingt Folge zu leisten, sei es, wenn man aufgefordert wird, das Fotografieren (z.B. einer Demonstration) zu unterlassen oder mit dem Auto anzuhalten. Lieber halte man einmal mehr mit dem Wagen an als zu wenig. Dank der neuen Regelungen im Polizeidienst können die Milizionäre nun hart durchgreifen, was sich aber oft nur an "kleinen" Leuten, Verkehrssündern oder Betrunkenen manifestiert.

Wird man aus irgendeinem Grund von der Miliz angehalten, muss man nicht mehr damit rechnen, dass prinzipiell jeder Polizist bestechlich ist.

Es hat keinerlei Sinn zu schimpfen oder zu fluchen - egal ob auf Russisch oder Deutsch, egal, ob der Grund nichtig erscheint, dies kann die Lage u.U. noch verschlimmern.

Nach der neuen Gesetzgebung kann man bis zu 30 Tage von der Miliz eingesperrt werden - ohne Anhörung oder Urteil. Als Ausländer unterliegt man der Strafgesetzgebung Russlands - die Gesetze stammen noch aus Sowjetzeiten oder sind noch älter.

Man vermeide auch, die Aufmerksamkeit der Miliz auf sich zu lenken. Trägt man z.B. ein größeres Messer offen am Gürtel und gleichzeitig irgendwelche Tarnsachen im Army-Look, wird auch oft der Inhalt des Rucksackes kontrolliert und man verliert viel Zeit mit den tausend Beteuerungen, dass das Messer nur für Campingzwecke sei ...

Unverheiratete, alleinreisende Frauen sollten einen Ring tragen und vorgeben, verheiratet zu sein.

Die russische Miliz rät in einem Hinweisblatt für Touristen, nicht mit Unbekannten zu trinken. Wenn man dies konsequent einhalten will, gehen allerdings viele Möglichkeiten verloren, neue Kontakte zu knüpfen oder interessante Menschen kennenzulernen. Man muss also auch hier alles von der Situation abhängig machen. Hat man sich einmal mit hingesetzt und den ersten Wodka getrunken, sollte man auch bis zum Ende dabei bleiben, der Gastgeber ist sonst u.U. beleidigt. Mindestens drei Gläser á sto gramm (je 100 g Wodka) sind nunmehr zu leeren. Alkoholische Getränke zweifelhafter Herkunft meide man nach Möglichkeit (☞ Russkaja Wodka). Im Straßenverkehr gilt: 0,0 Promille.

Es ist in ganz Russland üblich, dass man - egal zu welchem Anlass - "unter Männern" einige Gläser Wodka trinkt. Auch Verträge oder Geschäftsabschlüsse erfolgen heute noch per Handschlag, und meist folgt anschließend das obligatorische Glas Wodka. Diese "Tradition" findet sich bei allen Menschen aller sozialen Schichten und zu allen Gelegenheiten.

Fotografierverbote sind einzuhalten, auch wenn in den letzten fünf Jahren viele Verbote abgeschafft wurden. Militäranlagen und Brücken, große Fabriken und Uniformierte in Ausübung des Dienstes sollten nur abgelichtet werden, nachdem man gefragt hat. Die Beschlagnahme des Filmes ist im Falle eines Falles noch die geringste Folge.

Kommt man nun einmal nicht darum herum, den Film abgeben zu müssen, kann man evtl. Folgendes versuchen: Man sagt, dass man den Film nur im Dunkeln (d.h. im Rucksack, unter einer Decke, in der zugeknöpften Jacke ...) aus der Kamera nehmen kann ... Hat man den Film raus, vertausche man ihn schnell unter der Jacke oder in dem Beutel gegen einen dort vorgehaltenen leeren Film.

Fotografieren auf **Märkten** (*rynok*): Es gibt immer Händler, die sich brüsk abwenden und somit deutlich zeigen, dass sie unter keinen Umständen fotografiert werden möchten. Andererseits gibt es viele, die sich geradezu in Pose stellen, wenn ein Tourist mit der Kamera auftaucht. Wenn man schon ungefragt die Leute fotografiert, sollte man dann auch einige Worte mit dem Händler wechseln und auch nicht davor zurückschrecken, ihm die dargereichte Hand zum Abschied zu drücken, auch wenn sie (z.B. bei Metzgern) blutbefleckt ist.

Auch in den meisten Kirchen und Klöstern bestehen Fotografierverbote. Mitunter ist es erlaubt, wenn man eine spezielle Fotogenehmigung kauft. Das Geld aus diesem Verkauf kommt direkt der Kirche oder ihrer Restaurierung zugute. Im Übrigen sollte man lieber fragen und sich zumindest eine mündliche Erlaubnis geben lassen, als durch unerlaubtes Fotografieren und Blitzlicht den Zorn auf sich zu ziehen.

Betritt man **Kirchen** oder Klöster, hat man als Mann seine **Kopfbedeckung** abzunehmen. Frauen sollten beim Besuch von Kirchen oder Klosteranlagen ein Kopftuch anlegen und langes Haar bedecken. Es gilt außerdem die Regel, dass eine Frau die Kirche nur mit langem Kleid und nicht mit Hosen betreten darf. Dass Mobiltelefone in der Kirche ausgeschaltet werden müssen, versteht sich von selbst. Während der Messe stehen die Männer rechts, die Frauen links.

Die zu Sowjetzeiten übliche **Anredeform** "Genosse" (russ. *towarishtsch*) wird heute nur noch selten verwendet. Bei offiziellen Anlässen verwende man daher lieber die Bezeichnung *Gospodin* (für Herr) oder *Gosposha* (für Dame, Frau) - diese Anreden waren in Russland schon vor der Revolution 1917 üblich.

Wird man von Freunden oder Bekannten **eingeladen** und möchte etwas zum Abend mitbringen, so kann das durchaus eine gute Flasche Wodka sein und nach Möglichkeit vielleicht noch Blumen für die Hausfrau. Niemals kaufe man eine gerade Anzahl von Blumen, weil das nach einem alten Aberglauben schlimmes Unglück bringt.

Versicherungen

Notwendig ist eine **Reisekrankenversicherung**. Wer länger als vier Wochen unterwegs ist, kann sich bei der DKV für ca. € 15 pro Monat absichern. Es gibt noch einen Spezialtarif (für Zeiten über sechs Wochen): für einen Festbetrag (ca. € 0,40) kann man sich für z.B. 60 oder 80 Tage versichern lassen. Bereits beim Beantragen der Visa wird von der russischen Auslandsvertretung ein Nachweis über eine bestehende Krankenversicherung verlangt, wobei in den Konsulaten Listen mit den akzeptierten Versicherungsgesellschaften existieren (z.B. ADAC, DKV, AXA u.a.).

◆ DKV Deutsche Krankenversicherung, Postfach 100865, 50448 Köln, ☏ 0221/5783194

◆ Wer privat krankenversichert ist, hat oft einen weltweiten Schutz inklusive (siehe Vertragsbestimmungen).

Für mit Fahrzeugen reisende Touristen ist eine **Haftpflichtversicherung** nötig. Über eine **Kaskoversicherung** sollte man ebenfalls nachdenken (☞ Autofahren in Russland).

Zeitlich befristete Kfz-Haftpflichtversicherungen sind bei der Mitnahme von Fahrzeugen von Interesse, die im Zielland dann veräußert werden sollen.

Es gibt einige Versicherer, die sich auf Osteuropa und Russland spezialisiert haben, z.B.:

◆ SOVAG, Schwarzmeer- und Ostsee Versicherungs-AG, Schwanenwik 37, 22087 Hamburg, ☏ 040/2271280, FAX 225719. Es gibt auch Niederlassungen in Köln und Berlin sowie in Moskau.

◆ Informationen über Fahrzeugversicherungen erteilt auch der ADAC.

☺ Lohnenswert erscheint bei Auslandsreisen der Abschluss einer ADAC-Schutzbriefversicherung. Auch hierbei ist auf "weltweite" Geltung zu achten. In Russland nicht erhältliche Ersatzteile kann man dann telefonisch beim ADAC bestellen (aus Russland: ☏ 8/1049/89/222222).

Die Auslieferung erfolgt von München per Luftfracht. Die Kosten für das Ersatzteil begleicht man nach der Rückkehr in Deutschland. In der Praxis ist das Teil meist schon einen Tag später vor Ort. Dennoch können die Zollformalitäten auch für ein einfaches Ventil mitunter zwei Tage dauern.

Vorsicht

Wo und wie man durch etwas mehr Wachsamkeit Schaden und Ärger vermeiden kann:

▷   Bei einer **Einladung** für den Abend reicht es nicht, wenn man nur den Namen des Gastgebers und die Straße mit Hausnummer kennt. Der Name nützt eigentlich allein nicht viel, weil weder auf den Klingelschildern (falls vorhanden) noch den Briefkästen oder den Wohnungstüren die Namen der Bewohner geschrieben stehen - bestenfalls sind kaum lesbare Wohnungsnummern zu finden.

Eine bestimmte Straße ist relativ einfach zu finden, hier hilft auch eine Frage an Passanten. Schwieriger wird es, wenn es eine erste, zweite und dritte Twerskaja ul. nebeneinander gibt. Auch die Hausnummer sagt (bei neueren Gebäuden) nicht viel, denn es gilt, den richtigen Gebäudeteil (korpus-Nummer) und Aufgang (podjesd-Nummer) zu suchen.

Endlich an der richtigen Eingangstür angekommen - benötigt man den Code zum Öffnen oder einen Schlüssel bzw. man wartet, bis zufällig jemand rein-/rausgeht. Kommt niemand, bleibt nur die Möglichkeit, sich per Telefon anzukündigen, wenn der Fernsprecher an der Ecke funktioniert ...

▷   Mitreisende **Tiere** lasse man nach Möglichkeit nicht längere Zeit aus den Augen. Wenn ein Schild am Geschäft oder der Geldwechselstelle etc. die Mitnahme von Hunden untersagt, sollte man eine vertrauenswürdige Person zum Aufpassen ansprechen. Es gibt Leute, die sich auf das rasche Einfangen von Hunden und Katzen spezialisiert haben. Die Tiere werden dann mit gefälschten Papieren auf dem Tiermarkt verkauft. In der Vergangenheit gab es auch Fälle, wo gestohlene Hunde geschlachtet wurden.

▷   Bei nächtlichen Spaziergängen ist es ratsam, eine **Taschenlampe** mitzuführen. Die Straßenbeleuchtung fehlt stellenweise (besonders in kleineren Städten oder Dörfern). Doch nicht nur Straßenlaternen fehlen (oder sind kaputt), auch Gully-Deckel sind mancherorts selten: der Spaziergang kann dann vorzeitig enden, und nicht immer befinden sich in dem Gullyloch Trittsprossen an der Wand.

▷   Auch von manchen **Elektroinstallationen** und Freileitungen geht Gefahr aus: Von den Straßenleitungen werden oft Zuleitungen zu Häusern in

Form von zwei Kabeln angebracht (sogar blanke, unisolierte Drähte werden verwendet), die bei eingeschossigen Häusern oder Flachbauten oft in
sehr niedriger Höhe über dem Fußweg baumeln.

Auch in den stockdunklen Treppenhäusern gilt: im Dunkeln nichts anfas-
sen! Man läuft Gefahr, blanke Drähte oder defekte Schalter mit freiliegen-
den, stromführenden Kontakten zu berühren.

▷　Fußgänger, die die Straße überqueren, sind ständig gefährdet - egal ob sie
sich auf einem Zebrastreifen befinden oder die Autos eine rote Ampel
haben. Besonders in den Großstädten finden sich aggressive Autofahrer

▷　Die Gesundheitsgefahren sind ansonsten als niedrig bis mäßig relevant
einzuschätzen, wenn man die Hinweise unter ☞ Medizinische Versorgung beachtet. Es hängt sehr davon ab, wohin man reist und ob es am Ziel
eine medizinische Versorgung (Poliklinik, Klinik) für den Erstfall gibt.

▷　Ein Hinweis noch bezüglich der Verpflegung bei mehrtägigen Bahnreisen.
Auf dem Bahnsteig (während eines Zughaltes) können Lebensmittel,
Geräuchertes, Getränke etc. nie ohne Restrisiko betrachtet werden, etwas
sicherer ist der Erwerb bei den Händlern, wo auch der Schaffner des Waggons oder der Koch des Speisewagens einkauft. Er kennt seine *Babuschkas*, weil er die gleiche Strecke jede Woche fährt und weiß, wer gute Ware
liefert.

Zeitzonen

Russland ist in insgesamt **elf Zeitzonen** unterteilt. Die ⌛ Zeitdifferenz zwischen
Berlin und Moskau beträgt plus 2 Std. Die Uhr ist um so mehr Stunden vorzu-
stellen, je weiter man sich in östlicher Richtung bewegt.

Auf allen Bahnhöfen in Russland zeigen die Uhren im Inneren stets **Moskauer
Zeit** (die Uhren an der Außenfassade zeigen Ortszeit oder beide Zeiten), auch
die Fahrpläne und die auf den Tickets aufgedruckten Abfahrtszeiten richten sich
nach der Moskauer Zeit (**московское время**). Ähnliche Reglungen gelten bei
vielen Fluggesellschaften in Russland und zum Teil auch auf Schiffen hinsichtlich
der Bordzeit. Bei Flugtickets unbedingt nachschauen, ob die Abflugzeit
местное (Ortszeit) oder **московское время** ist.

Einige **Abweichungen** sind zu beachten: So müsste laut den geografischen Gegebenheiten z.B. im Chanty-Mansijski AO-Gebiet (nördlich Tobolsk) die Nowosibirsker Zeit (Moskau plus 3 Std.) gelten, die Uhren gehen dort aber eine Stunde nach. Ähnliche Sonderregelungen und Abweichungen gelten in der Republik Komi und im Norden des Irkutsker Gebietes.

Unterschiede zur Moskauer Zeit	⌛ Stunden
Samara	plus 1
Ekaterinburg, Ufa, Perm, Tjumen	plus 2
Omsk, Tara, Nowosibirsk, Barnaul, Gorno-Altaijsk	plus 3
Kemerovo, Nowokuznezk, Krasnojarsk, Abakan, Kyzyl, Norilsk, Tomsk	plus 4
Irkutsk, Ust-Ilimsk, Ulan-Ude, Bratsk, Taishet	plus 5
Tshita, Tynda, Aldan, Jakutsk, Tiksi	plus 6
Chabarovsk, Nachodka, Wladiwostok, Neusibirische Inslen	plus 7
Magadan, Kolymagebiet	plus 8
Anadyr, Kamtschatka, Wrangelinsel	plus 9

In der Vergangenheit gab es bereits mehrfach Änderungen der Zugehörigkeit einer bestimmten Region zu einer Zeitzone. Eine genaue Aussage kann man nur mit aktuellen Zeitzonenkarten treffen oder anhand des Internet gewinnen, wobei man neben dem Namen der Stadt/Region mit dem Suchbegriff "часовой пояс" suchen sollte.

▷   Sommerzeit/Winterzeit: Jeden letzten Sonntag im März wird die Uhr von 2:00 um eine Stunde vorgestellt. Jeweils am letzten Sonntag im September erfolgt die Rückstellung von 3:00 auf 2:00.

▷   In China gilt die Sommerzeit im Zeitraum Mai bis September. Der Zeitunterschied zwischen Moskau und Peking beträgt plus 7 Std.

Zoll

Bei der Einreise war bisher immer eine **Zolldeklaration** auszufüllen, ab 2003 wurden die Bestimmungen etwas gelockert. Wenn man mit dem Zug anreist, teilt der *provodnik* die Formulare rechtzeitig vor der Grenze aus (diese Formulare gibt es in verschiedenen Sprachen, auch englisch und deutsch, und sie werden auch im Flugzeug kurz vor der Landung verteilt). In dem Dokument sollen alle eingeführten Wertsachen, die Anzahl der Gepäckstücke und das mitgeführte Geld (alle Währungen einzeln) genau deklariert werden.

Bei der Einreise kann man auf das Ausfüllen der Deklaration verzichten, wenn man ebenso wie bei der späteren Ausreise im Airport den "grünen Korridor" nimmt und weniger als $ 10.000 einführt und bei der Ausreise nicht mehr als $ 3.000 ausführt. Ansonsten ist der "rote Korridor" zu benutzen und die Deklaration wird abgestempelt.

🖳   Informationen auch bei 🖳 www.russlandinfo.de/zoll.html

Einfuhrbestimmungen

Zollfrei dürfen nach Russland eingeführt werden: z.B. alle Gegenstände des persönlichen Bedarfs, Souvenirs und Geschenke in angemessener Menge, zwei Fotoapparate, eine Videokamera, Filmmaterial, Videokassetten, die für die Reise notwendige Ausrüstung (z.B. Zelt, Kletterausrüstung), Nahrungsmittel für den persönlichen Bedarf, Wein bis zu maximal 2 Litern sowie höherprozentige Alkoholika, wie z.B. Wodka, maximal 1 Liter, und höchstens bis zu 250 Zigaretten. Schmuckgegenstände von hohem Wert dürfen eingeführt werden, sind zu deklarieren und müssen dann bei der Ausreise vorgezeigt werden. Angesteckte Verlobungs- oder Eheringe fallen aber nicht darunter.

Darüber hinausgehende Mengen werden mit Zollgebühr belegt. Die Einfuhr von Narkotika, Psychopharmaka, Waffen, Munition, Videokassetten und Magazinen mit pornografischen Inhalten ist bei Strafe verboten. Derartige Gegenstände werden ersatzlos beschlagnahmt, zusätzlich wird eine Geldstrafe angedroht. Auf den Zollerklärungen wird man darauf hingewiesen, dass alle Vergehen nach der jeweils gültigen Gesetzgebung der RF bestraft werden!

Ausfuhrbestimmungen

Bei der **Ausreise** ist zu beachten: Die Ausfuhr von Optionsscheinen, Aktien, Wertpapieren (besonders von Voucher), Waffen, Munition, Narkotika und Drogen ist bei Strafe verboten. Höchstgrenzen zur zollfreien Ausfuhr sind die gleichen wie bei der Einreise. In der Vergangenheit durfte die Landeswährung nicht ein- oder ausgeführt werden. Diese Reglung soll aufgehoben werden, wahrscheinlich wird die erlaubte Ein- und Ausfuhr von Landeswährung bis zu umgerechnet $ 3.000 in Zukunft möglich.

Nachweislich in Russland gekaufte Schmuckgegenstände können ausgeführt werden, die Kaufquittung ist vorzuweisen. Gleiches gilt für erworbene Edelmetalle oder Münzen aus Silber, Gold und Platin. Für Kunstgegenstände, Ikonen, Gemälde, Antiquitäten, Bücher aus dem Antiquariat etc. ist bei der Ausfuhr eine Ausfuhrgenehmigung erforderlich. Auskünfte erteilen die Zollbehörden. Bei der Ausfuhr fällt außerdem eine Gebühr an.

▪ FTS (федеральная таможенная служба, Föderaler Zolldienst) 121087 Moskau, Nowosawodskaja ul. 11/5, ☎ 495/4497771 und 4497675, FAX 9139390. Auskunftstelefon (nur Russisch) unter ☎ 495/4497205, 🖥 www.customs.ru/

🖐 Die **Zollbestimmungen** werden gerade in letzter Zeit häufig geändert. So wurden für einige Waren, die in Russland billiger als im Ausland erhältlich sind, Ausfuhreinschränkungen eingeführt. Betroffen sind z.B. Pelze, Lederwaren, Besteck, Geschirr, Medikamente, Elektrogeräte u.a.

🖐 Wird bei einer Kontrolle nicht deklarierte Ware gefunden, deren Wert $ 3.000 übersteigt, so kann das neben einer Geldstrafe auch das **Beschlagnahmen** zur Folge haben. Mitunter werden stichprobenartig einzelne Reisende im wörtlichen Sinn bis zum Unterhemd durchgecheckt (eigene Erfahrungen der Autoren) - oft unter der Androhung, dass jeder € oder $ beschlagnahmt wird, der über der deklarierten Summe liegt. Eine Stunde Sucherei und das Durchleuchten einer Tube Zahnpasta ist noch das Geringste.

Nach neueren **Zollbestimmungen** fallen für eingeführte Waren (bzw. Gepäck aller Art) in Russland keine Zollgebühren an, sofern der Gesamtwert unter $ 2.000 liegt. Es gelten auch bestimmte Gewichtsobergrenzen unabhängig vom Wert (Russland 50 kg, Kasachstan 70 kg). Die Zollgebühr bei teuren Erzeugnissen kann bis zu 15 % des Neupreises betragen. Um evtl. Unklarheiten über den Preis von aus dem Ausland eingeführten Konsumgütern/Elektronikgeräten etc. auszuräumen, standen den Beamten bislang die entsprechenden Kataloge (Quelle, Otto, Elektronikversender etc.) aus Deutschland zur Verfügung, inzwischen ist alles per Computer abrufbar.

Bei der Ausreise sollten die **Dokumente** vollständig in Ordnung sein. Spätestens zu diesem Zeitpunkt werden fehlende Zolldeklarationen entdeckt (bei der Ausreise mit dem Zug gibt es keinen grünen oder roten Korridor) und abgelaufene Pässe aus dem Verkehr gezogen. Veraltete Lichtbilder im Pass werden oft bemängelt, und es kann schon mal vorkommen, dass man aufgefordert wird, die Brille abzunehmen und die Haare zurückzukämmen - so wie auf dem alten Passfoto. Die Pässe aller Reisenden werden eingesammelt und genauestens geprüft. An den Grenzpunkten existiert eine von Interpol herausgegebene Computerliste mit den Nummern gestohlener Pässe.

Erfolgte die **Einreise** nach Russland mit dem Pkw, ist man die Verpflichtung eingegangen, das Auto wieder auszuführen oder den schriftlichen Nachweis über Diebstahl, Totalschaden etc. (von Miliz) oder Veräußerung (Zollamt am Verkaufsort) an der Grenze zu erbringen. Die Verzollung kann 100 bis 300 % des Zeitwertes des Wagens kosten und ist nicht an der Grenze, sondern beim regionalem Zollamt im Lande zu tätigen. Erst danach kann der Käufer den Wagen neu anmelden (GAI).

Führte der Wagen bei Einfahrt nach Russland keine Ausfuhrkennzeichen, sondern ein nationales Kennzeichen, sollte er vor einem etwaigen Verkauf bei einem der deutschen Konsulate/Botschaften abgemeldet werden (ca. € 80).

Reise nach Sibirien

Eine der wichtigsten sakralen Sehenswürdigkeiten in Moskau ist das Neue Jungfrauen-Kloster.

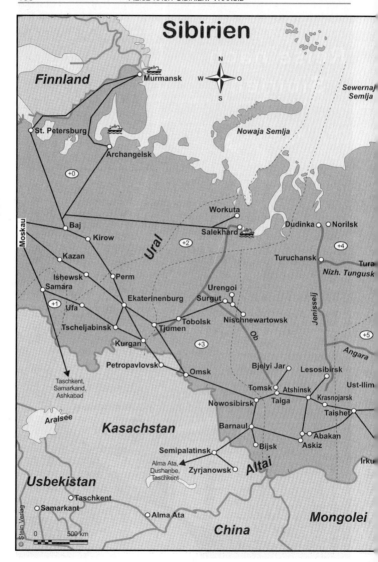

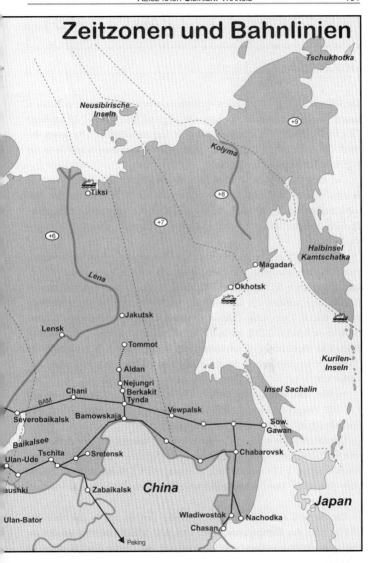

Zeitzonen und Bahnlinien

TRANSSIB (ТРАНССИБ)

Geschichte

Die Mitte des vorigen Jahrhunderts gebauten ersten Eisenbahnlinien in Russland hatten anfangs nur lokale Bedeutung. Die allererste Linie war die 27 km lange "Zarskoselskaja-Bahn", die St. Petersburg mit dem Zarenschloss in Pawlowsk verband. Sie wurde 1837 fertiggestellt. Die ersten Lokomotiven konstruierte der Ingenieur Tscherepanov um 1835.

Aus dieser Zeitepoche stammt auch die russischsprachige Bezeichnung für Bahnhof (*vokzal*, **вокзал**). Den ersten Bahnhof bei St. Petersburg baute man nach dem Vorbild der "Vauxhall" bei London. Folglich wurde das Bahnhofsgebäude auch "Vauxhall" genannt - aber im Laufe der Zeit wurde daraus das russische Wort *Vokzal*.

Ein Modell der ersten Lokomotive steht im Leningrader Institut für Eisenbahntransportwesen (Museum). Die nächsten Bahnlinien waren St. Petersburg - Moskau (1851) sowie St. Petersburg - Warschau (1862). Danach errichtete man in Russland eine Vielzahl von Bahnverbindungen, die vorwiegend Städte wie Riga, Rjasan, Kozlov, Kiew, Kursk, Odessa, Brest und Rostov im europäischen Teil miteinander verbanden. 1878 wurde die "Uralskaja-Bahn" vollendet, die zwischen Perm und Ekaterinburg (**Екатеринбург**) verlief (Länge: 729 Werst). Die "Werst" ist eine altrussische Längenangabe und entspricht der Entfernung von 1,067 km.

Im Jahr 1880 verfügte die russische Eisenbahn über 5.357 Lokomotiven und 112.300 Waggons, davon 8.100 Passagierwaggons, 212 Postwagen und 240 Spezialwaggons zum Transport von Gefangenen.

Die damals in Russland verschiedenen üblichen Spurweiten waren die Schmalspur mit 1.080 mm, die westeuropäische Spurweite mit 1.435 mm, die russische Normalspur mit 1.524 mm und eine Breitspur von 1.829 mm (Linie St. Petersburg - Pawlowsk). Man orientierte sich schließlich an den 1.524 mm als Standard.

Die Strecken waren anfangs alle eingleisig. Erst als sich in der Mitte der 1880er Jahre das Transportaufkommen und die Zugfolge erhöhten, wurden die Linien zweigleisig ausgebaut, wobei man sich sehr viel Zeit für den Bau nahm. So dauerte die Anlage eines zweiten Gleises von Omsk nach Karymskoe immerhin neun Jahre.

Bis 1884 führten nur drei Bahnlinien in Richtung Westsibirien. Nur die Städte Tjumen, Ufa und Orenburg waren angeschlossen. Im Jahr 1891 beschloss die russische Regierung, eine Bahnlinie zu errichten, die durch Sibirien über Tscheljabinsk, Kurgan, Irkutsk, Sretensk, Chabarovsk nach Wladiwostok führen sollte. Dem Beschluss gingen mehrere Vorschläge und konkrete Projekte voraus. Durch den Bau der Transsibirischen Eisenbahn erhoffte man sich vor allem eine rasche Erschließung Sibiriens. Außerdem sollte die Kolonisierung der **Amur-Region** im Fernen Osten vorangetrieben werden.

Wichtig erschien der Anschluss der Bahn an die Häfen der Amur-Region, die etwa neun Monate im Jahr eisfrei sind. Die geplante Strecke hatte natürlich auch eine große strategische Bedeutung, wenn es um den Transport von Truppen nach Fernost gehen sollte, wie z.B. im Russisch-Japanischen Krieg 1904/05.

Es gab in Sibirien als Hauptverbindung nur eine große Poststraße, auf der man mehrere Wochen unterwegs war. Im Sommer reiste man mit Pferdewagen, im Winter kamen Schlitten zum Einsatz, die mit drei bis sechs Pferden bespannt waren. In gewissen Abständen gab es Stützpunkte zum Wechseln der Pferde.

Die Transsib wurde in mehreren Etappen gebaut, und die Arbeiten begannen an mehreren Orten im Westen und Osten des Landes gleichzeitig. Der Bau der Linie von Perm nach Ekaterinburg löste bereits viele Transportprobleme im Gebiet des **Ural**. Nötig war aber die Verlängerung der Bahn bis **Tjumen**, auch um den Bahnanschluss an die Flusshäfen zu erreichen. Tjumen ist eine der ältesten Städte in Sibirien, die am Ort der bereits im 14. Jahrhundert bestehenden tatarischen Stadt Tschingi-Tura nach deren Zerstörung erbaut wurde.

Die "Sapadno-Sibirskaja-Bahn" (**Westsibirienstrecke**) stellten die Arbeiter 1896 fertig. Die Strecke führte von der Stadt **Tscheljabinsk** über Kurgan, Petropawlowsk, Omsk, Kansk zur Bahnstation Ob. Es mussten mehrere große Ströme überbrückt werden (Ishim, Irtysch, Tobol und Ob); beim Bau gab es erhebliche Schwierigkeiten durch das im Frühjahr auftretende Hochwasser.

Am rechten Ufer des Flusses Ishim (р. Ишим) erreichte die Bahn die Stadt **Petropawlowsk**, die 1752 als Handelszentrum gegründet worden war. Die Stadt hat ihren Namen von den Heiligen Peter und Paul erhalten. In Petropawlowsk gab es damals mehrere Kirchen, Moscheen und eine jüdische Synagoge. Die Stadt gehörte damals zum Tobolsker Verwaltungsgebiet. Bedingt durch den Bahnbau kam es zum Anwachsen der Bevölkerung, und bald hatte die Stadt 13 Schulen und ein Krankenhaus.

Nach Petropawlowsk (welches heute zu Kasachstan gehört) erreichte die Bahn Tokushi, die Station Isyl-Kul und Kotshubejevo, danach kreuzt der Fluss **Irtysch** bei Omsk den Streckenverlauf. Die Stahlbrücke über den Fluss konstruierte der bekannte Ingenieur Beleljubskov.

Die Stadt **Omsk** hatte 1895 schon etwas über 50.000 Einwohner. Berühmt-berüchtigt war damals das Strafgefängnis in der Omsker Festung als Ort der Verbannung (auch F. Dostojewskij befand sich hier in der Verbannung). Hinter Omsk läuft die Bahnstrecke relativ parallel zum Fluss Om (р. Омь), es werden die Stationen Kalatshinskaja, Tatarskaja und der See Tschany passiert.

Der **Tschany-See** liegt in der **Baraba-Ebene** südlich der Stadt **Barabinsk**. An dem etwa 3.000 km² großen See errichtete man bereits damals Kurorte für die begüterte Oberschicht. Die nächsten Bahnstationen sind Ubinskaja, Kargat und Kotshenovo; danach erreicht die Strecke das linke Ufer des Ob. Über eine Brücke fährt der Zug auf die andere Seite zur Bahnstation "Ob". Hier begann man 1893 eine Siedlung zu erbauen - die heutige sibirische Millionenstadt **Nowosibirsk** (Новосибирск).

Die sich von Nowosibirsk (damals noch Novonikolaievsk) aus anschließende **Mittelsibirienstrecke** führte über Krasnojarsk bis nach Irkutsk an den Baikalsee. Der Bau dauerte von 1893 bis 1899.

Der Teil Ob - Krasnojarsk war 1898 fertig (850 km). Bis nach Irkutsk mussten auf 1.075 km Schienen gelegt werden. Größere Städte an der Strecke waren damals **Marinsk** - seit 1857 Stadt - und **Atshinsk** am rechten Ufer des Tshulym. Atshinsk lag ebenfalls am sogenannten sibirischen Trakt, der alten Poststraße. 1700 gegründet, wurde es 1782 zur Stadt ernannt. Sie hat auch heute als Warenumschlagplatz Bedeutung in Mittelsibirien.

Nach Atshinsk (Ачинск) erreichte die Trasse die Station **Kemtshuk** am gleichnamigen Fluss. Von hier führte der Weg weiter in das Jeniseijgebiet mit stellenweise hügeliger Landschaft bis zu 500 m ü. NN. Die örtlichen Gegebenheiten waren stellenweise sehr kompliziert (viele kleine Hügel, Bergrücken, Abgründe, Sumpf-gegend); daraus resultierte eine sehr kurvenreiche Strecke.

Bald erreichten die Bautrupps **Krasnojarsk (Красноярск)** am Jeniseij. Die Stadt liegt 280 m ü. NN. Der Jeniseij strömt aus den bergigen Regionen des Sajan über Krasnojarsk in Richtung Norden. Am linken Ufer liegen die Berge Tshjorna-ja sopka und auf der rechten Seite der Gebirgsgürtel Kuisumski. Krasnojarsk grün-dete man etwa um 1630. Zu Zeiten des Bahnbaues bestanden hier schon einige kleine Betriebe, Ziegeleien und Sägewerke.

Die bei Krasnojarsk über den Fluss führende Eisenbahnbrücke wurde als die schönste der ganzen Transsib hervorgehoben. Sie ist 950 m lang und stammt vom Brückenbauer Prof. Proskurjakov. Das Modell der Brücke wurde 1900 auf der Weltausstellung in Paris mit der Goldmedaille prämiert.

Hinter Krasnojarsk schlossen sich die Bahnstationen Jeniseij (rechtes Ufer), Zykovo, Ujar, Petrushkovo und **Kansk** an. Kansk **(Канск)** liegt am Fluss Kana, der auf einer 250 m langen Brücke überfahren wird. Kansk gründete man 1626 als militärischen Posten. Die nächste Station nach Kansk war **Ilanskaja**, hier wurden ein Depot für Lokomotiven, Reparaturwerkstätten sowie ein Krankenhaus ange-legt. Weiter ging es mit Ingash, Tinskaja, Kljutshinskaja und Jurty, anschließend war es nötig, den Fluss Tsheremovka (350 m) zu überbrücken.

Taishet (Тайшет) war die nächste große Siedlung, gelegen am gleichnami-gen Fluss. Heute ist Taishet Abzweigungspunkt der BAM von der Transsib. Ein weiteres Eisenbahndepot für Wagen und Lokomotiven wurde in **Nishneudinsk** angelegt. Diese Stadt gründeten russische Eroberer schon 1648 (Ostrog Nishne-Udinsk) am Fluss Uda. Den Status einer Stadt bekam die Siedlung 1783 per Erlass vom Zar zugesprochen. Um 1893 lebten hier 7.000 Menschen.

Ausgehend von Nishneudinsk verläuft die Bahntrasse etwa 250 km nach Süd-osten über Tulun nach Zima. Die Stadt **Zima (Зима,** russisch = Winter) lag ebenfalls an der alten sibirischen Poststraße. Von Moskau bis hierher hatte man fast 5.000 km zurückzulegen, was mit Pferdewagen eine wochenlange Angele-genheit war. In Zima befanden sich ebenfalls ein Lokdepot und eine Reparatur-werkstätte der Bahn sowie mehrere Holzbetriebe. Die Station **Polowina** (russisch = Hälfte) ist von dem Ausgangspunkt Tscheljabinsk 3.150 km entfernt, das ent-spricht der Hälfte der Strecke bis nach Wladiwostok. Nach einigen kleineren

Bahnstationen hatten sich die Bahnbautrupps 1899 schließlich durch die Taiga bis nach Irkutsk durchgekämpft. **Irkutsk** hat seinen Namen nach dem kleinen Fluss Irkut, der in die Angara mündet. Die Stadt - eine der schönsten in Sibirien - hat ihren Ursprung im Jahre 1661 (Ostrog Irkutsk).

Von Irkutsk (**Иркутск**) aus trieb man die Bahntrasse in Richtung **Baikalsee** voran. Die Strecke, deren Bau 1896 begann, läuft am rechten Ufer des Irkut entlang. Der erste Zug auf dem 66 km langen Teilstück fuhr 1898. Das Gelände am linken Ufer der **Angara** bereitete einige Probleme - es führte durch sehr felsige Taiga. Eigentlich sahen schon die damaligen Pläne eine schleifenförmige Umgehung des Baikalsüdendes vor, deren Bau wurde aber zunächst verschoben.

Im Herbst des Jahres 1893 verkündete der russische Verkehrsminister Kriwoshein ein Konzept, das die Überquerung des Baikalsees mit Dampffähren vorsah. Die Fährschiffe sollten neun Monate im Jahr verkehren. Im Winter waren spezielle Schlittenverbindungen über den zugefrorenen See vorgesehen.

Vom Endpunkt der Eisenbahn an der Austrittsstelle der Angara aus dem Baikal (Westufer) waren es bis zur geplanten Anschlussstation bei der Bucht **Mysowaja** am Ostufer etwa 70 km über Wasser.

Die englische Firma Armstrong & Co. erhielt vom Transsibbaukomitee der russischen Regierung den Auftrag zur Fertigung der Fährschiffe. Im Juli 1896 kamen die ersten für die Fähren bestimmten Teile in St. Petersburg an, von wo sie mit der Bahn bis Krasnojarsk transportiert wurden. Dort erfolgte im Hafen eine teilweise Montage, danach mussten die halbfertigen Schiffe über den Jenisej und die Angara zum Baikal verschifft werden, wo sie 1897/98 auch angelangten.

Die Fähren wurden in Port Listwenitshny, dem heutigen **Listwjanka**, fertig montiert, nachdem noch fehlende Baugruppen über die in der Zwischenzeit fertiggebaute Bahnverbindung nachgeliefert wurden. Im Juni 1900 konnte der Stapellauf der großen Fähre "Baikal" erfolgen, und acht Wochen später war auch die "Angara" fahrbereit.

Technische Daten der Fährschiffe

Baikal: 88,5 m lang, 18 m breit und 8,7 m hoch, Platz für 25 Eisenbahnwaggons unter Deck sowie für 200 Passagiere der Bahn, Fahrgeschwindigkeit: 25 km/h, Nutzlast: ca. 750 t

Angara: 60 m lang, 11 m breit und 4,5 m hoch, Nutzlast: ca. 250 t

Die Schiffe legten die Strecke meist zusammen zurück. Bei Eis fuhr die stärkere Baikal vorweg. An Kosten berechnete man 1901 für beide Schiffe 6,8 Mio. Rubel. Für Reparaturzwecke wurde ein spezielles Dock mit 90 m Länge nach englischen Plänen am Westufer des Sees (nahe der Siedlung Barantshik) errichtet.

Trotzdem reichten die beiden Fähren nicht aus, und es mussten zusätzlich die kleinen Fähren Maligin, Strela und Wolna angeschafft werden, die zum Transport von Militär und Baustoffen dienten. Aber alle Schiffe zusammen konnten nicht den Vorteil einer direkten Bahnverbindung wettmachen. 1904 stellte man die Linie vom heutigen **Port Baikal** nach **Mysowaja** in Betrieb.

Diese Strecke umgeht den See am südlichen Ende und führt durch ein landschaftlich sehr schönes Gebiet. Bautechnisch gab es hier die größten Probleme. In dem sehr felsigen Gelände waren viele Sprengungen nötig. Mehrere Tunnel und Viadukte wurden angelegt. Die Berge am Südende des Baikalsees gehören zum **Chamar-Daban-Gebirge**.

Heute wird die Linie Port Baikal-Sljudjanka nicht mehr von den Zügen der Transsib befahren, da man etwa Ende der 1950er Jahre eine weitere schleifenförmige Verbindung Irkutsk-Sljudjanka anlegte. Auf der "alten Bahn" am Baikalufer verkehren aber heute noch kurze Dieselzugmaschinen (☞ Irkutsk). 2005 wurde hier nach mehreren Jahren der Ruhe der Touristenbetrieb mit Sonderzügen wieder aufgenommen, um durch die Einnahmen die Erhaltung der Strecke zu sichern. Es soll auch wieder Sonderzüge mit Dampfbespannung geben. Ab **Mysowaja** begann man mit dem Bau der **Transbaikalbahn**.

Bis nach **Sretensk** (hinter Tshita) waren 1.135 km Gleis zu verlegen. Nachdem die Trasse sich vom Baikal entfernte, passierte der Zug die Stationen Selenga, Tataurovo und **Werchne-Udinsk** (das heutige **Ulan-Ude**). Vor der Stadt Werchne-Udinsk musste die **Selenga** auf einer starken Brücke überquert werden. Die Metallteile der Konstruktion wurden damals aus Warschau in Polen angeliefert.

Werchne-Udinsk liegt am Zusammenfluss von Selenga und Uda. Der Ursprung der Stadt reicht bis 1666 zurück, als sie von Soldaten und Pelzhändlern gegründet wurde.

Etwa 10 km nach Ulan-Ude zweigt bei **Zaudinskij** die **Transmongolische Bahn** ab, die über **Kjachta** nach **Ulan-Bator** in der Mongolei verläuft. Von dort führt die Strecke weiter bis nach **Peking**. Die Transmongolische Bahn kann von Reisenden genutzt werden. Die Strecke wurde erst in den 1940er Jahren erbaut.

Die transsibirische Trasse führte nach Werchne-Udinsk durch gebirgige Gegenden. Die Station **Petrovsky Savod** (*Petrovsk zabaikalski*) befand sich in der Nähe der Siedlung gleichen Namens, die ein spezielles Gefängnis für die **Dekabristen** beherbergte. Als Dekabristen bezeichnete man in Russland die Teilnehmer des Aufstandes, der im Dezember 1825 in St. Petersburg stattfand, jedoch vom Zaren schnell niedergeschlagen wurde. Die Teilnehmer, zum Teil auch Militärs, wurden hingerichtet oder nach Sibirien in die Verbannung geschickt.

Danach durchquert die Bahn das **Jablonowygebirge**. Hier baute man einen 200 m langen Tunnel. Nach der Station Jablonowaja werden die Flüsse Kuka und Ingoda überquert. Durch ständiges Hochwasser gab es hier beim Bau mehrmals Probleme und Überschwemmungen. Bereits fertiggestellte Gleisabschnitte wurden durch Flutwellen zerstört.

Die nächsten größeren Stationen im Streckenverlauf sind **Tshita** und **Karymskoe**. Die Siedlung Tshita legten Kosaken unter Leitung des Ataman Beketov 1653 am Ufer des kleinen Flusses Tshitinka an. Wenig später entstand eine Festung. Von 1827 bis 1830 gab es auch in Tshita ein Gefängnis für Dekabristen. Im Jahre 1900 lebten in der Stadt 20.000 Einwohner. Von Tshita aus waren 100 km Gleis bis Karymskoe zu verlegen. Die nächstgrößeren Bahnstationen waren Tarskaja, Shilka und Cholbon.

Früher, als die Amurbahn noch nicht fertig war, gelangten die Reisenden per Schiff von Sretensk nach Chabarovsk.

Die **Amurverbindung** wurde erst 1916 fertiggestellt. Mit dem Bau hatte man 1908 begonnen. Die Strecke schloss das noch fehlende Stück der Transsib von Sretensk bis **Chabarovsk**. Die wichtigsten Stationen der Amurbahn sind: Mogotsha, Skoworodinu, Magdagatshi, Uschumun, Swobodny, Bjelogorsk, Bira und Chabarovsk (das 8.532 km von Moskau entfernt ist).

Nahe bei **Skoworodinu** zweigt eine Nebenbahn nach Norden ab und erreicht **Tynda**, das an der BAM liegt.

Von Newer (Transsib) ausgehend baute man in den 1970er Jahren eine Fernstraße bis nach Tynda (тында) und weiter nach Aldan (Jakutien), die M-56.

Vor Chabarovsk passiert die Bahn das **jüdisch-autonome Gebiet**, das in den 1930er Jahren in der UdSSR gegründet wurde. Der Anteil der Juden an der dort lebenden Bevölkerung liegt bei etwa 10 %.

Die Hauptstadt des Gebietes ist **Birobidshan** (Биробиджан), es liegt am Fluss Bira, der in den Amur mündet (Transsib-km 8.358).

Chabarovsk (Хабаровск) liegt in der Nähe des Zusammenflusses der Flüsse **Amur** und **Ussuri**. Die heutige Großstadt wurde erst um 1860 gegründet.

Bevor es zum Bau der Amurverbindung kam, wurde der Eisenbahnverkehr nach Wladiwostok über die "Kitaiski-Vostotshnaja-Bahn" abgewickelt. Die **Chinesische Ostbahn** verband Tarskaja (nach Tshita gelegen) via Mandschurei (China) und Harbin mit den russischen Bahnstationen Ussurijsk und Wladiwostok. Im Jahre 1897 begann Russland nach Verhandlungen mit China den Bau. Begründet wurde der Bahnbau durch China mit dem Argument des kürzeren und billigeren Weges nach Wladiwostok.

Der Hauptgrund war aber die Festigung des russischen Einflusses in der **Mandschurei**. Das führte Anfang des 20. Jahrhunderts zu einem politischen Konflikt zwischen Russland, Japan und China. Den folgenden **Russisch-Japanischen Krieg** verlor Russland dann 1905 und musste sich mit Gebietsabtretungen zufrieden geben. 1933 verkaufte die UdSSR die Bahnlinie an Japan. Nach der japanischen Niederlage 1945 fiel die Bahn wiederum in russische Hände, wurde aber in den 1950er Jahren an die VR China abgetreten.

Die Chinesische Ostbahn ("Chang-Chun"-Bahn) verbindet die Transbaikalregion mit China, Fernost und der Kwangtun-Halbinsel. Finanziert wurde der Bau von der neu gegründeten Russisch-Chinesischen Bank und der "Gesellschaft der Chinesischen Ostbahn". Die Kontrolle über den Bau hatte der russische Finanzminister. Das Kapital der Bahnbaugesellschaft lag bei 5 Mio. Rubel (1898), die meisten Aktien kaufte das Finanzministerium selbst.

Die Gesellschaft war auch für Errichtung und Betreiben der Telegrafenverbindung entlang der Bahnlinie verantwortlich. Während die Ingenieure und Projektanten aus Russland stammten, griff man beim Bau auf billige Arbeiter aus China zurück. Die Arbeiten begannen 1897 unweit von Poltavska, das an der Grenze des Ussurigebietes lag. Viele der 250.000 chinesischen Arbeiter starben während der Bauphase an Cholera.

Die Strecke Chabarovsk - Wladiwostok

Den Bau der Bahn entschied Zar Alexander III. im Februar 1891. Zunächst wurden 7 Mio. Rubel bereitgestellt.

Die Arbeiten an diesem Abschnitt der Transsib, der sogenannten **Ussuri-Strecke**, begannen am 19. Mai 1891 unter Leitung des russischen Ingenieurs

Ursati. Die Arbeitsbedingungen waren besonders schwer. Die Bautrupps wühlten sich - anfangs ohne topografische Karten - sozusagen "nach Gefühl" durch die Taiga. Sümpfe, Mücken, Krankheiten, menschenleere Gebiete, Hochwasser, Waldbrände und sibirische Tiger kennzeichneten den Arbeitsalltag.

Die Arbeiten begannen in Wladiwostok, genau dort, wo sich heute der Privokzalny-Platz befindet. Der Sohn des Zaren, Nikolai II., kam nach **Wladiwostok** und legte hier den ersten Grundstein am Bahnhofsgebäude. Eine Tafel an der Wand erinnert daran. Anschließend führte Nikolai II. den ersten symbolischen Spatenstich aus, und dem Bau der Bahnlinie stand nichts mehr entgegen.

Man legte die Strecke von Wladiwostok ausgehend in Richtung zur Amurbucht, dann am Ufer in nördliche Richtung zur Uglovobucht. Von dort lief die Bahntrasse zur etwa 100 km nördlich liegenden Bahnstation Nikolsky (heute Ussurysk), dann in Richtung der Chinesischen Grenze. Größere Brücken über Suivun und Levk waren notwendig. Nach 400 km wurde der Fluss **Ussuri** gekreuzt, dann lief die Bahnlinie am rechten Ufer entlang bis nach **Chabarovsk**. Die Streckenlänge beträgt etwa 770 km.

In Nikolsky (heute Ussurysk) befand sich die Bahnmeisterei der Strecke. Dampflokdepots legte man u.a. bei Chabarovsk und Perwaja Retshka an. Die Bahnlinie konnte am 31. August 1897 eröffnet werden.

Fast alle nötigen Baustoffe mussten über das Meer herantransportiert werden. Neben den chinesischen Arbeitern (etwa 20.000) stellte auch die russische Armee einige Tausend Soldaten für den Bahnbau ab. Ein Steinarbeiter erhielt am Tag etwa 2 Rubel und 50 Kopeken, Schlosser bekamen 3 Rubel Lohn. Viele der Arbeiter starben an Typhus und Cholera.

Die reinen Baukosten der **Ussuristrecke** gab die Regierung Russlands mit 43 Mio. Rubel an. Die Eisenbahnlinie beschleunigte die wirtschaftliche und militärische Entwicklung der Region maßgeblich.

Von 1913 bis 1916 erbaute man die große Amurbrücke, vorher wurde der Fluss mit/per Fähren überquert. Die Brücke kostete etwa 14 Mio. Rubel und war damals mit 2.590 m die weltweit längste Brücke. Für die Brücke waren 18.000 t Metall und etwa eine genauso große Menge an Steinen verbaut worden. Die Metallteile kamen wiederum aus Warschau (Polen). Sie gelangten von Polen per Zug nach Odessa, von dort über das Meer und den Suezkanal nach Wladiwostok und dann mit der Bahn nach Chabarovsk. Mit der Eröffnung der Amurbrücke war die Transsib 1916 endlich durchgängig.

Die Transsib um die Wende des 20. Jahrhunderts

Bis zum Bau der Bahn von Moskau nach Wladiwostok gab es prinzipiell nur zwei Wege nach Sibirien und Fernost. Der Landweg führte über die alte sibirische Poststraße. Es dauerte oft mehrere Monate, bis man am Ziel angelangt war.

Der zweite Weg war der Seeweg: von Odessa am Schwarzen Meer über den Suezkanal und durch die Straße von Malacca nach Wladiwostok. Die Überfahrt dauerte etwa 40 Tage. Eine Fahrkarte kostete 1880 in der 1. Klasse 600 Rubel. Der Schiffsverkehr wurde über die Russische Ost-Asiatische Dampfschiffgesellschaft abgewickelt.

Als dann Wladiwostok mit der Transsibirischen Eisenbahn erreicht werden konnte, benötigte man nur noch zehn Tage. Das Billett für einen Platz der ersten Klasse kostete 114 Rubel. Handelsreisende, die früher beispielsweise von London bis nach Shanghai Wochen mit dem Schiff einplanen mussten, konnten nun in 16 Tagen (von London) am Ziel ankommen. Des Weiteren beschleunigte sich die Beförderung von internationaler Post zwischen Europa und Asien.

Natürlich hatte die Bahnverbindung auch militärische Bedeutung für die Sicherung Ostsibiriens und der fernöstlichen Regionen. Anfang des 20. Jahrhunderts dominierten auf der Strecke der Transsib schwere Dampflokomotiven der Serie O-W.

Für den Zar gab es einen Sonderzug: In einem besonderen Waggon war eine kleine Kirche untergebracht, mehrere Restaurantwagen, Tanzsaal, Waggon mit Banja und sehr luxuriöse Schlafwaggons vervollständigten den Express.

Die Bevölkerungsdichte in Sibirien war Anfang unseres Jahrhunderts noch gering. Durch Ansiedlung von Familien ohne Land aus der Ukraine, Belorussland und Russland erhöhten sich die Einwohnerzahlen. Allein im Zeitraum von 1897 bis 1900 übersiedelten etwa 830.000 Menschen.

Der Passagierverkehr verdoppelte sich ebenfalls: im Jahr 1897 wurden 800.000 Menschen transportiert, um 1900 waren es 1,5 Mio. Auch das Güteraufkommen nahm stark zu: 1897 wurden nur 450.000 t transportiert, 1900 waren es fast 700.000 t Lastgut. Aus Sibirien exportierte man damals fast nur landwirtschaftliche Produkte, wie z.B. Butter, und Erzeugnisse der Holzindustrie. Die Erschließung der reichen Bodenschätze war damals noch nicht vorangeschritten, deshalb gab es keine Züge mit Öl oder Eisenerz. Im Gegenzug exportierte man aus dem europäischen Russland Eisen, Stahl, Maschinen und Benzin nach Sibirien. Die Gesamtkosten für die Transsib wurden mit etwa 800 Mio. Rubel angegeben.

Ein Glücksumstand war für die Teilnehmer des 1908 ausgetragenen Autorennens um die Welt die Existenz der Transsib-Gleise. Den unwegsamen Straßen in Sibirien waren die damaligen Fahrzeuge nicht ausreichend gewachsen, ein Vorwärtskommen war nur auf den Gleisen möglich. Wegen der Erschütterungen (Eisenbahnschwellen) kam es täglich zu Feder- und Rahmenbrüchen.

Nach abenteuerlicher Fahrt auf den Bahndämmen der Transsib (für das Autorennen ließ man sogar Züge ausfallen) über Irkutsk, Tomsk und den Ural erreichte der deutsche Fahrer Koeppen fünf Monate nach dem Aufbruch in Paris die russische Hauptstadt Moskau und später als Sieger auch Paris (21.278 km).

Während des Bürgerkriegs nach der Oktoberrevolution wurden einige Bahnlinien beschädigt. Damals verwendeten die Kriegsparteien sogenannte Panzerzüge (spezielle Züge mit Kanonen und Maschinengewehren bestückt). Nach dem Krieg wurden zunächst die beschädigten Abschnitte repariert. Gleichzeitig begann man in der UdSSR **Lenins** Plan der Gesamtelektrifizierung (GOELRO) Russlands umzusetzen.

1931 gab es erste Pläne zur Elektrifizierung von Bahnstrecken. Der Lokomotiven- und Wagenpark wurde gründlich modernisiert. 1933 begannen die Arbeiten der Bahnelektrifizierung auf dem Abschnitt Kyzel - Tshusovskaja, 1935 war Tshusovskaja - Swerdlowsk unter dem Fahrdraht. In den Jahren 1934 bis 1936 stellte die sowjetische Regierung 172 Mio. Rubel für weitere derartige Vorhaben zur Verfügung.

In den 1930er Jahren kam es dann auch endlich zur Entwicklung der Industrie in der Transbaikalregion, Metallkombinate und Lokomotivfabriken entstanden in den Städten **Ulan-Ude** und **Tshita**. Überall richtete man Lokdepots ein, und 1935 war das zweite Gleis vom Baikal bis zum Amur durchgängig.

Während des Zweiten Weltkriegs arbeiteten die Eisenbahnen in Sibirien weitgehend organisiert, auch wenn durch den Krieg teilweise weniger Betriebspersonal zur Verfügung stand. An die Bahn wurden trotzdem hohe Anforderungen gestellt: Fabriken aus dem Kriegsgebiet und gefährdeten Regionen übersiedelte man nach Sibirien. Rüstungsgüter, Panzer und Munition wurden in Richtung Westen geliefert.

Nach 1945 wies die Transsib im Prinzip kaum Zerstörungen auf - im Gegensatz zu den Bahnlinien im europäischen Teil der UdSSR. Stellenweise mussten die zweiten Gleise für den Wiederaufbau im westlichen Teil demontiert werden. Durch Kriegsschäden war der gesamte Lok- und Wagenpark der Sowjetischen Bahn reduziert. Aus Deutschland als Reparationsgut beschlagnahmte Wagen und Lokomotiven wurden daher auf die russische Spurweite von 1.524 mm umgerüstet. Mit etwas Glück findet man an den "Lokomotivfriedhöfen" entlang der Transsib umgerüstete ehemalige deutsche Kriegslokomotiven.

In den 1950er Jahren wurden größere Streckenteile elektrifiziert. Gleichzeitig baute man in der Folgezeit in Sibirien mehrere leistungsstarke Wasserkraftwerke zur Erzeugung der nötigen Energie. 1956 war die Strecke von Kurgan nach Makushino elektrifiziert. Im gleichen Jahr fasste man in Moskau den Beschluss, die Strecke bis nach Irkutsk durchgängig zu elektrifizieren. Nach fünf Jahren waren dann 1961 etwa 5.500 Bahnkilometer "unter Strom".

Neue Nebenbahnen wurden angelegt, z.B. nach Abakan (**Абакан**). Neuartige Doppellokomotiven kamen zur Verwendung, da die Züge mitunter bis zu 6.000 t schwer sind. Dazu waren starke E-Loks (z.B. die WL 10) notwendig, wovon bei besonders schweren Zügen oft mehrere verwendet wurden. Die Durchschnittsgeschwindigkeit gibt man heute mit ca. 800 bis 1.100 km/Tag an. In den 1970er Jahren wurden durch die Transsib die Baumaterialien für die ☞ BAM herantransportiert.

Transsib heute - Buchung einer Reise

Eine Reise auf der längsten Bahnstrecke der Welt, der Transsibirischen Eisenbahn, 9.289 km von Moskau bis nach Wladiwostok am Japanischen Meer, stellt auch heute noch für viele Abenteuerreisende etwas Besonderes dar. Egal, ob man als Eisenbahnfan von Europa nach Asien gelangen oder mit Hilfe der Transsib das Land Sibirien "erfahren" möchte, letztendlich werden die wenigsten die Bahnfahrt bereuen. Der Zug ist von Moskau bis zur Endstation immerhin 8 Tage und 4½ Std. unterwegs.

Durch die Transsib werden etwa 400 Städte, Dörfer und kleine Siedlungen in Sibirien miteinander verbunden. Der Bau der um die Jahrhundertwende modernsten Verkehrsverbindung war eine beachtenswerte Leistung, zumal er mit meist einfachsten Mitteln erfolgte. Hunderttausende von Strafarbeitern, chinesischen Kulis, Soldaten und freiwilligen Lohnarbeitern aus verschiedenen Ländern erbauten unter großen Verlusten von 1891 beginnend diese Verkehrsschiene quer durch ganz Sibirien.

Es gibt prinzipiell zwei Möglichkeiten, eine Transsibfahrt zu unternehmen: abhängig ist das unter anderem vom Zeitbudget und Geldbeutel, aber auch vom Zweck der Reise an sich. Anzumerken ist auch, dass man Sibirien kaum näher kommt, wenn man ausschließlich ohne Halt mit der Bahn durchfährt.

Buchungen für organisierte Reisen werden von verschiedenen Reisebüros vorgenommen, ☞ Reise-Infos von A bis Z, Informationen; Reiseveranstalter. Bei den genannten Firmen können Individual- und/oder Gruppenreisen gebucht werden. Gruppenreisen werden meist für den Einzelnen im Endeffekt etwas kostengünstiger. Möchte man die Reise (z.B. aus Termingründen) zu einem bestimmten Datum unternehmen, ist eine rechtzeitige Buchung angeraten. Rechtzeitig kann bedeuten: unter Umständen schon ein Jahr vorher, da einige Züge mitunter bereits ½ Jahr im Voraus ausgebucht sein können. Das betrifft aber nur die von Intourist betreuten "Touristenzüge" und teuren Luxusexpresszüge.

Bei der anderen Variante verzichtet man völlig auf eine teure Reservierung und fährt auf eigene Faust los. Die Preise steigen im Prinzip jedes Jahr etwas an, sind aber immer noch für die breite Masse der Russen erschwinglich - für viele ist die Eisenbahn hier Transportmittel Nr. 1, weil die Aeroflot-Tarife für durchschnittlich verdienende Menschen kaum bezahlbar sind. Durch neue Regelungen wurde seit 1997 der Erwerb von Tickets zum russischen Tarif für Ausländer eingeschränkt, im Jahre 2001 begann man diese Regelung wieder zu lockern und derzeit gibt es eigentlich keine Preisunterschiede mehr. Für die Strecke Moskau - Irkutsk rechne man mit ca. € 200.

Wahrscheinlich wird man auf diese Weise nicht auf Anhieb und beim ersten Versuch Karten für den Zug nach Wladiwostok erhalten, weil gerade die letzte Karte verkauft wurde. Dafür gibt es aber noch freie Plätze im Zug bis Nowosibirsk o.Ä. Mit einer Karte, auf der alle Stationen verzeichnet sind, und einigen Worten Russisch schlägt man sich meist ohne große Probleme durch. Unter Umständen sind auch nur Plätze in der dritten Klasse frei, was aber mit am interessantesten erscheint: kann man doch hier viele verschiedene Leute aus allen Gegenden kennenlernen.

Viel zu beachten oder vorzubereiten gibt es eigentlich für die Bahnfahrt nicht. Trotzdem einige Ausrüstungstipps und Ideen am Rande:

▷ Wer im Winter fährt und fotografieren möchte, dem sei ein **Eiskratzer** angeraten. Man kann dann während des Halts auf Bahnhöfen schnell die Scheibe von den schönen Eisblumen befreien und hat nach Abfahrt etwas Gelegenheit zum Fotografieren. Im Winterhalbjahr bleiben im Zug grundsätzlich alle Fenster geschlossen.

▷ Nehmen Sie **warme Wintersachen** mit, auch wenn die Züge normalerweise gut geheizt sind. Im Sommer braucht man leichte Kleidung, weil die Zugklimaanlage kaum einen Effekt hat - zumindest tagsüber. Dafür kann es aber dann in der Nacht (bereits ab September) kühl werden, denn die Züge werden nur im Herbst und Winter beheizt.

▷ Wichtig sind **Plastiktüten**. Gebraucht werden sie einmal beim Einkaufen auf dem Bahnsteig (dort bekommt man alles so in die Hände gedrückt), zum anderen im Abteil oder am Tisch als Müllbehälter. In russischen Waggons befinden sich nur ein bis zwei Müllkisten gegenüber der Toilettentür oder am Samowar.

▷ Ein **Handtuch** bekommt man mit der Bettwäsche vom *provodnik*, ein weiteres eigenes ist ratsam. **Seife** und **Toilettenpapier** hat man meist sowieso im Rucksack, im Zug kann man beides gleich in Griffweite lassen - denn in den Toiletten gibt es diese Luxusartikel nur am ersten Tag. In den letzten 2 Jahren hat sich der Service aber verbessert und seit 2006 gibt es in vielen Zügen Seifenspender mit flüssiger Seife.

▷ Eine **Wasserflasche** aus Metall oder eine stabile Tasse benötigt man zum Aufbrühen von Kaffee oder Tee. Am Samowar gibt es immer kochend heißes Wasser.

▷ Links neben der Tür des Dienstabteils (*provodnik*) - gegenüber vom Samowar - befindet sich in allen Wagen ein Wasserhahn mit (kaltem) **Trinkwasser**. Unter dem Hahn ist ein Ablaufsieb. Tee- oder Kaffeesatz darf dort nicht hineingeschüttet werden (Verstopfungsgefahr).

▷ Absolut empfehlenswert ist ein gutes **Taschenmesser** - bsw. ein Schweizer Messer, das sich zum Dosenöffnen, Nägelschneiden, Flaschen entkorken, gekauften Räucherfisch zerlegen etc. verwenden lässt. Auch benötigt man ein Messer, wenn es durch Spalten am Fensterrahmen zieht und man gegen die Zugluft Zeitungspapierstreifen in die Spalten stecken möchte.

Verkauf von Früchten auf dem Bahnsteig

▷ An **Nahrungsmitteln** kann man sich auf ein Minimum im Zug beschränken. Frisches Brot, Obst und Gemüse usw. gibt es auf jedem größeren Bahnhof zu kaufen. Tee und Kaffee, ggf. Schokolade und einige Konserven im Rucksack schaden natürlich nicht.

🖐 Eine Uhr ist wichtig, wenn man während des Einkaufens auf dem Bahnsteig seinen Zug nicht verpassen will. Deshalb sollte man bei jedem Halt fragen, wie viele Minuten der Zug hält. Das können 2 oder 20 Min. sein. Man richte sich nicht nur nach dem im Waggon ausgehängtem Plan. Bei kurzen Zwischenhalten von weniger als 5 Min. wird der *provodnik* ohnehin darauf bedacht sein, niemanden herauszulassen.

Aber Tatsache ist: nicht immer wird die Abfahrt des Zuges auf dem Bahnsteig per Lautsprecher angekündigt, auch andere Signale (Pfiff) sind bei der riesigen Länge des Zuges nicht überall hörbar - der Zug fährt einfach ganz langsam los. Sind es zu viele Passagiere, die noch aufspringen müssen, hält der Zug manchmal an. Ist einem trotz aller Vorsicht der Zug weggefahren, sollte man sich sofort beim Administrator oder noch besser der Bahnhofsmiliz melden. Per Telegramm oder Funk wird die nächste Station informiert. Dort werden die im Abteil verbliebenen Sachen des Passagiers und der Fahrschein ausgeladen und vorübergehend deponiert. Um dann in einen der Folgezüge zu wechseln, zahlt man nur eine Gebühr für den Platz, der im Ticket enthaltene Anteil für die Strecke verfällt nicht (außer bei *platzkartny*-Zügen). Diese Regelungen sind aber in verschiedenen Regionen und bei verschiedenen Bahnverwaltungen unterschiedlich.

☺ Es ist einleuchtend, dass man stets Pass und etwas Bares bei sich tragen muss!

☺   Einige kleine Geschenke, z.B. Ansichtskarten aus der Heimat, kleine Likör-fläschchen, Kosmetika, Musikkassetten, Süßigkeiten und kleine Spielzeuge für Kinder sind sehr beliebt und helfen bei einer "Kontaktanbahnung". Sie können auch einen etwas mürrischen *provodnik* schnell freundlicher stimmen.

Wichtig für die Toilette: Die Waschbecken sind unbedenklich, weil sie aus rostfreiem Edelstahl sind (Bakterien können sich daher nicht so gut halten). Nach-teil der metallenen Waschbecken ist, dass fast nie ein **Stöpsel** vorhanden ist. Des-halb könnte man einen mitnehmen, es reicht notfalls auch ein Gummiball. Zum Haare waschen braucht man entweder einen **Schlauch** (Durchmesser 1 cm) zum Aufstecken auf den Hahn - so kann man auch duschen - oder ein geeignetes Gefäß.

Hygieneartikel wie z.B. **Tampons** sollten mitgeführt werden, da das Angebot in Russland außerhalb der großen Städte eher begrenzt ist. Auf Bahnhöfen wer-den sie manchmal an Kiosken in der Nähe der Toiletten verkauft.

An wichtigen **Medikamenten** könnte man auf der Bahnfahrt evtl. ein Abführ-mittel und Durchfallmittel benötigen; Abführmittel, weil man einige Tage ohne größere Bewegungen im Zug sitzt/liegt, und Medikamente gegen Durchfall spä-testens dann, wenn gekauftes Obst nicht gründlich abgewaschen wurde. Anzura-ten ist das Abspülen von Obst/Gemüse mit heißem Samowarwasser. An Medika-menten gegen Durchfall empfehlen sich je nach Schweregrad: Kohletabletten, Imodium® (Loperamid) und ggf. Codeinpräparate (☞ Reise-Infos von A bis Z, Medizinische Versorgung). Im Übrigen kann auch zu viel Wodka bei anfälligen Personen zu Durchfall führen.

Reist man mit einer **Fahrkarte** der Kategorie *platzkartny*, vermeide man nach Möglichkeit, den Platz am Ende des Waggons einzunehmen, der sich direkt neben der Tür, die zum Vorraum (Toilette und Müllkasten, Rauchecke) führt, befindet. Man wird ständig durch verschiedenste Gerüche aus Richtung WC und Rauch gestört, und fast jeder Reisende knallt die Tür zu, obwohl es Klinken gibt. Abhil-fe schafft hier evtl. ein Zettel mit dem Hinweis "Tür nicht knallen" ("Не хлопать!" auf Russisch schreiben und an die Tür kleben).

Wenn man mit **Kind** (oder Kindern) im jüngeren Alter reist, meide man den letzten Waggon des Zuges, der - da am Ende des Zuges - besonders stark schlin-gert und an Schienen- oder Weichenenden "springt", empfindliche Kleinkinder quittieren dies oft mit Übelkeit und Erbrechen. Kinder zahlen einen ermäßigten

Fahrpreis (*detskij bilet*). Möchte man z.B. zu dritt "in Familie" bleiben, kann man einfach für den 4. Platz im Abteil eine Karte mitkaufen.

Die **"beste Reisezeit"** gibt es nicht. Obwohl es im **Winter** extrem kalt wird (-40°C sind keine Seltenheit), kann eine Fahrt durch das winterliche Sibirien etwas ganz Besonderes sein. Wichtig ist dann nur zweckmäßige Kleidung, u.a. ist eine Mütze (am besten Pelzmütze) sehr von Vorteil.

Im **Frühjahr** (z.B. April/Mai), wenn der Schnee geschmolzen ist und die Flüsse eisfrei sind, erwacht das Leben in der Taiga neu. Zu Feiertagen wie z.B. dem orthodoxen Ostern sind die Züge oft ausgebucht (gleiches gilt für Weihnachten, Neujahr und dem orthodoxen Weihnachtsfest Anfang Januar).

Im Winter oder Frühling wird man kaum Touristen antreffen. Hochsaison ist im Sommer. Im Juli/August kann es tagsüber bis zu +40°C warm werden - eine Folge des Kontinentalklimas. In den Waggons ist es dann ebenfalls sehr warm.

Eine gute Reisezeit ist auch der **September**. In Sibirien beginnt der Herbst in einigen Gegenden bereits Ende August und ist im September dann in vollem Gange. Wunderschöne bunte Laubfärbungen der Wälder tagsüber entschädigen für die mitunter kühlen Nächte. Der November scheint für Touristen wenig Interessantes zu bieten. Zu allen Zeiten außerhalb der Saison (Juli/August) hat man gute Chancen, auch kurzfristig noch eine Reise buchen zu können.

Der **Speisewagen** richtet sich mit seinen Öffnungszeiten nach der Moskauer Zeit. Im Restaurantwagen kann man auch Getränke (Sekt, Bier u.a.) und Konfekt kaufen. Natürlich sind die Preise dreimal so hoch wie die Bahnsteigspreise, die schon doppelt so teuer wie im Geschäft sind. Normalerweise sind vier Angestellte im Speisewagen beschäftigt. Tagsüber kann man bei Zughalten beobachten, was für den Restaurantwagen auf dem Bahnsteig eingekauft wird; meist gibt es das abends. *Soljanka* und *borschtsch* gehören zum Standardangebot, *pelmeni* gibt es manchmal. Brot wird zum Essen immer zusätzlich gereicht. Typische russische Biersorten sind z.B. "Shigulevskoje", "Baltiskoje Pivo" und "Solotoi Koloz".

☺   Die am besten recherchierte und sehr überzeugend gemachte Website zum Thema Transsib findet sich unter ▫ www.transsib.ru. Der Text ist auf Russisch, Deutsch und zum Teil in Englisch verfügbar, hunderte gute Fotos und zahlreiche wertvolle Links sind vorhanden. Man kann sich digitalisierte Streckenkarten, Fahrpläne und grobmaßstäbige Stadtpläne von an der Transsib gelegenen größeren Städten downloaden (100-200 KB Dateigröße).

An ✍ webmaster@trans-sib.de lassen sich Fragen zur Transsib stellen. Unter 🖥 www.express.tsi.ru (die Seite der Eisenbahnverwaltung Moskau) erhält der Interessierte Informationen über den Zugverkehr, Platzverfügbarkeit und aktuelle Fahrplanänderungen.

Die Lokomotiven der Transsib

Breitesten Einsatz auf der Transsib finden heute E-Loks verschiedenen Typs. Dieselloks werden zu Rangierzwecken verwendet, im Zugverkehr sind sie relativ selten. Ein größeres Freilichtlokomotivmuseum liegt zwischen Nowosibirsk und **Berdsk** (20 km von Nowosibirsker Zentrum entfernt an der Ausfallstraße nach Berdsk, links in Fahrtrichtung Berdsk (г. Бердск), erreichbar mit Stadtbus oder Taxi, ☞ Nowosibirsk.

Elektro-Lokomotiven

Alle in Russland bzw. in der früheren UdSSR hergestellten E-Loks trugen bislang immer in ihrer Typenbezeichnung die russischen Buchstaben "WL" (russ. ВЛ) und eine Ziffer. Die Buchstaben stehen für die Initialen von Wladimir I. Lenin, die Ziffer gibt die Baureihe an. Alle anderen E-Loks, die aus dem Ausland importiert wurden, führen in ihrer Bezeichnung einen Buchstaben, aus dem man das Herstellerland meist erkennen kann. So bedeutet ein russisches "Tsch" (russ. Ч), dass das betreffende Triebfahrzeug in der Tschechoslowakei gefertigt wurde.

Mitunter vorhandene Zusatzbuchstaben wie "P" oder "M" beziehen sich auf die hauptsächliche Verwendung der Lokomotiven, wobei das "P" sich auf Passagierzugdienst bezieht und das "M" auf die Funktion als Rangierlokomotive hindeutet.

Bereits in den 1930er Jahren begann man mit dem serienmäßigen Bau der WL22, die mit einigen Verbesserungen und Modifikationen bis 1956 hergestellt wurde. Die Lok WL22-M hatte beispielsweise eine Leistung von 2.340 kW. 1956 bis 1960 wurde die WL23 produziert, im Prinzip eine auch vom Aufbau verbesserte 22er. Parallel dazu entstanden ab 1954 die transsibtypischen Doppellokomotiven vom Typ WL8 (zweimal 1.830 kW, Achsfolge Bo'Bo' + Bo'Bo'), die für die sibirischen Langstrecken besonders geeignet erschienen.

Um den Bedarf an Triebfahrzeugen zu decken, kaufte die UdSSR auch Lokomotiven aus der CSSR sowie aus der Bundesrepublik Deutschland (Krupp) und DDR (Hennigsdorf), die an die russische Breitspur angepasst wurden.

Die tschechische "TschS1" wurde ab 1955 von Skoda geliefert, es handelte sich um Zweirichtungslokomotiven mit einer Leistung von 2.280 kW und der Achsfolge Bo'Bo' (technische Angaben der Achsenabfolge bei Triebfahrzeugen, die schienengebunden sind). Als weiterentwickelte Variante entstand danach die "TschS2" mit 4.100 kW. Diese Co'Co' wurde und wird auf den Gleichstromabschnitten der Transsib gefahren. Man kann der "ЧС2" des Öfteren auf den westlich von Nowosibirsk gelegenen Streckenteilen begegnen.

Die TschS3 ("ЧС3") ist eine verbesserte Version der TschS1 mit 2.800 kW Leistung. Die modernere Lokomotive TschS4 wurde aus der Tschechoslowakei von den Skodawerken importiert (Achsfolge Co'Co' mit 5.500 kW).

Eine modernere Lokomotive der Russischen Bahn ist die WL10. Es handelt sich um eine Doppeltraktion der Achsfolge Bo'Bo' mit zweimal 3.000 kW. Die

Tschechische E-Lok modernerer Bauart, TschS7

Lokomotive ist sehr häufig vor Zügen bei Irkutsk und Nowosibirsk zu sehen. Auf den Wechselstromabschnitten der Transsib begegnet man Lokomotiven wie z.B. der WL60 (ВЛ60, Achsfolge Co'Co') mit einer Leistung von 4.000 kW.

Neuerer Bauart ist die Wechselstrom-Doppellok des Typs WL80 (ВЛ80), die es in verschiedenen Bauvarianten gibt. Die 192 Tonnen schwere Lok hat eine Leistung von 6.500 kW, Höchstgeschwindigkeit 115 km/h. Die Bauart WL86 (ВЛ86) (Baujahr 1986, 10.800 kW, 125 km/h) findet als schwere Güterzuglok Verwendung, auch als 2er-Kombination.

Es gibt auch Lokomotiven, die sowohl unter Gleichspannung als auch unter Wechselspannung betrieben werden können, wie z.B. die WL62 und WL82 (es handelt sich um weiterentwickelte WL60er oder 80er). Am häufigsten existieren auf der Transsib Abschnitte, die 3 Kilovolt Gleichspannung führen. Es gibt wenige Streckenabschnitte mit 1,5 kV Gleichspannung sowie einige Teilstrecken mit 25 kV ~ Wechselspannung (z.B. Taishet - Zima oder Tshita - Karymskaja), wobei bei der Erhaltung und dem Ausbau der Strecke eine Angleichung auf ein System angestrebt wird.

Im Nahverkehr, Vorortverkehr und auf kürzeren Strecken werden sehr häufig die sogenannten "Elektritshkas" eingesetzt. Es sind aus vier, sechs oder neun Wagen zusammengekoppelte Elektro-Triebwagenzüge ("Elektropojesd"). Je nach verwendeten Steuer- und Motorwagen (z.B. ER1 oder ER4) gibt es verschiedene Versionen. Die "Elektritshkas" gibt es auch auf Wechselstromabschnitten.

Diesel-Lokomotiven

Bei den Dieselloks ist die Hauptbezeichnung ein "T", gefolgt von einem "E" (elektrische) oder "G" (hydraulische Kraftübertragungsart), wenn es sich um russische Lokomotiven handelt. Importierte Maschinen haben grundsätzlich abweichende Bezeichnungen (z.B. TschE-M aus der Tschechoslowakei). Der Index "M" gilt für Rangierloks und "P" für Reisezuglokomotiven.

Spezielle Sonderversionen sind vorhanden, z.B. Zweirichtungslokomotiven. Diese Doppelloks haben dann nur einen Führerstand am Ende und sind über eine Harmonikaverbindung zusammengekoppelt. Vor der Typenbezeichnung steht dann eine "2", wie z.B. bei der 2M62-Doppeltraktion, die aus zwei M62er

Diesellokomotiven besteht (die M62 entspricht der auch in Deutschland bekannten Baureihe BR220 der Deutschen Reichsbahn, die in Deutschland zurzeit ausgemustert wird).

Die M62 wurde früher als Variante mit Normalspurweite in der UdSSR hergestellt und in die Länder des RGW exportiert. Die schweren Doppeltraktionen 2M62 gibt es aber nur in Russland.

Die serienmäßige Produktion von Diesellokomotiven begann in der Sowjetunion erst nach dem Zweiten Weltkrieg, nachdem in den 1930er Jahren einige Prototypen von Dieselloks konstruiert worden waren. Man dachte damals besonders an den Einsatz in Mittelasien, da es dort Probleme mit der Bereitstellung von Wasser für Dampflokomotiven gab.

1947 wurde die erste Diesellok serienmäßig gebaut, die TE1 hatte 1.000 PS und eine Achsfolge von Co'Co'. Eine Weiterentwicklung der TE1 war die TE2, die eine etwas höhere Motorleistung hatte. Ab 1948 gab es die TE2 als Doppeltraktion (Bo'Bo' + Bo'Bo') mit 2.000 PS Leistung. Die dieselelektrische TE3 kam in den 1950er Jahren auf und wurde Ende der 1950er Jahre von der damals sehr modernen TE10 abgelöst. Die TE10 hatte 3.000 PS.

In den 1960er Jahren baute man Loks der Typenreihe TE60, die breiten Einsatz auf der Transsib finden (Leistung 3.000 PS). Die Diesel-Lok TschEM2 (1.200 PS) wurde aus der Tschechoslowakei importiert. Sie und auch die TE10er-Loks fahren auf nicht-elektrifizierten Teilen der Turksib und BAM, z.T. als 2er oder 3er-Kombination 3TE10 mit einer Maximalgeschwindigkeit von 100 km/h.

Dampf-Lokomotiven

Führender Hersteller war um die Jahrhundertwende die von dem aus Chemnitz stammenden Hartmann 1896 gegründete Lokomotivfabrik Lugansk (heute Ukraine). Bis zur Oktoberrevolution wurden ca. 2.200 Maschinen gefertigt. 1931 wurde die erste 1'E1'-Schlepptenderlokomotive der Bauklasse FD gebaut. Zeitweilige Auslagerung der Fabrik nach Omsk in Sibirien. 1956 wurde die Produktion komplett auf Dieselloks umgestellt (Serie TE 3).

Dampfloks werden heute auf der Transsib nicht mehr eingesetzt. Die bekannteste russische Dampflok war die P36. Diese großen grünen Lokomotiven zogen bis Ende der 1970er Jahre auch die Expresszüge durch Sibirien. Die P36 erinnert etwas an die amerikanischen Lokomotiven. Es handelt sich um eine 2'D2'-Schlepptenderlok.

Eine alte ausgemusterte P36 steht hinter dem Bahnhofsgebäude von Sharja (Transsib-km 710). Die in den 1930er Jahren gebauten 1'E1'-Schlepptenderlokomotiven trugen den Beinamen "Felix Dzhershinskij". Ein Exemplar kann man auf dem Bahnhof von Kurgan (vor Omsk) bewundern. In der Stadt Krasnojarsk steht an der Straße zum Bahnhof die ausgemusterte Lokomotive CO17-1600 und kann besichtigt werden.

Auch in Ulan-Ude gibt es ein solches technisches Denkmal, da hier bis Ende der 1950er Jahre solche Lokomotiven hergestellt wurden. Im westlichen Teil Russlands kann man auf den Lokomotivfriedhöfen mit etwas Glück auch verschrottete ehemalige deutsche BR52-Loks (Kriegslokomotiven), die nach dem Zweiten Weltkrieg hier nach Umstellung auf Breitspur gefahren wurden, sehen. Es handelt sich um Kriegsbeute oder Reparationsgut.

Signalisation

Handsignale im Zugverkehr

Neben Licht- und Tonsignalen haben die im nachfolgenden erläuterten Handsignale auch heute noch Bedeutung im Zugbetrieb. Zum Beispiel kann es vorkommen, dass ein Zug auf dem meist recht langen Abschnitt zwischen zwei Bahnhöfen aus technischen Gründen zum Stehen kommt. Außerdem werden mit der Hand gegebene Signale im Rangierbetrieb benutzt, wenn beispielsweise Kurswagen an einen der Züge angekoppelt oder anderweitige Rangierarbeiten notwendig werden.

Diese Zeichen betreffen natürlich nicht nur den Personenverkehr, sondern ebenfalls den vom Transportaufkommen und der Zugfolge viel gewichtigeren Güterfernverkehr. Es gibt üblicherweise auf der Transsib keine Züge gemischter Gattung, es handelt sich hier ausschließlich um reine Passagierzüge verschiedener Kategorien sowie um Güterzüge.

▷   Rote erhobene Flagge (tagsüber) bzw. rotes Licht aus einer Taschenlampe (nachts) bedeuten einfach "Halt!" für jeden Zug, der den entsprechenden Blockabschnitt passiert. Bei Abwesenheit einer roten Flagge (tagsüber) oder einer roten Lampe (nachts) wird dieses Haltesignal wie folgt signalisiert: tagsüber kreisförmige Bewegung des ausgestreckten Armes, gegebenenfalls unter Zuhilfenahme eines beliebigen Gegenstandes. In der Nacht erfolgt die Signalisation durch eine ebenfalls kreisende Bewegung mit einer Taschenlampe beliebiger Lichtfarbe.

▷   Entfaltete gelbe Flagge (tagsüber) oder Lampe mit gelbem Licht (nachts) bedeuten: Die Geschwindigkeit ist nach den Angaben des Streckenleiters oder anderweitig ergangener Angaben zu richten. Wenn diese nicht vorliegen, dann sind maximal 25 km/h erlaubt.

▷   Langsames Hoch- und Herunterschwenken der Taschenlampe mit ausgestrecktem rechten Arm und hell-weißem Licht (nachts) bedeutet in allen Fällen "Herabsetzung der Fahrgeschwindigkeit". Das Signal wird nur außerhalb angewendet (auf der Strecke zwischen Stationen).

▷   Zum Erproben der automatischen Bremsanlagen sind die folgenden Signale vorhanden: Die Aufforderung an den Maschinisten, eine Probebremsung einzuleiten, wird am Tag durch rechten erhobenen Arm (vertikal) angezeigt, nachts mit Hilfe einer ebenso erhobenen weißen Handlampe. Der Maschinist antwortet mit kurzem Pfiffsignal der Lokomotive.

Die Durchführung von Probebremsungen ist vorgeschrieben und wird auch über die Zugfunkverbindung vom Leitzentrum aus angeordnet.

Signale im Bereich von Stationen

Der Stationsvorsteher eines Bahnhofes ist verpflichtet, bei Ankunft (oder bei Durchfahrt des Zuges, wenn hier kein Halt eingeplant ist) folgendes Signal zu geben: Am Tag Anzeigen einer weißen runden Scheibe mit schwarzem Rand (vertikal, mit erhobenem rechten Arm) oder einer gelben Flagge, die zusammengerollt ist. In der Nacht signalisiert eine Handlampe mit grünem Licht, dass der Zug die Station durchfahren darf bzw. ohne Halt mit der jeweils festgesetzten Fahrgeschwindigkeit weiterfahren kann.

Passagierzüge und Postwagenzüge bzw. Züge, die Gepäckfracht transportieren, können an Stationen mit folgendem Signal, das der Stationsvorsteher im Bedarfsfalle gibt, angehalten werden: tagsüber mit der roten Handscheibe oder einer ausgerollten roten Flagge und in der Nacht mit einer roten Handlampe.

Bei all diesen Signalabgaben ist es vorgeschrieben, dass der Stationsvorsteher seine Dienstmütze mit rotem Oberteil trägt.

Vor Abfahrt von Personenzügen aus der Station muss von den *provodniks* eine zusammengerollte gelbe Flagge in Richtung des Bahnsteiges gezeigt werden (tagsüber). In der Nacht dient eine Handlampe mit weißem Licht als Signal. Danach werden die Türen der Waggons durch die *provodniks* geschlossen.

Wissenswertes

Oft wird die Frage gestellt, ob die Transsib durchgehend zwei-gleisig ist oder ob es Anteile mit drei oder mehr Gleisen gibt. Es soll

Alles klar zur Abfahrt - die Stufen zum Waggon sind schon hochgeklappt.

noch vier kurze Streckenteile geben, welche nur eingleisig gehalten sind, zwei davon in der Nähe von Chabarovsk. Außerdem gibt es kürzere Strecken mit drei- oder vier-gleisigen Anteilen, meist da, wo eine sehr hohe Zugdichte vorherrscht, z.B. durch Einmündungen von Nebenbahnen bzw. größere Industriegebiete mit vielen Anschlussgleisen. Nähere Informationen zu diesem Thema finden sich u.a. auf der Website: 🖥 www.trans-sib.de/rails.htm.

BAM (БАМ ж/д)

Die Baikal-Amur-Magistrale (BAM) zweigt bei **Taishet** (Тайшет, Transsib-km 4.523) von der Transsibtrasse ab und verläuft über Bratsk (Братск) nach Ust-Kut (Усть-Кут) und weiter nördlich des Baikals in den Fernen Osten über Komsomolsk am Amur bis nach **Sowjetskaja Gawan** am Japanischen Meer, wo sich eine Fährverbindung zur Insel **Sachalin** (о. Сахалин) befindet.

Die Länge des Hauptstückes von Ust-Kut bis Komsomolsk am Amur beträgt 3.150 km. Zusätzlich legte man Verbindungsstrecken nach Sowjetskaja Gawan, Nerjungri (Нерюнгри, in Süd-Jakutien) und Ust-Ilimsk sowie Querverbindungen zur Transsibirischen Eisenbahn (z.B. bei Tynda und Urgal) an. Die Anschlussstrecke von **Ust-Kut** nach Taishet im Westen(via Bratsk) ist 682 km lang, und die Entfernung von **Komsomolsk** am Amur bis Sowjetskaja Gawan an der Küste des Japanischen Meeres misst etwa 450 km.

Die Idee, eine zweite Bahnlinie parallel zur Transsib und nördlich von ihr zu bauen, stammte bereits aus den 20er Jahren des vergangenen Jahrhunderts. Schon 1935 begann man mit dem Bau der ersten Teilstrecken, durch den Zweiten Weltkrieg kamen die Arbeiten aber zum Stillstand. Erst in den 1970er Jahren begannen die Arbeiten erneut.

1984 waren die wichtigsten Strecken fertiggestellt, und symbolisch wurde ein goldener Nagel in die letzte zu montierende Schwelle eingeschlagen. Etwa 100.000 Freiwillige aus der UdSSR und anderen Ländern waren am Bau, der zum Großprojekt des Komsomol erklärt wurde, beteiligt. Der Bau war sehr kompliziert, vor allem wegen der im Norden vorherrschenden geologischen Gegebenheiten. Fast 80 % der Streckenführung liegen im Permafrostgebiet.

Die Bahn überquert in ihrem Verlauf sieben Gebirgsketten, wie z.B. das **Baikalgebirge**, das Severo-Muisker-Gebirge und die **Kodarkette**. Die Anlage von mehreren Tunneln war somit nicht zu umgehen. Unter dem Baikalgebirge verlaufen z.B. 6 km Tunnel. Die Tunnel müssen in der seismisch aktiven Region auch stärkeren Erdstößen standhalten können.

Auch heute ist die über 3.000 km lange Bahn noch nicht vollständig elektrifiziert, besonders im Osten herrschen Dieseltraktionen beim Zugbetrieb vor. Ein Problem war die ausreichende Bereitstellung von Elektroenergie. Es wurden einige Kohlekraftwerke errichtet (z.B. **Nerjungri**). An Nebenflüssen des **Amur** und am Fluss **Witim** projektierte man Wasserkraftwerke.

Zur Überquerung der sibirischen Flüsse wurden über 2.000 große und kleine Brücken erbaut. Die Gesamtkosten während der etwa zehnjährigen Bauphase schnellten in die Höhe; etwa 100 Mrd. DM sollen schätzungsweise nötig gewesen sein. Beobachter und Kritiker im Ausland begannen nach dem Sinn der Bahnstrecke zu fragen, teilweise wurde die Anlage als sozialistisches Prestigebauobjekt abgetan, verlief die Strecke doch fast nur durch unbesiedelte Taiga, unwirtliche Sümpfe und Gebirge.

In Sibirien und besonders im Fernen Osten Russlands vermutete man bereits damals 70 % der russischen Kohle- und 80 % der Erdgasvorräte, des Weiteren große Mengen Holz (Taiga) und Erdöl. Außerdem gibt es dort sehr große abbauwürdige Erzvorkommen (z.B. Eisen, Kupfer, Zink, Mangan, Chrom und Molybdän) und Asbest.

Gold und Diamanten werden ganz nebenbei auch noch abgebaut. Die weitere Erschließung der z.T. noch nicht einmal bekannten Vorkommen war äußerst schwierig, da die Infrastruktur im Prinzip fehlte. So gab es fast keine Transportwege und auch kaum Arbeitskräfte. Zunächst konnten durch den Bau der BAM einige Probleme gelöst werden und entlang der Bahn entstanden etwa 100 neue Städte.

Nur auf Landkarten der letzten 20 Jahre kann man Orte wie Magistralny, Tshara oder Vysokogorny entdecken. Allerdings sind manche der neuen Städte bereits wieder von einem großen Teil der anfänglich herbeigeströmten Menschen verlassen. Grund: Die materiellen Zuschläge für den Norden Sibiriens gibt es nicht mehr. Alle unwirtschaftlichen Unternehmen gingen pleite. Heute kann sich es niemand mehr leisten, in der allerentferntesten Ecke Erz zu fördern, wenn die Weiterverarbeitung oder Abnahme nicht zu tolerablen Preisen gesichert ist.

Die Namen aller größeren Städte entlang der BAM werden mit Industriebetrieben, Bodenschätzen und deren Abbau oder Anlagen zur Energieerzeugung assoziiert. In **Bratsk** und in **Ust-Ilimsk** staute man die **Angara** auf.

Ust-Ilimsk ist erreichbar per Flugzeug, über die BAM (abzweigende Bahn in Khrebtovaja) oder über die Straße von Bratsk aus (etwa 260 km). Es gibt auch Schiffsverbindungen auf der Angara im Sommerhalbjahr.

Ust-Kut liegt an der **Lena**. Eine Straßenverbindung gibt es nur nach Bratsk (über Shelesnogorsk). Es gibt keine Straße nach Süden (Irkutsk) und auch nicht nach Sewerobaikalsk; die einzigen Verkehrswege sind BAM und Lena. Auf der Lena fahren im Sommer Passagierschiffe nach Norden, Richtung **Jakutsk**, die Letzten bereits Mitte September. Zur Stadt Ust-Kut ☞ Abschnitt "Interessante Stationen in Jakutien" (Kapitel Jakutien).

Nach Ust-Kut ist die nächste größere Stadt **Magistralny**.

Nach einigen Hundert Kilometern Fahrt nach Südosten sowie der Überwindung des Baikalgebirges verlässt die BAM das Irkutsker Gebiet und erreicht **Sewerobaikalsk**, das zur Republik Burjatien gehört. Die Hafenstadt Sewerobaikalsk liegt am nördlichen Ende des ☞ Baikalsees. Von hier verkehren Schiffe auf dem Baikal in südlicher Richtung. Nach Sewerobaikalsk (BAM-km 1063) fährt die BAM in nordöstlicher Richtung weiter und überquert (bzw. unterquert in mehreren Tunnel) das **Stanowoi-Hochland** (⇧ 2.000 bis 3.000 m). Der Abschnitt der Bahnstrecke von Sewerobaikalsk bis Taksimo (таксимо) ist elektrifiziert. Wir treffen hier die gleichen Lokomotivtypen wie auf der Transsib: ВЛ60, ВЛ65 oder ВЛ80.

Nach der **Oljokma** (р. Олекма), einem Nebenfluss der Lena, wendet sich die Streckenführung wieder Richtung Südosten. Es sind nun nur noch 350 km bis **Tynda** (тында), dem Hauptknotenpunkt der BAM. Von hier führt eine Bahnverbindung in den Süden und erreicht bei Takhtamygda (nahe Skovorodino) die Transsib (Transsib-km 7.314). **Skovorodino** liegt in der Amurskaja Oblast. Von hier sind es nur 50 km bis zum Fluss Amur, der die Grenze zu China bildet. Von Tynda führt außerdem eine Bahnlinie in nördlicher Richtung bis **Nerjungri**, das in **Jakutien** liegt. Auf dieser "Kleinen BAM" werden große Mengen an Bodenschätzen aus dem südlichen Jakutien abtransportiert. Den weiteren Ausbau der BAM nach Norden (welche hier nicht mehr als BAM, sondern neuerdings als "Amur-Jakutsk-Magistrale", kurz AJAM oder АЯМ bezeichnet wird), hat man zwischenzeitlich vorangetrieben. Auf dem Teilstück Berkakit - Bolshoi Nimnyr - Aldan begann der Betrieb, der Weiterbau der Trasse bis nach **Tommot** (Томмот, 9.000 Einwohner) ist auch fertiggestellt.

☽   Die Vorwahl von Tommot lautet ☎ 41145

🚂 Zwischen Tommot und Nerjungri verkehrt der Zug Nr. 323 (Fahrtdauer knapp 9 Std.)

Mitunter sind die Züge in Russland fast einen halben Kilometer lang.
Die Waggons der Expresszüge sind durchnummeriert.

Bei **Berkakit** in der Nähe von Nerjungri lagern hochwertige Steinkohlevorkommen. Die abgebaute Kohle wird in den Süden (Tynda) und in den Fernen Osten direkt an die Häfen am Pazifik transportiert, von wo ein Teil der Kohle nach Japan verschifft wird. Japan hatte im Gegenzug Anlagen und Maschinen für den Bahnbau und Kohleabbau geliefert.

Die Entfernung (Straße M56) von **Newer** (Невер) an der Transsib bis nach Tynda beträgt 175 km.

Tynda liegt am BAM-km 2349. Die Lokomotiven der Passagierzüge werden hier gewechselt. Der Abschnitt der BAM von Taksimo bis Tynda muss noch elektrifiziert werden, es dominieren daher Diesellokomotiven der Typen ЧМЭ3 oder 1ТЭ10М und 2ТЭ10В.

Zeitunterschied zu Moskau: plus 6 Std.

Tynda ist Stadt seit 1975, wurde 1917 als Dorf gegründet. Hatte es 1989 noch 62.000 Einwohner, ist deren Anzahl nach den Daten von 1998 auf 49.000 gesunken. In der Stadt gibt es ein BAM-Museum.

Von **Tynda** führt die M56 etwa parallel zur Bahnlinie über Berkakit in Richtung **Aldan** (650 km). Das Tankstellennetz ist relativ dünn. Nach weiteren 550 km erreicht die Straße bei **Nishnij Bjestjach** das rechte Ufer der **Lena**. Nach **Jakutsk** (г. Якутск) muss mit der Fähre übergesetzt werden. Die Autotrasse M56 erreicht nach Abbiegen in nordwestliche Richtungen später **Ytyk-Kjujöl** (über **Ытык-Кюель**) und **Khandyga** und **Kujdusun** (nahe Ojmjakon), führt dann in östlicher Hauptrichtung in das Gebiet **Magadan** (Магадан). Abzweigungen führen nach Ust-Nera (Jakutien) und zu einigen Siedlungen im Gebiet Magadan, es gibt aber keine befahrbare Straße in Richtung Tschukhotka oder zur Halbinsel Kamtschatka. Am Bau der M56 waren überwiegend Strafgefangene beteiligt.

670 km nach Tynda erreicht die Bahn **Fevralsk** (г. Февральск). Die Stadt im Gebiet **Amur** hat einen kleinen Flughafen, es existieren Buslinien nach Belogorsk und Blagovetschensk. Für Sportler ist der Fluss **Selemdzha** (р. Селемджа) von Interesse, der in den Bergen entspringt und sich zum Rafting eignet (mündet nach Zusammenfluss mit der Zeja in den Amur). Die nächste größere Bahnstation ist Novij Urgal, bereits im sich in östlicher Richtung anschließenden Gebiet **Chabarowsk**.

Von hier zweigt eine kleine Nebenlinie nach **Tshegdomyn** (🖪 Bureja) ab. Von Tshegdomyn (**Чегдомын**) verkehrt Zug Nr. 663/664 nach Chabarovsk (Abfahrt 11:25 Uhr, Fahrtdauer 16 Std.). Die stadtähnliche Siedlung (15.000 Einwohner) ist Rayonzentrum des Verkhneburejnskij Rayon, welcher territorial zum Chabarovskij Kraj gehört, (🖥 www.khabkrai.ru/). Es gibt ein kleines Heimatmuseum. Der Tourismus ist hier noch nicht entwickelt, die meisten Ausländer stammen aus Nordkorea und sind in der Forstwirtschaft tätig. Bedeutung hat auch die Kohlegewinnung. In den Schlagzeilen der Presse war die Siedlung zuletzt 12/2006: Aufgrund von Havarien am Heizungssystem saßen über 500 Bewohner von 25 Häusern im tiefsten sibirischen Winter in der Kälte. Das Katastrophenministerium МЧС musste eingreifen. Da hier strenges Kontinentalklima vorherrscht, sind -40 oder -50°C keine Seltenheit.

Die weitere Strecke zwischen **Tshegdomyn** und **Duki** ist sehr dünn besiedelt. Die Strecke verläuft zum Teil in der Nähe des Flusses **Amgun** (р. Амгунь), nach Duki (**Дуки**) biegt die BAM in südöstliche und später südliche Richtung ab, um bald darauf Komsomolsk am Amur zu erreichen.

Komsomolsk am Amur (**Комсомольск на Амуре**) liegt etwa auf dem 50. Breitengrad, das entspricht der Breite von Aktjubinsk, Kiew oder Prag. Die Großstadt entwickelte sich mit dem Bau der BAM. Von hier gibt es eine Bahnverbindung über **Эльбан** und **Литовко** nach **Chabarovsk** im Südwesten sowie eine Straße nach Chabarovsk (über **троицкое**, etwa 400 km). Der Amur, der bis Chabarovsk die Grenze zu China bildet, biegt nach Norden ab und mündet bei Nikolajewsk/Amur (**Николаевск на Амуре**) in das Meer. Schiffsverbindungen gibt es von hier nach Magadan (**Магадан**) und **Wladiwostok** (1.600 km).

Ihren Endpunkt erreicht die BAM in der Hafenstadt **Sowjetskaja Gawan** (**Сов. Гавань**) am Ozean. Fährverbindungen sind nach Wladiwostok (1.100 km) und Kholmsk (**Холмск**) auf **Sachalin** vorhanden (☞ Sachalin).

Ein Teil der BAM-Bauarbeiter siedelte sich in den neu entstandenen Städten an. Dies wurde auch gelenkt durch Sonderentlohnung und Vorzüge wie längerer Urlaub. Noch Ende der 1980er Jahre lag die Geburtenrate in den jungen Städten der BAM-Region über dem Landesdurchschnitt. Heute hat sich das Bild gewandelt: Arbeitslosigkeit und Armut, Alkoholismus, Abwanderung in westliche Landesteile und Verfall der Infrastruktur.

An einer weiteren Ausbeutung der durch den Bau der BAM überhaupt erst einmal zugänglich gemachten Gebiete arbeitet man seit zehn Jahren. Die zu Sowjetzeiten gefassten Pläne sahen auch die Entwicklung von Industriezentren vor, die aber aus verschiedensten Gründen nicht alle realisierbar waren. Ein großer Teil des Eisenerzes wird inzwischen exportiert, und auch Unternehmen aus dem Ausland beteiligen sich an der Ausbeutung der sibirischen Bodenschätze.

Der Containertransport auf der BAM soll in Zukunft noch ausgeweitet werden, denn so lassen sich die Containerlaufzeiten zwischen Europa und Japan auf 20 Tage reduzieren.

▪ Touristenklub Davan, 671717 Respublika Burjatija, Severobaikalsk, Pereulok Schkolnij 11, Jewgenij Aleksandrowitsch Marjasow (Direktor), ☎ 30139/20323, ✆ davan@burnet.ru, in der (zu Burjatien gehörenden) Stadt gibt es ein Museum über die Geschichte und den Bau der BAM.

♦ Spezial-Bahnreisen mit der BAM können z.B. in Deutschland bei Intra-Express (Berlin) gebucht werden, ☞ Reiseinfos von A bis Z Reiseveranstalter.

- ♦ Informationen über den Stand des Ausbaues der Bahnlinie von Nerjungri - Tommot und weiter nach Norden finden wir auf der russischen Website: 💻 www.transstroy.ru/.

- ♦ Informationen zu Bahnknotenpunkten der BAM sind auch auf der Transsib-Website 💻 www.transsib.ru/ zusammengestellt.

- ♦ Man darf gespannt sein, wann und ob überhaupt die in den Schubladen liegenden Pläne, welche in punkto Eisenbahn für den Norden Sibiriens existieren, umgesetzt werden. So gibt es tatsächlich Pläne, eine Polare Sibirische Bahnmagistrale etwa auf der Linie Salekhard - Urengoj - Igarka - Jakutsk zu errichten.

Ausgangsort Moskau

Moskau (г. Москва)

⇧ 150 m, 9 Mio. Ew., ① 495, ⧖ MEZ + 2 Std. (Sommerzeit April bis September)

- 🛈 Informationen im Internet: 💻 www.mos.ru, 💻 www.visitorline.ru
- ♦ Auskünfte zu Straßen sowie Stadtplan 💻 mom.mtu-net.ru/
- ♦ Inturist Info ☎ 7530003, ☎ 2324444
- ✈ Aeroflot-Auskunft: Booking Center ☎ 2235555, Flight Information Terminal 1: ☎ 2326565, Terminal 2: ☎ 9564666, Gepäckverlust: ☎ 9386283, 💻 www.aeroflot.ru/eng/
- ♦ Airport-Information zu Sheremetjewo: 💻 www.sheremetyevo-airpiort.ru/ (russ./engl.), ☎ 2326565
- ♦ Lufthansa im Airport Sheremetjewo 2: ☎ 7376415, (5:00 bis 19:00)
- ♦ In der City: Olympskij pr. 18/1 (Hotel Renaissance Olympic), 129110 Moskau, ☎ 7376400, FAX 7376401, Metro-Station pr. Mira, 🕐 Mo bis Fr 9:00 bis 18.00, samstags nur verkürzt
- ♦ Zusätzlich finden sich noch LH-Schalter im Hotel Baltschug Kempinski und im Sheraton Palace-Hotel (jeweils Mo bis Fr 🕐 9:00 bis 18:00). Wenn man mindestens einen Tag vor Abflug anruft, kann man erfragen, welches Menü

an Bord gereicht wird, auch eine bekömmliche Kindermahlzeit oder vegetarische Kost lässt sich so telefonisch ordern.

🛈   🖥 www.lufthansa.ru

◆   Swiss: Office Pavelezkij Pl. 2/3, ☏ 9377767, 🖥 www.swiss.com

🚂   Bahnauskunft ☞ Telefonanschlüsse der einzelnen Bahnhöfe oder 🖥 www.railways.ru (russ./engl, Fahrpläne, Platzangebot, Preise)

🛈   Lokalisation der Moskauer Bahnhöfe 🖥 www.visitorline.ru

◆   Bjelorusskij Vokzal, 125047 Moskau, Twerskaja Zastawa pl. 7, ☏ 2516093 (Metro-Station: Bjelorusskaja)

◆   Kazanskij Vokzal, 107140, Komzomolskaja pl. 2, ☏ 2646556, FAX 2646656

◆   Jaroslavskij Vokzal, Komzomolskaja pl. 5, ☏ 9215914, 9210817

◆   Leningradskij Vokzal, Komzomolskaja Pl. 3, ☏ 2629143, FAX 2629620

◆   Alle drei letztgenannten Bahnhöfe liegen an einem Platz und sind über die Metro-Station Komzomolskaja (Ringlinie) alle zu Fuß erreichbar.

✚   Schnelle medizinische Hilfe, ☏ 03

◆   Botkin-Krankenhaus, Botkinskij prospekt 5

◆   Infektionsklinik Nr. 1, Volokolamskoje schos. 63, ☏ 4901438

◆   Regionalarzt an der Deutschen Botschaft Moskau, ul. Mosfilmskaja 56, ☏ 9399269

☏   Telefon-Auskunft, ☏ 09

📮   Internationales Postamt, 131000 Moskau, Warschawskoje schos. 37, ☏ 144584

◆   Central Post & Telegraph, 125375 Moskau, ul. Twerskaja 7, ☏ 5044444, das von Weitem sichtbare große imposante Gebäude mit der Weltkugel an der Fassade ist nur 5 Min. zu Fuß vom Roten Platz entfernt. Hier ist auch ein Exchange-Schalter. Es werden keine großen Pakete angenommen, sonst aber alles (Briefe aller Art, kleine Briefpäckchen, Fax, Telegramme). Metro-Station Okhotnij Rjad.

CD   Botschaften ☞ Reise-Infos von A bis Z, Diplomatische Vertretungen.

🛏   Die teuren Hotels mit Nachtbar, Tanz usw. kann man dem Stadtplan entnehmen. Bekannte Hotels sind z.B. Kosmos (pr. Mira 150, 🖥 www.hotelcosmos.ru), Metropol (🖥 www.metropol-moscow.ru, DZ ab € 350). Neu eröffnet wurde kürzlich das Swissotel.

◆   Zur gehobenen Preisklasse gehört z.B. auch das Hotel Sowietskij, Leningradsky prospekt 32/2, ☏ 9602000.

♦ Über Lufthansa kann man Zimmer buchen im Hotel Baltschug Kempinski, ul. Baltschug 1, 113035 Moskau, ☎ 2305500. Im Hotel gibt es einen LH-Schalter (☐ nur werktags)

⇨ Von etwas geringerem Standard sind diese Unterkünfte:

♦ Izmajlowo, Izmajlowskoje ch. 69-71 (mit der Metro bis zur Station Izmailowskijpark; billigstes Zimmer ab € 60).

♦ Traveller Guest House, Bolshaja Pereyaslavskaya ul. 50/10 (auf der 10. Etage eines Wohnhauses), ☎ 9714059, FAX 2807686 (nächste Metro: pr. Mira bzw. Rizhskaja). Zimmer bereits ab € 30, kleine Bar,
    ✒ tgh@startravel.ru

♦ Gerade im Südwesten der Stadt (z.B. am Leninskij prospekt und pr. Vernadskovo - dem ehemaligen olympischen Dorf) befinden sich sehr viele Hotels. Die Übernachtung ist hier billiger als im Stadtzentrum. Ein Stadtplan ist empfehlenswert, um alle Hotels "abklappern" zu können. Diese Gegend ist sehr reich an Parks und Waldstücken, besonders zwischen den Rayons.

✗ Interessant (und teuer) sind die verschiedenen und sehr zahlreichen Nationalitätenrestaurants in Moskau.

♦ Café Margarita, ul. Malaja Bronnaja (Metro-Station Majakowskaja),
    🖥 www.cafe-margarita.ru, ☐ tgl. von 13:00 bis 24:00

♦ Rostik's und Bisness-Lunch auf der ul. Tverskaja Jamskaja 2/1 (schräg gegenüber vom Tschaikowski-Konzertsaal) sind typ. amerikanische Schnellrestaurants. Im Rostik's gibt's für mitreisende Kinder eine große Spielecke mit Ballbad und div. Rutschen.

♦ Beliebt sind auch die Restaurants der Kette Елки палки (Jolki-Palki).

🚅 Café Anjushka auf Zwetny Bulvar (Metro-Station Zwetny Bulvar, 50 m rechts vom Ausgang auf gleicher Straßenseite), ein kleines, typisch russisches Restaurant-Café. Doch Vorsicht - wie überall gibt es auch hier Kassierer, die manchmal ausländischen Touristen den Kaffee doppelt berechnen. Ansonsten aber sehr gemütliche Atmosphäre.

🙎 Einzigartig (und nicht nur für Kinder) ist das Katzentheater, Kutusovsky pr. 25, Metro-Station Kutusovsky, ☎ 2492907.

♦ Komödien- und Dramentheater Na Tagankje am Taganskaja Platz, Metro-Station Taganskaja. Bekannt wurde das Theater vor allem durch Wladimir Vyssotzki. In der Nähe der Metro-Station (in Richtung ul. Gontscharnaja) ist eine kleine Kirche aus dem Jahr 1634.

◆   Tickets der zweiten oder dritten Preiskategorie für das Bolshoj-Theater
        kann man mit etwas Glück auch an den Kiosken der Metrounterführungen
        erwerben, mitunter sogar für den gleichen Abend.

🎮   Zu den zahlreichen Nachtclubs, Casinos und Vergnügungsstätten siehe die
        einschlägigen Internetseiten. An Discos und Clubs herrscht kein Mangel.
        Bekannt sind u.a. der Bunker (💻 www.bunker.ru) oder Club Ché
        (💻 www.clubche.ru).

📖   Informationen finden sich in den unzähligen Städteführern zu Moskau. Die-
        ses Sibirien-Reisehandbuch kann und will diese nicht ersetzen ☞ auch im
        GEO Special Heft Nr. 3/2006 "Russland" (mit großem Teil zu Moskau)
        ISBN 978-3570196700

🌐   **Reisebüros** und -agenturen

◆   Aktuelle Adressen von Reiseveranstaltern gibt es auf der Internetseite
        💻 www.euroadress.ru (Moskau und Umland, auch engl. Version, Adressen-
        suche online).

📖   Die allgemeinpolitische Zeitung Moskowskij Komsomolez erscheint täglich
        seit 1919 und bietet in Moskau die aktuellsten Infos, 💻 www.park.ru/mk

◆   Die Zeitschrift Ekspress-Gazjeta kommt wöchentlich heraus und hat etwa
        Focus-Niveau.

◆   In Moskau erscheinen auch einige Zeitungen in englischer Sprache, z.B.:
        The Moscow Tribune (Verkauf an Kiosken im Zentrum, Bahnhöfen, auslie-
        gend in Hotels).

◆   The Moscow Times, ☎ 095/2573201, ✉ kazmarek@imedia.ru

◆   Radio: Bekannt in Moskau ist Radio 101 (auf 101,2 kHz FM oder 1233 kHz
        AM), privat-kommerzielle Station.

◆   Interessante russische Musik (auch aus vergangenen Zeiten) bringt Radio
        Rossij Nostalshi, eine Art Nostalgie-Oldie-Radio auf 100,5 FM (Moskau),
        101,1 (Jaroslawl), 105,3 (St. Petersburg).

◆   Эхо Москвы (Moskauer Echo, gegründet 1990), 73,82 MHz, 91,2 MHz

◆   Die Redaktion des deutschen Sendedienstes von Голос России (Stimme
        Russlands) hat ihren Sitz auf der ul. Pjatnizkaja 25, ☎ 9506331,
        FAX 2302828, ✉ letters@ruvr.ru

🚗   Geldautomaten, welche ec/Maestro und VISA-Card annehmen, sind inzwi-
        schen in ganz Moskau verbreitet. 💻 www.mastercard.com/atm

Moskau ist der westliche Ausgangspunkt für eine Reise mit der Transsibirischen Eisenbahn. Die Hauptstadt der RF liegt in der Mitte des europäischen Teils Russlands auf dem Mittelrussischen Landrücken am Fluss Moskwa. Das heutige moderne Moskau mit etwa 9,5 Mio. Einwohnern erstreckt sich auf einer Fläche von 1.000 km². Der größte Teil der Stadt liegt innerhalb des großen Autobahnringes, der 15 km vom Stadtzentrum kreisförmig angelegt wurde.

Seit 15 Jahren steigt die Zahl der jährlichen Besucher Moskaus. Für 2007 rechnet man mit 4,5 Mio. Touristen (zum Vergleich im Jahr 2000: 1,5 Mio.), wobei der größte Teil aus Deutschland, USA und Frankreich stammen. Inzwischen hat man auch in Moskau erkannt, dass für die touristische Infrastruktur noch viel zu tun ist.

1	Aeroflot-Agentur
2	Theaterstudio des Filmschauspielers
3	Akademisches Wachtangow-Theater
4	Theater für junge Zuschauer (Jugendtheater) und Stanislawski-Schauspielhaus
5	Djetskij Teatr
6	Museum des Moskauer Akademischen Künstlertheaters (MChAT)
7	Museum Pokrowski Sobor (Basilius-Kathedrale)
8	Historisches Museum
9	N. Selinski-Arbeitszimmer-Memorial, Museum für Anthropologie und Zoologisches Museum
10	Jermolowa-Theater
11	Säulensaal des Gewerkschaftshauses
12	Staatliches Akademisches Bolschoi-Theater (Großes Theater), Operettentheater und Akademisches Zentrales Kindertheater
13	Akademisches Kleines Theater (Maly Theater)
14	Theater Sowremennik (Zeitgenosse)

A	Hotel Ukraina	H	Hotel Intourist u. Hotel National
B	Hotel Mir	I	Hotel Moskwa
C	Hotel Belgrad	K	Hotel Metropol
D	Hotel Belgrad	L	Hotel Rossija
E	Hotel Peking	M	Hotel Wolga
F	Hotel Minsk	N	Hotel Ural
G	Hotel Budapest	O	Hotel Sljawjanskaja

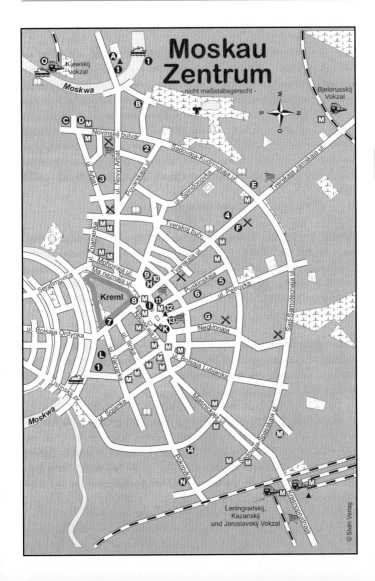

Moskau Zentrum
- nicht maßstabsgerecht -

Kiewskij Vokzal

Moskwa

Bjelorusskij Vokzal

Novinskij bulvar

ul. Nowij Arbat

Sadovaja-Kudrinskaja ul.

Tverskaja-Jamskaja ul.

ul. Arbat

Povarskaja ul.

ul. Spiridonovka

ul. Znamenka

Mohovaja ul.

Ma neznaja ul.

Tverskoj bulv.

Tverskaja ul.

Puskinskaja

ul. Petrovka

Sad.-Samotecnaja ul.

Kreml

Serafimovica

ul. Bolsaja Ordynka

Nikolskaja ul.

ul. Ilinka

ul. Varvarka

Neglinnaja

ul. Bolsaja Lublanka

Masnickaja ul.

ul. Solanka

Pokrovka

Ustinskij pr.

Moskwa

Sadovaja-Spasskaja ul.

Krasnoprudnaja

Leningradskij, Kazanskij und Jaroslavskij Vokzal

© Stein Verlag

Anreise

✈ Schnellste Verbindung: das Flugzeug (Flugzeit beträgt von Berlin aus reichlich zwei Std., von Frankfurt ca. 3 Std.). Die Maschinen von Lufthansa landen auf dem Moskauer Flughafen Sheremetjewo 2, dem internationalen Airport. Vom Flugzeug aus betritt man über Teleskopgangways den Anflugbereich (im Erdgeschoss). LH plant in Zukunft, auch Domodedovo anzufliegen. Außer mit Lufthansa gelangt man z.B. auch mit dba (🖥 www.flydba.de) oder Germanwings (🖥 www.germanwings.de) nach Moskau, zum Teil wird aber nicht Sheremetjewo angeflogen, sondern Domodedovo, was praktisch ist, wenn man von dort seinen Inlands-Weiterflug gebucht hat, der zeitraubende innerstädtische Transfer entfällt dann.

🄸 ☎ (495) 2326565, 🖥 www.sheremetyevo-airpiort.ru/

Achtung: Die (teuren) Gepäckwagen, die gleich hinter den Passkontrollen angeboten werden, sind für einen Bruchteil des verlangten Betrages an der offiziellen Gepäckwagenausgabestelle bzw. an den Ausgängen zu erhalten, wenn man es nicht sehr eilig hat. Begutachten Sie das ausgegebene Gepäck auf beschädigte Schlösser und Aufschlitzungen und Rucksäcke auf zerrissene Riemen oder andere Beschädigungen.

Airport Sheremetjewo: Nun kann man ein (teures) Taxi nehmen oder den günstigen Bus Nr. 551 bis zur Metro-Station Retschnoj Vokzal (gelbe Linie, 40 Min. Fahrtzeit) benutzen. Von der Metro-Station ist man in weiteren 20 Min. per U-Bahn im Zentrum.

Der weitere Ablauf hängt ganz davon ab, ob man einige Tage in Moskau bleiben oder noch am gleichen Tag weiterreisen möchte. Eine Frist von 4 Std. zwischen Ankunft des Flugzeuges und Weiterreise ab Bahnhof ist nicht zu reichlich kalkuliert, da man bei der Passkontrolle u.U. bis zu 30 Min. warten muss. Auch herrscht besonders auf der Straße vom Flughafen Sheremetjewo bis zum Autobahnring fast täglich Stau.

Moskau hat noch vier weitere Flughäfen: **Vnukovo** (🖥 www.vnukovo.ru) und **Bykovo** sind für Inlandsflüge, vom Flughafen **Domodedovo** (der größte des ganzen Landes, 🖵 www.domodedovo.ru) fliegen die Maschinen Richtung Sibirien und Mittelasien ab und über **Sheremetjevo 1** werden zum Teil internationale und nationale Flüge abgewickelt.

🚂 Die Züge aus Deutschland (via Polen und Bjelorussland) kommen auf dem **Bjelorussischen Bahnhof** in Moskau an. Die Züge Richtung Sibirien (Ost) fahren vom **Jaroslawer** (bzw. Kazaner) **Bahnhof** ab. Am schnellsten erreicht man ihn mit der Metro. Gleich rechts neben dem Bjelorussischen Bahnhof befindet sich die Metro-Station "Bjelorusskaja" ("M"). An der Kasse in der Station sind zunächst Magnetkarten zu erwerben (dort, wo die Menschenschlangen sind). Günstig ist es, gleich mindestens zwei Fünferkarten zu kaufen, wenn man beispielsweise noch etwas in der Stadt herumfahren will. Zunächst sollte man allerdings zum Jaroslavskij Vokzal (Komsomolskaja Platz Nr. 5) fahren: auf der Ringlinie im Uhrzeigersinn drei Stationen bis zur "Komsomolskaja". Mit dem Taxi braucht man viel Zeit, um zu dem Platz mit den drei Bahnhöfen zu gelangen: Jaroslawer und Leningrader Bahnhof sowie der Kazaner Bahnhof liegen ganz dicht beieinander. Die Metro-Station Komsomolskaja (hier kreuzen sich die Ringlinie und die Sokolnichevskaja-Linie) liegt genau zwischen dem Leningrader und Jaroslawer Bahnhof.

Ticket-Office gibt es im Bjelorussischen Bahnhof (im Kassentrakt für das Ausland; rechts neben dem Bahnhof in einem Nebengebäude, Leningradskij pr. 1, täglich 🕐 8:00 bis 13:00 und 14:00 bis 19:00) sowie im Leningrader Bahnhof. Tickets nach Sibirien erhält man außerdem an der Kasse linker Hand in Sichtweite vom Jaroslawskij Vokzal (Gleise rückenwärts). Pause von 13:00 bis 15:00. Pass mit Visum wird an der Kasse verlangt.

Der **Jaroslawer Bahnhof**: Zunächst sollte man das Gepäck in die Aufbewahrung geben. Diese befindet sich im Untergeschoss des Bahnhofs (Treppen vom Platz zwischen Bahnsteigen und Bahnhofshalle nach unten). Wenn hier alles belegt sein sollte, kann man das Gepäck auch im Leningrader Bahnhof (nebenan) zwischenlagern.

✋ Wegen der Abfahrtszeit des Zuges unbedingt die Pausenzeiten der Gepäckkammer beachten (Schild). Wer die Gepäckmarke verlegt oder verliert, muss zuerst Strafe (etwa € 3) zahlen. Die weitere Prozedur ist überall unterschiedlich - auf jeden Fall aber zeitraubend (Inhalt des Gepäcks angeben, viele Papiere ausfüllen, mitunter amtliche Öffnung des Gepäcks durch Miliz).

An der den Bahnsteigen zugewandten Fassade des Bahnhofs sind auf einer riesigen Tafel die Ankunfts- und Abfahrtszeiten der Züge vermerkt.

Im Erdgeschoss befindet sich ein großer Wartesaal. Er darf nur mit der Fahrkarte oder nach Bezahlung betreten werden. Im Wartesaal gibt es ein Post- und Telegrafenamt (☞ Post und Telekommunikation). Kioske, Frisör, Imbissbude und Spielautomaten sind vorhanden.

Die Kassenschalter befinden sich ebenfalls im Erdgeschoss (links vom Wartesaal). Wer keine Fahrkarte hat und die Dienste von Intourist nicht in Anspruch nehmen will, kann es hier versuchen. In Moskau ist das Fahrkartenkaufen nicht ganz so leicht wie in Sibirien.

Mitunter wird man an den Kassen direkt im Jaroslawskij Vokzal als Ausländer nicht bedient, sondern zum Intourist-Schalter in das Kassengebäude oder an die Schalter der Internationalen Kassen geschickt. Ein Vorteil der Ausländerkassen besteht darin, dass das Warten in der Schlange kaum länger als 30 Min. dauert, der Aufschlag, den man zahlt, ist relativ gering.

Berittene Miliz

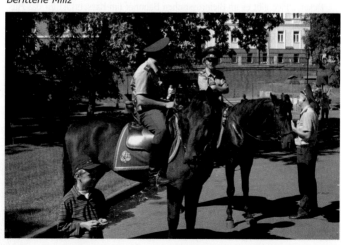

In der sommerlichen Urlaubssaison ist damit zu rechnen, dass Tickets zu einem bestimmten Zielpunkt auch mal für 2 bis 3 Tage im Voraus ausverkauft sind. Die Sommerferien enden in Russland am 31. August.

Hat man bereits Fahrkarten und noch etwas Zeit bis zur Abfahrt des Zuges, lohnt es sich, das geschäftige Treiben der Passagiere und Verkäufer auf dem Bahnhofsvorplatz - oder je nach Zeit - die Stadt anzusehen. Von der Metro-Station Komsomolskaja ist man in wenigen Min. im Zentrum (Station Teatralnaja). Msn nimmt die rote Linie (Sokolnicheskaja).

Auch die drei Bahnhöfe auf der Russakovskaja ul. sind architektonisch interessant. Von dem 1926 fertiggestellten und 1997 renovierten **Kazanskij Vokzal** gehen Züge nach Barnaul, Rostov/Don, Wolgograd, Kazan und Krasnodar.

Der Jaroslavskij Vokzal entstand Anfang des 20. Jahrhunderts. Von hier fahren pro Tag reichlich 300 Züge ab. Der größte Bahnhof ist der Kazanskij Vokzal. Die älteste der drei Bahnstationen, gleichzeitig auch die von Moskau, ist der Leningrader Bahnhof, von dem - wie der Name schon vermuten lässt - die Züge nach St. Petersburg rollen (und außerdem nach Vyborg und Helsinki).

Innenstadtszene in einer russischen Stadt, renovierte Gebäude aus vorrevolutionärer Zeit - Pkw ausländischer Produktion dominieren heutzutage auf der Straße.

Wer von Ungarn, Tschechien, Bulgarien oder Rumänien mit dem Zug anreist (via Ukraine), kommt in Moskau auf dem **Kiewer Bahnhof** (hier Züge von/nach: Kaluga, Kiew, Lwow, Odessa, Ushgorod, Tschop, Belgrad, Budapest, Bukarest, Prag, Karlovy Vary und Sofia) an. Die Metro-Station Kievskaja liegt ebenfalls auf der Ringlinie ("Koltsevaja"). Es sind fünf Stationen bis Komsomolskaja.

Vom **Pawlezkij Vokzal** gehen Züge von/nach: Saratow, Wolgograd, Astrakhan, Tambow, Kislowodsk, Machatshkala, Dagestan und in das Donez-Gebiet. Insgesamt hat Moskau neun große Bahnhöfe, zur Lage siehe auch

🖳   http://visitorline.ru/adress/.

Unterkunft

Wer bei Intourist oder einem Reisebüro gebucht hat, hat nun keine Sorgen mehr. Mitarbeiter holen Sie (falls vereinbart) vom Bahnhof oder Flughafen ab und bringen Sie zum Hotel. Wer ohne Buchung anreist, wird heutzutage sicherlich auch fündig, da es keine Beschränkungen mehr gibt (früher wurden Ausländer nur in bestimmten Hotels einquartiert), wir empfehlen dieses Vorgehen aber nicht, da sehr viel Zeit mit dem Suchen einer Unterkunft vor Ort verloren geht.

Von einem guten Reisebüro in Deutschland kann man eigentlich erwarten, dass Unterkünfte im Privatsektor oder in einem günstigen Studentenwohnheim organisiert werden. Für die ein, zwei Tage Moskau-Aufenthalt bis zur Abfahrt des Zuges ist das allemal machbar (billigste Variante ca. € 20 bis 25). Die preiswertesten Übernachtungen in Hotels der niedrigsten Preisstufe liegen inzwischen auch bei ca. € 50 bis 75.

Wer Geld sparen will, kann noch folgende Möglichkeiten ausschöpfen: Vor weniger teuren Hotels stehen abends meist Frauen, die eine Unterkunft für ca. € 10 bis 15 pro Nacht und pro Person anbieten. Anlaufpunkte sind z.B. das Hotel gegenüber der Metro-Station Kiewskaja oder der Pawlezkij Vokzal. Die Wohnungen (oder Absteigen) liegen allerdings meist sehr weitab, sodass sich eine lange Metrofahrt und daraufhin eine Busfahrt anschließt. Man kann natürlich auch im Wartesaal des Bahnhofs übernachten, wenn Plätze frei sind (unbequem, hart und laut) (☞ Infoblock, 🖘).

Medizinische Hilfe

Ärztliche Untersuchung und Erste Hilfe bei Notfällen sind kostenlos. Klinikaufenthalte, Operationen, Transport und Arzneimittel müssen bezahlt werden. Ständig benötigte Medikamente sollte man bei sich führen.

Telefonisch erreicht man die Medizinische Hilfe mit der "03" (*Skoraja medizinskaja pomoschtsch*). Diese Nummer ist in der ganzen RF einheitlich, ☞ Infoblock, ✚

Sehenswürdigkeiten im Stadtzentrum

☞   siehe auch Fotogalerie im Internet 🖥 moscow.photobase.ru

Der Rote Platz

Früher fanden auf diesem zentralen Platz Jahrmärkte, öffentliche Hinrichtungen und kirchliche Prozessionen statt. Zurzeit der Sowjetunion gab es jährlich zum Tag der Oktoberrevolution am 7. November eine große Militärparade. Am Roten Platz liegen folgende Sehenswürdigkeiten: die Basilius-Kathedrale, das Leninmausoleum, das Historische Museum, der Kreml sowie das GUM (*Gossudarstwenny uniwersalny magazin*).

Basilius-Kathedrale

Die weltbekannte Basilius-Kathedrale trägt den Namen des heiliggesprochenen Vasilij (Basilius), eines russischen Mönchs, der 1552 starb. Gebaut wurde die Kathedrale, die ursprünglich Prokrowski-Sobor hieß, zum Andenken an die Eroberung der Stadt Kazan im Jahre 1552; die Einsegnung erfolgte im Jahre 1560, unter Zar Iwan IV. - besser bekannt auch als Iwan der Schreckliche. Nur wenige Schritte von der Kirche entfernt, finden Sie auf dem Roten Platz den Lobnoje Mjesto, die alte Hinrichtungsstätte.

In der Kathedrale befinden sich neun Altäre. Bemerkenswert ist, dass kein Turm, keine Kuppel und kein Altar einem anderen ähnlich in der Form ist. Eine Besichtigung erscheint lohnenswert - nicht nur der z.T. alten Ikonen wegen. Während der napoleonischen Besetzung Moskaus (1812) wurde die Basilius-Kathedrale als Lagerraum und Pferdestall zweckentfremdet und sollte bei Napoleons

Abzug aus Moskau gesprengt werden, was glücklicherweise unterblieb. (In der ehemaligen UdSSR war diese Kathedrale Teil des Architekturmuseums. Sie wurde erst 1991 wieder der russisch-orthodoxen Kirche zum Osterfest übereignet.)

Das Leninmausoleum

wurde 1930 aus einer Art rotem Granit errichtet. Es ist nicht zu verfehlen, denn auch heutzutage wird man täglich eine Menschenschlange auf dem Roten Platz finden, die am Eingang des Mausoleums endet.

Um Lenin der Nachwelt zu erhalten, entwickelten mehrere hochrangige russische Wissenschaftler ein ganz spezielles Konservierungsverfahren.

Hinter dem Mausoleum an der Kremlmauer sind neben den Gräbern von Gefallenen der Oktoberrevolution die Grabstätten von Stalin, Frunze, Kalinin und Dsershinski (dem Gründer der Tscheka, Vorläufer des KGB) sowie Gräber weiterer Politiker und Kosmonauten (u.a. Gagarin) angeordnet.

Weitere Sehenswürdigkeiten

Den Roten Platz, das GUM und den Kreml kann man an einem Tag "schaffen". Am Kremleingang und am Roten Platz wird man als Tourist mitunter von Russen angesprochen, die privat Führungen (auch deutsch) durch den Kreml anbieten. Diese Leute, meist Pensionäre, bessern sich so ihre dünne Rente auf.

Interessant sind die Kathedralen im Kreml. Am herausragendsten erscheint die **Uspenje-Kathedrale**, die 1479 vom italienischen Baumeister Fieravanti errichtet wurde. In dieser Kirche krönte man früher die russischen Zaren und begrub die geistlichen Würdenträger.

Die **Blagowestshenje-Kathedrale** (Kirche der Verkündigung) erbaute man 1489. Sehr sehenswert im Kreml ist auch die Rüstkammer.

Am Moskwa-Ufer stand bereits früher die **Erlöserkathedrale**. Die ehemals größte und schönste Kathedrale Moskaus, die früher als Wahrzeichen der Stadt galt, sprengte man 1932, um an dieser Stelle am Moskwa-Ufer den "Palast der Sowjetunion" zu erbauen. Da sich der Baugrund aber als zu sandig und sumpfig erwies, riss man 1941 das im Rohbaustadium befindliche Gebäude ab. Seit 1961 befand sich an dieser Stelle ein großes Thermalbad.

1995 begann die Stadt mit dem Abriss des beliebten Thermalbades. An gleicher Stelle erfolgte der Wiederaufbau der Erlöserkathedrale (nach alten Bauunterlagen aus Kirchenarchiven), die inzwischen komplett fertiggestellt ist. Dies ist ein

Ausdruck des Erstarkens der russisch-orthodoxen Kirche. Die Finanzierung erfolgte zum größten Teil aus Spendengeldern.

Viele der Moskauer Kirchen fielen im Sozialismus dem Abriss zum Opfer. Das ist exemplarisch für ganz Russland. Überall wurden Kirchen abgerissen oder zweckentfremdet zu Lagerräumen, Kindergärten und als Garagen für Lkw genutzt.

Ein großes "Muss" - sofern man Zeit hat - sind das **Neue Jungfrauenkloster** und die **Mariäentschlafenskirche** (russ. *Nowodewitshi monastyr*) im Stadtteil Lushniki (Metro-Station Sportivnaja), Nowodewitshi Projesd 1. Das bekannte Kloster liegt einige Schritte von der ul. Pirogovskaja entfernt, nicht weit vom Hotel Arena (ehemaliges Hotel für Sportler, Zirkuskünstler etc. - heute für jeden offen). In das alte Kloster schickten früher die Zaren ihre unliebsamen Frauen. Hinter dem Kloster befindet sich ein großer Prominenten-Friedhof (🕐 10:00 bis 17:30), auf dem auch der Komponist Tschaikowski beerdigt wurde und Gogol, Schostakowitsh sowie Nikita Chrushtshow ihre Ruhe fanden.

Der Arbat, eine im Zentrum gelegene Fußgängerzone, ist die wohl bekannteste Moskauer Straße. Die Ursprünge reichen bis in das 15. Jahrhundert zurück.

Eine der wichtigsten sakralen Sehenswürdigkeiten in Moskau ist das Neue Jungfrauenkloster.

Der Arbat und seine bunten Nebenstraßen mit den kleinen Geschäften, Galerien, Restaurants, Casinos und Verkaufsständen wird auch als Moskauer Montmartre bezeichnet. Der Arbat ist gut zu erreichen mit der Metro (Station Arbatskaja).

Moskau bietet natürlich sehr viel mehr als Kreml, Roter Platz und Arbat. Intourist und auch Aeroflot halten in ihren Büros, auch in Deutschland, Stadtpläne mit Sehenswürdigkeiten sowie Stadtführer im Broschürenformat kostenlos bereit - hier sollte man die Dienste von Intourist nutzen.

Während der Sommersaison kann man eine **Schiffsfahrt** auf der Moskwa machen. Der Anlegeplatz der Passagierschiffe liegt in unmittelbarer Nähe der Metro-Station Kutusovskaja.

Der **Izmailovo-Park** ist einer der größten Waldparks in Europa (Metro-Station Izmailovsky Park). Er umfasst eine Fläche von fast 12 km^2 und bietet reichlich Freizeitmöglichkeiten, Trödelmarkt (nahe zum Hotel-Komplex) und Cafés. Die im Park befindliche Mariä-Schutz-Kathedrale stammt aus dem 17. Jh. Im Park befand sich früher auch ein größerer hölzerner Palast, in dem auch der spätere Zar Peter der Große seine Kindheit verbrachte. Auch sehenswert, besonders im Herbst, ist der **Sokol-Park** im Osten Moskaus.

Empfehlenswert ist auch das Freilichtmuseum in **Kolomenskoje** (pr. Andropowa 39, Metro-Station Kolomenskaja, Di bis Sa ⬛ 10:00 bis 17:00). Die im Park befindliche Christi-Himmelfahrtskirche stammt aus dem Jahr 1530 und befindet sich heute noch im Originalzustand wie zu Zeiten Iwans des Schrecklichen. Im Gelände sind mehrere historisch bedeutsame Holzbauten ausgestellt, die aus verschiedenen Landesteilen stammen.

Geschichte

Auf dem heutigen Gebiet Moskaus siedelten bereits vor mehreren Tausend Jahren slawische Stämme. Die schriftlich belegte Geschichte Moskaus beginnt im Jahre 1147. Etwa um diese Zeit wurde am Zusammenfluss von Moskwa und Neglinnaja eine Holzfestung (Kreml) errichtet, die der Sicherung der Grenze des Fürstentums Wladimir-Susdal diente. Diese Festung kann man als Keimzelle des heutigen Moskaus betrachten. In der Umgebung siedelten sich bald Handwerker und Händler an.

Bei Kämpfen zwischen rivalisierenden Fürstentümern wurde der Kreml mehrmals stark in Mitleidenschaft gezogen, brannte auch 1167 völlig nieder, wurde aber immer wieder neu aufgebaut.

1239 plünderten die Reiter Batu Khans Moskau, nachdem sie die Stadt drei Monate belagert und ausgehungert hatten.

1271 wurde das Fürstentum Moskau unabhängig. Bald darauf siedelte der Metropolit von Wladimir nach Moskau um, und Moskau wurde religiöses Zentrum. Die alten Holzbefestigungen wurden im 14. Jahrhundert durch Steinmauern ersetzt. Im 13. und 14. Jahrhundert litt Moskau sehr stark unter den einfallenden Mongolen und Tataren. Im Jahr 1382 wurde die Stadt von Tataren niedergebrannt. Moskau wurde schnell wiederaufgebaut und gilt als Zentrum der gegen die Mongolen gerichteten Kräfte.

Fast dreihundert Jahre durchzogen die Mongolen und die Tataren, auch bekannt als die Goldene Horde, das Land um Moskau. Das zusammengeraubte Reich der Goldenen Horde reichte von China bis Moskau, von Nordsibirien bis zur Schwarzmeerküste. Erst im 15. Jahrhundert wurden die Eindringlinge zurückgeschlagen.

Unter Fürst Iwan III. wurde Moskau zum Zentrum eines aus den vereinigten Fürstentümern entstandenen großen Staates. Durch den Einfluss der Frau Iwans III., einer Nichte des letzten byzantinischen Kaisers, begann der Aufschwung. Der Papst hatte die Heirat zwischen Iwan III. und Sophia Paläologa mit dem Ziel vorangetrieben, die Spaltung der Kirche zwischen Rom und Moskau zu beenden. Die geistlichen Würdenträger und Metropoliten der russisch-orthodoxen Kirche sahen ebenfalls Moskau bereits an der Stelle von Byzanz. Etwa seit dieser Zeit ist der doppelköpfige Adler von Byzanz der Wappenvogel Russlands. Die Bezeichnung "Zar" ist eine Ableitung von Caesar.

Moskau verzeichnete einen starken Bevölkerungszustrom aus den vor Tatarenüberfällen ungeschützten Landesteilen. Auch die ständig zunehmende Vormachtstellung gegenüber anderen, kleineren Fürstentümern führte zu einem Anwachsen der Bevölkerungszahl. Relativ früh wurden kleinere Manufakturen gegründet.

Verbunden mit dem allgemeinen wirtschaftlichen Aufschwung war der weitere Ausbau des Kremls. Es entstanden Kirchen, Klöster und andere Gebäude aus Stein. Unter Zar Iwan IV. kam es zu einer Staatsreform. 1552 besiegte Iwan "der Schreckliche" bei Kazan endgültig das Khanat der Tataren. Im Jahre 1550 hatte Moskau bereits 50.000 Einwohner.

Im 17. Jahrhundert entstanden viele Palastbauten aus Stein (z.B. der Patriar-
chenpalast als Hauptsitz des obersten religiösen Würdenträgers). Später wurde
Moskau für kurze Zeit von litauischen und polnischen Truppen besetzt.

Der Mittelpunkt der Stadt war schon damals der Rote Platz an der östlichen
Kremlmauer. Erst im 17. Jh. erhielt er seinen Namen. "Krasnaja" bedeutet im Russischen rot und gut.

1712 wurde St. Petersburg Hauptstadt des Russischen Reiches, aber Moskau
behielt seine Bedeutung, und um 1770 lebten in der Stadt 160.000 Menschen.
1812 brennt ganz Moskau und auch der Kreml, die Truppen Napoleons können
Moskau nicht halten und ziehen sich zurück, wobei sie geschlagen werden. Bis
1850 hatte man den Kreml und die Stadt wieder neu aufgebaut. Der heutige
Kremlpalast wurde von 1838 bis 1849 errichtet.

Die Rüstkammer des Kremls wurde 1851 vom Architekten Thon erbaut. Früher war die Rüstkammer Manufaktur zur Produktion von Waffen verschiedenster
Art. Heute ist sie ein bekanntes Museum, in dem Waffen, Schmuck und Kunstgegenstände gezeigt werden.

Straßenszene in einer russischen Stadt

Moskau entwickelte sich im ausgehenden 19. Jahrhundert zu einem Zentrum der Textilindustrie - vor allem auf Grundlage des in der Umgebung angebauten Flachses - sowie mit dem Bau der Eisenbahn zum Bahnknotenpunkt. 1918 (nach der Oktoberrevolution) wurde Moskau wieder Hauptstadt des Landes mit 2 Mio. Einwohnern.

Metro (метро)

Die Moskauer U-Bahn (Metro), mit deren Bau Anfang der 1930er Jahre begonnen wurde, ist wohl nicht zuletzt durch ihre zum Teil äußerst prunkvollen, mit Marmor verkleideten Stationen bekannt. Hauptsächlich aus den 1950er Jahren stammen die wuchtigen, protzigen Steinpaläste und Monumentalbauten, die auch heute noch einen Eindruck von Unvergänglichkeit hervorrufen. Es gibt natürlich auch viele (neuere) Stationen, die ganz schlicht aussehen. Die Züge fahren stellenweise in über 100 m Tiefe.

Bei einem evtl. Streik der Mitarbeiter der Metro wäre ganz Moskau völlig lahmgelegt, denn die Metro ist das Transportmittel Nummer 1: schneller Transport in fast jede Ecke Moskaus zu einem günstigem Preis für mehrere Millionen (!) Menschen täglich.

i   Informationen im Internet: 💻 www.metro.ru/

Schier endlose Rolltreppen führen zu den Stationen. Während der Fahrt auf der Ringlinie in den Abendstunden fühlt man sich im Bauch der Stadt geborgen. Früh morgens oder nachmittags im Berufsverkehr drängen sich die Menschenmengen in den Waggons.

🖐   Rucksackträger sollten ihr Gepäckstück lieber zwischen die Beine nehmen, bevor man unwirsch dazu aufgefordert wird - so ergibt sich Platz für einen weiteren Fahrgast. Außerdem besteht die Gefahr, dass im Gedränge und Geschiebe der auf dem Rücken befindliche Rucksack unbemerkt von Taschendieben aufgeschlitzt wird.

Einen großen Nachteil gibt es in der Metro dennoch: Es sind weder in den Zügen noch in den Stationen Toiletten vorhanden.

Mit wahrhaft philosophischer Stimme verkündet ein engagierter Sprecher vom Band bei jedem Halt über Lautsprecher neben dem Namen der Station auch den Hinweis, kein Gepäck liegenzulassen. Der Grund für diese Ansage liegt darin, dass hinter jedem vergessenem Koffer theoretisch eine Bombe vermutet werden könnte und man den Arbeitsaufwand der Miliz minimieren will, denn jedes vergessene Gepäckstück muss unter Vorsichtsmaßnahmen geöffnet werden. In der Vergangenheit war es im Zusammenhang mit dem Tschetscheninenkrieg auch schon zu (vereinzelten) Anschlägen in der Metro bzw. im Umfeld von Stationen gekommen.

Umgebung von Moskau: Goldener Ring

Nordöstlich von Moskau liegen mehrere altrussische Städte, von denen **Sagorsk**, gegründet um 1340, auch heute noch eine Art Wallfahrtsort darstellt. Die gesamte Region zwischen Moskau, dem Oberlauf der Wolga und deren Nebenfluss **Oka** ist äußerst geschichtsträchtig. Die erhaltenen Städte stellen - historisch gesehen - ein einzigartiges Museum der russischen Kultur der letzten tausend Jahre dar. Rostow-Welikij z.B. wird schon um 862 erstmals erwähnt, ist also so alt wie die ältesten Städte Kiew und Nowgorod.

Von Moskau bietet sich eine Rundreise durch die Städte des Goldenen Ringes an. Die Reise führt z.B. über Rostow-Welikij, Jaroslaw, Kostroma, Wladimir, Susdal und Sagorsk (Sergijev-Possad). Alle diese alten russischen Städte beeindrucken durch ihre charakteristische Architektur. Am bekanntesten in Rostow-Welikij ist wohl der dortige Kreml mit seinen Türmchen und Kuppeln und der berühmten Ikonensammlung. Rostow-Welikij ist etwa 200 km von Moskau entfernt (3 Autostunden) und liegt am Nerosee.

Die Klöster von **Susdal** sind ebenfalls berühmt und sehr eng mit der russischen Geschichte verbunden. Susdal wurde bereits im Jahre 995 erwähnt. Die "touristische Perle" ist 240 km von Moskau entfernt.

In Susdal begeht man von Ende Dezember bis Anfang Januar das traditionelle Russische Winterfest, das Touristen aus aller Welt anzieht. Buchungen lassen sich über jedes gute Reisebüro bewerkstelligen.

Die Stadt **Wladimir** wurde 1108 gegründet, kurz darauf war sie Hauptstadt des damaligen Fürstentums Wladimir Susdal. Die Uspenije-Kathedrale stammt aus dem 12. Jahrhundert und zählt zu den imposantesten Bauwerken dieser Epoche. **Sagorsk** (Sergejev-Possad) ist das Zentrum der russisch-orthodoxen Kirche. Vom Jaroslawer Bahnhof in Moskau fährt man etwa 70 km mit dem Elektrozug (*elektritschka*) zum Ausstiegspunkt "Sergejev-Possad" (Fahrzeit ca. 1½ Std.).

Vom Bahnhof aus sieht man bereits das Kloster (15 Min. zu Fuß). Die Fotografiererlaubnis kostet etwa € 3. Im Kloster befindet sich eine heilige Quelle; trinkt man davon, erfüllen sich Wünsche - so verspricht eine alte Legende.

Aber auch die Natur im Nordosten Russlands mit ihren vielen kleinen Hügeln, den großen und kleinen Seen und Flüssen, die sich durch die Russische Tiefebene winden, wird unvergessliche Impressionen hervorrufen.

📖 *Moskau und der Goldene Ring. Altrussische Städte an Moskva, Oka und Volga.* Evelyn Scheer u. Andrea Hapke, 2005, 553 Seiten, ISBN 978-3897940857, € 19,95

Auf dem Weg nach Sibirien

Auf jeden Fall lohnt die **Bahnreise mit der Transsib**, so wird der Übergang vom europäischen Teil Russlands zum asiatischen Sibirien deutlicher sichtbar. Im Übrigen bieten sich viele von Moskau ausgehende Inlandflüge (z.B. nach Nowosibirsk, Irkutsk) als etwas teurere und schnellere Variante an.

Verlässt man Moskau in östlicher Richtung nach Sibirien, so durchquert die Transsib weite Teile Zentralrusslands und des Uralvorlandes, bevor der Zug den Ural als natürliche Grenze zwischen Europa und Sibirien erreicht.

Im zentralrussischen Teil finden wir viele große Flüsse, so z.B. die Wolga, den Dnjepr, die Dwina. Die Wolga ist mit ihren 3.531 km Länge bis zur Mündung am Kaspischen Meer der längste Fluss Europas. Alle schiffbaren Flüsse sind mit Kanälen verbunden. Somit bieten sich längere Schiffsreisen auf der Wolga, dem Don oder der Moskwa an. Nördlich von Moskau bei Rybinsk staute man die Wolga zu einem riesigen Stausee auf. In Nizhnij-Nowgorod (dem früheren Gorkij) mündet die Oka in die Wolga. In Nishnij-Nowgorod und Kazan an der Wolga befinden sich große Binnenhäfen.

Die wichtigsten Städte vor dem Ural sind Kazan, Kirow, Ishewsk und im Süden Uljanovsk, Pensa und Togliatti. Perm, Orenburg und Ufa liegen bereits im Ural. Der Ural erstreckt sich vom Norden, von Workuta, bis nach Aktjubinsk im Süden und endet erst in der Kasachischen Steppe. Die Nord-Süd-Ausdehnung beträgt in etwa 2.000 km.

Vom Gebirgscharakter erscheint uns der Ural fast wie ein Mittelgebirge, zumindest vom Zugfenster aus betrachtet. Die höchste Erhebung ist in der Tat auch nur 1.894 m hoch. Geologisch ist das Gebiet über 200 Mio. Jahre alt und ausgesprochen reich an Bodenschätzen. Bekannteste und wirtschaftlich bedeutendste Stadt im Ural ist das ehemalige **Swerdlowsk** (Ekaterinburg, Екатеринбург).

In sowjetischen Zeiten waren weite Teile im Ural für Touristen gesperrt. Diese Behinderungen und Einschränkungen sind überwiegend aufgehoben. Der Ural ist hauptsächlich ein Zentrum der Industrie, früher waren hier auch wichtige Rüstungsbetriebe angesiedelt. Zustande kam der wirtschaftliche Aufschwung vor allem nach dem Zweiten Weltkrieg. Schon zu Kriegszeiten wurden viele Betriebe in oder hinter den Ural verlegt, um trotzdem weiterproduzieren zu können.

Reisende mit der Transsibirischen Eisenbahn passieren die folgenden Städte von Moskau bis zum Ural (jeweils mit Angabe der Bahnkilometer):

Aleksandrow	112 km	Jaroslavl	283 km
Danilov	356 km	Ljubim	394 km
Buij	450 km	Nikolo-Paloma	570 km
Brantovka	631 km	Manturowo	653 km
Scharja	701 km	Svetsha	818 km
Kirow	958 km	Baljesino	1.195 km
Perm	1.434 km	Kungur	1.536 km

Ekaterinburg liegt am Transsib-km 1.816. Die nächsten größeren Stationen sind danach Tjumen, Ishim und Omsk. Neben der genannten Strecke gibt es mehrere Nebenlinien, so auch eine südlich verlaufende Strecke, welche über Nizhnij-Nowgorod, Kazan (Tatarstan), Janaul (Baschkortostan und Krasnoufimsk ebenfalls nach Ekaterinburg führt.

Republik Tatarstan (татарстан)

Die Ursprünge der tatarischen Republik reichen bis etwa zum Jahre 1300 zurück (Khanat Kazan). Die Stadt Kazan (г. **Казань**) wurde des Öfteren umkämpft und fiel Mitte des 16. Jahrhunderts an das Russische Reich. Geografisch handelt es sich bei der nur etwa 70.000 km² kleinen Republik überwiegend um ein hügeliges Tiefland. Wichtigste Flüsse sind die Wolga (р. **Волга**) und die Kama (р. **Кама**), die bei Kazan zusammenfließen. Von hier bestehen Schiffsverbindungen zum Schwarzen Meer und stromauf auf der Kama in Richtung Perm. In Kazan und Umgebung herrscht gemäßigtes Kontinentalklima, wobei im Winter bis zu -30°C erreicht werden können.

In Tatarstan leben etwa 3,5 Mio. Menschen, wovon gut die Hälfte Angehörige des Turkvolkes der **Tataren** sind. Die Tataren sind ganz überwiegend islamisch orientiert, Kazan ist ein wichtiges Zentrum des Islam in Russland. Der Rest der Bevölkerung sind Russen, Ukrainer, Tshuwashen und Bashkiren. Die kyrillische Schrift befindet sich in Tatarstan auf dem Rückzug, tatarisch wird in lateinischen Buchstaben geschrieben.

Kazan

☎	8432, Auskünfte ☏ 760095, 530299
🚗	Regioncode auf den Kennzeichen hier registrierter Kfz: "16"
🛈	Stadtverwaltung: 420014 Kazan, ul. Kremlovskaja 1, ☏ 927060
♦	Informationen: 💻 www.kazadmin.narod.ru oder 💻 www.kazan.ru
♦	💻 www.intourist-kazan.ru bzw. Office der Tourismus-Abteilung: 420111 Kazan, ul. Korottshenko 24/26-6, ☏ 843/2925090, ☏ 2924560 bzw. FAX 843/2920145
⌛	Es gilt die Moskauer Zeit.
🛏	Bulgar-Meta, ul. Wishnewskogo 21, ☏ 362301, FAX 362331
♦	Tatarstan, ul. Puschkina 4, ☏ 316603 bzw. 388379, FAX 388568, 💻 www.baivsite.ru/tatarstan. Liegt ebenfalls sehr zentral und wurde 1971 seiner Bestimmung übergeben, Zimmerpreise ab € 40 bis 50.
♦	Regina, ul. 50 let Oktjabrja 11, ☏ 757204, FAX 757150
🚌	Stadtbus Nr. 20/21 verkehrt zwischen dem Pl. Pobedy und dem Bahnhof.
✗	Bierbar Piwnoi Bar, ul. Bolshaja Krasnaja, 🕐 12:00 bis 23:00
☏	Postamt auf ul. Kremlovskaja 8, Telegraf arbeitet ständig, ☏ 380901

🏦	Bank, ul. Dekabristov 1
✚	Hospital und Poliklinik, ul. Teatralnaja 1, Notfallambulanz
☾	Die Große Moschee in der ul. Kirova 74 wurde 1849/50 erbaut.
◆	Die Blaue Moschee auf der ul. Narimanowa 18/19 ist sehenswert (1810).
◆	Moschee Kul-Sharif, Ortsteil Zapesnij, ul. Osinovskaja 30
✝	Polnisch-Katholische Kirche, ul. Tolstovo (Baujahr 1858)
◆	Orthodoxe Kirche Петропавловский собор, ul. M. Dzhalilja 21
◆	Lutheranische Kirche St. Katharina, ul. Marksa 26
⌘	Staatliches Kunstmuseum, ul. Marksa 64/29
◆	Sehr empfohlen ist ein Besuch des Kazaner Kreml (Weltkulturerbe).
◆	Nationalbibliothek, ul. Kremljovskaja 33

Die Hauptstadt der seit 1990 souveränen Republik liegt zwar nicht an der Hauptstrecke der Transsib, man passiert die Stadt aber, wenn man auf der südlich parallel zur Transsib-Hauptlinie verlaufenden Strecke von Moskau nach Ekaterinburg fährt. Kazan hat 1,2 Mio. Es gilt die Moskauer Zeit. Städtepartnerschaft mit Braunschweig.

Kazan liegt am linken Ufer der Wolga und wurde 1177 von Bulgaren als Bulgaral-Dzhadid (russ. *Nowij Bulgar)* gegründet. Bereits die Wolgabulgaren waren im 10. Jahrhundert zum Islam konvertiert. Aufgrund der vielen alten Kirchen und der Moscheen mit ihren Minaretten wähnt man sich zwischen Orient und Okzident. Zu den historischen Baudenkmälern zählt der Kazaner Kreml (16. Jh.) mit der Blagoweschtschenskij Kirche (1562).

Bekannt in ganz Russland ist die Kazaner Universität (1804 begründet).

Die Hälfte aller Einwohner beherrscht die tatarische Sprache, die Amtssprache ist jedoch noch Russisch. Die Einwohner haben neben der russischen auch die tatarische Staatsbürgerschaft. Die Bezeichnung "tatar" stammt aus der Mongolei, wo man ein vor 1.500 Jahren dort lebendes Volk so bezeichnete. Die heute in der RF lebenden Tataren (nach den Russen die zweitgrößte Gruppe der Bevölkerung) stammen nachweislich von den **Turkstämmen** ab. Diese wanderten vor etwa tausend Jahren aus Südsibirien in Richtung Westen. Ein um das 13. Jh. an der Wolga und Kama bestehendes Reich wurde durch die **Mongolen** erobert. Es kam zur Vermischung der Bevölkerung mit den Mongolen und gleichfalls hier durchziehenden finno-ugrischen Volksgruppen. Durch die Russen wurden im

16. Jh. die tatarischen Gebiete erobert. Die Stadt Kazan und das Khanat Kazan fielen im Jahre 1552 (☞ Moskau, Basilius-Kathedrale). Zur Christianisierung durch die Russen kam es im beginnenden 18. Jh. Nach der Oktoberrevolution in Russland wurde das Gebiet als Tatarskaja ASSR integriert. Die Unabhängigkeit erreichte die Republik erst wieder 1990.

Die Republik Tatarstan verfügt über Vorräte an Erdöl und Erdgas. An Industrie dominieren Erdölverarbeitung und Flugzeugbau. Neben dem Flugzeugwerk existiert eine Fabrik, welche die bekannten Hubschrauber Mi-8 und Mi-17 herstellt.

Verkehrsverbindungen

✈ Von Kazan gibt es Flüge von/nach Istanbul, Chabarovsk, Moskau, Frankfurt/M. (Lufthansa, zweimal pro Woche), St. Petersburg.

♦ Tatarstan-Airlines am Kazaner Airport: ☎ 372379

♦ Lufthansa in Kazan ☎ 659051, ☎ 379765 oder FAX 659155. Lufthansa Fracht/Cargo, ☎ 659138, FAX 659138

🚆 Züge verkehren von und nach Moskau, Saratov und Ekaterinburg. Der Expresszug "Powolzhe" verbindet Kazan und Nishnij Nowgorod.

⊕ Svarog-Rivertourism, 121170 Moskau, ul. Poklonnaja 8, ☎ 095/2498625, FAX 7374895, 🖳 www.svarog2.ru bietet Flussreisen auf Kama und Wolga an.

🚗 Die Autobahn M7 führt von Moskau über Nishnij-Nowgorod weiter nach Kazan. Bis nach Kazan sind es etwa 850 km. Die M7 verbindet Kazan nach Osten weiter mit Ufa (Уфа), der Hauptstadt von Baschkortostan. Auf halbem Wege liegt die Bezirksstadt Elabuga (Елабуга).

Touren in die Umgebung

Die Stadt **Elabuga** (tatarisch Alabuga) liegt gut 200 km östlich von Kazan am Fluss **Kama** und hat 70.000 Einwohner (2005). Ursprünge zurückreichend bis in das 11. Jahrhundert (Grenzfestung der Wolgabulgaren). Später Gründung der Stadt in der zweiten Hälfte des 16. Jh., später im 18./19. Jh. Entwicklung zum Handelszentrum (Bierbrauerei, Kerzen- und Textilindustrie). Bekannt ist das Historische Heimatmuseum der Region. Sehenswert sind auch die Kirchen Pokrowskaja und Nikolskaja Zerkov. In der Stadt existierte ab 1943/44 ein größeres Kriegsgefangenenlager, in welchem vor allem in Stalingrad in Gefangenschaft geratene Offiziere der Deutschen Wehrmacht inhaftiert waren.

☽   Vorwahl ☎ 85557

ℹ   💻 www.elabuga.ru

📞   Postamt, ul. Molodjozhnaja 9, ☎ 39616

🚌   Täglich Busverbindung mit Kazan, Busplatz: ul. Stroitelei, ☎ 33260, Fahrtdauer 4 bis 5 Std. Keine Zugverbindung nach Kazan.

🛏   Toima, ul. Govorova 6, ☎ 22492, durchschnittlicher Standard - aber oft die einzige Alternative, da man bei einem Tagesausflug (von Kazan kommend) abends keine Rückfahrtmöglichkeit per Bus hat.

✚   Bezirksklinik, ul. Kommunistitsheskaja 9

✗   Restaurant Elabuga, ul. Stakhejeva 7, nur 5 Min. zu Fuß vom Leninplatz

☾   Moschee, pr. Mira 2, ☎ 25238

⌘   Heimatmuseum, ul. Naberezhnaja 2, ☎ 21136

📖   Sprachführer Russisch - Tatarisch, ISBN 978-5-9578-0733-9, Verlag транзиткнига (Transitkniga), Lizenzausgabe auch bei Verlag ACT (г. Кызыл, тыва, www.ast.ru) erschienen. Das 223 Seiten umfassende Büchlein umfasst alle praxisrelevanten Kommunikationsbereiche.

Wird in der Republik Tatarstan hergestellt: der Mi-8

Republik Udmurtija

☽   3412, Auskünfte ☎ 223881, ☎ 510111

🚗   Regioncode auf den Kennzeichen hier registrierter Kfz: "18"

🛈   Im Internet 💻 http://izh.udm.net/ bzw. 💻 www.izh.ru/ oder 💻 www.udm.ru/

◆   Gebietsverwaltung, 426070 Izhewsk, ul. Pushkinskaja 276, ☎ 224590

🛏   Avia-Hotel, 426015 Izhewsk, Aeroport, ☎ 311648, FAX 311649

◆   Vostotshnaja, 426075 Izhewsk, ul. Lenina 144, ☎ 375619

BANK   Inkasbank, ul. Lenina 30

🚂   Anreise: Vom Kazaner Bahnhof in Moskau gibt es einen direkten Zug nach
    Izhewsk (weitere Züge von Perm und Kazan).

Hauptstadt der kleinen Republik (bis 1968 Sperrzone aus militärischen Gründen) ist **Izhewsk (Ижевск)**. Die Republik liegt nördlich von Tatarstan, ihr östlicher Nachbar ist die Region Perm. Das Volk der Udmorten gehört zur finno-ugrischen Gruppe und umfasst ca. 1,5 Mio. Menschen. Weltweit bekannt ist Izhewsk
hauptsächlich durch die Waffenfabriken. In der Stadt gibt es ein Kalaschnikow-
Museum. Die ersten Waffenschmieden entstanden schon zu Zarenzeiten um
1774. Weitere nennenswerte Produktionszweige sind die Herstellung von Autos
und Motorrädern. Die Stadt (1760) am kleinen Fluss Izh hat 627.000 Einwohner. Zu Sowjetzeiten trug sie von 1985 bis 1987 den Namen Ustinov. Es gibt
zwei größere Universitäten (Staatliche Universität Udmurtiens und Technische
Universität: 💻 www.istu.ru/) und eine Medizinische Akademie.

In der Stadt **Votkinsk** (nordöstlich von Izhewsk) können Sie das Museumshaus
des Komponisten Tschaikowskij besuchen (Anreise per Bus). In Votkinsk befand
sich früher eine Rüstungsfabrik und die Region war für Ausländer tabu. Dies
änderte sich, nachdem UNO-Inspekteure im Rahmen der Abrüstungsverhandlun-
gen Zutritt erhielten.

Republik Baschkortostan

Die heute unabhängige Republik (ab 1922 bis 1991 Sowjetrepublik Baschkirien,
BASSR) liegt im Gebiet des Süd-Urals an der Grenze zwischen Europa und Asien.
Im Süden trennt Baschkortostan nur ein schmaler Streifen des Gebiets Orenburg

(Оренбург) von Kasachstan. Östlich schließt sich das Gebiet Tsheljabinsk (Челябинск) an. Mit der Bahn, beispielsweise den Zügen Nr. 35/36 oder auch 95/96 in Richtung Altai oder Kasachstan, passiert man kurz den nördlichsten Teil von Baschkortostan. An diesem Teil der Bahnstrecke dominieren viele Tunnel (Abschnitt zwischen Janaul und Krasnoufimsk). Ufa, die Hauptstadt der Republik, ist ein großer Bahnknotenpunkt.

Die Bevölkerung setzt sich hier zusammen aus 50 % Russen, 28 % Tataren, 12 % Bashkiren und wenigen % Ukrainern, Mari und Bürgern tshuwashischer Nationalität. Die Bewohner sind zum überwiegenden Teil muslimisch orientiert, des Weiteren spielt die russisch-orthodoxe Kirche eine bedeutende Rolle. Nach dem Sturz des Khanats Kazan schlossen sich die auf dem Gebiet des heutigen Baschkortostan siedelnden Bashkiren dem Zarenreich an, 1575 ist der Bau der Festung Ufa urkundlich erwähnt. Ufa war damals im ausgehenden 16. Jahrhundert einer der östlichsten Vorposten des Zaren, Stadt seit 1586. Bis in das 17. Jahrhundert hinein kam es des Öfteren zu Plünderungen oder Angriffen räuberischer Banden. 1759 führte ein heftiger Stadtbrand zur fast vollständigen Vernichtung der Stadt.

Ufa (Уфа)

◐ 3472

🚗 Regioncode auf den Kennzeichen hier registrierter Kfz: "02"

⧗ Zeitunterschied zu Moskau plus 2 Std., zur Mitteleuropäischen Zeit plus 4 Std.

🛈 Administration, 450098 Ufa, pr. Oktjabrja 120, ☎ 312816

♦ 🖥 www.ufacity.info/, siehe auch: 🖥 www.baschkirienheute.de (Deutsche Partnerstadt von Ufa ist Halle/Sa.) oder 🖥 www.ufanet.ru/ufa/

✯ Passportno-Vizovoje Otdjel (УВД), 450077 Ufa, ul. Pushkina 63, ☎ 794167 und 230778

🛏 Rossija, pr. Oktjabrja 81, ☎ 334710

♦ Baschkirija, ul. Lenina 25, ☎ 223347

♦ Azimut, 450075 Ufa, pr. Oktjabrja 81, ☎ 359000, FAX 358925

♦ Agidel, 450000 Ufa, ul. Lenina 14-16, ☎ 725680, FAX 510031

♦ Ural, 450022 Ufa, ul. Mendelejeva 136, ☎ 520744

♦ Tourist Hotel (etwas preiswerter), ul. R. Sorge 17, ☎ 243656

✆ Hauptpost ul. Lenina 28

- ♦ Telegraf, ul. Tschernyshevskovo 6
- ⌷BANK⌷ Bank, ul. R. Sorge 20, 450059 Ufa, ☎ 243617
- ✈ Flüge von/nach Moskau (Aeroflot von Sheremetjewo Moskau, Flüge 891/892, Ticketpreis ca. € 200 H/Z), Istanbul, Baku u.a. Informationen zum Airport auf der Seite ⌷ www.airportufa.ru/. Bashkir Airlines Co. hat ihr Office im Airport Ufa.
- ⊕ BI-Travel, Turistitsheskoje Agenstvo, 450059 Ufa, Komzomolskaja ul. 35, ☎ 255787
- ♦ Firma Bashtur Plus, 450059 Ufa, ul. Rikharda Zorge 17, ☎ 254634 und 254657
- **CD** Vertretung der Republik Bjelarus (Weißrussland), 450008 Ufa, ul. Sowjetskaja 18, ☎ 231256, ⌷FAX⌷ 500451
- ☾ In Ufa hat auch die Zentralverwaltung der Muslime Russlands und Sibiriens ihren Hauptsitz (ul. Tukajeva 50a).

Für Touristen, die mit dem eigenen Fahrzeug nach Sibirien fahren, liegt **Ufa** auf der Strecke (Polen - Brjansk - Tambov - Samara - Ufa - Tscheljabinsk) und bietet sich als Zwischenstation an. Von Samara führt die Fernstraße M5 weiter nach Ufa und Tscheljabinsk.

Die Hauptstadt liegt am Zusammenfluss der Flüsse Ufa und Bjelaja. Baschkortostan zählt zu den wohlhabenden Gebieten (die Bank der Region, die Bashprombank, wurde schon Mitte der 1990er Jahre an das internationale Visacard-System angegliedert) innerhalb der RF. Mögliche Gründe dafür sind die eigene Wirtschaftspolitik der Republik, die ausländische Investoren begünstigt, sowie die vorhandenen Bodenschätze (Erdöl, Kohle und verschiedene Metallerze). Neben Erzen der Platingruppe existieren Goldvorkommen, auch über den Fund eines 5kg-Nuggets wurde schon berichtet.

In Baschkirien dominiert die erdölverarbeitende Industrie (größtes Unternehmen ist Bashneft). Ein Großteil der Betriebe ist noch in staatlicher Hand, weil man hier mit der Privatisierung vorsichtiger als in anderen Regionen vorgegangen ist. In der Stadt gibt es mehrere Universitäten (Technische Universität, Medizinische Akademie, Erdöluniversität Ufa). Die Gegend ist reich an fruchtbarer Schwarzerde, die Landwirtschaft floriert. Aufgrund der geografischen Lage ist Weinanbau möglich.

Ufa ist eine der heimlichen Hauptstädte des russischen Rock, so kommt der Band-Leader und Gründer von DDT, Jurij J. Schewtshuk ebenso aus Ufa wie die

Sängerin Zemphira. Von der Gruppe DDT gibt es einen bekannten Titel namens "Bashkirskij Mjod" (Baschkirischer Honig).

Für touristische Unternehmungen eignet sich u.a. der Fluss **Bjelaja**, den man von der Stadt **Bjeloretsk** mit dem Floß oder Katamaran befährt. Im Süd-Ural zeugen die ca. 15.000 Jahre alten Höhlenmalereien in den Höhlen Kapova und Ignatjeva von der frühen Besiedlung, welche in den 1950er Jahren entdeckt wurde (☞ Buchempfehlung *Höhlenmalerei im Ural*, Vjaceslav E. Scelinskij und Vladimir N. Sirokov, S. 26).

Perm (Region = Permskaja Oblast)

☽   3422 bzw. 342

🚗   Regioncode auf den hiesigen Kfz-Kennzeichen: "59"

🛈   Stadtverwaltung 614000 Perm, ul. Lenina 23, ☎ 3422/343302

♦   Offizielle Website: 🖥 www.perm.ru/, siehe auch 🖥 www.gorodperm.ru

🏦   Kreditkartenannahme in Perm: Inkombank, ul. Bolshevitskaja 120

♦   Western-Union Partner: Kamabank, ul. Lenina 46, 614001 Perm bzw. Filiale auf ul. Gagarina 44a

✚   Klinik, ul. Sowjetskoi Armii 17, ☎ 272593

☽   Telegrafenamt, ul. 25-Oktjabrja Nr. 9

🛏   Sportivnaja, ul. Kuibytschewa 49, ☎ 342/2349458

♦   Park-Hotel, ul. Kirowogradskaja 104, ☎ 342/2529512

♦   Almaz Urala OAO Permturist, ul. Lenina 58, ☎ 342/2122494

⌘   Kunst-Ausstellung mit Galerie, Komsomolskij pr. 2

♦   Die Staatliche Kunstgalerie der Stadt, welche sich in einer ehemaligen Kirche befindet, und das örtliche Regionalmuseum sind bekannte Touristenmagnete.

♦   Archiv des Memorial des Zentrums für die Geschichte der politischen Repressionen, 614990 Perm, ul. Sibirskaja 17/36, ☎ 342/2123718

🌐   Turfirma Avanta, ul. Gazety Zwesda 33/2, ☎ 342/2377254, 🖥 www.permopen.com (Touren zur Kungur-Eishöhle, in den Naturpark Zapovednik Wishera sowie nach Khokhlowka und zum Bjelogorskij Monastyr)

♦   Pik-Travel, 614010 Perm, ul. Pushkina 110/111, ☎ 342/2909402

Die Hafenstadt **Perm** (Пермь) am Fluss **Kama** (Hafen) liegt am Transsib-km 1.436 km. Perm ist Gebietshauptstadt der Permskaja Oblast. In dem etwa 160.000 km² großen Gebiet leben insgesamt etwas mehr als 3 Mio. Menschen, zum Großteil Russen und Tataren. Von 1940 bis 1957 trug die Stadt den Namen des sowjetischen Außenministers Wjatscheslaw Molotow (1890 bis 1986).

Perm liegt im Zentrum Russlands, etwa gleiche Entfernungen trennen die Stadt von Mitteleuropa und Japan. Die Permer Region ist eine der am stärksten entwickelten Gebiete der RF. Das hat mehrere Ursachen: Perm liegt am Kreuzungspunkt mehrerer Transportwege (Straßen, Transsib, Luftwege, Kama). Über den Fluss Kama - einen der längsten Flüsse Russlands - besteht Verbindung zu fünf großen Meeren (Kaspisches Meer, Asowsches Meer, Schwarzes-, Baltisches- und Weißes Meer).

Hauptwirtschaftsfaktor sind die reichhaltigen und abbauwürdigen Rohstoffe. Man fand hier aber nicht nur Erze und Metalle verschiedener Art (Eisen, Chrom, Titan, Nickel, Platin, Gold), sondern auch Erdöl und Gas in beträchtlichem Umfang. Hier werden zurzeit pro Jahr 13 Mio. t Erdöl verarbeitet. Allein durch Perm-Neft, ein größeres Unternehmen, werden 108 Gas- und Öllagerstätten ausgebeutet. Auch die bekannte Firma Lukoil hat in Perm ihren Sitz.

Die Industrie war hier früher militärisch ausgerichtet und fertigte neben verschiedenen Rüstungsgütern auch Triebwerke für die Hubschrauber Mi6 und Mi10 sowie für die weltbekannte Mig-31 - dies war bis vor 5 Jahren eigentlich noch streng geheim. Heute müssen sich viele Betriebe auf zivile Produktionen umstellen, wenn sie weiter existieren wollen. Dies ist auch für ausländische Investoren interessant, wovon die gegründeten Joint Ventures künden.

Geschichte

Die Benennung der Stadt Perm soll finno-ugrischen Ursprungs sein. Der Beginn der Entwicklung von Perm liegt noch nicht einmal ganz 300 Jahre zurück. Im Jahre 1723 gab es hier an der Grenze zwischen Europa und Asien, am Kreuzungspunkt von Handelswegen und der Kama, lediglich eine kleine Siedlung mit Kupferschmelzhütten. Gegen 1735 wurde die erste Schule eröffnet. Im gleichen Jahr begann man einen befahrbaren Weg nach Moskau anzulegen, man schlug durch die sumpfige Taiga eine Schneise nach Westen.

Die damals noch kleine Siedlung Perm wurde des Öfteren ausgeplündert. Im Jahre 1780 erhob Katharina die Große Perm per Dekret zur Provinzhauptstadt.

Sechs Jahre später gab es hier die erste Druckerei. Die Entwicklung zur größeren Stadt begann. Eine Zeit lang war Perm auch Verbannungsort. Seit 1878 Anschluss an die Transsib. Die Gründung von weiteren Fabriken fiel in diesen Zeitraum. 1916 wurde die Universität Perm gegründet. Während des Zweiten Weltkrieges wurden auch nach Perm viele bedeutende Betriebe aus dem Westen des Landes evakuiert. Die Stadt hat heute knapp 1 Mio. Einwohner.

Das **Tschaikowski-Theater** ist eines der ältesten in der RF und wurde im 19. Jahrhundert gegründet. Nach St. Petersburg und Moskau ist das Ballett aus Perm in Russland am bekanntesten. Viele Künstler begannen ihre Laufbahn in der sich hier befindenden Choreografischen Schule.

Anreise

🚂 Alle Züge der Richtung "410" passieren Perm. Größere Bahnstationen vor Perm sind Kirow, Jar und Tschaikovskaja. Die Züge kommen auf dem Passagierbahnhof Perm II an, und oft ist hier ein Aufenthalt von 20 bis 30 Min. vorgesehen. Über die große Brücke gelangt man bequem über die Gleisanlagen zum Bahnhofsvorplatz, wo sich Kioske mit Getränken und Lebensmitteln befinden. Von Moskau bis Perm hat der Zug 1.435 km zurückgelegt. Die nächste größere Station in Richtung Osten ist **Ekaterinburg**.

✈ Zwischen Perm und Moskau bestehen täglich Flugverbindungen. Flüge gehen sowohl von Sheremetjewo (Aeroflot, Flüge 659/660 bzw. 819/820), als auch von Domodjedowo (S7/Sibir, Flüge Nr. 312/313 u.a.) zum Airport Bolshoje Sawino (Perm). Anfang 2007 kostete ein Ticket Moskau - Perm zwischen 6.600 bis 8.100 Rubel (ca. € 200 bis 230).

♦ Perm wird von Lufthansa angeflogen, Ticketschalter Lufthansa im Bolshoje Sawino Airport, 614515 Perm, ☎ 342/2201442.

🚗 Von **Kazan** (Republik Tatarstan) führt die M7 nach Elabuga, von dort in nördlicher Richtung nach Perm (via Izhewsk, Igra und Krasnokamsk). Die Entfernung von Kazan beträgt etwa 640 km. Außerdem gibt es Fernstraßen nach Ekaterinburg und Kirow.

Sehenswertes

Der Fluss **Kama** wurde bei Perm künstlich aufgestaut, und das Wasserkraftwerk kann besichtigt werden. Die Kama ist sehr wasserreich mit mehr als 100 Billionen m³ Wasserdurchfluss pro Jahr. Auf dem Kama-See und dem Fluss verkehren

Passagierschiffe. Schon der russische Schriftsteller **Anton Tschechow** beschrieb die Schönheit und Einzigartigkeit einer Segelfahrt auf der Kama. In der Umgebung von Perm befindet sich die **Kungursky-Höhle**, die zu einem großen System unterirdischer Grotten gehört und teilweise für Besucher zugänglich ist.

⌘   In **Khokhlowka** befindet sich das Ethnografische Museum der Region Perm (etwa 50 km Entfernung). Dieses Freilichtmuseum zeigt Häuser vom 17. Jahrhundert bis heute. Angeraten sei außerdem ein Besuch im bekannten **Kunstmuseum** der Stadt Perm (Gemäldegalerie mit Ikonen u.a.).

Die Gemäldegalerie befindet sich in einer ehemaligen **Kathedrale**. Neben Gemälden sind hier besonders die religiösen Skulpturen aus dem 17. bis 19. Jahrhundert hervorzuheben, wie z.B. Christusfiguren mit eindeutig mongolisch-asiatischen Zügen, die normalerweise in russisch-orthodoxen Kirchen ungebräuchlich sind und großen Seltenheitswert haben.

Die Region Perm wird auch als "The ural's Switzerland" bezeichnet, was auf die große Zahl von Naturschönheiten zurückgeführt wird. Die Anzahl der Touristen steigt jedes Jahr. Für Leute mit dem nötigen Kleingeld werden im Sommer und Winter Touren organisiert, z.B. zum Fischen mit Motorjachten oder zum Jagen in der Taiga.

Schiffstouren

Auf der bei Perm angestauten Kama gibt es auch mehrere für Touristen nutzbare Verbindungen, die meist von Raketas (einer Art Tragflächenboot) bedient werden. Ticket-Agentur auf der ul. Ordzhonikidze.

Es bietet sich z.B. eine Fahrt nach **Solikamsk** (ca. 280 km nördlich von Perm) auf der Kama an. Von dort fährt man am nächsten Tag mit dem Schiff nach **Khokhlowka** (liegt 50 km nördlich von Perm), das ein interessantes regionales ethnografisches Museum beherbergt. Dieses gestattet einen guten Einblick in die frühere russische Holzbaukunst und Volkskultur. Zwischen Khokhlowka und Perm gibt es eine Busverbindung.

Organisierte Touren im Ural

Durch verschiedene russische lokale Touristenbüros werden geplante Reisen innerhalb des Ural veranstaltet. Da hier fast alles bis ins letzte Detail organisiert ist und Teilstrecken mitunter per Hubschrauber überwunden werden, kostet eine meist zweiwöchige Tour etwas mehr als nur "Kopeki".

Interessant sind die Katamarantouen auf dem Fluss **Kosju** (einem Nebenfluss der Petshora, die 800 km weiter nördlich in die Barentsee mündet und durch die sehr starke Ölverschmutzung bekannt wurde). Der Kosju ist aber sauber und fischreich und fließt durch eine dünn besiedelte Gegend. Im Sommer kann man mit ca. 25°C Lufttemperatur und etwa 15°C Wassertemperatur rechnen. Überlebenswichtig sind hier Mückenschutzmittel. Die Kama eignet sich nicht zum Befahren mit Katamaranen, da starker Schiffsverkehr herrscht und die Strömung stellenweise sehr gering ist. Es bieten sich aber verschiedene Nebenflüsse, wie z.B. die Wishera, die im Oberlauf ein geeignetes Strömungsverhalten zeigt, dafür an.

Nachdem der Zug die Stadt Perm verlassen hat, beginnt die Durchfahrt durch den **Ural**. Der nächste Halt nach der Station Perm ist Shalja, das nach etwa 4 Std. erreicht wird und am Transsib-km 1.669 liegt.

Der Mittelural, den die Transsib hier überquert, erscheint lediglich als Hochplateau mit durchschnittlich 500 Höhenmetern. Vom Gebirge sieht man vom Zugfenster also praktisch nichts. Das Relief des Ural ist derart gestaltet, dass die höchsten Gipfel im Norden liegen und im Süd-Ural nur noch Hügelketten vorkommen. Nach weiteren 150 km, die der Zug in ca. drei Std. bewältigt, ist **Ekaterinburg** erreicht (früher Swerdlowsk). Von Moskau hat der Zug bis hierher 1.816 km zurückgelegt. Die Stadt Ekaterinburg ist die Gebietshauptstadt des Swerdlowskaja Oblast.

Zwischen Shalja und Ekaterinburg passiert der Zug die Grenze zwischen Europa und Asien. Am km 1.777 befindet sich rechts eine Steinsäule, die die geografische Grenze markiert. Die Steinsäule befindet sich auf der südlichen Seite der Bahnstrecke, also rechts in Fahrtrichtung Ekaterinburg.

Fährt man von **Janaul** (Baschkirien) über **Krasno-Ufimsk** nach Ekaterinburg, sieht man kurz nach der Station Krasno-Ufimsk zwei gigantische **Lokomotivfriedhöfe** - links in Fahrtrichtung (überwiegend VL-60er Loks). Etwa 1 Stunde vor Ekaterinburg passiert der Zug einen längeren Tunnel, auf einer Nebenstrecke werden zwischen Krasnoufimsk und Tshernushka mehrere Tunnelstrecken durchfahren.

Westsibirien

Rast bei Berghirten im Gebiet des Flusses Korgon - Altai

Ekaterinburg (Екатеринбург)

z.T. nach Informationen von Birgit Zimmermann

- ☎ 343, (alte ☎ 3432)
- ♦ Von 1924 bis 1991 trug Ekaterinburg den Namen Swerdlowsk. Die Region trägt heute noch diesen Namen (Свердловская область).
- ⧖ Zeitunterschied zu Moskau: plus 2 Std.
- 🚗 Kennzeichen hier zugelassener Fahrzeuge tragen den Regioncode "66".
- 🛈 Stadtverwaltung, 620014 Ekaterinburg, pr. Lenina 24A, ☎ 3432/562990 und 3432/775501, FAX 3423/562992
- ♦ Karte der Stadt 💻 http://map.yandex.ru/ekb
- ♦ Infos: 💻 www.ekburg.ru und 💻 http://its.ekburg.ru
- ✆ Hauptpostamt, 620000 Ekaterinburg, pr. Lenina 39, ☎ 3711022
- ♦ EMS-Kurierpost, Niederlassung auf ul. Korolenko 15, ☎ 3536010
- ✪ УВД / Miliz-Abteilung Inneres im *Zheleznodorozhnoij Rayon* auf der ul. Tsheljukinzew 96, ☎ 530202, im *Kirowskij Rayon* auf der ul. Tolmatshewa 26, ☎ 560202, Information 💻 http://uvd.e-burg.ru
- ♦ Dienststelle des МЧС: 620051 Ekaterinburg, ul. Pushkina 11
- ⊞ Stomatologische Poliklinik Nr. 7, ul. Mamina-Sibirjaka 59, Zahn-Notdienst in Behandlungsstelle ul. Grazhdanskaja 9
- ♦ Kinderpoliklinik, ul. Zavodskaja 32, ☎ 2463587
- ♦ Städtische Klinik Nr. 40, ul. Wolgogradskaja 189
- 🛏 Oktjabrskaja ***, ul. Kovalevskoi 17, ☎ 3745146, FAX 3745016. Es war früher das Hotel für die Funktionäre der KPdSU, der kommunistischen Partei der UdSSR. 💻 www.hotel-okt.ru
- ✕ Gepflegtes Essen im Hotel Oktjabrskaja, ☎ 445146
- 🛏 In unmittelbarer Nähe zum Bahnhof liegt ein weiteres großes Hotel, es nannte sich bis vor Kurzem "Swerdlowsk", ☎ 3536574.
- ♦ UralOtel **** (УралОтель), ul. Khomjakowa 23, 620028 Ekaterinburg. Das Hotel hat einen guten Ruf. Entfernung zum Stadtzentrum 1,5 km, 24 km bis zum Airport.
- ♦ Izet, pr. Lenina 69/1, ☎ 3506943 und 3506928
- ♦ Park Inn Ekaterinburg, ul. Mamina-Sibirjaka 98, ☎ 2166000, FAX 2166006, 💻 www.parkinn.com.ru, Restaurant Magellan
- ♦ Flughafen-Hotel, ☎ 268606, Aeroport, 🛈 3432/249924 oder 268710

⊕ Turfirma Alpindustrija-Tur Ekaterinburg, ul. Perwomajskaja 77

🏦 Transcreditbank (lokaler Agent von Western-Union), 620134 Ekaterinburg, ul. Bilimbajewskaja 28, ☎ 3726990

◆ UBRD-Bank, ul. Bljukhera 45, 620137 Ekaterinburg, ☎ 3698480

◆ Geldautomaten: ul. Lenina 48, ul. Perwomajskaja 75, ul. Akademika Bardina 12 sowie im Flughafen

CD Deutsches Generalkonsulat, 620026 Ekaterinburg, ul. Kuibyshewa 44, c/o World Trade Center/Office 503-504, ☎ 3596399, 🖳 www.jekaterinburg.diplo.de

✈ Lufthansa Hotel-Schalter im 🛏 Transhotel, ul. Gogolja 15, werktags. Office im Airport und Reservierungshotline ☎ 2647771 und 2647772, FAX 2647773, ✎ lh.ural@dlh.de Ticketschalter im Flughafen Koltzovo (Bustransfer aus der Stadt mit B Nr. 167, Fahrtdauer 30 bis 40 Min., Ticket ca. € 2). Achtung: LH fliegt Ekaterinburg nicht täglich an.

◆ Internationaler Airport Kolzowo (Кольцово), ☎ 2242367, FAX 2647697, Auskünfte/Справочная ☎ 2249924 und 2249925. Verkehrsverbindungen vom/zum Airport: Buslinie 1 (zirkuliert zwischen Airport und dem Bahnhof/жд. вокзал), Minibusse verkehren auch zwischen dem Airport und Pl. 1905 goda (пл. 1905 года), ca. 45 Min. bis 1 Std. für den Transfer, Taxi etwas schneller.

◆ Informationen Airport: 🖳 www.koltsovo.ru

◆ Es gibt noch einen kleineren Flugplatz namens Uktus bei Ekaterinburg, Piste aus Asphaltbeton, ☎ 2219312, FAX 2270517, 🖳 http://uktus.uralfirm.ru bzw. ✎ uktus@etel.ru

🚌 *Avtostanzija* (Privokzalnaja Pl.), ☎ 268567 (zwischen der *Avtostanzija* und dem Airport Kolzowo verkehrt die Buslinie Nr. 67)

🐾 Tierpark, ul. Mamina-Sibirjaka 189, 🖳 www.zoo.isnet.ru, 🕐 10:00 bis 18:00 (im Winter bis 17:00).

⌘ Interessant ist das Geschichtsmuseum der Region, ul. Malisheva 46.

◆ Ebenfalls bekannt ist das Kunstmuseum der Stadt, ul. Wojewodina 5.

◆ Militärmuseum, ul. Perwomajskaja 27, ☎ 3501742

◆ Geologisches Museum der Region Ural, ul. Kujbyshewa 39

◆ Museum der Internationalisten, pr. Kosmonawtow 26

👜 Akademisches Theater und Ballett, ul. Lenina 46 A, ☎ 3508057, 🖳 www.uralopera.ru/. Philharmonie: ul. K. Libknekhta 38

♦   Es gibt noch 10 weitere Theater von Komödie bis Puppentheater.

🎉   Art-Klub Podwal, ul. Moskowskaja 209 oder Klub Че Гевара, ul. Furmanowa 117 (aktuelle Adressen ☞ 🖥 http://its.ekburg.ru)

Ekaterinburg verfügt über eine kleine Metro (U-Bahn), welche derzeit sieben Stationen in einer Linie umfasst (drei weitere im Bau bzw. geplant) und ein rasches Fortbewegen in der Stadt erlaubt. Die Namen der Stationen sind:

♦   pr. kosmonawtow
♦   Uralmash
♦   Mashinostroiteleij
♦   Uralskaja
♦   Dynamo
♦   Ploschad 1905 goda
♦   Geologitsheskaja

In die "Hauptstadt des Uralgebirges", wie Ekaterinburg von den Einheimischen gern genannt wird, gelangt man am besten per Flugzeug oder per Bahn.

Gute Erfahrungen mit der Anreise per Bahn machte Co-Autorin Birgit Zimmermann: "Wählt man den Zug, so schaukelt man von Moskau aus in einem Fabrikat des Waggonbaus Ammendorf (auch heute stammt der überwiegende Teil der Passagierwaggons noch aus Deutschland) ca. 25 Std. über Russlands Schienen. Die Zugfahrt auf der Strecke der Transsibirischen Eisenbahn ist sehr angenehm, denn zum einen versorgt einen die *deschurnaja*, die Waggonschaffnerin, so oft und so viel man will mit Tee, und zum anderen kann man im Speisewagen des "Ural-Express" oder bei Aufenthalten auf den Bahnsteigen alles für das leibliche Wohl Notwendige erstehen.

Leider ist es von Deutschland aus nicht möglich, Fahrkarten für den "Ural-Express" zu kaufen. Man kann nur eine Bettkarte für die Fahrt von Moskau nach Ekaterinburg reservieren lassen; die Fahrkarten und die Platzreservierung für die Rückfahrt müssen in Russland gekauft werden. Für Reisen auf eigene Faust erfordert dies einiges an Organisationsgeschick."

Leichter lässt sich da ein Flugticket organisieren. Aeroflot fliegt durchschnittlich zweimal pro Tag die 1.815 km lange Strecke von Moskau nach Ekaterinburg.

Geschichte

1723 wurde die zunächst nach Katharina der Großen benannte Siedlung gegründet. Auf Befehl Peters des I. errichtet man ein für damalige Zeiten große metallverarbeitende Fabrik. Im Laufe der Jahrzehnte entwickelte sich die erste größere Stadt auf sibirischem Gebiet zu einem Knotenpunkt zwischen Asien und Europa. Unter Peter dem Großen schließlich wurde die Entwicklung der Stadt soweit forciert, dass Ekaterinburg fortan als "Fenster zu Asien" galt. 1725 wurde eine Münzprägestätte in Ekaterinburg eröffnet, welche das Reich mit kupfernen Münzen versorgte. Ekaterina die II. verlieh der Siedlung 1781 das Stadtrecht.

Auch in der Geschichte der Großen Sozialistischen Oktoberrevolution spielt Ekaterinburg eine nicht unwesentliche Rolle; wurden doch hier Zar Nikolaus II. und seine Familie 1918 von den Bolschewiki erschossen. Die Sommerresidenz der Romanows wurde anschließend zerstört, und die Leichen der Zarenfamilie wurden außerhalb der Stadt in ein Waldgebiet verbracht. Heute erinnert an jener Stelle ein Kloster der orthodoxen Kirche im Wald am Rande von Ekaterinburg an das Schicksal des Zaren und seiner Familie.

Eine weitere Folge der Revolution war 1921 die Umbenennung der Stadt von Ekaterinburg in Swerdlowsk - nach Jakow Swerdlow, einem der Führer der Revolution.

In den nun folgenden Jahren wurde die Stadt zu einem mächtigen Industriezentrum ausgebaut, die Einwohnerzahlen stiegen stetig an. Nach heutigen Standards veraltete Fabrikkomplexe und Plattenbauriesen in der ganzen Stadt sind in der Gegenwart die stummen Zeugen von siebzig Jahren Sozialismus. 1991 wurde die Stadt wieder in Ekaterinburg zurückbenannt.

📖 *GEO-Epoche* 2001, Sonderheft *Im Reich der Zaren*, ISBN 978-3570193228, Preis ca. € 8,20 (Ausgezeichnete Bebilderung, guter Text

♦ *Knochengeflüster*, Maples/Browning, Heyne-Sachbuch (aus dem Amerikanischen), ISBN 978-3453148475, ca. € 8,80. Der amerikanische Gerichtsanthropologe Maples beschreibt u.a. die Entdeckung, Exhumierung und Identifizierung der sterblichen Überreste der Zarenfamilie.

Das heutige Ekaterinburg

Obwohl Ekaterinburg mit knapp 1,3 Mio. Einwohnern (2006) die größte Stadt im Uralgebirge (und die viertgrößte Stadt Russlands nach Nowosibirsk, St. Petersburg und Moskau) ist, kann man sie aus touristischer Sicht wohl als noch wenig erforscht betrachten. Aufgrund der verschiedenen Industrie- und Militäranlagen in und um Ekaterinburg galt die Stadt bis 1991 als ein für Touristen weitgehend unzugängliches Sperrgebiet. Viele Denkmäler aus sowjetischer Zeit prägen das Stadtensemble und erinnern an frühere Zeiten.

Aus dieser jahrelangen Abriegelung der Stadt resultieren möglicherweise auch die Neugier und die - im Vergleich zu anderen russischen Großstädten - geradezu schüchterne Zurückhaltung, mit denen die Einheimischen ausländischen Besuchern begegnen.

Während zum Beispiel in Moskau jeder Nicht-Russe sofort und ständig zum Kauf von Souvenirs gedrängt wird, steht in Ekaterinburg die oft zitierte russische Herzlichkeit noch vor der Hoffnung, vielleicht doch die eine oder andere Matrjoschka an den Gast aus dem Ausland loszuschlagen.

Mit der Erweiterung des Flughafens um ein modernes Terminal hat sich Ekaterinburg 2006 ein weiteres Stück geöffnet.

Touristische Attraktionen

Trotz ihrer touristischen Unterentwicklung ist Ekaterinburg reich an verschiedenen Sehenswürdigkeiten. Am bekanntesten ist das **Mineralienmuseum**, in dem mehr als 20.000 Gesteine ausgestellt sind, die alle aus dem Gebiet des Ural stammen. Außerdem gibt es in der Stadt noch eine ganze Reihe weitere Museen und auch zahlreiche Theater. Ein anderer interessanter Anlaufpunkt ist die **Kathedrale zu Mariä Himmelfahrt** aus dem 18. Jahrhundert. Neu errichtet wurde eine Kirche an genau der Stelle, wo die Zarenfamilie in Ekaterinburg erschossen wurde.

Wie überall in der ehemaligen Sowjetunion gibt es auch in Ekaterinburg zahlreiche zweckentfremdete Gebäude, wie zum Beispiel Kirchen, die als Ställe oder Materiallager genutzt wurden. Da in der heutigen Zeit noch längst nicht genug finanzielle Mittel zur Verfügung stehen, um die Gebäude im Sinne ihrer eigentlichen Funktion zu restaurieren, kann man diese grotesken Überreste des Sozialismus noch oft bewundern.

Im Winter sollte jeder ausländische Gast unbedingt dem zentralen Platz Ekaterinburg einen Besuch abstatten. Unter der Obhut einer gusseisernen **Leninstatue** tummeln sich die Kinder in ihrer eigenen kleinen Stadt aus Schnee. Die Schneestadt dient im Winter gleichsam als Hauptspielplatz und Weihnachtsmarkt, denn inmitten der Schneehütten steht eine riesige geschmückte Tanne.

Wer dem Großstadtrummel einmal entfliehen will, dem sei eine Fahrt zum Grenzstein zwischen Asien und Europa empfohlen. Rund zwei Autostunden östlich der Stadt befindet sich mitten in der Taiga eine Grenzlinie, die die zwei Kontinente voneinander trennt. Mit einem Bein in Asien, mit dem anderen in Europa - dies ist nicht nur in Istanbul möglich.

Anreise mit dem Auto

▷ **aus dem Westen:** von Perm über Kungur, Atshit und Revta. Die Entfernung beträgt etwa 390 km. Tankstellen befinden sich in den genannten Orten;

▷ **aus südlicher Richtung:** von Tscheljabinsk (Autotrasse M5) über Tjubuk und Sysertch (Tankstelle); ungefähr 230 km;

▷ **aus dem Osten** kommend, bietet sich von Omsk aus die M51 bis nach Kurgan an (Achtung: Ein Teil der Strecke führt über Nordkasachstan bei der Stadt Petropawlowsk). Bis Kurgan sind es etwa 540 km. In Kurgan wechselt man auf die Straße nach Kamensk-Uralskij (270 km, Tankstellen in Shadrinsk und Kataisk). Von Kamensk-Uralskij sind es nur noch ca. 110 km bis zum Ziel.

▷ Aus der **Richtung von Tjumen,** empfiehlt sich die Autotrasse über Uspenka, Troizkij, Pyshma und Bogdanovitsh. Das ist auch die Alternativroute, wenn man den Zipfel Nordkasachstan aufgrund der zu erwartenden Grenzkontrolle umfahren muss.

Die Straße ist vom Zustand nicht ganz so gut wie die M-36 oder M-51. Die Entfernung von Tjumen nach Ekaterinburg beträgt 330 km.

Anreise per Flugzeug

✈ **Airport Kolzowo** ist der einzige Flughafen der Stadt. **Lufthansa** bietet schon seit Mitte der 1990er Jahre einen Direktflug von Frankfurt nach Ekaterinburg (4 x wöchentlich). Ein Lufthansa-Ticket (H/Z, Economy) kostete Anfang 2007 zwischen € 1.100 bis 1.800, je nach Flugdaten. Mit Aeroflot ist man natürlich etwas preiswerter dabei.

Ende 2006 wurde nach Renovierungsarbeiten das neue Terminal des Flughafens eröffnet, welches nun auch modernen Standards entspricht, endlich wurden auch Fluggastbrücken eingeführt, sodass Reisende nicht auf die überfüllten Busse angewiesen sind.

Aeroflot fliegt täglich von/nach Moskau (Moskau-Sheremetjewo, SVO), ein Ticket kostete 2007 ca. € 320 zuzüglich Steuer, Dauer 2½ Std. Flüge auch von/nach London (BA), Wien (Austrian), Prag und Kiew

Bahnhof

Der Bahnhof befindet sich auf der ul. Vokzalnaja 22 (☎ 3707013). Man gelangt zum Bahnhof mit den Bussen Nr. 1, 21, 23 (Haltestelle жд. вокзал) sowie mit der Ü (Linien 3,5 und 7).

Busplätze

- *Sewernij avtovokzal* (Nördliche Busstation), ul. Vokzalnaja 15 A, ☎ 343/3781609. Im Busbahnhof gibt es ein Café für den Zeitvertreib.
- ◆ *Juzhnij avtovokzal* (Südlicher Busbahnhof), ul. 8 Marta, Nr. 145, ☎ 343/2571260 Wartesaal, Café. Erreichbar mit der Ü 1 oder 4.

Tscheljabinsk (Челябинск)

☾	3512
🄸	Stadtverwaltung, 454113 Tscheljabinsk, pl. Revoljuzii 2, ☎ 333805
🛬	Aeroflot-Agentur, pr. Lenina 28 (im Zentrum)
◆	Ticketkasse der Bahn, ul. Swobody 141 (im Zentrum)
◆	Zentrale der Süd-Ural-Eisenbahngesellschaft, pl. Revoljuzii 3
◆	Gorsprawka (Information), ul. Kirowa 163 (Zentrum)
◆	Adressenbüro, ul. Soni Kriwoi 39
◆	weitere Informationsschalter im Bahnhofsgebäude, auf der ul. Gagarina 4, ul. Kyshtymskaja 30 (*avtovokzal*) sowie pr. Pobedy 192
🛏	Tscheljabinsk, 454080 Tscheljabinsk, ul. Stepana Rasina 4 (unweit des Bahnhofs gelegen)
◆	Turist, ul. Lesoparkowaja 6 (unweit des Sportstadion Kalibr)
◆	Sapfyr, 454126 Tscheljabinsk, ul. Khudjakowa 18, ☎ 606784, wie auch das Hotel Turist in der Nähe größerer Parkanlagen (🖥 www.sapfyr.ru) angesiedelt
🄸	Informationen (Hotels u.a.) finden sich auf der Website 🖥 www.chel.ru
✚	Stomatologischer Behandlungsdienst, ul. Saljutnaja 26

- ◆ Medizinisches Versorgungszentrum, ul. Worowskovo 156, ☎ 2393003

- ◆ Poliklinik, Komsomolskij pr. 36a

- ◆ Krankenhaus nahe der Straßenkreuzung pr. Popedy/ul. Molodogwardejzew (Straßenbahn 1, 14 bis 17, 19)

- Я Apotheken z.B. direkt auf dem pr. Pobedy Nr. 166b oder auf der Rossijskaja ul. 26. In Bahnhofsnähe: ul. Zwillinga 85 sowie pr. Lenina 12

- ◆ Zum Medgorodok gelangt man am besten mit der Straßenbahn (Linien 6 oder 17, bis Endhaltestelle).

- ⌘ Einen Besuch wert ist das Museum für Geologie, ul. Truda 98.

- 🏦 Kreditkartenannahme: Inkombank, ul. Zwillinga 25

- ◆ Informationen über Western-Union Auszahlungsstellen erhältlich bei der Tschelind-Bank, 454138 Tscheljabinsk, Tshaikovskovo 16 oder im Internet unter: 🖥 http://locator.westernunion.com

Tscheljabinsk liegt etwa 200 km südlich von Ekaterinburg am östlichen Rand des Ural, dort wo die Westsibirische Tiefebene beginnt. Gegründet wurde die Stadt um 1736 als militärisches Fort.

Tscheljabinsk war vor dem Bau der Transsib eher unbedeutend. Im Jahre 1896 wurden die beiden Linien Tscheljabinsk - Ob (1.432 km) und die Bahnlinie Ekaterinburg - Tscheljabinsk (226 km) fertiggestellt - der industrielle Aufschwung kam praktisch mit der Bahn.

1928 lebten in der Stadt 60.000 Menschen, heute sind es bereits 1,2 Mio. In den 1980er Jahren ereignete sich bei Tscheljabinsk ein schweres Zugunglück, das Hunderte von Todesopfern forderte. Zwei voll besetzte Passagierzüge fingen Feuer, als eine neben den Gleisen verlaufende Erdgaspipeline explodierte, und brannten völlig aus.

In der Nähe von Tscheljabinsk befindet sich die früher streng geheime Atomtestsperrzone "Area Tscheljabinsk 70". Man betrieb hier früher Forschungen zur Nutzung der Kernenergie.

Dieses Gebiet ist gesperrt, die Existenz des Testgebietes wurde erst 1992 in Russland öffentlich bekannt. In Seen der Umgebung wurden in den 1950er und 1960er Jahren angeblich radioaktive Abfälle versenkt. Der ausführliche Bericht der dänischen Autoren Nicolai Fuglsig und Mads Lindberg (17-seitiger Artikel im *GEO-Magazin* 7/2000) über den Grad der radioaktiven Verschmutzung im Gebiet des Flusses **Tetscha** und im Dorf **Musljumovo** ist lesenswert.

Die Bewohner wurden unfreiwillig Opfer eines radioaktiven Langzeitexperimentes in den 1950er Jahren. Die Strahlenbelastung ist stellenweise auch heute noch signifikant erhöht, weswegen bei eventuellem längerem Aufenthalt besser ein Radiometer mitgeführt werden sollte.

Die Stadt Tscheljabinsk liegt am Fluss **Miass**, der in den Tobol einmündet. Die Tscheljabinskaja Oblast grenzt unmittelbar an die Respublika **Baschkortostan**.

Von Tscheljabinsk kann man mit der Bahn problemlos folgende größere Städte der Umgebung erreichen: Ufa (über Ust-Katav), Magnitogorsk im Süden (über Kartaly) und Kurgan im Osten.

Post und Telekommunikation

Das Telezentrum (*zentralny telefony peregoworny punkt*) befindet sich ganz zentral gelegen auf dem pr. Lenina 64, zu Fuß vom Bahnhof etwa 15 Min.

Die Hauptpost (*glavpotschtamt*) befindet sich auf dem Platz Skwer Dobrowolzjew. Ein weiteres Postamt im Zentrum liegt am Leninprospekt. Leicht zu erreichen ist das Postamt Nr. 20, das sich am Bahnhof befindet.

Sehenswürdigkeiten

☾   Die **Moschee** von Tscheljabinsk befindet sich an der ul. Marksa. Zwei Kirchen sind von ihr nur wenige Schritte weit entfernt: ul. Kirowa und Kyshtymskaja ul.

Der *rynok* (Markt) befindet sich am pl. Mopra (erreichbar mit dem Bus). Das **Politechnikum** ist in der ul. Tuchatschevskowo (Straßenbahn 1 und 13). Das **Institut Kultury** ist drei Trolleybushaltestellen vom Bahnhof entfernt (Linie 1, 3, 5 oder 10 in Richtung pr. Lenina).

Das **Medizinskij Institut** an der ul. Tarasowa erreicht man mit dem Bus 14, 19, 22, 69 oder 73 oder Trolleybus 5 (vom Bahnhof aus). Eine staatliche **Bibliothek** ist an der Kreuzung pr. Lenina/ ul. Kirowa (Bus 9, 10, 11). Das **Stadion am Lesopark** befindet sich in der Nähe des Hotels Turist, mit Bus 24 erreichbar. Das Sportstadion "Lokomotiv" liegt in Bahnhofsnähe, eine Straßenbahnhaltestelle Richtung Zentrum.

🎭♪ Oper und Ballett erreichen Sie mit der Straßenbahn vom Bahnhof aus (Haltestelle "Teatr Opery u Baleta" auf der ul. Zwillinga). Das **Dramentheater** liegt genau zwischen Puschkinpark und Revolutionsplatz. Zum **Kinotheater** "Ural" gelangt man mit dem Trolleybus 4 (neben Puschkinpark).

Anreise

 Mit dem Zug von Kurgan oder Ekaterinburg

Flüge von und nach Moskau, St. Petersburg

mit dem Auto von Ekaterinburg (M-36), etwa 230 km;

aus Südwesten von Samara und Ufa (über M-5);

aus dem Osten von Kurgan über die Magistrale M-51

✓ Autohilfe/Service

♦ Tscheljabinsk, ul. Gerojew Tankograda

♦ Magnitogorsk, ul. Komzomolskaja, neben Bahnhof

♦ Magnitogorsk, ul. Elektroseti 14

🅿 Bewachte Parkplätze

Parken auf bewachten Parkplätzen ist kostenpflichtig. Die Parkplätze sind meist nur für Pkw zugelassen, z.B. rechts der Brücke über den Miass-Fluss (Brücke Swerdlowskij pr., der Parkplatz befindet sich auf der rechten Seite stromabwärts gesehen, ca. 2 Min. von der ul. Truda entfernt). Außerdem gibt es Parkplätze an den Hotels.

🚌 Wichtige Buslinien

▷ Vom Bahnhof aus verkehren die Linien 1, 18, 24, 27 und 46.

▷ Mit Linie 1 gelangen Sie direkt zum Flughafen (*aeroport*).

▷ Bus 18 fährt über den Komsomolzkij pr. in den westlichen Teil der Stadt (Kalininskij Rayon).

▷ Die Linie 24 führt über die ul. Dowatora zum Waldpark (Lesopark). In der Nähe der Endhaltestelle befinden sich ein Internat sowie Sportanlagen (Stadion) und das Touristenhotel Turist (Lesoparkowaja ul. Nr. 6).

▷ Die Linien 57 und 79 verkehren zum See Perwoe Ozero. In der Nähe wieder viele Datschasiedlungen. Der See enthält salziges Wasser. Am östlichen Ufer gibt es einen Haltepunkt der Bahn ("Meschozernaja"). Züge verkehren vom Hauptbahnhof aus.

▷ Die Buslinien 9, 10, 11 und 12 führen zum Zentralen Markt (*zentralny rynok*).

In Tscheljabinsk gibt es zwei größere Busbahnhöfe. Der nördliche *sewernij avtovokzal* befindet sich auf der ul. Kyshtymskaja Nr. 30 und der südliche gleich in Bahnhofsnähe.

Touren in die Umgebung

Die örtlichen Tourismusfirmen können bei der Planung behilflich sein. Informationen u.a. auf der Website 🖳 www.cheltravel.ru.

◆ Club Deltaplan, 🖳 www.paradelta.ru, interessant für Gleitflieger

◆ Firma Ural-Intur, 454091 Tscheljabinsk, ul.Timirjazewa 27/32,

☏ 2661165, ✆ uralintur@incompany.ru

Nennenswert erscheint die Stadt **Tschebarkul** (80 km westlich von Tscheljabinsk in der Nähe des Tschebarkul-See gelegene Kreisstadt im Süd-Uralgebiet). Anreise per Bahn von Tscheljabinsk (Linie nach Berdjausch): Die Provinzstadt (heute 50.000 Einwohner) wurde 1736 als Militärfestung an der damaligen baschkirischen Grenze errichtet.

Früher befand sich in der Stadt eine ganz spezielle Ausbildungsdivision für Unteroffiziere, die hier auf ihren dreijährigen Militärdienst in der **DDR** vorbereitet wurden. Der Name der Stadt leitet sich vom turksprachigem Tshebar Kul' (= bunter See) ab.

6 km von der Stadt auf der Landenge zwischen den Bergseen Bolshoi Kisegatsch und Malij Terenkul liegt der kleine Kurort **Kisegatsch** mit Sanatorium (Schlammbäder, Quellen mit radonhaltigem Wasser, saubere Bergseen). Ausflüge können unternommen werden z.B. in das Naturreservat Ilmenskij Zapovednik.

Ca. 300 km südwestlich von Tscheljabinsk liegt die Stadt **Magnitogorsk**. Der Fluss Ural teilt die Stadt in zwei Hälften. Die Stadt ist relativ jung, wurde erst 1929 im Zusammenhang mit dem Bau eines größeren metallurgischen Kombinates errichtet. Bereits um 1740 waren aber die örtlichen Eisenerzvorkommen schon bekannt und eine Kosakenfestung (staniza Magnutnaja) befand sich auf dem Berg Magnitnaja.

⇔ Magnitogorsk, ul. Gagarina 32, ☏ (3519)202838, ✆ gagarin32@nm.ru, Parkplatz auf Hotelgelände, Sauna, Restaurant

◆ Erholungsheim auf der ul. Gagarina 50, ☏ 3519/216728,

✆ komfort@clink.ru

◆ Hotel Turist, ul. Marksa 139, ☏ 340544

Im Tscheljabinsker Gebiet befindet sich ein Naturreservat (Zapovednik Ilmens-kij), dessen Verwaltung in der Stadt Miass-1 lokalisiert ist.

Kontakt: ✍ valizer@ilmeny.ac.ru.

Kurgan (Курган)

☽	3522
⏳	Zeitdifferenz zu Moskau: plus 2 Std.
🚗	Hier registrierte Kfz tragen die "45" als Regioncode.
🅸	Stadtverwaltung 640000, Pl. Lenina, ☎ 417651
♦	MЧC-Dienststelle in 640020 Kurgan, ul. Tomina 34
♦	Intourist-Büro auf der ul. Maschinostroitjelej 33a, ☎ 33765
♦	🖥 www.kurgan-city.ru/ sowie 🖥 www.kurgan.ru
♦	siehe auch: 🖥 www.munic.kurgan.ru/
⊞	Medizinische Hilfe: Zentralklinik, ul. Gogolja 42, ☎ 21194
🛏	Hotel Moskau auf der ul. Krasina 49, ☎ 55774
✈	Aeroflot unterhält ein Office im Zentrum auf der ul. Lenina 9, in Kurgan befindet sich ein Regionalflughafen.
♦	Aeroport Kurgan, ☎ 33224, FAX 71667, täglich Flüge nach Moskau
BANK	Alphabank, ul. Gogolja 61
🎓	In Kurgan bestehen eine Agrarakademie sowie die Staatliche Universität und eine Akademie der Grenztruppen.
✆	DHL-Filiale, 640000 Kurgan, ul. Maschinostroitelej 31A, ☎ 537876

Das Gebiet Kurgan zählt bereits zu Westsibirien, die relativ flache Landschaft besteht vor allem aus steppigen Gebieten, ca. 20 % der Gesamtfläche der Region sind bewaldet. An Flüssen sind Iset (Исеть) sowie der aus dem südlich angrenzenden Kasachstan eintretende Tobol (тоболь) zu nennen.

Die in der westlichen Ishim-Ebene am linken Ufer des Flusses Tobol gelegene Universitätsstadt Kurgan (Hauptstadt der Kurganskaja Oblast mit 990.000 Einwohnern, Stadt Kurgan davon: 330.000 Einwohner) befindet sich nicht an der nördlichen Strecke der Transsib (Ekaterinburg - Tjumen - Omsk), sondern an einer südlich dazu verlaufenden bedeutenden Linie (Ekaterinburg - Kamensk/Uralskij - Kurgan - Petropawlowsk - Omsk). Die Entfernung nach Moskau beträgt 1973 km.

Früher war Kurgan auch ein Verbannungsort für politisch Andersdenkende und Schriftsteller, die ihre Stimme gegen den Zaren erhoben hatten.

Es gibt ein Museum über die nach Kurgan verbannten Dekabristen (Dom Narischkina). Im vergangenen Jahrhundert erlangte die Stadt durch die viermal jährlich veranstalteten Jahrmärkte und Verkaufsmessen Bekanntheit in ganz Sibirien. Während des Zweiten Weltkrieges wurden in die Region Kurgan eine große Anzahl von Betrieben und Fabriken evakuiert. Heute wird das Bild der Stadt von vielen Maschinenbaufabriken geprägt, z.B. werden Traktoren produziert.

🚗 Die Straßenverbindung von Kurgan nach Tjumen ist 210 km lang. Von **Tscheljabinsk** erreicht man Kurgan auf der M51 nach 290 km, die Straße verläuft parallel zur Eisenbahn. Von Kurgan läuft die M51 weiter nach Omsk (über Nord-Kasachstan).

🚢 In der Vergangenheit gab es Schiffsverbindungen nach **Tobolsk** und **Tjumen** über die Flüsse **Tobol** und **Tura**. Es bleibt zu hoffen, dass der Verkehr in Zukunft evtl. wieder aufgenommen wird.

🚂 Der Zug (z.B. Nr. 48, Moskau - Omsk) hält meist längere Zeit in Kurgan, sodass genug Zeit bleibt, die am Bahnsteigende rechts neben dem Bahnhof (vom Zug aus gesehen) stehende alte Dampflok zu betrachten, die den sehr bezeichnenden Namen Felix Dzhershinskij trägt (Felix Dzhershinskij war der Gründer der "Tscheka", einer der Vorgängerorganisationen des NKWD bzw. des späteren KGB. Bekannt durch ihr hartes Durchgreifen in den Jahren nach der Revolution und später zu Sowjetzeiten nannte man den Haupt-Tschekisten auch "Szelesny Felix" - eiserner Felix.).

Im Bahnhofsgebäude links ist der Gepäckraum, dahinter befindet sich der Wartesaal mit Kiosk. Auf dem Bahnhofsgelände fallen mehrere alte Wassertürme auf, die aus den Dampflokzeiten stammen. Das Bahnhofsgebäude wurde um 1900 erbaut. Es gibt auch einen direkten Zug zwischen Moskau und Kurgan. Die Stadt Kurgan wurde 1893 an das Bahnnetz angeschlossen.

Geschichte

Erste urkundliche Erwähnung 1662 als Bauernsiedlung Zarjovo Gorodishtsche, später Umbenennung in Kurganskaja Sloboda. In der Nähe der Siedlung hatte man einen großen Kurgan (vorzeitlichen Grabhügel) gefunden. Neben Kurgan waren bereits vorher andere Siedlungen entstanden, wie z.B. Dalmatovo (1644). Zwischen Dalmatovo und Kurgan liegt die Stadt Schadrinsk (1662). Kurgan diente als befestigter Militärposten der Abwehr von Angriffen auf das Russische Reich. Als im 18. Jahrhundert die Expansion Russlands nach Süden einsetzte, verlor Kurgan seine militärische Bedeutung. Neben den Dekabristen-Anhängern wurden auch aufsässige Polen Mitte des 19. Jahrhunderts nach Kurgan verbannt. Es soll Zeiten gegeben haben, wo die Hälfte der Bevölkerung der Stadt Verbannte waren.

Im Gebiet Kurgan wird die Mehrheit der Bevölkerung von Russen gestellt (90 %), ansonsten sind Baschkiren und Tataren (ca. 10 %) hier als ursprünglich zu betrachten.

Schadrinsk (Шадринск)

Informationen von Nadeshda Dezhnjowa

☽ 35253

♦ Auskunftsbüro Bahnhof, ☎ 35253 und 23523

⧗ Zeitunterschied zu Moskau: plus 2 Std.

🚌 Busse Nr. 1, 5, 6 zirkulieren vom Bahnhof ins Zentrum der Stadt.

♦ Telegraf, ul. Komsomolskaja, FAX 22420

✗ Bahnhofsgaststätte oder Restaurant Isset, ul. Oktjabrskaja

🛏 Hotel Ural im Zentrum, ul. Fewralskaja, ☎ 22049

♦ Erholungsheim Shaaz, ☎ 22956, im Wald gelegen. Im Winter guter Skilanglauf, im Sommer heilkräftige Mineralwasserquelle.

♦ Jägerherberge im Wald 35 km außerhalb, ☎ 52553

♦ Privatunterkünfte, FAX 22044

✈ Keine direkten Flüge. Die nächsten Flughäfen befinden sich in Kurgan, Tjumen, Tscheljabinsk sowie Ekaterinburg (Lufthansa).

Die knapp 90.000 Einwohner zählende Provinzstadt Schadrinsk (Zentrum des Schadrinskij Rayon) wurde 1662 gegründet. Sie befindet sich am linken Ufer des Flusses Iset (р. Исеть), 150 km südwestlich von Kurgan und ist Bahnstation an der Linie Ekaterinenburg - Kurgan.

Anreise per Bahn mit Zug Nr. 30 (Moskau - Kemerowo), Nr. 70 (Moskau - Kurgan), Nr. 48 (Moskau - Omsk) sowie Nr. 64, 184. Fahrtdauer von Moskau 30 Std.

Sehenswürdigkeiten sind u.a. mehrere alte Kirchen. Die älteste stammt von 1777. Die **Spasso-Preobraschenskij** Kirche zählt zu den bedeutendsten russischen Architekturdenkmälern.

 Bekannt ist auch das **Dramentheater** (gegr. 1897).

Von Jägern werden auch Touren für ausländische Touristen organisiert: im Herbst auf Rehböcke und Hirsche, im Frühling auf Auerhahn und Birkhuhn.

FAX 35253/52746 oder über den Autor

Ein Gedenkstein in Stadtnähe erinnert an die in der Nachkriegszeit zwischen 1945 bis 1948 internierten deutschen Frauen.

Von Pillkallen nach Schadrinsk, Hildegard Rauschenbach, Verlag Rautenberg, Leer, ISBN 978-3800330638, € 12,95

Region Tjumen (Тюменская Обл.)   von Carolin Grosse

Lage

Der Oblast Tjumen, 1944 gegründet, 1.435 Mio. km² (etwa so groß wie Frankreich), liegt im Westsibirischen Tiefland, schließt den Autonomen Kreis der Jamal-Nenzen (AOJN) sowie den Autonomen Kreis der Chanten und Mansen (AOCM) ein. Im Norden reicht die AOJN bis an die Karasee, die östliche Grenze zum Taimyrski (Jamalo-Nenetzki) Okrug verläuft zwischen den Flüssen Tas und Jeniseij, die Grenze zum AOCM befindet sich an der Wasserscheide zwischen dem Einzugsgebiet des Ob (nach Süden) und den nach Norden in den Ob-Busen mündenden Flüssen Nadym und Pur. Im Westen verlaufen die Gebietsgrenzen zur Republik Komi entlang des nördlichen Ural.

Der AOCM liegt zwischen dem 58. und 85. nördlichen Breitengrad und dem 60. und 90. östlichen Längengrad. Im Süden grenzen das Tomsker und das Omsker Gebiet, südwestlich das Gebiet Swerdlowsk an den Tjumenski Oblast.

Jugra nannten als erste die Nowgoroder das Gebiet hinter dem Ural, wohin sie Handelsbeziehungen zu den Chanten und Mansen unterhielten, die ihnen später Tribut zahlen mussten. Das Gebiet ist bis heute touristisch kaum erschlossen. Interessant ist die Kultur der Chanten, Mansen und Nenzen.

Landschaft

Hinter dem Ural (von Europa gesehen) erstreckt sich eine der größten Tiefebenen der Welt, das **Westsibirische Tiefland**. Die Sibirier nennen es "Gottes unvollendetes Werk" - wo Gott vergessen hatte, das Wasser vom Trockenen zu scheiden. Es ist gekennzeichnet von unzähligen Seen und Flüssen, endlosen Sumpfgebieten (31 %) und wenigen höher gelegenen Landstrichen, die nur bis zu 250 bis 300 m ü.NN reichen. Große Gebiete werden eingenommen von der Taiga, der borealen (nördlichen) Nadelwaldzone, die im Norden in die Tundra übergeht. Die Bäume werden immer kleiner und spärlicher. Etwa ab dem 65. Breitengrad beginnt der Dauerfrostboden. Im Süden findet man Waldsteppen.

Der größte westsibirische Fluss ist der **Ob** mit 3.680 km Länge. Er gefriert im Norden (bei Salechard) ab Mitte Oktober für etwa 220 Tage. Im Frühjahr staut sich das Wasser am Oberlauf und schwillt so auf mehrere Kilometer Breite an.

Auf den relativ nährstoffarmen Lehm- und Sandböden wachsen überwiegend Nadelbaumarten wie Weißtannen, Lärchen, Fichten, Kiefern und die sibirischen Zedern (Zirbelkiefer), die reichlich nahrhafte Zedernnüsse (Samen der Zapfen) liefern; außerdem gibt es viele Birken, Espen und Weiden. Vogelbeere, Faulbeere, Hagebutte, Himbeere, Preiselbeere, Blaubeere, Moosbeere, Rentierflechten und Moose bedecken den Boden. Im Herbst kann man viele Pilze finden, außerdem zahlreiche verschiedene Gräser und andere Gewächse, darunter auch Heilpflanzen.

Flüsse und Seen sind sehr fischreich, sofern sie noch nicht durch Erdöl verschmutzt sind. Im Süden wird Landwirtschaft betrieben, u.a. werden Kartoffeln und Getreide angebaut sowie Kühe und Pferde gezüchtet. Das Gebiet ist reich an Rohstoffen. Erschlossen sind große Reserven an Erdöl, Erdgas, Braunkohle, Torf, Kalkstein, Sand und Kies.

Klima

Es herrscht ein raues Kontinentalklima mit langen, besonders im Norden strengen, schneereichen Wintern. Die kälteste Zeit ist im Januar mit -35°C bis -50°C mit häufigen Schneestürmen.

Die Sommer sind kurz, sonnig, warm oder gar heiß (bis zu 30°C) und extrem mückenreich. Ende August, im Norden entsprechend eher, kann man schon die ersten Nachtfröste erleben, die schließlich die Mückenplage beenden. Die Vegetationsperiode dauert nur etwa 90 bis 100 Tage.

Tierwelt

Die größten vorkommenden Waldtiere sind wilde Ren, Elche, Braunbären und Wölfe. Eine Reihe begehrter Pelztiere sind zum Teil von der Ausrottung bedroht, wie Luchs, Fuchs, Marder, Zobel, Hermelin, Nerz, Fischotter und Biber. Die Bisamratte stammt aus Kanada und wurde während der 1920er/1930er Jahre hier angesiedelt.

Weiterhin leben in den Wäldern und Sümpfen Eichhörnchen, Hasen, eine Vielzahl Enten, Gänse, Schwäne und Hühnervögel (Schneehuhn, Birkhuhn, Auerhahn) und eine Unzahl von Insekten, d.h. die Mückenplage besonders im Juni ist vorprogrammiert.

An der Nordspitze des Jamal und auf den polaren Inseln findet man noch Walrosse, in der Karasee und im Ob-Busen verschiedene Robbenarten und Weißwale (Beluga), manche ziehen den Ob bis Salechard hinauf. Der Grönlandwal, das Hauptbeuteobjekt der nordischen Walfangflotten, ist nur noch selten in der Karasee anzutreffen.

Die Jagd auf Biber, Kraniche, graue Rebhühner, Schwäne und andere Vogelarten ist gänzlich verboten - lizenziert ist die Jagd auf Elche, Zobel, Marder, Reh, Wiesel und Otter.

Die starke Dezimierung der Pelztier- und Fischbestände und die Ausrottung einzelner Arten begann schon während der Zarenzeit, jetzt kann durch die Wilderei immer noch kein Schutz garantiert werden. Es wurden aber inzwischen drei Naturschutzgebiete/Reservate eingerichtet, das **Malo Soswinski**, wo noch ein großes Bibervorkommen ist, das **Elisarowski** und das **Juganski**.

Viele Teile der Taiga sind durch Industrie und Baumaßnahmen verschmutzt und zerstört und bieten kaum noch Lebensraum für Tiere.

Industrie

Im Gebiet Tjumen werden 90 % des russischen Erdgas (an erster Stelle der Weltförderung) sowie zwei Drittel des russischen Erdöls (dritte Stelle der Weltförderung nach Saudi-Arabien) gefördert.

Deutschland importiert 33 % seines Erdgases und 9 % des Erdöls aus der Russischen Föderation. 1953 entdeckten Prospektoren hier das größte zusammenhängende Erdölfeld der Welt, 1960 begann die Förderung, und damit einher gingen gewaltige Strukturveränderungen im gesamten Gebiet.

Die Förderung ist in den letzten Jahren rückläufig, zum Teil, weil große Vorkommen erschöpft sind, außerdem fehlen immer mehr Ersatzteile, die in anderen Republiken produziert wurden, die jetzt nicht mehr zur Russischen Föderation gehören. Erdölverarbeitende Industrie findet man in den meisten großen Städten.

An den großen, ehemals fischreichen Flüssen wurde eine große Fischverarbeitungsindustrie aufgebaut; die erste Konservenfabrik entstand 1930 in Chanti-Mansisk. Heute wird in den Dosenfabriken Meeresfisch verarbeitet.

Die Holzproduktion hat Bedeutung in den großen Wäldern im Süden. Das Bruttosozialprodukt des Tjumener Gebietes liegt etwa so hoch wie in den Arabischen Emiraten. Entsprechend ist das Pro-Kopf-Einkommen der Arbeiter relativ hoch. Besonders im Norden sind aber die Wohn- und Lebensverhältnisse schlecht, auch die Versorgung mit Nahrungsmitteln wie frischem Obst und Gemüse ist nicht gut.

Umweltproblematik war bisher ein Tabuthema in der russischen Politik: Auch in Deutschland werden Erdöl und besonders Erdgas immer noch als ökologische Alternativen zur Braunkohle angepriesen, obwohl die katastrophale Umweltzerstörung und damit einhergehende Vertreibung der Ureinwohner inzwischen bekannt sind: über 7 % des in Russland geförderten Erdöls gehen durch Unfälle verloren - seit Beginn der Förderung im Gebiet Nischnewartowsk sind insgesamt 4 Mio. t Öl ins Erdreich gesickert.

Jährlich werden Unmengen von benzinhaltigem Gas, das bei der Förderung anfällt, abgefackelt - deshalb ist das Tjumener Gebiet bei Nacht auf Satellitenaufnahmen der hellste Fleck der Erde. Bei Reisen in das Gebiet sind die erschreckenden Ausmaße dieser katastrophalen Zustände nicht zu übersehen. Entlang der Pipelines, d.h. rechts und links der Straßen, sieht man oft große schwarze Seen ausgelaufenen Öls.

Ist die dünne Vegetationsschicht erst einmal durch schwere Fahrzeuge und Baumaßnahmen zerstört, dauert es Jahrzehnte, bis auf dem Sand wieder etwas wächst. Die riesigen Dämme, die zum Straßenbau aufgeschüttet werden, stauen das Wasser an, versperren kleinen Flüssen den Weg und zerstören so die

Landschaft. 28 große und unzählige kleine Flüsse sind biologisch tot. An vielen Flussufern sieht man schwarze klebrige Ränder und auf dem Wasser schwimmt ein schillernder Ölfilm. Wird das Trinkwasser aus den Flüssen gewonnen, kann man das Öl sogar im Tee schmecken. Manche Dörfer werden deshalb täglich mit einem Wassertankwagen beliefert - und das in einem der wasserreichsten Gebiete der Erde!

Trotzdem werden für immer mehr Gebiete Förderrechte verkauft, in zunehmendem Maße an ausländische Firmen, die genauso wenig Umweltauflagen erfüllen müssen wie die russischen Unternehmen. Es gibt immer noch keine eindeutigen Gesetze über die Landnutzung. Die Lizenzen werden verkauft, unabhängig davon, ob das Land von Ureinwohnern bewohnt ist und ihnen damit ihre Lebensgrundlagen genommen werden.

Einwohner

Die Einwohnerzahlen betragen im AOCM 1.305.000 und im AOJN 479.000 Einwohner. 73 % davon sind Russen, 8 % Ukrainer, 7 % Tataren, nur 1,4 % Chanten, Mansen und Nenzen, die eigentlichen Ureinwohner dieses Gebietes. Die Bevölkerungsdichte beträgt 2,1 Einwohner pro Quadratkilometer, davon leben allerdings 85 % in den Städten.

Urbevölkerung   (☞ Kultur der Völker Sibiriens, Völker)

Chanten und **Mansen** lebten zum Teil als sesshafte Fischer in kleinen Siedlungen an den großen Flüssen oder vereinzelt auf Wohnplätzen als halbnomadische Fischer, Jäger und Rentierzüchter in der Taiga. Die Ren dienten ihnen hauptsächlich als Zug- und Lasttiere.

Ihre Lebensweise ist dem natürlichen Rhythmus der Jahreszeiten angepasst. Eine Familie hat meist mehrere Häuser, im Sommer am See, wo der Wind die Mücken vertreibt, im Winter im Wald an einer Stelle mit besonders viel Rentierflechte. Die Hütten sind einfache Blockhäuser mit einem Raum, wo sich die ganze Familie aufhält. Im Herbst sind die Familien oft tagelang zum Beerensammeln unterwegs - neben dem Verkauf von Pelzen die einzige Möglichkeit, Geld zu verdienen.

Den Großteil der Nahrung deckt der Fischfang. Mit Netzen und Reusen werden besonders die Lachsarten auf ihren Wanderungen zu den Laichplätzen im Frühjahr und Herbst gefischt. Die Fische werden getrocknet, im Winter eingefroren. Eine besondere Delikatesse ist roher Fisch, eine wichtige Vitaminquelle für die Ureinwohner.

Gejagt wird heute mit Gewehren, die die verschiedenartigen Pfeile ersetzten, und mit Fallen, um die Haut der Tiere nicht zu verletzen, die man für Kleidung verwendet. Jede Familie verehrt ein bestimmtes Tier, das zu jagen Unglück bringt.

Manche Tiere sind heilig. Größte Bedeutung für die meisten sibirischen Völker hat der **Bär**. Man schreibt ihm menschliche Eigenschaften zu. Er hat ganz viele Namen, da man seinen richtigen nicht aussprechen darf. Seine Jagd kann nur unter Einhaltung vielfältiger Vorschriften erfolgen. Zum Beispiel muss der Bär angesprochen werden, bevor man auf ihn schießt. Auf dem Heimweg werden ihm Geschichten erzählt und Lieder gesungen, um sich zu entschuldigen und um ihn zu verwirren und den Namen des Jägers zu verheimlichen. Das Bärenfest ist ein bedeutendes Ereignis für die ganze Familie und die Nachbarn, es dauert mehrere Tage, wobei der Bär bewirtet und mit Tänzen und Gesängen unterhalten wird. Am letzten Tag wird seine Seele in den Himmel geleitet. Der Kopf wird im Haus des Jägers oder im heiligen Schlitten aufbewahrt und verehrt.

Im Sommer fährt man in kleinen Kanus, die aus einem Baum bzw. im Norden, wo die Bäume kleiner sind, aus drei Teilen gefertigt werden, über die kleinen Flüsse und Seen. Diese Boote sind sehr leicht und deshalb einfach über die Landbrücken zu ziehen.

Im Winter ist der Rentierschlitten das ökologischste und zuverlässigste Verkehrsmittel. Die Motorschlitten, die oft Prestigeobjekte sind, bringen Abhängigkeit von Benzin und Ersatzteilen.

Siedlungen der **Chanten** findet man am Ob bis Salechard, an den Seitenarmen des Ob, an den Flüssen Wasjugan, Jugan (südlich des Ob), Wach, Agan, Trom Jugan, Pim, Nasym und Kasym (nördlich des Ob). Vereinzelt gibt es noch Wohnplätze in den Wald- und Sumpfgebieten. Nördlich des Agan leben auch Waldnenzen, die eine ähnliche Wirtschaftsweise wie die Chanten haben.

Die **Mansen** wohnen hauptsächlich an der Konda, der Sewernaja Soswa und an den westlichen Nebenflüssen des Ob bis zum Ural. Zentren sind Saranpaul am Ljapin und Berjosowo.

Komi-Syrjänen, deren Hauptsiedlungsgebiet westlich des Ural ist, wohnen verstreut hauptsächlich westlich des Ob.

Die **Jamal-Nenzen** sind nomadische Rentierzüchter der samojedischen Sprachgruppe, die mit ihren großen Herden in der Tundra leben. Sie wohnen das ganze Jahr in Zelten und ziehen auf weiten Wanderungen mit den Rentieren umher. Die Weidegebiete reichen im Sommer bis an das Eismeer, im Winter folgen die Nenzen den Tieren an die Waldrandlagen im Süden.

Das Ren liefert den größten Teil der Nahrung und fast alle Rohstoffe zur Herstellung von Gebrauchsgegenständen.

Kunst und Glaube

Weit verbreitet sind Schnitzereien aus Holz und Knochen, neben schmucklosen Gebrauchsgegenständen sieht man häufig kunstvoll verzierte Dinge.

Man findet eine hochentwickelte Leder- und Fellverarbeitung, neben Pelzen wird auch der Balg von Vögeln verwendet, aus Fischleder werden Taschen hergestellt. Kleider werden mit aufwendigen Perlenstickereien verziert. Gefäße aus Birkenrinde haben oft komplizierte Muster mit mythologischen Inhalten. Diese Muster können ein ganzes Weltbild darstellen. Sie sollen auch Unheil abwenden, indem Geister sich in den Bildern verirren und keinen Schaden mehr anrichten können.

Eines der bekanntesten Instrumente ist wohl die flache Trommel, die nicht nur Schamanen benutzen, sondern die auch einfache Liedertrommeln sein können. Ein bootförmiges Zupfinstrument ist das Narsjuch, Ninjuch ist ein dreisaitiges Streichinstrument, Lebed (Schwan) ist ein langhalsiges harfenartiges Instrument mit Klangkörper, das aber niemand mehr spielen kann. Früher soll es über 30 Instrumente gegeben haben.

Es gibt auch moderne Maler wie **Gennady Rayschew**; seine ziemlich abstrakten Bilder haben meist einen mythologischen Inhalt.

Trotz gewaltsamer Christianisierung und Verbot der Religion in der Sowjetunion sind viele der alten Bräuche und Traditionen immer noch lebendig. Viele der heiligen Plätze sind zerstört, doch an ganz verschwiegenen Orten in der Taiga existieren sie noch und werden weiterhin besucht.

Am Zusammenfluss von Ob und Irtysch, die Stelle wird Belogorje genannt, befand sich das einst bedeutendste Heiligtum der Chanten: ein hölzernes Standbild von As Iki, dem Ob-Alten, der den Menschen die Fische schenkte (☞ Chanti-Mansisk). Es war mit Pelzen und anderen Opfergaben behängt. Im 16. Jahrhundert wurde diese Statue von dem berüchtigten Missionar Filofeij verbrannt. Die Chanten erzählten, dass man einen weißen Schwan aus den Flammen zum Himmel aufsteigen sah - As Iki, der sich in den Himmel zurückzog.

Der **Trom Jugan**, der östlich von Surgut in den Ob mündet, ist ein heiliger Fluss, der **Torumlor** ein heiliger See im Quellgebiet des Nadym. Er stellt das Zentrum der Erde dar, drei Inseln auf ihm sind die Augen und das Herz. Der höchste Gott ist der Torum Iki. Er ist gleichzusetzen mit der Umwelt, dem Wetter und der Natur. Oft findet man in den Hütten kleine christliche Heiligenbildchen an der Wand. Egal wer darauf abgebildet ist, für die Chanten ist es Torum Iki.

Wenn man an heiligen Plätzen vorbeikommt, bringt man kleine Opfergaben, z.B. Münzen und Stoffstücke, oder schießt eine Patrone ab. Zu besonderen Anlässen werden Rentieropfer dargebracht. Daran sind meist die ganze Familie und einige Gäste beteiligt, die dann bewirtet werden.

An den Gräbern werden jedes Jahr Gedenkfeiern für die Verstorbenen abgehalten, man redet mit den Toten und hält eine Mahlzeit ab.

Auch heute noch verlassen die Waldbewohner die Häuser der Verstorbenen. Die persönlichen Dinge werden zum Teil mitbestattet oder bleiben dort liegen. Man fürchtet den Geist des Toten, der noch oft zu seinem Haus zurückkehren kann.

Die Menschen sind oft zurückhaltend, aber sehr gastfreundlich, wenn man mit ehrlichen Absichten kommt. Mit den Russen, die oft alle als *neftjaniki* (Ölarbeiter) beschimpft werden, wollen sie nichts zu tun haben. Die fahren am Wochenende in den Wald, sammeln die Beeren, fangen die Fische und jagen das Wild, was die Lebensgrundlage der Chanten ist. Ihr Land betrachten sie als ihr Haus: wer es unerlaubt betritt, ist ein Eindringling.

Überschwängliche Begrüßungen und Verabschiedungen, wie man es von Russen gewöhnt ist, sind nicht üblich. Nachbarn kommen und gehen ohne Gruß, als wären sie nur kurz draußen gewesen und kämen gleich wieder. Frauen verhüllen ihr Gesicht vor den älteren männlichen Verwandten des Mannes.

Es finden jedes Jahr staatlich organisierte Folklorefestivals statt, und in den Kulturzentren der Dörfer werden oft Kulturabende veranstaltet. **Kulturhäuser** und Museen gibt es in fast allen Städten und größeren Dörfern, die interessantesten in Soswa, Russkinskije, Ugant, Polowinki, Megion, Chanti-Mansisk, Warjogan und Amna-Wosch (bei Kasym).

Städte und Dörfer

Die großen Städte erlebten einen Bauboom in den 1960er Jahren, als zur Ausbeutung der gefundenen Erdölvorkommen und zum Bau verarbeitender Industrie Tausende von Arbeitern gebraucht wurden. Von den alten Städten oder Dörfern ist selten noch ein Rest erhalten. Meist bietet sich ein trister Anblick endloser Betonblöcke. In den meisten Orten gibt es mehrere Hotels und Unterkünfte, die nicht immer westlichem Standard entsprechen, aber für Ausländer auch nicht allzu günstig sind.

Tjumen (Тюмень) war die erste russische Stadt Sibiriens, auch "Mutter der sibirischen Städte" genannt. Gegründet wurde sie 1586 auf den Ruinen der tatarischen Stadt Tschingi Tura. Tjumen ist eine typische russische Provinzstadt. Im Stadtzentrum findet man noch wenige alte Holzhäuser, etwas verkommene, einst schön verzierte zweistöckige Steinhäuser und Kirchen aus dem 19. Jahrhundert.

- ☽ 3452
- ☷ Stadtverwaltung 625036 Tjumen, ul. Perwomajskaja 20, ☎ 3452/246526, 💻 http://tyumen-city.ru/
- ♦ 💻 http://tyumen.ru/, Auskünfte unter: 💻 http://tumen.info/
- 🖮 Auskünfte über Hotels: 💻 www.hoteltyumen.ru/
- ♦ Bekannt ist das Hotel Lajner (Лайнер), in Nähe des Flughafens Roshino, ☎ 496566), es gibt Zimmer für 1, 2, 4 und 6 Personen.
- ♦ Hotel Tjumen, 625000 Tjumen, ul. Ordzhonikidze 46, ☎ 494040
- ♦ Weitere Hotels in der Stadt: Wostok, Jugra, Neftjanik
- 🚗 Regioncode hier zugelassener Kfz: "72"
- 🏦 Alphabank, ul. Respubliki 162, ☎ 323512
- ♦ Geldautomaten u.a. bei Alphabankfiliale, ul. Lenina 57/2 (VISA/Master) sowie ul. Gerzena 101
- ☏ Postamt, 625000 Tjumen, ul. Ogarewa 2A, ☎ 252868, FAX 252760 (hier auch Telegraf und Ferngespräche)
- ♦ МЧС-Dienststelle, 625048 Tjumen, ul. Energetikov 37 A
- ✈ Es gibt 2 Flughäfen. Der Flughafen Roshino (Рощино, IATA-Code: TJM) wickelt die Fernverbindungen ab, ☎ 496402, FAX 496386, ✍ mail@roshino.askar.ru.
- ♦ Über den AirportTjumen-Plekhanovo (Плеханово), der nur für kleine Maschinen ausgelegt ist (АН2, Hubschrauber Ми8, Ми10 u.a.) läuft der regionale Flugverkehr. Auskünfte über ☎ 432124 und 435082.
- ♦ Tägliche Flüge von/nach Moskau mit der Fluggesellschaft Ямал (Moskau-Domodjedovo). Weiterhin Flüge von/nach: Salekhard, Nowij Urengoi, Surgut, Nizhnewartowsk (täglich), Khanty-Mansijsk (täglich) sowie Omsk, Samara, Erewan.

Folgende Züge verbinden Tjumen mit dem Rest der Welt: Züge Nr. 831, 839 (Ekaterinburg), Nr. 387 (Izhewsk), Nr. 862 (Ishim), Nr. 59 (Moskau, Kazanskij Vokzal), Nr. 842, 844 (Omsk), Nr. 73 (St. Peterburg), Nr. 940 (Surgut), Nr. 530 (Nowij Urengoj).

Von einer Hängebrücke für Fußgänger, die über den Fluss führt, erblickt man ein eindrucksvolles Stadtpanorama. Über sie gelangt man zum historischen Museum. In Tjumen gibt es eine Universität und ein Museum der materiellen Kultur der Völker Sibiriens.

Hier zweigt die Eisenbahn nach Norden ab, und zwar über Tobolsk nach Surgut (**Сургут**). Vom Bahnhof kann man zu Fuß in die Innenstadt laufen. Der Flughafen ist mit einem Linienbus zu erreichen. In der Innenstadt liegt die Universität mit den Instituten für Industrie, Bau, Pädagogik, Landwirtschaft und Medizin.

Bei **Tobolsk (Тобольск)**, der alten Hauptstadt Sib-Irs, überquert die Eisenbahn den Irtysch. Zu besichtigen lohnt sich der Kreml, eines der bedeutendsten Baudenkmäler Sibiriens, und das Architektur-Freilichtmuseum, das sich auf dem Kreml-Gelände befindet.

Aufgrund der reichen Erdölvorkommen in diesem Gebiet wird **Surgut** auch das "Baku des Nordens" genannt. Die Stadt liegt am rechten Ufer des Ob.

1853 kamen die ersten Russen mit dem Wojewoden (= eine Art Richter und gleichzeitig Anführer) M. Wolkonski und dem Fürsten M. Lwow in einer kleinen chantischen Siedlung an. 1957 prospektierten die ersten Geologen große Öllagerstätten, 1965 begann die Förderung. Per Erlass des Obersten Sowjets der RSFSR wurde Surgut 1965 zur Stadt erhoben.

Der Bauboom begann in den 1960er Jahren nach der Entdeckung des Erdöls. Von der alten Stadt ist fast nichts übrig: es gibt nur Betonhochhäuser, schnell hochgezogen, um die vielen Arbeiter unterzubringen, unfertige Straßen und Schlamm und Schrott dazwischen.

Auf einer Fläche von mehr als 200 km^2 wohnen über 300.000 Menschen. Es gibt eine nationale Universität und verschiedene Fachschulen.

Bahnhof, Flussbahnhof und Flughafen liegen jeweils außerhalb der Stadt, sind aber mit Linienbussen gut zu erreichen

Das größte Hotel ist das Neftjanik (Hotel der Ölarbeiter). In der Nähe des Flughafens gibt es ein Hotel, vielleicht kann man auch in einem der vielen Arbeiterwohnheime unterkommen. Informationen und Bücherstand mit lokaler

Literatur gibt es im Dom Sowjetow am Platz mit dem Lenindenkmal, unweit davon befinden sich ein Kaufhaus und das Kulturhaus.

⌘ Im Heimatmuseum findet man eine archäologische und ethnografische Sammlung, außerdem viele Dokumente und Fotografien zur Geschichte der Stadt. Archäologische Funde datieren bis in das Neolithikum (4.000 Jahre zurück), einmalige Funde gab es dazu in den Warsower Bergen, 15 bis 20 km westlich von Surgut.

♦ Museum, ul. Prosweschenia, ▯ außer Mo und Di 9:00 bis 18:00

Eine Bank befindet sich auf der großen Einkaufsstraße, einfacher ist es, Geld in manchen Geschäften zu tauschen - man muss sich durchfragen.

Der Busbahnhof befindet sich auf der ul. Magistralnaja (zu erreichen mit dem Linienbus 22). Von hier fahren Busse unter anderem nach Russkinskaja, Ljantor und Federowskoje.

In **Samotlor** entdeckte man das größte Erdölfeld Russlands, trotz gigantischer Fördermengen enthält das Vorkommen immer noch 1,3 Mrd. t Öl. Samotlor war ein heiliger See der Chanten und einer der größten Seen des Gebietes. Über ihn berichtete eine alte Legende, die später zum Ruhm der Erdölarbeiter umgedichtet wurde. Durch den See wurde eine Straße gebaut, mehrere Ölförderplattformen errichtet, dazu große Sandflächen und Dämme aufgeschüttet. Im einst glasklaren Wasser schwimmt jetzt öliger Schlamm.

Nishnewartowsk ist von Surgut mit dem Zug zu erreichen. Die Stadt hat 243.000 Einwohner. Der öffentliche Transport in der Stadt wird von den Ölfirmen finanziert und war deshalb bisher kostenlos. Vom Bahnhof gibt es einen Bus direkt zum Busbahnhof. Von da verkehren Busse mehrmals am Tag nach Raduschnij, Megion und Langepas.

Megion ist eine Siedlung am Ob, die auch mit dem Schiff zu erreichen ist. Frau Viktorija Ivanowna Spodina und Herr Anatoli Jefimowitsch Roj leiten ein interessantes ethnografisches Museum.

In **Radushnyj** hatte man lange erfolglos nach Öl gebohrt. Als die Arbeiter schon aufgeben wollten, stießen sie doch noch auf ein großes Vorkommen. Das dabei ausgelaufene Öl, das einen in den schönsten Regenbogenfarben schillernden Ölfilm auf dem See erzeugte, gab der Stadt den Namen.

Von dort kann man mit einem zum Bus umgebauten Lkw oder mit anderen Fahrzeugen die etwa 40 km nach Warjogan, Straße Richtung Novoagansk, mitgenommen werden.

Warjogan, das in den 1930er Jahren entstanden ist, ist ein größeres Dorf mit 400 bis 600 Einwohnern am Fluss Agan. Viele Chanten, Mansen und Nenzen wurden in den 1970er Jahren hierher umgesiedelt.

Von einer amerikanischen Firma wurde für 1 Mio. Dollar ein Kindergarten gebaut. Das Trinkwasser wird täglich mit einem Tankwagen aus mehreren Hundert Kilometern Entfernung geliefert. Jeder hat eine Tonne vor seinem Haus stehen - der Fluss und die umliegenden Seen und Sümpfe sind zu stark verunreinigt.

Es gibt ein Telefon im Dom Sowjetow (ein Haus in der Nähe der Straße), das aber nur selten funktioniert.

Das ethnografische Freilichtmuseum mit Exponaten aus der ganzen Umgebung ist immer zu besichtigen. Man muss im Dorf nach der neuen Leiterin A. Aipina bzw. einem der Angestellten fragen, die gerne alles erklären. Besonders lohnend ist eine Führung von Juri Wella, dem bisherigen Leiter des Museums; er ist ein nenzischer Schriftsteller, Märchensammler und -erzähler und hat das Museum mit viel Engagement aufgebaut. Er ist einer der aktivsten Kämpfer für das Überleben der chantischen und nenzischen Kultur. Aufgewachsen in Warjogan, hat er sich vor einigen Jahren im Wald ein Haus gebaut, Rentiere gekauft und ist jetzt in den Wald gezogen, um die alten Traditionen seines Volkes auch zu leben. Allerdings soll sein Land und das seiner Nachbarn zur Erdölförderung an Konzerne verkauft werden, was das Weiterleben dort bald unmöglich machen wird.

In der Nähe des Dorfes befindet sich ein traditioneller chantischer Friedhof, u.a. mit einigen alten nenzischen Grabstätten. Selbst auf dem modernen Friedhof befinden sich noch traditionelle chantische Gräber mit einem Haus für die Toten und Grabbeigaben - neben dem hellblauen geschweißten Eisengrabstein.

In der Umgebung gibt es 17 registrierte Wohnplätze, davon fünf Familien, die aus dem Dorf zurück in den Wald gezogen sind, ein neues Haus gebaut und Rentiere gekauft haben.

Der Hubschrauberplatz von **Nowoagansk** wurde auf einem chantischen Begräbnisplatz für Selbstmörder angelegt.

In **Russkinskaja**, einem Dorf am Trom Jugan, das von Surgut mit Bus oder Auto zu erreichen ist, befindet sich ein ethnografisches und naturkundliches Museum. Das chantische Kulturhaus mit einer kleinen Sammlung wird von der engagierten Frau Sopotschina betreut. Eine traditionelle Tanzgruppe wurde dort ins Leben gerufen.

Ljantor ist ein Erdölstädtchen in ziemlich verwüsteter Landschaft am Fluss **Pim**. Eine chantische Siedlung wurde am Waldrand gebaut.

Das Wasser schmeckt nach Öl und ist nicht zu genießen, und auf dem Badewasser schwimmt ein Ölfilm, doch ein neues Wasserwerk an einem weit entfernten, noch sauberen Fluss ist in Bau.

Ganz in der Nähe der Ölförderplätze, fast davon eingeschlossen, wohnen fünf Familien auf einem Stück Land, das bisher eine Familie bewirtschaftete. Sie versuchen, im kargen Sandboden hinter ihrem Haus Kartoffeln anzubauen, weil die Fische und das Wild nicht mehr ausreichen. Sie können nicht weiterziehen, und in der Stadt wollen sie nicht leben.

Ein ethnografisches Museum findet man am Stadtrand - an der Straße Richtung Westen.

Kogalym ist eine relativ neue Erdölstadt und mit der Eisenbahn zu erreichen. Dort hat eine der großen Erdölfirmen ihren Sitz. Man erreicht die Stadt mit dem Zug von Surgut Richtung Norden (Nowy Urengoi).

Die Gebietshauptstadt des AOCM, **Chanti-Mansisk**, liegt auf mehreren Hügeln am Fluss Irtysch. 15 km nördlich der Stadt fließen die beiden großen Flüsse Ob und Irtysch zusammen.

Erste Berichte stammen von 1637, als Russen nahe der Siedlung des chantischen Prinzen Samar eine Poststation einrichteten. Im Laufe der Zeit entwickelte sie sich zur reichen Handelssiedlung Samarowo.

In den 1930er Jahren entstand bei dieser Siedlung das Verwaltungszentrum des Ostjakisch-Wogulischen Nationalen Kreises, später in Chantisch-Mansischer Autonomer Kreis umgenannt.

Chanti-Mansisk ist nur mit Flugzeug oder Schiff (6 Std. von Surgut) zu erreichen. Der Flughafen liegt nordwestlich der Stadt (etwa eine halbe Std. mit dem Bus). Das Aeroflot-Büro befindet sich auf der ul. Mira.

Die Karten für die Tragflächenboote kauft man am besten ein oder mehrere Tage vorher im Flussbahnhof, der sich etwa eine dreiviertel Std. mit dem Bus südlich des Stadtzentrums befindet. Die Wohnhäuser sind zum größten Teil mit schönen Schnitzereien verzierte einstöckige Holzhäuser.

Übernachtungsmöglichkeiten bestehen in einem finnisches Hotel oder im *obsheschitje* (Wohnheim) der pädagogischen Schule. 1994 wurde ein finnischer Supermarkt eröffnet.

Im Stadtzentrum, am Ende der ul. Mira, findet man das Postamt. Telefonverbindungen laufen immer über die Handvermittlung in Tjumen, man braucht etwas Zeit und Geduld. Meist ist es einfacher, eine Verbindung nach Deutschland zu bekommen als in die nächste Stadt. Eine zuverlässige und günstigere Variante ist das Schicken von Telegrammen.

Der Sitz der "Assoziation zur Rettung des Jugra" befindet sich im Rathaus. Diese Organisation der Chanten und Mansen entstand 1989 als eine Art Bürgerbewegung. Ebenfalls in Chanti-Mansisk befindet sich die Redaktion des Chanti Jasang, die einzige wöchentlich erscheinende Zeitung in chantischer Sprache.

Auf der ul. Kanewa liegt das "Wissenschaftliche Forschungsinstitut zur Wiederbelebung der ob-ugrischen Völker des Autonomen Kreises der Chanten und Mansen" unter der Leitung von Frau Jewdokija Njomysowa. Die dort arbeitenden Wissenschaftler und Volkskünstler beschäftigen sich mit Musikethnologie, Ethnomedizin, fördern das traditionelle Musikleben, die Bewahrung alter Handwerkstechniken und betreuen Projekte wie die Kulturanthropologische Schule in Kasym.

Das ethnografische Freiluftmuseum befindet sich am Hang eines der Hügel; zu sehen sind Häuser verschiedener Architekturformen des Gebiets.

⌘ Die Ausstellung im Chantisch-Mansischen Heimatmuseum berichtet über Geschichte und Gegenwart der Kultur der Chanten und Mansen.
♦ ul. Mira 11, ⬚ täglich 10:00 bis 18:00, außer Mo und Di

Von Chanti-Mansisk (**Ханты-Мансийск**) flussabwärts - an den Seitenarmen des Ob und an den Ufern der kleineren Flüsse - findet man noch viele kleine Fischersiedlungen.

Belojarskij (**Белоярский**) ist eine relativ kleine Siedlung am Fluss Kasym, die zum großen Teil von Russen bewohnt wird. Die Häuser sind meist mehrstöckige

Betongebäude. Es gibt ein Kulturzentrum in einer Neubauwohnung. Belojarsk ist
das Verwaltungszentrum des Kasymer Gebiete. Außerdem gibt es eine große
Kompressorstation der Gasleitung aus dem Norden.

Vom Flughafen gehen Flugzeuge nach Chanti-Mansisk. Auf einen Hubschrau-
berflug in die nationalen Siedlungen Kasym, Juilsk und Numto muss man oft tagelang warten. Mit dem Schiff kann man nach Berjosowo gelangen.

Berjosowo, ebenfalls eine der ältesten Städte Sibiriens, 1594 gegründet,
befindet sich am Ufer der Sewernaja Soswa.

Menschikow, der engste Vertraute Zar Peters I. und erster Verwalter St.
Petersburgs, wurde 1728, nach dem Tode Peters, mit seiner Familie hierher verbannt. Er starb 13 Monate später.

Unter seiner Anleitung wurde noch eine Kirche gebaut, die aber im Februar
1764 abbrannte. In seinem Haus wurde ein Museum eingerichtet, das über die
Geschichte seiner Familie berichtet. Die heutige Schule befindet sich in den
Gebäuden eines alten Klosters.

Kasym (Казым) liegt an der Amnja, einem Nebenfluss des Kasym. Es ist eine
dörfliche Siedlung, über die Hälfte der Bevölkerung ist indigen.

In Kasym wurde eine nichtstaatliche "Kulturanthropologische Schule (Kasch)"
gegründet, die neue Methoden eines auf die Ethnizität ausgerichteten Unterrichts
einführt. Hier werden chantische, komi-syrjänische, nenzische und russische Kinder zunächst getrennt in ihrer Sprache und den überlieferten Werten ihrer Völkern unterrichtet, um dann in gemeinsamen Klassen das Zusammenleben mit den
anderen Kulturen zu lernen. Ein kleines Freilichtmuseum befindet sich am anderen Ufer.

Salechard (Салехард) hieß bis 1933 Obdorsk und war einst Zentrum eines
chantischen Fürstentums. 1593 bauten Kosaken eine erste Befestigung am Steilufer über der Mündung des Polnij in den Ob (р. Обь). Der Ort war ein wichtiger Jassak-Sammelpunkt; Mitte des 19. Jahrhunderts war hier das Zentrum der
christlichen Mission.

Auf dem Gebiet des heutigen Hafens stand eine hölzerne Kirche. Die Kirche
der heiligen Apostel Peter und Paul wurde 1894 gebaut. Ende des 19. Jahrhunderts starb der letzte chantische Fürst.

Salechard war seit den 1930/1940er Jahren Ausgangspunkt einiger spektaku-
lärer Projekte des Kommunismus. Seit 1953 führt eine Eisenbahnstrecke nach
Igarka, die jedoch nie in Betrieb genommen wurde. Geplant war sogar der Bau
einer Strecke bis Kamnej Mys am Jeniseij. Gebaut wurde sie von Häftlingen, wobei
Tausende den Tod fanden.

Ein anderes Projekt war der Bau einer Brücke über den kilometerbreiten Ob.
Für die angerückten Bautrupps wurde sogar ein neuer Mikro-Rayon errichtet - der
Bau selbst aber nie fertiggestellt.

In den 1970er Jahren erklärte man Salechard zur "nichtperspektivischen
Zone": ein Wasserkraftwerk am unteren Ob war geplant, die Stadt sollte überflutet werden. 1990 wurde Salechard in die "Liste der historischen Städte" aufgenommen. Die Stadt ist vom Charakter mit Chanti-Mansisk zu vergleichen: kleine,
mit Schnitzereien verzierte Holzhäuser stehen an staubigen oder schlammigen
Straßen. Es gibt hier eine chantische und nenzische Radiostation.

Die **Jamal-Halbinsel** (п-ов. **Ямал**) wird weitgehend von Gazprom, dem
größten russischen Erdgasproduzenten beherrscht. In der Ödnis der Tundra leben
verstreute Gruppen von Nenzen mit ihren großen Rentierherden. Als Ausländer
benötigt man eine Genehmigung, um die Halbinsel zu bereisen.

Verkehrsverbindungen

- Von Moskau nach Tjumen. Lokale Flüge: Surgut, Chanti-Mansisk, Nishnewartowsk, Radushnyj, Belojarsk, Berjosowo, Salechard.
- Über Tjumen nach Surgut und Nischnewartowsk, Abzweig nach Norden
  über Kogalym und Nojabrsk nach Nowij Urengoi.
- Mit dem Hubschrauber kann man zu Öl- und Gasförderplätzen und zu
  abgelegenen Dörfern und Ansiedlungen der Ureinwohner mitfliegen.
- Im Sommer verkehren Schnellboote auf den großen Flüssen. Mit kleineren
  Motorbooten und Kanus kommt man nur langsam auf den kleinen gewun-
  denen Flüsschen und Seen in der Taiga vorwärts, über die Landbrücken
  müssen die Boote getragen werden.
- Im Winter fahren Autos auf den zugefrorenen Flüssen.

Mit Motor- und Rentierschlitten kann man sich dann viel schneller und beque-
mer durch die gefrorene Sumpflandschaft bewegen.

Lkw fahren in alle kleineren Städte und auf Straßen erreichbare Dörfer sowie zu den Förderplätzen in der Taiga.

🚢 Schiffsverbindungen (Man betrachte diese Angaben als Richtwerte, da die Fahrpläne jedes Jahr verändert werden und wahrscheinlich einige Linien nicht mehr oder nicht mehr regelmäßig bedient werden):

◆ Tobolsk - Demjansk - Chanti-Mansisk (11.5. bis 10.10.), 627 km auf dem Irtysch, 22 Haltestopps, ca. 13 Std.

◆ Chanti-Mansisk - Oktjaberskoje - Berjosovo - Muschi - Salechard - Akaska (19.5. bis 6.10., 1.6. bis 1.10. nur bis Berjosovo), 995/509 km auf Irtysch und Ob, 25 Haltestopps, ca. 36 Std. mit 10 Std. Aufenthalt in Berjosovo

◆ Salechard - Lopchari, 231 km auf dem Ob, 4 Haltestopps, ca. 11 Std.

◆ Bobrowka - Chanti-Mansisk - Oktjaberskoje - Sergino - Peregresnoje (20.5. bis 10.10., ab 15.9. nur bis Oktjaberskoje), 586/480 km auf Irtysch und Ob, 27/22 Haltestopps, ca. 17/11 Std.

◆ Chanti-Mansisk - Surgut - Nishnewartowsk (25.5. bis 10.10., ab 1.10. nur bis Surgut), 638/375 km auf dem Ob, 13 Haltestopps, ca. 13/7 Std.

◆ Tobolsk - Malaja - Bitscha, 255 km auf Irtysch, 32 Haltestopps, ca. 36 Std.

◆ Tobolsk - Nishnaja Tawda - Tawda (10.5. bis 10.10), 362 km auf Irtysch, Tobol und Tawda, 31 Haltestopps, ca. 36 Std.

◆ Tawda - Taborni - Nasarowo, 254 km auf der Tawda, 25 Stopps, in ca. 31 Std.

◆ Urai - Uste Acha - Kondinskoje - Boltscharni - Altai - Chanti-Mansisk, 737 km auf Konda und Irtysch, ca. 48 Std. mit jeweils 12 Std. Aufenthalt in Uste Acha und Boltscharni bzw. Altai

◆ Lokosowo - Surgut - Suitornimo, 243 km auf dem Ob, 6 Haltestopps, ca. 6 Std.

◆ Neftejugansk - Seljarowo - Chanti-Mansisk (25.10. bis 10.10., ab 1.10 alle zwei Tage), 294 km auf Juganskaja Ob und Irtysch, 7 Haltestopps, ca. 7 Std.

◆ Oktjaberskoje - Sergino, 61 km auf dem Ob, ca. 2 Std.

◆ Saranpaul - Berjosowo (unregelmäßig), 461 km auf Ljapin und Sewernaja Soswa, 9 Haltestopps, ca. 30 Std.,

◆ Salechard - Nuida - Kutorjugan (unregelmäßig), 9 Haltestopps auf Polin, Ob und Obskaja Guba (Obbusen)

Omsk (Омск)

☽ ☎ 3812

⧗ Zeitunterschied zur Moskauer Zeit: plus 3 Std.

🚗 Regional-Code auf den Kfz-Kennzeichen: "55"

📱 Telefonieren mit Dualband-Handy möglich (GSM-Netz vorhanden)

ℹ️ Stadtverwaltung 644099 Omsk, ul. Gagarina 34, ☎ 243033

♦ Flussbahnhof (Омский РечПорт), pl. Buchholza, ☎ 415313, FAX 415305

♦ Flughafen Zentralnij (IATA-Code: QMS), ☎ 517516, FAX 517382 (hier landen alle großen Maschinen wie A-310, ИЛ76, ТУ154, ТУ204)

♦ Flughafen Severnij (Lokalflüge, Hubschrauber)

♦ Firma Omsk-Aviaservice, ul. Transsibirskaja 2, ☎ 517914

♦ Zolldienststelle am Flughafen, 644103 Omsk, ul. Inzhenernaja 1

♦ Zollamt Omsk, 644024 Omsk, ul. Lermontova 27

♦ Städt. Auskunft ☎ 09

✿ DHL-Filiale Omsk, Sennaja ul. 34, ☎ 255330

🏦 Alpha-Bank, ul. Kuijbysheva 79, ☎ 535176

Typischer Basar in Sibirien

- ◆ Western-Union Agent: 644089 Omsk, Investsberbank, pr. Mira 100 в, ☎ 641649 (☞ auch 💻 http://locator.westernnunion.com)
- ◆ Bank Sibir, ul. Ordzhonikidze 48, ☎ 251703
- ◆ Bank Uralsib, ul. Marshala Zhukova 74/2, ☎ 535775
- ◆ Sibakadem-Bank, ul. Puschkina 32
- 🛏 Moskwa, pr. Marksa 9, ☎ 316419
- ◆ Majak, ul. Lermontova 2, ☎ 315431
- ◆ Sibir, ul. Lenina 22
- ◆ Omsk, ul. Irtischskaja Nabereshnaja 30, ☎ 314251
- ◆ Avtomobilist, pr. Marksa 43 a, ☎ 411650
- ◆ Oktjabr, ul. Partisanskaja 2 (ehem. Hotel Rossija, erbaut 1905, Architektur-denkmal), ☎ 242886
- ◆ Herberge (*obsheshitje*), ul. Serowaja 20, Nähe Bahnhof und rynok
- ✕ Balkan Grill, ul. Majakovskovo 23
- ◆ Majak, ul. Lermontova 2
- ◆ Melniza, ul. Gerzena 12a
- ◆ Jantarnyj, pr. Marksa 45
- 🛒 Im *retshnoi vokzal* (Flussbahnhof) befindet sich das kommerzielle *magazin Majak* (russ. Leuchtturm) mit breitem Angebot. Auch Filme, Batterien und Fotozubehör sind erhältlich.
- ◆ Torgovy Zentr, am Dsherschinskovo-Platz, Haltestelle "Glavpotshtamt"
- ✚ Bezirkskrankenhaus (*Oblastnaja klinika*), ul. Berezobaja 3
- ◆ Augenklinik (*Oftalmologitsheskaja klinika*), ul. Lermantova 60
- ◆ Städt. Zahnklinik (*Stomatologitsheskaja klinika*), ul. Volotshajevskaja 21a
- ◆ Stomatologie-Zentrum Denta plus, ul. Gusarova 18, ☎ 253518
- ◆ Medizinisches Versorgungszentrum, ul. 70 let Oktjabrja 20, ☎ 161595
- 🏛 Es gibt etwa 10 große und mehrere kleine Märkte. Großer *rynok* in Bahn-hofsnähe (ul. Roshdjestvenskovo 6). Weitere Basare bzw. Einkaufsmärkte befinden sich unter anderem in den folgenden Straßen:
- ◆ ul. Gusarova 33 (*zentralny rynok*)
- ◆ ul. Marshala Shukova 70a (*kasatshij rynok*)
- ◆ pr. Kamarova (am *avtovokzal*)
- ◆ ul. Betchovena 22 (*kirovskij rynok*)
- 🌐 Örtlicher Touristen-Club, 644033 Omsk, ul. Krasnij Put 80/62, ☎ 258989, 💻 http://prikluchenie.narod.ru, ✉ prikluchenie@land.ru

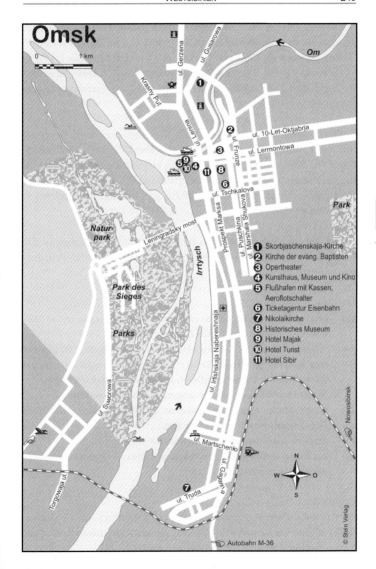

Omsk

0 1 km

Om

ul. Gerzena
ul. Gusarowa
Krasny Put
ul. Lenina
ul. 10-Let-Oktjabrja
ul. Lermontowa
ul. Frunze
ul. Tschkalova
Prospekt Marksa
ul. Puschkina
ul. Marshala Shukowa
Park
Natur-park
Leningradsky most
Irtysch
Park des Sieges
Parks
ul. S.Morowa
ul. Irtishskaja Nabereshnaja
ul. Martschenko
ul. Gagarina
ul. Truda
Torgowaja ul.
Autobahn M-36
Nowosibirsk

N
W   O
S

❶ Skorbjaschenskaja-Kirche
❷ Kirche der evang. Baptisten
❸ Opertheater
❹ Kunsthaus, Museum und Kino
❺ Flußhafen mit Kassen, Aeroflotschalter
❻ Ticketagentur Eisenbahn
❼ Nikolaikirche
❽ Historisches Museum
❾ Hotel Majak
❿ Hotel Turist
⓫ Hotel Sibir

© Stein Verlag

Die Stadt Omsk ist die Hauptstadt (1,2 Mio. Einwohner) der Omskaja Oblast, die westlich vom Nowosibirsker Gebiet liegt. Omsk liegt am Transsib-km 2.717. Größere Stationen vor Omsk sind Tjumen (km 2.145) und Ishim (km 2.434).

Fährt man von Omsk weiter in Richtung Nowosibirsk nach Osten, so passiert der Zug die Stationen Tatarskaja (2.884 km), Barabinsk und Tsulimskaja, bevor er Nowosibirsk erreicht.

Es gibt neben dem von Moskau abfahrenden Zügen auch einen Expresszug zwischen **St. Petersburg** und Omsk (Zug Nr. 66 über Kirow, Perm, Ekaterinburg, Kurgan und Petropawlowsk - Omsk). Der Zug 66 verlässt nach **Ekaterinburg** die Hauptstrecke der Transsib, um schließlich parallel südlich davon über **Kurgan** am Tobol Omsk zu erreichen. Dabei fährt der Zug auch kurz über **Petropawlowsk** im Norden Kasachstans.

Der Zug von Moskau benötigt bis Omsk etwa 45 Std. (Expresszüge wie z.B. Nr. 10 "Baikal" oder 8 "Sibirjak" sind ein wenig schneller). Von St. Petersburg fährt man etwa 56 Std. (Zug 66).

Anreise

🚂 Mit der Bahn (aus dem Westen von Tjumen oder über Kurgan) und aus dem Osten von Nowosibirsk. Täglich Züge aus Moskau.

✈ Flugverbindungen z.B.: Moskau (FH Domodjedovo, Flug Nr. 131, zum Einsatz kommen B737 oder TУ154), St. Petersburg, Irkutsk, Krasnojarsk (Firma KrasAir), Chabarovsk (Dal-Avia), Petropawlowsk-Kamtshatskij.
Aktuelle Informationen: 🖳 www.airagency.ru oder 🖳 www.akdal.ru

🚢 Schiffsverbindung im Sommer zwischen Tobolsk und Omsk (Omsk liegt am Fluss Irtysch, der später in den Ob fließt).

♦ Schiff zwischen Tara und Omsk (Irtysch)

🚗 Autotrasse M-51 von Tscheljabinsk über Kurgan und Petropawlowsk (von Kurgan aus etwa 530 km bis Omsk)

Bahnhof

Der Bahnhof in Omsk liegt zentral am rechten Ufer des Irtysch. Die Gepäckkammer ist im untersten Geschoss des Bahnhofsgebäudes. Telegrafenamt und Münzfernsprecher sind im ersten Stock.

Auf der Bahnstation Omsk werden Postsendungen in den dafür vorgesehenen Postwaggon verladen.

Telefonkarten bzw. Jetons für Gespräche innerhalb Russlands erwirbt man im Telegrafenamt. Die *stolowaja* und der Wartesaal sind auf der gegenüberliegenden Seite im Bahnhof, Kassen und Fahrplantafeln im Vorraum.

Verlässt man den Bahnhof in Richtung Stadt, liegt gleich davor der Busabfahrtsplatz. Links vom Stationsgebäude der Bahn sind mehrere Kioske. Nur wenige Schritte vom Bahnhof entfernt, nach Überquerung des pr. Marksa, erreicht man an der ul. Roshdjestvenskovo, vorbei am Kino, den *rynok* (Markt).

Post und Telekommunikation

Das Omsker Hauptpostamt befindet sich auf der ul. Gerzena (mit Trolleybus vom Bahnhof in Richtung Felix-Dzhershinskij-Platz, vorher überquert der Bus die Brücke über den **Om**, der in Omsk in den Irtysch mündet). Im Seitenflügel des gewaltigen Postgebäudes befindet sich ein Telegrafenamt. Vor dem Postamt steht ein alter Steinturm, der früher als Feuerwachturm diente. In der Hauptpost werden auch Express-Sendungen angenommen.

Agenturen/Verkehr

Der *avtovokzal* befindet sich am pr. Komarova 2 (linkes Ufer des Irtysch). Der Flussbahnhof ist am pl. Buchholza. Hier findet der Vorverkauf der Tickets nach Tara und weiter Richtung Norden bis zum Eismeer (Salechard) statt.

Die Kassen (Vorverkauf) für den Eisenbahnverkehr finden wir auf der ul. Pushkina/Ecke ul. Tshkalova.

Sehenswürdigkeiten

Lenin-Denkmäler gibt es mehrere aus den 1920er und 1930er Jahren, so z.B. auf dem Krasnij Put oder in der ul. Gerzena und natürlich in der ul. Lenina. Hier sprengte man früher extra eine große Kirche, um Platz für Lenin zu schaffen.

Ebenfalls auf der Leninstraße (Nr. 8) steht das **Akademische Theater**. Das imposante Gebäude stammt aus dem Jahre 1905. Das Komödientheater ("Galerka") finden wir auf der ul. Bogdana Chmelnizkovo 236.

Das **Musikalny Teatr** (Musiktheater), pr. Marksa, wird im Volksmund wegen seiner Bauweise auch als "Sprungschanze" bezeichnet. Der in unmittelbarer Nähe gelegene große rote Ziegelbau dient als Bibliothek der Universität (historisches Gebäude).

Der Konzertsaal der Kammermusik befindet sich auf der ul. Lenina 27a. Dieses Gebäude wurde in den Jahren 1833 bis 1840 erbaut und diente früher als Kirche (Nikolaiskij-Sobor).

Das **Museum für Russische Feuerwehrtechnik** in der Internationalnaja ul. 41 ist einen Besuch wert.

- **Dostojewski-Museum**, 644099 Omsk, ul. Dostojevskovo 1, ☎ 242965
- **Sibirisches Kulturzentrum**, 644010 Omsk, bulvar Martynova 6
- **Kunstmuseum**, ul. Lermantova 8
- Ein weiteres **Museum** gibt es in der Leninstraße 23/23a. Das Gebäude, in dem die Ausstellung untergebracht ist, wurde 1861 errichtet und diente früher als Regierungssitz des Generalgouverneurs.

Die Stadt ist reich an Architekturdenkmälern, von denen viele aus dem 19. Jahrhundert stammen, einige aus der Zeit um 1900. Architektonisch interessant ist noch das frühere **Lehrgebäude der Medizinischen Schule** auf der ul. Tarskaja 4. Es stammt aus dem Jahre 1883. Die **Nikolskij-Kasatsji-Kathedrale** wurde im vorigen Jahrhundert erbaut. Eine orthodoxe Kirche befindet sich auf der ul. Rabinowitscha, andere in Bahnhofsnähe (ul. Truda). Ebenfalls sehenswert ist der Zirkus, pr. Marksa (Trolleybus 4).

Am Fluss liegt die "Grüne Insel" (*Seljony Ostrov*). Hier befinden sich Badestrände, Sportanlagen, Kino, Segelschule, Nachtclub, Diskothek, Yachthafen und Wald. Falls man keine Unterkunft gefunden hat, kann man hier (unerlaubterweise) sein Zelt aufschlagen (nach "Gorodok Wodnikov" fragen).

Geschichte der Stadt Omsk

Bereits im Jahre 1716 begründete man am Zusammenfluss von Om und Irtysch die Festung Omsk. Die Stadt spielte eine bedeutende Rolle bei der Eroberung Sibiriens. Da Omsk an zwei Flüssen lag und von mehreren Wegen gekreuzt wurde, entwickelte sich der Ort ebenfalls schnell zum Handelspunkt.

Die Stadt war auch ein berühmt-berüchtigter Verbannungsort, auch Dostojewski wurde hier vier Jahre festgehalten.

Etwa um 1839 wurde Omsk Verwaltungszentrum von ganz Westsibirien. Von da an bis zur Oktoberrevolution galt Omsk auch als Hauptstadt der Kosakentruppen. Damals, noch ehe die Transsibirische Bahn erbaut war, gründete man hier bereits erste Fabriken.

1861 wurde die Telegrafenlinie nach Orenburg eröffnet, und im gleichen Jahr fuhren auf dem Irtysch die ersten dampfgetriebenen Schiffe. In der Stadt kam der erste Zug am 25. August 1894 im neu errichteten Bahnhof an.

Zu Zeiten der Oktoberrevolution (1917) war Omsk die größte Stadt in Sibirien. Sie wurde zur Hauptstadt der Konterrevolution unter Admiral Koltshak, der 1920 mit dem Zug unter Mitnahme der Goldreserven der UdSSR von Omsk aus nach Irkutsk floh.

Eng verbunden mit der Geschichte der Stadt sind die Festungen **Starij Krepost** und **Nowij Krepost** (die Alte und Neue Festung). Nur die Reste der Neuen Festung können besichtigt werden.

Von der Alten Festung, die aus Holz bestand, ist nichts mehr zu sehen. Sie befand sich dort, wo heute das Flusshafengebäude steht. Bei Ausgrabungen wurden vereinzelt Spuren gefunden.

🎓   Bekannt ist die **Universität** (1974 erbaut), die auch Studenten und Praktikanten aus dem Ausland anzulocken vermag (Office: pr. Mira 55).

Ausflug nach Tara (Тара)

Von Omsk aus kann man die alte sibirische Stadt **Tara** besuchen, die sich etwa 300 km stromabwärts am Irtysch befindet (Schiffsverkehr). Die Schiffsanlegestelle in Tara liegt etwa 10 Min. zu Fuß vom Stadtzentrum entfernt. Den Weg vom Hafen auswärts in Richtung Hauptstraße gehen, anschließend links halten.

Anreise

🚤   Mit dem **Schnellboot** auf dem Irtysch vom Omsker Flusshafen (ein Ticket kostet € 15), Abfahrt 7:00, Fahrzeit etwa 7 Std., Ankunft 14:00, unterwegs zwei bis drei Zwischenstopps. An Bord des Schiffes gibt es Kaffee oder Saft zu kaufen. Nach der Ausfahrt aus dem Flusshafen fährt das Boot wenig später am Petrol-Kombinat, der gewaltigsten "Dreckschleuder" im Gebiet, vorbei.

🚐   Die zweite Möglichkeit der Anreise nach Tara ist die Benutzung der (schlechten) Straße R-392. Sie führt über den Ort **Bolsheretschje**, in dem auch das Schnellboot einen Zwischenstopp einlegt. Auf dieser Strecke führen keine Brücken mehr über den Irtysch, sondern nur noch einige Autofähren. Will man mit dem Bus nach Omsk zurückfahren, sollte man bedenken, dass der Letzte um 22:00 fährt.

Tara ist die **drittälteste** russische Stadt in Sibirien. Nur Tjumen (1586) und Tobolsk (1587) sind älter. Die Stadt wurde 1594 als Festungsstadt gegründet. Von der Holzfestung gibt es keine Überreste mehr. Im Ortsmuseum kann man Näheres über das alte Tara erfahren. Hier gibt es auch eine Ausstellung über Flora und Fauna sowie Mineralien des Gebietes.

An historischen Gebäuden ist eine alte Steinkirche aus dem Jahre 1751 sehenswert. In Flussnähe gibt es eine kleine, aus Holz erbaute Moschee.

Museum, Milizstation, Post und Telegrafenstation, die Rayonverwaltung sowie das Hotel Sewer (russ. = Norden) befinden sich an einem zentralen Punkt in der Stadt. Dieser ist leicht zu finden, da dort eine Leninstatue steht. Preiswerte Übernachtungsmöglichkeit ab ca. € 7. Der Bus nach Omsk fährt direkt vor dem Hotel ab.

*Der Permafrostboden taut im Sommer an der obersten Schicht auf,
sonst ist er vom Spätherbst bis zum Mai gefroren. Häuser ohne
richtiges Fundament versinken jedes Jahr einige Milimeter im Grund.
Dieses Haus ist über 80 Jahre alt.*

Von der ehemaligen Bedeutung der Stadt als Vorposten der Russen im zu
erobernden Sibirien verspürt man wenig, die kleine Stadt macht einen eher
gemütlich-ruhigen Eindruck. Als Tourist wirkt man hier noch wie ein "Exot", da
sich nur sehr wenige Besucher hierher verirren. In den Seitengassen der (asphaltierten) ul. Lenina gibt es einige sehr alte Holzhäuser, die zum Teil schon lange
Zeit unbewohnt sind und bis zum Fensterbrett oder der Dachkante im Erdbo-
den/Schlamm versunken sind.

Auch im Omsker Gebiet und in der Region Tara leben noch einige Angehörige der deutschstämmigen Bevölkerung.

Weiterreise

 Von Tara fährt das Schiff weiter Richtung Norden nach **Tobolsk**. Man kann
auch bis in den hohen Norden nach **Salechard** (Obmündung im Polarmeer)
fahren.

Salechard liegt nördlich des Polarkreises. Das Schiff (Teplochod) benötigt ca. 5 Tage. Ein Ticket kostet ca. € 60 bis 80. Salechard (30.000 Einwohner, Fischkonservenfabrik) ist das Zentrum des Autonomen Gebietes der Jamal-Nenzen und liegt am rechten Ufer des Ob.

Temperatur im Januar -22 bis -28°C (Mittel), im Juli +4 bis maximal 14°C, es herrscht ein ausgeprägtes Kontinentalklima. Die Begründung Salechards als Sale-Charn (nenz.) geht auf das Jahr 1595 zurück. Im 18. und 19. Jahrhundert war Salechard einer der wichtigsten Handelsplätze im Norden. Sehenswert ist das Museum (Schnitzereien aus Walross-Elfenbein).

🚂 Zur Rückfahrt bietet sich die Bahnfahrt von **Labytnangi** (liegt 20 km von Salechard entfernt) nach Moskau (über Kotlas) an. Labytnangi liegt im autonomen Gebiet der Jamal-Nenzen, hat ca. 27.000 Einwohner und verfügt über einen kleinen Flughafen. Schiffsanlegestelle am linken Ufer des Ob, der hier bereits gigantische Ausmaße angenommen hat. Von/nach Salechard und Labytnangi gab es bislang unregelmäßige Flüge von Nowosibirsk bzw. Tjumen.

✈ Flughafen Salechard (Салехард), IATA-Code: SLY, wird betrieben von der Fluggesellschaft Jamal und ist nur für Maschinen bis zur Größe der ИЛ76, ТУ154, Як40 ausgelegt. ☎ und FAX 34591/43012

◆ Flughafen Labytnangi (Лабытнанги), ☎ und FAX 34591/43012

✋ Eine infektiöse Viruserkrankung (Omsker Hämorrhagisches Fieber, OHF, Erstbeschreibung 1944) tritt endemisch im Gebiet der Seenplatte zwischen Omsk und Nowosibirsk auf.

Zwischen 1998 und 2002 kam es erneut zu mehreren Erkrankungen, teilweise mit tödlichem Ausgang. Zu einer Häufung der Fälle kommt es gewöhnlich in den Monaten April bis Juni und September/Oktober, was mit der Aktivität der Überträger (Zecken) zusammenhängt. An der Übertragung sind wahrscheinlich aber auch Bisamratten und möglicherweise andere Nager (Erregerreservoir) beteiligt.

Bei Ansteckung kommt es binnen 4 bis 8 Tagen zum Ausbruch der fieberhaften Erkrankung, die in 5 % der Fälle tödlich verlaufen kann (innere Blutungen). Eine spezifische Therapie oder Impfung existiert nicht. Der Wert einer Schutzimpfung gegen das dem OHF-Virus eng verwandte und wesentlich bekanntere FSME-

Virus ist nicht nachgewiesen. Für Bahnreisende (Transsib) stellt das OHF kein Risiko dar. Gefahr besteht theoretisch nur bei längerem Aufenthalt im Endemiegebiet und häufigen Tierkontakten (ca. 90 % der bisher Erkrankten waren als Jäger oder Pelztierhalter tätig).

Nowosibirsk (Новосибирск)

☽   383 (bisher 3832)

⧖   Zeitdifferenz zur Moskauer Zeit: plus 3 Std.

🛈   Stadtadministration, 630099 Nowosibirsk, Krasnij pr.34, ☏ 224932,
     🖳 http://vnovosibirsk.ru/city/

♦   Adressenbüro: 🖳 http://novosibadres.narod.ru, ☏ 3556099

♦   Infos zu Adressen, Telefonnummern siehe auch: 🖳 www.nspages.ru

♦   Karte/Stadtplan im Web: 🖳 http://map.2gis.ru/

♦   Telefonauskunft ☏ 09

♦   Lokales Radio Evropa plus auf UKW (FM 103,2 u. auf 72,44 MHz.)

♦   Hauptbahnhof Nowosibirsk ☏ 005, Gepäckaufbewahrung ☏ 2292114

♦   Zollamt in 630015 Nowosibirsk, ul. Korolewa 40

♦   Nowosibirskaja PSS/ПСС: ul. Sowjetskaja 4a, ☏ 382/223335 und 234714

✸   Ein Miliz-Posten befindet sich im Hauptbahnhof. Das nächstgelegene Miliz-Revier: ul. Tsheljuskinzev (vom Bhf. ca. 5 Min. zu Fuß). GAI (Verkehrspolizei) ☏ 527202 und 527203, Miliz-Notruf "02"

✈   Flughafen Nowosibirsk-Severnij, ☏ 2283788

♦   Flughafen Tolmatshevo, ☏ 2169841 und 2169771

♦   Aviakasse ul. Nikitina 20, ☏ 2667071 und 2665730

♦   Aviakasse in Akademgorodok: ul. Musy Dzhalulja 11

♦   Die Flugagentur Sibir (S7) und Lufthansa, Krasnij pr. 42,
     ✉ novosibirsk@dlh.de, unterhalten auf dem Krasnij pr. ebenfalls Büros.

🚌   Der *avtovokzal* von Nowosibirsk liegt am südlichen Ende des Krasnij pr. 4, ☏ 2234368 bzw. 2236993. Von hier aus werden die Überlandbusverbindungen bedient, z.B. nach Barnaul, Bijsk, Tomsk und Kemerowo.

🛏   In Bahnhofsnähe ist das Hotel Zentralnaja, ul. Lenina 3, ☏ 2227294 bzw. 2223638 zu empfehlen, u.a. wg. der günstigen Lage und aufgrund der Nähe zur Post ul. Lenina 5 und der Bank. Metro-Station Pl. Lenina.

- ♦ Zentral liegt auch das Hotel Best Eastern Sibir, Ecke ul. Lenina 21 / pr. Dimitrova. ☎ 2231215 und 2230203, FAX 2238766. Infos auch auf der Seite 💻 www.hotel-sibir.ru (Metro: Pl. Garina.Mikhaijlovskovo)

- ♦ Nowosibirsk, Vokzalnaja Magistral 1, ☎ 2201120 oder 2216533. 💻 www.hotelfree.ru , sehr nah zum Bahnhof

- ♦ Sewernaja, pr. Dzerzhinskovo 32, ☎ 2791347, erträgliche Preise, Hotel mit sowjetischem Flair

- ♦ Weitere Hotels und kleinere Unterkünfte: 💻 http://turizm.ngs.ru/hotel

- ✕ Club Lumiere (клуб Люмьер), ul. Derzhavina 9 (eine Querstraße der ul. Kamenskaja), ☎ 904506, 💻 www.lumiere.ngts.ru

- ♦ Für russische Verhältnisse teurere Restaurants befinden sich in den Hotels Sibir und Zentralnaja. Diese Restaurants sind nicht absolut typisch für Russland (das Preisniveau ist den meist ausländischen Touristen angemessen), im Zentralnaja-Restaurant zahlt man bereits € 0,50 für das Anzünden einer Tischkerze (!).

- ♦ Das Theatercafé befindet sich im zentralen Kultur- und Erholungspark (Ecke ul. Kamenskaja /ul. Frunze).

- **CD** Deutsches Konsulat, 630099 Nowosibirsk, Krasnij pr. 28, ☎ 234869 und 233674, FAX 234417. Die freundlichen Konsularbeamten sind u.a. behilflich, wenn es um die amtliche Beglaubigung von Dokumenten oder um Ersatz eines verloren gegangenen Reisepasses geht. Lassen Sie sich nicht von der langen Warteschlange der ausreisewilligen Russlanddeutschen und dem mitunter etwas ungehobelten russischen Wach- und Büropersonal verschrecken. Informationen zu Öffnungszeiten und aktuellen Änderungen: 💻 www.nowosibirsk.diplo.de

- **CD✝** Administratur der Katholischen Diözese Sibiriens: 630099 Nowosibirsk, ul. Gorkovo 100. Informationen über die Katholische Kirche gibt es auch im Internet 💻 www.ku-eichstaett.de/BISTUM/NOVOSIBIRSK

- ✚ Schnelle medizinische Hilfe: ☎ 03 (Notruf), Rettungsdienst/МЧС und Feuerwehr: ☎ 01 (Notruf)

- ♦ Poliklinik Nr. 1, ul. Serebrjanikovskaja 42 (Metro-Station Pl. Lenina)

- ♦ Medizinisches Zentrum "Reserv". Hier kann man die Hilfe von qualifizierten Spezialisten aller Fachrichtungen (angefangen vom Urologen über Gynäkologen bis zu Zahnärzten) in Anspruch nehmen. Geldbörse nicht vergessen! ☎ 2224926

- ◆ Die medizinische Hilfe in privaten kommerziellen Medi-Zentren ist - da kommerziell orientiert und dadurch ohne Geldmangelerscheinungen wie das staatliche Gesundheitswesen - u.U. dem städtischen Krankenhaus vorzuziehen, aber nicht billig. Im Hilfsfall die Quittungen für die Reisekrankenversicherung aufheben.

- ◆ Gesundheitszentrum "Sirena", ul. Serebrennikovskaja 16, dort praktizieren ebenfalls Ärzte aller Fachrichtungen, ☎ 2230573

- ◆ staatliches Bezirkskrankenhaus, ul. Dantshenko, Nähe pr. Marksa

- ◆ Das Nowosibirskij Medizinskij Institut befindet sich am Krasnij pr. 52.

- 🜊 Apotheke im Zentrum: Krasnij pr. 15 die Apotheke Nr. 2

- 🏦 Im Postamt (ul. Lenina 5) ist ein Schalter der Sibstroibank. Tauschen kann man auch in vielen Bankfilialen auf dem Krasnij pr. Alle Wechselstuben schließen meist schon 16:30.

- ◆ Western-Union Auszahlstelle: Nowosibirskij Munitsipalnij Bank, 630075 Nowosibirsk, ul. Khmelnitzkovo 7, 🕘 nur werktags

- ✆ Das Hauptpostamt ist auf der ul. Lenina 5, etwa 10 Min. zu Fuß vom Bahnhof entfernt. Postlagernde Sendungen sind am Schalter 8 abzuholen. Im Postamt sind auch Geldwechselschalter.

- ◆ Internationale Telegramme sind nur hier auf der ul. Lenina im Telegrafenamt des Hauptpostamtes möglich (Nebeneingang am nächsten Gebäude).

- ◆ DHL-Filiale, 630099 Nowosibirsk, ul. Tshaplygina 46, ☎ 383/2119075

- ⊕ Sibir-Altai, ul. Frunze 5/607, ☎ 2184485, 🖥 www.sibalt.ru (Touren nach Altai, Gornaja Schorija, Bjelokurikha u.a.)

- ◆ Filiale auch auf ul. Fabritshnaja 8, ☎ 2178020, ✍ info@sibaltay.ru

- ◆ Firma Sibalp (ООО Сибальп), pr. Marksa 2/515, ☎ (383) 3463191, FAX 3541374 organisiert Reisen in der Region und in den Altai. Die Firma arbeitete schon mehrfach mit der Organisation Biosphere Expeditions, (🖥 www.biosphere-expeditions.org) zusammen.

- 🛒 Viele verschiedene Geschäfte gibt es auf dem Krasnij pr., der Hauptstraße Nowosibirsks, z.B. im Magazin 21 (direkt neben dem Haus Nr. 69) Spirituosen aller Art - auch Armenischen Kognak.

- ◆ Auf der ul. Tsheljuskinzev - und deren Fortsetzung, der ul. Gogolja - gibt es viele Einkaufsmöglichkeiten, die alle auf der - vom Bahnhof betrachtet - rechten Seite liegen: "Akkord" (Schallplatten und CDs), "Entropia" (Stoffe, Teppiche, Textilien) und die Militärische Buchhandlung ("Wojenij Knig").

◆   Der Zentrale Markt (*rynok*) befindet sich an der Kreuzung ul. Kamenskaja /ul. Gogolja (dort Metro-Station). Das Angebot ist wie auf allen freien Märkten beeindruckend.

⌘   Nikolai Rerich-Museum, Krasnij pr. 36, ☎ 103455, ▯ 10:00 bis 17:30, außer am Wochenende

◆   Nowosibirsker Gemälde-Galerie, Krasnij pr. 5, dienstags geschlossen

🦅 Zoo, ul. Timirjaseva 71, ▯ tgl. geöffnet, über 400 Tierarten. Weitere Informationen im Internet: ▭ http://sibzoo.narod.ru

Nowosibirsk - eine der jüngeren sibirischen Großstädte - wurde 1893 gegründet und ist die Gebietshauptstadt des Nowosibirskaja Oblast. Sie liegt etwas südlich des 56. Breitengrades an dem bedeutenden Kreuzungspunkt des Flusses Ob mit der Transsib. Im Süden grenzt das Gebiet an den Altaiskij Kraij, westlich wird es flankiert vom Omsker Gebiet, nördlich schließt sich die Tomskaja Oblast an. Die Gegend ist nur wenig gebirgig, größtenteils handelt es sich um ausgedehnte Steppengebiete (Barasteppe bei Barabinsk). Der größte Fluss ist der Ob, der nach mehr als 2.000 km nördlichem Lauf an der Halbinsel Jamal in das Meer mündet. Dabei durchfließt er die autonomen Gebiete der Chanten-Manzen und der Jamal-Nenzen, d.h. zum überwiegenden Teil ausgedehnte Ebenen (z.B. die Wasjuganebene), die nur wenig erschlossen sind (Taiga, Sümpfe).

Anreise

🚂 Telefonauskunft Hauptbahnhof ☎ 005, Zugfahrplan
    ▭ http://turizm.ngs.ru/transport/railway/

◆   Anreise mit dem Haupttransportmittel Transsib: Von Moskau aus sind es bis Nowosibirsk 3.344 km. Der Expresszug "Baikal" braucht von Moskau nach Nowosibirsk genau 52 Std. Expresszüge wie der "Sibirjak" (Nr. 26) schaffen es auch in 48 Std. Größere Bahnstationen vorher sind Tatarskaja (2.886 km) und die Stadt Barabinsk (3.041 km). Sie können Nowosibirsk außerdem aus Mittelasien (z.B. Taschkent) und Kasachstan über die Turksib erreichen. Die Turksib verbindet den Bahnknotenpunkt Nowosibirsk (Transsib) und das weiter südlich gelegene Barnaul mit den mittelasiatischen Republiken.

◆   Von Barnaul (Барнаул) erreicht man Nowosibirsk preiswert mit dem Elektrozug bei täglich 2 bis 3 Verbindungen. Ein Umsteigen in Tscherepanowo ist allerdings erforderlich, Fahrtdauer insgesamt ca. 7 Std. Das Ticket ist bei dieser Verbindung deutlich günstiger als der Fahrpreis mit dem Fernzug. Sparfüchse sollen es auch schon fertiggebracht haben Nowosibirsk von Moskau aus per Eletritschka zu erreichen, wobei man aber 18-mal umsteigen muss (via Nizhnij Nowgorod, Kirow, Perm und Omsk).

♦ Elektrozüge verbinden Nowosibirsk mit: Kemerowo (via Jurga-1), Tomsk (via Jurga-1, Taiga-1), Nowokuznezk (via Bjelowo) und Omsk (via Barabinsk und Tatarskaja).

♦ Die wichtigsten Züge von/nach bzw. via Nowosibirsk:

♦ Nr. 2 Moskau - Wladiwostok (Zug "Rossija",via Tshita)

♦ Nr. 4 Moskau - Peking (via Naushki)

♦ Nr. 6 Moskau - Ulan-Bator (via Taishet)

♦ Nr. 8 Nowosibirsk - Wladiwostok

♦ Nr. 10 Moskau - Irkutsk (Zug "Baikal", via Krasnojarsk)

♦ Nr. 26 Moskau - Nowosibirsk (Express "Sibirjak"), 2. Klasse Ticket ca. € 130

♦ Nr. 84 Nowosibirsk - Krasnojarsk

♦ Nr. 301 Nowosibirsk - Almaty (via Semipalatinsk)

♦ Nr. 814 Moskau - Tomsk (via Jurga)

♦ Nr. 948 Nowosibirsk - Chabarowsk

Viele der Züge weisen heute einen deutlich verbesserten Standard als in den 1990er Jahren auf. So wartet der Express "Sibirjak" (Nr. 25/26) mit einer Biotoilette auf und einige Prinzipien der Mülltrennung müssen beachtet werden. Flüssigseife und Papierhandtücher sind öfter vorhanden. Man beachte bei der Zugabfahrt/-ankunft die auf dem Bhf. geltende Moskauer Zeit (plus 3 Std.).

✈ Aeroflot bedient täglich die Route Moskau - Nowosibirsk, vorwiegend mit Maschinen des Typs IL-86.

♦ Die beiden Flughäfen von Nowosibirsk:
Über den Airport "Tolmatshevo" (Толмачево), ☎ 2169771, gehen die internationalen Flüge und Fernflüge. Er ist das wichtigste Luftdrehkreuz östlich des Urals. Neben vielen Zielen in Asien und Zentralasien (z.B. Peking, Bangkok, Bishkek, Almaty, Duzhanbe und Tashkent) wird auch eine Linie zwischen Frankfurt/M. und Nowosibirsk bedient (S7/Sibir; einmal wöchentlich So/Mo, Flugdauer reichlich 7 Std., Flüge C7-849 und C7-852).

Außerdem bestehen innerrussische Linien von/nach: Kaliningrad, Moskau (S7/Sibir und Aeroflot), St. Petersburg, Ekaterinburg, Krasnojarsk, Norilsk, Jakutsk, Irkutsk, Mirnij, Wladiwostok, Chabarovsk und Petropawlowsk-Kam.

ℹ   ☎ 383/2169841, 2169771, Infos auch: 🖥 http://tolmachevo.faktura.ru bzw. 🖥 www.tolmachevo.ru und auf der Internetseite 🖥 www.aviatrans.ru/tolmachevo.html vorhanden

♦   Neben Sibir, Aeroflot und Pulkovo haben auch die Airlines von Usbekistan, Ukraine und China u.a. einen Schalter, 🖷FAX 383/2169169, Veterinärpunkt im Aeroport ☎ 2169810.

🚌   Bus Nr. 808 von Akademgorodok oder 722/122 vom Hauptbahnhof

♦   Bus Nr. 711 zirkuliert zwischen dem Städtischen Aeroport "Severnij" via Krasnij pr. zum Hauptbahnhof und Tolmatshevo. Natürlich gibt es auch Minibusse (маршрутные такси) und Taxis, die schnellste Verbindung.

✈   Der City-Flughafen "Nowosibirsk Severnij" ist zuständig für die Bedienung von Flugstrecken in der Umgebung Nowosibirsks. Für die Kurzstrecken werden kleine Maschinen verwendet, wie z.B. AN-24 oder JAK-40, ☎ 2283788 und 2909340. Erreichbar mit 🚌 Trolleybus 2 (Hauptbahnhof) oder 5 oder den Linienbussen Nr. 711 bzw. diversen Minibussen. In der Nähe des Aeroport liegt die Metro-Station Заельцовская.

Regionale Fluglinien bestehen zu den folgenden Zielen: Abakan, Balchash, Semipalatinsk, Bratsk, Krasnojarsk, Dshambul, Gorno-Altaisk, Ekaterinburg, Karaganda, Karalym, Karasok, Kysil-Orda, Kolpatshevo, Kysyl, Kyshtovka, Lensk, Mirnyj, Ust-Ilimsk, Neftejugansk, Nishnewartowsk, Nojabrsk, Olekminsk, Pavlodar, Parabjel, Streshewoi, Surgut, Taldy-Kurgan, Tshimkent und Ust-Kamenogorsk.

Manche Flüge werden aber mitunter umgeleitet, sodass im Voraus niemand so richtig Auskunft geben kann, ob das Flugzeug auf dem City-Flughafen Nowosibirsk oder in Tolmatshevo ankommt oder startet. Bereits im Vorfeld einer geplanten Reise erkundige man sich, ob die jeweilige Fluglinie noch bedient wird. Bei der instabilen wirtschaftlichen Lage werden unrentable Linien gestrichen.

🚴 🚗 Über Omsk kommend die M-51 entlang. Von Omsk bis Nowosibirsk sind es ca. 750 km. Tankstellen gibt es bei Omsk, Nish. Omka, Ust-Tarka, Wengerowo, Kuibischew, Ubinskoe, Kargat, Tshulim, Kotshenewo und Ob. Bei der Einfahrt in die Stadt befindet sich ein größerer Lebensmittelmarkt, die Preise sind z.T. niedriger als im Zentrum. Von Nowosibirsk führt die M-52 nach Süden (Barnaul, Gorno-Altaisk) und die M-53 weiter in östliche Richtung (Jurga mit Abzweigen nach Tomsk, Kemerowo, Marinsk, Krasnojarsk). Fahrzeuge, die in der Nowosibirskaja Oblast registriert sind, führen auf dem Kfz-Kennzeichen den Regioncode "54".

✓ Autoservice für Mercedes-Benz: 630083 Nowosibirsk, ul. Bolschewistskaja 131, ☎ 119619

🚢 Es besteht nur die Möglichkeit, privat und für einen gehörigen Preis ein Schiff zu chartern, welches zwischen den Städten Nishnewartowsk (im Gebiet Chanty-Mansisk) und Nowosibirsk (über Kargasok) auf dem Fluss Ob verkehrt. Nishnewartowsk hat Bahnanschluss (über Tjumen und Tobolsk) und liegt etwa auf der gleichen Breite wie Jakutsk. Regelmäßigen Schiffsverkehr gab es in der Vergangenheit im Zeitraum von Mitte Mai bis zur ersten Septemberwoche, wobei die Schiffe mindestens 35 Std. für die ca. 1.200 km benötigten.

♦ Eine planmäßige Passagierverbindung Nowosibirsk - Barnaul auf dem Ob gibt es zurzeit auch nicht mehr. Informationen zu den wenigen verbliebenen regionalen Linien und Rundfahrten erhält man am Flussbahnhof (речной вокзал), ☎ 2660020, welcher sich unweit der Metro-Station Retshnoi Vokzal befindet, bzw. auf der Seite 🖥 http://turizm.ngs.ru/transport/river

♦ In der Sommersaison kann man an Rund- und Aussichtsfahrten auf dem Ob teilnehmen, die alle vom Flussbahnhof ausgehen:

Retshnoi Vokzal - Ostrov Kudrjasch - Jagodnaja

Retshnoi Vokzal - Tsheremuschki - Sedowa Zaimka

Retshnoi Vokzal - Ostrov Korablik (tägl.)

♦ Zusätzlich gibt es noch diverse Fähren und kurze Verbindungen zu den Nowosibirsker Vorstadtgebieten (*prigorodnye reijsy*).

🚌 Überlandbusverbindungen:

♦ Zu den großen Städten wie Barnaul, Tomsk, Bijsk, Kemerowo usw. fahren mehrere Busse pro Tag. Nicht alle anderen kleineren Ziele werden täglich bedient. Abfahrtspunkt in Nowosibirsk ist der *avtovokzal* am Krasnij pr.

ℹ ☎ 383/2234368 bzw. 2236993. Die Busstation arbeitet durchgängig.

♦ Erreichbar vom Hauptbahnhof mit Bus 11, 12, 21, 122, 722

◆   Erreichbarkeit von Akademgorodok mit Linie 1209

◆   Vom Aeroport Tolmatshevo: Bus 122 und 722

◆   Es gibt Verbindungen zu folgenden Städten in der näheren bzw. weiteren Umgebung: Antonovo, Zarinsk, Karagat, Pankrushicha, Promyshlennoje.

◆   Die folgenden Zielorte werden angefahren: Barnaul (4½ Std.), Bjelovo, Bijsk (8½ Std.), Borowoje, Dowolhoje, Kamjen na Obi, Kemerovo (5 Std.), Kolywan, Kotshki, Krasnooserskoje, Kybowaja, Mal-Tshik, Leninsk-Kusnezkij, Masljanino, Nowokuznezk sowie Tomsk (5 Std.), Jurga, Tashtalog und Tsherepanovo.

◆   Verbindungen nach Zentralasien (nicht tgl.): Bishkek (25 Std. Fahrtdauer, Kirgisien), Karaganda, Pavlodar und Ust-Kemenogorsk (in Kasachstan, Fahrtdauer 15 bis 20 Std.).

Hauptbahnhof

Der Nowosibirsker Hauptbahnhof ist einer der eindrucksvollsten und wohl auch größten auf der über 9.000 km langen Strecke der Transsibirischen Eisenbahn. Dabei ist das imposante Bahnhofsgebäude noch nicht sehr alt, es entstand erst Anfang der 1940er Jahre. Von Weitem betrachtet soll das grün-weiße Gebäude die Form einer Lokomotive haben. In den 1990er Jahren wurde der Bahnhof stückweise renoviert. Da hier täglich sehr viele Züge ankommen (Bahnknotenpunkt der Transsib mit der Turksib) ist der Bahnhof sehr frequentiert, etwa 80.000 Reisende pro Tag.

Sofern man nicht auf Bahnsteig 1 ankommt, gelangt man über die überdachte Zugangsbrücke direkt in den Bahnhof, und zwar in einen Raum, wo sich Auskunftsschalter und Tafeln mit Informationen befinden und natürlich Hunderte von Menschen mit viel Gepäck. Geradeaus geht es zum Ausgang in die Stadt.

Die Ticketkassen befinden sich im Bahnhof, der auch einen Wartesaal beinhaltet. In der untersten Etage des Bahnhofes sind mehrere Kioske, eine Express-Reparatur für Schuhe und Uhren und ein Apothekenkiosk, wo das deutsche Fußpilzmittel Canesten® besonders preiswert in der Literflasche (!) angeboten wird. Ebenerdig befindet sich ein Schnellrestaurant.

Bücherstände, Zeitungskioske, Toiletten und Telegrafenamt runden das Angebot ab. Von hier sind nur Telegramme innerhalb Russlands und der GUS möglich. Die kostenpflichtigen Toiletten sind für russische Bahnhofsverhältnisse sauber.

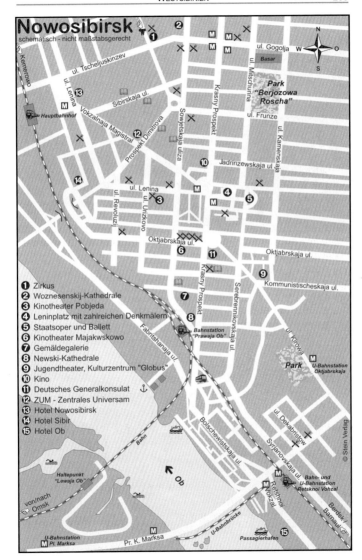

Nowosibirsk
schematisch - nicht maßstabsgerecht

1. Zirkus
2. Woznesenskij-Kathedrale
3. Kinotheater Pobjeda
4. Leninplatz mit zahlreichen Denkmälern
5. Staatsoper und Ballett
6. Kinotheater Majakwskowo
7. Gemäldegalerie
8. Newski-Kathedrale
9. Jugendtheater, Kulturzentrum "Globus"
10. Kino
11. Deutsches Generalkonsulat
12. ZUM - Zentrales Universam
13. Hotel Nowosibirsk
14. Hotel Sibir
15. Hotel Ob

© Stein Verlag

Treffpunkt der Kulturen: Russen, Tadshiken, Uzbeken und 2 Deutsche auf dem Bahnsteig in Nowosibirsk.

Die Aufnahme zeigt den Bahnhof von Nowosibrisk vor Abschluss der Restaurierungen Ende der 1990er Jahre.

Telefone gibt es lediglich neben den Telegrafenschaltern, es sind hier keine internationalen Gespräche möglich. Falls Jetons oder Karten benötigt werden, frage man am Telegrafenschalter.

Eine Treppe führt in das Kellergeschoss, wo sich die **Gepäckaufbewahrungskammer** und die **Schließfachautomaten** befinden. Geht man weiter geradeaus, so gelangt man in den Tunnel, der unter den Gleisen liegt, und hat Zugang zu den jeweiligen Bahnsteigen. Nur Gleis 1 erreicht man direkt aus dem ebenerdigen Geschoss.

Den Bahnhof kann man im Erdgeschoss (mitunter Taxis) oder aus dem ersten Stock heraus verlassen. Im letzteren Falle läuft man über eine kleine Brücke direkt in den Menschenstrudel aus teils sehr aufdringlichen Taxifahrern, Zeitungsverkäufern, Bettlern, Straßenmusikanten, Polizisten und Babuschkas mit Eis, Pelmeni und Brot auf dem großen Bahnhofsvorplatz hinein. Das Angebot an den Kiosken erscheint sehr bunt, besonders nach drei Tagen Bahnfahrt. Es gibt im Prinzip fast alles Essbare, natürlich auch Schaschlik.

Am Bahnhofsvorplatz fahren alle wichtigen Busse ab. Pendellinie zum *avtovokzal* und zum städtischen Flughafen Nowosibirsk-Sewernij (Trolleybusse 2 und 5).

Rekruten auf Heimfahrt

Minibusse verkehren zum Flughafen Tolmatshevo (**Толмачево**). Am Bahnhofsvorplatz liegt die Metro-Station namens Garin Michailovski.

Auf den ersten Blick erscheint Nowosibirsk nur als graue Industriestadt übli-
cher Machart. Die Architektur ist größtenteils durch die Stalinzeit geprägt, überall fallen die wuchtigen riesigen Gebäude auf. Nowosibirsk ist die größte
(1,5 Mio. Einwohner) und modernste Stadt in Sibirien - aber auch am meisten
europäisch "angehaucht".

Sehenswürdigkeiten

In Nowosibirsk gibt es u.a. sechs Theater, eine Philharmonie sowie ein
Konservatorium. Das **Staatliche Theater** für Opern und Ballett liegt am südlichen
Ende der ul. Mitshurina. Im Zentralen Kultur- und Erholungspark der Stadt gibt
es ein kleineres Theater. Das Theater "Globus" befindet sich an der ul. Serebre-
nikovskaja, das Kinotheater "Pionier" Ecke ul. Gorkovo/ul. Sowjetskaja.

Die Kirche **Zerkov Trochanova** auf dem Krasnij pr. wurde um 1900 errichtet, die **Newski-Kathedrale** stammt aus dem Jahr 1894 (Krasnij pr. 1, täglich
Messe). Kirchen befinden sich auch in der ul. Sowjetskaja (hinter dem Zirkus) und
in der Nähe des *avtovokzal*.

Die Administratur der katholischen Diözese Sibiriens (neu begründet
1991) befindet sich auf der ul. Gorkovo 100. Angehörige deutscher Volksgruppen sowie die Nachkommen der bereits zu Zarenzeiten nach Sibirien verbannten
Polen und Litauer stellen einen größeren Teil der katholischen Gläubigen in Sibirien.

Die Moschee auf der ul. Krasina entstand erst Ende der 90er Jahre des
20. Jh.s, ☎ 795991.

Im Museum in der ul. Dimitrova gibt es u.a. ein ausgegrabenes Mammut-
skelett zu sehen. Eine Gemäldegalerie befindet sich an der Straßenecke Krasnij
pr./ul. Kommunistisheskaja.

Das große Sportstadion und der Kulturpark (Lunapark) befinden sich in der
ul. Kamenskaja.

Geschichte

Die Geschichte der Stadt ist untrennbar mit der Entwicklung der Transsib verbunden. Im Jahre 1893 wählten die Bautrupps der Eisenbahn eine günstige Stelle zur Überquerung des Ob für den Bau einer Eisenbahnbrücke aus, genau dort, wo sich heute Nowosibirsk befindet. Damals fand man dort am rechten Ufer des Ob nur dichte Kieferntaiga und am linken Ufer Steppe vor.

Noch im gleichen Jahr begannen die Brückenbauarbeiten, und gleichzeitig errichtete man eine kleine Siedlung an der Stelle des zukünftigen Bahnhofes. 1893 gilt als Gründungsjahr von Nowosibirsk, das damals Nowonikolaiewsk hieß (zu Ehren des Zaren Nikolaus II.). Abgesehen von einigen kleineren Dörfern am Ob war die Gegend damals wenig bewohnt.

Im Juli 1896 war eine erste vorläufige Brücke fertiggestellt und 1898 konnte dann der Verkehr über die Brücke rollen. Die Transsib-Linie Tscheljabinsk - Krasnojarsk wurde eröffnet, und ausgehend von einer kleinen Siedlung nahm die Entwicklung der Stadt ihren Anfang. Die damals schon vorhandene Hauptstraße hieß Nikolaiewsk-pr. und ist der heutige Krasnij pr.

Schon bald verfügte Nowonikolaiewsk über einen Basarplatz und über einen Jahrmarkt, d.h. über bedeutende Handelsplätze im Sibirien des ausgehenden 19. Jahrhunderts.

Die Bevölkerung wuchs rasch, hauptsächlich durch Neuansiedlung und Zustrom aus allen Teilen des Reiches. Die Nord-Süd-Ausdehnung Nowonikolaiewsk erreichte 4 km. 1897 gab es 1.600 Wohnhäuser, zwei Kirchen, eine Fabrik, viele Läden und noch mehr Kneipen.

Die Stadt gehörte damals verwaltungsmäßig noch zum Tomsker Gebiet und erhielt erst 1907 das Stadtrecht und eine eigene städtische *duma*. Kurz darauf lebten in der expandierenden Stadt bereits 40.000 Menschen. Die Holzgebäude wurden allmählich von Steinbauten abgelöst; die 1911 erbaute Schule und das Handelszentrum waren die ersten Steinbauten.

Eine Volkszählung 1914 ergab in Nowonikolaiewsk 63.000 Einwohner und etwa 10.000 Arbeitspferde. In der Zwischenzeit verfügte die Stadt über zahlreiche Betriebe der Holzverarbeitung, Manufakturen und Getreidemühlen. Gebäude des neoklassizistischen Baustils entstammen dieser Epoche des Aufschwungs.

1915 begann der Bau der Eisenbahnlinien nach Slavgorod und zum Altai.

Nach der Oktoberrevolution suchte man lange Zeit einen neuen Namen für die Stadt, wobei viele Namen im Gespräch waren, z.B. Krasnoobsk, Sowjetgrad,

Sibsowjetgrad und ähnliche, die neue politische Situation kennzeichnende Benennungen. 1926 wurde Nowonikolaiewsk per Beschluss in Nowosibirsk umbenannt, diese Bezeichnung sollte die Bedeutung als "Hauptstadt Sibiriens" bekräftigen.

Ende der 1920er Jahre lebten in Nowosibirsk ungefähr 150.000 Menschen. Es erfolgte der Bau einer weiteren Eisenbahnbrücke über den Ob; auch der heutige Hauptbahnhof wurde errichtet.

In den 1930er Jahren des letzten Jahrhunderts wurde die Turksibirische Eisenbahn vollendet. Diese etwa 1.450 km lange Bahn nach Mittelasien ist auch heute noch zum Teil eingleisig und nicht vollständig elektrifiziert.

Da die Dampflokomotiven viel Wasser verbrauchten, was in der Kasachischen Steppe Probleme bereitete, begann man bald darauf, Diesellokomotiven zu entwickeln. Haupttransportgüter auf der Turksib waren (und sind) Baumwolle und landwirtschaftliche Produkte. Verschiedene Großbetriebe der Maschinenindustrie, beispielsweise Sapsibsjelmash, wurden gegründet, einige davon existieren heute noch.

Den Großbetrieben folgten Hochschulen und Institute. 1932 öffnete das Ingenieurinstitut für Eisenbahn- und Transportwesen seine Pforten. Weitere Lehreinrichtungen folgten, z.B. Hochschulen für Landwirtschaft, Agrartechnik, Geodäsie, Kartografie und Luftfotografie. Letztere Einrichtungen waren notwendig, da man begann, Sibirien neu und für damalige Verhältnisse genau zu vermessen.

In der Zeit des Zweiten Weltkriegs wurden viele lebenswichtige Betriebe und Bereiche der militärischen Produktion in das sichere Hinterland nach Sibirien und Nowosibirsk verlegt. Dies führte auch zu einem weiteren Anwachsen der Einwohnerzahl und der Betriebe, darunter u.a. auch solche "Zungenbrecher" wie Тяжстанкогидропресс (es sind aus Verkürzungen einzelner Wörter zusammengesetzte Benennungen).

Nach dem Krieg begann man, Nowosibirsk völlig zu einer modernen Stadt nach sowjetischem Modell umzugestalten, was zu einer starken Angleichung des Stadtbildes an europäische Städte führte.

Aus einer kleinen Eisenbahnsiedlung gegen Ende des 19. Jahrhunderts entstand eine moderne Millionenstadt. Heute ist die Hauptstadt Sibiriens die drittgröße Stadt Russlands und erstreckt sich auf über 500 km² Fläche. Auf natürlichem Wege wäre diese Stadt bei Weitem nicht so groß geraten. Maßgebend für die Entwicklung waren der Bau der Transsib und die Verlagerung der Industrie im Zweiten Weltkrieg nach Osten sowie die Entwicklungsphase in den

1950er/1960er Jahren, als die Stadt zum Zentrum der Wissenschaft und Forschung Sibiriens wurde. Davon kündet auch ☞ Akademgorodok, die rund 30 km vor der Stadt im Wald liegende Stadt der Wissenschaft. Im Jahre 2000 wurde durch Erlass des Präsidenten Wladimir Putin die territoriale Verwaltungseinheit des Sibirischen Föderalen Bezirks (сибирский федеральный округ) begründet, dessen Zentrum Nowosibirsk ist.

Sehenswertes in der Umgebung:

Akademgorodok

Akademgorodok wurde 1957 als wissenschaftliches Zentrum der Akademie der Wissenschaften der UdSSR gegründet. In Akademgorodok leben 60.000 Menschen - zumeist Wissenschaftler mit ihren Familien. Das kleine Städtchen liegt 28 km südlich von Nowosibirsk am Ufer des Ob-Stausees. Übernachtungsmöglichkeit im Hotel Zolotaja Dolina. In der Blütezeit existierten hier etwa 30 verschiedene wissenschaftliche Institute (beispielsweise Physik, Geologie, Geophysik, Genetik, Informatik).

In dieser "Denkfabrik" im Wald wird intensiv Forschung betrieben, und man arbeitet an der Lösung verschiedenster Probleme, die für Sibirien spezifisch sind (z.B. Erkundung neuer Bodenschätze, Trockenlegung von Sümpfen, Bauen im Permafrostgebiet, in letzter Zeit auch verstärkt Probleme der zunehmenden Umweltverschmutzung). Allerdings ist seit dem Zusammenbruch der Sowjetunion eine Abwanderung von Wissenschaftlern z.T. auch in das Ausland in Gang gekommen. Da Gelder fehlen, müssen viele Forschungsprojekte ruhen, die Arbeitslosigkeit steigt weiterhin an - ganz besonders bei Frauen mit Hochschulabschluss. Manche Wissenschaftler müssen sich finanziell mit dem Verkauf von Touristensouvenirs oder Blumen über Wasser halten.

Die Arbeitsbedingungen wurden hier immer als optimal hervorgehoben: den 2.000 ha bebaute Fläche stehen über 10.000 ha Wald gegenüber. In der Nähe befindet sich auch der Nowosibirsker Stausee; der Ob ist hier auf einer Länge von etwa 200 km angestaut (zur Energiegewinnung, denn ein Kernkraftwerk gibt es nicht).

Sie erreichen Akademgorodok mit dem Bus Nr. 2, der von der Haltestelle am Flussbahnhof abfährt (Metro-Station Retshnoi Vokzal) oder einem entsprechendem Minibus. Das Touristenbüro Nowosibirsktourist führt in der Saison auch Exkursionen nach Akademgorodok durch.

🛏 Zolotaja Dolina, ul. Ilitsha 10, ☎ 3303609, 🖥 www.gold-valley.ru/, befindet sich ca. 300 m entfernt von der Endhaltestelle aller Transportmittel.

⌘ Einen Besuch wert sollte das Museum des Institutes für Archäologie in der ul. Zolotodolinskaja 4 sein. Fast jedes Institut hat ein kleines Museum zu bieten, z.B. gibt es auch eine Mineralogische Ausstellung.

⌘ **Lokomotiv-Freilichtmuseum**, an der Ausfallstraße nach Berdsk (Бердск), linker Hand (Fahrtrichtung von Nowosibirsk Retshnoi Vokzal nach Richtung Berdsk) gelegen. Am besten mit einem Taxi erreichbar, da die Busse nur in längeren Abständen verkehren und sich längst nicht so schnell wie ein Taxi durch den fast täglichen Stau auf der ul. Bolschewistskaja mogeln können.

Berdsk (Бердск) ist etwa 10 km von Nowosibirsk entfernt, Sie passieren die Stadt auf dem weiteren Weg nach Süden (Barnaul, Altai). Berdsk (54° 45´N., 83°06´E.) liegt am Obsker Meer und hat etwa 8.000 Einwohner, ist seit 1944 Stadt. Die Anfänge reichen zurück bis zum Jahre 1716 (Ostrog).

⌘ In der Stadt gibt es ein heimatgeschichtliches Museum auf der ul. Sportivnaja 9. Bekannt ist die Stadt durch mehrere Sanatorien und Erholungsheime. Es gibt einen Jachtklub.

✝ Einen Besuch muss man der sehenswerten **Preobrazhenskij Kathedrale** in Berdsk abstatten (errichtet im Jahre 2004).

🛈 🖥 http://berdsk.ru/ und 🖥 http://berdsk.al.ru/

◆ Transport von Nowosibirsk nach Berdsk: Bus Nr. 109 oder per Taxi. Man kann auch die Fernbusse nutzen, welche in südliche Richtung (Richtung Altai) von Nowosibirsk abfahren und in Berdsk aussteigen (Zwischenhalt) oder den Elektrozug (Fahrt von Nowosibirsk in südliche Richtung, Dauer ca. 1 Std.).

Nowosibirsker Meer (Обское море)

Der Nowosibirsker Stausee, auch als Obsker Meer bezeichnet, wurde in den Jahren 1957 bis 1959 erbaut. Als die Anlage geflutet wurde, mussten der Altstadtteil von Berdsk und eine ganze Anzahl von Dörfern der Nowosibirsker Region den Fluten weichen. Der riesige See (Länge 200 km, Fläche 1.070 km², Tiefe maximal 20 m) befindet sich südwestlich von Nowosibirsk und erstreckt sich mit einem

Zipfel bis in den Altaiskij Kraj in der Nähe der Stadt **Камень-на-Оби**. Am See gibt es eine Menge Sandstrände und Ferienheime, einmal im Jahr findet auch eine Segelregatta statt. Im Winter friert der See zumeist zu. Die zwei häufigsten Fischarten sind hier **лещ** (Brachse) und **судак** (Zander).

Das Gebiet Nowosibirsk bietet landschaftlich neben Steppengebieten (Barabinsker Steppe) auch noch waldreiche Regionen, besonders im Norden in Richtung des Gebietes Tomsk. Der Norden ist durch die Flüsse Tartas, Itsha, Om, Kargat und Tshulym gekennzeichnet. Eine FSME-Schutzimpfung und Expositionsprophylaxe hinsichtlich der Zecken ist beim Besuchen der Waldgebiete ebenso empfehlenswert wie die Zurückhaltung beim Genuss von aus rohem Fisch hergestellten Speisen. Die örtliche Gesellschaft der Angler, Fischer und Jäger hat ihren Sitz auf der ul. Narymskaja 23 (Man frage nach der **Областное общество рыболовов и охотников**) und hält Informationen bereit.

Gebiet Kemerowo (Кемерово)

Die Gebietshauptstadt der gleichnamigen Region, die im Westen an den Altaiskij Kraj und das Gebiet Nowosibirsk und im Osten an das wahrhaft riesige Gebiet Krasnojarsk und die kleine Republik Khakasija angrenzt, ist eine Halbmillionenstadt, gelegen in der Wirtschaftsregion Kuzbass (Kuznezbecken). Die Stadt Kemerowo liegt am Fluss **Tom (Томь)**, welcher weiter nördlich nach Jurga und Tomsk fließt, um später in den Ob zu münden. Die zweitgrößte Stadt der Region ist Nowokuznezk. Die Region Kemerowo liegt geografisch zwischen 52° und 56° nördlicher Breite, das entspricht etwa dem Breitengrad von Kaliningrad, Moskau, Tsheljabinsk oder auch Kamtschatka - oder Berlin. Die Fläche der **Кемеровская область** beträgt ca. 96.000 km². Wenn dies auch nach sibirischen Dimensionen als klein gilt, so ist sie eine der bedeutendsten Wirtschaftsregionen Sibiriens.

Das Gebiet ist geprägt durch die Ausläufer des Westsibirischen Tieflandes sowie die Berge des **Kuznezker Alatau** (⇧ bis 1.800 m) und die südlich gelegenen Berge des **Gornaja Schorija** (⇧ bis 1.600 m).

Kemerowo

- ☽ 3842
- ⌛ Zeitunterschied zu Moskau: plus 4 Std.
- ⊞ Administration, 650099 Kemerowo, Sovjetskij pr. 54, ☎ 364610
- ♦ Informationen im Internet: 🖳 www.kemerowo.ru, 🖳 www.ako.ru oder 🖳 www.kemerowo-market.ru. Für Leute mit beruflichem Interesse an Russland: 🖳 www.job.keminfo.ru
- ☆ Miliz/УВД: 650025 Kemerowo, pr. Kuznezkij 65, ☎ 390715, der Polizeinotruf hat wie in ganz Russland die einheitliche Nummer: ☎ 02.
- ♆ Hauptpost: Straßenecke pr.Sowjetskij / ul. 50 let Oktjabrja
- ♦ Telegraf, Oktjabrskij pr. 1
- 🏦 Exchange, Alpha-Bank, ul. Ostrovskovo 12, ☎ 366064
- ♦ Filiale der Sibakadembank, pr. Lenina 59
- 🛏 Gostiniza Kuzbass, 650039 Kemerowo, ul. Vesennaja 20, ☎ 250554
- ♦ Zentralnaja, ul. Krasnoarmejskaja 136, ☎ 365253
- ♦ Merkurij, ul. Dzerzhinskovo 29a, ☎ 362607
- ♦ Von Reisenden wurden auch die Hotels Кузбасс (ul. Wesennjaja 20) und Томь (Pritomskaja naberezhnaja ul. 7) empfohlen.
- ⊞ Medizinische Hilfe: Medikom, pr. Lenina 107, ☎ 548959
- ♦ Zahnärztliche Hilfe: Stomatologie-Zentrum pr. Lenina 60
- ✕ Restaurants und Bars: mehrere auf pr. Sowjetskij
- ♦ Restaurant Druzhba Narodov, ul. Ostrovskovo 31
- ♦ "Melniza", Bar, Restaurant, Disko: pr. Molodjoshnij 4r
- 🛒 Die meisten Geschäfte finden sich auf dem pr. Sowjetskij. Zentralkaufhaus (Univermag) an der ul. Kirowa.
- 🜨 Markt: in Richtung ul. Krasnaja (mit Bus)

Anreise

- 🛩 Mit dem Flugzeug von Moskau (Aeroflot fliegt von Sheremetjevo-1, Sibir/S7 von Domodjedovo, Flüge täglich, ⌛ ca. 4½ Std.). Außerdem (nicht tägliche) Flüge von/nach: St. Petersburg (via Ekaterinburg), Krasnojarsk und Wladiwostok. ⊞ Infos zum Flugplan: 🖳 www.sibworld.ru/avia/avia.htm
- ♦ Avia-Kasse in Kemerowo auf ul. Kirowa 41 und ul. D. Bednovo 6, zusätzlich Ticketschalter pr. Lenina 59

- Anreise auch mit der Bahn von Nowosibirsk aus möglich.
- Überlandbusverbindungen von/nach Nowosibirsk (5 Std. Fahrt, Ticketpreis ca. € 30 bis 40). Der *avtovokzal* (☎ 282410) in Kemerowo befindet sich unweit des Bahnhofes.
- Fernverkehrsstraßenverbindungen existieren mit Nowosibirsk, Tomsk, Marinsk und Atschinsk.
- Autos tragen hier den Regioncode "42" auf den Kennzeichen.

Die Gründung der heutigen Industriestadt geht ebenfalls auf den Bau einer militärischen Festungsanlage am Fluss Tom im Jahr 1657 zurück. Der Steinkohleabbau begann zwischen 1860 bis 1880, wobei über erste Kohlefunde bereits 1760 berichtet wurde. Kemerowo ist über eine Anschlussbahn (über Jurga, Юрга) mit der Transsib verbunden, die Anschlussbahn wurde 1915 erbaut. Später wurde noch eine Stichbahn von Nowokuznezk in Richtung Abakan (Абакан) errichtet. Die Region ist neben dem Steinkohlebergbau geprägt von Metallurgie und verarbeitender chemischer Industrie, eine Art russisches Ruhrgebiet. In die Schlagzeilen kommt die Region mitunter wegen eines Grubenunglücks oder der Bergarbeiterstreiks. 1998 blockierten die Streikenden auch schon mal für einige Zeit die Schienenstränge der Transsib, später konnte ein Teil der Forderungen nach angemessenen Löhnen auch durchgesetzt werden. Oftmals sind die technischen Ausrüstungen oder die Industrieanlagen nicht ganz auf dem modernsten Stand, es gibt Betriebe, die noch mit Anlagen aus den 1940er- und 1950er Jahren arbeiten. Leider gibt es hier und da erhöhte Luftverschmutzung.

Neben Steinkohle sind Erzvorkommen (Eisen, Kupfer, Buntmetallerze) vorhanden. Besonders im Kuznezker Alatau ist reich an Eisenerz, man vermutet über 5 Mrd. Tonnen. In den Bergen des Salair-Gebirgsrückens gibt es Silber- und Goldvorkommen. Schwere Grubenunglücke, zuletzt im März 2007 (bei Nowohuznezk), hatten oft unterirdische Methangasexplosionen als Ursache.

In Kemerowo gibt es neben der staatlichen Uni (🖥 www.kemsu.ru) auch noch ein bekanntes Polytechnikum sowie verschiedene Institute (Med-Institut auf ul. Nazarowa 1). Kulturell hat die Stadt zu bieten: mehrere Theater (Lunatsharskij-Schauspielhaus ul. Wesenjaja 11, Operntheater pr. Sowjetskij 52), Philharmonie (pr. Sowjetskij 63) und einen Zirkus (pr. Lenina 56). Unweit des Zirkus können Sie eine schöne orthodoxe Kirche besichtigen (Tram Nr. 7). Im Sommer laden zwei größere Parks (Gorodskij sad und Komsomolskij park) zum Entspannen ein.

Sehenswertes

⌘   **Heimatmuseum**, pr. Sowjetskij 55, Kunstmuseum, pr. Sowjetskij 48

⌘   Museij Zapovednik **Krasnaja Gorka** sowie das Freilichtmuseum mit Felsen-malerei und den Überresten eines alten Teleuten-Dorfes Tomskaja Pisaniza (Том-ская писаница) befinden sich in der Umgebung (Auskünfte ☎ 259850, erreichbar mit Taxi).

Interessantes in der Region

Großer Beliebtheit erfreuen sich der Fluss **Tom** (Томь) und seine Nebenflüsse für Raftingtouren u.Ä. Weiterhin bekannt sind die Berge des Kuznezker Alatu und die in der Region gelegenen Seen Bolshoi und Malenkij Bertshikul. Im Süden befindet sich der Rayon Tashtagol (Таштагол), der durch die Berge des Gorna-ja Schorija geprägt ist.

♦   Informationen zum Tourismus in der Region finden sich u.a. auf der Web-Site: 🖥 www.tourism-kuzbass.ru.

Nowokuznezk

◔   3843

⏳   zu Moskau: plus 4 Std.

🛈   Administration 654080, ul. Kirova 71

🌐   Reiseveranstalter Top Amalgamation, 654031 Nowokuznezk, ul. Gor-kovskaja 24, ☎ 551832

✚   Klinik ul. Bardina 28-34, kleiner Med-Punkt im Bahnhofsgebäude

♺   Apotheke, ul. Kurako Nr. 47

☆   Milizposten im Bahnhof am linken Gebäudeausgang

⚖   Am selben Ausgang kleine Kioske, Gemüsemarkt, Reisebedarf

BANK   Western-Union Auszahlstelle bei Sibakadembank, ul. Pavlovskovo 7

🖳   Auf der ul. Kurako Nr. 30 (🕘 ab 9:00), Gehrichtung vom Bahnhofsvorplatz auf der ul. Kurako nach links, ca. 5 Min.), der Telegraf befindet sich in einem Nebeneingang (Seitenstraße).

🚂   Zug Nr. 185/186 zwischen Bishkek (Kirgisien) - Barnaul - Nowokuznezk, verkehrt zweimal pro Woche.

- ◆ Zug Nr. 681/682 Nowosibirsk - Nowokuznezk (7 Std.), nicht täglich
- ◆ Zug Nr. 696 zwischen Nowokuznezk und Abakan, Fahrtdauer 12 Std., verkehrt dreimal pro Woche.
- ◆ Zug Nr. 31, Moskau - Nowokuznezk, 64 Std., einmal pro Woche
- ◆ Zusätzliche Verbindungen von/nach Karaganda (Kasachstan), Rubzowsk (Altairegion) und Noworossijsk sowie Kislovodsk (Kaukasus)
- 🚌 Busse von/nach Kemerowo, Nowosibirsk, Mezhretshensk, Tshistogornaja und Bjelowo sowie alle größeren Orte des südlichen Kuzbass. Kein direkter Bus von/nach Barnaul.

Die im Süden des Gebietes Kemerowo gelegene Industrie-Großstadt Nowokuznezk ist eine Zwischenstation, wenn man von Barnaul über Nowokuznezk nach Abakan fährt, da es inzwischen keinen direkten Zug von Barnaul (Altai) nach Abakan (Khakassia) mehr gibt. Aufgrund der Zugverbindungen ergibt sich bis zur Weiterreise am Abend oft eine zwangsweise Wartefrist von einem halben Tag.

Bei Regenwetter bleibt neben dem Wartesaal des Bahnhofes (mit separaten Ruheräumen für Mütter mit Kind, Armeeangehörige und alleinreisende Männer) nur das sehr saubere und renovierte ✗ Bahnhofsrestaurant im Seitenflügel des Bahnhofs. Das Stadtzentrum ist vom Bahnhof zu Fuß in 15 Min. erreichbar. Wenn es nicht regnet, empfiehlt sich ein Stadtgang, um die Kirche (ul. Lenina in der Altstadt auf der anderen Flussseite) oder die Reste der Festung zu besuchen.

Tomsk (Томск)

- ☽ 3822
- 🚗 Region-Code auf den Kfz-Kennzeichen: "70"
- ⏳ Zeitzonendifferenz zu Moskau: plus 3 Std.
- 🏢 Administration, 634050 Tomsk, pr. Lenina 73, ☎ 526869, 🖥 www.tomsk.gov.ru oder 🖥 www.all.tomsk.ru, 🖥 www.tomsk.com
- ☏ 634032 Tomsk, Telegraf, ul. Lenina 93, ☎ 223715 und 222822
- 🏦 Western-Union Agent: 634050 Tomsk, Sibakadembank, ul. Belinskovo 15A, ☎ 230223, 🔒 nur werktags
- 🏨 Oktjabrskaja, ul. K. Marksa 12, ☎ 512035. Liegt nahe am Fluss Tom.
- ◆ Sibir-Forum, pr. Lenina 91, ☎ 530184

♦ Sewernaja, pr. Lenina 86, ☎ 512323, liegt gegenüber vom ZUM. Es ist eines der ältesten Hotels, die Unterkünfte sind relativ preiswert.

♦ Tomsk, pr. Kirova 65, günstige Lage in Nähe der Z Station Tomsk-1 und der Busstation, ☎ 524115

♦ Sputnik, ul. Belinskovo 15, ☎ 526777

♦ Energetik, ul. Sibirskaja 102, ☎ 454400

✕ Restaurants gibt es in den genannten Hotels. Weitere Gaststätten befinden sich auf dem Leninprospekt, z.B.: Restaurant Sewer (pr. Lenina 95). Weiterhin von Lesern empfohlen wurden: Baltika (ul. Partisankaja) und Osjen (pr. Frunze 16) sowie Baden-Baden (pr. Kirova 17, ☎ 554398). Restaurant Berjoska, ul. Krasnoarmeijskaja 122.

⚓ Aeroport, 634000 Tomsk, ☎ 270084 und 250084

♦ Informationen zu Flugverbindungen: 🖥 www.tomskavia.ru

🚢 Flusshafen ul. Naberezhnaja reki Tomi 29 (Verbindungen von/nach Kargasok mit Zwischenhalt in Moltschanovo und Schnellboote nach Krasnij Jar), Anbindung Stadtverkehr Bus Nr. 4. ☎ 512310

✚ Uni-Klinik auf pr. Lenina 38

♦ Städt. Klinikum Nr.1 (Горбольница 1), ul. Krasnoarmeijskaja 14

♦ Das Medizinische Institut in Tomsk befindet sich auf dem Moskovskij Trakt Nr. 2 (Busse 116 und 120).

♦ Stomatologie-Zentrum "Zhemtshug", pr. Kirova 62, ☎ 539804

♦ Zentrum der trad. chinesischen Medizin, ul. Belinskovo 1, ☎ 539804

♦ Museum der Pathologischen Anatomie SGMU, Moskovskij Tr. 2, ☎ 528339

♈ Hauptapotheke, pr. Lenina Nr. 54, ⏰ täglich

🎵♪ Staatliches dramaturgisches Theater am Leninplatz 4, es handelt sich um eines der ältesten Theater in Sibirien, ☎ 512223

♦ Volkstheater (Народный драм.-театр), ul. Sowjetskaja 45, ☎ 532021

♦ Philharmonie, Gagarinstraße 2, erreichbar mit Trolleybus 2. Konzerte werden mitunter auch in den Häusern der Kultur gegeben ("Avangard" auf der ul. Bjela Kuna 20).

♦ Livemusik in den Hotelrestaurants, meist am Wochenende

⌘ Regionales Heimatgeschichtliches Museum, pr. Lenina 44, ☎ 516133

♦ Universitäre Museen (Музей ТГУ), pr. Lenina 36, ☎ 529540

♦ Kunstmuseum, Per. Nakhanovitsha 5, ☎ 515419

🛒 Zentral-Kaufhaus (ZUM), pr. Lenina 121

Tomsk liegt geografisch auf der Breite von Moskau oder Ekaterinburg, etwa 250 km nordöstlich von Nowosibirsk am südlichen Rand der Wasjuganebene. Über den Fluss **Tom**, der etwas weiter nördlich in den Ob einmündet, ist Tomsk per Schiff erreichbar. Es bestehen Schiffsverbindungen z.B. von und nach Nowosibirsk.

Der **Ob** durchströmt auf einer Länge von ca. 1.000 km das Gebiet, insgesamt zählt man in der Tomskaja Oblast ca. 520 Flüsse, die größten davon sind neben dem Ob und dem Tom beispielsweise **Tshaja**, **Tshulym** und **Ket**. Das Flusssystem des Tom (mündet in den Ob) war früher über den Ob mit einem funktionierenden Kanalsystem (**Ob-Jeniseij-Kanal**, erbaut 1895) an die Wasserstraße des im benachbarten Krasnojarskij Kraj fließenden mächtigen Strom Jeniseij angebunden. Da die Schleusen in den letzten 60 Jahren nicht mehr repariert und das Kanalbett nicht mehr gereinigt wurde, hat der Kanal seine Funktion eingebüßt. Die Transportgüter wurden bereits Anfang des vergangenen Jahrhunderts nach Bau der Anschlussbahn nach Tomsk auf die Schiene verlagert.

Rudimente des Kanals können mit Booten befahren werden und bieten sich zum Fischen an. Möchte man den Kanal befahren, muss man von Tomsk bis nach **Bjelij Jar** (Белый Яр) fahren und sich dann weiter stromaufwärts am Fluss **Ket** (р. Кеть) orientieren. Eine gute Karte ist dafür Grundvoraussetzung. Achten Sie bei der Zubereitung gefangener Fische auf ordnungsgemäßes Erhitzen und meiden Sie unbedingt den Verzehr rohen Fisches, da im Tomsker Gebiet eine parasitäre Erkrankung (russ. Описторхоз) durch den Katzenleberegel (Clonorchis felineus, ☞ Gesundheitstipps) endemisch ist.

Die überwiegend ebene Landschaft ist im Tomsker Gebiet ganz außerordentlich waldreich und von vielen kleinen Flüssen, Seen und Feuchtgebieten durchsetzt. Nur Bergliebhaber werden sich hier nicht wohlfühlen.

Das Klima in der Region ist sibirientypisch: warm-heiße Sommer, kalte, zum Teil schneereiche, Winter. Der Herbst ist relativ kurz. Die niedrigsten winterlichen Temperaturen liegen durchschnittlich bei -50 bis -52°C.

Die Bevölkerung des Gebietes besteht überwiegend aus Russen (90 %), gefolgt von geringen Anteilen an Selkupen, Chanten, Ewenki, Ostjaken und Tataren. Die Volksgruppe der Selkupen leben hauptsächlich im Nordosten des Gebietes, z.B. am Mittellauf des Ket (Dorf **Maksimkin Jar**).

Von Moskau erreicht man Tomsk (IATA-Code: TOP) täglich mit Aeroflot oder Sibir-Air, meist fliegen TY154-Maschinen (Flugzeit 4 Std.). Von Tomsk (bisher) täglicher Flug nach Moskau. Zusätzlich bestehen mehrere Flugverbindungen auf regionaler Ebene (Surgut, Nizhnewartowsk, Nowosibirsk, Bjelij Jar, Strezhewoi, Aleksandrovskij, Nowij Wasjugan etc.), jedoch nicht täglich. Auf den Regionalflügen werden meist kleinere Maschinen wie AH24 verwendet. Der Flugplatz liegt 22 km vom Stadtzentrum entfernt nahe der Ortschaft **Bogashewo** (Богашево), Pendelbus verkehrt vom Stadtzentrum zum Flughafen. Die Lande- und Startbahnen bestehen aus Asphaltbeton (2.500 m Länge), sodass auch Maschinen wie ИЛ76, TY134 und TY154 den Flughafen (☎ 250965, FAX 250968) nutzen können.

Tomsk liegt nicht an der Haupttrasse der Transsib, man baute erst später die Anschlussbahn, die von der Bahnstation Taiga (Тайга, zwischen Nowosibirsk und Krasnojarsk am Transsib-km 3.570 gelegen) ausgeht. Trotzdem gibt es einige Züge und von einigen Stationen auch Kurswagen (in den Fahrplantafeln als "приц. Вагон" abgekürzt), die direkt nach Tomsk fahren, sodass man sich das Umsteigen ersparen kann, zum Beispiel:

♦ Zug Nr. 37/38 (Firmenij Express "Tomitsh") verkehrt zwischen Moskau und Tomsk, führt Speisewagen.
♦ Nr. 231/232 Adler - Tomsk (nur Sommersaison von Juni bis Ende August)
♦ Nr. 647/648 Barnaul - Tomsk (Ankunft in Tomsk morgens)
♦ Nr. 661/662 zwischen Bijsk und Tomsk (nicht tägl.)
♦ Nr. 693/694 zwischen Kemerowo und Tomsk (nicht tägl.)
♦ Nr. 966 Bjelij Jar - Tomsk 2 (Ankunft in Tomsk nachmittags)
♦ Nr. 038H Moskau (Jaroslavskij Vokzal) - Tomsk 2
♦ Nr. 011У Ulan-Ude - Tomsk 2 (Kurswagen)
♦ Nr. 007H Wladiwostok - Tomsk 2 (Kurswagen)
♦ Nr. 609H Krasnojarsk - Tomsk 2 (Kurswagen)

Für Motorisierte ist es auch kein Problem, Tomsk über die bei Jurga (Юрга) von der M-53 abzweigende Straße zu erreichen (etwa 100 km ab Jurga).

Jurga ist auch Bahnstation an der Transsib. Die Strecke führt dabei über Proskokovo und Kaltai. Die Stadt Tomsk (ca. 600.000 Einwohner) ist Gebietshauptstadt der gleichnamigen Oblast. Von hier aus führen mehr oder weniger gut befahrbare Trassen in Richtung Norden, z.B. nach Kolpatshevo (etwa 330 km), nach Asino (110 km) oder nach Bjelij Jar (über Kolpatshevo).

Besiedlungsnachweise aus dem Tomsker Gebiet gibt es, in Form von auf etwa zwölf- bis fünfzehntausend Jahre alten prähistorischen Funden aus Mogotshino mehrfach. Die ersten urkundlich erwähnten Ansiedlungen im Tomsker Gebiet werden um 1580 bis 1590 datiert.

Tomsk gehört zu den sehr alten Städten in Sibirien. Die Stadt wurde 1604 auf Befehl von Zar **Boris Godunov** aus dem Boden "gestampft", eine Festung entstand, und unter deren Schutz entwickelte sich Tomsk zu einer Handelsstadt. Zum Aufschwung kam es, als man 1740 die über Tomsk verlaufende Poststraße von Moskau nach Irkutsk angelegt hatte.

Berühmt wurde Tomsk im vergangenen Jahrhundert durch die Goldfunde. Als es dann zum Bau der Transsib kam, versuchten die Tomsker Geschäftsleute vergeblich, die Streckenplaner umzustimmen und mit großen Mengen Gold zu bestechen: man wünschte, dass die Bahnstrecke gleich über Tomsk führen sollte und nicht südlich über das heutige Nowosibirsk.

Das Stadtwappen von Tomsk zeigt ein galoppierendes weißes, wildes Pferd auf hellgrünem Untergrund. Tomsk ist Universitätsstadt, und die Tomsker Technische Universität ist in ganz Russland bekannt. Gegründet wurde sie im Jahre 1888. Sie war für längere Zeit die einzige Universität in Sibirien - neben Moskau und St. Petersburg konnte man damals nur noch in Tomsk Medizin studieren.

Zum Ausbau der Industrie ist es erst während der Zeit des Zweiten Weltkriegs gekommen, als ganze Industriezweige nach Sibirien verlegt wurden. Heutzutage dominieren hier der Maschinenbau und die Elektroindustrie. Noch aus dem letzten Jahrhundert stammen die Gebäude des ehemaligen Magistrats (1802) auf der ul. Rosy Ljuksemburg 2 und die alte Handelsbörse (1851).

Während des Krieges verlegte man nicht nur die Industrie nach Sibirien, auch ein Großteil der deutschstämmigen Bevölkerung aus dem europäischen Teil Russlands wurde deportiert, zum Teil auch in die Tomskaja Oblast. Auch die Dörfer Moltshanovo und Mogotshino dienten als Verbannungsorte.

📖   Werner Eberlein beschreibt in seinem autobiografischen Werk *Geboren am 9. November* seine Jugend im Russland der 1930er Jahre und die schwere Zeit der Verbannung nach Mogotshino im Gebiet Tomsk. Verlag Das Neue Berlin, 3. Auflage 2002, ISBN 978-3360009272.

📖   Russischer Reiseführer *Tomskaja Oblast*, von der Ölfirma Jukos gespon-
serte Ausgabe, erschienen bei Avangard (Moskva 2001) unter Lizenz von
M. Strogoff (Paris - Moskva), ISBN 978-5-86394-132-5

Tomsk hat zwei große Bahnhöfe. Auf dem Vorplatz der Station Tomsk-I befindet sich ein Kiosk der "Gorodskaja Sprawka". Das Bahnhofsrestaurant ist ebenfalls im Bahnhof Tomsk-I. Das nächstgelegene Hotel zur Bahnstation Tomsk-I
ist das "Tomsk" (pr. Kirova 65). Der *avtovokzal* liegt am pr. Kirova 65,
☎ 540730 (Busse n. Nowosibirsk).

Einige Tourismusunternehmen verleihen auch Ausrüstungsgegenstände
(Zelte, Schlauchboote, Kocher etc.) an Reisende. Positive Rückmeldungen erhielten wir für die Firmen:
- 634050 Tomsk, Graft-Tour, ul. Gagarina 39, ☎ 526399, FAX 531297,
  🖥 www.tour.graft.ru, ✉ irina@graft.ru
- Firma Sjem Moreij (Семь Морей), pr. Komsomolskij 70/оф.201, 634041
  Tomsk, ☎ 562992, FAX 480793, 🖥 www.semmorey.tomsk.ru

Sehenswertes

Am interessantesten in der Stadt Tomsk und als die Hauptsehenswürdigkeit an
sich erscheint der alte Teil der Stadt - zumindest das, was davon noch erhalten
ist. Die kleinen stillen Straßen mit den urtümlich erscheinenden sibirischen Holzhäusern, die sich doch von den "normalen" *izba*-Häuschen unterscheiden, sind
fast einzigartig in Bezug auf ihre reichhaltigen Schnitzverzierungen. Einige von
ihnen finden sich z.B. auf der ul. Krasnoarmejskaja, zum Teil handelt es sich auch
um alte Kaufmannshäuser und Wohngebäude vom Ende des 19. Jahrhunderts. Da
heutzutage fast niemand mehr dieses Handwerk beherrscht, mussten zur Restau-
ration der zum Teil baufälligen Holzbauten wissenschaftliche Restaurationsbetrie-
be herangezogen werden.

Einen Großteil der Häuser stellte man glücklicherweise schon zu Sowjetzeiten
unter Denkmalschutz. Aus den Neubaugebieten versetzte man auch alte Baudenkmäler, die es zu retten galt, in den alten Stadtkern am Woskressenskaja-Berg.
Entweder wurden die Häuser Stück für Stück ab- und danach wieder am neuen
Ort aufgebaut oder gleich en bloc mit Kränen bzw. auf Rollen dorthin transpor-

tiert. Dies ist eine typisch russische Erfindung, die man erfolgreich auch bei großen Bauten (wie z.B. Kirchen) anwendet.

Kleine und große Türmchen, mannigfaltige Balkone, Kuppeln und Simse, Holzerker und Vordächer machen die Holzhäuser aus Tomsk einmalig. Jedes dieser Häuser hat seine eigene Geschichte, von der man etwas im städtischen Museum in Erfahrung bringen kann (pr. Lenina Nr. 75).

Sehenswert ist auch der Botanische Garten, ebenfalls auf dem pr. Lenina gelegen. Einen Besuch wert sind neben den o.g. Museen auch die universitären Museen, so z.B. das Archäologisch-Ethnografische, die Mineralogische Sammlung oder das Zoologische Museum (Пр. Ленина 36).

✟   Neben den schon erwähnten Holzhäusern gibt es noch einige andere Baudenkmäler von Bedeutung: Die Woskressenskaja Zerkow stammt aus der Mitte des 18. Jahrhunderts. Sie befindet sich auf dem Oktjabrskij Wswos 10. Nennenswert ist auch die Peter- und Pauls-Kathedrale auf der ul. Altaiskaja 47.

Eng mit der Stadt verbundene namhafte Persönlichkeiten sind z.B. **Nikolaij Mikhailovitsh Jadrinzew (Ядринцев)**, 1842 bis 1894, der viel zur Erforschung Sibiriens und seiner Geschichte beitrug, oder der Philosoph und Anarchist **Mikhail Bakunin (Бакунин)**, 1814 bis 1876, der nach seinen Auslandsaufenthalten in Dresden und Österreich vom Zaren nach Sibirien verbannt wurde und zeitweise in Tomsk lebte.

Interessante Stationen in der Umgebung :

♦   Naturpark "Tomskij", gelegen auf dem triangelförmigen Landstück im Zusammenflussgebiet der Flüsse Ob und Tom, Größe 47.000 ha. Tiere dürfen hier nicht gejagt, sondern nur beobachtet werden.

♦   Dorf Bjelij Jar, erreichbar per Bahn von Tomsk, Ausgangspunkt für weitere Touren im Bereich des Flusses Ket. Im Ort gibt es ein kleines Hotel sowie ein Museum (ul. Gagarina).

Altaiskij Krai - Region Altai

Hauptstadt des Altaiskij Krai ist Barnaul. Die Stadt liegt am Fluss **Ob**, der in den Bergen des Altai seine Quellflüsse hat. Das **Altaigebirge** erstreckt sich vom Nordwesten Kasachstans über Russland bis nach China und weit in die Mongolei hinein. Der auf dem Gebiet der ehemaligen UdSSR liegende Teil des Hochgebirges befindet sich im Altaiskij Krai und zum großen Teil in der nunmehr selbstständigen Altairepublik (Respublika Altai), Hauptstadt Gorno-Altaisk.

Barnaul (Барнаул)

- ☾   3852
- 🚗   Autokennzeichen der Region tragen den Regional-Code "22".
- ⏰   Zeitunterschied zu Moskau: plus 3 Std.
- 🛈   Stadtadministration, 656099 Barnaul, pr. Lenina 99, ☎ 233295
- ♦   Zollamt: 656002 Barnaul, ul. Sizova 47 bzw. Zollbüro im Flughafen Barnaul, 656099 Aeroport Barnaul, Tamozhnij Post
- ♦   Agentur für Luftverkehr, ul. Sovjetskaja 6, ☎ 242346
- ♦   Bahnhof Barnaul, Pl. Poedy 10, ☎ 363408
- ♦   Flusshafen Barnaul, ul. Mamontova 1, ☎ 248810. Fahrten auf dem Ob von Mai bis Oktober, Fahrziele z.B. Bobrovka (22 km), Kokuiskij (70 km)
- ♦   *avtovokzal* Barnaul, Pl. Pobedy 12a, ☎ 367173 (neben dem Bahnhof). Busreisen in fast alle Rayonstädte des Altaiskij Krai sowie nach Nowosibirsk, Überlandbus nach Tomsk, Bus nach Gorno-Altaisk
- ♦   Flughafen Barnaul (17 km vom Zentrum entfernt), ☎ 299411, Buslinie 112 oder 115 bzw. Taxi. Täglich Flüge von/nach Moskau sowie St. Petersburg, Krasnojarsk, Surgut, Blagoweshtschensk u.a.
- 🛏   Gostiniza Altai, pr. Lenina 24, ☎ 639247
- ♦   Barnaul, pl. Pobedy 3, ☎ 626222
- ♦   Kolos, ul. Mologeshnaja 25, ☎ 624048
- ♦   Sibir, pr. Sozialistisheskij 116, ☎ 624200
- ♦   Hotel Zentralnaja, pr. Lenina 57, sehr zentral gelegen in Reichweite der Universität und Hauptpost, ☎ 368439

☎ Hauptpostamt, pr. Lenina 54, ☎ 255027 (Paketabteilung im Seitengflügel, Telegramm-Annahme in Gebäude um die Ecke (ul. Dimitrova), in der Post Exchange-Schalter), DHL-Filiale, ul. Korolenko 93

◆ Western Union Partner: Vneshtorgbank 24, 656099 Barnaul, ul. Papanintseva 106 a, ☎ 268962, 🕐 Mo bis Fr 9:00 bis 16:00

◆ Informationen zu den weiteren verfügbaren Hotels gibt es auf der Seite 💻 www.barnaulhotel.ru. Allgemeine Stadtinformationen finden sich auch auf der Seite 💻 www.barnaul-altai.ru, dort sind neben einem Stadtplan auch Fakten zum "Кто есть кто?" (russ. für Who is Who?), zu Einkaufsmöglichkeiten und wichtigen Telefonnummern zu finden.

⊕ Die Firma "Plot", 656049 Barnaul, ul. Anatolija 94, ☎ und FAX 354032, ☎ 354321, 💻 www.plot-altai.ru, ✉ plot@dsmail.ru, bietet Trekkingtouren im Aktru-Tal, Ausflüge an den Shavalinskoje Ozero, Wanderungen auf den Spuren von N. Rerich, Katun-Rafting u.a.m. an.

◆ Firma "Altur", Adventure & Expeditions, ul. Tshkalova 89 (Eingang Gebäuderückseite, Büro im Keller), а/я 3472, ☎ und FAX 230369 und 231698, organisiert ebenfalls Touren im gesamten Altai und in anderen Regionen, u.a. Rafting auf dem Katun, Hubschrauberflüge, Skifahrten im Altai etc. Gegründet von Mikhail Koltchevnikov, Erfahrungen mit Touristen seit Ende der 1980er Jahre. Kontakt: ✉ altmisha@ab.ru

◆ Touristenagentur "TKA Travel" (Tatjana Pokrovskaja) ist eine junge Firma, die sich bereits einen Namen gemacht hat: pr. Komsomolskij 75, ☎ und FAX 243879, ✉ avgust@ab.ru Reisen in den Altai, Übernachtungen in Turbasen, geführte Bergtouren und Flussbefahrungen etc.

◆ Verwaltung des Nationalparkes "Tigirekskij": 656049 Barnaul, ul. Internazionalnaja 83, ✉ tigirek@freemail.ru bzw. ✉ tigirek@alt.ru

✚ Schnelle Medizinische Hilfe, ☎ 03

◆ Stadtkrankenhaus, ul. Dimitrova 62. Nach "Gorbolniza" fragen.

◆ Klinik im Stadtteil "Jushnyj", ul. Bjeliskovo 2

◆ Infektionsklinik: zu erreichen mit der Tram 7 (Richtung stadtauswärts), aussteigen eine Haltestelle nach dem "Telezentr", Klinik liegt auf der linken Seite der Straße.

◆ Das Med-Institut befindet sich auf dem pr. Lenina 40.

◆ Die Adresse des Bergrettungs- und Katastrophendienstes PSS (*Poiskovo-Spasatjelnaja Sluzhba*) in Barnaul lautet: ul. Mikronaja 13, ☎ 436009.

Neuerdings ist der Rettungsdienst (Feuerwehr, МЧС, Notarzt) auch über die Nummer "01" erreichbar. Miliz Notruf: ☎ 02

🏦 Western-Union Auszahlstelle bisher bei Alphabank, pr. Stroitelej 46

♦ Sparkasse Сбербанк РФ, pr. Komsomolskij 106a, ☎ 399211

♦ Kreditkarten werden z.B. von der Sparkassenfiliale, 656049 Barnaul, pr. Krasnoarmejskij 72, akzeptiert (Visa, Visa electron, Eurocard, Mastercard, Maestro). Reisecheques (Amex) werden auch gewechselt (3 % Gebühr).

🎭♪ Schukschin-Dramentheater, ul. Molodeshnaja 15 (gegründet 1921)

♦ Komödientheater, Komzomolskij pr. 108 (eine Art Operette)

♦ Barnauler Philharmonie, ul. Polzunova 37, in der Nähe des Busplatzes, pl. Spartaka (Straßenbahnlinie 1 oder 5)

♦ Zahlreiche Museen (z.B. Kunstmuseeum, pr. Lenina 88 oder Staatl. Heimatmuseeum, ul. Polzunova 46, Mo/Di Ruhetag, gegründet 1823 und damit eines der ältesten Museen in Sibirien) laden zum Besuch ein.

♦ Das größte Kino ist das "Mir" am Pl. Pobedy 1, gefolgt von "Rossija" und "Rodina" - beide auf der Hauptstraße der Stadt, dem Leninprospekt.

✕ Einen Besuch im nach alten Stil aufgebauten Restaurant namens "Russkij Tshai" (Русский чай) auf der ul. Krasnoarmeiskij 8 sollte man unbedingt einplanen (zu Fuß vom Spartakplatz in wenigen Min. erreichbar). Hier wird abends Livemusik gespielt, 🕐 12:00 bis 23:00.

♦ Kleineres Restaurant "Dlja dwoich" (= für zwei), pr. Lenina 80. Angenehmes Restaurantcafé, mit einem Hauch Romantik, Küche nicht schlecht.

♦ Altai-Restaurant, ul. Lenina 24

♦ Café Visit, ul. Lenina 63a, 🕐 10:00 bis 22:00

🏬 ZUM gegenüber vom Postamt am zentralen Platz der Stadt

⚒ Geschäft für Jagdbedarf, ul. Vorovskovo 161

♦ Gut sortiertes Buchmagazin, Leninprospekt 27. In derselben Straße ist auch ein Musikladen (CD/DVD/Plattenabteilung).

♦ Der Zentrale Markt (*staryj rynok*) liegt an der ul. Tobolskaja 32. Einen kleineren Basar gibt es auf der ul. Titova 6.

♦ Sport- und Campingladen "Start", Komsomolskij pr. 87

🍷 Weingeschäft "Vina Moldavii", ul. Vorovskovo (stadtauswärts links)

🏊 Schwimmhallen Avrora, ul. Stroiteli 8a oder Sadko, Tsheglezova 6. Badekappen sind Vorschrift.

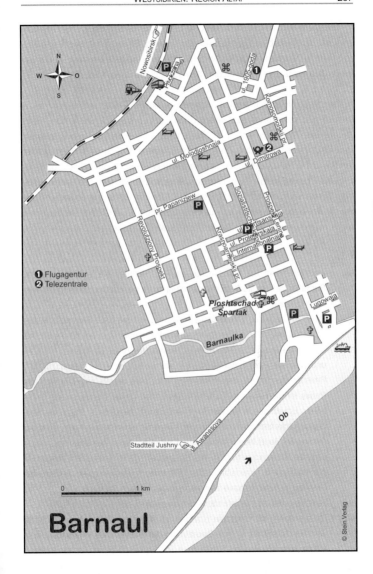

1 Flugagentur
2 Telezentrale

Barnaulka

Ploshtschad Spartak

Stadtteil Jushny

Ob

0   1 km

Barnaul

© Stein Verlag

Die Stadt Barnaul hat etwa 700.000 Einwohner und ist ein großer Bahnknotenpunkt der **Turksib** und der **Juzhsib** (die Kulunda, Bijsk, Novokusnezk und einige Städte in Nordkasachstan bedient). Barnaul ist eine Industriestadt, in der vielerorts Betonneubauten dominieren. Barnaul liegt am linken Ufer des Ob.

Die Stadt bietet sich ideal als Ausgangspunkt für Touren in den Altai an. In Barnaul gibt es mehrere Reiseunternehmen und private Organisatoren, deren Hauptgebiet Altaireisen sind (☞ Reise-Infos von A bis Z, Reiseveranstalter; Infoblock). Neben dem Altaigebirge erscheint weiterhin die etwa 500 km westlich von Barnaul in Nähe der Grenze zu Kasachstan gelegene, hauptsächlich von Russlanddeutschen besiedelte Steppenregion **Slavgorod** interessant. Die deutschstämmige Bevölkerung verfügt über Fernsehen, Radio und Zeitung in deutscher Sprache. In den Schulen wird auch Deutsch unterrichtet. In der Nähe von Slavgorod liegen mehrere große Seen, z.B. der Kulundinskoje Ozero.

Anreise

✈ Aeroflot-Inlandflüge von Moskau täglich, nichttägliche von/nach Irkutsk, Surgut, Krasnojarsk. Saisonal gibt es auch Flüge von Deutschland (Düsseldorf/Hannover).

🚆 Direkt mit dem Zug von Moskau (*Kazanskij Vokzal*) nach Barnaul, z.B. Zug Nr. 35/36 oder 95/96. Die Fahrtdauer liegt je nach Zug bei 53 bis 56 Std. Ticketpreise im Zug 95/96 für einen Platz im 4er-Abteil (II. Klasse, "K") € 70 und für einen Platz in der III. Klasse (*platzkartnij*) ca. € 50 (Stand 01/2007, Preiserhöhungen für das kommende Jahr sind bereits angekündigt). Die Preise für die Fahrt im "Firmenij Pojesd Altai" (35/36) liegen ca. ein Drittel höher. Erhält man in Moskau kein Ticket für einen der o.a. Züge, die nicht täglich verkehren, nehme man ein Ticket für einen x-beliebigen Zug, der nach (oder über) Nowosibirsk geht. Dort dann einen Zug benutzen, der in südliche Richtung geht (z.B. Nr. 199 Irkutsk - Taschkent). Sehr preiswerte Alternative: Ab Nowosibirsk den Elektrozug (*Elektritschka*) nutzen, mit Umstieg in Tsherepanovo zwecks Weiterfahrt nach Barnaul.

🚌 Tagsüber mehrere Überlandbusse Nowosibirsk - Barnaul (stündlich)

🚗 Mit eigenem Fahrzeug: von Nowosibirsk kommend, nimmt man die M-52 über Berdsk (Бердск) nach Barnaul, für die reichlich 300 km benötigt man auf der gut asphaltierten Straße ca. 4 Std. Seit 2005 ist fast flächendeckend

GSM-Empfang (Beeline) gegeben. Von Kasachstan aus kommend bietet sich die Straße A-349 an (über Semipalatinsk - Rubzowsk).

 Keine regelmäßige Schiffsverbindung Nowosibirsk - Barnaul, nur noch lokaler Ausflugsverkehr ab dem Retshport Barnaul.

Der Bahnhof der Stadt liegt zentral. Verlässt man ihn, liegen links *avtovokzal* und Kioske. Rechts befinden sich in dem separaten Steingebäude die Fahrkartenkassen für Bahnverbindungen nach Mittelasien. Vor dem Bahnhofsplatz steht etwas entfernt ein Kriegsdenkmal mit ewigem Feuer und Namenstafeln der im Großen Vaterländischen Krieg Gefallenen.

✔ Autoservice

▷ Tankstellen liegen an der Magistrale nach Nowosibirsk, am Flusshafen und an der Straße zur Siedlung "Jushnyj". An der Ausfallstraße nach "Jushnyi" (am GAJ-Posten der Miliz links abbiegend), erreicht man einen der Auto-Basare.

▷ Hilfspunkte/Reparatur: ul. Garashnaja 2, ul. Silikatnaja 4 und an der Ausfallstraße nach Nowoaltaisk

▷ Mercedes-Benz-Service-Stützpunkt, 656056 Barnaul, PM-Holding Avto, ul. Internationalnaja 25, ☎ 367310

Verkehr

🚌 Zentraler Busplatz der Stadt für den innerstädtischen Verkehr ist der Spartakplatz, erreichbar vom Bahnhof mit der Straßenbahn Nr. 1. Die Linie 7 fährt von dort aus in die Peripherie, vorbei an älteren Holzhäuschen auf der ul. Avanesova. Gleichfalls vom Spartakplatz aus fahren die Busse ab, die besonders am Wochenende Tausende von Menschen mit Eimern und Körben in Richtung Gärten, Datschen und Wald transportieren.

Der *avtovokzal* für Überlandbusverkehr (z.B. nach Nowosibirsk, Gorno-Altaisk, Bijsk, Nowoaltaisk und weit entfernte Dörfer wie z.B. Tsharyshskoje) liegt neben dem Bahnhof. Die Fahrtdauer nach Gorno-Altaisk (tägl. mehrere Verbindungen, Letzte ca. 13:00 ab Barnaul) beträgt 6 Std., nach Tsharyshskoje mindestens 9 bis 10 Std. Im Winter kann sich die Fahrtzeit auch verdoppeln, sodass die Reisenden ggf. unterwegs in einem Busdepot übernachten müssen.

♦ *avtovokzal*, pl. Pobedy, ☎ 367173

Am Wochenende eilen alle zur Datscha oder in den nahen Wald, um Beeren und Pilze zu sammeln. Die Regionalbusse, welche an den Stadtrand von Barnaul fahren, sind überfüllt.

Die Trolleybusse 1, 3, 5 fahren zum Flusshafen (*retshnoi vokzal*); außerdem ist hier die Endhaltestelle der Buslinie 27. In der Nähe des Hafens mündet der kleine Fluss **Barnaulka** (kazakhisch s.g. = gute Viehweide), in den Ob. Ausflugsschiffe verkehren von Mitte Mai bis Mitte Oktober zu den Dörfern Bobrovka, Kokujskoje und Rasskazikha.

Die neue Autobrücke über den Ob (in Höhe des *Retshnoi*) ist 24 Std. am Tag geöffnet. Die Benutzung ist mautpflichtig, erst nach Entrichtung der Gebühr (ca. € 0,30) öffnet sich die Schranke. Auf der Brücke befindet sich ein Milizposten.

Westsibirische Eisenbahngesellschaft Zapadno-Sibirskaja Shelesnaja Doroga, ul. Zeljonaja Poschtscha 1, ☎ 778019 und ☎ 292664

Sehenswertes

⌘   **Museum** für Kunst, Geschichte und Kultur des Altai, ul. Tolstovo 2

◆   **Altai-Heimatmuseum**, ul. Polzunova 46 (in der Nähe der Philharmonie)

◆   **Kunstmuseum** mit Galerie (und Verkaufsausstellung), ul. Lenina 88/Sovjetskaja 29

◆   **Botanischer Garten** "Lisavenko", Smejnogorskij trakt 49

⌘   Ein Denkmal in Barnaul erinnert an den Filmregisseur und Darsteller Schukschin. Seit 1991 trägt das Dramentheater seinen Namen.

Historische Sehenswürdigkeiten

✠   Von den Kirchen ist die schönste die "Pokrovskij-Sobor" (1899), ul. Nikitina 137, diese Kathedrale im byzantinischen Stil war von 1933 bis 1989 geschlossen. Die kleinere Kirche "Nikolskaja Zerkov" auf dem pr. Lenina Nr. 36 diente vor der Rückgabe an die Orthodoxe Kirche Russlands (1991) als Offizierskasino der sowjetischen Armee und Pilotenschule. Es existieren auch zwei Klöster: Svjato-Tikhonovskij-Monastyr, ul. Jadrinzewa 66 (hier auch Museeum der Christianisierung des Altai, ☎ 634717) und ein in der Nähe des Retshnoi befindliches Frauenkloster.

Sehenswerte ältere Gebäude aus der zaristischen Zeit sind am pr. Lenina und in der Nähe des Basars (Nähe Flusshafen). Im Stadtzentrum stehen ältere, bewohnte, hölzerne Wohnhäuser auf der ul. Krupskaja (Nr. 88 bis 104). Am Stadtrand von Barnaul liegt die sog. Altstadt (Stary Gorod), ein überwiegend aus mehr oder weniger schönen Holzhäusern bestehendes Viertel (erreichbar mit der Tram Nr. 7 bis zum Kinotheater Altai).

In Stary Gorod

Geschichte

Um 1730 errichtete man am heutigen Standpunkt von Barnaul eine kleine Kupferschmelzhütte. Schon damals erkannte man den Reichtum des Altai an Bodenschätzen. Die Siedlung Barnaul lag günstig am damals wichtigsten Verkehrsweg, dem Fluss Ob. Um 1741 sicherte man die Produktionsanlagen und Häuser durch Befestigungsmauern zum Schutz vor Feinden. Im Jahre 1749 wurde die Petropavlovskij-Kirche geweiht.

In Barnaul entstanden mehrere Erzaufbereitungsanlagen für Silber und Gold, die Erze stammten aus dem Altaigebirge. 1758 wurde die Medizinische Schule eröffnet, die damals dem Gebirgshospital unterstand. Aus ihr ging das heutige Medizinische Institut hervor. 1771 erhielt Barnaul den Status einer Bergstadt, was mit Sonderrechten (z.B. eigenes Geld) verbunden war.

Zu der Zeit gehörte Barnaul noch zum Tomsker Gebiet. Im Jahre 1827 eröffnete man hier das erste Kunstmuseum, eines der ersten Museen im damaligen Sibirien überhaupt. Von 1846 soll das heutige Stadtwappen stammen. Es enthält im oberen Drittel ein weißes Pferd auf grünem Grund und im unteren Teil eine stilisierte Kupferhütte. 1865 eröffnete man den Dampfschiffsverkehr zwischen **Barnaul** und **Bijsk**. (Heute gibt es kein regelmäßig verkehrendes Passagierschiff mehr zwischen Barnaul und Bijsk, weil man es versäumte, die Sandbänke im Fluss (Fahrrinne) zu beseitigen.) Die Entwicklung der Stadt schritt voran, ab 1867 war das Telegrafenamt in Betrieb. In der Folgezeit wurden mehrere Fabriken errichtet. Ab 1905 gab es erste Autos in Barnaul.

Im Jahre 1915 wurde die Altai-Eisenbahn für den Zugverkehr freigegeben. Barnaul wurde in den 1930er Jahren Zentrum und Gebietshauptstadt des Altaiskij Krai. Erst 1950 begann in Barnaul die Asphaltierung der Straßen, sie ist aber bis heute noch nicht vollendet.

Seit 1967 gibt es eine regelmäßige Flugverbindung zwischen Barnaul und Moskau. Die große Eisenbahnbrücke über den Ob stammt aus dem Jahre 1961. Sie war bis 1995 die einzige Möglichkeit für Autos, den Fluss zu überqueren, sieht man von einigen kleineren Fähren ab. Dann wurde eine moderne kostenpflichtige Brücke in Nähe des Flusshafens in Betrieb (☞ Barnaul, Verkehr).

Ausflüge in die Umgebung nach …
Bijsk (Бийск)

☽	3854
⇌	Touristenkomplex "Altai", ☎ 22303 und 20746 (Smolensky Trakt)
♦	Turist, neben dem *avtovokzal* gelegen
♦	Bija, ul. Tolstovo 144, ☎ 227451, preiswert (ab € 10 pro Nacht)
♦	Zentralnaja, ul. Lenina 256
☏	Telegraf und Post: ul. Sowjetskaja 34
♦	Western-Union Partner in der Post, 659300 Bijsk, ul. Sowjetskaja 34
🚂	Züge von/nach Barnaul, Nowoaltaisk, Leninorgorsk, Tomsk u.a.
⊕	Agentur für Reisen und Expeditionen, 659301 Bijsk, ul. Turgenewa 105 a, ☎ 20950, 22281. Tourismusbehörde auf der ul. Krasnoarmejskaja 96.

Die Stadt (240.000 Einwohner, Anfangspunkt des Tschuijskij Traktes) liegt am Fluss Bija, der aus dem Telezkoje-See in den Bergen entspringt. Anreise mit dem Bus von Barnaul, Fahrzeit 5 Std., oder per Zug. In Bijsk gibt es einen Bahnhof. Die Schiffsverbindung zwischen Barnaul und Bijsk wurde schon vor langer Zeit eingestellt. Wenn man mit dem Fahrzeug von Barnaul nach Bijsk fährt, lohnt es sich, in Barnaul die neue Autobrücke über den Ob zu nehmen, Zubringerstraße von Spartakplatz.

Bijsk ist die zweitälteste Stadt in der Region Altai. Die Gründung der Stadt geht auf das Jahr 1709 zurück. Bijsk ist heute eine moderne Industriestadt mit vielen Betonbauten. Historische Holzhäuser stehen z.B. noch in der ul. Turgenewa 105 und in der ul. Tolstovo 128. Die Gebäude des Theaters, des Kaufhauses, der Bank und des Hotels stammen aus den Anfängen des 19. Jahrhunderts. In der Stadt gibt es zwei sehr schöne, sehenswerte orthodoxe Kirchen, eine davon auf der ul. Sowjetskaja. Der Busbahnhof, die Eisenbahnstation und ein Exchange-Schalter (im Haus gegenüber vom Busbahnhof, in dem sich auch der Frisör befindet) sowie eine zahnmedizinische Einrichtung liegen zentral an einem Platz.

Von Bijsk fährt ein Bus nach Gorno-Altaisk (Republik Altai). Interessant ist auch eine Fahrt mit dem Schlauchboot oder Faltboot auf der Bija, wozu jedoch professionelle Hilfe zur Organisation nötig ist. Folgende Zugverbindungen gibt es nach/von Bijsk: Nr. 191/192 Leninogorsk, Nr. 601/602 Nowosibirsk, 619/620 Nowokuznezk, 623/624 Barnaul, 661/662 Tomsk sowie Kurswagenverbindung nach Moskau (über Barnaul).

Rubzowsk (Рубцовск)

☽ 38557

⇋ Touristenhotel Kolos, ul. Komsomolskaja 215

🛈 Administration, pr. Lenina 130

⊕ Örtliche Tourismusagentur, 658224 Rubzowsk, ul. Gromowa 34, ☎ 34531 und 34336

⇋ Alej, benannt nach dem gleichnamigen Fluss, ul Kalinina 13

Dies ist eine der jüngeren Städte in der Altairegion mit 170.000 Einwohnern und liegt unmittelbar an der Turksib-Bahnlinie und Straße, die Barnaul und Semipalatinsk (Kasachstan) miteinander verbindet. Sehenswürdigkeiten gibt es in der Industriestadt eher wenig (Kunstmuseum pr. Lenina 133), landschaftlich reizvoller ist die Umgebung (Berg Sinjukha, 1.210 m). Erste Erwähnung fand die Stadt um 1726, als man begann, den Bergbau im Altai voranzutreiben. Während des Zweiten Weltkrieges erlebte die Stadt einen Aufschwung, als viele Betriebe aus dem europäischen Teil Russlands hierher evakuiert wurden. Von Barnaul fährt mehrmals täglich ein Bus. Außerdem gibt es eine Zugverbindung.

Slavgorod (Славгород)

- ☎ 338568
- ⇋ Slavgorod, ul. Lenina 148, einfacher Standard (ab € 10)
- ☏ Post, ul. K. Marksa 145
- ⊕ Tourismusbüro, ul. K. Libknechta 145a, ☎ 22895 und 21974
- 〰 Der Kulundinskoe Ozero (Кулундинское озеро) ist in 1 Std. Autofahrt (ca. 60 km) zu erreichen und bietet stellenweise sandigen Strand und dank der Flachheit freundliche (sibirienuntypische) Badetemperaturen, stellenweise bis 25°C im Sommer. Flächenmäßig der größte See in der Region (600 km²), das Wasser ist leicht-salzig. In der Kulundasteppe liegen mehrere Seen, so z.B. auch der Kutshukskoe und Gorkoe Ozero. Das Wasser und der Schlamm einiger Seen werden für Heilanwendungen verwendet.

Die Stadt (gegründet 1910) ist ein Siedlungspunkt der noch in der Altai-Region verbliebenen Russlanddeutschen und liegt an der von Nord nach Süd verlaufenden Bahnlinie Karasuk - Rubzowsk. Es gibt ein örtliches Heimatmuseum auf der ul. K. Libknechta 143.

Zmejnogorsk (Змеиногорск)

- ☎ 38517
- ☏ Post, ul. Schumakova 9
- ♦ Administration, ul. Schumakova 3
- ⇋ Touristenhotel Smejnogorsk, ul. Lenina 76

Die Stadt mit 12.000 Einwohnern liegt ca. 390 km südwestlich von Barnaul am Rande der beginnenden Berge und ist ebenfalls eine der älteren Städte in der Altairegion. Sie wurde 1757 im Zuge der bergbaulichen Erschließung (Silber, Gold, Magnetit, Blei, Kupfererz u.a.) der Region gegründet. Bergbaumuseum, Kolyvanskoe Ozero und die Bergkette Kolyvan (⇧ 1.200 m) laden zu einer Tagestour ein.

Halbstadt (Гальбштадт)

Das Dorf Halbstadt ist das Zentrum eines deutschnationalen Rayons, etwa 40 km von Slavgorod entfernt. Es wurde 1908 von deutschen Siedlern gegründet, welche aus dem europäischen Teil Russlands stammten. Im Ort gibt es eine eigene Bierbrauerei und ein kleines Hotel. Mit deutscher Hilfe wurden einige Häuser renoviert und neu erbaut. Es erscheint eine Zeitung auf Russisch und Deutsch.

Flusstal des Ob

Das Flusstal des Ob oberhalb von Barnaul lädt zum Baden, Campen und Fischen ein. Möglicher Ausgangspunkt kann das von Barnaul per Bus erreichbare Rayonzentrum Kalmanka (**Калманка**) sein. In dem kleinen, etwa 2.000 Einwohner zählenden Kreisdorf gibt es Post, Telegraf, Geschäfte, eine Käserei, Miliz mit OVIR-Abteilung (ul. Lenina) sowie ein Kreiskrankenhaus, ☎ 22597. Tägliche Busverbindungen von/nach Barnaul vom *avtovokzal*, ☎ 22102, Ticket für die 45 km für ca. € 3. Die Tankstelle ist am Ortseingang gelegen. Seit 2005 funktionieren hier auch GSM-Mobiltelefone.

Mündung des kleinen Flusses Kalmanka in den sibirischen Strom Ob (hier 40 km oberhalb von Barnaul). Auf dem Foto ist nur ein Teil des Ob zu sehen, da er aus mehreren Flussarmen besteht.

Der mehr oder weniger träge Fluss Kalmanka mündet 3 km nach dem Ort in den Ob. Man lasse sich von einem der Fischer auf einer der bewaldeten kleinen Inseln im Ob aussetzen. Mehr als eine Hängematte, Angelzeug (hier kommen auch seltenere Fische wie der Sterlet vor) und einige Konserven braucht man für die nächste Zeit nicht, sinnvoll ist die Mitnahme von Repellentien (z.B. Autan).

Tscharyschskij Rayon

Der im Süden der Region Altai gelegene Rayon wird im nördlichen Teil von Wald-steppen beherrscht. Im Süden zur kasachischen Grenze zu steigt das Gelände bis auf 2.500 m an und bietet Wälder vom Typ der Bergtaiga, die Baumgrenze liegt stellenweise bei bis zu 1.900 m. Es finden sich nur kleinere Vergletscherungen. In den Hochlagen dominieren hier Tundrasteppen neben Alpenlandschaften.

Der Mittellauf des Tscharysch, der in den Bergen bei Ust-Kan (Republik Gorno-Altai) entspringt, eignet sich zwischen Sentelek und Tscharyschskoje (**Чарышское**) auch für Anfänger zum Befahren mit Raft/Katamaran. Von Bar-naul aus fährt ein Überlandbus (über Alejsk und Ust-Kalmanka) in 9 Std. nach Tscharyschskoje. Etwa 25 km nach Ust-Kalmanka endet der Asphalt. Bei trocke-nem Wetter liegt die Maximalgeschwindigkeit dann auf der grobschottrigen Piste bei ca. 50 bis 60 km/h. Tankstellen sind nur bei Maralikha (📷 Seite 298) und in Tscharyschskoje vorhanden.

Tscharyschskoe (Rayon-Zentrum des Tscharyschskij Rayon) wurde 1765 als Kosakenstation gegründet und hatte Bedeutung für die Grenzsicherung im Süden (China). Die Kirche in der Nähe des *avtovokzal* stammt noch aus vorrevolutionä-ren Zeiten. Früher gab es regelmäßige Landungen kleinerer Flugzeuge (AN-2), heute kann man mit viel Glück und ebenso viel Geld manchmal einen Hubschrau-ber chartern (Aeroport, ☎ 22384), was sich jedoch nur für Gruppen lohnt.

Der Ort hat eine Klinik, Tankstelle, Milizrevier und mehrere Geschäfte. Touris-tenunterkünfte gibt es im Ort derzeit noch nicht - abgesehen von einigen hölzer-nen Blockhäusern für zahlungskräftige Touristen. Empfehlung: Zelt außerhalb des Ortes in Flussnähe aufstellen.

Um weiter nach **Sentelek** (**Сентелек**) zu gelangen, benutzt man die alte Hängebrücke im Ortsteil "Krasny Partisan". Die Entfernung beträgt etwa 35 km. Eine günstige Einsetzstelle für Rafts in den Tscharysch befindet sich in der Nähe des Dorfes Sentelek (etwa 1 km von Sentelek stromauf der Mündung des kleinen

Sentelek-Flüsschens in den Tscharysch). In Sentelek gibt es außer umherstreunenden Kühen noch ein kleines Geschäft. Ansonsten endet hier die Straße. Nach Einsetzen der Schlauchboote wird noch eine alte Brücke unterquert, dann öffnet sich eine wilde, menschenleere und gleichzeitig imposant-felsige Zone waldiger Bergtaiga zu beiden Seiten des mittelschnellen Tscharyschs.

Eine Jägerkarte reicht zur Orientierung aus. Fliegerkarten sind oft nicht aktuell genug und der Fluss ändert jedes Jahr sein Flussbett samt Nebenarmen, Untiefen und Stromschnellen. Eine 1999 größere bewaldete Insel mit einer kleinen Anhöhe wurde 2001 durch die Frühjahrsflut weggespült. Die stellenweise auch gemächliche Fahrt geht vorbei an den seit 40 Jahren unbewohnten Dörfern Prisjelok und Stozhki. Nur selten trifft man in der Taiga auf einen Jäger oder dessen Behausung. Mit dem Schlauchboot (*resinowaja lodka*) ist die Strecke nach Tscharyschskoje in zwei Tagen zu bewältigen, mit Katamaran auch in der Hälfte der Zeit.

Der Tscharyschskij Rayon bietet noch mehr: von Sentelek sind es 2 bis 3 Tage Wanderung einschließlich Querung des Bergflusses nach **Korgon** (р. Коргон). Als Rastplatz bietet sich die Imkerei nahe des Spartak-Wasserfalles an. Die zwei bekannten Zweitausender-Gipfel **Koroljewskij Bjelok** (2.298 m) und **Abramovskowo** sind nach einem weiteren Tag zu Fuß erreichbar und befinden sich bereits in unmittelbarer Nähe der Grenze zu Kasachstan. In den kleinen Dörfern des Rayons wie z.B. Tulata, Sentelek, Majorka, Maly Baschtschelak (Medpunkt), Berjosowka oder Borowljanka ist scheinbar die Zeit stehen geblieben. Einzige Erwerbsquellen sind neben Rinderzucht und Pferdehaltung die Forstwirtschaft.

Höhlen im Altai

In der Altai-Region findet man über 400 Höhlen; nur ein kleiner Teil ist vollständig erforscht und nur wenige Dutzend sind direkt zugänglich. Man benötigt wirkliche professionelle Hilfe der russischen Speläologen, auch wegen den z.T. nötigen Genehmigungen.

Zu den tiefsten Höhlensystemen in Sibirien zählt die Höhle **Kektasch** (russ. *goluboij kamen* = Blauer Stein). Sie ist 350 m tief und befindet sich am Oberlauf des Flusses Kamyschla, ca. 17 km vom Dorf Kamlak (Schebalinskij Rayon) entfernt.

Dorf-Magazin in Maralikha

Kühe links, für Autos rechts - Brücke bei Tscharyschskoje

Weitere bekannte Höhlensysteme sind Altaiskaja (240 m), Jaschtschur (210 m) oder Tigirek I und II (am linken Ufer des Flusses Inja, 1 km vom Dorf Tigirek entfernt). Auch im Tscharyschskij Rayon existieren mehrere zugängliche Höhlensysteme.

Leicht zugänglich ist z.B. auch die Denisova-Höhle in der Grenzregion Altai-Region / Republik Altai, gelegen im Tal des Flusses Anuj, erreichbar mit dem Allradfahrzeug oder zu Pferd von Solonjeshnoje über Topolnoje und Tog-Altai (nach Solonjeshnoje führt eine gute Straße aus dem Kurort Bjelokurikha kommend, nach Topolnoje mindert sich die Straßenqualität bis nach Tog-Altai, dem letzten Ort vor der Grenze stark), wo auch derzeit noch Ausgrabungen stattfinden. In der Höhle sind Fledermäuse sehr gut zu beobachten. Wie Archäologen vor Ort mitteilten, datiert man die frühesten Fundstücke auf ein Alter von ca. 250.000 Jahren.

Nahe des Höhlensystems befindet sich ein Turkomplex (10 Hütten mit Unterkunft für jeweils 4 Personen, kleiner Medpunkt und Stolowaja). Da es im Sommer oft ausgebucht ist und hier auch die Archäologen übernachten, sollte ein Zelt mitgeführt werden.

📖 *Höhlen: Praxistipps für Einsteiger*, Thomas Schneider, Conrad Stein Verlag, Basiswissen für draußen Band 170, ISBN 978-3-89392-570-4, € 7, 90

Srostki (Сростки)

Der Heimatort (1804 gegründet) des bekannten sowjetischen Filmregisseurs und Autors Wassili M. Schukschin (1929 bis 1974) ist am besten von Bijsk (Bus oder Pkw, 36 km) aus zu erreichen, es liegt direkt am **Tshujskij-Trakt**. Hier gibt es seit 1978 ein Museum (ul. Sowjetskaja), das die Leistungen des Künstlers (u.a. bekannt durch den Film "Kalina Krasnaja") würdigt. Inzwischen hat man 2004 auf einer Anhöhe in der Nähe des Dorfes ein überlebensgroßes metallenes Denkmal zu Ehren von Schukschin errichtet.

Republika Altai

Die Republik Altai gehört territorial zur Russischen Föderation, verwaltet sich aber politisch weitgehend unabhängig. Mit der Unabhängigkeit besann man sich in der Altairepublik wieder auf die alten Traditionen, die in sozialistischer Zeit jahrzehntelang unterdrückt wurden. In den Schulen wird wieder in der Sprache des Altaivolkes unterrichtet. Die Altaizy stellen etwa ein Drittel der hier lebenden Gesamtbevölkerung von nur 185.000 Einwohnern, andere Nationalitäten sind hier Russen und Kasachen, selten auch Deutschstämmige. Altaizy leben auch im benachbarten Kuznezkij Alatau.

Geschichte der Besiedlung

Archäologische Funde in der Umgebung von **Gorno-Altaisk** belegen eine Besiedlung bereits vor etwa fünfhunderttausend Jahren. Eine stärkere menschliche Besiedlung begann aber erst etwa 8000 bis 5000 v.Chr. Die Herausbildung des Altaivolkes muss etwa um 1500 v.Chr. erfolgt sein.

Dabei spielten die Altai-Skythen eine besondere Rolle. Sie lebten nomadisch im Hochaltai und den Steppen der Umgebung. Rückschlüsse auf die Kultur der Altai-Skythen waren aufgrund mehrerer Grabfunde möglich. Die Bestattung erfolgte damals (500 v.Chr.) in aus Steinen errichteten kleinen Grabhügeln vom Typ des Kurgans. Waffen, Goldschmuck und manchmal bis zu drei Pferde wurden als Grabbeigaben verwendet. Damals fand man im Altai bereits Gold und verschiedene Erze. Die Altai-Skythen verwendeten Jurten aus Birkenrinde. Eine große Rolle spielten die Pferde. Die Nomaden benutzten auf ihren Handelswegen auch schon Wagen. An Metallen wurden Eisen und Bronze für Waffen und Gold für Schmuck verwendet. Es bestanden Handelsbeziehungen bis nach China und Persien. Aus dieser Zeit - so vermutet man - müssen die zahlreichen Felszeichnungen und geheimnisvollen Steinskulpturen stammen. Wahrscheinlich sollen die Skulpturen an damals verehrte Heerführer oder Gottheiten erinnern.

Bei **Pasyryk** (Region Ulagan, Улаган) fand man sehr gut erhaltene skythische Steingräber, die eine Zuordnung der Herkunft des Altaivolkes erlaubten. Das

Altaivolk gehört zu der großen Gruppe der Turkvölker, die sich in ganz Asien ausbreiteten. Um die Jahrtausendwende fielen die Hunnen hier ein, und etwa um 1210 wurde das Gebiet - wie fast ganz Sibirien - von den Mongolen erobert. Als die Macht der mongolischen Heerscharen später verebbte, kam es zur Eroberung Sibiriens von der westlichen Seite aus durch russische Kosaken. Schon vorher hatte es Handelsbeziehungen gegeben. 1650 gelangten dann die Russen in das Altaigebiet. Hauptziel waren die im Gebirge vorkommenden Erze. Man förderte Kupfer, Gold, Silber und andere Metalle. Im 18. Jahrhundert wurde das Altaigebirge dem Russischen Reich angegliedert.

Große Bedeutung im Brauchtum und vielen Mythen umranken Pferd und Trommel. Viele Naturerscheinungen werden bei den Altaizy (wie auch bei den Jakuten) in Zusammenhang mit Geistern gebracht: So verkörpert der Südostwind den Geist Sary-Khan (sary = russ. *zheltij*, gelb). Der mächtige Waldgeist der Taiga *Schanyra* bestimmt über den Erfolg der Jagd. Nach altem Glauben hat jedes Tier eine Seele und durch das Auslegen der Knochen von erlegtem Wild soll es auf magische Weise eine Wiedergeburt erleben.

Bedeutung haben auch die beiden Hauptgeister für Gut und Böse, *Ulgen* und *Erlik* mit seinen Söhnen *Karasch* und *Temir-Khan*. Verbreitung fand im Altai auch der Glaube an den Wunderstein *Dada*. Mit diesem Zauberstein, der sich in der tiefsten, dunkelsten Taiga befände, kann der Schamane das Wetter lenken. Ein ähnlicher Stein namens *Sata* ist auch in der jakutischen Mythologie bekannt.

Eine Einnahmequelle für die junge unabhängige Republik könnte der sich entwickelnde Tourismus werden. Auf längere Sicht muss die Bergrepublik Altai aber auch wirtschaftlich unabhängig werden, was nicht so einfach werden dürfte. Der Altai ist sehr reich an Bodenschätzen, besonders an Erzen. Schon heute bemühen sich internationale Konzerne aus aller Welt um die Abbaurechte.

Die Sprache der Altaier stammt von den Turksprachen ab. Es gibt mehrere Dialekte. Der überwiegende Teil der 60.000 Altaier spricht Altaiisch als Muttersprache. Neben Russisch hat auch die kasachische Sprache noch Bedeutung. Es gibt im Altai etwa 40 Sippen (Seoken). Zu Stalins Zeiten wurden die Bräuche, das Schamanentum und die Sprache unterdrückt.

Reist man durch das Altaigebirge, so ist es immer von Vorteil, wenn man als ausländischer Tourist einige Worte "po-altaiskij" beherrscht - dies ist besonders wichtig, wenn man mit den Menschen in den kleinen Bergdörfern näher in

Kontakt kommen möchte. Daher sind im Folgenden einige Redewendungen und Wörter bzw. Übersetzungen von Ortsnamen aus dem Altaischen aufgeführt:

Deutsch	Russisch	Altaisch
Guten Tag!	Zdrawstwujtje!	Jakshy-lar! oder
		Jakshy-lar ba!
Danke	Spasibo	Byjan bolzyn
gut	khoroscho	jakshy
ja	da	ae-je
schön	krasiwy	jarasch
Brot	khleb	kalash
Ob es Brot gibt?	Khleb jest li?	Kalash bar?
Milch	moloko	süt, langes "jü"
Tee	tshaj	tshej
Fisch	ryba	balyk
Zigarette	zigaret	tan-kjé
Nationalgetränk aus vergorener Milch		aratsh-ka
Sauermilchgetränk	airan	airak
Geld	djengy	aktscha
Haus	dom, izba	tura
Weg, Strecke	put	jol
Wald	taiga	tayga
Jurte im Altai		a-il
Feuerstelle im Haus		ot-shog
Quelle (Trinkwasser)	rodnik, iztotschnik	ar-shan
Wasser (Fluss, Bach)	reka	su
Weg, Straße	doroga	jada-gyr
Pferd	kon, loshad	at

Auch viele Ortsnamen im Altai lassen sich übersetzen, sofern sie nicht russifiziert wurden. So übersetzt man z.B. Ak-Tash mit russ. = bjely kamjen (weißer Stein) oder den Fluss Koksa (altai. Kok-Su) mit "blauem Wasser".

Das Wort "Altai" selbst wird mit der Übersetzung "Ort, an dem Gold zu finden ist" wohl am besten wiedergegeben. Aja (See Aja in Nähe von Gorno-Altaisk) bedeutet auf altaisch Mond (russ. luná).

Lebensweise und Kultur der Altai-Bevölkerung

Traditionell findet sich bei der ursprünglichen Bevölkerung des Altai, den Altaizy, eine strenge Arbeitsteilung. Den Frauen fällt die gesamte Hausarbeit, die Erziehung der Kinder, das Melken der Kühe, das Verarbeiten der Rohstoffe (wie z.B. Leder oder Wolle) zu Gebrauchsgütern (Kleidung) etc. zu. Typische Männerarbeit ist die Viehzucht, das Handwerk und die Jagd. Die Viehzucht ist vor allem auf Schafe und Kühe (Milch, Fleisch und Leder) ausgerichtet. Weitere Bedeutung haben Ziegen - und natürlich die bekannten Altai-Pferde.

Bejagt werden in den bergigen Wäldern hauptsächlich **Maralhirsche** (aus den Geweihen gewinnt man Pantokrin als Grundstoff für potenzsteigernde Medikamente, die in China sehr gefragt sind) sowie Bären. Maralhirsche werden mancherorts auch in Gehegen gezüchtet, da die Geweihe nachwachsen und jedes Jahr Pantokrin liefern. An kleineren Tieren sind Zobel, Fuchs und Eichhörnchen interessant (russ. *Bjelka* oder *Burunduk*, wird sehr gern gegessen). Wildenten und Gänse (*gusy*) bereichern den Speisezettel. Gefischt werden in den Seen und Flüssen des Gebirges vor allem **Okun** (russ. Barsch), **Taimén**, **Nalym** und **Schtshuka** (Hecht). Die Fische werden zum großen Teil getrocknet und als Reserven für den Winter angelegt.

Die landwirtschaftliche Nutzung des Altai ist den örtlichen Gegebenheiten entsprechend schwierig. In einigen abgelegenen Berggegenden gibt es auch heute noch keine Traktoren oder Landmaschinen.

Die Hauptnahrung im Altai besteht naturgemäß aus sehr viel Fleisch (Wild oder Haustiere) und Fisch. An zweiter Stelle rangieren Milchprodukte (z.B. der **Airak** - ein dem in Kasachstan bekannten Airan ähnliches Sauermilchprodukt). Die Speisen werden mit Zwiebeln oder Knoblauch gewürzt, mit Salz wird z.T. gespart (nicht aus Gesundheitsgründen,

Die Badan-Pflanze wird getrocknet als Tee verwendet

sondern weil es stellenweise knapp ist). Beeren gibt es als natürliche Vitaminquelle. Verschiedene Beeren und Blätter (z.B. Hagebutte, Johannisbeere) sowie Blätter der Badan-Pflanze trocknet man für den Winter (Tee).

Üblicherweise wird der Tee mit Milch getrunken, mitunter auch unter Salzzugabe. Zum Tee wird Brot (**Kalatshami**) gereicht. Das Milchprodukt **Kajmak** ist der russischen *Smetana* (Schmand) ebenbürtig. Mittags und abends dominieren Fleischgerichte. **Kötshö** ist eine gut bekömmliche Fleischsuppe. Kartoffeln und Gemüse stellen nur einen kleinen Teil der Nahrung.

Aus vergorener Milch gewinnt man im Altai - wenn auch selten und nicht überall - ein alkoholisches berauschendes Getränk, es heißt **Araku** (oder auch Aratschka).

Es gibt einige Unterschiede in der Art und Weise des Wohnens im nördlichen und südlichen Altai: Der vorherrschende Wohntypus im Südaltai ist auch heute noch die **Jurte** (📷 Seite 307). Im nördlichen Teil des Gebirges begann man bereits vor längerer Zeit, kleine Siedlungen aus Holzhäusern zu errichten - angelehnt am russischen Vorbild. Der Eingang dieser *izba* (russ. Holzhaus) befindet sich auf der Ostseite. Der Fußboden besteht aus Holz, im Haus befindet sich ein Ofen aus Steinen. Sofern die Hütte nur aus einem Raum besteht, soll man noch heute eine Aufteilung in eine Frauen- und Männerhälfte finden.

Es gibt auch aus Balken errichtete Jurten, die meist vier Wände haben und oft links neben dem Eingang eine Feuerstelle (*otshág*) aufweisen. Früher wohnten die Altaier ausschließlich wie die Mongolen in Filzjurten. Nachdem sie sesshaft wurden, konnten sie sich von ihrer alten Behausung nicht trennen. Diese behielt die runde Form der Jurte, die heutzutage aber untransportabel und fest aus Holz gebaut ist. Das Dach ist in der Mitte für den Abzug des Rauches offengehalten, darunter brennt das Feuer. Im Kessel darüber kocht der Altai-Tee: Milch, saure Sahne, schwarzer Tee und etwas Salz. Rechts von der Tür steht ein Regal mit Küchengeräten und Lebensmittelvorräten, links befindet sich die Ecke zum Ruhen (Sofa oder Bett). Geradeaus - hinter dem Feuer - steht der Tisch mit den Stühlen. Darüber hängen an der Wand ein Heiligenbild und andere religiöse Utensilien. Ergänzung findet dies alles durch irgendetwas Westliches, ein Poster zum Beispiel - und sei es mit einem Busenwunder!

Das Verhältnis zwischen der angestammten Altai-Bevölkerung und den Russen ist durch gegenseitige Vorbehalte und Konflikte in der Vergangenheit sowie die sowjetische Nationalitätenpolitik gestört.

Historisch von Bedeutung ist, dass der Bergbau im Altai in den Jahren 1730 bis 1750 maßgeblich von deutschen Spezialisten (u.a. aus Freiberg/Sachsen) vorangetrieben wurde. 1744 gelang den Deutschen Junghans und Christiani zuerst die Silbererzaufbereitung im Altai. Auch die Kupferhütte in Kolywan entstand unter deutscher Regie. Die heutige Stadt Leninogorsk trug früher den Namen des sächsischen Bergspezialisten Ridder (1768).

Zu einer weiteren deutschen Besiedlung im Altai kam es im 19. Jahrhundert (Kolonisten) und im 20. Jahrhundert zwangsweise im Zuge der stalinistischen Massendeportationen (Wolgadeutsche). Deutsche Familiennamen sind häufig anzutreffen. Der bewahrte deutsche Dialekt der deutschstämmigen Bevölkerung stammt aus längst vergangenen Zeiten.

Feindliche Auseinandersetzungen zwischen Russen und Altaizy sind allerdings die Ausnahme, wenn es in der Vergangenheit dazu gekommen ist, dann nur aufgrund von Missverständnissen oder weil zuviel Wodka im Spiel war.

Geografie

Das Altaigebirge, dessen geologische Entstehungsgeschichte fast 2 Mrd. Jahre zurückliegt, zieht sich von Westsibirien bis weit in den Süden der Mongolei hin. Auf dem russischen Gebiet befindet sich der **Obere Altai**, in südöstlicher Richtung folgen der **Mongolische Altai** (Altainnuru) und der **Gobi-Altai**. In Richtung zum Gobi-Altai werden die Berge immer niedriger. Höchste Erhebung ist neben der **Belucha** in der Altairepublik (4.507 m) der Turgen Uul in der Nähe der russisch-mongolischen Grenze (4.029 m).

Die Gletscher der Turgen-Gruppe wurden erstmals 1903 von Russen bestiegen. Bereits 1655 durchquerte eine russische Expedition die Mongolei über den Altai.

Im russischen Altai ist die Tierwelt artenreicher als im größeren mongolischen Teil des Gebirges. Im mongolischen Altai wird ebenfalls Weidewirtschaft betrieben. Als Wohnstätten sind hier Jurten gebräuchlich, deren Tür immer nach Süden zeigt. Die Gastfreundschaft der Mongolen ist bekannt.

📖 *Hohe Berge, tiefe Täler, weites Land* von Louisa Waugh, 2006 Frederking & Thaler, ISBN 978-3894052911. Louisa Waugh berichtet über ihr Leben mit den Nomaden und ihre Tätigkeit als Lehrerin im äußersten Westen der Mongolei, in der unweit zur russischen Grenze gelegenen Region Bayan Olgij.

Altaigebirge

Wir finden im Altai viele Mineralquellen (z.B. kupferhaltiges Wasser der Quelle Arzhansuu (*zolotoj kljutschik*) oder schwefelhaltige Quellen wie der Sernij Arzhan nahe der Mündung des Tschulischman-Flusses in den Telezkoje-See. Warme Quellen sind im geologisch alten Altai weitaus seltener anzutreffen, als z.B. in der noch seismisch aktiven Baikal-Region.

Im Altai herrscht ein strenges **Kontinentalklima** vor; starke Temperaturschwankungen sind hier normal: im Winter registriert man bis zu -60°C, im Sommer werden bis zu 40°C erreicht, das entspricht einem Unterschied von 100°C! Man rechnet im Altai mit etwa 190 Sonnentagen pro Jahr. Die Niederschlagsmengen liegen zwischen 500 und 1.000 mm pro Jahr. Niederschlagsreichste Region ist das Tscharysch-Gebiet mit 800 bis 1.000 mm; im Tschulischman-Baschkaus-Gebiet werden 400 bis 600 mm angegeben. Mit nur 200 mm ist es in der Region Kosch-Agatsch relativ trocken.

Für Reisen in den mongolischen Altai benötigt man ein mongolisches Touristenvisum und für die Rückreise ein zweites russisches Einreisevisum (es sei denn, man hatte bereits ein Doppel- oder Multi-Entry-Visum). Grenzübergang **Tashanta** (**Ташанта**), bitte vorher beim russischen und mongolischen Konsulat Erkundigungen einholen, ob es neue Modalitäten am Grenzübergang gibt. In der Vergangenheit gab es eine zeitlang Einschränkungen für Ausländer und nur Russen, Mongolen und mongolische Kasachen konnten ohne Probleme sofort passieren. Adresse der Botschaft bzw. des Konsulats ☞ Reise-Infos von A bis Z, Diplomatische Vertretungen.

Als beste Reisezeit für den Altai erscheint der Zeitraum Ende Juli bis Anfang September. Im Juli erreichen die Temperaturen ihr Maximum, es ist sehr heiß mit wenigen Niederschlägen. Im August ist das Wetter meist ausgeglichen. Der Herbst im Altai beginnt bereits Anfang September, genau dann, wenn die Farbe

Sowohl beim Betreten der hölzernen Jurte, als auch bei der Filzjurte beachte man die niedrige Türhöhe.

der Birkenblätter in goldgelb umschlägt und man jeden Tag weniger Fische an der Angel hat. Schon einige Tage später kann es Schnee geben.

Im Gebiet des Altai gibt es etwa 20.000 kleine und große Flüsse und mehrere Tausend Gebirgsseen. In den gletschernahen Seen und Flüssen liegt die Wassertemperatur selbst im Sommer kaum über 4°C. Die kleineren Gebirgsflüsse muss man versuchen, an flachen Stellen zu durchqueren, Brücken gibt es nur wenige.

Im Altai gibt es etwa 1.300 Gletscher, deren Eisdicke z.T. bis zu 150 m betragen kann. Oberhalb von 2.400 m gibt es keine höhere Vegetation mehr, sondern nur noch Eis und Schnee. Der höchste Berg ist die **Belucha** (4.507 m), der von den Angehörigen des Altaivolkes als heilig verehrt wird. Ein weiterer Viertausender ist der Berg **Aktru** (4.035 m). Beide Berge sind vergletschert.

Die **Tierwelt** im Altai ist sehr reichhaltig. Ungefähr 250 Vogelarten sind vertreten, darunter viele Greifvögel wie Sakerfalke (Würgfalke), Königsadler, Wespenbussard, Hochlandbussard, Steinadler und Rotfußfalke. In der Bergtaiga finden sich Haselhuhn, Meisenarten, Auerhähne und verschiedene Drosselarten.

Weiterhin kommen Bären, Wölfe, Luchse, Schneeleoparden und die Maralhirsche hier vor. An Kleintieren begegnen wir Ziesel, Murmeltier, Pfeifhasen und Springmäusen.

Die blühenden bunten Alpenwiesen kann man nur im Juni sehen. Enzian (*goritshalka*), Altaiveilchen, Alpenglöckchen und gelber Altaimohn sind häufig vertreten.

Das Altaigebirge wird oft als "Mittelpunkt der Ozeane" bezeichnet, einerseits, weil es zentral in Mittelasien weitab von allen großen Wassermassen liegt, andererseits, weil im Altai viele Flüsse entspringen, die dann über den Ob durch ganz Sibirien nach Norden abfließen. **Katun** und **Bija** bilden den Ob. Die Bija entspringt aus dem großen See mit dem Namen Telezkoje Ozero, der mitunter auch der "Baikal des Altai" genannt wird. Auch der sibirische Fluss **Irtysch** hat seine Quelle im Altai, er fließt später mit dem **Ob** zusammen. Tiefe Flusstäler mit reißenden kalten Gebirgsflüssen und Gebirgsketten mit dazwischen liegenden Hochebenen mit vielen kleinen Seen sind für den Altai bezeichnend.

Anreise in den Altai

Ausgangspunkte sind **Barnaul**, die Hauptstadt des Altaiskij Krai (Flugverbindungen bestehen von Moskau und Düsseldorf, ☞ Barnaul), oder **Gorno-Altaisk**.

Von den Ausgangspunkten Barnaul oder Gorno-Altaisk muss man die Überlandbusverbindungen nutzen, um an die gewünschten Ziele zu gelangen, meist dort, wo die Straßen ohnehin enden. Nach **Tjungur** (Ausgangspunkt zum Berg Belukha) gelangen Sie ausgehend von Gorno-Altaisk über Ust-Sema, nehmen den Abzweig nach Tsherga, wobei die Straße später nach **Ust-Kan** und weiter über Abaij, **Ust-Koksa** und Katanda nach Tjungur führt, wo die Autostraße aufhört. Die Fernstraße **M-52 (Tschuijskij Trakt)** ist die Verkehrsader in der Republik, welche bis in die Hochsteppen-Gebiete im Süd-Osten führt. Es gibt zwei Grenzübergangsstationen der RF:

◆　Grenze RF - Mongolei, Grenzübergang Taschanta (Ташанта), nur für den Autoverkehr geöffnet, oft lange Warteschlangen von LKW/Kleintransportern. Die Straße führt nach der Grenze weiter über den Pass Durbet-Daba (Дурбэт-Даба, 2481 m) in die Mongolei.

◆　Grenze RF - Kasachstan, Übergang Karagaij (Карагай) im Südwesten der Republik, etwa 90 km von Ust-Kan entfernt. Es gelten besondere Bestimmungen, die sich ändern können, informieren Sie sich vorher.

Viele Orte im Gebirge waren auch per Hubschrauber zu erreichen, wie z.B. Ust-Koksa oder Kosh-Agatsh, die regelmäßigen Verbindungen sind aber eingestellt.

Es gibt Hunderte von Flüssen, die ideal für Rafting und Katamaranfahrten geeignet sind (Katun, Koksa, Tshulishman, Tsharysh, Pestschanaja). Das Befahren der Flüsse setzt eine genaue Ortskenntnis voraus (Wasserfälle, Strudel). Beliebt sind die Flüsse Katun und Bashkaus.

Reisegruppen in bestimmte Gebiete benötigen seit Ende der 1990er Jahre eine Lizenz, dies wird durch den russischen Partner vor Ort geregelt. Einzelreisende kommen eigentlich (fast) überall durch, wenn sie sich beim OVIR registrieren. Die Bestimmungen sind mitunter Änderungen unterworfen. Als sehr hilfreich erweist es sich bei der Registrierung, wenn man eine Art Empfehlungsschreiben auf Russisch mit hat, welches von einer russischen Organisation, notfalls auch von einem russischen Reisebüro stammt und aus dem der Zweck der Reise (z.B. Alpinismus) hervorgeht.

Gorno-Altaisk

✆ 38822

🚗 Autokennzeichen der Region tragen den Regional-Code "04"

ℹ Administration, 649000 Gorno-Altajsk, Kommunistisheskij pr. 18, ☎ 22340

♦ Staatliche Universität: 💻 www.gasu.ru

♦ Firma Altai-Tur, 659700 Gorno-Altajsk, Kommunistisheskij 6/office 3, ☎ 32186 und 24681

📯 Hauptpost: ul. Tshoros-Gurkina 17

♦ Telegraf und Fernsprecher: Kommunistitsheskij pr. 61

⊞ Bergrettungsdienst PSS Gorno-Altaisk (Poiskovo- Spasatjelnaja Sluzhba), ul. Gornoaltaiskaja 26/1, kv.2, ☎ 38541, ☎ 31797, ⊞ Krankenhaus auf dem Kommunistitsheskij pr. 124-130

🚌 Gorno-Altaisk hat keinen Bahnhof. Überlandbusse verkehren nach Bijsk, Barnaul sowie nach Nowosibirsk. Der Bus nach Nowosibirsk fährt täglich außer Samstag und Sonntag, Abfahrt ist 21:00. Nach Bijsk und Barnaul gehen mehrere Busse pro Tag (ab 8:00, der letzte Bus nach Bijsk fährt um 16:00). In der Busstation werden auch Eisenbahntickets für die nächsterreichbare Station (Bijsk) verkauft.

Innerhalb der Altairepublik fahren Busse nach Aktash, Inja, Schebalino, Tsherga, Ilinka, Tjungur, Tshoja, Besh-Ozjek, Marinsk, Jakonur, Ust-Kan, Tshemal, Artybash und Turotshak. Von **Aktash** fahren Busse nach Ust-Ulagan und Khurai. Da die Busse in die entlegenen Dörfer im Sommer oft ausgebucht sind, ist es angeraten, die Tickets frühzeitig, d.h. evtl. schon am Vortag zu kaufen.

🛬 In den letzten Jahren wurde nur eine Flugroute mit einer gewissen Regelmäßigkeit bedient (einmal wöchentlich von/nach Krasnojarsk), und das Ticket kostete umgerechnet ca. € 50. Gelegentlich gab es Flüge von/nach Barnaul. Das Aeroflotticketbüro befindet sich auf dem Kommunistisheskij pr. 52, nahe des Busbahnhofes. Ob und wann die früher einmal vorhandenen Hubschrauberflüge (z.B. von/nach Kosh-Agatsh) nutzbar sind, muss erfragt werden ☎ 388/4423766 (man erkundige sich ansonsten nach der Firma "Altai-Avia").

Turbasay im Altaigebiet

✒ Turbasa **Zolotoje ozero** (russ. = Goldener See) in **Artybash** (Bus aus Gorno-Altaisk) am Telezkoje-See. Die Turbasa besteht aus mehreren Gebäuden mit großer stolowaja, Schiffsanleger, Bungalows etc. Mit Erlaubnis der Leitung (im Holzhaus am Eingang) kann man auch ein Zelt aufstellen. Neben der Leitung befindet sich ein kleines *magazin* (Lebensmittel). Die Turbasa wurde 1928 erbaut und ist vom Bushaltepunkt in Artybash etwa 20 Min. zu Fuß entfernt. In Artybash (**Артыбаш**) befindet sich auch die Verwaltung des Naturreservates "Altaiskij", ✉ altnr@mail.gorny.ru.

✒ Turbasa **Katun**, liegt am gleichnamigen Fluss und verfügt über 500 Plätze (☎ 38841/29415). Zu Sowjetzeiten hatte sie den Status eines 4-Sterne-Touristenhotels. Es gibt Kino, Bar ("Traktyr") und Banja. Zu erreichen ist sie mit dem Bus, der von Gorno-Altaisk nach **Tshemal** fährt. Dem Busfahrer muss man rechtzeitig sagen, dass er an der Turbasa Katun anhalten soll, sie liegt etwa auf halber Strecke. Laut Plan fahren von Tshemal Busse nach Gorno-Altaisk zurück, die man mit etwas Glück ab 8:00 an der (einzigen) Straße vor dem Tor der Turbasa abpassen kann; ca. $ 2,50 pro Fahrt.

Beide Turbasas (Zolotoje ozero und Katun) wurden privatisiert und gehören einer in Nowosibirsk ansässigen Touristenagentur. Es wird wieder Geld in die z.T.

etwas heruntergekommenen Anlagen investiert. An der Turbasa "Katun" findet seit ein paar Jahren ein nationales Sängerfestival und Rockfestival statt.

☛   Turbasa **Ivolga**, nahe des Dorfes **Ust-Sema** (Tshemalskij-Gebiet), nur wenige Schritte bis zum Katun, ein kleiner (etwas steiniger) Strand ist ebenfalls vorhanden. Es gibt Dusche und WC in den Gebäuden, man kann nach Rücksprache auch ein Zelt aufstellen. Verwaltung in Bijsk: ☎ 3854/310184 und 305966, aus der Stadt Majma wählt man direkt ☎ 244/26402. Bei Fragen oder Problemen wende man sich an den Direktor Sergeij Vasiljewitsh. Er kann auch eine Flussbefahrung mit Flößen (Rafts) von Ust-Sema nach Muny organisieren (3 bis 4 Std. Fahrt).

☛   Es gibt in Manzherok, Barangol und Ust-Sema (alles Siedlungen an der Hauptstraße von Majma nach Tashanta) seit kurzer Zeit mindestens fünf Turbasen neuerer Bauart: Katunskije Porogi, Zarskaja Okhota (Barnaul ☎ 3852/368401), Korona Katuni und Kiwi-Lodzh - ein Name phantasievoller als der andere. Sehr

Gorno - Altaijsk

❶ Stadion "Komulnalsktschik"
❷ Stadion "Spartak"
❸ Bibliothek
❹ Turbasa
❺ Aeroflotbüro
❻ öffentliche Banja (Sauna)
❼ Museum
❽ Hotel Altai
❾ Hotel Turist
❿ Telegraph
⓫ Friedhof

© Stein Verlag

häufig sind hier "Neue Russen" mit dicken Jeeps anzutreffen, die am Wochenende tüchtig feiern, auch die Preise für die Dienstleistungen sind entsprechend - für Individualtouristen weniger zu empfehlen.

Routenvorschläge

Für alle Routen benötigt man entweder Karten oder einen ortskundigen Führer. Eine gute neunteilige Altaikarte der Firma Aqua (Maßstab 1:200.000) erhält man mit etwas Glück vielleicht in Barnaul in Buchläden. Man sollte dieses Problem aber schon vorher angehen, unter Umständen gibt es diese Altaikarten eher in Moskau (und in Barnaul bekommt man dann vielleicht den neuesten Stadtplan von Moskau ...). Hat man entsprechendes Kartenmaterial, kann man sich die Routen auch selbst auswählen. Es gibt im Altai Hunderte von Gebirgsketten und Tausende von Flüssen - nicht alle sind zum Rafting geeignet. Als Ausländer benötigt man beim Bereisen des auf dem Gebiet der unabhängigen Altairepublik gelegenen Teils des Gebirges eine Lizenz oder eine Registrierung.

Bei Touren in die Republik Altai sollte man sich in Gorno-Altaisk beim OVIR registrieren lassen. Für in der Gruppe Reisende ist das unabdingbar. An der Hauptzufahrtsstraße zur Altairepublik kann es auch Kontrollen durch die Miliz geben - allerdings eher stichprobenweise.

Shavlinskoe-See (bei Tshibit): Mit dem Bus von Gorno-Altaisk über Inja nach Tshibit. Bei der Straße handelt es sich um die M-52; Tankstellen sind in Ust-Sema, Shebalino und Tuekta. **Tshibit** (gegründet 1880 von eingewanderten russischen Missionaren) liegt am Fluss Tschuja, in dessen Tal auch die Straße verläuft. Von Gorno-Altaisk sind es bis hierher etwa 355 km. Unsere Tour beginnt mit dem Überschreiten der alten Brücke über den Fluss Tschuja (**Чуя**). Der Shavlinskoe-See liegt gut drei Tagesmärsche von Tshibit entfernt. In der Umgebung der Gebirgsseen gibt es mehrere hohe Gipfel des Severo-Tschuijskij Khebet und Gletscher. Unweit befindet sich im Laufe des Flusses Tschuja nahe dem Zusammenfluss mit dem Fluss Mazhoi die Mazhojskij Kaskad eine technisch anspruchsvolle Kaskade, die oft mit den Canyon des Flusses Baschkaus verglichen wird und Touristen zum Rafting anzieht.

Fluss Tsharysh: entspringt in den Bergen von Ust-Kan. Er mündet später nach mäanderndem Verlauf bei Ust-Tsharyschskoje in den Ob. Der Oberlauf ist zum

Rafting nur Erfahrenen zugänglich. Der Mittellauf z.B. zwischen Sentelek und Tsharyschskoje (Altaiskij Krai) ist weitestgehend ungefährlich (Stufe I - II) und für Anfänger geeignet.

Ozero Telezkoje und Fluss Bija: Anreise über die (schlechte) Straße von Gorno-Altaisk nach Artybash. Es gibt eine öffentliche Busverbindung (Fahrzeit 9 Std., Abfahrt 11:00 in Gorno-Altaisk, fährt nur einmal am Tag). In Artybash gibt es eine Poststelle, ein paar Läden (im Ortsteil Ijogatsh) und eine Übernachtungsmöglichkeit in einer Turbasa. Diese ist von der Brücke etwa 30 Min. zu Fuß entfernt. Früher gab es mitunter ein "Taxi", ein klappriges Seitenwagenmotorrad. Nach Artybash kommen auch viele russische Urlauber, die auf einem Ausflug gern die "Lakes of Love" zum Baden besuchen.

Die Strecke führt über Karasuk und Tshoja. Entfernung von Gorno-Altaisk etwa 120 km. Eine zweite Anreiseroute führt von Bijsk über Karabinka im Tal der Bija (die aus dem Telezkoje-See entspringt) entlang. Die Bija eignet sich ebenfalls zum Befahren mit Katamaranen. Die Ufer der Bija sind an manchen Stellen flach und waldig, aber auch felsige Steilufer kommen vor.

Der **Telezkoje-See** gehört zum Altai-Naturpark und steht unter Schutz. Auf dem See kann man Schiffsfahrten unternehmen, wenn man den Kapitän eines der wenigen Schiffe dazu überreden kann. Man frage nach der "Bris". Das Wasser ist auch im Sommer sehr kühl, der See sehr klar und fischreich. Man kann den gesamten See rundherum umwandern. Er ist 80 km lang, etwa 5 km breit und 325 m tief. Am Ufer liegen einige stillgelegte große ehemalige Ausflugsschiffe. Heute fahren in eher unregelmäßigen Abständen kleinere Schiffe über den Telezkoje. Eines davon wurde von Greenpeace gesponsert und diente wissenschaftlichen Untersuchungen.

Am östlichen Ufer schuf man eine neue Touristenstation mit dem Namen "Taezhnij Zaliv" innerhalb des Nationalparkgeländes. Die Anreise von Artybash aus ist praktisch nur mit dem Boot möglich. Es gibt 64 Zweibettbungalows, Aufstellmöglichkeiten für Zelte. Angeboten werden u.a. auch Reittouren und ausgedehnte Touren in die Bergtaiga bis hin zur im Osten verlaufenden Grenze der Republik Khakassia.

In dem überaus klarem Bergsee, der im Winter nur langsam und unvollständig zufriert, leben 16 Fischarten. Die häufigsten sind Okun, Nalym und Sig. Der Fischfang erfolgt mit Netzen, die abends ausgelegt und am nächsten Morgen

*Telezkoje Ozero: Zwei einheimische Frauen (Mutter und Tochter) auf
der Überfahrt.*

wieder eingeholt werden. Der See erwärmt sich im Sommer und speichert die
Wärme den Winter über, sodass an den kleinen Siedlungen am Ostufer des Sees
(z.B. in Bjele oder Tshiri) ein Mikroklima entsteht (im Winter ist es hier in Ufernähe mild, nur -15°C). Es können sogar Äpfel angebaut werden, die sonst nur im
Kaukasus zu finden sind und in Sibirien nicht vorkommen. Diese Äpfel werden im
August per Schiff/Lkw nach Gorno-Altaisk verkauft bzw. gegen Lebensmittel eingetauscht.

Die Versorgungslage ist teilweise katastrophal. Zu Sowjetzeiten kam zweimal
pro Woche ein Hubschrauber in die abgelegenen Dörfer, die nicht einmal mit dem
Auto erreichbar waren, und brachte Benzin, Lebensmittel und die Post. Seit drei
Jahren gibt es keinen Hubschrauber mehr.

Wenn man ein Schiff gefunden hat, kann man sich von Artybash an das Südende des Sees bringen lassen. Direkt an der Einmündung des Flusses **Tschulischman** liegt links am Strand eine Turbasa mit kleinem Laden, Küche und Bar.

Die wahrhafte Taiga und Wildnis findet man an der Ostküste des Sees (Telez-
kij Khebet und hinter diesem Berggürtel). Es gibt viele Bären und Marale. Weiter
östlich liegt die **Republik Tuwa**. Wege durch die Taiga gibt es praktisch keine,

abgesehen von einigen *tropinka* (Wildwechsel oder von wilden Pferden freigetre-
tene Wege im Wald). Die gesamte Taiga gehört zum Naturschutzgebiet (*zapovednik*) Altai. Bei Ankunft in einem der kleinen "Dörfer" (meist nur drei bis fünf Häuser) sollte man sich beim Förster (*ljesnik*) melden. Vielleicht gibt es die Möglichkeit, mit ortskundigen Führern (und die braucht man hier) einige Tage durch die
Taiga zu streifen oder zu reiten.

Wenn man mit den Berghirten im Altai ins Gespräch kommt, ergibt
sich mitunter die Möglichkeit, ein Pferd für einen kleinen Ausritt
auszuleihen.

Von der Turbasa an der Tschulischmanmündung eröffnet sich das Tschulischman-Tal. Ganz in der Nähe liegt eine schwefelhaltige Mineralquelle, die für die
Einheimischen religiöse Bedeutung hat.

Nach Balyktscha gelangt man nach Übersetzen auf die andere Seite nach etwa
1½ Std. flotter Wanderung. Durch das Tschulischman-Tal erreicht man einen Pass
(von Autos befahrbar), hinter dem Balyktujul und **Ust-Ulagan** liegen.

Im Süden, etwa 4 km von der Einmündung des Tschulischman entfernt, liegt
Balyktscha. Die Schiffe legen an einer Sandbank an. Hier befindet sich auch der
übliche Platz zum Campen. Aber auch eine Turbasa liegt nur 20 Min. Fußweg
entfernt (wenige Gäste). Von der Flussmündung führt ein Fahrweg in den Ort. Ein

kleiner Lebensmittelladen und daneben das Industriewarengeschäft öffnen gelegentlich. Die Anwohner sind ohnehin auf Selbstversorgung eingestellt, mit etwas Glück bekommt man eher von ihnen Brot als im Laden.

Die Lage ist sehr schlecht: die Geschäfte sind meist geschlossen, Strom gibt es nur stundenweise per Aggregat, Post wird nur unregelmäßig abgeholt bzw. ausgeliefert, Benzin ist Mangelware. Der Weg von Balyktscha nach **Ust-Ulagan** ist zu Fuß in 3 bis 4 Tagen zu schaffen.

Trekking im Gebiet der Hochsteppe im Rajon Kosh-Agatsh (Кош-Агач): Diese Region (Kosh-Agatshskij Rayon) im Süden der Republik Altai ist aufgrund der Grenznähe (Mongolei, China) nicht in allen Bereichen frei zugänglich. Eine Registrierung beim OVIR in Gorno-Altajsk ist unerlässlich. Man benötigt zudem einen Jeep. Ausgehend von Gorno-Altajsk fahren Sie auf der M-52 in die Richtung Tashanta (Grenzstation Mongolei). Unterwegs sind einige Pässe zu überqueren (Seminskij-Pass ca. 60 km hinter Shebalino und zwei weitere Pässe zwischen Ongudaj und Inja). Die Straße befand sich 2006 in - für russische Verhältnisse - sehr gutem Zustand. Mit einer kleinen Unterbrechnung ist sie fast durchgehend asphaltiert. Hinter Tshibit durchquert die M-52 die Kurajskaja step (Kuraj-Steppe). Nach etwa 490 km von Gorno-Altajsk erreichen Sie nach 10 bis 11 Std. Kosh-Agatsh (Administration: ul. Sowjetskaja 45, ☎ 38842/22231). Im Ort gibt es ein kleines Hotel. Die Stadt wurde 1820 gegründet, hier trifft man deutlich weniger Russen als z.B. in Gorno-Altajsk. Nahe Kosh-Agatsh befand sich das Epizentrum des 2003 hier aufgetretenen **Erdbebens**, wovon auch Jahre später noch zerstörte Häuserzeilen (besonders an der Trasse nach Aktal und Kokorja) zeugen.

In der weiten Steppenlandschaft finden sich nur wenige Siedlungspunkte, welche durch Jurten Einheimischer (vor allem Altaizy) repräsentiert werden. Aber auch kasachischstämmische Bauern mit ihren Viehherden sind anzutreffen, im Westen der Region zur Grenze der Republik Tuwa hin auch gelegentlich Tuwinzy. Mitunter kam es in der Vergangenheit zu Auseinandersetzungen zwischen den Völkern, meist im Zusammenhang mit Viehdiebstahl. Jurten finden sich auch an den Flüssen Buguzun und Karagaij in Nähe der beiden Dreitausender **Saijljugem** (⇧ 3.411 m) und **Tapduaijr** (⇧ 3.504 m). Die Viehhirten sind nur saisonal in der Zeit zwischen Mai und September hier unterwegs, sie ziehen im Herbst mit den Tieren in tiefer gelegene Regionen. In Kosh-Agatsh (Tankstelle) oder dem 30 km entfernten Dorf Kokorja besteht die Möglichkeit, die Lebensmittelvorräte zu

ergänzen. Die einzelnen in der Hochsteppe (û ca. 2.100 bis 2.300 m) gelege-
nen Seen, über die oft Adler ihre Kreise ziehen, bieten sich für ornithologische
Beobachtungen an, nicht nur Kraniche bekommt man zu sehen. In der Steppe
kann man Pfeifhasen (*Ochotona alpia*) und Springmäuse beobachten, mit etwas
Glück auch den Steppenfuchs (*Vulpes corsac*) und in den kleinen bewaldeten
Flusstälern eventuell das sibirische Moschustier (*Moschus moschiferus L.*, russ.
sibirskaja kabarga). Braunbären kommen sporadisch vor. In den Bergen gibt es
Huftiere, wie z.B. den Altai ibex (*Capra sibirica*) oder das Argali-Wildschaf (*Ovis
ammon a.*), in den wenigen bewaldeten Regionen den Maralhirsch. Wirklich sehr
glücklich darf sich schätzen, wer einen Luchs (*Lynx*) oder eine Manulkatze (*Felis
manul Pallas*) oder wenigstens deren Spuren erblickt.

Früher wurde aus der Grenzregion zwischen dem Pereval Buguzun an der
tuwinischen Grenze und der südlich lokalisierten Region am Pereval Durbet-Daba
in Nähe des **Turgen-Uul** (û 4.029 m) über vereinzelte Sichtungen des früher in
ganz Zentralasien verbreiteten **Schneeleoparden** (*Uncia uncia*) berichtet. Die
Organisation Biosphere führte in das Gebiet Kosh-Agatsh bereits mehrere geplante Expeditionen durch (Kontakt: 🖳 www.biosphere-expeditions.org). Der Schneeleopard ist wohl das seltenste und scheueste Raubtier weltweit, leider machte sein
Fell ihn zur einer Beute der Wilderer und Räuber, nach Schätzungen soll es 40
bis 50 Exemplare im russischen Altai geben. Leider wird das Tier im mongolischen
Teil des Altai oft gewildert, aber auch auf russischer Seite gab es in der Vergangenheit Abschüsse, oft im Zusammenhang mit gerissenen Haustieren aus Herden.
Berichte über Angriffe des sehr seltenen Leoparden auf den Mensch gibt es nicht.

Ausgehend von Kokorja gabelt sich der Fahrweg (halblinks führt die Piste in
die **Saijljugem-Steppe** an der tuwinischen Grenze und zum Fluss **Buguzun**, sich
rechts haltend gelangen Sie (geländegängige Jeeps nötig) in die Flusstäler des Bar-
Burgasy und Justyt. Nicht nur in den letztgenannten beiden Tälern finden sich
viele Kurgane und steinerne Baba-Figuren, in der gesamten Steppe in diesem südöstlichen Zipfel der Republik Altai gibt es Steinsetzungen, welche teils aus der
Bronzezeit teils aus skythischer Zeit stammen.

📖   *The Snow Leopard*, Peter Matthiessen, ISBN 978-0099771111, Random-
House-Verlag, 🖳 www.randomhouse.co.uk, es gibt auch eine deutsche
Ausgabe (*Auf der Spur des Schneeleoparden*), welche über National Geo-
graphics erschien, ISBN 978-3442710898.

Der Landrover schaffte es hier (Fluss Buguzun) nach dem Regen durchzukommen, in der Gegenrichtung saß er fest.

Auch kleine Flüsse sind der reißenden Strömung wegen nicht zu unterschätzen (Fluss Korgon).

Ust-Koksa und Tjungur: Ust-Koksa liegt an der Einmündungsstelle der Koksa in den Katun. Das Dorf Tjungur befindet sich ebenfalls am Ufer des Katun. Die Anfahrt erfolgt von Gorno-Altaisk. Der bessere Fahrweg diente schon früher als Handelsweg in die Mongolei. Bei Ust-Kan überquert man den Tsharysh. Im Gegensatz zur Straße ist die Landschaft wunderschön. Auf der Strecke passiert man einige typische Altaidörfer. Interessant erscheinen die Hängebrücken über den Gebirgsflüssen. Von **Tjungur** aus kann man zum Belucha-Massiv gelangen. Man benötigt knapp vier Tage. Die **Belucha** wird von den einheimischen Altaiern als heiliger Berg angesehen. In der Nähe des Massivs gibt es eine Bergstation. Der Bergrettungsdienst (МЧС) betreibt eine kleine Abteilung in Tjungur.

> ℹ️ Die Verwaltung des Nationalparks "Katunskij" befindet sich im Dorf Ust-Koksa (Усть-Кокса), ✉ katunskiy@mail.gorny.ru und
> ✉ katunskiy@rambler.ru.

Weitere Routenvorschläge

von Hans-Jürgen Gebhardt und Hermann Zöllner

Im Katun-Tal unterwegs: Meist wird der Katun nur zum Rafting befahren. Wir unternahmen durch das gewaltige, tief eingeschnittene Tal mit dem reißenden Fluss Katun eine Wanderung zu Fuß.

Man kann mit dem Bus von **Gorno-Altaisk** (km 0) bis **Tshemal** fahren oder es per Anhalter versuchen. Der erste Halt ist meist am Abzweig nach **Aja** (km 15), er führt über eine Hängebrücke aus Stahlseilen und Holzplanken über den Katun. Die einspurige Brücke ist auch für Lkw geeignet. Von der Brücke aus bietet sich ein schöner Blick auf den Fluss. Ein Linienbus fährt vom kleinen Dorf Katun kommend jeden Morgen (7:00) über diese Hängebrücke nach Gorno-Altaisk.

Der See Aja (altaisch = Mond) hat keine Verbindung zum Katun und liegt etwas oberhalb von selbigem. Am See (vom Fluss 15 Min. zu Fuß) gibt es Ferienhäuser und ein Erholungsheim und Stellflächen für Zelte. Im Sommer wird die Gegend gern von russischen Touristen besucht.

Der Tshuijskij-Trakt ist die Hauptverkehrsstraße von Bijsk in den südlichen Teil des Altai und in Richtung Mongolei. Nach **Ust-Sema** (km 50) biegen wir links vom Tshuijskij-Trakt ab, denn hier verlässt die Hauptstraße das Tal des Katun. Die Straße ist nun sehr viel schmaler und führt des Öfteren durch Nadelwälder.

Über mehrere kleine Dörfer erreichen wir **Tshemal** (km 90, Tankstelle am Ortseingang rechts). Tshemal ist ein Kurort (es gibt ein kleines Hotel gleichen

Namens sowie ein Sanatorium). Sofort fällt der Markt, gefüllt mit westlichen Billigerzeugnissen, ins Auge. In Tshemal besteht die letzte Möglichkeit, Proviant für den weiteren Teil der Tour zu kaufen. In der Nähe des Ortes zelten viele einheimische Urlauber am Ufer des Katun.

In Tshemal wurde 1999 unweit der Stelle, wo die ehemals 1875 errichtete Missionskirche stand (später zerstört), eine neue kleine Kirche modernen Baustils erbaut (Khram ikony Bozhej Materi "Vsekh Skorbjashtshikh Radost"). Einen Besuch wert ist auch die dem kleinen Kloster angeschlossene Kirche, welche über eine Hängebrücke über einen der Katunarme auf einer kleinen Felseninsel steht (zu Fuß vom Rynok aus erreichbar über ul. Beshpekskaja).

Eine weitere Sehenswürdigkeit ist das Tshemaler Wasserkraftwerk ("Tshemalskaja GES"), es stammt aus den 30er Jahren des 20. Jahrhunderts und bringt auch nach 70 Jahren noch eine Leistung von 0,4 Megawatt. Im Sommer wird von waghalsigen Leuten eine Art Seilbahn an der Staumauer angebracht, an der man gesichert durch das Seil nach unten schwebt - dicht über der sich aus dem Tshemal-Fluss in den Katun strömenden Wassermenge.

In der Nähe von Tshemal gibt es eine kleine Turbasa namens "Solnetshnaja Gawan" (Sonnenhafen), welche sich am Zusammenfluss von **Kuba** und **Tshemal** befindet. Wenn alle Holzhütten belegt sind und man sich nicht vor dem Wachhund fürchtet, kann man mit Erlaubnis des Betreibers innerhalb der Umzäumung ein Zelt aufstellen. Man frage nach Herrn Evgenij Vasiljevitsh Garkuscha. Nach dem Besuch der Sauna kann man überlegen, ob man sich im Fluss Kuba oder im Tshemal-Fluss abkühlen möchte.

Tshemal bietet sich auch als Ausgangspunkt zu einer Wanderung zu den bekannten **Karakol-Seen** (**Каракольские озера**) (Seite 322) an, wobei man zunächst von Tshemal wieder zurück bis zur kurz vor Tshemal gelegenen kleinen Ortschaft Elekmonar geht, um dann die Wanderung im Tal des Flusses **Elekmonar** in östlicher Richtung fortzusetzen.

Auf dem ersten Teil der Strecke wird man vielleicht eine Mitfahrgelegenheit auf einem der LKW oder Forstfahrzeuge finden können, irgendwann gibt es aber keinen Fahrweg mehr. Der aus den Bergseen gespeiste Fluss **Karakol** mündet in den Elekmonar. Die anstrengende Wanderung wird belohnt, sieben blaue Bergseen verstreut auf der Höhe zwischen 1.820 und 2.100 m und ein kleiner Gletscher warten am Ziel. Die höchste Erhebung in dem Gebiet ist der **Akkaja** (⇧ 2.385 m).

Von nun an nach Tshemal wird es viel ruhiger, denn Touristen kommen selten weiter als bis hierher. Wenn man Glück hat, findet man eine weitere Mitfahrgelegenheit über mehrere Dörfer bis zum Abzweig nach **Egidan** (km 50), das sich in einem östlichen Seitental (etwa 10 km vom Katun) befindet. Von hier kann man über die Marschroute Nr. 77 über die Berge nach **Balyktscha** am Telezkoje Ozero zu wandern. Wer das versuchen möchte, sollte den Rat der Dorfbewohner einholen. Die Luftlinie beträgt immerhin etwa 100 km. Wir wanderten zum Dorf **Kujus** (km 165), es ist die letzte ständig bewohnte Siedlung im Katun-Tal bis Inja. Hier endet auch die Straße. Gut erkennbar führt aber ein Reitweg weiter.

Nach etwa eineinhalb Tagen erreicht man eine verlassene alte Siedlung. Eine Stunde später kommt eine Hängebrücke. Sie spannt sich 30 m über den Fluss zwischen zwei Felsen - ein imposanter Anblick! Geht man hinter der Brücke rechts und weiter das Seitental hinauf, führt der Weg nach **Ongundaj**. Hier können Sie die bläulich gestrichene kleine Kirche Swjato-Troizkij Khram besichtigen, die 1996 vom Barnauler Bischof geweiht wurde.

Wir gehen links, also am Katun aufwärts. Nach einer halben Stunde steht eine massiv gebaute Holzfällerhütte am Wegrand. Nach einer weiteren Stunde gelangt man an eine scharfe Biegung des Flusses nach rechts - gegenüber mündet ein großer Seitenfluss ein. Hier endet der schmale Fahrweg an einer weiteren Holzfällerhütte. Noch etwa eine halbe Stunde vergeht, bevor sich der Katun wieder nach links wendet und den Fluss **Ursul** aufnimmt.

Der Reitweg am Ursul geht mal höher und mal tiefer am Hang entlang. Nach 3 Std. - von der Ursulmündung gerechnet - finden sich einige Hirtenhütten. Bald darauf führt der Weg am Flussufer entlang und eine zerstörte Brücke kommt in Sicht. Sollte sie wieder instand gesetzt sein, können Sie sie überqueren und noch 15 Min. bis zu dem Gehöft gehen. Wir standen am Ufer dem Gehöft gegenüber. Die Hirten transportierten unser Gepäck mit dem Schlauchboot, und man konnte eine "Seilbahn" benutzen, die sich etwa 50 m flussaufwärts vom Haus befindet (Befestigung an einem Baum).

Nun gibt es zwei Wege: ein schlechter führt direkt am Ufer des Ursul entlang, oder aber man wählt den Fahrweg über die Berge, auf dem man in 3 Std. den Tshuijskij-Trakt wieder erreichen kann. Dort ist es nach links noch etwa eine Stunde bergauf bis zum Dorf **Chabarowka**; hier gibt es einen kleinen Laden. Eine Busverbindung besteht zurück nach Gorno-Altaisk oder weiter nach Aktasch.

Einen Tagesmarsch von Tshemal liegen die sieben Karakol Bergseen im Gebirge.

Die gelb-grünen Blechteile, die zum Teil die Wand der Berghütte bilden, stammen aus den herumliegenden Überresten der russischen Kosmos-Raketen, welche ihre Treibstufen beim Start in Bajkonur abwerfen (hier: kazakhisch-russisches Grenzgebiet).

✋   Im Sommer ist auch auf dem Katun-Oberlauf mit Wildwasserstufe III - IV zu rechnen. Im Frühjahr (Schneeschmelze in den Bergen, hoher Wasserstand!) ist der obere Katun nur für Erfahrene geeignet.

📖   *Katarafting im Altai* (auf dem Katun). In: Outdoor 5, 1992.

Aktasch - auf der Suche nach dem See der Berggeister: Beim Wälzen von Literatur zur Reisevorbereitung erwachte in mir eine bekannte Geschichte aus dem Schullesebuch: Fern in den Bergen Sibiriens soll sich ein Bergsee befinden, über ihm schweben bunte Wolken und umgeben ist er von roten Felsen. Wer dieses Szenarium längere Zeit genießt, den bestrafen die Dämonen mit lebenslanger Krankheit oder gar mit dem Tod. So erging es einem Maler, der den Rat der Einheimischen nicht befolgte.

Sein Bild vom "See der Berggeister" hängt heute in Barnaul im Kunstmuseum. In einem Geologen erweckte es besonderes Interesse: Er rüstete eine Expedition zum rätselhaften See aus. Dort fand er seine Vermutung bestätigt: ein See gefüllt mit reinem Quecksilber!

Nun fanden wir heraus, dass dieser See irgendwo im Altai liegen soll. Das Kunstmuseum in Barnaul auf der ul. Tolstovo Nr. 2 hatte gerade geschlossen. Im Naturkundemuseum in der ul. Polsunowa weiß man aber nur vom Quecksilberbergwerk in **Aktasch**. Dort in der Nähe vermuteten wir den See.

Daheim erwogen wir die Mitnahme von Schutzmasken mit entsprechenden Filtern - doch wenn man nur wenige Min. am See bleibt, wie auch der Geologe, dürfte keine chronische Quecksilbervergiftung durch die Dämpfe zu befürchten sein.

Von Bijsk geht eine Busverbindung nach Aktasch (über Gorno-Altaisk). Zusteigen kann man in den Bus auch unterwegs, etwa in Chabarowka. In vielen Serpentinen schraubt sich die Straße den Pass Tschiketaman auf 1.500 m hinauf, beeindruckende Ansichten bietet dann die Abfahrt. Eine Steppe breitet sich aus, links und rechts ragen kahle Berge auf. Die Talsohle ist von Sedimentgestein angefüllt. Darin schnitt sich der Katun sein Flussbett 100 m tief ein. Mitunter ist die Straße in den Felsen gesprengt.

In **Inja** überquert man den Katun und biegt in das Tschuja-Tal ab. Kurz darauf kommt der Ort **Tshibit** in Sicht. Wer zum Berg **Aktru** (⬆ 4.035 m) und weiter in den Hochaltai möchte, steigt am besten hier aus. Entgegen der Darstellung in manchen Karten schließt sich Aktasch fast an Tshibit an. Dort, wo **Aktasch** östlich des Tschuja-Tales in den Bergen eingezeichnet ist, befindet sich das Quecksilber-bergwerk. Der Ort selbst wurde in den 1960er Jahren in das Tal verlegt. Die ergiebigen Vorkommen sind ausgeschöpft, das Bergwerk arbeitet nur noch in geringem Umfang.

Aktasch ist heute geprägt vom Baustil aus der Zeit der wirtschaftlichen Erschließung Sibiriens. Von der ursprünglichen Siedlung der Altaier sind nur noch wenige Häuschen mit Gärten zu sehen. Dann wurden eilig aus örtlich schnell ver-fügbaren Materialien und Holz Häuser errichtet. Später entstanden Holzhäuser mit erster Etage als Wohnblocks.

Mit dem Ausbau der Straße und der Errichtung einer Ziegel- und Zementfa-brik wurde der Bau von hässlichen Neubauten eingeleitet. Verputzt sind nur die Gebäude der Partei und die Schule. Darauf prangen Gemälde von Revolution, Krieg und Arbeit. Im Ort gibt es eine kleine Kapelle, die 1997 bis 2001 erbaut wurde und sowohl den religiösen Russen als auch den Altaizij als Gebetsraum dient.

Auf russischen Karten ist der See in der Nähe mit "See des Todes" bezeich-net. Aber weder Quecksilber noch Zinnoberfelsen konnten gesichtet werden - nur ein scheinbar gewöhnlicher See voller Wasser. Wahrscheinlich muss man nach dem legendären See in der Nähe des Bergwerks suchen - oder der See ist schon längst abgebaut. Vielleicht stehen die roten Felsen noch. Wer findet noch Reste dieses Naturwunders im Altai?

Von Aktasch durch das Tschulischman-Tal zum Telezkoje-See: In diese Gegend kommen normalerweise kaum Touristen. Der durch die ehemalige Sowjetmacht überall verbreitete Einfluss ist hier eher gering. Die Dörfer sind noch im alten Stil erbaut. Einzig die Dächer bestehen meist aus Wellasbest.

Die Straße in **Aktasch** beginnt auf dem zentralen Platz (km 0) und führt in dem Tal mit der Hochspannungsleitung Richtung Osten bergauf. Nach 3 km windet sich die Straße neben dem kleinen Bach durch eine von rötlichen Felsen einge-rahmte Schlucht, das Rote Tor. Später führt sie über eine Hochebene mit Seen. Am höchsten Punkt der Strecke befinden sich ein kleiner Tempel und Wunschbäu-me mit Stoffstreifen (km 20). Von diesem Punkt geht die Straße durch den Wald bergab zu einem Flusstal bis **Ust-Ulagan** (km 50). Das ist die neue Trasse. Auf dieser Straße verkehrt mehrmals wöchentlich ein Bus.

Ust-Ulagan hat etwa 2.000 Einwohner. Es gibt zwei kleine Hotels (wegen Gästemangel meist geschlossen). Das Trinkwasser sollte man an der Stelle schöpfen, an der es die Dorfbewohner tun, in Flussnähe befindet sich nämlich eine Quelle.

Die alte Straße verlief auf der Hochebene erst mehr Richtung Norden und beschrieb dann einen Bogen nach Osten bis Ust-Ulagan. Von hier gibt es einen Fahrweg nach Balyktscha am Telezkoje-See.

Nimmt man den Weg nach **Balyktscha** (km 70), der über die Bergrücken führt und der Telefonleitung folgt, so ist die Orientierung wegen kleineren Nebenwegen zu Hirtenhütten und Ställen mitunter etwas schwierig. Wasser ist selten zu finden. Daher empfiehlt es sich in der Tat, eine der - wenn auch seltenen - Mitfahrgelegenheiten abzupassen. Aber nur geländegängige Fahrzeuge können den Weg passieren. Ein Bus fährt unregelmäßig, d.h. je nach Bedarf, z.B. Anfang September, um die Kinder aus den Dörfern in die Schulinternate zu bringen.

Bevor die Serpentinen (km 110) anfangen, bietet sich ein beeindruckender Blick auf das Tschulischman-Tal. Säumte bis jetzt der Wald stundenlang den Weg, so scheint man nun in die Wüste zu kommen. Trockene Steilhänge und Felswände prägen das Bild. Rechts beherrscht ein riesiges Felstor, aus dem tief unten der Fluss strömt, die Szenerie. Nach links nimmt diese nackte Berglandschaft mit der Schlucht darin scheinbar kein Ende. Vor uns senkt sich ein 500 m tiefer Steilhang mit von Bulldozern hineingeschobenen Serpentinen. Am Ufer des **Tschulischman** arbeitet ein Sägewerk unter freiem Himmel (km 115). Als Antrieb dient die Zapfwelle eines Kettentraktors.

Tschulischman-Tal: Der Tschulischman ist einer der großen Zuflüsse des Telezkoje Ozero. Wir versuchten das Tal aufwärts zu gehen und hatten geplant, über den Schapschalsky-Khrebet nach Tuwa und Kysyl-Maschlyk zu gelangen. Nach zwei Tagen kehrten wir in der Taiga um. Das Tempo betrug nur noch 1 km pro Stunde.

Im Gebiet des Schapschalsky-Massivs gibt es praktisch nichts (keine Wege, keine Hütten ...)! Reste einer alten Wegmarkierung in Form eines an die Bäume angenagelten Drahtes waren vorhanden, der Weg aber war völlig verwachsen. Unterhalb des Sägewerkes (km 118) quert eine Hängebrücke den Fluss. Dahinter windet sich der Pfad auf den Bergrücken östlich des Tales hinauf.

Eventuell kommt man so schneller zum Schapschalsky-Khrebet.

Der Weg durch das Tschulischman-Tal hinab wird für den Abtransport des gesägten Holzes genutzt, somit ergeben sich Mitfahrgelegenheiten. Die Siedlungen Ko und Kokbesch sind klein und basieren auf Selbstversorgung, Läden gibt es keine! Dafür hat man 1999/2000 eine kleine Kirche mit drei kleinen blauen Kuppeln (Nikolskij Khram) errichtet. Gelegentlich finden sich im Flusstal kleine leer stehende Häuser oder alte Ställe, wo man Unterschlupf finden kann.

In Balyktscha erreicht man endlich den Telezkoje-See (km 190). Sehr unregelmäßig verkehrt ein Schiff zwischen der Mündung des Tschulischman (in den Telezkoje-See) und Artybash.

📖   Da die russischen **Karten** vom Altai in Deutschland nicht verfügbar sind, muss man sich mit Hilfe der TPC-Karten orientieren. Diese sind über den Buchhandel zu bestellen. Das im Maßstab 1:500.000 gehaltene Kartensystem TPC ist weltweit verbreitet.

◆   Russische topografische Karte zum Altai im Maßstab 1:200.000.

◆   Russische Karte "Республика Алтай" 1:500.000, vom Geodäsieverlag Roskartografia Moskva (1998)

◆   *Altai*, Franz Köhler, Brockhausverlag 1978

◆   *Russland*, M. Horender, Artcolor Verlag 1993, reich bebildert, ISBN 978-3897431034

◆   *Sowjetunion - Wandern im wilden Osten*, Verlag A. Sänger, Bonn 1990, ISBN 978-3926992048

◆   *Altai*, Michel Strogoff (Paris-Luxembourg-Moskva), in Russland erschien eine russischsprachige Lizenzausgabe (Verlag Avangard Moskva), ISBN 978-5-86394-133-2

Mittelsibirien

Avtotransport: Pkw werden als zusätzliche Ladung auf den Benzintanker "Majkop" verfrachtet.

Krasnojarskij Kraj

Geografie

Das Gebiet Krasnojarsk (inklusive der beiden Autonomen Gebiete Tajmirskij AO und Ewenkijskij AO) erstreckt sich auf einer Fläche von 2,3 Mio. km² im Bereich des Flusses **Jeniseij**, es reicht in seiner riesenhaften Ausdehnung von Dikson (Mündung des Jeniseij in das Nordpolarmeer) und der Inselgruppe Severnaja Semlja bis weit in den Süden, wo es nur die kleine Republik Tuwa von der Mongolei trennt, die Nord-Süd-Ausdehnung beträgt etwa 3.000 km. Der geografische Mittelpunkt Russlands befindet sich nahe des Sees Vibi (Ewenischer autonomer Kreis).

In westlicher Richtung wird der Krasnojarskij Kraj von folgenden Regionen (aufgezählt von Nord nach Süd) begrenzt: Gebiet Tjumen, Gebiet Tomsk und das Gebiet Kemerowo sowie die Republik Khakkasia. Im Süden grenzt das Gebiet Krasnojarsk an die Republik Tuva. Die Nachbarn im Osten sind Jakutien (Republik Sakha) und das Gebiet Irkutsk.

Im Gebiet Krasnojarsk wohnen 2,9 Mio. Menschen (2004). Gegründet wurde der Bezirk 1934. Die größten Städte, in der 75 % der Bevölkerung wohnen, sind neben Krasnojarsk und Jeniseijsk die Städte Kansk, Lesosibirsk, Atshinsk, Minusinsk, sowie im Norden Norilsk, Igarka und Dudinka. Aufgrund der Naturressourcen, die sich nicht nur auf Holz beschränken, sondern auch eine Menge wichtiger Rohstoffe wie Nickel und Platin und weitere Erze (Kupfer, Molybdän) umfassen, hat das Gebiet auch Bedeutung für Russlands Wirtschaft. Nach Jakutien ist der Krasnojarskij Kraj Nummer 2 bei der Goldgewinnung. Nicht zuletzt wurden ca. 20 Vorkommen von Erdöl und Ergas lokalisiert.

Klimatische Bedingungen

Abgesehen von den nördlichen Küstenregionen an der Karasee und Laptewsee herrscht ein strenges **Kontinentalklima** mit längeren Wintern und kurzen, sehr heißen, Sommern. Von Nord nach Süd werden drei Klimazonen unterteilt: arktische, subarktische und gemäßigte Klimazone. Im Norden (mittlere Januartemperatur -36°C) existieren ausgedehnte Tundrengebiete, im Süden schließen sich dann größere Regionen der waldigen Taiga an, inselartig kommen in noch weiter südlicher Richtung auch Waldsteppen vor. Im Süden (mittlere Januartemperatur -17°C) gibt es in einigen Regionen relativ schneearme Winter. Das Klima der Region steht stark unter dem Einfluss des Jeniseij, der auch im Winter hier nicht zufriert. Die Niederschlagsmenge liegt bei 500 bis 530 mm pro Jahr. Ende August wird es bereits etwas kühl und frisch. Durch den Bau des Wasserkraftwerks bei Divnogorsk kam es zu lokalen Klimaveränderungen. Der mehrere Hundert Kilometer lange Stausee (oft als "Krasnojarsker Meer" bezeichnet) speichert sehr viel Wärme, die Winter sind ein wenig milder als im übrigen Sibirien.

Die Flüsse

Entlang der Flüsse erfolgte die Besiedlung des Gebietes. Sie stellen auch heute noch wichtige Transportwege dar, besonders in den Regionen, welche nicht durch Straßen erschlossen sind. Der mächtigste Fluss ist der Jeniseij, dessen Länge vom Quellgebiet bis zur Mündung 4.090 km beträgt. Der Jeniseij entsteht in den Bergen des Sajan aus den beiden Quellflüssen **Бий-Хем** (Großer Jeniseij) und **Каа-Хем** (Kleiner Jeniseij, aus der Mongolei stammend), die bei Kyzyl (Republik Tuwa) zusammenfließen. Wichtigste Zuflüsse des gewaltigen Jeniseij im weiteren Verlauf sind Angara, Abakan, Podkamenaja Tunguska, Nizhnaja Tunguska. Besonders im südlichen Teil des Krasnojarskij Kraj ziehen mehrere Seen mit sehr mineralhaltigem Wasser bzw. da vorkommendem Heilschlamm viele Menschen im Sommer an, die sich in den Kurorten oder Sanatorien erholen. Bekannt ist z.B. der Ozero Tagarskoje in der Nähe von Minusinsk.

Tierwelt

Es kommen 340 Vogelarten und 89 Säugetierarten vor. Im arktischen Teil leben in der Nähe der Küste Eisbären, ans Meer gebunden Seehunde, Walrösser und Robben (Wahrscheinlich stammen die im Baikal-See lebenden Baikalrobben von den arktischen Robben ab und wanderten vor sehr langer Zeit über den Jeniseij und die Angara in den Baikal ein).

In der Tundra leben Schneehasen (заяц-беляк) und das Rentier (олень) sowie der Polarfuchs. In den Taigawäldern stellen Braunbären, Karbaga, Zobel, Vielfraß und Luchs den Hauptteil der Säugetiere. In den im Süden gelegenen Bergen des Sajan gibt es Einzelnachweise für den sehr seltenen Schneeleopard (снежный барс). Auch das Birkhuhn kann einem begegnen; das bemerkenswerte an diesem Tier ist, dass es oft zu faul ist, um vor einer Gefahr wegzufliegen. Die Birkhühner kann man praktisch mit bloßer Hand einfangen, das Fleisch gilt als außerordentlich schmackhaft und zart. Wir empfehlen dennoch lieber die Mitnahme einiger Konserven mehr, anstelle uns als Wilderer zu betätigen.

Bärin mit Jungtier

Reiseziele im Krasnojarskij Kraj

Für die meisten wird Krasnojarsk nur Durchgangsstation für den Zug sein, der sie nach Irkutsk oder Ulan-Ude in die Baikalregion bringt, manche mögen es passieren, wenn sie mit dem Zug nach Taishet in die BAM-Region unterwegs sind. Die bekanntesten Ziele im Krasnojarsker Gebiet selbst sind der nahe der Stadt gelegene Nationalpark Stolby sowie die im Süden lokalisierten Nationalparks

Shushenskij Bor und Sajano-Shushenskij. Weniger bekannt sind die im Norden gelegenen autonomen Gebiete Tajmirskij AO und Ewenkijskij AO, wo sich ebenfalls Natur- und Biosphärenreservate befinden.

- ⚙ Zapovednik "Bolshoj Arktitsheskij", 647000 Tajmirskij AO, Stadt Dudinka, ul. Begitshewa 10-29, Postfach 126, ☎ 39111/23300 bzw. 56724, FAX 23300, ✍ reserve@mail.smnet.ru
- ♦ Biosphären-Reservat "Tajmirskij", 647460 Tajmirskij AO, Khatanga, ul. Sowjetskaja 18, PO Box 31, ✍ taimyr@orc.ru

Krasnojarsk (Красноярск)

- ☉ 3912
- 🚗 Regioncode (Krasnojarskij Kraj) Kfz-Kennzeichen: "24"
- ⧖ Zeitunterschied zu Moskau: plus 4 Std.
- ⚙ Administration 660049 Krasnojarsk, ul. K. Marksa 93, ☎ 650688
- ✚ Schnelle medizinische Hilfe: ☎ 03 bzw. ☎ 273822, 279584
- ♦ Poliklinik: Gegenüber der Nachtbar, pr. Mira 36
- ♦ Med-Institut Krasnojarsk, ul. Partizana Zheleznjaka Nr. 1
- ♠ Mehrere Apotheken im Zentrum, z.B. pr. Mira 70. Telefonische Apotheken-Auskunft ☎ 210041
- ⊕ Tourismusfirma Alianz-Tur, 660049 Krasnojarsk, ul. Marksa 78, 1-21, ☎ 272898, ✍ alians@post.kts.ru
- 🚂 Bahnhof, Str. des 30. Juli 1 (ул.30-е июля 1), ☎ 594149 und 652500
- 🚌 Busbahnhof, ul. Aerovokzalnaja 22, ☎ 520975
- 🚢 Flusshafen, ul. Dubroviskovo 1
- BANK Exchange-Office: Filiale der Sibakadem-Bank, ul. Urizkovo 52, ☎ 681409 und 8-800-2003700
- ♦ Sparkasse (Сбербанк России), pr. Svobodnij 46, ☎ 598003
- ♦ Western-Union Auszahlstelle Jeniseij-Bank, 660077 Krasnojarsk, ul. Vzletnaja 1, ☎ 540129
- ⚲ Kleine Bierbar im Zentrum, pr. Mira Nr. 23 (nach PIKRA fragen). Ein bekanntes Bier der Region ist Kupetsheskoje, gebraut seit 1875.
- ♦ Restaurant Vetshernij Shanghai (chinesisch), ul. Dubrovinskovo 1, ☎ 681558, 🖥 www.eshanhai.ru

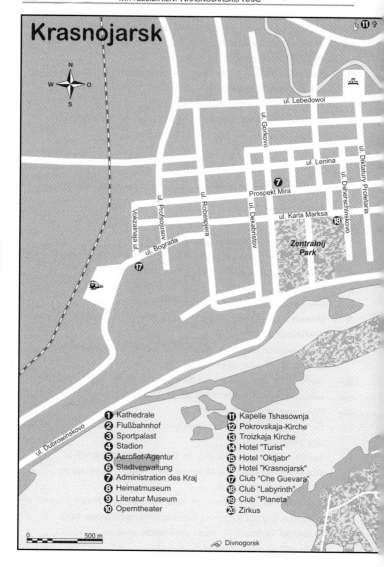

Krasnojarsk

ul. Lebedowoi

ul. Gorkovo

ul. Lenina

ul. Dsherschinskovo

ul. Diktatury Proletaria

Prospekt Mira

❼

ul. Karla Marksa

⓲

Zentralnij Park

ul. Robespjera

ul. Dekabristov

Volkzalnaja ul.

ul. Profsojusov

ul. Bograda

⓱

ul. Dubrowinskovo

❶ Kathedrale
❷ Flußbahnhof
❸ Sportpalast
❹ Stadion
❺ Aeroflot-Agentur
❻ Stadtverwaltung
❼ Administration des Kraj
❽ Heimatmuseum
❾ Literatur Museum
❿ Operntheater

⓫ Kapelle Tshasownja
⓬ Pokrovskaja-Kirche
⓭ Troizkaja Kirche
⓮ Hotel "Turist"
⓯ Hotel "Oktjabr"
⓰ Hotel "Krasnojarsk"
⓱ Club "Che Guevara"
⓲ Club "Labyrinth"
⓳ Club "Planeta"
⓴ Zirkus

0   500 m

Divnogorsk

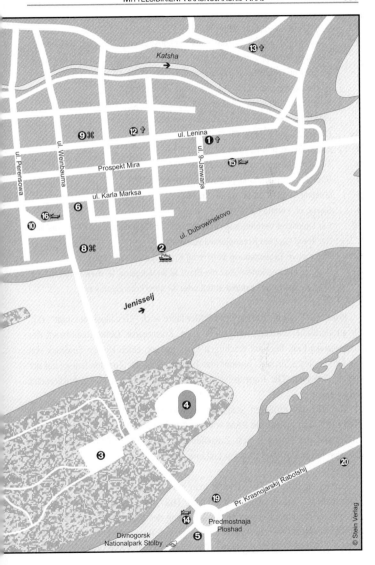

- ◆ Kasino "Discovery", ul. Marksa 24 a
- ◆ Club "Kapitanskij Klub", auf einem rekonstruierten Dampfer, welcher am Ufer des Jeniseij vertäut ist (unweit des Operntheaters, zu Fuß erreichbar von der großen Brücke (коммунальный мост), ☏ 587700, ✑ info@capclub.ru (großer Parkplatz vorhanden).
- ◆ Nachtclub "Labyrinth" (Лабиринт), ul. Marksa 149, ☏ 668383, ✑ info@kinoluch.ru (in Gebäude des Kinokomplex Lutsh)
- 🛏 Oktjabrskaja, pr. Mira 15, ☏ 277508
- ◆ Krasnojarsk, ul. Urizkowo 94, ☏ 273769
- ◆ Turist, ul. Matrosowo 2, ☏ 361470
- ◆ Vostok, pr. Krasnojarskij Rabotshi 116, ☏ 340063
- ◆ Gostinij Dvor, ul. Mira 81, ☏ 232857
- ◆ Sever, ul. Lenina 121, ☏ 224114
- 🎪 Für sibirische Verhältnisse große Vielfalt an Geschäften auf dem Kras-Rab (ul. imeni Gazjeta Krasnojarskij Rabotshi)
- ☺ Informative Tageszeitung Vetshernij Krasnojarsk (seit 1989)
- ◆ Weitere Informationen über die Stadt 🖥 www.kgs.ru, 🖥 www.yarsk.ru, 🖥 www.kgs.ru/gorspravka.shtml oder 🖥 www.krasnoyarsk.biz

Krasnojarsk war bis Anfang der 1990er Jahre noch "Geschlossene Stadt", d.h. für ausländische Touristen weitgehend tabu. Krasnojarsk, Gebietshauptstadt des Krasnojarskij Kraj, liegt am mächtigen Fluss Jeniseij; einen kleinen Eindruck von der Größe dieses Stromes gewinnt man bereits, wenn der Zug den Jeniseij auf der Brücke überquert. Die Transsib hat seit Moskau bis hierher 4.104 Bahnkilometer zurückgelegt.

Die nächsten größeren Stationen nach Krasnojarsk sind Kansk und Taishet (Тайшет, dort zweigt die BAM von der Transsib ab). Krasnojarsk befindet sich im Vorland des Sajangebirges. Zwischen der Stadt und den Gebirgsketten des Ostsajan liegen nur etwa 250 km Luftlinie.

Bereits im Jahre 1619 gründete man ein Ostrog in der Nähe der heutigen Stadt Jeniseijsk. Krasnojarsk wurde im Jahre 1627/28 von Andreij Dubjenskij und den ihm unterstellten Kosaken an der Mündung des kleinen Flusses Katshi in den Jeniseij als Ostrog namens Krasny Jar (sinngemäß Rote Schlucht - nach den rötlich-felsigen Steilhängen) gegründet. Die Stadt hat heute 850.000 Einwohner.

Anreise

Anreise von Moskau z.B. mit dem Firmenij Zug Jeniseij (Nr. 55/56) oder aus Süden von Taschkent (Express Nr. 311). Es verkehren täglich mehrere Züge von/nach Nowosibirsk und Irkutsk. Der Zug Nr. 198 pendelt zweimal pro Woche von/nach Sewerobaikalsk, zum Teil mit Kurswagen nach Nerjungri (Jakutien). Wöchentlich gibt es Kurswagen von/nach Taishet (Nr. 658), Tomsk (11), Kislowodsk (97) und Tshita (12).

Die Züge Irkutsk - Tashkent (Uzbekistan) und Krasnojarsk-Sewerobaikalsk begegenen sich auf der Strecke.

Flüge von/nach Moskau und Chabarovsk. Regionale Flüge von/nach Tura (Тура) im Norden (Autonomer Ewenischer Kreis) und Kemerowo. Es gibt zwei Flughäfen: Tscheremschank (lokale Flüge) und Emeljanovo (Fernflüge, ☎ 555999). Sie liegen relativ weit außerhalb der Stadt (Zubringerbus). Das Zollamt hat im Flughafen Emeljanovo ein Büro. In der Stadt gibt es eine Vertretung der Zollverwaltung (660073 Krasnojarsk, Krasnojarskij tamozhennij post, ul. Telmana 38).

Beginnend 2005 nahm man die Renovierung des Flughafens in Angriff, der in den nächsten 10 Jahren zu einem großen Luftdrehkreuz in Sibirien ausgebaut werden soll. Daher ist derzeit fast der gesamte Flugbetrieb auf ein Minimum reduziert, ein Großteil der Flüge wurde über Kemerowo abgewickelt, wobei zwischen Kemerowo und Krasnojarsk ein Pendelverkehr mit kleineren Maschinen (Jak 40/42) bestand. Wer plant, Krasnojarsk auf dem Luftweg zu erreichen, sollte sich rechtzeitig informieren und auf Änderungen eingestellt sein.

🚗 Mit dem Auto hat man mit der Magistrale **M-53** eine gut ausgebaute Fernstraße nach Krasnojarsk, zumindest für sibirische Verhältnisse. Von Nowosibirsk ausgehend, gelangt man nach ca. 280 km nach Kemerowo (**Кемерово**). Weitere 170 km nordöstlich befindet sich Marinsk (**Маринск**) und nach 360 km kann man Krasnojarsk sehen. Ab Marinsk verläuft die Bahnlinie weitgehend parallel zur M-53. Ungefähr auf halber Strecke zwischen Marinsk und Krasnojarsk passieren wir Atschinsk, ebenfalls Bahnstation an der Transsib (3.920 km). Das Tankstellennetz an den Magistralen ist ausreichend dicht. Die M-53 läuft nach Krasnojarsk weiter Richtung Osten in das Gebiet Irkutsk.

Von Krasnojarsk führt die **M-54** in Südrichtung nach Abakan (**Абакан**) und weiter nach Kysyl (**Кызыл**, Hauptstadt der Republik Tuwa, Entfernung 850 km). Die M-54 durchquert dabei das Sajangebirge und endet 200 km nach Kysyl in der Nähe der mongolischen Grenze.

Bahnhof von Krasnojarsk

Im Bahnhof befindet sich ein großer, übersichtlicher Warteraum mit mehreren Verkaufsständen. Ebenfalls im Innern des Gebäudes sind ein Frisör und eine kleine Poststelle untergebracht. Dort können Telegramme innerhalb Russlands versandt werden. In der 3. Etage des Bahnhofes gibt es einen Mutter & Kind-Raum sowie ein kleines Bistro. Auch die Miliz hat ein Office im Bahnhof (linker Gebäudeteil, wenn man davor steht). Gleich vor dem Bahnhof liegt der Busplatz, hier haben viele Auto- und Trolleybuslinien ihren Anfangspunkt.

🚌 Bus

Will man in die Umgebung von Krasnojarsk, bietet sich der *avtovokzal* an (auf linker Jeniseijseite, in Nähe des Operntheaters). Es fahren meist mehrmals täglich Busse in alle größeren Städte der Umgebung, auch nach Abakan (das aber auch per Bahn erreicht werden kann). Am besten nimmt man einen Trolleybus bis zum *avtovokzal* am Theater oder läuft die kurze Strecke (ca. 15 bis 20 Min., durchfragen).

Nur wenn man läuft, sieht man die ca. 200 m vom Bahnhof stadteinwärts entfernt als Denkmal aufgestellte alte Lokomotive der Transsib. Es handelt sich um eine Dampflok der Baureihe SO17 (CO17), die ab ca. 1945 als erste Nachkriegslokomotive gefertigt wurden.

Nahe am *avtovokzal* gibt es zwei Hotels (Intourist), sie sind zu Fuß zu erreichen. Eine billige Unterkunft ist die Turbasa Jeniseij, die am anderen Ufer des Jeniseij liegt. Dorthin fahren nur die Busse Nr. 7 oder 50. An der Endhaltestelle aussteigen und dann die Straße ca. 200 m weiterlaufen. Bus 50 fährt an der Fußgängerbrücke am *avtovokzal* los, verkehrt aber selten. Bus Nr. 7 fährt auf der anderen Seite des Flusses neben der Aeroflot-Agentur los. Abends und in der Nacht verkehren die Busse nicht, dann hilft nur *avtostop* (u.U. riskant) oder Taxi (teuer).

Stadtzentrum von Krasnojarsk

Als eigentliches Zentrum der Stadt erscheint die Gegend in der Nähe der zwei großen Straßenzüge pr. Mira und ul. Marksa. Hier befinden sich Hotels, Restaurants, die Verwaltungsgebäude der Stadt, Büros und Geschäfte sowie mehrere Banken.

Im Stadtzentrum sind seit einiger Zeit auch mehrere Antiquitätenshops in Betrieb. Neben Antiquitäten aus der Zarenzeit, wie z.B. alte Fahnen, Uniformen, Orden, Aktien, Geld, Landkarten und Münzen bieten sie auch Jagdtrophäen, alte Bücher, Stalinbüsten und Schmuck sowie Volkskunstgegenstände, Kristall, Kosmetik sowie CDs. Man frage beim Kauf antiquarischer Artikel, ob die Zollvorschriften eine Ausfuhr erlauben.

Sehenswürdigkeiten

Gegenüber vom **Lenindenkmal** auf der ul. Marksa befindet sich der **Vergnügungs- und Erholungspark**, 🕐 9:00 bis 24:00; bei Regen bleiben die meisten "Attraktionen" des Lunaparks geschlossen, wie ein Schild am Eingang verkündet.

✞   Sehenswert ist die **Kirche im Stadtzentrum**, die aus rotem Gestein der Umgebung erbaut wurde. Bekannt ist auch der sog. **Uhren-Turm**, ein ehemaliger Wachturm auf einem Hügel in Sichtweite der Stadt, der heute eine winzigkleine

In Krasnojarsk sind viele Gebäude, so auch die Kirche auf der Aufnahme, aus rotem Stein erbaut, welcher hier in der Region vorkommt.

kirchliche Kapelle beherbergt. Der Turm ist auch auf der russischen 10-Rubel Banknote abgebildet. In der Stadt gibt es ein Memorial des Sieges (ul. Dudinskaja 2a).

🎭 ♪ Die Konzerthalle und das Theater befinden sich hinter dem *avtovokzal*, am Hotel. Theaterkarten kann man über das Hotel erwerben oder an der Vorverkaufskasse im Theater.

☕ Cafés/Bars mit gewissem Standard sind das Café Oktjabr (im Erdgeschoss des gleichnamigen Hotels) und Pinguin auf dem pr. Mira 98/99. Neben üblichen Gerichten wie Pelmeni gibt es auch pizzaähnliche Speisen - Hamburger, Hot-Dog (Хот-Дог) und Cola fehlen nicht.

♦ Infos über angesagte Clubs und das Nachtleben in der Stadt finden sich auf der Seite: 🖥 www.cluber.ru.

⌘ Ein Tipp für Schlechtwettertage: **Geologisches Museum** Sibiriens, pr. Mira 37 в, ☎ 277440

♦ **Heimatmuseum**, ul. Dubrovinskovo 84, 🖥 www.kkkm.ru.

♦ **Surikow-Kunstmuseum**, 660037 Krasnojarsk, ul. Parizhskoi Kommuny 20

Touren

Jagdtouren: Über viele örtliche Tourismus-Unternehmen kann man die Teilnahme an Jagdausflügen organisieren.

♦ Informationen über die Jagd- und Schonzeiten gibt die Web-Site: 🖥 http://hunt.dicem.ru

Nationalpark Stolby: Von Krasnojarsk aus fährt man mit dem Bus 7 oder 50 bis zur Turbasa "Jeniseij" (Endhaltestelle kurz hinter dem GAI-Posten). Hier gibt es

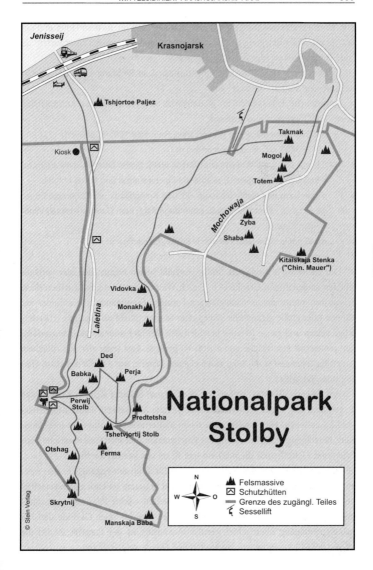

Nationalpark Stolby

Legend:
- ▲ Felsmassive
- ⌂ Schutzhütten
- ▬ Grenze des zugängl. Teiles
- Sessellift

© Stein Verlag

eine günstige Übernachtungsmöglichkeit (etwa € 10) im Turbasa-Hotel und ein Restaurant. Volle Belegung ist nur während der Sommermonate zu erwarten, ab Ende August ist fast alles wie ausgestorben.

Es fährt auch ein Elektrozug von Krasnojarsk in Richtung Divnogorsk, man steigt an der Station "Turbasa" aus.

Ausführliche Exkursionen im Nationalpark werden durch das Krasnojarsker Reise- und Tourismusbüro realisiert.

♦   660093 Krasnojarsk, pr. Krasnojarskij Rabotshy 199, ☎ 366666,
      FAX 363431, ✍ ktourist@morning.ru

♦   Es gibt eine gute Website zum Nationalpark Stolby unter 🖥 www.stolby.ru/
      (Russisch und Englisch), welche zahlreiche Karten und Fotos enthält.

♦   Verwaltung des Nationalparkes: 660006 Krasnojarsk, ul. Karjernaja 26-A.,
      ☎ 611710, ✍ stolby@ktk.ru (man frage nach dem Direktor Alekseij Vikto-
      rovitsh Knorre).

📖   *Край причудливвых скал* von I. Beljak (russisch)

Der staatliche Nationalpark Stolby verdankt seinen Namen den hier vorkommenden säulenartigen Granitfelsen. Durch Wind, Wasser und Frost haben diese Felsen ihre interessanten mannigfaltigen Formen angenommen, die mitunter wie Klippen oder große gigantische Säulen oder Masten (*stolb*) wirken. Etwa 100 derartige Felsen und ganze Massive befinden sich hier im Nationalpark (*zapovednik*), der annähernd eine Fläche von 1.400 ha umfasst. Fast jeder der aus rötlichem Granit bestehenden *stolby* trägt einen eigenen Namen, wie z.B. Ded, Babka, Otshag oder Tak-Mak.

Am Eingang (30 Min. zu Fuß von der Turbasa) befindet sich ein Kiosk. Sollte er geöffnet sein, ergibt sich vielleicht die seltene Möglichkeit, Pamir-Mumienextrakt zu erstehen. Hier fanden auch schon Klettermeisterschaften mit internationaler Beteiligung statt. Besonders am Wochenende trifft man viele russische Touristen und Kletterfreaks, die mit Kind und Kegel von weither anreisen.

Nur ein kleiner Teil des Nationalparks ist für Touristen zugänglich; den weitaus größeren Teil darf man normalerweise nicht betreten. Im Park gelten verschiedene Gebote, die auch eingehalten werden sollten - keine Pilze sammeln, nicht die Wege verlassen, kein offenes Feuer machen usw. Im freien Gelände darf nur mit Genehmigung übernachtet werden. Ansonsten ist der Park bis 21:00 (im Winter 19:00) zu verlassen. Jagdwaffen und Hunde sind verboten.

Stolby ist geologisch der nordwestlichste Ausläufer des Westsajangebirges und weist eine sehr interessante Vegetation vom Typ der **Bergtaiga** auf; es dominieren bis zur Höhe von 500 m Lärchen und Kiefern. In höheren Lagen Tannen. Man schätzt, dass im gesamten Parkgebiet 660 Pflanzenarten vorkommen, wovon ein Zehntel sehr selten ist und unter Schutz steht. Auch die Tierwelt im Nationalpark entspricht dem Bergtaigatypus, 50 verschiedene Säugetiere leben hier - unter ihnen auch Luchs und Bär. Diese eigentlich scheuen Tiere wird man kaum in freier Wildbahn zu sehen bekommen - bestenfalls die Spuren. Zumindest einige der seltenen Tiere sind in dem kleinen Zoopark zu besichtigen, auch wenn die Haltungsbedingungen nicht gerade optimal sind.

Einige der etwa 180 hier heimischen Vogelarten sind auch in besagtem Zoopark vorhanden, Steinadler und Polar-Eule (Königin der Tundra) sind nur zwei Beispiele.

Den Zoopark (*shiwoj ugolok*) erreichen Sie ab Turbasa Jeniseij nach ca. einer Stunde Fußmarsch.

Vom Felsmassiv **Tak-Mak**, auf dem die russische Flagge weht, eröffnet sich ein weiter Panoramablick in alle Richtungen. Im Norden sieht man Krasnojarsk am Jeniseij, deren Vorstadtsiedlungen und Satellitenstädte man gut ausmachen kann, selbst die Eisenbahnbrücke über den Jeniseij ist zu erkennen. Nach Süden erstreckt sich die Taiga, die ab und zu von einzelnen Felsmassiven durchbrochen wird, die das Waldmeer oft überragen.

Etwa 15 Min. zu Fuß westlich von Tak-Mak befindet sich eine Bergstation des Sesselliftes, der in Richtung Krasnojarsk talwärts fährt. Steigt man von Tak-Mak in südlicher Richtung ab, so gelangt man im Tal an einen kleinen Bach.

Der Weg, der parallel zum Bach läuft, führt an einem großen Steinbruch entlang zum Ausgang des Nationalparks (Schlagbaum). Von dort sind es noch einige Meter bis zur nächsten Busstation; mit Bus Nr. 35 geht es wieder in die Stadt. Im Nationalpark gibt es einige wenige Holzhäuser (*izba*).

Wasserkraftwerk Divnogorsk (Дивногорск) bei Krasnojarsk: Sehr gern wurde das 30 km von Krasnojarsk entfernt liegende Wasserkraftwerk als das größte von ganz Russland bezeichnet - zumindest von den Einheimischen. Ganz falsch war das auch nicht, zumindest bis zu dem Zeitpunkt, als das noch leistungsstärkere Wasserkraftwerk in Sajan-Shushenskoje noch nicht mit voller Leistung arbeitete.

Vom Stadtzentrum in Krasnojarsk (*avtovokzal*) verkehren im Abstand von einer Stunde ständig Busse nach Divnogorsk. Außerdem gibt es ein Schnellboot vom Flusshafen, allerdings nur in der Sommersaison. Auch mit der *Elektritschka* ist Divnogorsk erreichbar. Für *Avtostop* kann man mit € 20 rechnen. An Unterkunftsmöglichkeiten gibt es ein Hotel:

♦ Die touristische Firma "Optimum" betreibt das kleine Hotel Бирюса am Jeniseijufer. Außerdem existiert noch eine Touristenunterkunft namens Приморье am Krasnojarsker Meer. Kontakt: 663093 Divnogorsk, ul. Naberezhnaja 55-57, ☎ 39144/22931, 21027, FAX 23141, optimum2003@divniy.ru

Divnogorsk war früher eine absolut unbedeutende Siedlung, sie wuchs mit dem Kraftwerk am Jeniseij, dessen Bau 1967 beendet wurde. Von hier fährt ein Bus von der Hauptstraße zur "GES" (*gydro-elektro-stanzia*). In der Nähe des Staudammes steht auf einem Sockel als Denkmal ein alter Lkw, der angeblich die erste Ladung Erde bei Beginn der Bauphase abtransportiert haben soll.

Durch den Aufstau des Jeniseij ist hier ein riesiger künstlicher See entstanden, der fast 400 km lang ist. Der Staudamm bringt es in der Länge auf 1.072 m, die obere Breite liegt bei 24 m und ganz unten bei immerhin 140 m. Das Kraftwerk ist wichtigster Energielieferant der Region, Kernkraftwerke gibt es im Krasnojarsker Krai keine. Neben dem Staudamm steht die Umspannstation, deren Brummen man schon von Weitem vernehmen kann. Eine 220-Kilovolt-Leitung für Krasnojarsk und eine 500-Kilovolt-Fernleitung für die weitere Region verlassen die Umspannstation. Die effektive Leistung des Kraftwerkes beträgt 6 Mio. Kilowatt.

Hauptabnehmer der Energie sind z.B. das luftverschmutzende Aluminium-Werk in Krasnojarsk sowie weitere energieintensive Produktionszweige im gesamten Gebiet, darunter auch chemische Fabriken und ein mehr oder weniger geheimes Werk (Krasnojarsk 45), dessen Hauptprodukt Uran ist.

Es ist auch möglich, das Innere des Kraftwerks zu besichtigen, meist führt Intourist im Sommer Führungen für interessierte Touristen durch. Im Kraftwerk arbeiten pro Schicht nur fünf Menschen. Erst seit Kurzem überwachen noch einige Sicherheitsleute die riesengroße Anlage, um Sabotageakte zu verhindern. Neben dem Staudamm befindet sich eine große schräge Rampe, auf der Lastschiffe das Niveau des Dammes überwinden. Mit einer speziellen Vorrichtung werden die Schiffe in einer 90-minütigen Prozedur nach oben gezogen, von wo sie dann auf dem Jeniseij in Richtung Abakan weiterfahren. Der Staudamm enthält einige torähnliche Schotten, die von Kränen im Bedarfsfall gehoben werden können, z.B. wenn nach der Schneeschmelze zu viel Wasser im Stausee enthalten ist.

Schiffsreisen: Für zahlungskräftige Touristen verkehrt das Motorschiff "Anton Tschekhov" (Heimathafen Krasnojarsk, ul. Dubrovinskovo 1, ☎ 274446 und 274841, max. 25 km/h, 100 Kabinen) von Juni bis Mitte September mehrmals auf dem Jeniseij zwischen Krasnojarsk und Dudinka im hohen Norden. Das Schiff benötigt für die Route Krasnojarsk - Taskino - Jeniseijsk - Jarzewo - Turuchansk - Igarka - Dudinka ziemlich genau 8 Tage. Die Bordsprache ist deutsch, die Bordwährung Valuta oder Kreditkarte. Dafür dann Vollkomfort und gehobener Standard.

♦ Lernidee-Reisen, Dudenstr. 78, 10965 Berlin, ☎ 030/7860000,
    FAX 7865596, 💻 www.lernidee-reisen.de
♦ In der Schweiz Buchung über Reisebüro Mittelthurgau, CH-8570 Weinfelden TG, Fluss- und Kreuzfahrten AG, Reisebüro Mittelthurgau,
    ☎ +41/0/71-6268585, 💻 www.mittelthurgau.ch

Es verkehren jedoch auch noch andere Passagierschiffe auf dem Jeniseij, so z.B. die "Alexander Matrosov" (erbaut 1954 in Wismar/Deutschland). Unserer Leserin Sibyll Saya, die im Sommer 2001 an einer Fahrt mit der "Matrosov" von Krasnojarsk nach Dudinka und zurück (12 Tage) teilnahm, verdanken wir einen interessanten Erfahrungsbericht (hier gekürzt):

"Der Standard ist ein wenig geringer als auf dem pompösen Dampfer "Tschekhov", denn das Schiff wird überwiegend von Russen frequentiert, der Ticketpreis ist daher günstiger. Auf der Hinfahrt macht das Schiff am 2. Tag Zwischenstation in Jarzevo (Telegraf, Krankenhaus), passiert am Abend die Stromschnellen (Osinovskij Porog) und etwas später die Mündung der Podkamennaja Tunguska in den Jeniseij.

Nachdem die Stadt Turuchansk (zwei Museen anlässlich der aus politischen Gründen Verbannten und ein kleines Kloster können besucht werden) am 3. Tag passiert wurde, wird abends der Polarkreis überquert und die Wahrscheinlichkeit steigt, schöne Polarnächte mit wallendem Nordlicht erleben zu können.

Am 4. Tag kann der Aufenthalt in Igarka für einen Stadtrundgang und den Besuch des Permafrost-Museums genutzt werden. Bei Igarka mussten Strafgefangene des GULAG eine Eisenbahnlinie ins Nichts bauen, die Gleise liegen heute noch verrostet in der sumpfigen Tundra.

♦   Permafrost-Museum, 663200 Igarka (Игарка), ul. Bolshovo Teatra 15 A

Bei guten Fahrtbedingungen wird das Ziel der Reise, die Stadt Dudinka (Gebietshauptstadt des Autonomen Tajmyr-Nenzen-Kreises), am Morgen des 5. Tages erreicht. Neben dem heimatkundlichen Ortsmuseum besteht wahlweise die Möglichkeit einer Busfahrt in das in der Nähe (110 km) befindliche Norilsk, früher (1935 bis 1956) ebenfalls ein Brennpunkt auf der Karte des GULAG, heute eine der teuersten Städte Russlands, denn fast alle Lebensmittel werden eingeflogen. Die Durchschnittstemperatur im Sommer beträgt hier nur 7°C. Durch Norilsk-Nickel (⌨www.norilsknickel.ru/) werden zahlreiche ertragreiche Erze abgebaut.

Gewöhnlich fährt der Dampfer am Abend des 5. Tages wieder zurück nach Krasnojarsk, wobei Zwischenstopps mit der teilweisen Möglichkeit kurzer Landgänge in Ermakowo, Wereshagino, Bachta, Podtjosovo und Jeniseijsk erfolgen."

Fluss Mana, Ust-Mana: Von einigen Reiseveranstaltern werden organisierte Touren angeboten, die eine Floß- oder Katamaranfahrt auf dem Fluss Mana einschließen. Die Mana mündet bei Ust-Mana in den Jeniseij (etwa in der Nähe von Divnogorsk, 30 km von Krasnojarsk entfernt) und ist bekannt wegen ihres Fischreichtums. Der Bergfluss durchfließt ein weitgehend dünn besiedeltes Gebiet.

Lesosibirsk und Jeniseijsk: Beide Städte liegen am Jeniseij. Es besteht eine Schiffsverbindung von und nach Krasnojarsk, die von Juni bis Anfang September täglich bedient wird.

Lesosibirsk liegt gut 400 km nordwestlich von Krasnojarsk am linken Ufer des Jeniseij; unweit des Zusammenflusses von Jeniseij und der aus dem Baikal entspringenden Angara. Die Stadt entstand aus dem 1640 gegründeten Dorf Maklakow Lug. In der von Holzwirtschaft dominierten Stadt gibt es ein Museum für Forst- und Holzwirtschaft. Lesosibirsk ist auch per Eisenbahn zu erreichen, und zwar von Atschinsk (Transsib) aus. Auch gibt es eine (schlechte) Straße von Krasnojarsk ausgehend (über Minderla - Talowka -Galanino), die Entfernung beträgt

etwa 400 km. Sowohl Jeniseijsk (gegründet 1619, heute ein Zentrum der Holz-
und Möbelindustrie) als auch Lesosibirsk haben wichtige Umschlaghäfen. In der
Stadt Jeniseijsk gibt es ein Heimatmuseum auf der ul. Lenina 106.
☎   39115/22029

Schiffsverbindungen Richtung Norden nach **Dudinka** (2.000 km nördlich von
Krasnojarsk) mehrmals im Sommer. Dudinka liegt bereits hinter dem Polarkreis, es
herrscht arktisches Klima. Der Winter dauert fast 9 Monate im Jahr. Die Dunkelheit der Polarnacht bricht im Dezember herein und dauert lange 45 Tage an. Von
hier aus gehen Schiffe von/nach **Murmansk**, **Archangelsk** und **Dikson**. Atomeisbrecher halten den Nördlichen Seeweg für die Schiffskonvois eisfrei.

Die nahe gelegene Stadt **Norilsk** ist mit Dudinka (Hochseehafen) über eine
130 km lange Bahnlinie verbunden. Es ist die nördlichste Bahnlinie der Welt,
jedoch ohne Anschluss an das Bahnnetz Sibiriens. Unter Stalin sollte 1940 der
Anschluss an das restliche Bahnnetz erfolgen, wozu eine Anschlussbahn von
Salekhard (**Салехард**) ausgehend errichtet wurde. Wie viele zehntausende
Gefangene bei dem Bau starben ist nicht bekannt. Der Bau wurde nicht ganz vollendet und die Bahngleise rosten heute noch vor sich hin, sie wurden nie genutzt.
In Norilsk befindet sich ein häufig frequentierter Flugplatz des Nordens. Im
Winter kann es vorkommen, dass der Flughafen wegen Stürmen auch einmal für
2 Wochen geschlossen wird. Um den Zuzug von Nichtrussen einzuschränken,
plante man bereits 2002/2003, Norilsk wieder zur "Geschlossenen Stadt" zu
machen. Inzwischen (2006) ist sogar für russische Bürger schwierig, eine
Zuzugsgenehmigung nach Norilsk zu erhalten. Penible Passkontrollen am Flughafen. Regelmäßige Flüge von/nach Krasnojarsk, zeitweilig sommers auch Flüge in
den "warmen Süden" nach Shushenskoje im Süden des Krasnojarskij Kraj für
erholungssuchende Bergarbeiter aus dem polarem Norilsk.

📖   Im Heft 11/2000 des *National Geographic* befindet sich auf S. 156 ff. ein
        überaus interessanter Artikel über das in der Nähe von Norilsk gelegene,
        geologisch sehr alte Basalt-Plateau (Putorana-Plateau).
♦   Über den Norden und die Nordostpassage gibt Dirk Sagers Buch *Russ-*
        lands hoher Norden einen recht anschaulichen Bericht, wobei u.a. auch
        Dikson und Dudinka besucht werden. Rowohlt Taschenbuch-Verlag, 2006,
        ISBN 978-3499621529.

🛈   Nationalparkverwaltung des "Putoranskij" Zapovednik: 663302 Norilks, ul. Komsomolskajad 1, ✒ plato@norcom.ru

◆   Auch in der WOSTOK 4/1998 ist ein eindrucksvoller Bericht über Norilsk enthalten.

Scharypovo Wintersport im Kurort Scharypovo (Gornaja Salanga, Горная Саланга): Ca. 80 km von Krasnojarsk entfernt liegt in der Nähe zur Grenze zwischen Krasnojarskij Kraj und dem Gebiet Kemerowo die Ortschaft Scharypovo (Шарыпово). Hier gibt es einen Tourkomplex (Hotel, Bar, Restaurant, Banja, Parkplatz).

◆   Buchungen für Skitouren u.Ä. und Informationen erhält man in Krasnojarsk im Büro pr. Mira 45a, ☎ 206226, ⌨ www.salanga.ru, ✒ info@salanga.ru

Shushenskoje, Shushenskoje Nationalpark:

🚌   Mehrere Busse von/nach Abakan, Minusinsk und in die Dörfer der Umgebung. Mit dem Bus von Krasnojarsk beträgt die Fahrzeit mindestens 10 Std.

✈   Unregelmäßige Flüge mit AN26 von/nach Abakan und ☞ Norilsk

🚃   Keine Bahnanbindung, aber Verkauf von Tickets für den Bahnhof Abakan. Verkaufsstelle im Postgebäude, der im gleichen Gebäude (anderer Eingang) befindliche Telegraf arbeitet täglich 8:00 bis 20:00.

🛏   Turist, ☎ 39139/32841, Zimmer verschiedener Kategorien, kleine Nachtbar, überwiegend freundliches Bedienpersonal, Kartentelefon in der Hotelhalle

🏠   Am Ort befindet sich auch direkt am Fluss ein größerer Touristenkomplex namens Iskra mit Bungalows verschiedener Kategorien (ab ca. € 10/Person und Nacht, beheizbare Häuschen mit mehr Luxux deutlich teurer). Informationen zu den Gegebenheiten erteilt vor Ort Administratorin Tamara Petrowa. Weitergehende Auskünfte und Ratschläge zu Buchungsmöglichkeiten (sowie zu weiteren Touren in die Umgebung und die faszinierende Bergwelt des Sajan) erhält man von Frau Valentina Zotina in 129337 Moskau, Jaroslawskoje Shos. 28/kv.3 a, ☎ 095/1887188, ⌷FAX⌷ 095/9239121.

🏊   In Shushenskoje gibt es derzeit keinen richtigen Sandstrand. Wer einen idyllischen Ort zum Baden (Sandstrand mit pilzreichem Kiefernwald) sucht, begebe sich an den klaren Bergfluss Oja in der Nähe der Ortschaft Iwanovka (ca. 10 Autominuten von Shushenskoje in Fahrtrichtung Minusinsk bis zur Kreuzung "Kazanzovo", dort 13 km nach rechts). In den ruhigen Wäldern liegt am Ufer der Oja u.a. auch ein Sanatorium für Herzpatienten.

🔳 Informationen über den Sajano-Shushenskij-Nationalpark und evtl. Besuchsmöglichkeiten erhält man in der Nationalparkverwaltung auf der ul. Zapovednaja 7, 662710 Shushenskoje, ☎ und FAX 39139/32300 bzw. ☎ 31881. Man wende sich an Frau Alexandra Evgenina (Botanikerin) oder Frau Olga Mikhailova, ✍ sayan@public.krasnet.ru und ✍ zapoved7@yandex.ru.

♦ Infos zum Nationalpark "Shushenskij Bor" erhält man im Office der Verwaltung in 662710 Shushenskoje, ul. Lenina 158, ☎ 39139/34300, ✍ sayan@public.krasnet.ru oder ✍ shubor@krasmail.ru. Direktorin ist Frau Valentina Mikhajlowna Jaroshewskaja.

🚢 Der Flusshafen in Shushenskoje wurde leider Ende der 1990er Jahre geschlossen, zurzeit gibt es keinen regelmäßigen Schnellbootverkehr auf dem Jeniseij unterhalb des Sajano-Shushenskoe-Wasserkraftwerks mehr.

🦅 Wer sich für die Jagd mit abgerichteten Greifvögeln interessiert, sollte den im Ort ansässigen Musiklehrer J. Aleksejevitsh Noskov treffen, der einer der wenigen Experten auf diesem Gebiet in Sibirien ist und mehrere abgerichtete Greifvögel (z.B. Königsadler und Berkit) hält. Er ist auch im Ausland sehr bekannt und hat schon mehrere TV-Filme mit dem Journalisten Peskow (der Entdecker der Altgläubigen-Familie in den Abakaner Bergen) produziert.

🔳 Auf dem Weg nach Shushenskoje passieren wir Minusinsk, wo sich ein bekanntes Heimatmuseum befindet: 662800 Minusinsk, ul. Lenina 60.

Shushenskoje liegt im tiefsten Süden des Krasnojarskij Kraj, mit dem Bus benötigt man von Krasnojarsk gut 10 Std. Rascher ist der ehemalige Verbannungsort von Lenin im zaristischen Russland erreichbar mit dem Pkw (80 km, ca. 1½ Std.) von Abakan (☞ Khakassia). Man folge der M-54 von Abakan weiter nach Minussinsk, nach Kasanzevo Abzweig links nach Shushenskoje. Unterwegs sieht man auf den Feldern oft kleinere Kurgane oder deren steinerne Überbleibsel. Hinter Minusinsk liegt rechter Hand an der M-54 ein Salzsee ("**Tagarskoje Ozero**") mit einem Sanatorium.

⌘ Ethnografisches Museum Shushenskoje (mit zahlreichen Holzgebäuden des 19. Jahrhunderts, u.a. auch zwei original erhaltene Häuser, in denen Lenin mit seiner Frau N. Krupskaja ab 1897 für drei Jahre in der Verbannung lebte). Der Ort diente in den vergangenen Jahrhunderten oft der politischen Verbannung, schon die Dekabristen wurden zum Teil nach Shushenskoje gesandt - damals noch ein winziges Dorf - und auch weit vor Lenin wurden aus dem europäischen Russland, Litauen und Polen sowie dem Kurland und der Ukraine Hunderte hierher verbannt.

Noch heute trifft man als Überbleibsel litauische oder polnische Familiennamen (z.B. Zawadskij oder Kovalevskij) in der Umgebung an. Die Verbannten lebten immer relativ einträchtig, es gab keine Konflikte trotz der verschiedensten Volks- und Glaubensangehörigigkeiten (Orthodoxe, polnische Katholiken, Baptisten, Muslime, Juden, auch Altgläubige).

Etwa 150 km südlich von Abakan befindet sich das Wasserkraftwerk **Sajano-Shushenskoje**. In der Sommersaison organisiert Intourist Busfahrten dorthin. Sie können es auch ohne Intourist erreichen (über Bjelyi Jar, Arshanov, Beja, Sajanogorsk; es gibt auch einen kürzeren - jedoch schlechteren - Fahrweg, man frage die Anwohner). Mit der Erbauung der riesigen *gydroelektrostanzija* begann man erst in den 1970er Jahren. Es ist das leistungsstärkste Wasserkraftwerk Russlands. Die Staumauer hat eine Höhe von 240 m, rund 16 Mio. m³ Beton wurden verbaut (daraus resultierte eine enorme Zementknappheit im ganzen Land während der Bauphase), die Energie geht zu großen Teilen in die Industriebetriebe des Kuzbass und die Aluminiumhütten der Umgebung (Sajanogorsk).

In die Talsperre (Stausee mit breitester Stelle von 12 km) von Sajano-Shushenskoje fließen die Flüsse Jeniseij, Us, Ak-Sug und Chemtshig - alles wasserreiche Ströme aus dem Sajan. Der künstlich entstandene See liegt zur Hälfte in der autonomen Republik **Tuwa**, die sich in Richtung Süden anschließt.

Am linken Ufer des "künstlichen Meeres" liegt der **Sajano-Shushenskoe-Nationalpark**, der normalerweise für Touristen nicht zugänglich ist. Im 400 km² großen Schutzgebiet, das 1976 gegründet wurde und 1985 von der Unesco den Status eines Biosphärenreservates erhielt, leben viele seltene, geschützte Tierarten (z.B. Kabarga, Luchs, Maralhirsch), natürlich fehlen auch Elch, Wolf und Bär nicht. In der Vergangenheit gab es Hinweise auf das Vorkommen des Schneeleoparden. Es existiert auch eine südliche Population des aus dem Norden stammenden Rentieres. Auch viele Pflanzen sind hier endemisch oder zumindest selten. In größeren Abständen befinden sich an den Bergkämmen (Höhe durchschnittlich

1.500 bis 2.000 m, nur geringe oder keine Gletscherbildung) kleinere Schutzhütten. Der Fluss **Jeniseij** fließt hier auf einer Höhe von ca. 570 m.

Die im Reservat befindlichen Stützpunkte (Kordon) und die Wetterstation haben keine Zufahrtswege, die einzigen Transportmöglichkeiten sind Boote und Hubschrauber (auf Bestellung, entsprechende Mindestpassagierzahl vorausgesetzt). Am rechtsseitigen Ufer des Stausees liegt ein mehrere Kilometer breiter Schutzgürtel, der betreten, bewirtschaftet und kontrolliert bejagt werden darf.

Wenn man Glück hat, ergibt sich mitunter die Möglichkeit, an einer vom Nationalpark durchgeführten Expedition teilzunehmen.

In den Wäldern dominieren zwei Kiefernarten: *Pinus sibirica* (die eigentliche russische Kedr, deren schmackhafte Samen hier bereits Ende August gesammelt werden) und die Kiefer *Pinus sylvestris*, in höheren Lagen auch Lärchen (*Laryx sibirica*) - selten sieht man Laubbäume, höchstens in Flussniederungen und in Ufernähe Birken. Man findet praktisch alle Vegetationszonen bis hin zur Tundra und hochalpinen vegetationslosen Zone vor. Das kontinentale Klima hat hier im Gebiet des Sajan eine Besonderheit: es kommt zu ziemlich langen und (relativ) warmen Herbsten, der Schneefall setzt etwas später ein und nicht schon Anfang September wie beispielsweise im Altai. Dies hängt zwar mit der insgesamt etwas niedrigeren Höhe zusammen, zum Teil beobachtete man auch Klimaveränderungen nach Fertigstellung der riesigen Jeniseij-Talsperre.

Autonomer Ewenischer Kreis: Das autonome Gebiet der Ewenen gehört territorial zum Krasnojarsker Gebiet. Die Anreise ist praktisch nur über Krasnojarsk möglich. Das autonome Gebiet wurde um 1930 gegründet und ist etwa 770.000 km² groß, hat aber nur etwa 25.000 Einwohner. Die Ewenen gehören zu der tungusischen Volksgruppe, deren Angehörige man an verschiedenen Stellen in Sibirien antreffen kann. Tungusischstämmige Völker leben auch im Baikalgebiet und in Nordsibirien. Der Autonome Kreis wird von der Steinigen Tunguska durchflossen, in deren Nähe der bekannte Tunguska-Meteorit 1908 niederging. Weiter im Norden fließt die Untere Tunguska, beide Flüsse münden nach ihrem Lauf in nordwestlicher Richtung in den Jeniseij ein. Die oberen 500 km des Gebietes liegen bereits oberhalb des nördlichen Polarkreises. Größere Ansiedlungen des in drei Rayons aufgeteilten Gebietes sind **Noginsk, Tura, Nidym, Bajkyt** und **Wanawara**. Die Stadt Tura stellt das Zentrum dar, hier landen die Maschinen bzw. Hubschrauber aus Krasnojarsk.

Neben den Ewenken (Hauptteil der Bevölkerung) wohnen hier noch Jakuten und Russen. Außerdem gibt es einen kleinen Teil Deutschstämmiger. Die Deutschen gelangten in den 1940er Jahren hierher, als unter Stalin die Wolgarepublik vernichtet wurde.

Wirtschaftlich spielt die Rentierzucht eine gewisse Rolle. Ferner wird an einigen Stellen Kohle und Grafit abgebaut.

Neben dem Flugzeug ist die einzige Verkehrsmöglichkeit der Fluss. Schiffe verkehren nur im Sommer (Jeniseij - Untere Tunguska). Da es kaum Straßen gibt, sind entlegene Ortschaften nur per Hubschrauber erreichbar. Touristen dürften sich mit großer Sicherheit kaum allein in das Gebiet "verirren", zumal weder Straßen noch die Eisenbahn das Ewenkische Gebiet mit dem Süden verbinden. Das Gebiet ist nicht nur den meisten Touristen nicht geläufig - es ist auch sehr vielen Russen völlig unbekannt. Interessant ist das Gebiet natürlich aus ethnologischer Sicht.

Auch hier spielt leider der zunehmende Alkoholismus bei den Ureinwohnern, die ihre ursprüngliche Art zu leben und zu jagen aufgegeben haben, eine ernstzunehmende Rolle.

Touren können von vor Ort ansässigen lokalen Partnern oder zumindest mit deren Hilfe organisiert werden.

⊕   Firma "Efess", 660049 Krasnojarsk, pr. Mira 53/office 214, ☎ 274336, FAX 652863, 💻 www.sibiria.ru (Korrespondenzadresse: 660000 Krasnojarsk, Glavpotshtamt, PO Box 19605, Firma Efess).

Die Firma Efess wurde 1997 gegründet. Im Programm befindet sich eine mehrtägige Tour in das Gebiet der steinigen Tunguska und ihrer Quellflüsse, wobei die Übernachtung in Wanawara (Ванаварв) erfolgt. Der Transport erfolgt per Hubschrauber. Es empfiehlt sich natürlich, zeitnah Kontakt aufzunehmen sowie Informationen über die Mindestteilnehmerzahl einzuholen.

Informationen über den im autonomen ewenkischen Gebiet befindlichen Nationalpark "Tunguskij" erhält man vor Ort bei der Nationalparkverwaltung in der Ortschaft Wanawara.

♦   648490 Krasnojarskij Kraj, Ewenkijskij Okrug, Tungussko-Tshunskij Rayon, Wanawara, ul. Moskovskaja 8

Republik Khakassija
(Хакасия)

Noch bis 1991 war das heutige Khakassija noch zum Krasnojarsker Gebiet zugehörig. Hauptstadt ist Abakan (165.000 Einw.), die größeren anderen Städte sind Tshernogorsk (73.000), Sajanogorsk (49.000), Abaza (18.000) und Sorsk (13.000). Die kleine Republik zeichnet sich durch ein reiches Vorkommen diverser Bodenschätze und Erze aus (Molybdän, Bauxit, Gold, Eisenerz, Kohle, Marmor u.a.).

Die Durchschnittstemperatur im Januar beträgt hier -22°C und im Juli 22°C, strenges **Kontinentalklima**. Die zwei häufigsten Vegetationszonen sind die Steppe und Waldsteppe. Die Waldgrenze in den Bergen liegt zwischen 1.200 und 1.600 m ü. NN. Auf den Bergrücken des Kuznezker Alatau herrschen vor allem Lärchen- und Kiefernwälder vor, auf den Bergen des Westsajan Fichten und Sibirische Zedern. In den Flüssen kommen z.B. der Tajmen (**таймень**) und Nalym (**налим**) vor.

Abakan (Абакан)

- ☽ 3902 bzw. 39022
- 🚗 Der Regioncode Khakassiens auf den Kfz-Kennzeichen lautet "19".
- ⌛ Der Zeitunterschied zu Moskau beträgt plus 4 Std.
- ℹ Administration 655000 Abakan, ul. Shtshetinkina 10, ☏ 39022/63791
- ♦ Das МЧС hat seine Dienststelle in 655019 Abakan, ul. Lenina 67
- ♦ Zollamt: Büro auf der ul. Druzhby narodow
- ♦ 🖳 www.abakan.ru, allgemeine Informationen zu Khakassia siehe auch unter: 🖳 http://khakasweb.ru
- 🛏 Im Hotel Khakassija befindet sich ein Intourist-Büro: 655017 Abakan, pr. Lenina 88, ☏ 3902/225701, 🖳 www.hotel.khakassia.ru
- ♦ Weitere Hotels sind das Abakan, das Kantegir sowie Druzhba.
- ♦ In der Nähe des Bahnhofs und zentralen Univermag (Zentralkaufhaus) liegt das Hotel Анзас, ul. Vokzalnaja 7a, ☏ 3902/226364.

⊕   Turfirma "Дискавери" (Discovery), 655017 Abakan, ul. Schtschinkina 65,
      ☏ 3902/252633, 🖳 www.dicovery.khakasia.ru (Informationen und Organi-
      sation zu verschiedenen Arten der aktiven Erholung - von Höhlenerforschen
      bis zu Bergtouren in den Sajan und Ausflügen in den Süden des Krasno-
      jarskij Kraj)

[BANK]   Filiale der Zentralno-Aziatskij Bank, 655017 Abakan, ul. Sowjetskaja 69,
      ☏ 39022/40400, [FAX] 49505

⚖   Die wichtigsten Geschäfte für den allgemeinen Bedarf befinden sich auf
      den wenigen großen Hauptstraßen von Abakan: ul. Lenina, ul. Pushkina
      und ul. Khakaskaja im Stadtzentrum.

🎭♪   A.M.Topanova-Khakassia-Nationaltheater, ul. Schtschetinkina 12

◆   Puppentheater "Сказка", ul. K. Marksa 5

✝   Neben der russisch-orthodoxen Kirche gibt es hier auch eine katholische
      und lutheranische (ul. Lenina 62) Gemeinde.

Abakan, die Hauptstadt der Republik **Khakassija** (Fläche: 62.000 km², davon
42 % Waldflächen, ca. 550.000 Einwohner, davon 11 % Khakasen) liegt im
Gebirgsvorland des Sajan am Zusammenfluss von Abakan und Jeniseij (Lage:
53,72° N., 91,43° E.). Die Entfernung von Krasnojarsk beträgt etwa 400 km
(Straße M-54). In der Stadt gibt es eine Universität (662600 Abakan, pr. Lenina
90) und ein Technologisches Institut (ul. Schtschetinkina 27) sowie mehrere
große Maschinenbaubetriebe und ein Waggonbauwerk.

Die Anlage der Stadt Abakan geht auf die im Jahre 1675 erbaute Festung
Abakanskij Ostrog zurück. Um 1780 ist das Dorf Ust-Abakanskoje erstmals
erwähnt. Abakan wurde erst 1931 zur Stadt ernannt, in den 1920er Jahren hieß
es eine Zeit lang Khakassk, Abakan = khakassisch für "Bärenblut".

⌘   Einen Besuch ist das schräg gegenüber vom Bahnhofsvorplatz befindliche
Ethnografische Museum (ul. Pushkina 96, ☏ 223830, viele wertvolle Ausgra-
bungsgegenstände, die man sonst nur in der Eremitage in St. Petersburg sieht,
Kurganinhalte, zoologische Exponate etc.) unbedingt wert. Große Verdienste im
Rahmen der Erforschung von Khakassija erwarb der deutsche Ostreisende und
Forscher Gottlieb D. Messerschmidt (1685 bis 1735), auch der berühmte Aka-
demiker Peter Simon Pallas (1741 bis 1811) bereiste die Region oft.

Anreisemöglichkeiten

- Per Flugzeug von Moskau (nicht täglich), von Nowosibirsk

♦ Es gibt 2 regionale Fluggesellschaften: Khakasia sowie Abakan-Avia. Informationen zum Flughafen und den unterhaltenen Verbindungen: www.abakan-airport.ru (russ./engl.)

- Mit der Eisenbahn von Krasnojarsk, Nowosibirsk oder von Barnaul mit Umsteigen in ☞ Nowokuznetzk, außerdem von Moskau. Im Bahnhof Med. Hilfe ✚ (Medpunkt) und Abteilung für 🛏 in einem neben dem Bahnhof befindlichen Schuppen.

- Überlandbusverbindung Krasnojarsk - Abakan

♦ Weiterreise nach Kysyl (Republik Tuwa/Тыва) mittels Überlandbus möglich, Ticketverkauf an einem speziellen Schalter in der (ständig mit Menschen überfüllten) Bahnstation, ca. € 15.

Bei Anfahrt mit Auto/Motorrad von Krasnojarsk über die M-54 nach Divnogorsk - Balachta - Novosjelovo - Troizkoje - Ust-Abakan - Abakan. Das

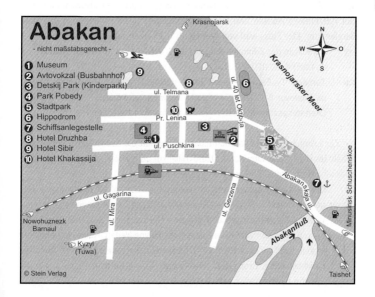

Abakan
- nicht maßstabsgerecht -

① Museum
② Avtovokzal (Busbahnhof)
③ Detskij Park (Kinderparkt)
④ Park Pobedy
⑤ Stadtpark
⑥ Hippodrom
⑦ Schiffsanlegestelle
⑧ Hotel Druzhba
⑨ Hotel Sibir
⑩ Hotel Khakassija

Krasnojarsk

Krasnojarsker Meer

ul. Telmana
ul. 40 let Oktjabrja
Pr. Lenina
ul. Puschkina
ul. Gagarina
ul. Mira
ul. Gerzena
Abakanskaja ul.
Minusinsk Schuschenskoe

Abakanfluß

Nowohuznezk
Barnaul

Kyzyl
(Tuwa)

© Stein Verlag

Taishet

Tankstellennetz auf dieser Strecke ist sehr dünn. Der größte Teil der Straße M-54 verläuft parallel zur etwa 400 km langen Krasnojarsker Talsperre und ist relativ eben. Sonst ist die Gegend bergig - die durchschnittlichen Höhen liegen zwischen 500 bis 1.000 m. Abakan liegt genau zwischen den Schenkeln des Ost- und Westsajangebirges und bietet sich als Ausgangspunkt für Touren in dieses Gebirge an.

Sehenswertes der Umgebung

Der Tourismus steckt hier noch in den Kinderschuhen, das Gebiet ist erst seit kurzer Zeit zugänglich. Interessant ist das Höhlensystem des **Saksyrskovo Khrebet** (Tuzuku-, Kuzmezkaja-Höhle u.a.), die Anreise erfolgt von Abakan mit dem Zug nach Askiz, dann weiter mit dem Pkw nach **Balyksa**, wo man auf die Hilfe von Ortsansässigen angewiesen sein wird, wenn man keine geeignete Karte hat.

Die Kleinstadt **Abaza** (gegründet 1867, 18.000 Einwohner, Holzverarbeitung, Eisenerzgewinnung,) liegt ca. 160 km südlicher Richtung von Abakan im Tashtypskoij Rayon. Sie ist per Bahn erreichbar (Eisenbahnanbindung an die Station Askiz an der Linie Abakan - Nowokuznezk). Abaza liegt idyllisch am Oberlauf des Flusses Abakan und bietet sich als Startpunkt für Touren in das nahe Bergland an. Der Fluss wird von Russen oft mit Flößen oder Rafts befahren.

🏦　　Bankfiliale der Zentralno-Aziatskij Bank von Abakan in 655750 Abaza, ul. Lazo 4, ☎ 39047/23136

🛏　　Turbasa "Турбаза Снежный Барс", 655750 Khakasija Respublika, Abaza, ul. Filatowa 8-1, ☎ 39047/23281, 🖥 www.rodnikltd.ru. In den mit einem Ofen ausgestatteten Campinghäusern haben 4 Personen Platz.

Zur Erholung werden von den Einheimischen oft die Seen **Ozero Shira** (Salzgehalt bis 155g pro Liter) und Ozero Balankul aufgesucht, deren Wasser eine gesundheitsfördernde Wirkung nachgesagt wird.

📖　　Die Republik Khakassija ist ein wahrhaftes "Mekka" für Archäologen. Nirgendwo sonst in Sibirien wie in der Minusinsker Steppe fanden sich so eine Vielzahl Steinsetzungen und Kurgane in erhaltenem Zustand. Das Sachbuch *Südsibirien* von Mikhail Grjasnow (Heyne-Verlag, Reihe Archaeologia Mundi, ISBN 978-3453350274) beschreibt die drei relevanten Epochen Chalkolithikum, Bronzezeit mit Afanasjevo- und Karasuk-Kultur sowie die Epoche der Nomaden sehr anschaulich.

♦ Über das jahrzehntelange abgeschiedene Leben einer Altgläubigenfamilie und deren zufälligen Entdeckung in den Bergen Khakassijens berichtet das Sachbuch *Die Vergessenen der Taiga* von W. Peskow (Goldmann, 1996, ISBN 978-3442126378). ☞ Anhang - Literatur

Ost-Sajan
von Peter Eichenberger

Direkt an die Gebirgswelt des Altai schließt sich das Sajangebirge an. Es erstreckt sich über mehr als 1.500 km und endet erst in der Gegend am Südende des Baikalsees. Man unterscheidet zwischen westlichem Sajan und östlichem Sajan. Beiden gemeinsam ist, dass sie keinen Hochgebirgscharakter aufweisen, im Gegensatz etwa zum Altai. Während der höchste Punkt im Westsajan auf 3.121 m Höhe liegt, erreicht der Ostsajan immerhin 3.491 m. Gletscher fehlen fast gänzlich. Die Waldgrenze liegt fast im gesamten Sajan bei ca. 1.800 m lediglich im Osten steigt sie auf bis zu 2.300 m ü.NN.

Im generell höher gelegenen Ostsajan herrscht die für viele Berggegenden Sibiriens typische Gebirgstaiga vor. Der Boden ist meist bedeckt von Moosen, Flechten und Heidelbeersträuchern.

Es gibt mehrere warme und heiße Quellen in diesem Gebiet, und nachfolgend beschreibe ich eine lohnende **Trekkingtour** zu einer derartigen Quelle. Als Karte eignet sich die im Maßstab 1:200.000 gedruckte russische Karte mit der Bezeichnung Turan, Nummer M-47-VI. Turan gehört bereits zu Burjatien.

Der Ausgangsort befindet sich in **Choito-Gol**, unweit des Flusses **Irkut** gelegen. Es gibt verschiedene Möglichkeiten, um dorthin zu gelangen. Entweder man nimmt bereits in Irkutsk einen Bus Richtung Kultuk, oder man fährt mit der Transsibirischen Eisenbahn bis Sljudjanka (am Südwestende des Baikalsees gelegen).

Wenige Kilometer westlich von Sljudjanka, ebenfalls am Ufer des Baikalsees, befindet sich die Ortschaft **Kultuk**. Von dort führt eine internationale Fernstraße direkt Richtung Westen in die Mongolei. Als Folge des zunehmend direkt abgewickelten Handels zwischen Sibirien und der Mongolei und des dadurch hervorgerufenen Verkehrs auf dieser Fernverbindung wird die Straße seit einigen Jahren ausgebaut.

Dieser Straße entlang des Flusses Irkut folgend, erreicht man nach ungefähr 200 km **Turan**. Hier zweigt eine Nebenstraße Richtung Norden ab und führt Sie nach weiteren knapp 20 km in die Ortschaft Choito-Gol, auf 950 m Höhe gelegen. Wie in den meisten Dörfern in Sibirien besteht auch hier gelegentlich die Möglichkeit, noch einige Lebensmittel für die bevorstehende Tour einzukaufen, doch kann man sich nie darauf verlassen. Brot ist jedoch meistens im Dorfladen erhältlich. Ein öffentlicher Bus fährt bis Choito-Gol. Da sich der Fahrplan schnell ändert, erkundigt man am besten an den Bahnhöfen Sljudjanka, Kultuk oder Irkutsk nach den Busverbindungen und Abfahrtszeiten.

Am nächsten Tag starten Sie zu Fuß Richtung Norden. Bis zu den Mineralquellen sind es ungefähr 50 km, je nach Länge der Tagesetappen benötigt man zwei bis drei Tage. Zuerst folgen wir Forststraßen durch flaches Gelände, aber schon nach einigen Kilometern enden die Sträßchen, und auf ansteigenden Wanderwegen gewinnen wir langsam an Höhe. Mit zunehmender Höhe durchqueren Sie verschiedene Vegetationsstufen, wandern an kleinen Moorseen vorbei und erreichen schließlich auf knapp 2.200 m Höhe die Waldgrenze.

Viele lauschige Plätzchen laden unterwegs dazu ein, den Rucksack abzustellen und das Nachtlager aufzubauen. Weiter geht es in das breite Hochtal des noch jungen Baches **Jeche-Ger**. Vor Ihnen liegt die Bergkette der Tunkinskji Golzy, zurückblickend schweift der Blick Richtung Süden zu Hügelketten, die bereits zur Mongolei gehören.

Von diesem Hochtal in nordwestliche Richtung abzweigend, besteigen Sie schließlich über Steine und Geröll den **Schumak-Pass**. Auf 2.768 m Höhe stehend haben Sie den höchsten Punkt der Wanderung erreicht. Auf der Passhöhe stehen einige Holzpfosten, an welchen dicht an dicht Pferdehaare und Stoffbänder geknotet sind. Auf diese Art praktizieren die einheimischen Burjaten ihre Religion, und immer wieder treffen Sie an wichtigen Orten (Passübergänge, Brücken, heilige Quellen) auf solche Zeugnisse.

Der Panoramablick auf die umliegenden Berge, Täler und den zu Füßen liegenden See ist atemberaubend. Der erste Teil des Abstiegs über Geröll und große Steine ist schwierig, doch schon bald kann man wieder dem gut erkennbaren Weg folgen. Vorbei an einem grünen Bergsee kommt schon bald die nächste Gefällestufe. Während ein Bach die Höhe in einem hohen Wasserfall bewältigt, führt der Weg gemütlich abwärts, und schon bald erreichen wir den von Westen kommenden Fluss Schumak. Ein schöner Platz für ein abendliches Camp liegt hier. Wir folgen dem Fluss Schumak 8 km talabwärts und erreichen so die **Mineralquellen**

Schumak. Bereits Anfang des 20. Jahrhunderts erfreuten sich diese Quellen gro-ßer Beliebtheit, werden ihnen doch heilende Eigenschaften zugeschrieben. Ihnen haben wir auch den für sibirische Verhältnisse guten Wanderweg hierher zu ver-danken, wird er doch immer wieder von Einheimischen auf ihrer Reise zu den Heilquellen benutzt. Bei den Quellen selbst gibt es zwar einige für Besucher offen stehende Blockhütten, im Übrigen ist aber keinerlei Infrastruktur vorhanden. Pro-viant für die gesamte Wanderung inklusive Aufenthalt bei den Mineralquellen muss also mitgenommen werden.

Auf engstem Raum führen mehr als hundert Quellen ihr Wasser an die Ober-fläche. Sowohl die Temperatur als auch die chemische Zusammensetzung ist von Quelle zu Quelle höchst unterschiedlich. Entsprechend wird jeder Quelle eine andere Wirkung zugeschrieben: für die Augen, Ohren, Leber, Nieren, Potenz, Lunge, gegen Frauenbeschwerden, Krebs, Geschwüre usw. Man ist eingeladen zu baden und zu trinken, und man merkt, dass sich die unterschiedliche Mineralien-zusammensetzung auch im Geschmack zeigt: jede Quelle schmeckt anders.

Bei jeder Quelle findet man kleine Opfergaben, Münzen, selbstgeschnitzte Alltagsutensilien, und natürlich immer wieder an Bäume und Büsche geknotete Stoffbänder (wie wir sie schon auf dem Schumak-Pass gesehen haben). Sie sind ein Zeichen des Dankes für die heilende Wirkung des Wassers, und je größer die Bedeutung der einzelnen Quelle, desto mehr derartige Dankesbezeugungen sind in deren unmittelbarer Umgebung zu finden.

Menschen, die Genesung suchen, verbringen hier oftmals viele Wochen mit Baden und Trinken. Unzählige Bastelarbeiten aus Holz und Büchsenblech zeugen von ihrem Schaffensdrang und ihrer Phantasie. Kleine Holzkanäle leiten Wasser zu Wasserrädern, diese wiederum bringen Figuren in Bewegung. Geschnitzte Mas-ken beobachten das Geschehen im Wald.

Viele Wege führen von den Quellen am Schumak wieder zurück in die Zivili-sation. Russen und Burjaten, die sich zum Kuraufenthalt am Schumak aufhalten, geben gerne Tipps und Ideen weiter, wie man seine eigene Tour optimal weiter-führen kann. Die kürzeste Variante ist die oben beschriebene Route. Die Mög-lichkeiten für Trekkingtouren beliebiger Länge und Schwierigkeit im ganzen Gebiet sind fast unbeschränkt. Die Informationen beschafft man sich am besten vor Ort bei Einheimischen.

Irkutsker Gebiet

Das Irkutsker Gebiet (Irkutskaja Oblast, **иркутская область**) grenzt nördlich direkt an die Jakutische Republik (**Caxa**). Nachbar im Westen ist die Region Krasnojarsk. Der Baikalsee selbst bildet die natürliche Grenze zur Burjatischen Republik. Gebietshauptstadt ist **Irkutsk**, gelegen an der Angara. Die Stadt Irkutsk liegt etwa in Höhe des 53. Breitengrades. Weitere größere Städte sind Taishet, Bratsk, Ust-Kut, Zima, Angarsk, Ust-Ordinskij. Der Großteil dieser Städte liegt an der Transsib oder der BAM, den eigentlichen Lebensadern der Region.

Die Baikalregion selbst ist weniger dicht besiedelt, wobei die Entfernungen zwischen den Dörfern durchaus einmal 50 km oder mehr betragen können.

Im Irkutsker Gebiet befinden sich verschiedene Gebirgszüge, wobei der Baikalsee von mehreren kleineren Gebirgen umgeben wird. An der Westküste ziehen sich die Primorskij- und Baikalskijkette entlang.

Im Baikalskijgebirge entspringt die Lena, die nach Norden, nach Jakutien, abfließt. Im Süden verlaufen die Bergketten des Chamar-Daban.

Die Dichte der Taiga nimmt nach Norden hin zu. In den bergigen Regionen dominiert die Nadelwaldtaiga, in Baikalnähe finden wir u.a. Mischwaldtaiga mit Zedern, Lärchen und Kiefern. Die Tierwelt ist durch ihre besondere Artenvielfalt gekennzeichnet. Einige Arten, wie z.B. die Baikalrobbe und verschiedene Fische sind weltweit nur im Baikal beheimatet.

Der **Baikalsee**, die Perle Sibiriens, tiefster Süßwassersee der Welt, fasziniert durch seine Weite, Tiefe, Größe, durch seine rau-herbe Schönheit und Mächtigkeit. Schon seit längerem gibt es hier einige Naturschutzgebiete und Schutzzonen, um die wohl einzigartige Flora und Fauna zu erhalten.

Das Klima ist streng **kontinental**. Im Sommer sind Temperaturen um 30°C normal, im Winter können im Norden durchaus -50°C vorkommen. In der Umgebung des Baikals herrschen etwas andere klimatische Verhältnisse vor. Die Winter sind hier meist etwas milder. Der See ist im Winter zugefroren und wird stellenweise auch mit Autos befahren. Das Eis beginnt erst Ende April zu tauen. In Irkutsk kann man immer mit -25°C im Winter rechnen und die mittlere Januartemperatur liegt bei -15°C. Die primär einheimische Bevölkerung stellen auch hier Burjaten. Allerdings macht ihr Anteil heute weit weniger aus als z.B. weiter östlich im Gebiet von Ulan-Ude. Im Norden lebten ursprünglich Ewenki und Jakuten. Die Burjaten haben im Laufe der Erschließung Sibiriens ihre nomadische Lebensweise verloren. Das Gros der Bevölkerung stellen heute Russen nebst anderen Zugewanderten (Ukrainer, Bjelorussen, Balten u.a.) dar.

Irkutsk (Иркутск)

- ☽ 3952
- ⌛ Zeitdifferenz zu Moskau: plus 5Std.
- 🚗 Regional-Code "38" auf Kfz-Kennzeichen
- ℹ️ Administration, 664000 Irkutsk, ul. Lenina 14, ☎ 201207,
  📧 deu@goradm.irkutsk.ru
- ★ OVIR-Abteilung in Irkutsk, ul. Trudobaja 9, ☎ 290459
- ℹ️ Internetausgabe der Zeitung "Irkutsker Komsomolskaja Prawda" im Netz unter: 🖥 www.irk.kp.ru
- ♦ Stadtinformationen über 🖥 www.irk.ru, ☎ 246507
- ♦ Auskünfte (Telefonnummern, Organisationen, Behörden):
  🖥 www.irk.ru/phones/
- ♦ Notruf Miliz ☎ 02, Feuerwehr/МЧС ☎ 01
- ✚ Schnelle Medizinische Hilfe ☎ 03
- ♦ Medizinisches Zentrum Akros, ul. Trilissera 124, ☎ 221339
- ♦ Zahnmed. Zentrum Denta-Ljuks, ul. Sofi Perovskoi 30, ☎ 291307
- ℞ Apotheken auf der Kiewer Straße 2 und der ul. Laninskaja Nr. 88
- ✈ Flughafen und Flugplan 🖥 www.irkport.ru/
- ♦ Flughafen-Auskunft Irkutsk ☎ 544369 und 266800, FAX 544350/-51
- ♦ Zentrale Agentur f. Luftverkehr, ul.Gorkovo 29, ☎ 342535
- ℹ️ Informationen über Schiffsverkehr: 664025 Irkutsk, ul. Tshkalova 37,
  ☎ 287115, FAX 342555 bzw. im Retsh ☎ 358860
- ⊕ Firma Baikalinfo (Байкалинфо), ul. Marksa 26 (hinter dem Casino Eldorado), ☎ und FAX 707012 und 406706. Betreibt ein kleines Hotel in Port Baikal (п. Байкал), Info 🖥 www.baikalinfo.ru
- ♦ Basa Otdykha Solnetshnaja, ul. Gogolja 53/3, ☎ 363168
- ♦ Reisebegleitung, Exkursionen und Guide-Dienste, Alina Koutimskaja,
  ☎ 007-914-9009467 (von Russland aus: ☎ 8-914-9009467),
  📧 koutimskaia_alin@gmx.de. Neben Guidediensten zum Baikal, der

Baikalringbahn, in Irkutsk oder Ulan-Ude ist Frau Koutimskaja auch bei der Buchung von Hotel- oder Hostelunterkünften behilflich. Übersetzungsdienste, notarielle Beglaubigungen.

♦ Sibir-Travel, ul. Tshekhova 19 (403/4), ☎ 290653

♦ Firma Grand Baikal, 664050 Irkutsk, ul. Baikalskaja 279/A402, ☎ 259259, ✆ info@grandbaikal.ru (Individualurlaub in Baikal-Region).

CD Mongolisches Konsulat, ul. Lapina 11, ☎ 342145 und 342445, FAX 342143, ✆ irconsul@angara.ru . Hier sind Transitvisa und Touristenvisa für die Mongolei erhältlich (2 Passbilder mitbringen).

♦ Polnisches Konsulat, 664003 Irkutsk, ul. Sukhe Batora 18, ☎ 288010

BANK Kreditkartenannahme u.a. bei Inkom-Bank, Dzerzhinskovo ul. 1

♦ Western-Union Agent: 664005 Irkutsk, ul. Zhelesnodorozhnaja Vtoraja 25, Transkredit-Bank, ☎ 437245 (nur werktags)

♦ Banken u.a.: Alpha-Bank, bulvar Gagarina 38, ☎ 240503

♦ Vneshtorg-Bank, ul. Sverdlova 40, ☎ 241780

♦ Sibakadembank, ul. Dekabrskikh Sobytij 29, ☎ 240396

♦ Baikalskij Bank, ul. Gogolja 45, ☎ 387201

🛏 Hotel Irkutsk (das frühere Intourist-Hotel Baikal), Bulvar Gagarina 44, ☎ 250-162, -167 und -168, FAX 250285, ✆ info@baikal-hotel.ru, 🖥 www.baikal-hotel.ru, bereits 1978 erbaut und unlängst renoviert, 250 Zimmer, nahe zum Zentrum der Stadt gelegen.

♦ Baikalhostel, ul. Lermontowa 136/1, ☎ 527798, 🖥 www.baikalhostels.com, ✆ info@baikalhostels.com, ab € 10 pro Übernachtung

♦ Retro-1, ul. Marksa 1, ☎ 333251, FAX 333981, ✆ rus@baikal.ru

♦ Angara, ul. Sukhe Batora 7, ☎ 255105 und 255106, ✆ hotel_angara@irtel.ru, 🖥 www.angarahotel.ru

♦ Dynamo-Hotel, ul. Barrikad 42, ☎ 339462

♦ Flughafenhotel Aeroflot, ul. Shirjamova 6, ☎ 266104

♦ Baikal Business Center, ul. Baikalskaja 279, ☎ 259120, 259123 und 259222, 🖥 www.bbc.ru, ✆ hotel@bbc.ru

♦ Gloria, ul. Sowjetskaja 58, ☎ 274347 und 540326, ✆ gloria@irk.ru

♦ Rus, ul. Swerdlowa 19, ☎ 206811 und 242715, ✆ rus@baikal.ru

♦ Uzory, ul. Oktjabrskoj revoluzii 17, ☎ 209239 und 209220

♦ Evropa, Hotelkomplex ul. Baikalskaja 73, ☎ 291515, FAX 209696, ✆ hoteleurope@irk.ru

♦ Ausländer, welche eine Reise gebucht haben, werden meist im Hotel Irkutsk, Angara oder Evropa untergebracht. Die anderen Hotels, z.B. auch Retro-1 haben natürlich auch ihre Reize (und exklusive Preise ...).

✕ ☛ Restaurants und Cafés finden sich in den vorgenannten Hotels.

♦ Marziano, ul. Karla Marksa 15, ☎ 243039

♦ Restaurant Okhotnikov, ul. Jadrinzeva 1ж, ☎ 540000

♦ Pizzaria Domino, gelegen gegenüber dem Theater Юного Зрителя, Trolley-Bushaltestelle ul.Lenina

♦ McFood (Макфуд), ul. Tshkalova (gegenüber der Sprachwissenschaftlichen Universität)

♦ In Irkutsk entstanden in den letzten Jahren eine große Anzahl von internationalen Restaurants, vom Chinesen bis zum Italiener und Japaner oder Restaurants mit deutschen Speisen ist die Auswahl recht groß.

⌘ Mineralogisches Museum, ul. Lermontova 83E, ☎ 405062

♦ Museum der Stadtgeschichte Irkutsk, ul. Tsaikovskovo 5

♦ Ethnograf. Freilichtmuseum "Тальцы", ul. Khalturina 2

♦ Heimatmuseum, ul. Karla Marksa 11, ☎ 342832

♦ Irkutsker Kunstmuseum, ul. Amurskaja 5, ☎ 242528

🎎 ♪ Konzerthalle, ul. Sukhe Batora 1

♦ Konzertsaal, ul. Glawnaja Arsenalskaja 2

♦ Musical-Theater, ul. Sedova 29, ☎ 342131

♦ Theater Dialog, ul. Kostytsheva 1

♦ Puppentheater Aistenok, ul. Baikalskaja 32, ☎ 349279

♦ Fachgeschäft Охотник и рыболов магазин, ul. Baikalskaja 105

♦ Schmuck und Juwelen bester Qualität z.B. im Laden "Almaz" auf der ul. Laninskaja 17. Juwelen, Goldschmuck und Diamanten etc. müssen bei der Ausreise in der Zolldeklaration angegeben werden. Ausführliche Quittung beim Kauf verlangen.

♦ Zollamt im Flughafen, 664010 Irkutsk, ul. Shirjamova 19

Nach **Zima** (Зима, 4.941 km; *zima* = Winter) und **Angarsk** erreichen Sie mit der Transsib die Stadt Irkutsk, übrigens Partnerstadt u.a. von Pforzheim.

Der Ursprung der Stadt Irkutsk geht auf ein 1661 gegründetes Kosaken-Ostrog zurück, welches sich nahe der Einmündung des Flusses Irkut in die Angara befand.

Bevor die ersten Russen im 17. Jahrhundert in die Gegend kamen, siedelten hier überwiegend nur Burjaten, Ewenken und Jakuten. Irkutsk erhielt 1686 Stadtstatus. In den Folgejahren war Irkutsk Ausgangspunkt der russischen Händlerkarawanen in die Mongolei und gen China, deshalb war Irkutsk früher eine sehr reiche Stadt. Von hier stammten Pelze und Edelmetalle. Aus China und dem Fernen Osten kamen Porzellan, Gewürze und Tee. Von dem damaligen großen Reichtum künden die noch vorhandenen Kirchen, die zum Teil zu Museen umfunktioniert wurden.

In den Jahren 1803 bis 1822 war die Stadt Zentrum des sogenannten Generalgouvernements Sibirien, welches bis in den Fernen Osten reichte und neben Kamtschatka damals auch noch Russisch-Amerika (Alaska) beinhaltete.

Heute hat die Stadt gut 600.000 Einwohner. Die Angara ist der einzige Abfluss des Baikalsees und mündet später in den Jeniseij. An einigen Stellen staute man die Angara zur Energiegewinnung an, z.B. bei Irkutsk und bei Bratsk, wodurch der Wasserspiegel des Baikal ca. einen Meter anstieg, was nicht ohne ökologische Folgen blieb (Brut- und Laichplätze).

Anreisemöglichkeiten

🚂 Mit der Transsib. Irkutsk liegt am Transsib-km 5.184. Der Zug benötigt von Moskau vier Tage. Der Irkutsker Bahnhof ist original erhalten, seit 1898 ist die Stadt via Transsib erreichbar. Hier hält jeder Zug, der weiter nach Osten fährt, weswegen man nicht unbedingt auf den Express "Rossija" (deutsch = Russland) angewiesen ist. Der Bahnkörper der Transsib war bei Irkutsk mit 3 kV Gleichstrom elektrifiziert und wurde 1996/1997 auf 25 kV~ umgestellt.

Zug 1/2	"Rossija", Moskau - Wladiwostok
Zug 3/4	Moskau - Peking (via Mongolei)
Zug 9/10	"Baikal", Moskau - Irkutsk
Zug 19/20	Moskau - Peking (via Mandschurei)
Zug 263/264	Irkutsk - Ulan Bator

✈ Von Moskau (Sheremetjewo 1, Flug SU747/749) fliegt Aeroflot täglich nach Irkutsk (IATA-Code: IKT), Flugzeit 5½ Std. Auf der langen Strecke fliegen meist TU-154. Einige Gesellschaften (z.B. Sibir/S7) stellen derzeit auf modernere

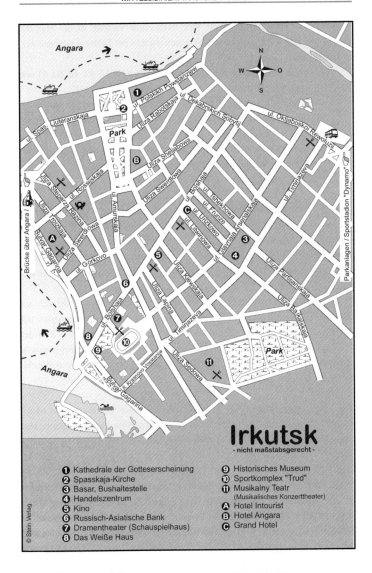

Irkutsk
- nicht maßstabsgerecht -

1. Kathedrale der Gotteserscheinung
2. Spasskaja-Kirche
3. Basar, Bushaltestelle
4. Handelszentrum
5. Kino
6. Russisch-Asiatische Bank
7. Dramentheater (Schauspielhaus)
8. Das Weiße Haus
9. Historisches Museum
10. Sportkomplex "Trud"
11. Musikalny Teatr (Musikalisches Konzerttheater)
A. Hotel Intourist
B. Hotel Angara
C. Grand Hotel

© Stein Verlag

Flieger (Airbus oder TU-202) um. Eine interessante Variante ist der Flug mit Sibir/S7 von Hannover nach Nowosibirsk, von wo man per Bahn nach Irkutsk weiterreisen kann.

◆   Anfahrt zum Flughafen mit Trolleybus Nr. 4, Bus Nr. 20, 42, 45, 50, 61 und 99 sowie entsprechenden Mini-Bussen (маршрутные такси)

◆   Orientierungsplan des FH Irkutsk: 🖳 http://iktport.ru. Neben den genannten größeren Fluggesellschaften sind auch noch Transaero und Krasair (Krasnojarskij Airlines) zu nennen. Diese nutzen - ebenso wie Sibir/S7 - in Moskau den Flughafen Domodedowo. Bei einigen russischen Airlines kann man die Tickets inzwischen auch online reservieren und buchen, manchmal hat das auch preisliche Vorteile. 🖳 www.domodedovo.ru

Auch von Nowosibirsk und Omsk erreichen Sie die sibirische Großstadt an der Angara per Flieger. Flugverbindungen weiterhin von/nach St. Petersburg, Taschkent, Barnaul, Wladiwostok, Magadan, Krasnojarsk, Ekaterinburg, Tshita, Chabarowsk, Ulan-Ude. Regionale Fluglinien (oft kleine Maschinen wie Jak-40, AN24) existieren nach Mirnij, Lensk, Jakutsk, Bratsk, Bodaijbo. Da sich die Flugpläne oftmals rasch ändern, sollte man sich aktuell informieren.

Im Januar 1994 stürzte eine aus Jakutsk kommende Maschine, die sich auf dem Weiterflug nach Moskau befand, bei Irkutsk ab, weil sie hoffnungslos mit Fracht und Passagieren überladen war. Am 9.7.2006 havarierte ein A-310 der Gesellschaft Sibir (S7) bei der Landung und raste über die Landebahn hinaus in einen Garagenkomplex, nur 79 der 203 Menschen aus der voll besetzten Maschine überlebten das Unglück.

🚐   Für Autoreisende: Aus Richtung Westen kommend, immer die M-51 (Omsk - Nowosibirsk) und dann die M-53 (Nowosibirsk-Irkutsk) entlang. Von Nowosibirsk bis Irkutsk sind es in etwa 1.960 km.

Orientierung

Irkutsk wird in letzter Zeit oft als Zwischenstation von vielen Transsib-Reisenden genutzt. Manche machen nur einige Tage Aufenthalt, um dann Richtung Osten weiterzufahren. Natürlich empfiehlt es sich, vorher Hotelzimmer reservieren zu lassen oder sich anderweitig um Unterkunft zu kümmern. Gerade im Sommer sind die Hotels oft ausgebucht. Wohl oder übel muss man dann auf die Dienste von

Intourist zurückgreifen, wenn man keine Freunde oder Bekannte in Irkutsk hat. Im Sommer stehen die meisten Studentenwohnheime leer, da bis September Semesterferien sind. Mitunter besteht die Möglichkeit, für einige Tage dort abzusteigen (man muss sich nach *studentsheskoje obshtsheshitije* durchfragen). Auf manchen Stadtplänen wurden einige Straßen bereits "umgetauft" (ul. Marksa = ul. Bolshaja, ul. Lenina = ul. Amurskaja).

🛏 Das Hotel Irkutsk steht direkt am Ufer der Angara auf dem Boulevard Gagarina 44 (lobenswerte Gastronomie und Bar, Übernachtungen können mit Kreditkarte bezahlt werden). Es gibt Zubringerbusse vom Flughafen zum Hotel. Im Hotel kann man Geld tauschen, Postkarten und Briefmarken kaufen, ins Ausland telefonieren. Ferngespräche gehen hier ohne große Wartezeit, sind aber entsprechend teurer. Am Intourist-Schalter kann man auch Ausflüge in die Umgebung buchen (z.B. Schiffstour auf Angara, Baikal). Ständig im Programm sind organisierte Ausflüge an den Baikal nach Listwjanka (als Variante: mit dem Bus hin, zurück mit dem Schiff). Zum Hotel Irkutsk (Baikal) gelangt man mit der Straßenbahn - an der ul. Potschtamtskaja aussteigen und in Richtung Angara gehen, nach wenigen Querstraßen ist man am Hotel. Man beachte die alten Holzhäuser in den Seitenstraßen, z.T. mit kunstvollen Schnitzverzierungen. Es besteht auch die Möglichkeit, mit einem der Verkehrsmittel bis zur Haltestelle "Khudozhestwenij Museij" (ост. Художественный музей) auf der ul. Lenina zu fahren und von dort in Richtung Boulevard Gagarina zu gehen, in 5 Min. ist man am Hotel.

Der Bahnhof in Irkutsk liegt am linken Ufer der Angara. Um in das Stadtzentrum zu gelangen, muss die große Brücke am Bahnhof überquert werden (Fluss Angara). Die Stadt hat ein gut ausgebautes Bus-, Straßenbahn- und Trolleybusnetz. Die Straßenbahnen 1 und 2 fahren in das Zentrum.

🚌 Zwischen dem Bahnhof (ul. Tshelnokova, ☎ 394747) und dem Zentrum zirkuliert die Tram Nr. 1.

🚌 Der *avtovokzal* liegt 2 Tram-Haltestellen vom Zentralen Rynok entfernt, Anfahrt vom *rynok* mit der Tram Nr. 4 (oder Minibus Nr. 4), von hier fahren auch die Überlandbusse in die nähere Umgebung von Irkutsk ab.

♦ *avtovokzal*, ul. Oktjabrskoi revoluzii 11, ☎ 209411 und 209115

Am Bahnhof beginnen und enden auch fast alle Buslinien. Zwischen Bahnhof und *zentralnij rynok* verkehren die Minibusse Nr. 16, 20, 61, 80, 45 und 99. Der Bus 7 fährt vom Bahnhof durch das Zentrum in Richtung der Mikro-Rayons Baikalskij und Primorskij. Von der Endhaltestelle der 7 sind es nur einige Schritte zum *retschni port*, dem Flussschiffhafen, nahe der Angara-Brücke.

ℹ   Informationsbüro ☎ 237610 und 287467

⛴   Die Schiffsanlegestelle befindet sich im Mikrorayon Solnetschnij (**микро-район Солнечный**), man fahre mit dem Bus Nr. 16 (oder dem Marschrouten-Taxi Nr. 16) bis zur Haltestelle "Raketa". In der Nähe der Eisbrecher "Angara".

ℹ   Telefonische Auskünfte: von 10:00 bis 19:00 ☎ 358860 und 356726.

Im Flusshafen besteht die Möglichkeit, Karten für den (die) nächsten Tag(e) zu kaufen. Es fahren Schiffe vom Typ der Raketa/Kometa. Der Schiffsbetrieb beginnt Ende Mai/Anfang Juni, wenn der Baikal eisfrei ist. Schiffe wie die "**Восход**" fassen 60 Passagiere, größere wie die "**Баргузин**" können 100 Reisende aufnehmen. In einem kleinen Kiosk am Flusshafen gibt es touristische Karten zu kaufen. Die Verpflegung auf den Schnellbooten (*Raketa*) beschränkt sich meist auf Waffeln, Kekse, Marsriegel etc. An den Schiffsanlegeplätzen herrscht meist sehr großer Andrang: Hunderte von Menschen mit noch mehr Gepäckstücken, viele Touristen. Am besten ist es, eine Stunde vor Ablegen des Schiffes dort zu sein.

Reguläre Schiffsverbindungen bestehen in der Saison nach Listwjanka, Port Baikal, Buchta Pestshanaja, Buchta Sukhaja (Tickets ab € 25). Meist verkehren die Schiffe umtägig, da sie die Hin- und Rückfahrt zu weiten Zielen nicht in einem Tag bewältigen. In längeren Abständen werden auch Ziele wie das am Nordufer des Baikal liegende Sewerobaikalsk angefahren (Umstieg in Port Baikal).

Der Schiffsanleger für Fahrten stromaufwärts (Angara) in Richtung Baikal liegt südl. des großen Staudammes. Eine weitere Anlegestelle für Fahrten stromabwärts in Vorstädte und nach Bratsk/Angarsk findet sich nördlich der Staumauer.

☎   238072 und 342565

Wer sich speziell für Rafting (z.B. im Chamar-Daban Gebirge) interessiert, wende sich an eine der touristischen Firmen in Irkutsk. Im Umfeld des Intourist-Hotels trifft man als Tourist häufig Russen an, die Bootsfahrten auf dem Baikal anbieten.

Zu festgelegten Zeiten ist die Jagd auf bestimmte Tiere freigegeben. Zur Jagd ist eine spezielle Lizenz nötig. Genauere Informationen erfrage man vor der Reise. Es gibt spezielle Jagd-Landkarten (*karta dlja ochotnikov*). Besonders beliebt für Jagdtouren ist die Baikalregion - auch bei den Russen. Jagdtouren im Irkutsker Gebiet organisieren auch die meisten auf Tourismus eingestellten lokalen Firmen.

Bank, Post, Telekommunikation

Das Hauptpostamt (☎ 246153) in der ul. Potschtamtskaja ist gut mit der Straßenbahn 1 oder 2 zu erreichen. Postlagernde Sendungen nach Irkutsk schickt man mit folgender Adresse an das Hauptpostamt: Empfänger (Name in Deutsch), poste restante, central post-office, ul. Potschtamtskaja, 664000 Irkutsk. Ein gültiger Reisepass ist bei der Entgegennahme postlagernder Sendungen vorzuzeigen. Man frage nach *pisma do wostrebowanja*.

Telefongespräche ins Ausland (*meschdunarodni*) sind problemlos von diesen Postämtern möglich, sofern man nicht sein GSM-Handy dabeihat:

- ✆ Zentrales Telegrafenamt (Telegramme), ul. Proletarskaja 12, ☎ 245950
- ◆ Postämter: ul. Potschtamtskaja 23, ☎ 246153 und ul. Tshelnokova 3

✋ ⏳ Bei Anrufen nach Deutschland, Österreich und in die Schweiz usw. die Zeitverschiebung von minus 7 Std. beachten, für Moskau bestehen immerhin minus 5 Std. Unterschied.

Geschäfte

Der Zentrale Marktplatz (*rynok*) liegt 5 Min. südöstlich vom Grand-Hotel (an der Ecke ul. Bolschaja/ul. Urizkovo). Gleich neben dem Markt befindet sich das größte Warenkaufhaus mit Restaurant.

Fast alle Buslinien und die Straßenbahnen 1 bis 5 tangieren den Markt bzw. verlaufen in der Nähe. Aussteigen muss man an der Ecke ul. Preobrashenskaja (alt: ul. Timirjazewa). Der Markt beginnt hier üblicherweise gegen 8:00. Fleisch und Fisch ist im Markthallengebäude erhältlich. Alles andere (Obst, Gemüse, Brot, Sonnenblumenkerne, Granatäpfel, Blumen, pelmeni, Schaschlyk ...) bekommt man an den überdachten Verkaufsständen.

Baikalwasser wird neuerdings in 1,5-Liter Flaschen zu einem stolzen Preis zum Kauf angeboten. Zielgruppe sind die neureichen Russen, die es als Trinkwasser benutzen. Durch die Einleitung ungeklärter Abwässer in die Angara bei Irkutsk ist das Trinkwasser mancherorts von zweifelhafter Qualität (Gewinnung durch einfache Uferfiltrierung). Nach Mitteilung der Umweltbehörde sind an der Verschmutzung auch die Industriestandorte Sajansk und Ust-Solje beteiligt (in den letzten 20 Jahren Einleitung von über 1.500 t Quecksilber). Wer längere Zeit in Irkutsk bleibt, ist mit einem entsprechenden Wasserfilter sicher gut beraten. Das Flusswasser der Angara hinter Irkutsk (westlich der Stadt) trinke man keinesfalls ohne Aufbereitung (Schwermetalle, Ammoniumsalze, koliforme Bakterien).

Sehenswürdigkeiten

Irkutsk war bis 1917 auch Verbannungsort. Um 1825 wurden die Dekabristen nach dem gescheiterten Putschversuch in St. Petersburg gegen den Zaren hierher verbannt (die Bezeichnung leitet sich ab von der russischen Bezeichnung für Dezember = *dekab'r*).

Die Frauen der Verurteilten folgten zum Teil freiwillig in die Verbannung. Noch heute werden an den Gräbern der Dekabristen oft Blumen niedergelegt. Auf der ul. Bolschaja 64 gibt es ein ⌘ **Museum zur Geschichte des Dekabristenaufstandes** und der nachfolgend verbannten Personen.

1879 wurde Irkutsk durch einen mehrtägigen Brand zu 90 % zerstört. Der Wiederaufbau nahm Jahre in Anspruch. Seitdem trägt die sibirische Stadt Irkutsk unverkennbar europäische Wesenszüge. Die Mehrzahl der alten Holzhäuser ist demnach nicht älter als 1879. Das Haus Nr. 18b in der ul. Lapina/Ecke ul. Glawnaja Arsenalskaja, *dom shubina*, soll aber noch aus der Mitte des 19. Jahrhunderts stammen.

Zu den Sehenswürdigkeiten zählt auch das **Weiße Haus** (*Bjeli dom*), es war früher Sitz der Verwaltung des Gouverneurs Sibiriens. Heute beherbergt es die Bibliothek der Irkutsker Universität.

✝   Mit zu den ältesten Gebäuden der Stadt gehört die **Erlösungskirche** (Spasskaja Zerkov), erbaut um 1704. Allerdings finden in der Kirche keine Gottesdienste mehr statt, sie dient als Raum für einige Ausstellungen. (Spasskaja Zerkov, ul. Sukhe-Batora 2)

♦   Anfahrt mit öffentl. Verkehrsmitteln via Trolleybus Nr. 1, 2, 4, 5 oder 8 bzw. Busse 16 oder 20. (Haltestelle "Skwer Kirova", сквер Кирова), das große Gebäude in Nähe der Spasskaja Zerkov ist die Gebietsverwaltung.

Ebenfalls zu Ausstellungszwecken dient die **Kirche der Gotteserscheinung** (Sobor Bogosjawlenja), sie beherbergt eine Filiale des Kunstmuseums (Gemälde). Die Sobor Bogosjawlenja liegt unweit der Bootsanlegestelle (Angararundfahrten) an der Angara.

✝ Heilige Messen und Gottesdienste finden u.a. in der Zerkov Krestowosdwishenskaja (**Kreuzerhöhungskirche**) statt, die gut mit den Straßenbahnen 1 oder 2 zu erreichen ist. Nördlich des kleineren Ushakovka-Flusses befindet sich eine alte **Kathedrale** (Zerkov Znamenskaja) in der ul. Angarskaja 14. In Irkutsk sind mehrere Glaubens- und Religions-gemeinschaften vertreten. Eine katholische Gemeinde logiert unter der Adresse ul. Gribojedova 110, die evangelische Gemeinde (Zerkov Khrista Spasitjelja) auf der ul. Jaroslavskovo 213.

☪ Die **Moschee** (1897) befindet sich auf der ul. Karla Libknekhta 86.

Man sollte sich unbedingt die Zeit nehmen, einen Spaziergang durch die Straßen mit den alten **Holzhäusern** (*izba*) zu unternehmen. Die hervorstehenden Dächer, die Türen und Fensterläden sind meist kunstvoll mit Schnitzerei verziert. Der historischen Holzarchitektur wegen wurde Irkutsk 2000 in die Liste des UNESCO-Welterbes aufgenommen.

Touren in die Umgebung

Bolschaja Retshka, Listwjanka: Eine autobahnähnlich ausgebaute Straße führt von Irkutsk ausgehend immer am rechten Ufer der Angara entlang über Bolschaja Retshka zum Baikalsee. In Listwjanka befindet sich eine Schiffsanlegestelle, genau gegenüber in Port Baikal ebenfalls. Die Entfernung Irkutsk - Listwjanka beträgt ca. 70 km.

In Bolschaja Retshka gibt es neben der Post und der Tankstelle auch einige Geschäfte und im Ort finden sich fast nur neuere Häuser. Die alten für Sibirien typischen Holzhäuser mit Schnitzverzierungen sind eindeutig in der Minderzahl. Grund dafür ist, dass das Dorf in den 1950er Jahren komplett umgesiedelt werden musste, da durch das Aufstauen der Angara das alte Dorf überschwemmt wurde.

Diese Problematik findet am eindrucksvollsten in Valentin Rasputins Roman "Abschied von Matjora" Ausdruck, der auch verfilmt wurde. Die Angara wurde zur Energiegewinnung bei Irkutsk, Bratsk und bei Ust-Ilimsk aufgestaut, der Fluss verbreiterte sich dadurch stark, verlor aber an Fließgeschwindigkeit. Bei Bratsk und Ust-Ilimsk entstanden riesige künstliche Seen.

Von Bolschaja Retschka nach **Listwjanka** dauert die Fahrt nur ca. 30 Min. Im Hafen von Listwjanka wurden 1898 die zwei Fähren "Angara" und "Baikal" gebaut. Die Einzelteile hatten einen sehr langen Weg hinter sich, sie stammten größtenteils aus England.

Die Transsibstrecke verlief damals noch nicht kontinuierlich wie heute, die Züge wurden mit der Eisenbahnfähre "Baikal" zum anderen Ufer des Sees gebracht. Im ehemaligen Fährhafen **Port Baikal** legen heute noch *Raketas* und Passagierschiffe an. Abgesehen davon liegen im Hafen einige schrottreife Schiffe. Die "Balkhash" war in besseren Zeiten ein Forschungsschiff im Dienst des Institutes für Limnologie. Die Maschinen des Schiffes stammen aus der DDR; lange Zeit fehlte es an Valuta, um das Schiff zu rekonstruieren. Andere Schrottschiffe, die vormals ihren Heimathafen im Schwarzen Meer hatten, gelangten über das Mittelmeer, den Atlantik, das Polarmeer, via Jeniseij und Angara hierher nach Port Baikal. Täglich 2 x Fähre zwischen Port Baikal und Listwjanka.

Listwjanka ist ein typisches Vorzeigeobjekt und auf Touristen eingestellt. Die Kirche (**Свято-Никольская Церковь**) wurde Anfang des Jahrhunderts errichtet. Der Name des Dorfes rührt wohl von den hier früher einmal reichlich vorkommenden Lärchen her.

- ⇌   Baikal, Listwjanka, ul. Akademitsheskaja 13 (56 Zimmer, erbaut 1979, rekonstruiert 1998), Info über: 🖳 www.alliance-travel.ru, ☎ 250391
- ♦   Baikalskaja Terema, Gornaja ulica 16 (erbaut 2000)
- ⌘   Limnologisches Museum, ul. Akademitsheskaja Nr. 1

Zur Rückfahrt nach Irkutsk empfiehlt es sich, ein Schiff zu benutzen (schöner Ausblick auf die hier sehr breite Angara).

Autobusverbindungen bestehen von Irkutsk zum Baikal zu folgenden Orten: Listwjanka, Maloje Morje (MRS/Sachjurta), Sljudjanka, Baikalsk.

Ust-Ordinskij, Katschug, Sachjurta: Ust-Ordinskij ist das Zentrum des gleichnamigen autonomen burjatischen Gebietes, das nördlich von Irkutsk liegt. Landschaftlich handelt es sich hier um eine leicht bergige Gegend mit z.T. dichter Taiga. Die Flüsse, die hier und in der Primorskij-Bergkette am Baikal entspringen, fließen in die Angara ab. Hier kommen auch einige heiße Quellen vor, z.B. bei

Gorjashi Kljush. Archäologische Fundstätten weisen auch auf eine frühzeitige Besiedlung hin.

Von Irkutsk führt eine gut befestigte Straße (R-418) über die Orte **Chomutovo** (Museum, 30 km von Irkutsk) und **Ojok** durch eine sumpfige Gegend direkt nach **Ust-Ordinskij**. In dieser kleinen Stadt gibt es ein Hotel und ein bekanntes Museum. Die Trasse geht weiter nach Norden, später unbefestigt; bis Katschug (**Качур**) sind es etwa 180 km. **Katschug** liegt an der Lena, die ab da bereits von kleineren Schiffen befahren werden kann. Der Bus von Irkutsk benötigt bis Katschug ca. 8 Std.

☺ Etwa 20 km stromabwärts von Katschug liegt an der Lena die Siedlung **Schischkina**, bekannt vor allem durch die Felszeichnungen im rötlichen Schiefergestein in der Nähe der Lena. Angeblich sollen diese Zeugnisse längst vergangener Kulturen 4.000 Jahre alt sein. Eine direkte Führung zu diesen Sehenswürdigkeiten gibt es nicht, man frage am besten bei ortskundigen Bewohnern nach.

Ca. 60 km hinter Ust-Ordinskij muss man bei Bajandai (hier ⛽ 🏠) rechts abbiegen, um an den Baikal zu gelangen. Die Gegend nimmt hier stellenweise steppenähnliche Formen an. Über Kosaja Step und Elanzij (⛽ 🏠) erreichen Sie nach weiteren 125 km das burjatische Dorf **Sachjurta** am Baikal. Auf halbem Weg liegen einige kleinere Salzseen.

Bei Sachjurta ("MRS") legen auch aus Irkutsk kommende *Raketas* an. Von hier verkehrt auch die Fähre zur **Insel Olchon**. Eine Turbasa ("Malomorskaja") befand sich bei Shara-Togot, war aber bislang in renovierungsbedürftigem Zustand. Neuerdings soll es auch in Sachjurta/MRS eine Übernachtungsmöglichkeit geben. Der zwischen Insel Olchon und dem westlichen Festlandufer liegende Teil des Baikals wird als Kleines Meer (*Maloje Morje*) bezeichnet.

Es verkehrt ein Überlandbus zwischen Sachjurta und Irkutsk. Die Fahrzeit beträgt mindestens 10 Std. (Abfahrt in Sachjurta: 8:00, Ankunft in Irkutsk: gegen 18:00). In Sachjurta gibt es eine Tankstelle.

Bratsk: Die Stadt kann mit dem Flugzeug u.a. von Irkutsk oder Moskau, Magadan, Omsk, Nowosibirsk, Chabarowsk und Lensk erreicht werden. Der Flugplatz von Bratsk (**Братск**, IATA-Code: BTK) liegt 30 km vom Stadtzentrum entfernt.

🛬 Flughafen: ☎ und FAX 3953/331325

✎   Variante: In Taishet (Transsib-km 4.522) aus der Transsib aussteigen und
in Richtung Bratsk - Ust-Kut weiterfahren (☞ Transsibirische Eisenbahn, BAM).

Bei Bratsk befindet sich der - lange Zeit - als größter künstlicher aufgestauter
See der Welt geltende Stausee, die angestaute Angara. Der Bau des bekannten
Kraftwerkes begann bereits 1954. Das "Bratsker Meer" ist 570 km lang und über
100 m tief, es fasst ca. 170 km³ Wasser. Der Staudamm ist 1 km lang und die
Baukosten beliefen sich damals auf 0,8 Mrd. Rubel, die Bauzeit betrug 7 Jahre.
Das Kraftwerk liefert mit seinen 18 Turbinen ca. 3,8 Mega-Watt.

Gegründet wurde die Siedlung schon 1631 als Fort Bratsk und war stets von
geringer Bedeutung. Die Stadt wuchs mit dem Wasserkraftwerk. Vorher war die
unwirtliche Gegend nur dünn von Ewenken besiedelt. Die alte Stadt Bratsk wurde
vom Stausee überflutet. Einige historische Häuser konnten abgetragen werden
und wurden an anderer Stelle neu aufgebaut. Heute hat Bratsk weit über 300.000
Einwohner.

Das Kraftwerk ist in einer halben Stunde mit dem Auto/Bus aus dem Stadtzentrum zu erreichen. Intourist führt auch Besichtigungen durch. Auf dem Damm
des Stausees verlaufen die Gleise der **BAM**.

🛏   Taiga (Intourist), ul. Mira 35, ☎ 413979

◆   Bratsk, ul. Deputatskaja 32, ☎ 438436

🏧   Bank und Western-Union Agent: Vostsibtranscom-Bank, 665729 Bratsk,
      ul. Marshala Zhukuva 3, ☎ 3953/450250 (nur werktags)

✉   Postamt, ul. Mira 27, nicht weit vom Hotel Taiga

⌘   Ein ethnografisches Freilichtmuseum befindet sich in der Nähe von Bratsk.

Severobaikalsk: Interessant ist eine Fahrt mit der Eisenbahn (Zug Nr. 71/72 von
Irkutsk (über Taishet) nach Severobaikalsk (BAM). Von Severobaikalsk fährt auch
das Schiff nach Port Baikal zurück.

Severobaikalsk (Северобайкальск)

Die Stadt gehört eigentlich zur **Republik Burjatien**, ist jedoch von der Irkutsker Seite
viel besser zu erreichen. Der Ort entstand in den 1970er Jahren während der
BAM-Bauphase aus einem Baustützpunkt und erhielt erst 1980 den Status einer

Stadt. Mit der Begrünung begann man erst vor wenigen Jahren. Heute leben hier ca. 25.000 Menschen (vor 15 Jahren noch etwa 30.000), einige noch immer in alten Bahnwaggons, Baracken und Containern wie zu Zeiten des BAM-Baus. Severobaikalsk bietet sich hervorragend als Ausgangspunkt für Touren in die Bai-kal-Nord-Region an.

- ☽ 30139 (Telegraf ul. Proletarskaja 1)
- ⧖ Zeitdifferenz zu Moskau: 5 Std.
- ⓘ Auskünfte über ☎ 24444
- ◆ Informationen über die Nordbaikalregion (🖳 www.gobaikal.com) kann man bei Herrn Rashit Jakhin ✎ rashit.yahin@usa.net bzw. ☎ 21560 erhalten.
- 🛏 Gostiniza "Nord" (in der Nähe vom Hafen)
- ◆ Tsherembas, ul. Mira 44, nur 300 m vom Zentrum entfernt
- ◆ Baikal, ul. Kosmonavtov
- ⊕ Touristenklub Davan auf dem Pereulok Schkolnij Nr. 11, ☎ 20323, vom Bahnhof ca. 15 Min. zu Fuß in die Richtung ul. Kosmonavtov. Man frage nach Direktor Jewgenij Aleksandrowitsch Marjasov oder nach Pawel Rasputin. Im Notfall hier Übernachtung zu erträglichem Preis möglich, ✎ davan@burnet.ru, hier erhielten wir auch eine gute Kopie einer brauch-baren Landkarte der Nordbaikalregion.
- ◆ Kommerzielle Tourismusfirma Khozjain, ☎ 24512. Über Khozjain wird auch ein Hotel im Dorf Solnjetschnij betrieben (Auskünfte ☎ 20023).
- ◆ Tourismus-Assoziation "Severnij Baikal", ☎ und FAX 24512
- ✚ МЧС Северобайкальск, ✎ davan@burnet.ru (Viktor Karpov)
- 🏦 Sparkasse ul. Poligrafitschistov Nr. 18 (🕗 Sa, So geschlossen; manchmal sogar Akzeptanz von Amex-Reiseschecks). Neben dem Gebäude befinden sich die Agropromyshleny-Bank und der Telegraf.
- ⓘ Information/Medien: Die regionale Zeitung "Sewernij Baikal" erscheint täg-lich seit 1934. Redaktion ul. Poligrafitschistov 12, ☎ 21909 und 43640

Einkaufen

Kioske im Bahnhof, kleiner Textil- und Lebensmittelmarkt rechts vom stadtseitigen Ausgang des Bahnhofes. Der Handelshof Torgowij Zentr ist in 5 Min. zu errei-chen (man folge geradeaus dem Leningradskij pr.). Am zentralen Platz befinden sich auch die Post und die Gebietsadministration sowie ein kleines Café im ehe-maligen Kulturhaus der Eisenbahner. Buchladen am zentr. Platz.

Anreise und Verkehrsmittel

Nach Möglichkeit nicht spät abends oder Sa/So anreisen, da dann kaum Möglichkeit zum Geldwechsel besteht und es somit Probleme mit dem Kauf von Rücktickets (dies ist durchaus schon 2 bis 3 Wochen vor der geplanten Rückfahrt anzuraten) oder der Weiterreise gibt.

✈ Der nächste Flugplatz in der Nähe befindet sich in **Nizhneangarsk** (Flüge von/nach Irkutsk, Ulan-Ude und in der Vergangenheit selten auch Taksimo). In die Nachbarstadt Nishneangarsk fährt ein Bus. Das Flugticket kostete ca. € 75.

🚤 Zwischen Irkutsk (Umstieg in Port Baikal) und Nizhneangarsk verkehrt ein **Raketenschnellboot**, das üblicherweise an der Insel Olchon und Severobaikalsk einen Zwischenstopp einlegt. Für die gesamten 630 km rechne man 12 Std. Fahrt. Das Schnellboot fuhr in den letzten Jahren (2005/2006) in der Sommersaison jeweils Di und Fr von Irkutsk (8:30) nach Nizhneangarsk (20:30) und jeweils mittwochs und samstags zurück nach Irkutsk. Bei Schlechtwetter kein Schiffsverkehr!

PKW warten in Sewerobaikalsk auf das Schiff, um in den Süden (Irkutsk) zu gelangen. Es gibt keine nutzbare Straßenverbindung.

Der Preis pro Ticket lag 2006 bei € 50. Der Hafen von Sewerobaikalsk liegt etwas außerhalb des Stadtzentrums (Taxi 5 Min. oder zu Fuß 20 Min.). Aktuelle Infos über den Schiffsverkehr auf der Site der Ostsibirischen Flotte

🖳   www.vsrp.ru.

Mitunter **Mitfahrgelegenheiten** auf Fischkuttern, Lastschiffen, Jachten. Auch Charter möglich. Der Preis sollte direkt mit dem Kapitän unter vier Augen in der Kajüte ausgehandelt werden. Wird auch eine Rückfahrt bzw. spätere Abholung an einem bestimmten Punkt der Küste, Flussmündung oder Insel vereinbart, zahle man anfangs nur die Hälfte des Preises, Jachthafen ☎ 24556.

🚌   **Linienbusse** fahren in die umliegenden Ortschaften wie Nizhneangarsk (tägl.) Dorf Kholodnoje (nur werktags) oder Baikalskoje (bisher Di/Fr/So) bzw. Kitshera und Verkhnaja Zaimka (nicht tägl.).
♦   Mitunter kommerzielle (private) Kleinbusse oder Taxi am Bahnhofsvorplatz. Info ☎ 20540 und 20006 (privat)

🚆   Anfahrt mit der **BAM** (z.B. Zug Nr. 347/348 direkt aus Krasnojarsk oder Zug 71/72 von Irkutsk). Es gibt Kurswagen von/nach Nowosibirsk (291), Kislowodsk (Nr. 97/98), Nerjungri (Jakutien). Weiterhin fährt der Zug Nr. 75/76 (Moskau - Tynda) über Sewerobaikalsk; Tickets in Moskau in der Sommersaison aber evtl. schwierig zu bekommen. Auch Zug 92 fährt von Moskau (Kazanskij Vokzal) nach Sewerabaikalsk (93 Std.).

Elektrischka-Züge (Nahverkehr) verkehren in Sewerobaikalsk von/nach Ust-Kut (Station Lena) sowie in östlicher Richtung nach Kitschera (Nr. 6109), Anamkit und Novy Uojan (6103). Die Kurswagen nach Nerjungri sind oft schon 2 Wochen im Voraus ausverkauft.
⊕   Sonderreisen auf der BAM organisiert u.a.: Intra-Express Studienreisen GmbH, Burgherrenstr. 2, 12101 Berlin, ☎ 030/785 3391, [FAX] 785 9208, 🖳 www.intraexpress.de, ✉ intraex@t-online.de, wobei auch Eisenbahnmuseen und Besuche in Lokomotiv-Depots zum Programm gehören.
📖   *Siberian BAM Guide: Rail, Rivers & Road*, Athol Yates und Nicholas Zvegintzov, Trailblazer Publications, 2001. ISBN 978-1873756188 (in Englisch).

Sehenswertes

⌘   BAM-Museum, ul. Mira 2 (Kreuzung ul.Mira/ul. Druzhby). Vom Bahnhof 20 Min. zu Fuß. Gut bestückte Sammlung mit Modellen, Fotos, Karten, technischem Gerät aus der Zeit der Errichtung der BAM.

⌘   Kunst-Ausstellung (ul. Druzhby) im Nebengebäude des BAM-Museums, Eingang Hofseite. Einige der hier ausgestellten Werke des Künstlers Tschistjakov sind verkäuflich. Aus einer dunklen Ecke am Ausgang grüßen die Köpfe von Lenin, Felix Dzhershinskij & anderen Helden.

✟   Die kleine hölzerne Kirche finden wir auf einem kleinen leicht bewaldeten Hügel zwischen Leningradskij pr. und ul. Druzhby.

⚓   Informationen über den Yachtklub und Boots-Charter direkt im Hafen ☎ 24512 oder 24556.

Die in Stadtnähe gelegene **Bucht Onakotschanskaja** wurde von einem burjatischen Lama aus Ivolginsk heilig gesprochen. Seit einigen Jahren ist die Errichtung eines Sonnentempels geplant. Wer nichts von der kosmischen Energie zu verspüren vermag, lege dennoch einen Zwischenhalt ein, da das Panorama wirklich einzigartig ist.

Touren in die Umgebung

Baikal-Nordküste: Von Severobaikalsk (oder Nizhneangarsk) erreichen Sie per Schiff die Nordostküste des Baikal. Ein sehenswerter Platz ist **Kap Nemnjanka** (Mündungsstelle des Flusses Frolikha). Aufsteigend vom Kap bzw. der südlich gelegenen Bucht Ajaja und dem Frolikha-Fluss folgend erreicht man den See Frolikha. Warnung vor wilden Bären. Am See einige kleine warme Quellen.

Warme Quellen finden sich auch in der **Bucht Khakusy**. Zu Zarenzeiten befand sich hier eine Kolonie von Leprakranken.

Für das Frolikha- bzw. Khakusy-Gebiet (Naturreservat) ist eine Zutrittserlaubnis nötig (Stadtadministration oder Forstamt in Severobaikalsk - viel Papierkram). Im Reservat gibt es keine Einkaufsmöglichkeiten. Das *marschroutnij list* ständig bei sich führen, die bewaffneten Jäger kontrollieren manchmal. Leider gingen in der Vergangenheit mehrfach Waldbrände durch unvorsichtige Touristen aus. Das nördlich gelegene Gelände um Verkhnaja Zaimka und Kirenga ist schwer passierbar, sumpfig und fast unbesiedelt, sodass für die Rückkehr ebenfalls nur der Weg über den See bleibt. Reguläre Schiffsverbindungen gibt es derzeit nicht.

Dorf Kholodnoje: Das am Fluss Kholodnaja (russ. Kälte) gelegene größere Dorf ist bequem mit dem Elektrozug aus Severobaikalsk bzw. Nizhneangarsk erreichbar (Fahrt in östl. Richtung, vom Haltepunkt ist das Dorf 20 Min. entfernt, Bus werktags). Im Dorf wohnen auch Angehörige des Volkes der Ewenki. Kleines Museum mit ethnografischer Abteilung in der Schule. In der Umgebung existierte in den 1930/40er Jahren ein Gulag-Lager (bei Akikan), dessen Überbleibsel im Wald noch heute sichtbar sind.

Goudzhekit: nennt sich ein Haltepunkt der BAM, etwa 40 km in westlicher Fahrtrichtung von Severobaikalsk entfernt. Die Elektritschka hält hier zwar, Fahrkarten werden aber in Severobaikalsk ausschließlich bis zum weiter entfernten Kunerma (Gebiet Irkutsk) verkauft. Bei Kunerma durchfährt der Zug den 7 km langen Baikalskij Tunnel, der 1984 nach vier Jahren Bauzeit fertiggestellt wurde.

In der Bahnstation Goudzhekit gibt es außer einem zugenagelten Schalter und einer mürrischen Bahnwärterin eigentlich nichts. Die Rückfahrkarte muss man sodann im Zug beim Schaffner erwerben. Nicht weit von der Station befindet sich eine heiße Quelle (von Station den Fahrweg nach rechts, beim ersten abzweigenden richtigen Weg nach links, ca. 15 Min.). Die Thermalquellen speisen mehrere Becken und Pools im zweistöckigen Blockhaus des staatlichen Heilquellenunternehmens. Die Mädchen bieten verschiedene Bäder und auch Massagen an.

ℹ️   Informationen erteilt der Experte Nikolaij Aleksandrowitsch, Severobaikalsk, ☎ 23486.

Bei gutem Wetter empfehlen sich die ca. 1.800 m hohen Bergketten rechts des Flusses Goudzhekit (in Fließrichtung) für kleinere Touren. Besonders im August kann man hier in kurzer Zeit erstaunlich viele sehr schmackhafte Preiselbeeren sammeln.

Ansonsten kann der Berg Leningradskij (⇧ 1.862 m) der schönen Aussicht wegen bestiegen werden. Für den Pass Dawan fährt man bis zur Station Dawan (Höhe 1.500 m), die bereits zum Irkutsker Gebiet gehört. Eine Fotokopie der Karte erhielten wir freundlicherweise vom Severobaikalsker Touristenklub Dawan.

Die Bahnfahrt in westliche Richtung (Fahrtrichtung Ust-Kut) bietet in der Region des Baikalskij Gebirges viele malerische Anblicke. Stellenweise durchquert die Bahn nackte Felslandschaften mit reißenden Flüssen und Hochgebirgsvegetation.

Mit Hilfe der freundlichen Mitarbeiter des Touristenklubs kann man sicherlich auch eine Rafting-Tour auf einem der Zuflüsse des Baikal organisieren, z.B. eignet sich dazu der Fluss Tyja (р. Тыя), Kategorie 2 bis 3.

Dorf Baikalskoje und Kap Kotelnykovskj: Anfahrt von Serverobaikalsk mit Bus oder Taxi (45 km), Busse jedoch nicht täglich. Das Fischerdorf Baikalskoje hatte früher 2.000 Einwohner, heute ist die Einwohnerzahl durch die Abwanderung in die Stadt zurückgegangen. Auf alten Landkarten wird das Dorf auch noch als Kharemika bezeichnet, was es damit auf sich hat, kann der Hafenwächter Arkadij erzählen. Die ebenfalls auf den Karten vermerkte kleine Siedlung Talaja in südlicher Richtung jenseits des Fluss Rel ist heute unbewohnt. Das felsig-klippige **Kap Ludar** in Baikalskoje gilt den Ewenki als heilig.

Im Dorf befindet sich die einzige legale Fabrik, die Baikalrobben (Nerpa) jagen und verarbeiten darf. Im Ort gibt es eine winzige Telegrafenstation (🕐 9:00 bis 13:00); die Telegramme werden per Funk (Radiogramma) zur Stadt übermittelt, Telefonate sind sehr teuer. Es existieren zwei kleinere Geschäfte, die Grundnahrungsmittel und Konserven führen.

Eine Touristenunterkunft ist bislang nicht vorhanden. Ein Zelt kann aber in dem kleinen Wäldchen nahe der Mündung des Flüsschens Rel aufgeschlagen werden. Auf Tarnung ist zu achten, da ansonsten zwei- und vierbeiniger Besuch zur Unzeit vorprogrammiert ist. Benötigt man Hilfe, wende man sich an die Dorfjugend, die im Sommer den Schiffsanlegesteg umlagert. Man frage nach Herrn Aleksandr Schamylin, der auch Informationen über Kap Kotelnykovskj gibt. Außerdem kann man sich an Herrn Nikolaij Pobuta wenden, der über ein Motorboot und einen Jeep verfügt (☎ 43253).

Mitunter legen auch Schiffe in Baikalskoje an, und es ergibt sich oft die Möglichkeit zur Mitfahrt nach **Kap Kotelnykovskj**, was dem Fußmarsch vorzuziehen ist. Das Kap (*mys*) liegt ca. 80 km Luftlinie südlich und ist durch warme Quellen (80°C) bekannt. Zu Fuß sollte man sich nur als Gruppe auf den Weg machen. Der Weg über die Bergketten am Ufer ist schwierig und sehr trocken (kein Trinkwasser) - ein Abstieg zum Seeufer ist durch die Steilküste fast überall unmöglich. Ein schmaler, kaum noch erkennbarer Pfad (ehem. Viehtriebweg) durch die Taiga umgeht die Berge und Steilküste. Anfangs folge man dem Lauf des Rel, anschließend einer guten Karte oder einem Ortskundigem. Am Kap bietet es sich an, einige Tage Rast einzulegen, um dann später zum **Pik Tscherskovo** (⇧ 2.588 m, vergletschert) aufzubrechen, wozu ca. 3 Tage straffer Wanderung durch die menschenleere Bergtaiga (Bärenwarnung) nötig sind.

Zunächst folgen Sie der Uferlinie des Baikal nach Süden bis zur Mündung des Flusses Baikalskaja Kurkula (Wasserfall Kurkulinskij), dann flussaufwärts bis zum **Ozero Gitara** (⇧ 1.240 m). Danach folgt ein etwas beschwerlicher Weg entlang der Uferlinie dreier Seen (oz. Tazik, Prototschnoje und Izumrudnoje) und

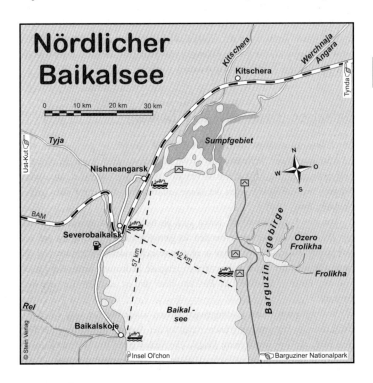

mehrerer Wasserfälle. 1 km nach dem smaragdfarbigem Izumrudnoje-See lohnt sich der Aufstieg über den Gletscher zum Tscherskovo bzw. rechts neben dem Gletscher zum **Gora Ptiza** (⇑ 2.427 m). Phantastische Aussicht garantiert. Auch das in der Nähe befindliche Massiv des Gora Goljez Molokon bietet einen unglaublichen Blick über den Baikal.

Am Kap Kotelnykovskij legen - zumindest in der Sommersaison - mehrmals wöchentlich Schiffe aus verschiedenen Richtungen an. Es gibt eine kleine Funkstation und Strom aus einem Dieselaggregat. Einige Leute leben hier ständig, auch manche Russen verbringen hier einige Urlaubstage. Gegen Entgelt kann man das von einer warmen Quelle gespeiste Bad in einem Pool genießen. Früher war dies eine Erholungseinrichtung für die Bauarbeiter der BAM. Folgt man der Uferlinie von den Häusern des Kap weiter südlich, so trifft man nach ca. 2 Std. auf einen unter dichtem Bewuchs an der felsigen Uferwand verborgenen geheimnisvollen alten Friedhof mit Gräbern vom Anfang des Jahrhunderts, nachdem unterwegs die Überreste einiger Hütten sichtbar wurden.

Baikalsee (Ozero Baikal, о. Байкал)

Der Name des größten Süßwassersees der Welt (geschätztes geologisches Alter 25 Mio. Jahre), der "Perle Sibiriens", leitet sich wahrscheinlich von der turksprachigen Bezeichnung *baj-kul*, was so viel wie "reicher See" bedeutet, ab. Andere Autoren sind der Ansicht, dass der Name vom mongolischen *bajgal dalaj* (großer See) herrührt.

Von den Burjaten wird der Baikal auch als heiliger See angesehen und viele alte Legenden sind mit ihm verbunden. Es gibt mehrere heilige Orte am See, wie den bekannten Schamanen-Felsen in einer malerischen kleinen Bucht bei Chu-shir (**Insel Olchon**), der früher wahrscheinlich religiöse Bedeutung hatte. Der Hauptgott der Burjaten am Baikal ist *Burkhan*, nach ihm ist auch ein Kap der Insel benannt.

Von den nach Osten vordringenden Russen wurde der See erst 1643 entdeckt, wenige Jahre später gründete man an der Angara, dem einzigen Abfluss des Sees, die Kosakensiedlung Irkutsk, die später eines der hauptsächlichsten Zentren der Verbannung politischer Häftlinge in der Zarenzeit darstellte.

"Der Baikal fasziniert und die Sibirier nennen ihn ein Meer und nicht einen See. Sein Wasser ist unglaublich transparent, man kann wie durch Luft hindurchsehen, die zarte Türkisfärbung beruhigt das Auge ..." schrieb schon A. Tschechow über den Baikalsee.

Der Baikalsee kann mit vielen geografischen Besonderheiten aufwarten: Mit 1.624 m ist er der tiefste See weltweit (manche russ. Quellen nennen auch 1.637 m). Er enthält ein Fünftel der Süßwasserreserven der Welt, und es dauert mehrere Hundert Jahre, bis das gesamte Wasser im See einmal ausgetauscht wird. So viele Tage wie das Jahr hat - so viele Zuflüsse hat der Baikalsee.

Über die **Angara** fließt das Wasser ab, um später in den Jeniseij zu münden. Die Angara staute man an mehreren Stellen zur Energiegewinnung (Irkutsk, Bratsk u.a.) künstlich auf, was Wasserspiegelveränderungen im See nach sich zog; in Erscheinung traten diese z.B. auch an der nunmehr sumpfigen Landbrücke zwischen **Ust-Barguzin** und der Halbinsel **Swjatoi Nos**.

Im Baikalsee liegen etwa 25 kleine und große Inseln, die größte ist die Insel Olchon. Der Baikalsee ist 640 km lang und zwischen 30 und 80 km breit und die Wassermenge soll reichlich doppelt so groß sein wie die der Ostsee.

Von etwa Mitte Dezember bis etwa Mitte Mai ist der See zugefroren, die Eisschicht ist so dick, dass Lkw darauf fahren können. Als die Transsib noch nicht durchgängig war, wurden die Passagiere im Winter mit Pferdeschlitten über den See gezogen. Ein weit verbreitetes Märchen ist, dass auch ganze Züge mit Lokomotiven den zugefrorenen See überquert haben sollen. Dies wurde zwar in Erwägung gezogen, aber für tonnenschwere Lokomotiven war das Eis natürlich nicht dick genug. Man begnügte sich dann damit, auf den provisorisch verlegten Schienen nur Waggons durch Pferde zum anderen Ufer ziehen zu lassen.

Die Natur des Baikals und der unmittelbaren Umgebung ist weltweit einzigartig, von den hier lebenden 1.500 Tierarten kommen ca. zwei Drittel nur hier, ausschließlich im oder am Baikal vor. Gleiches trifft auf die Pflanzenwelt zu.

Im Baikal leben neben vielen anderen Fischarten auch der **Omul** und die **Golomjanka** vor - beide sind endemische Arten. Die größten Exemplare des Baikalskij Omul (*Coregonus autumnalis migratorius Georgy*) können eine Länge von 50 cm und ein Gewicht von bis zu 5 kg erreichen. Am besten schmeckt er gesalzen oder über dem Feuer geröstet. Der lachsartige Omul gehört zoologisch zu den Salmoniden. Die lebendgebärende Golomjanka (Fettfisch) lebt am Grund des Sees und besteht zur Hälfte aus Fett. Der Fisch kann nur in kaltem Wasser überleben. Die Golomjanka wird etwa 30 cm groß, und früher stellte man aus dem Fischfett Lampenöl her.

Für den See ist auch noch der **Baikal-Stör** charakteristisch, der auch Kaviar liefern kann. Allerdings gingen die Bestände zurück, sodass heute für den Baikal-Stör (*osjotr baikalskij*) Fangverbote bestehen. Der Stör kann hier bis zu 1,80 m Länge und 150 kg Gewicht erreichen.

Was Gewicht und Größe anbetrifft, nimmt der *tajmen* (*Hucho taimen Pall.*) nach dem Stör mit 1m und 50 kg den zweiten Platz ein. Insgesamt leben im See 52 Fischarten, wovon immerhin 27 als endemisch gelten. Verschiedene Arten wurden aus anderen Regionen hier angesiedelt, so z.B. der Amur-Karpfen oder der seltene Amur-Wels (*amurskij som, Parasilurus asotus L.*).

Von besonderem zoologischen Interesse sind die **Baikalrobben** (*Phoca sibirica*), die im Russischen als "Baikalskij Tjulen" oder "**Nerpa**" bezeichnet werden.

Sonnenuntergang am Baikal

Die seltenen Robben werden etwa 1,50 m groß und erreichen ein Gewicht von etwa 100 kg. Die erwachsenen Robben haben eine silberhelle Färbung mit hellem Bauch. Sie kommen vorzugsweise im nördlichen und mittleren Teil vor - im Winter sind sie, um Luft zu holen, an Stellen gebunden, wo durch heiße Quellen das Eis auftaut. Eine ausgewachsene Nerpa kann maximal 20 bis 25 Min. ohne aufzutauchen unter Wasser bleiben. Der Nahrungsbedarf liegt bei etwa 3 bis 5 kg Fisch pro Tag.

Die jungen Robben (burjatisch als *khubun* oder *khubunok* bezeichnet) werden nach einer Tragzeit von zehn Monaten geboren, meist Anfang März, wenn die Eisdecke dünner zu werden beginnt. Die Jungen werden außerhalb des Wassers geboren und in der ersten Zeit mit Milch genährt. Untersuchungen des Limnologischen Institutes ergaben eine maximale Lebensdauer von 40 bis 50 Jahren für die Baikalrobbe.

Nach Schätzungen sollen früher etwa 30.000 Exemplare im See gelebt haben - heute sind es ca. 10.000. In den 1980er Jahren wurde die Zahl der Nerpas durch eine ungeklärte Viruserkrankung stark reduziert. Früher waren die Nerpa

wichtiger Bestandteil der Ernährung. Beliebt ist das Fleisch und Fett trotz Fang-verbot auch heute noch. Von den Burjaten wird die frische, noch körperwarme, rohe und sehr vitaminreiche Leber als besondere Delikatesse angesehen. Von sol-cherart Verzehr raten wir jedoch aus verschiedenen Gründen ab (Tierschutz, Parasiten).

Biologisch ist die Baikalrobbe eng verwandt mit der im Eismeer bei Nowaja Semlja vorkommenden Eismeerrobbe. Wissenschaftler vermuten schon seit Lan-gem, dass während der Eiszeit die Nerpa aus dem Eismeer via Jeniseij und Anga-ra in den Baikal einwanderte. Gleiches wird vom Omul angenommen.

Ein Rätsel ist immer noch, wie sich die Tiere von der Lebensweise im Salzwas-ser (Eismeer) auf ein Leben im Süßwasser des Baikals umstellten. Das Baikalwas-ser ist relativ salzarm (gering-mineralisiertes weiches Wasser vom Hydrokarbonat-typ). Der mittlere Ionengehalt liegt bei nur 95 bis 100 mg/l. Manch Einheimischer verwendet das Wasser des Baikal aufgrund des niedrigem Salzgehaltes anstatt destillierten Wassers zum Auffüllen der Autobatterie oder Bleisammler in Hütten ohne Stromversorgung.

Die Baikalrobben sind des Öfteren an den Ufern der Ushkanininseln anzutref-fen. Der **Ushkanin-Archipel** besteht aus vier kleineren Inseln, die in der mittleren Region des Baikalsees liegen - unweit der Halbinsel Swjatoj Nos. Die Große Ushkaninsel ist 10 km² groß und erhebt sich 210 m über das Niveau des Sees (der Wasserspiegel des Baikalsees liegt etwa 450 m ü. NN). Hier lebten bisher nur 5 Menschen ständig, unter ihnen der Geologe Viktor, der bei seinen Schür-fungen sogar Platin fand.

Der Baikal ist allseitig von Bergketten umgeben, die am Ufer teilweise als schroffe Steilküsten abfallen. Wo es die örtlichen Gegebenheiten zulassen, wach-sen in der Umgebung des Sees Taigawälder; es dominieren hier Tannen, Kiefern und sibirische Zedern. Auf den durchschnittlich ungefähr 2.500 m hohen Berg-gürteln fällt im September der erste Schnee. An Vegetation gibt es Pflanzen des Hochgebirges und der Tundra. Auch Enzian und Edelweiß gedeihen hier und Blaubeeren und Preiselbeeren sind fast allgegenwärtig.

Beeindruckend sind die vielfältigen Naturerscheinungen, z.B. seltene Mondre-genbögen, sehr starke Stürme mit derartig hohen Wellenbildungen, dass sich kein Schiff mehr auf den See hinaustraut (sehr gefürchtet wird der besonders im Herbst häufig auftretende Sturm "Sarmá", der aus nordwestlicher Richtung weht), Luft-spiegelungen über dem See und warme Quellen, die im Winter an manchen Stellen das dicke Eis offen halten, während einige Meter daneben -40°C herrschen.

Den Grund des Sees kann man angeblich bis zu 50 m Tiefe erkennen, wenn Windstille herrscht. Der Baikal bietet sich vorzüglich zum **Tauchen** an. Über verschiedene ortsansässige russische Touristenunternehmungen besteht auch die Möglichkeit, Tauchgeräte auszuleihen oder beim Tauchgang Begleitung von erfahrenen russischen Tauchern zu erhalten.

Zum Tauchen bieten sich besonders die Bucht bei Barguzin, die Umgebung des **Selengadelta**, das **Maloje Morje** (östlich Olchon) und die Bucht Pestshanaja an. In den Buchten liegt die Wassertemperatur im Sommer bei gutem Wetter etwas höher als die üblichen 15°C des Baikals, der auch im Sommer ein kühles Wasser führt. Auch wenn mit eigener Ausrüstung getaucht wird, benötigt man eine Genehmigung dafür - besonders, wenn die Tauchgänge in Schutzzonen (Barguzingebiet, Selengadelta u.a.) stattfinden.

📖 *Baikal - Der Streit um das heilige Meer Sibiriens*, GEO 12/1994, S. 134-154. Über die Menschen, die am Baikal leben, und über Flora und Fauna am und im Baikal; mit Karte.

♦ *Hilfe für den Baikal*, Focus 52/2001, S. 170-173. Gut bebilderter Artikel über die Umweltsituation.

♦ *Baikal - See und Region*, Reise Know-How Verlag Peter Rump, von Mall/Just, 2005. Der beste Baikal-Guide auf Deutsch (520 Seiten).

Umweltsituation am Baikal

Durch die zunehmende Industrialisierung zu Sowjetzeiten (u.a. besonders im Einzugsgebiet der Selenga) erwuchs eine ernstzunehmende ökologische Bedrohung für den Baikalsee. Es bestand die Gefahr, dass das hier sehr saubere und reine Wasser seine Qualitäten verlieren könnte. Zu sozialistischen Zeiten wurden wenige Gegenmaßnahmen ergriffen; eingeleitet wurden eher immer mehr ungeklärte Abwässer aus Industriebetrieben, wie z.B. vom Zellulose- und Papierkombinat "Baikal". Hauptquelle der Verschmutzung war der Fluss Selenga, der aus der Mongolei kommt und auch die Großstadt Ulan-Ude noch passiert. Der Fluss führt tonnenweise Industriegifte mit sich. In den Fischen und Robben reicherten sich bereits Gifte wie DDT an.

Erst zu Gorbatschows Zeiten begann man über die Ökologie des Baikals ernsthaft nachzudenken, auch unter dem Einfluss von nun auch öffentlich wirksam werdenden Umweltschutzinitiativen. Die große Gefahr für den Baikal besteht im Wesentlichen darin: es dauert mehrere Hundert Jahre, bis der gesamte Wasserinhalt des Sees einmal vollständig ausgetauscht wird.

In der Folgezeit wurden vermehrt Kläranlagen und Filteranlagen in den Industriebetrieben installiert. Da so mancher Betrieb heute sowieso stillliegt, hat sich mancherorts das Problem von selbst gelöst. Der Verschmutzungsgrad der beiden großen Flüsse Selenga und Uda konnte stark gesenkt werden. Als durch Berechnungen bekannt wurde, dass der Schaden durch die Industrieabgase viel höher als der Wert der hergestellten Produkte war, wurden Betriebe auf andere Erzeugnisse umgestellt oder geschlossen.

Einige Maßnahmen führten zu heftigen Diskussionen, so sollten die Abwässer des am Baikal befindlichen Zellulosewerkes ganz einfach mittels einer großen Pipeline 80 km entfernt in den Fluss Irkut geleitet werden, der in die Angara fließt.

Trotz all dieser Maßnahmen ist der See weiterhin gefährdet, wenn auch nicht mehr so stark wie früher. Die gesamte Umwelt ist im Baikalgebiet immer noch in besserem Zustand als beispielsweise in den Erdölfördergebieten Westsibiriens oder in der Komirepublik - es gibt eben "glücklicherweise" am Baikal keine lohnenswerten Erdölvorkommen. Um 1900 wurde hier fieberhaft nach Öl gebohrt, die Funde waren aber sehr gering. Die angeblich erdölführenden Flächen, z.B. im Selengadelta, wurden zu immer höheren Preisen weiterverkauft und gehandelt, "Baikalerdöl" in größeren Mengen wurde nicht gefunden.

Die Suche beruhte hauptsächlich auf mittelalterlichen Überlieferungen, wonach einige Orte bekannt waren, an denen "Steinöl" aus der Erde austrat, das im Feuer verbrannte und von den Schamanen als Heil- und Zaubermittel verwendet worden war.

Ein brisantes Thema war und ist der Bau der milliardenschweren Baikal-Erdöl-Pipeline, welche sibirisches Erdöl aus der Region westlich vom Baikal weiter nach Osten an den Pazifik transportieren soll. Bislang erfolgt dies durch Güterzüge mit Kesselwagen, erkennbar an der Aufschrift "Транснефт". Die bisherigen Pläne sahen vor, die Pipeline in weniger als 1 km Entfernung vom Ufer des Nordbaikals in der Region Severobaikalsk weiter nach Osten zu führen, was 2005/2006 erhebliche Proteste von Umweltschützern und Greenpeace Russland nach sich zog. Bei einer Havarie an der Pipeline würde die Gefahr bestehen, dass große Mengen Erdöl in den See gelangen, z.B. über einen der vielen Zuflüsse. Die Argumente von Transneft (z.B. dreimal so dicke Rohrwandungen als sonst üblich oder häufigere Schieber zur Absperrung der Leitung) konnten die Umweltaktivisten nicht überzeugen. Zu bedenken ist natürlich auch gewesen, dass die Baikal-Region als seismisch aktives Gebiet zählt und bei einem Erdbeben auch dickere Rohrwände nicht viel helfen. Mit dem Bau der Trasse in Taishet wurde bereits begonnen, jedoch wird dank eines im April 2006 vor Ort gesprochenen Macht-wortes von Präsident Wladimir Putin die gesamte Streckenführung in der Nord-baikalregion und dem Einzugsgebiet des Sees neu überdacht werden müssen und hoffentlich viel weiter nördlich verlaufen.

Anreise

Als Ausgangspunkte erscheinen Irkutsk (im Westen an der Angara gelegen), Ulan-Ude (an der Selenga, im Osten) oder Severobaikalsk am Nordende des Sees geeignet. Severobaikalsk ist mit der Eisenbahn (BAM) von Taishet zu erreichen. Die beiden anderen Städte erreichen wir mit der Transsib oder per Flugzeug (☞ Burjatien).

Baikal, rechts die Halbinsel Swjatoi Nos

Für kurze Touren an den Baikal (z.B. wenn nur ein Tag Aufenthalt in Irkutsk eingeplant ist - eigentlich viel zu wenig) ist **Listwjanka** zu empfehlen (u.a. Freilichtmuseum). In Listwjanka befindet sich u.a. auch das Intourist-Hotel Baikal, ☎ 250391, 🖥 www.alliance-travel.ru.

Eine richtige Schiffsfahrt auf dem "Sibirischen Meer" gehört zu den eindrucksvollsten Erlebnissen (☞ Irkutsk). Interessant ist auch die Insel ☞ **Olchon**, die vom Schnellboot auch von Irkutsk (Umstieg in Port Baikal) aus angefahren wird.

Praktische Hinweise für die Taiga

Als beste **Reisezeit** für das Baikalgebiet erscheint der Sommer von Mitte Juli bis Anfang September. Am wärmsten ist es im August. Anfang September kann es in höheren Lagen des Baikalskij Khrebet den ersten Schnee geben. Im Frühherbst wird die Wetterlage durch einsetzende Stürme mitunter unfreundlich. Ab Oktober zeigt sich das erste Eis in den kleineren Buchten. Durchschnittlich Mitte Dezember beginnt das Zufrieren des Baikal, was ca. 1 Monat dauert. Sehr reizvoll können Touren im wahrhaft sibirischen Winter sein (Februar/März).

Ab dem späten Frühling bis Anfang Juli ist mit zeitweise sehr hohem Mückenaufkommen zu rechnen. Die **Mücken** lassen sich nicht in jedem Fall von sonst bewährten europäischen Mückenmitteln beeindrucken. Man befrage die Einheimischen nach den jeweiligen (örtlich und auch nach Mückenart verschiedenen) Gegenmaßnahmen.

✋   Vorsicht beim Genuss von **Wildbeeren** in der Taiga. Einerseits könnten an den roh verzehrten Früchten gefährliche Parasitenstadien (im schlimmsten Fall vom lebensgefährlichen Fuchsbandwurm) haften - etwas Abhilfe schafft heißes Abbrühen der Beeren bzw. längerfristiges Trocknen in der prallen Sonne -, andererseits besteht eine weitere Gefahr im evtl. versehentlichen Genuss giftiger Beeren, von denen es eine ganze Menge gibt.

Die Spannweite reicht von stark giftigen Beeren und Pilzen bis hin zu Früchten die der Gesundheit durchaus von Nutzen sein können. Gewarnt sei auch vor den Früchten der *Woltschejagodnik* (*Daphne mezereum L.*; Seidelbast), die zu schweren Vergiftungen führen können. Der bis zu 1,50 m hohe Strauch mit länglich-dunkelgrünen Blättern, grau-gelblicher Rinde und grell- bis hochroten länglich-ovalen Früchten, ist überall in Russland und dem Kaukasus verbreitet. Bekannt in der Volksmedizin ist auch die zentralnervös-stimulierende Wirkung von *Zolotoij Koren* (*Rhodiola rosea L.*) oder *Zhenschen* (*Panax ginseng*). Aus den vertrockneten und abgestorbenen Vorjahresblättern des *Badan* (*Bergenia crassifolia*) vermischt mit frischen Blättern der wilden Johannisbeere (*smyrodina*) lässt sich ein schmackhafter Tee brühen.

✋   Ein anderes zu vielen Meinungen und Diskussionen führendes Reizthema stellt der **Bär** dar. Ein Allheilmittel gibt es nicht, wie selbst russische Jäger bestätigen. Wenn es in dem jeweiligen Gebiet Bären gibt, kann man sicher sein, dass trotz Lärmen oder mitgeführtem Hund der Bär der Gruppe in gewissem Abstand folgt, da Bären ziemlich neugierig sind. Überprüfbar ist das durch Zurückgehen und Absuchen eines evtl. feuchten Bodens oder Weggrundes: oftmals finden sich frische Bärenspuren! Ergänzend zu den im Ostsibirien-Kapitel gegebenen Hinweisen mag noch gelten: stößt man im Wald abseits des Pfades auf Anhäufungen von losem Gestrüpp oder Erde, könnte es sich um ein vom Bären erlegtes und verstecktes Beutetier handeln - zehnfache Vorsicht ist geboten.

Gefahr für Bär und Mensch geht von den **Bärenfallen** aus. Sofern dieselben nicht in Form eines erkennbaren Gitters, sondern als getarnte Fallgrube (*jamka*) bzw. Selbstschussanlage (*samostrel*) betrieben werden, könnte auch der unbedarfte Tourist Opfer werden. Nicht immer werden von den Jägern Hinweisschilder in der Umgebung angebracht, die auf derartige Selbstschussanlagen aufmerksam machen. Dies gilt besonders in Gebieten, die sonst nie von Touristen besucht werden.

Man lasse sich durch scheinbar vorhandene kleine Pfade (*tropinka*) selbst in der tiefsten Taiga nicht zu dem Gedanken verleiten, dass es sich um vom Menschen gebahnte Wege handle oder sogar Leute in der nächsten Umgebung wohnen: es handelt sich fast immer um stetig von verschiedensten Tieren begangene Wildwechsel, die wir mitbenutzen dürfen.

Dass man in einer leer stehenden und unverschlossenen Waldhütte bei widriger Witterung für 1 bis 2 Tage verweilt, wird einem eigentlich von den Besitzern (zumeist Jäger) nicht verübelt. Mitunter machen diese Hütten (*izbuschka*) auch den Eindruck, seit Monaten unbenutzt zu sein; man lasse nach Möglichkeit irgendeine kleine Kleinigkeit als Dank zurück und sei es eine Portion geschlagenes Brennholz. Es versteht sich, dass kein Müll, leere Konservendosen oder Nahrungsreste in Nähe der Hütte liegen bleiben (würde Bären anlocken), sämtlicher Müll ist zu verbrennen. Auch die leeren Dosen kommen ins Feuer, nach längerer Zeit zerfällt das Metall in der Glut.

Diese Spur im feuchten Sand am Flußufer stammt von einem noch nicht ausgewachsenen Bären.

Anstelle einer Toilette schlägt man sich ins Gebüsch. Toilettenpapier sollte nach Benutzung an Ort und Stelle verbrannt oder vergraben werden. Grund: die Fäkalien verrotten schnell, das auf chemischen Wege aus Zellulose hergestellte Papier überdauert einige Jahre (!) und gehört nicht in die Natur. Bei sämtlichen Aktionen natürlich an die Waldbrandgefahr denken, immerhin gehen über 50 % aller Taiga-Brände direkt vom Menschen aus.

Das Übernachten im Zelt nahe bei Wasserläufen ist zu vermeiden. Bei einem plötzlichen starken nächtlichen Regen oder überraschendem Tauwetter kann selbst ein kleiner über das Ufer getretener Bach Zelte mitreißen. Auch lassen sich unliebsame Tierkontakte verringern, da besonders in den Nachtstunden oder in der Dämmerung manches Getier (nicht nur Wildschweine, *kaban*) zum Wasser kommt.

Baikalquerung im Winter   nach Informationen von P. Eichenberger

Im Winter ist der Baikal mit einer durchschnittlich 2 m dicken Eisschicht bedeckt und kann von Pkw oder Lastkraftwagen sowie mit Skiern und Pferdeschlitten befahren werden. Wer Sibirien vom Frühling, Sommer oder Herbst her kennt, sollte auch den sibirischen Winter kennenlernen. Temperaturen von -40°C sind üblich, mitunter sinkt das Thermometer noch tiefer.

Wenn Ende Februar die Temperaturen "nur" noch -20°C erreichen, sprechen die Einheimischen vom bald beginnenden Frühling. Bis der gesamte Baikal restlos eisfrei ist, wird es Anfang Mai.

Eine gute **Reisezeit** ist der Monat März, das Eis ist dann immer noch ausreichend dick, dabei ist es nicht mehr ganz so kalt. Die sibirische Kälte ist eine sehr trockene Kälte, -40°C in Sibirien wirken dabei nur wie -20°C. Darin liegt aber auch die Gefahr: die Kälte wird nicht richtig wahrgenommen und Erfrierungen, z.B. im Gesicht oder an Händen und Füßen, treten schnell auf. Zusätzlich sorgt der starke Wind, der ungehindert über die Eisfläche zieht, für einen großen Wärmeverlust. Daher sind beste Winterausrüstung und richtiges Verhalten notwendig.

Als ein günstiger Ausgangspunkt für eine Seeüberquerung per Ski erscheint die am Nordende des Baikalsees gelegene Hafenstadt ☞ **Severobaikalsk**. Severobaikalsk ist günstig mit der BAM zu erreichen. Die Zugfahrt durch das winterliche Sibirien ist sehr eindrucksvoll. Man hat durch die klare Winterluft eine weite Sicht und es wird eigentlich keine Sekunde langweilig in den mit Kohle beheizten Zügen.

Vor Ort gibt es private Organisatoren, die z.B. die Ausrüstung für Wintertouren (Ski, Schlitten, Winterzelte usw.) bereitstellen und auch über ortskundige Führer verfügen. Dies ist besonders wichtig, denn an einigen Stellen des Baikals ist die Eisschicht auch im strengsten Winter sehr dünn oder wegen der heißen Quellen sind sogar Eislöcher vorhanden.

Unter der Eisschicht geht es bis 1.650 m abwärts, was der tiefsten Stelle des Baikalsees entspricht, durch das Eis deutet sich die schwarze Tiefe an.

Routenvorschlag: Ausgangspunkte können Severobaikalsk oder Nishneangarsk sein. Die Seeüberquerung erfolgt am besten im Bereich des nördlichen Deltas, das dank der Kälte gut zu passieren ist (im Sommer ist diese sumpfige Zone kaum passierbar). In das Delta fließen mehrere Flüsse, z.B. die Obere Angara, die Kholodnaja ("Kälte") und die Kitshera. Sie alle entspringen in den Gebirgen der Umgebung (Erhebungen bis ca. 2.500 m ü.NN). Mehr als 20 km pro Tag sind im Prinzip kaum zu bewältigen. Die Zelte kann man ohne Weiteres auch auf dem Eis aufschlagen. Das Knacken und Knirschen des Eises entsteht durch Spannungen innerhalb der Eisschicht und ist normal.

Ist man am östlichen Ufer angekommen, können die dort vorhandenen Jäger- und Holzhütten zum Übernachten genutzt werden. Die Hilfe eines Einheimischen ist aber zum schnellen Auffinden der Hütten nötig. Am östlichen Ufer befinden sich ebenfalls heiße Quellen, die auf Karten nicht verzeichnet sind. Man kann darin ein wärmendes Bad nehmen (Wassertemperatur +45°C). Der Dampf der heißen Quellen gefriert sofort an den Bäumen in der Umgebung. An Eislöchern kann versucht werden, den Speisezettel mit frischem Fisch aufzubessern.

Die Route kann nun fast beliebig in südlicher Richtung ausgedehnt werden, vorbei an den in den Baikal mündenden Flüssen Vrolicha, Shirildy, Tombuda und Urbikan. Außer Eis wird von den Flüssen nicht viel zu sehen sein.

— Weiter südlich liegt der **Barguziner Nationalpark**. Nach einigen Tagen, wenn man sich gegenüber des **Kap Kotelnykovskj** oder **Kap Bolsodeij** befindet, erfolgt die zweite Überquerung. Vorher wird ein Tag zum Ausruhen (noch am Ostufer) eingelegt. Für die folgende Überquerung sollte man zwei Tage einplanen.

Am gegenüberliegenden Westufer angelangt, muss man sich nunmehr wieder in nördlicher Richtung bewegen. Auch auf dieser Seite finden sich in der Taiga kleine Holzhütten. Der nächste zivilisierte Ort ist die Siedlung **Baikalskoje**, die je nach Standpunkt 50 bis 60 km nördlich liegt. Die Ortschaft befindet sich am Ufer des Flusses **Rel**. Von hier führt eine Straße nach Severobaikalsk (Bus, Lkw, *avtostop*). Für eine 180-km-Tour sind erfahrungsgemäß mindestens zehn Tage einzuplanen.

Südlich von Baikalskoje am Westufer ist außer Eis, Taiga und wilden Felsenküsten nichts anderes zu finden. Das nördliche Kap der **Insel Olchon** ist von Baikalskoje 240 km weit entfernt.

Insel Olchon - Idylle im Baikal   von Susanne Weise

Vom Festland durch das "Kleine Meer" (Maloje Morje) getrennt, befindet sich längs der Westküste im mittleren Teil des Baikals die Insel Olchon. Mit einer Länge von etwa 70 km und einer durchschnittlichen Breite von 10 km ist sie die größte Insel des Sees.

Nach Olchon kommt man mit der Fähre vom Dorf Sachjurta/MRS (bis dorthin mit "Raketa"-Schnellboot oder Bus von Irkutsk; der Bus Irkutsk - Khuzhir fährt nicht täglich). Der Anlegestelle der Fähre befindet sich in einer Bucht am Ende des Ortes, die nicht zu verfehlen ist. Feste Zeiten gibt es nicht, aber wenn man 2 bis 3 Std. Warten einplant, kommt schon die Fähre. In der Zwischenzeit kann man unter den wartenden Autos nach einer Mitfahrgelegenheit Ausschau halten, wenn man ein Stück weiter auf die Insel will.

Von Ende Dezember bis April, wenn der Baikalsee zugefroren ist, kann man selbstverständlich über das Eis gehen.

Landschaftlich ist Olchon sehr abwechslungsreich; die Ostküste ist steil und etwas höher gelegen als der restliche Teil (höchster Punkt 1.274 m), aber auch insgesamt ist das Relief sehr hügelig. Neben Wald ist vor allem die Steppenlandschaft charakteristisch für Olchon.

Das Klima ist trocken, im Sommer regnet es selten. Daher auch der Name Olchon, was aus dem Burjatischen kommt (*olchan*) und mit "trocken"/"dürr" übersetzt werden könnte. Insgesamt sind die Temperaturen auf der Insel immer

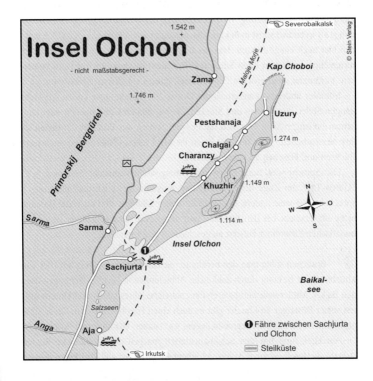

etwas höher als auf dem Festland (also wenn man mit dem Wetter Pech hat ...). Außerdem gibt es hier weniger Mücken.

Die Vegetation ist trotz Trockenheit reichhaltig, neben Lärchen und sibirischer Zeder (deren Nüsse man im Herbst essen kann) wachsen jede Menge Pilze und Beeren.

Hauptnahrung ist wie fast überall am Baikal Fisch, besonders der nur dort vorkommende Omul. Von den Fischern kann man ihn ganz frisch bekommen, eventuell gegen eine Flasche Wodka.

Den Omul kann man roh essen (möglichst nur junge Tiere wegen Fischbandwurm), er schmeckt aber auch gebraten oder gekocht (Fischsuppe = úcha) vorzüglich.

Die Insel ist dünn besiedelt, vorwiegend von Burjaten, einem asiatischen Volk mongolischer Abstammung. Ihr Prozentteil an der Bevölkerung liegt auf Olchon höher als irgendwo sonst in der burjatischen autonomen Republik. Natürlich wohnen hier auch einige Russen. Von der ursprünglichen Kultur der Burjaten, ihrem Jurtenleben sowie von ihren Sitten und Bräuchen ist kaum noch was zu bemerken. In Khuzhir, dem größten Ort der Insel, gibt es ein kleines Heimatmuseum.

Mitunter findet man außerhalb der Dörfer an schönen Stellen oder Wegkreuzungen Stelen aus Steinen und Stöcken, die mit bunten Gebetsfahnen oder ähnlichem behangen sind. Das sind die heiligen Stätten der Burjaten, an denen sie ihre Verstorbenen ehren und mit ihnen ihr Mahl teilen (daher liegen auch leere Büchsen und Flaschen im näheren Umkreis).

Die Sprache der Burjaten ist dem Mongolischen ähnlich: *Senbeina* heißt "Guten Tag". Im Zuge der "Assimilation" mussten aber auch hier alle russisch sprechen. Wie viele andere einheimische Völker Sibiriens sind auch die Burjaten nicht allzu beliebt bei den Russen - und umgekehrt. Uns gegenüber waren die burjatischen Einwohner äußerst aufgeschlossen und freundlich.

☺   Besuchen sollte man den berühmten Schamanenfelsen direkt am Ufer von **Khuzhir**. Er ist bekannt durch zahlreiche Abbildungen in Veröffentlichungen über den Baikal. Mittlerweile verunzieren ihn zahlreiche Jahreszahlen und Unterschriften seiner Besteiger. In Khuzhir gibt es auch einen Friedhof, auf dem Opfer stalinistischer Deportationen begraben liegen, v.a. Litauer, Ukrainer und Polen.

Am Ufer rund um den Schamanenfelsen machen auch zahlreiche Russen Urlaub, die Inselbewohner halten sich ebenfalls gern dort auf bzw. legen dort ab

Blick auf das Dorf Khuzhir, den Hauptort auf der Insel Olchon.

zum Fischen. Will man also mit Leuten in Kontakt kommen, schlage man sein Zelt auf, entzünde ein Lagerfeuer und koche schon mal Tee - im Nu hat man neue Bekannte.

Des Weiteren lohnt sich ein Ausflug zum Nordostufer **Kap Choboi**, z.B. vom Dorf **Pestshanaja** aus zu Fuß (Wasser mitnehmen oder Steilküste hinunterklettern!). Im Sommer ist das Gras hier so trocken, dass es fast blau schimmert, ähnlich wie die Prärien von Kentucky. In **Uzury** gibt es eine abenteuerliche Wetterstation.

Im Osten erstreckt sich die Bergkette Primorskij, wo Wanderungen möglich und lohnenswert sind. Hier gibt es die meisten Pilze. Das Angebot in den Läden der Dörfer ist aufgrund des Inselstatus eher begrenzt, hat sich aber seit 2003 verbessert.

Etwa alle 2 bis 3 Wochen wurde Olchon von früher einem kleineren Post- und Frachtflugzeug angeflogen. Auf dem Rückflug bestand zumindest theoretisch eine bezahlbare Mitfluggelegenheit für 4 bis 5 Personen nach Irkutsk. Aussichtsreicher sind die Busverbindungen (von Juni bis Oktober Bus zwischen Irkutsk - Sarkhjurta (MRS) - Khuzhir) 2 bis 3 x pro Woche.

Im Irkutsker Gebiet und speziell in der beschriebenen Baikalregion existieren mehrere Nationalparks:

♦ 664050 Irkutsk, ul. Baikalskaja 291Б, a/я 3580, Zapovednik Baikalo-Lens-kij (Baikal-Lena-Nationalpark), ✆ zapoved@irk.ru

♦ Pribaikalskij-Nationalpark: ✆ pribpark@angara.ru

♦ Kurumkanskij-, Barguzinskij- und Zabaikalskij- sowie Baikalskij-Biosphä-ren-Reservate ☞ Burjatien

♦ 666910 Bodaijbo, ul. Irkutskaja 4a, Zapovednik Vitimskij (Vitim-Naturpark), ✆ vitim_zap@irmail.ru

ℹ In Deutschland erhält man Informationen zu touristischen Aufenthalten in der Baikal-Region bei Baikalplan e.V., 🖳 www.baikalplan.de, Infos auch auf 🖳 http://nature.baikal.ru/

Burjatien (Бурятия)

Die heutige Respublika Burjatija (historische Bezeichnungen u.a. ab 1920 Dalne-Vostotshnaja Respublika, nach 1923 Burjatskij-Mongolskij ASSR, später bis 1990: Burjatische ASSR) deklarierte 1990 ihre Eigenständigkeit, sie gehört ver-waltungsmäßig zur Russischen Föderation. Amtssprachen sind Russisch und Bur-jatisch. Die Hauptstadt ist Ulan-Ude, gelegen am Zusammenfluss der Selenga und Uda. Burjatijen befindet sich im südlichen Abschnitt Ostsibiriens. Im Süden grenzt Burjatien an die Mongolei, im Osten an das Gebiet Tshita, im Nord-Westen an den Baikal und das Gebiet Irkutsk. Der Baikal wird von Burjatien im Süden, Osten und Norden umschlossen. In der Mitte des Sees verläuft die Grenze zwi-schen dem Gebiet Irkutsk und Burjatija.

Geografie

Burjatien ist 351.300 km² groß, entspricht also flächenmäßig etwa Deutschland. In der Republik gibt es sechs größere Städte, 29 stadtähnliche Siedlungen und etwas mehr als 600 Dörfer. Steppenreiches Bergland dominiert. Wunderschöne

Berge mit vielfarbigen, bunten Alpenwiesen sind hier neben kargen Steppengebieten sowie malerischen Baikalküstenlandschaften anzutreffen.

In dieser Region befinden sich ca. 9.000 große und kleine Wasserläufe, die den Baikal, den Jeniseij und die Lena speisen. Hier finden wir Mittelgebirge und höhere Gebirgsketten (2.000 bis 3.000 m).

Nahe der Südspitze des Baikals liegt der **Chamar-Daban-Gebirgszug** mit mehreren Zweitausendern; dieses Gebiet ist vor allem bei Rafting-Fans beliebt. Die Ausläufer der Kette ziehen bis in die Nähe von Ulan-Ude und bleiben am linken Ufer der Selenga liegen. Geologisch betrachtet ist der Chamar-Daban sehr nahe mit dem unweit befindlichen Ost-Sajan verwandt.

Fährt man mit der Transsib in Richtung Ulan-Ude, sind wenige Kilometer vor Erreichen der Hauptstadt auf der rechten Seite der Selenga die Berge der Ulan-Burgasy-Kette zu erblicken. Die Streckenführung der Transsib verläuft anfangs im Flusstal auf der linken Seite, um dann in der Nähe von Mostowi die Selenga zu überqueren, die hier schon recht breit ist und mehrere Inseln aufweist. Der Selenga-Fluss mündet mit einem gigantischen Delta in den Baikalsee.

Erwähnenswert sind auch die **Barguziner Berge**, im Norden des Gebietes am Ostufer des oberen Baikals gelegen. Der Baikal selbst stellt erdgeschichtlich einen Grabenbruch (Baikal-Rift) dar. Das Hauptgestein der durch Hebungsvorgänge entstandenen Gebirgszonen ist Granit. An wichtigen Bodenschätzen finden sich u.a. Bauxit, Gold, Wolfram, Eisenerz, aber auch Kohle.

Gewisse Regionen Burjatiens (Nordbaikalregion, zum Teil Baikalostküste, südlich von Ulan-Ude und Kjachta) zeigen eine deutliche seismische Aktivität. Nach der russischen Skala MSK-64 erscheint zurzeit die Nordbaikal-Region mit Level IX bis X am aktivsten. Jährlich werden von den Seismografen bis zu 2.000 Mikrobeben registriert. Nur einmal alle 10 Jahre kommt es zu mittelstarken Beben und einmal aller 20 Jahre zu Beben mit größerem Zerstörungspotential. Erdbeben heißt auf russisch *zemletrjasenija*.

Flora und Fauna

Die Vegetation im Gebirge ist vorwiegend Taiga vom Nadelwaldtyp, in den höheren Lagen Gebirgstundra. Die Waldgrenze liegt zwischen 1.600 und 2.000 m ü.NN. Besonders im Norden gibt es reichlich Pelztiere (Zobel), vor allem im

Barguziner Rajon. Der Zobel ähnelt dem europäischen Baummarder und kam früher auch in Europa vor, wo er aber durch zu starke Bejagung ausgerottet wurde.

Neben Elchen, Maralhirschen und Rentieren sind auch Moschustiere häufig. An Raubtieren sind Wolf, Luchs und Braunbär verbreitet. Die Jagd unterliegt insgesamt strengen Bestimmungen. Jagdverbote bestehen u.a. für Rotwolf, Rentier, Sibirische Bergziege und Graugans. Das Jagdverbot für den sehr seltenen Schneeleoparden hätte man sicherlich schon vor 50 Jahren erlassen müssen.

Klima

In Burjatien herrscht **Kontinentalklima**. Die mittlere Temperatur im Januar beträgt -25°C. Anfang 2006 machten extrem kalte Winternächte den Bewohnern zu schaffen: in Siedlungen in der Nähe des Baikalsees wurden -50°C registriert, in Ulan-Ude mussten bei -41°C die Schulen und viele öffentliche Einrichtungen geschlossen werden. Der Sommer ist nicht sehr lang, dabei aber ziemlich warm. Die Mitteltemperatur im Juli liegt bei 18,5°C. Temperaturen von 35 bis 40°C sind keine Seltenheit. Die maximale Niederschlagsmenge bewegt sich um 300 mm, im Gebirge bei etwa 500 mm.

Bevölkerung

Die ursprüngliche Bevölkerung sind die Burjaten. Im Baikalgebiet (und weiter nördlich) leben tungusische Völker: die Ewenken und Ewenen, sie sind hier nicht als ursprünglich zu betrachten, ihr Herkunftsgebiet war evtl. die Mandschurei. Das Volk der Burjaten (35 % der 1 Mio. Einwohner der Republik) gehört zu den Mongoliden. Auch ihre Sprache konnte der mongolischen Sprachgruppe zugeordnet werden. In ganz Russland leben etwa 425.000 Burjaten. Neben der Republik Burjatija sind die Autonomen burjatischen Gebiete Ust-Ordinskij (nördlich von Irkutsk) und Aginskij (südlich von Tshita) die Hauptsiedlungsgebiete. Desweiteren sind Burjaten auch in der Mongolei und in China im Gebiet nördlich von Xinjang ansässig.

Einige Festtage begehen die Burjaten inzwischen wieder: z.B. den Sukharban-Tag am ersten Sonntag im Juli, der mit großartigen Reitveranstaltungen im Hippodrom begangen wird. Zahlenmäßig überwiegen insgesamt die Russen. Das hängt zum einen mit der Erschließung Sibiriens zusammen, zum anderen damit, dass deportierte Strafgefangene nach ihrer Entlassung hier sesshaft wurden. Wirtschaftlich dominierten zu Sowjetzeiten neben dem Agrarsektor (Viehzucht) und der Forstwirtschaft auch Maschinen- und Bergbau. Die derzeitige Wirtschaftskrise Russlands hinterlässt ihre tiefen Spuren nun auch hier.

Deutsch	Russisch	Burjatisch
Fluß	reká	Gol (Muraen)
Wasser	wodá	Uhan
Ufer	béreg	Aer'e
Brücke	most	Khuurge
Tiefe (des Flußes)	glubiná (reki)	(goloij) Gunzegyn
Boot	lodka, Bot	Ongoso
Quelle	istotschnik	Arschaan
Siedlung	posjolok	Toskhon
Norden	sewer	Khojto zug
Osten	wostok	Zuun zug
Süden	jug	Urda zug
Westen	zapad	Baruun zug
Polarstern	poljarnaja zwezda	Altan gadahan
Wald	ljes (tajga)	Oij (Oij Tajga)
Weg	doroga	Khargy
Sumpf, sumpfig	boloto, bolotnij	Namag, namagaij
(warmer) Wind	(tjoplij) wéter	(dulaan) Halkhin
Nebel	tuman	Manan
Regen	dozhd´	Boroo (Khura)
Schnee	snjeg	Sahan
Jurte	jurta	Ger
Pferd	kon´ (loshad´)	Morin
Wolf	wolk	Schono
Bär	medwed´	Baabgaij
Jäger	okhotnik	Anguuschan
Tabak	tabak	Tamkhin
Pilz	grib	Harkhjaar

Gift (giftig)	*jad (jadowitij)*	*Khoron (khorotoij)*
Beere	*jagoda*	*Zhaemaes*
Krankheit	*zabolewanije*	*Ubschen*
Mücke	*moschka*	*Horor Batagana*
Guten Tag!	*Sejn bajna!*	*dobrij djen!*

Entsprechung der Buchstabenkombinationen: "kh" = kyrill. **x**, "zh" = kyrill. **ж**. Die Buchstaben "ae" entsprechen hier in der Transkription dem kyrill. **э** (sprich ae). In Burjatien wird ein kyrillisches Alphabet mit einigen Zusätzen genutzt (z.B. "h").

Die wechselhafte, mehrere Jahrhunderte lange Geschichte des nomadischen Burjatenvolkes spiegelt sich in der traditionellen Kunst wider. Die nomadische Lebensweise der burjatischen Stämme trug allerdings nur wenig zur Erhaltung der frühmittelalterlichen Kunstdenkmäler bei. Daher gelingt eine Beurteilung der Kultur der Bevölkerung des Baikalgebietes bis zum 15./16. Jahrhundert nur anhand archäologischer Funde. Aus der Zeit des 18. und 19. Jahrhunderts sind viele Kunstwerke erhalten, die in Museen besichtigt werden können. Im 19. und 20. Jh. erfolgte teilweise eine Spezialisierung auf das Handwerk und ein Wegzug der Burjaten in neu gegründete russische Städte. In einigen südlichen Regionen des Landes dominierte die Schnitzkunst (Holz, Knochen), deren Resultate u.a. zur Ausschmückung der lamaistischen Tempel dienten und dienen. Ebenfalls weit verbreitet war die Herstellung von Druckstöcken (Holz) für religiöse Typografien und den Buchdruck, der in tibetischer oder mongolischer Sprache erfolgte.

Die Entwicklung der Malerei und Skulptur in Burjatien stand sehr unter dem Einfluss des sich verbreitenden Lamaismus. Schon früh finden sich religiöse Darstellungen auf Leinwand und Stoff. Im letzten Viertel des 18. Jahrhunderts waren die nomadischen Tempel noch in großen Jurten aus Filz untergebracht, wurden jedoch wenig später in stationäre dörfliche Gebäude umgewandelt.

Eine gewisse Ähnlichkeit der ersten burjatischen Dorftempel zur russischen Kirchenarchitektur war unverkennbar. Erst in der zweiten Hälfte des 19. Jahrhunderts wurden die im Baikalgebiet befindlichen lamaistisch-buddhistischen Klöster (*datzani*) im östlichen Stil umgebaut. Das größte und bekannteste derartige Heiligtum befindet sich in der Nähe von Ivolginsk (**Иволгинск**), ca. 40 km südlich von Ulan-Ude, es wurde bereits mehrfach vom Dalai Lama besucht (☞ Touren in die Umgebung).

Zum überwiegenden Teil sind die Burjaten Anhänger der lamaistisch-buddhistischen Religion, ein Teil konvertierte im Verlauf der letzten 200 Jahre zur russisch-orthodoxen Kirche.

📖　　Weiterführende Informationen über Burjatien und den Baikal: russisch- und englischsprachiges Journal Swjaschtschenij Baikal (ISSN-Nummer: 0869-6713, ggf. über Fernleihe größerer Bibliotheken) aus Ulan-Ude (Redaktion, ul. Kalandarischwili 23/5).

Ulan-Ude (Улан-Уде)

☽　　3012 bzw. 30122

🚗　　Die "03" auf den russ. Kfz-Kennzeichen bedeutet: Rep. Burjatija.

⌛　　Zeitzonendifferenz zu Moskau: plus 5 Std.

◆　　Die Stadt liegt am Transsib-km 5640

🅱　　Administration 670000 Ulan-Ude, ul. Lenina 54, ☎ 214455

🛏　　Burjatija, ul. Kommunistisheskaja 47 A, ☎ 3012/211835, FAX 211505, ✉ hotel-buryatia@yandex.ru, liegt sehr zentral (1 km bis zum Bahnhof, 11 km bis zum Flughafen), verfügt über ein Business-Center und eine Bar/Disko. In der Nähe Geldautomat. Einzelzimmer ab € 35 (02/2007).

◆　　Baikal, ul. Erbanova 12, wurde 2005 von einem privaten Investor (Firma Baikalfarm) übernommen, sodass es sich sicherlich in Zukunft in gut renoviertem Zustand befinden wird (bisher einfacher Standard).

◆　　Sagaan Morin, ul. Gagarina 25, ☎ 3012/444019, zentrale Lage, nur 1 km vom Bahnhof entfernt. Erbaut 2002. Zimmerpreise ab € 75.

◆　　Geysir, 670000 Ulan-Ude, ul. Ranzhurowa 11, ☎ 3012/216151

🌐　　Tour-Line, 670034 Ulan-Ude, pr. 50-letia Oktiabra 34, ☎ und FAX 3012/466843, 🖳 www.tour-line.ru (Organisation von Reisen im Baikalgebiet, Ferienhaussiedlung in Gremjatschinsk, verschiedene Turbasen z.B. Maksimikha, Enkhaluk, Sukhaja, Gorjatshinsk u.a.)

◆　　Informationen über Tourismus in Burjatien: 🖳 www.baikaltravel.ru

◆　　Burjatskij PSO (Poiskovo - spasatjelnij otrjad, russ. für Such- und Rettungsdienst- Abteilung), 670021 Ulan-Ude, ul. Zhukovskovo 23, ☎ 47766

◆　　МЧС России по Республ. Бурятия: 670000 Ulan-Ude, ul. Kirova 37, ☎ 3012/212680

- ◆ Burjatische Agentur Intourista, Büro auch im Hotel Geysir, ☎ 29267
- ✈ Flughafen Ulan-Ude Mukhino (IATA-Code: UUD, Мухино), der Airport für Fernflüge, hier auch Zollabfertigung für Auslandsflüge. Flughafen-Info: ☎ 227611, ☎ 3012/218959, FAX 219141
- ◆ Es existiert noch ein kleinerer Flughafen (Ulan-Ude Vostotshnij), der lokale Flüge abwickelt, ☎ 3012/251551
- ✚ Schnelle Medizinische Hilfe ☎ 03 (Notruf). Auf der Hauptgeschäftsstraße ul. Lenina gibt es ein stomatologisches Zentrum, im Zentrum mehrere Apotheken.
- 🏦 Western-Union Auszahlstelle bei der Baikalbank, 670031 Ulan-Ude, ul. Tereshkovoi 42, ☎ 3012/439853
- ◆ Baikalbank-Filiale, ul. Lenina 27, ☎ 212844
- **CD** Mongolisches Generalkonsulat, Außenstelle im Hotel Baikal, Pl. Sovietov, ☎ 30122/15275 oder 20499, FAX 14188, ✉ mnc@bss.ru (wichtig für diejenigen, welche für eine evtl. Weiterreise mit dem Zug in die Mongolei noch kein Visum haben). Über Änderungen der mongolischen Einreisebestimmungen sollte man sich jedoch vorher informieren, z.B. unter: 🖥 www.mongolei.de/reise/visum.htm.

Zu dem Lenin-Kopf im Zentrum der burjatischen Hauptstadt Ulan-Ude gibt es eine ganz eigene Geschichte.

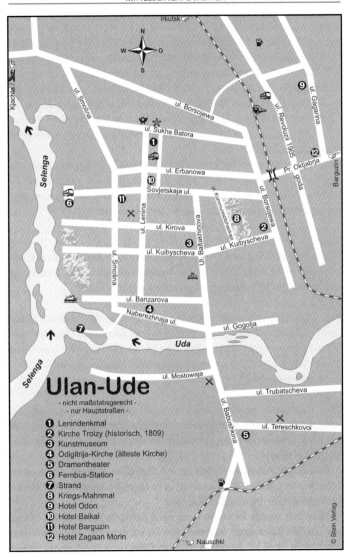

Ulan-Ude

- nicht maßstabsgerecht -
- nur Hauptstraßen -

1 Lenindenkmal
2 Kirche Troizy (historisch, 1809)
3 Kunstmuseum
4 Odigitrija-Kirche (älteste Kirche)
5 Dramentheater
6 Fernbus-Station
7 Strand
8 Kriegs-Mahnmal
9 Hotel Odon
10 Hotel Baikal
11 Hotel Barguzin
12 Hotel Zagaan Morin

© Stein Verlag

In der burjatischen Hauptstadt leben mehr als 360.000 Einwohner, Burjaten stellen in dem bunten Nationalitätengemisch gut ein Drittel. Die Stadt **Ulan-Ude** (bis 1784 Udinskoje Zimowije, ab 1934 Werchneudinsk) wurde 1666 gegründet. Aus einer kleinen Überwinterungssiedlung am Zusammenfluss von Selenga und Uda entwickelte sich das heutige politische und kulturelle Zentrum im Osten des Landes. Ulan-Ude ist auch Hauptverkehrspunkt der Region. Hier erfolgt von der Transsib der Abzweig der Transmongolischen Bahn, welche 260 Bahnkilometer südlich bei Naushki (**Наушки**) die russisch-mongolische Grenze (Grenzübergangsstelle der Bahn) erreicht.

In der Hauptstadt finden sich wichtige Produktionszentren des Landes, die Betriebe liegen peripher am Stadtrand (z.B. Flugzeugindustrie, Ausrüstungen für Schiffe und Eisenbahn). In der südostsibirischen Metropole sind auch mehrere Institute der Wissenschaftlichen Akademie Sibiriens angesiedelt.

Anreise

Die Stadt eignet sich auch als Ausgangspunkt für mehrere Routen, z.B. zum Baikalsee oder in die Barguzin-Region. Die Anreise ist möglich mit der Transsib, mit Aeroflot und ggf. für motorisierte Touristen mit eigenem Auto.

Aeroflot fliegt täglich von Moskau nach Ulan-Ude. Aber auch aus Nowosibirsk und Jakutien (Jakutsk) erreicht man zweimal wöchentlich Ulan-Ude. Vorwiegend kommen Maschinen des Typs TU-154, die 132 Passagiere fassen, zum Einsatz. Man orientiert sich am besten am aktuellen Flugplan von Aeroflot,
www.aeroflot.ru.

Zugreisende erreichen Ulan-Ude (5.640 km ab Moskau) entweder aus westlicher Richtung, d.h. von Moskau, Nowosibirsk oder Irkutsk kommend, oder aber aus dem Fernen Osten, beispielsweise von Wladiwostok aus. Jeder der Fernzüge hält in Ulan-Ude.

Eine weitere Anreisemöglichkeit besteht über China (Beijing), die Mongolei (Ulaan Baatar) und dann via Transmongolische Eisenbahn weiter bis zum Zusammentreffen mit der Transsib (bei Ulan-Ude).

Wer - von Moskau kommend - erst einen Zwischenstopp in Irkutsk einlegt, kann von Port Baikal (**порт Байкал**), welches mit dem Schnellboot von Irkutsk erreichbar ist, dann mit der "Alten Bahn" (Baikalringbahn) bis Sljudjanka I fahren

und von dort die Transsib-Hauptmagistrale nutzend in ca. 6 Std. Ulan-Ude erreichen. Dabei eignen sich alle Züge der Richtung Moskau - Wladiwostok (im Kursbuch unter Richtungs-Nr. 410).

🚢 Port Baikal liegt genau gegenüber von Listwjanka (Fähre zwischen beiden
Orten) am Ausfluss des Baikals (Angara). Listwjanka ist von Irkutsk erreichbar mit
Bus oder Taxi und dem Schiff.

Die Baikalringbahn (**кругобайкала ж/д**) zwischen Port Baikal und Sljudjanka I wird mit Diesellokomotiven befahren und läuft die gesamte Strecke am Baikalufer entlang. Nachdem die Strecke lange Zeit nur sehr selten von Zügen befahren wurde, existiert seit 2005 wieder regelmäßiger Zugverkehr

🚴 🚗 Auto- oder Motorradreisende fahren von Irkutsk kommend die M-55
über Schelechow, Sljudjanka, Baikalsk, Babuschkin, Timljui, Selenginsk und
Treskowo nach Ulan-Ude. Tankstellen befinden sich in den genannten Orten. Die
M-55 verläuft parallel zur Transsib und zum Baikal. Die Entfernung Irkutsk - Ulan
- Ude beträgt ca. 440 km. Die M-55 führt von Ulan-Ude weiter nach Tshita und
endet dort als Magistrale.

🛏 Übernachtung

In der Sommersaison sind die Hotels oft überbucht, weswegen eine rechtzeitige
Reservierung nötig ist. Im Posjolok Lenina befindet sich die Turbasa von Ulan-
Ude, eigener Schlafsack sehr ratsam.

Service/Transport

Der Autobusbahnhof (*avtovokzal*) befindet sich am Ende der ul. Sowjetskaja. Es
ist eigentlich nur hier möglich, Tickets für Überlandfahrten zu bekommen. Es
findet auch ein Vorverkauf von Karten statt. Für Gepäckstücke (z.B. großer Rucksack) muss extra ein Gepäck-Billet gelöst werden. Bisher gab es täglich Überlandbusse nach Ust-Barguzin am Ostufer des Baikal und nach Kjakhta (**Кяхта**), was
in unmittelbarer Nähe zur mongolischen Grenze liegt. 2 x wöchentl. Fernbus nach
Ulan-Bator (Mongolei).

Es gibt prinzipiell zwei Möglichkeiten, um von Ulan-Ude an den Baikal zu
gelangen: Mit der Eisenbahn (auf der Transsibtrasse verkehren auch Nahverkehrszüge) z.B. nach Bolschaja Retschka, Bojarski und Babuschkin, Tachoi, Baikalsk.

Mit Überlandbussen sind Posolko, Sukhaja, Sachretschje, Gremjatschinsk, Turka, Maximikha und Ust-Barguzin erreichbar. Es handelt sich durchweg um Dörfer oder kleine Siedlungen städtischen Typs, die meisten liegen direkt am Baikal oder in dessen Nähe.

Spezielle Touristenunterkünfte befinden sich in Baikalsk, bei Turka, Bolschaja Retschka, bei Enkhaluk und Maksimikha (**Максимиха**). In letztgenanntem Ort wird von der Firma Baikal-Ecotour aus Irkutsk die Turbasa "Kumutkan" betrieben, welche nur 200 m vom sandigen Strand der Barguziner Bucht entfernt liegt. Meist handelt es sich dabei um Unterkünfte einfacheren Standards vom Typ einer Turbasa, erst in letzter Zeit wurden die Unterkünfte zum Teil mit TV und zimmereigenen Duschen/WC sowie weiterem Luxus nachgerüstet.

◆   Baikal-Ecotour, ☎ 3952/203339, 🖥 http://tour-line.e-baikal.ru/de/,
      ✉ info@baikal-eco.ru

Post, Bank, Telekommunikation

Die Hauptpost (*glawni potschtamt*) befindet sich am Ende der ul. Suche Batora, unmittelbar neben dem Sowjetplatz. Hier können Briefe, Pakete und Telegramme aufgegeben werden. Es gibt hier am Schalter auch fertig frankierte Kuverts mit Sonderbriefmarken und Postkartensets zu erwerben. Außerhalb gibt es im Allgemeinen nicht überall welche zu kaufen, deshalb im Bedarfsfall hier kaufen. Für den Geldtausch bieten sich die Filialen der Baikal-Bank an, Wechselschalter auch im Hotel Sagaan-Morin.

Geschäfte, Restaurants, Sehenswürdigkeiten

Die meisten (und teuersten) Geschäfte liegen dicht gedrängt in der ul. Lenina und in der näheren Umgebung. Das Angebot ist für dortige Verhältnisse gut; für gutes Geld können hier Pelze, Uhren, Schmuck, Gemälde, Jagdausrüstungen erworben werden. In den Buchläden kann man touristische Karten vom Baikalgebiet erstehen, mitunter auch deutsch-/englischsprachige Broschüren über Sibirien. Es gibt auch gute Bildbände über den Baikalsee zu kaufen.

🏪   Lebensmittel erhält man u.a. auch auf dem Markt (*rynok*). Frisches Gemüse und Obst (Äpfel aus China, Melonen aus Usbekistan) sind je nach der Jahreszeit im Angebot. Aber auch Bekleidungsartikel, Stoffe, Pelze, Schuhe, Schokolade, Batterien, Uhren und Filme sind vorhanden.

Es gibt in Ulan-Ude drei große und mehrere kleine Märkte; einer der größeren befindet sich im Zentrum (Ecke ul. Kubischewa/ul. Baltachinova).

✗   Eine Bahnhofsgaststätte liegt im Bahnhofsgebäude. In den Hotel-Restaurants wird man auch nicht schlechter als im Bahnhof bedient. Im Sommer ist die ul. Lenina an den Abenden Mittelpunkt der Stadt (zahlreiche Ausschänke).

🎭 ♪ Wer sich längere Zeit - und nicht gerade während der Sommerpause - in der burjatischen Hauptstadt aufhält, kann einen Theaterbesuch einplanen. Es gibt vier Theater (Staatstheater, Burjatisches Nationaltheater u.a.). Der Konzertsaal der Musikhochschule liegt in dem pr. Pobedy 17 und das Russische Dramaturgische Theater in der ul. Tereshkovoi 1.

⌘   Ebenfalls einen Besuch wert ist das bekannte Ethnografische Museum für Kultur und Volkskunst des Baikalgebietes, erreichbar mit Bus Nr. 35 (Endhaltestelle). Das Museum ist aber auch von der Turbasa "Ulan-Ude" nur 5 Min. entfernt (Stadtteil Posjolok Lenina, gegenüber dem Erholungsheim "Werchnjaja Berjosowka"). In der Nähe des Museums befindet sich eine Klinik für esoterische und tibetanische Medizin (ul. Werchnjaja Berjosowka) und ein lamaistischer Tempel.

Weitere Museen in Ulan-Ude:

▷   Geologisches Museum, ul. Lenina. 57

▷   Museum der Burjatischen Geschichte, ul. Profsojusnaja 29

▷   Burjatisches Kunstmuseum, ul. Kubischewa 29

Denkmäler (*pamjatniki*) aller Art sind vertreten - zur burjatischen Geschichte, zu den historischen Revolutions- und Lenindenkmälern sowie Kriegsmonumente. Das bekannteste und monumentalste Leninpamjatnik (Leninkopf ist 5 m hoch) kann niemand übersehen: jeder sieht es schon von Weitem, denn es befindet sich genau in der Mitte des Sowjetplatzes vor dem großen Parlamentsgebäude (📷 Seite 402). Dieses bekannte Lenindenkmal wurde 1971 von russischen Künstlern geschaffen. Die Burjaten hatten schon immer und haben auch noch ihre eigene Meinung zu diesem sozialistischen Denkmal (so war es ein alter burjatischer Brauch, dass man von seinen Feinden den abgeschlagenen Kopf auf großen Plätzen zur Schau stellte).

Wenn man lange genug vor dem Denkmal steht, glaubt man sogar, in Lenins steinernem Anlitz mongolisch-burjatische Gesichtszüge zu sehen.

Am Revolutionsplatz stehen die alten Markthallen, erbaut um 1865. Hier wurden früher Pelze aus ganz Sibirien gehandelt. Der Handelshof stammt aus dem 19. Jahrhundert. Eine etwas ältere Kirche (1809) steht an der Ecke ul. Kubischewa / ul. Borsojewa.

Touren in die Umgebung:

Lamakloster bei Ivolginsk (ИВОЛГИНСК): Das bekannte buddhistische Lamakloster in der Nähe der Stadt Ivolginsk, die ca. 35 km südlich von Ulan-Ude liegt, ist mit Bus oder Taxi zu erreichen.

Schon bei der Annäherung aus größerer Entfernung leuchten plötzlich in der sonst etwas kahlen Steppenlandschaft am Horizont die goldgelben Dächer des Klosters auf - wie ein Vorposten einer Europäern fremden Welt. China und die Mongolei sind nahe.

Das gesamte Klostergelände (3ha) ist durch einen hohen Holzzaun von der Umgebung abgegrenzt. Im Innern sind Rauchen und jegliche Arten von Verunreinigungen untersagt. Selbst die Toiletten (kleine helle Holzhäuschen) befinden sich außerhalb des Klosters, und zwar an jeder Ecke/Stirnseite.

Wer mit dem Fahrrad/Zelt/Rucksack unterwegs ist, kann in angemessener Entfernung des Heiligtums seine Zelte aufschlagen. Etwa 500 m vom Kloster entfernt (in Richtung der Berge) liegt eine kleine saubere Quelle. Ein Trinkwasserbrunnen befindet sich im Klosterhof.

Am Eingang des *dazan* (buddh. Kloster) werden mitunter Tee und frische *pelmeni* sowie Gebäck angeboten. Im farbenfroh gestalteten Haupttempel, der von tibetanischen Drachen und Tigerfiguren flankiert wird, sind Poster, Fotografien des Dalai Lama, lamaistische Kalender, Sandelholz, Räucherwerk und Druckschriften über den Buddhismus erhältlich. Bei der Besichtigung sind bestimmte Regeln einzuhalten, z.B. die Gangrichtung (im Uhrzeigersinn).

Die Gebetsmühlen des Klosters enthalten Gebete in mongolischer Schrift. Hier ist gleichzeitig das Zentrum der Buddhisten Russlands und es gibt eine kleinere Herberge für Pilger. Zu Sowjetzeiten war Ivolginsk das einzige in Betrieb befindliche buddhistische Kloster in der ganzen UdSSR, es wurde 1945 eröffnet.

i   http://www.datsan.buryatia.ru/

Die Mönche beginnen ihre Zeremonien frühmorgens im Tempel. Ca. 50 Mönche leben hier, außerdem gibt es viele Novizen, die in tibetanischer Medizin ausgebildet werden. An Feiertagen strömen Gläubige aus dem ganzen Land hier zusammen. Es ist allgemeiner Brauch, dass Hochzeitsgesellschaften eine Fahrt zum Lamakloster unternehmen und dort die Gebetsmühlen drehen, auf dass alle guten Wünsche in Erfüllung gehen, diesen Brauch findet man nicht nur bei Burjaten. Seit Mitte der 1990er Jahre ist die Zahl der Menschen mit buddhistischem Glauben deutlich gestiegen.

Die Ursprünge des **Buddhismus** als Religion liegen ungefähr im Jahre 528 v.Chr., als Buddha seine Lehre des "Mittleren Weges" verkündete. Eine Hauptaussage des Buddhismus besagt, dass es neben der normalen menschlichen Existenz noch einen anderen Daseinszustand gibt, der als Nirvana bezeichnet wird. Dieser Begriff ist schwer definierbar und kann am ehesten mit den christlichen Vorstellungen des "Himmels" verglichen werden.

Der **Lamaismus** entstand im 7. Jh. in Tibet als Sonderform des Mahayana-Buddhismus. Die ursprünglich aus Indien stammenden religiösen Anschauungen wurden auf ihrem langen Weg über Kashmir, Nepal und China nach Tibet angepasst und auch mit älteren tibetischen religiösen Vorstellungen sowie Einflüssen der persischen Religion verschmolzen. Die religiösen Anschauungen des Lamaismus sind im Wesentlichen in zwei wichtigen Büchern, Kandshur und Tandshur, gesammelt.

Etwa um 1100 breitete sich der Lamaismus nach China, in Gebiete der heutigen Mongolei und dann auch nach Südsibirien aus. Etwa ab 1300 begann die Entwicklung lamaistischer Klöster zu religiösen, sozialen, wirtschaftlichen und kulturellen Zentren. Eine besonders starke Migration von Lama-Priestern aus China und der Mongolei setzte um 1700 ein, fast zeitgleich mit den sich verstärkenden Missionierungsbestrebungen der Russisch-Orthodoxen Kirche. Der Lamaismus ist außer bei den Burjaten auch bei den Tuwinen und Kalmyken anzutreffen. Im 18. Jh. wurde von Zarin Elisabeth der Buddhismus als Religion anerkannt. Entsprechend den lamaistischen Lehren müssen die Mönche in ihrer Ausbildung verschiedene Stadien des Buddhismus selbst durchlaufen. Die Mönche beginnen mit dem Studium der Lehren von Buddha und des Mahayana. Dabei verbringen sie einen Teil ihres Lebens mit der tiefgründigen Beschäftigung alter buddhistischer Schriften, und erst nach Jahren bekommen sie sodann Erkenntnis von esoterischen Praktiken. Die Anhänger des Buddhismus sind bestrebt, das Nirvana zu erlangen.

Das mächtige **Selengadelta** liegt 100 km nordwestlich von Ulan-Ude. Die Selenga, einer der größten Zuflüsse des Baikal, entspringt im Norden der Mongolei und ist 1.024 km lang. Die Fläche des Wassereinzugsgebietes beträgt 465.000 km². Im Gebiet des Deltas (gehört verwaltungsmäßig zum Kabanskij Rayon) ist die Jagd untersagt und auch zum Betreten ist eine spezielle Genehmigung notwendig. Zu erreichen ist das Delta am besten mit der Eisenbahn von Ulan-Ude; in **Selenginsk** aussteigen und von dort individuell weiter.

Eine Gefährdung für die in der Flussmündung wohl einmalige Pflanzen- und Tierwelt sind Umweltverschmutzungen, wie sie von Papier- und Zellulosefabriken der Umgebung ausgehen. Die infrastrukturelle Erschließung ist davon abgesehen noch relativ gering.

Siedlungen an der Randzone des Deltas sind Kabansk, Schigajewo und Nowaja Derewnija, Korsakowo sowie Kudara. Im Deltainnern, das sehr reich an Inselchen, kleinen Halbinseln, Sümpfen, kleinen Wasserläufen, Verbindungsarmen und abgeschnürten Wasserflächen ist, befinden sich nur einige Winter- und Sommerhütten sowie Beobachtungspunkte für die Biologen.

Einige Vogelarten sind endemisch; insgesamt sollen mehr als 140 Vogelarten im Delta leben. Es gibt auch sehr seltene Arten, die im ganzen Baikalgebiet nur einmal vorhanden sind - eben hier im Selengadelta. Der gesamte Bereich steht daher seit geraumer Zeit unter Schutz. An Fischen kommen neben Sig, Kharius, Tajmen, Ljenok und Omul auch der Baikalstör (Osjotr) vor.

Baikal-Ostküste: Am Ostufer befinden sich einige kleine reizvolle Orte, z.B. Gremjatschinsk, Turka, Maksimikha, Ust-Barguzin u.a.; meist handelt es sich um Fischerdörfer oder kleine stadtartige Siedlungen.

Es gibt nur eine Straße von Ulan-Ude über Turantajewo und Baturino sowie Kika direkt nach **Gremjatschinsk** (am Baikal). Zustand der Straße: stellenweise landstraßenmäßig, auch schotterpistenmäßige Abschnitte. Tankstellen gibt es in Turantajewo, bei Turka und in Ust-Barguzin. Spezielle Touristenunterkünfte sind in Turantajewo, bei Turka und Maksimikha vorhanden.

Der Überlandbus von Ulan-Ude fährt bis Ust-Barguzin ca. 6½ Std. In **Baturino** ist die alte Kirche nicht zu verfehlen. Im Ort gibt es mehrere Geschäfte und eine Teestube (Nähe Bushalteplatz).

Von Baturino bis zum Baikal sind es noch 60 km; die Piste verläuft durch eine sehr waldreiche Gegend ohne größere Siedlungen. Von Turka aus ist bei guter

Sicht das felsig-bizarre Ostufer der Insel ☞ Olchon erkennbar. Jetzt sind es noch 80 km bis nach Ust-Barguzin.

Zabaikalskij Baikal-Nationalpark (Ust-Barguzin, Barguzin): Es gibt prinzipiell zwei Anreisemöglichkeiten: Als erstes bietet sich die Straße R 438 von Ulan-Ude aus an (*avtostop*, Bus).

Man kann auch versuchen, per Schiff nach Ust-Barguzin gelangen. Meist handelt es sich um Lastkähne, die von der Angara oder Severobaikalsk kommend ihre Ladung im Hafen von Ust-Barguzin löschen. Obwohl nicht vorgesehen, werden des Öfteren Passagiere (und Pkw) gegen Entgelt mitgenommen. Dies stellt auch eine Möglichkeit der Weiterreise dar. Wir gelangten sodann mit dem Benzintanker "Майкоп" unkompliziert nach Severobaikalsk in den Norden.

Ust-Barguzin (Усть-Баргузин) ist auch über 300 Jahre alt und liegt an der Mündung des Barguzinflusses in die gleichnamige Bucht des Baikals (Усть = Mündung). Hier befinden sich ein Hafen, ein kleiner Flugplatz, die Verwaltung des Nationalparks (☎ 92574, 91578, *kontora nationalnowo parka*), Schule, Krankenhaus, Post mit Telegrafenamt, das Fischkonservenwerk (*rybsavod*) und eine

In Ust-Barguzin
befindet sich die Verwaltung des hiesigen Nationalparkes.

Milizstation mit freundlichen Polizisten. Hier haben Rucksackreisende Gelegenheit, ihre Vorräte vor einer Tour in die nahen Berge zu ergänzen. Mehrere *magazini* befinden sich im Ort.

ℹ   671623 Ust-Barguzin, Barguzinskij Rayon, Pereulok Bolnitshhij, Nationalnij Park Verwaltung "Zabaikalskij", ☎ 30131/91578, ✎ zabaikal@burnet.ru

Obwohl infrastrukturell bei Weitem nicht so stark ausgebaut wie Ust-Barguzin, ist das Rayonzentrum der Region das ca. 50 km nördlich liegende **Barguzin**. Qualitativ hochwertige Pelzwaren kommen noch heute aus diesem Gebiet. Barguzin ist auch Ausgangspunkt für Touren in die gleichnamige Gebirgskette, die sich keilförmig zwischen dem Ostufer des Baikalsees und dem Tal der Barguzin mit Erhebungen zwischen 2.000 bis 3.000 m erstreckt. Die Straße R-438 führt von Barguzin noch bis **Kurumkan (🚉 🚏)** und Arschan; von da als Schotterpiste/Fahrweg weitere 80 km im Tal gen Norden, einige kleine burjatische Dörfer verbindend, um dann zu enden. Eine befahrbare Straße durch das Gebirge gibt es nicht, es soll aber einen Pfad in der Nähe des Ozero Amut im Dzherginskij NP geben.

Der Baikal-Nationalpark wurde 1986 eingerichtet und vereint eine Fläche von 2.700 km², davon 370 km² Baikalsee. Im Nationalpark gibt es viele absolut einmalige Naturdenkmäler, z.B. heiße Quellen, Grotten am Ufer des Baikalsees, riesige Moorlandschaften, die Uschkaninseln (hier Hauptvorkommen der Baikalrobben).

Die Hälfte des Parkterritoriums steht unter Naturschutz, in jenen Bereichen ist jegliche wirtschaftliche und touristische Nutzung untersagt. Gegen Gebühr ist im Kontor der Nationalparkverwaltung in Ust-Barguzin eine Genehmigung zum Betreten des Parks erhältlich (dort gibt es auch Kopien einer Karte).

Im Nationalpark gibt es einige bezeichnete Routen, die zum Teil auch markiert sind. Die bekannteste Route führt auf die Halbinsel ☞ Swjatoi Nos (russ. Heilige Nase). Zuerst muss mit der Fähre der Barguzin-Fluss überquert werden. Immer sind auch einige Autos und Lkw mit von der Partie. Gut, wenn ein Auto noch freie Plätze hat; im Übrigen ist eine Strecke von 25 km zu bewältigen (sandiger Fahrweg durch Sumpfgebiet, teilweise Knüppeldamm, in der Nähe liegt der Arangatui-See).

Nach 25 km gabelt sich die Straße. Rechts geht es zum nördlichen Teil der Halbinsel. Links sind es noch 2 km bis zum ehemaligen Hotel, das mit Hilfe von ausländischem Kapital gebaut wurde, aber leider im Jahre 2000 nach einem Elektrounfall restlos abbrannte. An Unterkunftsmöglichkeiten kommen nur das auf der Halbinsel an der Ostküste gelegene Dorf ☞ Kurbulik (**Курбулик**) oder ein mitgebrachtes sturmsicheres Zelt in Betracht.

Von **Markus Rauschenberger** erhielten wir freundlicherweise 2001 noch den Hinweis auf ein am nordöstlichen Ende der Halbinsel befindliches Hausboot mit Übernachtungsmöglichkeit, welches entweder per Schiff oder in einem zweitägigen Fußmarsch (über **Kurbulik** und weiter an das nordöstliche Ufer) erreicht wird.

Nahe dem ehemaligen Hotel führt ein markierter Weg bergauf durch verschiedene Vegetationszonen. Die höchste Erhebung von Swjatoi Nos ist 1.877 m hoch (Baikalniveau 450 m). Der Aufstieg ist auch von Ungeübten in 2 bis 3 Std. zu bewältigen. Auf dem Bergkamm kann bereits ab September Schnee liegen. Oben angelangt, eröffnet sich ein Panoramablick nach allen Seiten.

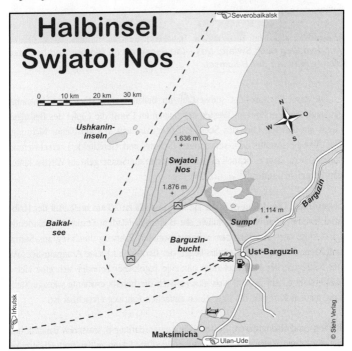

Auf dem Weg nach Swjatoi Nos - Die Bergkette im Hintergrund befindet sich bereits auf der Halbinsel.

Die Insel Olchon liegt südwestlich im Baikal, nordwestlich der Ushkanin-Archipel. Am Horizont im Westen erscheinen im Dunst die Gipfel des Baikalgebirges am anderen Ufer des Sees. Ust-Barguzin liegt in südöstlicher Richtung. Der Abstieg gestaltet sich schwieriger (Schutt- und Geröllfelder), erschwerend kommt hinzu, dass es schnell dunkel wird, denn die Sonne geht im Westen hinter den Berggipfeln unter.

Swjatoi Nos: Die Halbinsel ist 55 km lang und bis zu 20 km breit. Auf der Halbinsel kommen Braunbären vor. Die die Halbinsel mit dem Festland verbindende Landzunge besteht außer dem schon erwähnten Fahrweg durchweg aus Sumpf und Moor. Inmitten des Sumpfes liegen der Große und Kleine Arangatu-See. An der Südspitze der Halbinsel (Kap Nizhnije Izgolovije) befindet sich eine kleine Wetterstation. Auf Swjatoj Nos gibt es auch die bereits erwähnte winzige Siedlung namens Kurbulik, die über einen einfachen Fahrweg erreichbar ist.

Rafting- und Hikingtouren: Beste Bedingungen dafür z.B. zwischen Baikalsk und Sljudjanka im Chamar-Daban-Gebirge. Beide Orte liegen an der Transsib-Strecke.

Es gibt lokale Touristenorganisationen, die auch entsprechende Ausrüstungen verleihen. Für weitere Informationen wende man sich z.B. an:

- 🔲 www.baikal-eco.ru oder http://baikalinfo.ru
- ◆ 🖳 www.baikaltravel.ru
- ◆ 665900 Sljudjanka (Слюдянка), Sljudjanskij PSO, ul. Mostovaja 2a

Sljudjanka und Baikalsk sind über die Automagistrale M-55 zu erreichen. Sljudjanka kann man auch mit der Baikalringbahn von Port Baikal (Übernachtungsmöglichkeit z.B. im kleinen Hotel Jakhont (гостинный двор Яхонт) aus anfahren, die Strecke ist sehr interessant (Tunnel, Viadukte). Von Sludjanka ausgehend können wir nach 2 bis 3 Tagen anstrengender Wanderung durch Flusstäler, Bergbäche und felsige Gegenden den südlich gelegenen Gipfel "Pik Tsherskovo" (⇧ 2.090 m) erreichen, der zur Bergkette des Chamar-Daban zählt. Man lasse sich von Ortsansässigen oder Eingeweihten den Weg zu der in der Nähe befindlichen Meteostanzija erklären (fehlend auf der Karte), wo sich unter Umständen die Möglichkeit einer Tagesrast mit Banjabesuch ergeben kann.

Die Adressen der weiteren Nationalparks in Burjatien:

- ◆ Nationalpark "Tunkinskij", 671010 Kyren, Tunkinskij Rayon, ul. Lenina 60.
- ◆ Baikalskij-Biosphärenreservat, Kabanskij Rayon, Verwaltung im Dorf Tankhoi, ✉ bainr@burnet.ru.

Interessante Web-Sites:

- ◆ 🖳 www.baikal-extreme.ru (Infos von Rafting über Bergstiegen bis Snowboardfahren, Fotosgalerie, Kontakte).
- ◆ 🖳 www.nature.burnet.ru (Eine sehr gute Seite über die Natur Burjatiens und der Baikalregion).
- ◆ 🖳 http://tunki.baikal.ru/ (Seite über die "Tunkinskije Alpen", eine Gebirgsformation des Ostsajan, Gipfel um 3.000 m ü. NN, höchste Erhebung Pik Strelnikova (⇧ 3.284 m), Länge der Bergkette fast 100 km).
- ◆ 🖳 www.bol.ru - das ist nicht die russische Variante von Buch online, hier verbirgt sich Burjatija online mit allen News.
- ◆ 🖳 www.fishingtravel.ru (Kreuzfahrten auf dem Baikal, von Mitte Juni bis Ende September, für Angler, Kontaktbüro in Moskau ☎ 495/6775694.

Ostsibirien

Itelmenischer Sänger

Jakutien, Republik Sakha (Якутия, Республика Саха)

Jakutien (der Name leitet sich von der hier seit Langem ansässigen Bevölkerung, dem Volk der Jakuten ab) liegt im Nordosten der Russischen Föderation. Die Republik gehört politisch zur RF, es gibt aber auch hier Bestrebungen nach Autonomie.

Sakha (Jakutia) beansprucht ein Drittel Sibiriens, flächenmäßig nimmt es gut 3 Mio. km² ein. Die durchschnittliche Bevölkerungsdichte ist mit 1 Einwohner pro 3 km² ziemlich gering.

ℹ️   Allgemeine Informationen: 💻 www.yakutiatoday.com (englisch)

Noch 1995 wurde die Einwohnerzahl mit 1 Mio. Menschen angegeben, nach dem Zensus von 2002 wird die Bevölkerungszahl hier mit 949.300 beziffert, davon wird der Hauptteil (60 bis 70 %) inzwischen durch Russen, Jakuten und Ukrainer gestellt. In der Minderheit sind die kleinen Völker des Nordens wie z.B. die Ewenki, Ewenen, Jugashiren und Tschuktshi. Die jakutische Sprache (саха тыла) gehört zur Gruppe der Turksprachen, ca. 450.000 aktive Sprecher leben derzeit nach Schätzungen, der größte Teil in Jakutien, einige in den Nachbarregionen Amur, Magadan, Sachalin, Taijmir. Bis 1939 wurde ein abgewandeltes lateinisches Alphabet genutzt, später führte man ein neues Alphabet ein, welches auf der Kyrilliza basiert (vierzig Buchstaben).

ℹ️   Informationen für Fremdspracheninteressierte:
       💻 www.peoples.org.ru/jakut.html.

Geschichte

Die Besiedlung des Gebietes in der Umgebung des Flusses **Lena** erfolgte schon frühzeitig, wie entsprechende archäologische Funde (schon seit dem Neolithikum war die Region von Jägerstämmen besiedelt) zeigen. Die hier alteingesessenen Völker lebten von der Rentierzucht oder dem Fischfang. Entlang der Lena kam es später zur Entwicklung von Handelspunkten. Das Volk der Jakuten muss in grauer

Vergangenheit irgendwo zwischen den Steppen Mittelasiens und den unermessli-
chen Weiten der Mongolei gelebt haben, durch die Mongolen wurde es nach Norden gedrängt, die Mongolen drangen auf ihren Raubzügen im 12. und 13. Jahrhundert jedoch nicht bis in den äußersten Norden des heutigen Jakutiens vor.
Spätere Streitigkeiten mit den Burjaten zwangen die Jakuten jedoch noch weiter
in den Norden.

Als schließlich im 16./17. Jahrhundert die Macht der Mongolen und Tataren
ihren Niedergang erlebte, drangen aus dem Westen Russlands Pelzhändler, Fal-
lensteller und Kosaken ein, bald folgten die ersten Verbannten. Viele Orte in Sakha
waren Verbannungsort zu Zarenzeiten und auch zu Stalins Zeiten war Jakutien ein
beliebter Verbannungsort.

Im Jahre 1632 wurde die Stadt **Jakutsk** von russischen Eroberern gegründet.
Jakutsk ist heute Hauptstadt der Republik. Seit 1922 hatte Jakutien den Status
einer Autonomen Republik innerhalb der UdSSR. Neben Jakutsk sind **Mirnyj,
Lensk, Aldan, Tommot** und **Nerjungri** die bedeutendsten Städte.

📖   *Jakutien - Fernes Land am Kältepol*, K. Hrabowski, Verlag Brockhaus, Leip-
     zig 1990, ISBN 978-3325002812.

♦   *An der Lena flussabwärts*, Dietmar Schuhmann, das Buch zum ZDF-Film
     "Blut & Diamanten", ISBN 978-3360009777 (2002). Eines der besten und
     ehrlichsten Bücher zu diesem Gebiet, was man unbedingt vor der Einreise
     gelesen haben sollte.

Traditionelle Lebensweise der Jakuten

Zahlenmäßig stellen die **Jakuten** mit den größten Teil der Urbevölkerung in Sibirien. Laut Volkszählungsangaben leben in ganz Russland 380.000 Jakuten, davon
über 90 % in der Republik Jakutija/Sakha. Die Herkunft und Abstammung dieses
Turkvolkes sind bis heute noch nicht restlos aufgeklärt, wahrscheinlich fand vor
langen Zeiten auch eine Verschmelzung mit mongolischen Volksgruppen statt.
Jakutisch ist eine nordosttürkische Sprache.

Früher lebten die Jakuten in kleineren Gruppen und es gab etwa 40 größere
Sippen. Zwischen diesen Stämmen herrschte größtenteils eine feindliche Einstel-
lung, Formen der "Blutrache" wurden praktiziert. Mit den Russen kamen die Jakuten erst ab etwa 1.620 in nähere Berührung.

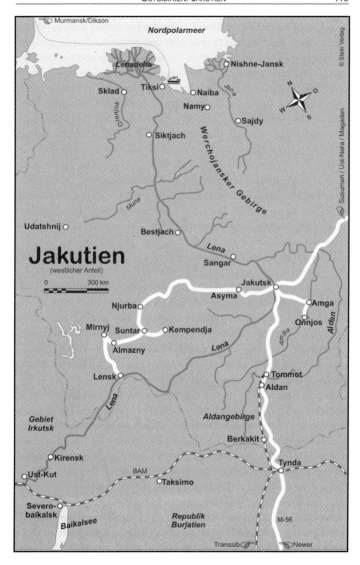

Map: Jakutien (westlicher Anteil)

Nordpolarmeer

Murmansk/Dikson

Lenadelta

Sklad · Tiksi · Naiba · Nishne-Jansk

Namy · Sajdy

Siktjach

Werchojansker Gebirge

Muna

Udatshnij · Bestjach

Jakutien
(westlicher Anteil)

0   300 km

Lena · Sangar

Jakutsk

Asyma · Amga

Njurba · Onnjos

Mirnyj · Suntar · Kempendja

Almazny · Lena

Lensk

Tommot · Aldan

Gebiet Irkutsk

Aldangebirge

Berkakit

Kirensk · Tynda

Ust-Kut · BAM · Taksimo

Severo-baikalsk · Baikalsee

Republik Burjatien

M-56

Transsib · Newer

© Stein Verlag

Susuman / Ust-Nera / Magadan

Reichere Jakuten besaßen oftmals mehrere Arbeitssklaven (Leibeigene). Die Männer waren der Militärpflicht unterstellt, kriegerische Auseinandersetzungen gab es sehr häufig. Formen von Sklaven-, Frauen- und Kinderhandel wurden praktiziert. Religiöse Bedeutung hatte der **Schamanismus**. Die orthodoxe russische Kirche begann erst langsam Fuß zu fassen (19. Jahrhundert). Manche Jakuten beten noch heute Geister an. Die Hauptgottheit ist Ajy-Tojon, sein Gegenspieler des Bösen ist Allara-Ogonor. Jeder Berg, See, Fluss, Wald, Baum sowie jeder Naturerscheinung wohnt ein Geist inne, die in der Gesamtheit als *itschtschi* bezeichnet werden. Den Geistern werden Opfer (*salama*) z.B. in Form von Pferdehaar gebracht. Bestimmte Vögel (Rabe und Kuckuck) haben angeblich eine mystisch-schicksalbestimmende Bedeutung. Rituelle Anwendung fand der Wunderstein *sata*, der auch heute noch als Amulett getragen wird. Eine Art Nationalfeiertag ist das Issyach-Fest. Eine Art Maultrommel, jakutisch *Chomus* genannt, ist ein häufig verwendetes Instrument, es ähnelt im Prinzip der Maultrommel der Völker in Tuwa oder im Altai.

Ein wichtiger Lebensunterhalt war schon damals die Viehzucht, hauptsächlich wurde Pferdezucht betrieben. Auch Rentiere und Hirsche wurden gehalten. Für die Pferde waren meist die Männer zuständig, während sich die Frauen um alle anderen Tiere zu kümmern hatten. In den nördlichen Gegenden hatte die Jagd eine überwiegende Bedeutung für den Lebensunterhalt (Rentiere, Elche, Polarfuchs, Pelztiere, Bär etc.). Neben dem Fleisch ging es vor allem um die begehrten Pelze, die von Händlern eingetauscht wurden - z.B. gegen Waffen. Wurden traditionell Pfeil, Bogen und Speer sowie Fallen verwendet, hielten etwa ab Mitte des 17. Jahrhunderts Schusswaffen Einzug.

Ärmere Leute, die kein eigenes Vieh hatten und keine Pferde und die von der Jagd nicht satt wurden, waren auf den Fischfang angewiesen. Die jakutische Bezeichnung *Balyksyt* wurde synonym für Fischer und Armer verwendet.

Erst Ende des 17. Jahrhunderts wurden Getreidesorten wie Weizen und Gerste in Jakutien bekannt, die Feldwirtschaft begann sich in der Folgezeit langsam zu entwickeln, hauptsächlich durch die Ansiedlung russischer Kolonisten. Wichtige Gewerbe waren das Schmiedewesen (Waffen) und die Bearbeitung von Fellen. Das Leder wurde für die Bekleidung verwendet.

Als Wohnstätten dienten jurtenähnliche Hütten, die traditionell aus Filz bestanden und auch transportabel waren. Der Eingang befand sich im Osten, Fenster gab es nach Süden und Westen.

Auch in den jakutischen Behausungen gab es eine Trennung in der Jurte: die linke Hälfte gehörte den Männern, die rechte den Frauen. Durch die russische Besiedlung und Kolonisierung übernahmen die Jakuten alsbald die russische Bauweise (Holzhütten vom *izba*-Typ).

Übliche traditionelle Speisen in Jakutien waren und sind Milchprodukte. Bekannt ist ein aus Stutenmilch hergestelltes Getränk (*kumys*) mit charakteristischem Geruch. Begüterte Leute hatten natürlich oft Fleisch auf dem Speisezettel, die ärmeren Volksschichten mehr Fischprodukte.

Das Fleisch und der Fisch wurden für den Winter aufgehoben, die Konservierung erfolgte ganz natürlich durch die starke Kälte. Fisch wurde teilweise getrocknet - oder auch roh verzehrt.

Der Barsch (russ. *okun*) nennt sich auf jakutisch *alyssar*, der in Sibirien sehr häufige Nalym (Quappe, *Lota vulgaris*; zu den Schellfischen gehörig) heißt hier *zheljussar* bzw. *sjengan* (kleinere Exemplare).

Als ausgezeichneter Speisefisch zählt der häufig auf Märkten angebotene *Tajmen* (jakut. *bil-balyk* bzw. *mindimen*, dt. Huchen, Rotfisch). Er kann 15 bis 20 kg schwer werden.

Klima

Das Klima ist streng **kontinental**. Hier sind die Winter extrem kalt (unter -60°C), während im Sommer Temperaturanstiege bis 40°C üblich sind. Der Sommer ist nur sehr kurz. Die großen Flüsse sind im Jahr nur fünf bis sechs Monate befahrbar. In der arktischen **Tundra** geht im Sommer die Sonne nicht unter, im Winter herrscht für mehrere Wochen dunkle **Polarnacht**.

Geografie

Jakutien gehört geografisch zu Ostsibirien, das die ausgedehnteste Region innerhalb der Russischen Föderation darstellt. Die gesamte Gegend ist nur dünn besiedelt. Die Regionen südlich des Polarkreises werden größtenteils von ausgedehnten und nahezu menschenleeren Wäldern und Sümpfen bedeckt.

In Jakutien dominieren 500 bis 1.000 m hoch gelegene Hochplateaus. Das Land wird außerdem von Gebirgsketten durchzogen: im Norden das **Werchojansker Gebirge** mit Gipfeln um 2.300 m sowie das **Tshersker Gebirge**. Im Süden liegen zwischen der Stadt Aldan und dem BAM-Bahnknotenpunkt **Tynda** das Aldan-Hochland und die **Stanowoi-Kette**. Im Aldan-Hochland entspringt der Fluss gleichen Namens, der einen weiten s-förmigen Verlauf nimmt, um dann nach Jakutsk in den größten Strom Jakutiens, die Lena, einzumünden.

Die **Lena** entspringt im Baikalgebirge am westlichen Ufer des Baikals. Über Katshug, Ust-Kut und Kirensk erreicht sie Jakutien und mündet in die Laptew-See des Nordpolarmeeres (großes Lenadelta in der Nähe der Hafenstadt **Tiksi**). Die Lena ist 4.300 km lang. Große Bedeutung hat dieser Fluss als Verkehrsweg, da es hier nur ein sehr dünnes Straßennetz gibt. Bereits Mitte September gibt es das erste Eis auf den Flüssen; ab Ende Dezember ist es dann dick genug für tonnenschwere Lkw und Zugmaschinen. Der russische Name "Lena" rührt von der jakutischen Bezeichnung *jeljuena* (jakut. "Großer Fluss") her.

Die Flüsse sind nur für etwa fünf Monate im Jahr schiffbar. Dann fahren vom Süden Versorgungsschiffe ("Wodkadampfer") nach Norden, um auch entlegene Regionen zu versorgen. Nicht auf dem Wasserweg erreichbare Siedlungen werden mit dem Hubschrauber versorgt. In Jakutien gibt es viele lokale Fluglinien, sodass letztendlich auch die abgelegenste Ansiedlung in der Tundra erreichbar ist, wenn auch in mitunter langen und unregelmäßigen Abständen von 2 bis 4 Wochen.

Von den Bewohnern Sakhas (Jakutiens) wird ihr Land als *oloncho* bezeichnet. Die jakutische Erde ist ganz außerordentlich reich mit allen nur erdenkbaren Ressourcen ausgestattet. Auch hier könnte man behaupten, jemand hätte *Mendelejews Tabliza* (Periodensystem der Elemente) ausgestreut: Gold, Silber, Kohle, Blei, Zinn, Molybdän, Wolfram, Uran, Antimon, Diamanten, Grafit, Kupfer.

Nur ein kleiner Teil davon wurde bisher erschlossen. Schon seit Jahren konkurrieren ausländische Konzerne aus Japan, Südkorea, England und Südafrika um die Abbaurechte.

Bei **Mirnyj** und **Almazny** baut man seit den 1950er Jahren intensiv Diamanten ab. Der Tschernytschevsker Stausee bei Mirnyj liefert hauptsächlich Energie für das Diamantenzentrum. Neben dem Bergbau hat wirtschaftlich außerdem die

Aufnahme entstand 1993. Der Tanker trägt noch das sowjetische Flot-ten-Emblem. Er hat bei Lensk an einer Plattform festgemacht, wird Vor-räte ergänzen, um anschließend seine Fahrt nach Norden fortzusetzen.

Forstwirtschaft größere Bedeutung. Das Holz aus der Taiga - in Jakutien gibt es ausgedehnte Lärchentaiga - wird für Bauzwecke und zur Zelluloseherstellung ver-arbeitet.

Größere Mengen Gold gewinnt man bei **Aldan** (in Aldan sehenswertes Geologisches Museum). Dabei werden spezielle Bagger (in Flüssen auch Schwimmbagger) eingesetzt. Das im Tagebau abgebaute Erz wird gereinigt, das Gold extrahiert. Wie bei der Diamantengewinnung bestehen auch hier besondere Sicherheitsvorkehrungen, um Diebstählen vorzubeugen (z.B. Röntgendurchleuch-tung der Arbeiter im Werk). Erreichbar ist die Stadt per Flugzeug von Jakutsk oder Khabarovsk, Busse von/nach Jakutsk und Nerjungri; in Aldan kaum Übernach-tungsmöglichkeiten - evtl. im einfachen Hotel auf ul. Oktjabrskaja und bei **Bodai-bo** am Flusse Vitim.

Die UdSSR lag gegen Ende der 1970er Jahre auf Platz 2 der Goldförderung weltweit (285 t pro Jahr). In der Folge fiel Russland auf die 5. Stelle zurück (90 t Gold jährlich), wobei der überwiegende Anteil aus Sakha (Jakutien) stammt, wo seit 1923 in großem Umfang geschürft wird. Auch im weiter östlich gelegenen Gebiet Magadan wird Gold gewonnen.

Einen weiteren wichtigen Wirtschaftsfaktor in Jakutien stellen in der Vergangenheit die **Sowchosen** dar. Eine Sowchose war ein landwirtschaftlicher Betrieb unter staatlicher Kontrolle. Im Norden Jakutiens wird von diesen Sowchosen bzw. deren heutigen Rechtsnachfolgern bevorzugt **Rentierzucht** betrieben. Die Rentiere dienen als Fleischlieferant und werden in Herden zu einigen Tausend Stück gehalten. Zusätzlich liefern sie Milch, Fett und Rentierfelle. Außerdem von Bedeutung ist der Handel mit Pelztierfellen. Die Tiere werden direkt gejagt oder in Farmen gezüchtet. Neben **Zobelpelzen** sind vor allem Silberfuchsfelle gefragt. In den 1930er Jahren waren durch die ständige Bejagung die Zobelbestände in Sibirien äußerst stark zurückgegangen. Durch ein Gesetz wurde die Jagd von 1935 bis 1940 verboten, außerdem wurden in Sibirien Zobel ausgesetzt, sodass sich der Bestand innerhalb einiger Jahrzehnte erholen konnte.

Jakutien verfügt über sehr viele Flüsse, die dank der gebirgigen Lage zur Energiegewinnung (Wasserkraft) verwendet werden könnten. Die Errichtung von solchen komplizierten Bauten wie Staudämmen wird durch den **Permafrost** zusätzlich erschwert. In der Nähe von Mirnyj wurde das erste Wasserkraftwerk auf Permafrostboden angelegt, was auch international Anerkennung fand.

Auch beim Bau von Häusern müssen die klimatischen Bedingungen des Permafrostes beachtet werden. Früher konnte man hier keine mehrgeschossigen Gebäude bauen, da sie irgendwann im Boden versanken (der Boden beginnt im Frühling in der obersten Schicht aufzutauen).

Mit Hilfe großer Betonpfeiler konnte das Problem gelöst werden. Der Hohlraum zwischen dem Erdboden und der auf Pfeilern ruhenden Fundamentplatte des Hauses hat ebenfalls eine bestimmte Aufgabe: Von den bewohnten Häusern wird ständig Wärme abgegeben (z.B. von Rohrleitungen), dadurch würde auch im Winter die obere Bodenschicht auftauen; dies aber verhindert der eisige Wind, der durch den Hohlraum hindurchweht.

Ganz im äußersten Norden baute man "geschlossene Städte". Alle Häuser sind durch Tunnel oder wärmeisolierte Brücken miteinander verbunden. Kraftwerke auf Ölbasis erzeugen Energie zum Heizen und zur Beleuchtung während der sechs Monate andauernden Polarnacht. Im Winter sind im Norden Jakutiens Außentemperaturen von -60°C üblich. Die Wände der Häuser sind meist 1 m dick, und die Rohrleitungen für Gas und Wasser verlaufen in besonderen wärmeisolierten Kanälen. Das Leben ist hier für die Arbeiter - meist Bergleute, Geologen, Bauarbeiter - trotz guter Bezahlung nicht leicht. Problematisch ist der zunehmende Alkoholismus.

Das Trinkwasser (und z.T. auch die Milch) werden üblicherweise im gefrorenen Zustand kilogrammweise gehandelt. Im Winter werden Eisblöcke angeliefert, die geschmolzen werden müssen.

Die Lebensmittel sind im Norden deutlich teurer als im übrigen Sibirien, da fast alles eingeführt werden muss. Die Menschen verdienen aber hier etwas mehr und haben gewisse Sonderrechte (z.B. längerer Urlaub, in bestimmten Regionen zählte ein Arbeitsjahr doppelt, wodurch das Rentenalter rascher erreicht werden konnte). Dies veranlasste in der Vergangenheit auch viele Russen, nach Jakutien zu gehen.

Verkehrsverbindungen

Lokale Fluglinien im Land. Buchungen sind im Voraus im Prinzip über Aeroflot nicht möglich; die Tickets muss man vor Ort kaufen. Tickets für die Linie Moskau - Jakutsk kann man auch von Deutschland buchen lassen. Flugverbindungen bestehen von/nach Jakutsk aus in größere Städte der RF, z.B. nach Irkutsk, Kemerovo, Chabarovsk, Krasnodar, Moskau, St. Petersburg, Tomsk. Im Rahmen der Wirtschaftsmisere 1998 wurden so manche Flüge (auch lokale Verbindungen) gestrichen oder sind auch heutzutage auf einmal wöchentlich reduziert.

In Jakutien existiert eine Bahnlinie ("Kleine BAM"), die im Süden von der BAM (Station Tynda im Amur-Gebiet) nach Berkakit (Südjakutien) führt und bisher hauptsächlich zum Abtransport von Bodenschätzen (Kohle, Erz) diente. Schon lange Zeit war der weitere Ausbau der Trasse in Richtung Norden geplant. Inzwischen ist zumindest ein erster Teilabschnitt bis nach **Tommot** fertiggestellt und der Passagierverkehr wurde aufgenommen (2005). Der geplante weitere Ausbau der Strecke bis Jakutsk würde u.a. auch den Bau von 141 größeren und 302 kleineren Brücken erfordern, siehe: 🖥 www.ykt.ru, ☞ siehe auch Abschnitt BAM.

Der Bau von Eisenbahntrassen auf Dauerfrostboden stellt auch heute noch eine große ingenieurtechnische Herausforderung dar. Als Superprojekt muss die in Planung befindliche Lena-Brücke schon der fast 3 Kilometer nötigen Länge wegen angesehen werden, welche die Lena voraussichtlich im Gebiet Khaptagaja-Tabagi queren soll.

🚗   Aus dem Süden führt die Fernstraße M56 über Tynda und **Tommot** nach Nishnij Bjestjach in der Nähe von **Jakutsk (Якутск)**. Diese Fahrtrasse ist größtenteils mit einer Art Kalksteinschotter als Straßenbelag versehen. Eine Fortsetzung der Trasse verläuft stellenweise schnurgerade durch die Taiga in östlicher Richtung nach **Magadan**. Die Schotterpisten wurden durch Sträflinge und Kriegsgefangene errichtet.

Von Jakutsk aus kann man Asyma, Njurba, Suntar und Mirnyj auf einer anderen Fahrtrasse erreichen. Ein Fahrweg verbindet Mirnyj mit Lensk an der Lena (etwa 230 km).

Im Winter, der in Jakutien sieben Monate dauert, benutzt man zugefrorene Flüsse als Autotransportweg. Im Sommer fahren die geländegängigen Lkw auch in Ermangelung von Straßen durch Flussbetten - und das über mehrere Hundert Kilometer.

🚢   Der Schiffsverkehr hat auch heute noch große Bedeutung. Die staatliche Lenareederei verfügte zu sozialistischen Sowjetzeiten über 1.500 Schiffe, heute liegen jedoch viele von ihnen in defektem Zustand in den Häfen fest. Auch viele der Kräne stehen still. Schiffe und Krananlagen wurden damals im System des RGW (Rat für gegenseitige Wirtschaftshilfe) in der DDR produziert. Ersatzteile und neuere Anlagen konnten nach 1990 wegen Devisenmangel nicht eingeführt werden. Trotzdem wird fast der gesamte Güterverkehr und Containertransport auf der Lena und ihren Nebenflüssen abgewickelt: das Wasserstraßennetz Jakutiens ist 20.000 km lang.

Einen Hochseehafen hat die Stadt **Tiksi** in der Nähe der Lenamündung. Von Tiksi verkehren regelmäßig große Schiffe in Richtung Murmansk und Dikson sowie zu den östlichen Pazifikhäfen. Atomeisbrecher fahren den Schiffskonvois im Nordpolarmeer voraus. Selten ergibt sich die Gelegenheit, als zahlender Passagier mitzufahren.

Der Name der 7.000 Einwohner (zu Sowjetzeiten 12.000) zählenden Stadt Tiksi, deren erste feste Häuser erst 1930 errichtet wurden, stammt aus der Sprache der Ewenki und lautet sinngemäß "Bucht zum Anlegen". Die Bevölkerung besteht hier zu 50 % aus Russen sowie zu 15 % aus Jakuten und ca. 35 % Ewenki, Ewenen sowie weiteren Angehörigen nördlicher Minderheiten. Tiksi ist das Verwaltungszentrum des Bulunskij Rayon (Fläche 224.000 km^2, sehr niedrige Bevölkerungsdichte von 0,05 Menschen/km^2) im Norden der Republik Sakha.

Wirtschaftliche Bedeutung haben hier die Rentierzucht, der Fischfang und die Holzverarbeitung. Tiksi ist der größte Holzumschlaghafen Sibiriens. Der größte Teil des Holzes, das auf der Lena stromab geflößt wird, gelangt per Schiff nach Fernost und Japan. In der Stadt gibt es eine Handvoll Geschäfte (sämtliche Waren außer Fisch werden importiert) sowie ein größeres Wetteramt, das neben dem Hafen der Hauptarbeitgeber ist. Außerdem existieren ein kleines Theater und ein Kunstmuseum.

Die Stadt wird im Allgemeinen einmal wöchentlich angeflogen (wetterabhängig). Zwischen Tiksi und Jakutsk verkehren Passagierschiffe, z.B. der Dampfer LO75, der sich schon über 40 Jahre auf dem Wasser hält und ein Geschenk der DDR an die Sowjetunion war. Da hier der Sommer sehr kurz ist und das erste Eis schon im September auftreten kann, bringt es der Dampfer auf maximal 3 Touren pro Sommer. Bekannt ist auch das dieselbetriebene Motorschiff "Demjan Bednji" (1985 in Österreich erbaut).

Die sommerlichen Maximaltemperaturen halten sich hier in Grenzen: 15°C tagsüber im Juli, nachts Abkühlungen auf nur 5°C (wärmster Monat). Vom 17. November bis 25. Januar dauert die Polarnacht.

Interessante Stationen in Jakutien

Als Ausgangspunkt nach Jakutien empfiehlt sich das im Norden des Lena-Angara-Plateau gelegene **Ust-Kut** (Усть-Кут, Bahnstation, ca. 60.000 Einwohner, gehört noch zum Irkutsker Gebiet), was bequem mit der Bahn erreichbar ist. Der Retshport (Hafen-Anlegestelle an ul. Kalinina) von Ust-Kut liegt in unmittelbarer Nähe der Vorort-Bahnstation "Lena" (BAM). Am Weg zum Fluss befindet sich das Hotel, zuletzt 2005 renoviert. Die Anreise nach Ust-Kut erfolgt per Bahn von Moskau via Taishet bzw. Irkutsk oder mittels des Zuges Moskau - Sewerobaikalsk (fährt über Taishet). Die Stadt Ust-Kut gründete man im Jahr 1632 als Ostrog. Später gewann man aus mineralhaltigen Quellen der Umgebung Salz, womit fast der gesamte ostsibirische Raum versorgt wurde, der Ursprung der späteren Salzfabrik. Bedeutung hatte der Ort auch als Verbannungsort für russische und polnische Verurteilte, 1863 gelangte eine große Gruppe Polen hierher. Seit 1975 existiert die Eisenbahnbrücke über die Lena, seit 1989 auch eine Autobrücke im Stadtteil Retshniki.

☽   39565, Mobilfunknetz: z.B. MTS

🛏   Lenahotel, ul. Kirowa 88, ☎ 51507 und 51424, ✑ lenahotel@irmail.ru

✈   Kleiner Flughafen, Verbindungen u.a. nach Irkutsk (610 km), Kirensk/IATA-
     Code: UKX, Info: ☎ und FAX 50907

🚂   Größere Bahnstation "Lena", kleinerer Haltepunkt "Ust-Kut". Nach Westen
     führt die doppelgleisige Taishetsko-Lenskaja Bahn, bis zur Station Vikho-
     revka verkehren Elektrishka-Züge (mit 455 km die längste Elektrishka-Ver-
     bindung Russlands); nach Osten führt das Gleis der BAM.

🚗   Trasse von/nach Bratsk, Swesdnij (Dorf an der BAM, 40 km) sowie nach
Verkhnemarkovo (an der Lena, 100 km).

🚢   Früher gab es Schiffsverbindungen auch stromauf, z.B. bis nach Katschug,
da die Lena aber an vielen Stellen versandete bzw. den Lauf änderte, existieren
mitlerweile keine planmäßigen Reisen stromauf mehr. Der Dampfer "Krasnojarsk"
bedient die stromab führende Linie Ust-Kut - Jakutsk. Bereits Mitte September
verkehren die Schiffe das letzte Mal. In größeren Städten (z.B. Kirensk, Lensk,
Oljokminsk) werden Zwischenstopps eingelegt und Passagiere und Frachtgut aufgenommen. Es gibt Kabinen erster und zweiter Klasse. Üblich sind 8er- und 4er-
Kajüten, in der ersten Klasse gibt es natürlich auch 2-Kajüten. Im Schiff befinden
sich ein Restaurant und Kiosk, wo Lebensmittel, Süßigkeiten und Getränke verkauft werden. Auf dem Hauptdeck gibt es auch Duschen und eine Wanne.

Lensk (Ленск) erreicht man nach etwa drei Tagen Fahrt auf der Lena von Ust-
Kut aus. Die Stadt, die größtenteils aus Neubauten besteht, wirkt etwas verschlis-
sen, grau und staubig. Bank, Post, Miliz und Kaufhaus befinden sich im Zentrum.
Im Mai 2001 wurden hier alle direkt am Ufer stehenden Gebäude schwer beschädigt, die Lena war über die Ufer getreten und fast die gesamte Bevölkerung, die
sich auf die Dächer der wenigen Mehrgeschosser flüchtete, musste durch Ret-
tungskräfte evakuiert werden.

ℹ   Informationen über Lensk: 🖥 www.lenskcity.narod.ru

Inmitten der Neubauten streiten sich einige magere Kühe um die letzten Gras-
halme - oder sie fressen die niedergelegten Blumenkränze am Heldendenkmal. In
der Nähe des Flusshafens gibt es einen kleineren Markt. In der Stadt gibt es eine

neu errichtete orthodoxe Kirche in hölzerner Bauweise. Das Hotel liegt in der Nähe des Hafens und wurde ebenfalls 2001 durch das Hochwasser stark beschädigt. Wesentlich billiger kann man aber im Flughafenhotel (zweistöckiges Holzhaus mit kaltem Wasser) übernachten, es liegt auch sicher in gehöriger Entfernung zum Flussufer.

☽   41137, Mobilfunknetzanbieter z.B. MTS

✈   Der Flugplatz von Lensk befindet sich einige Kilometer außerhalb. Flüge mit kleineren Maschinen (AN-12) und Hubschraubern von/nach Orten der Umgebung sowie Jakutsk, Irkutsk, Bratsk, Krasnojarsk und Nowosibirsk.

☎   Auskunft Flughafen ☎ 45050, Aeroflot-Schalter ☎ 41172 bzw. ☎ 41136/20197

✚   Kreiskrankenhaus, ul. Perwomajskaja 40, ☎ 43611 und 43625

◆   OVIR-Abteilung der Miliz, ul. Lenina 55, ☎ 42139

Von Lensk kann man auch **Mirnyj** erreichen (etwa 230 km auf schlechter Piste). Leere Lkw nehmen mitunter gegen ein kleines Entgelt Passagiere mit. Für die Besichtigung der Diamantenminen in Mirnyj ist eine Erlaubnis notwendig (über Intourist oder vor Ort versuchen).

Mirnyj (**Мирный**), ist Gebietshauptstadt des gleichnamigen Ulus (jakutisch Rayon, Bezirk). Die mittlere Januartemperatur liegt bei -35°C, die mittlere Julitemperatur bei 15°C. Bekannt wurde Mirnyj vor allem durch die Diamantenminen, aber auch Erdöl- und Gasvorkommen sowie Kohle existieren hier. Etwa 30 % der Bevölkerung werden durch nichtrussische Nationalitäten repräsentiert, der Rest sind Russen. Mirnyj ist neben Udatsnij (im Norden gelegen, über Trasse erreichbar) die einzige Stadt im Ulus, sonst gibt es in dem großen Gebiet (166.000 km²) nur 13 Dörfer.

🚌   Busverbindungen nach Almaznij (30 Min.), Arylakh und Tas-Jurjakh

✈   Lokale Flüge von/nach Udatshnij (2 Std., ca. € 50) und Ajkhal im Norden.

Oljokminsk, am linken Ufer der Lena gelegen (60° 23′; 120° 26′), wird meist von den Passagierschiffen angefahren. Gegründet 1635 durch vom Jeniseij stammende Kosaken, Stadt seit 1783, erlangte es erst viel später Bekanntheit durch seine Funktion als Verbannungsort. Wirtschaftliche Bedeutung hat neben der Holzwirtschaft und einer spärlichen Landwirtschaft (Kartoffeln, Hafer, Futterpflanzen) auch die Pelztierzucht (Silberfuchs). In der Stadt gibt es ein kleines Museum.

Morgen in Lensk (Jakutien)

Zu den architektonischen Farbtupfern zählt die Kirche "Spaskij Sbor" (1860). Bekannt sind weiterhin die im Tal des Flusses Oljokma gefundenen Petroglyphen (40 km). Von Oljokminsk sind es noch gut 620 km stromab bis nach Jakutsk. Unterwegs passiert das Schiff die eindrucksvollen "Lenskije stolby".

♦ In der Nähe befindet sich ein Naturreservat, Verwaltung: 678100 Olekminsk, Zapovednik Olekminskij, ul. Logowaja 31,

✑ zapovednik@olekma.sakha.ru

Jakutsk (Якутск)

die Metropole Sakhas, war Anfang des 20. Jahrhunderts nur eine etwas größere Siedlung, die damals ausschließlich aus Holzhäusern bestand. Heute hat die Stadt 200.000 Einwohner, etwa 20 % der Gesamtbevölkerung von Sakha. Jakutsk erreicht man entweder per Schiff oder per Flugzeug von Moskau aus. Die IL-62 benötigt dafür 6 Std. Von Chabarovsk gelangt man mit der TU-154 in 2½ Std. in die jakutische Hauptstadt. Die Stadt wurde am linken Ufer der Lena errichtet. Über den Fluss, der hier im Frühsommer 12 km breit ist, führt eine Autofähre.

Im Frühjahr des Jahres 2001 musste Jakutsk wieder mal gegen die steigenden Lenafluten kämpfen: der Fluss war gut 12 m über das Ufer getreten und führte eiskaltes Wasser mit metergroßen Eisbrocken, über 45.000 Bewohner in Jakutsk (und ganz Jakutien) wurden evakuiert.

Seit Mitte der 1950er Jahre besteht in Jakutsk ein wissenschaftliches Institut für Frostbodenkunde ("Institut Merzlotovedenija"), das sich intensiv mit der Problematik des Permafrost beschäftigt. Außerdem gibt es in Jakutsk eine Medizinische Fakultät (ul. 50 let V.L.K.S.M. Nr. 42).

Ein Museum hält auch Informationen über die **Mammut-Funde** in Jakutien bereit. Die wissenschaftliche Aufarbeitung der im Dauerfrostboden konservierten Mammutkadaver begann bereits vor 200 Jahren, als ein 1799 im Lenadelta geborgenes Mammut von dem Botaniker Adams beschrieben wurde.

- 🛈 Stadt-Administration: 677000 Jakutsk, pr. Lenina 15, ☎ 4112/423020

- ✈ Flughafen Jakutsk (IATA-Code: YKS): ☎ 4112/ 443171, FAX 443233, 📧 airport_yakutsk@mail.ru

- ◆ Die Zollverwaltung (Якутская Таможня) hat ihren Sitz in 677000 Jakutsk, ul. Tshirjaewa 1, ☎ 452105, FAX 452357. Bevor man Souvenirs ausführt, welche z.B. aus Mammut- oder Walrosszahn gefertigt sind, sollte man sich hier nach den Ausfuhrbestimmungen erkundigen.

- 🛏 Gastiniza Jakutsk auf der ul. Oktjabrskaja 20, ☎ 50700

- ◆ Jakut Zoloto auf dem pr. Lenina 11, ☎ 24351

- ◆ Lena, Leninskij pr. 8 (bereits 1972 gebaut, 7 Etagen)

- ◆ Ontario, "Kilometer 13" an der Sergeljakhskij Chaussee, Gebäude Nr. 7, ☎ 4112/369222. Liegt nahe zum Sergeljakh-See (озеро Сергелях). Die Entfernung zum Flughafen (Airport Tujmaada, аэропорт «Туймаада») beträgt nur 10 km.

- ✗ In den Hotels gibt es gepflegte Küche. Andere Restaurants finden sich auf dem pr. Lenina (z.B. "Sewer").

Tickets für die Schiffe oder Überlandbusverbindungen können über Intourist oder über die Yakutintour Association gebucht werden. Flugtickets gibt es an den Aviakassen auf der ul. Dzerzhinskovo 3, 4 und 18, ☎ 21273, 423136 und 345093.

- ◆ Yakutintour, PO Box 373, 677013 Jakutsk, ☎ 41162 und 60780

- ◆ Abteilung Turism, 677000 Jakutsk, ul. Ordzhonikidze 10, ☎ 4112/343641

- ◆ Informationen erhält man auch im Tourismus-Büro pr. Lenina 24, ☎ 423303, man frage nach Herrn Vasilij Semjonovitsh Makarov oder Frau Sukujewa

- ◆ 💻 www.yakutiatour.ru bzw. 💻 www.goyakutia.com

Im Angebot der Touristenagenturen befinden sich stets auch Flüge nach **Werchojansk** (900 km nordöstlich von Jakutsk gelegen). Werchojansk am Ufer des Flusses Jana gilt als einer der Kältepole der nördlichen Hemisphäre. Die heute 2.000 Einwohner zählende Siedlung wurde 1647 als Überwinterungsstützpunkt errichtet. Die Siedlung ist nur per Hubschrauber erreichbar und Temperaturen bis zu -71°C wurden hier schon gemessen.

In den letzten Jahren hat der organisierte Jagdtourismus sehr zugenommen. Waren früher hauptsächlich reiche Ausländer oder Diplomaten die Zielgruppe, sind es jetzt verstärkt die russischen Neureichen - es zählt als Statussymbol, einige Bären selbst erlegt zu haben (wobei es den "Jägern" völlig egal ist, ob per Jagdgewehr oder Maschinenpistole).

Die Tierwelt bietet hier jedenfalls (noch) viel: vom Schneehasen über Polarfuchs, Zobel, Hermelin, Wolf, Bär, Elch und Rentier ist alles vertreten. Eine Empfehlung in puncto Tierbeobachtung ist das Schutzgebiet "Oljokminskij Zapovednik", gelegen im gleichnamigen Rayon.

📖   Reisebericht zu Werchojansk *Sommer am Kältepol*, J. Voswinkel, DIE ZEIT
        24.8.2006, Seite 61

Auf Jakutiens Flüssen unterwegs

Es gibt auch hier Tausende von Flüssen, die mit Schlauchbooten oder Flößen bzw. mit Katamaranen befahren werden können. Üblicherweise wählt man den Startpunkt der Fahrt am Oberlauf des Flusses, sodass man - je nach der verfügbaren Zeit - einige Hundert Kilometer Fahrt bis zu der nächst größeren Stadt vor sich hat.

Pro Tag kann man etwa 20 bis 40 km zurücklegen. Zusätzlich benötigt man Reservetage zum Ausruhen. Im Sommer erreichen die Temperaturen tagsüber 40°C, in der Nacht können sie aber bis in Nähe des Gefrierpunktes sinken. Dies ist bei der Zusammenstellung der Ausrüstung zu beachten. Auch sollte an Mückenschutzmittel gedacht werden.

🎣   Eine Angelausrüstung ist sowohl als Zeitvertreib als auch für Ernährungszwecke wichtig. In den kleinen, zumeist sehr sauberen Flüssen finden sich verschiedene Lachsarten (z.B. Siga). Der Tolstjunok, ein kleinerer Fisch, wird von den Einheimischen sauer eingelegt. Hechte und Barsche erreichen ungewohnte Größen.

Noch relativ gut zu erreichen sind die Nebenflüsse des Aldan, wie z.B. die **Amga**. Sie ist etwa 1.500 km lang und ein relativ ruhiger Fluss, bestens für Schlauchbootfahrten geeignet. Am Unterlauf erreicht die Amga 200 bis 250 m Breite und mündet dann in den **Aldan**. Einige Hundert Kilometer vor der Einmündung passiert der Fluss die Stadt, die seinen Namen trägt.

Die Stadt Amga ist 190 km von Jakutsk entfernt und über eine Straße mit der M-56, die dorthin führt, verbunden. Man kann z.B. die Floßtour beginnen, wo die Amga die Magistrale M-56 schneidet, und nach etwa 400 km erscheint die Siedlung **Onnjos**, weitere 100 km später **Amga** selbst. In Amga gibt es einen kleinen Flugplatz.

Gleichwertige Touren sind möglich auf dem **Aldan**, dem **Gynym**, der **Tshuga** und vielen anderen Flussläufen. Auf weiten Strecken sind die Ufer völlig unbesiedelt und nicht erschlossen. Man kann 300 km fahren, ohne eine Ortschaft zu passieren - dort wo sich Rentier und Bär "Gute Nacht" sagen.

Hauptausgangspunkt für Flussfahrten im Süden Jakutiens ist die Magistrale M-56, die viele Flüsse überquert, oder die Stadt **Tommot**. Schlauchboote sind in Russland im Gegensatz zu leichten Sportbooten oder Kajaks (diese gibt es in größeren Städten mitunter in Sportabteilungen der Kaufhäuser) schwierig zu beschaffen. Schlauchboote bekommt man evtl. in Läden für Jagd- und Angelbedarf.

Nationalpark Lenskije stolby, im Khangalasskij Rayon und etwa 200 km stromauf von Jakutsk an der Lena (hier 3 km breit) gelegen. Die interessanten säulenförmigen Felsenformationen sind der Hauptanziehungspunkt, es handelt sich um Basaltfelsen. Im 870.000 ha großen Nationalpark befinden sich 2 Unterkünfte ("Buotama" und "Verkhnij Bestjakh"). Mitunter legen auch die Passagierschiffe an dieser Stelle eine Rast ein. Organisierte Touren werden von den meisten Reiseveranstaltern angeboten.

♦   Kontakt: 687000 Jakutia, Khagalasskij ulus, Pokrovsk, ul. Ordzhonikidze 56, ☎ 41144-45289, ✉ lenskstolb@pokrovsk.sakha.ru

Weitere Ausflugsziele sind der Nationalpark Momskij, der mit mehreren Besonderheiten aufwarten kann (Pik Pobedy, ⇧ 3.147 m.; verschiedene Gletscherbildungen; Vulkan Balagan-Taas; verschiedene Mineralquellen u.a.) oder der im hohen Norden gelegene "Ust-Lenskij Zapovednik" (gegründet 1985), der das Lena-Delta umfasst.

ℹ   Adresse des Lena-Delta Naturreservates: Sakha, 678400 Bulunskij ulus, pos. Tiksi, uliza Akademika Fedorowa Nr. 28,
        ✒ tikzap.sakha@rex.iasnet.ru)

♦   🖥 www.yakutiatoday.com/ eine sehr gut gestaltete Site auf Englisch, enthält viele Fotos sowie interessante Rubriken wie Travel Tips, Yellow Pages, Regioninfo etc., hier findet man Informationen zu in der Republik Sakha tätigen NGOs genauso wie Links zum Yakutsk Off-road Club.

♦   🖥 www.sakhaohota.ru ist die Seite, die sich mit Jagd, den entsprechenden Regeln (Schon- und Freigabezeiten) und Bestimmungen sowie Fischfang und Tourismus beschäftigt (auf Russisch).

♦   Auf 🖥 www.sakharock.ru ist immer das Aktuellste über russische und jakutische Rockmusik zu finden, Termine zu Konzerten lokaler Bands, ein Rock-Forum sowie Links zu Seiten mit Downloadmöglichkeiten.

♦   Wen es noch weiter östlich als Jakutsk verschlägt (z.B. Magadan) erhält Infos und Tourangebote von Firma dvs-tour, 🖥 www.dvs-tour.ru/, 685000 Magadan, ul. lenina 3/450, ☎ 41322/23296, FAX 21195.

Lachse locken Groß und Klein, Fischfangvorbereitungen.

Tshita (Чита)

Bei der Weiterfahrt mit der Transsib von Ulan-Ude in Richtung Ost wird bei Transsib-km 5784 die Station Petrovskij Zavod erreicht, nach weiteren 270 km die Gebietshauptstadt des Tshitinskaja Oblast, Tshita (Bahnstation Tshita II, Transsib-km 6198). Die Zeitdifferenz zu Moskau beträgt hier plus 6 Std.

Die Bahnstrecke ist von Ulan-Ude bis Tshita durchgängig mit 25 kV~ elektrifiziert, an Triebfahrzeugen kommen Lokomotiven der Baureihen VL60, VL80 und VL85 zum Einsatz. Der Abschnitt von Petrovskij Zavod bis Tshita untersteht der Transbaikal-Bahn.

Tshita (380.000 Einwohner, Bevölkerung vorwiegend Russen, zum Teil Burjaten, Mongolen, Chinesen) ist auch heute noch ein als überwiegend weiß zu bezeichnender Fleck auf der touristischen Landkarte, was zum Teil damit zusammenhängt, dass es zu Sowjetzeiten bis Anfang der 90er Jahre des vergangenen Jahrhunderts für Ausländer geschlossen war, zudem hat die Region in Nähe der Grenze zu China auch militärische Bedeutung. Die Stadt wurde 1653 in Nähe der Mündung des Flusses Tshitinka in die Ingoda gegründet. 1827 traf auch hier eine größere Anzahl von Verbannten des Dezemberaufstandes von 1825 ein, die Einfluss auf die kulturelle und wirtschaftliche Entwicklung der Stadt nahmen. Tshita (Stadt seit 1851) ist ein Industriezentrum (Metallindustrie, Maschinenbau), eine gewisse Bedeutung spielt der Bergbau (Kohle). In der Stadt gibt es mehrere Hochschulen, z.B. die Transbaikalische Pädagogische Staatsuniversität. In Tshita lohnt es sich, das Dekabristen-Museum auf der ul. Dekabristov 3 anzusehen, zudem existiert ein Militär-Museum. An Hotelunterkünften wurden von Reisenden u.a. empfohlen:

- ⌦   Daurija, ul. Profsojusnaja 17
- ◆   Zabaikalje, 672000 Tshita, Leningradskaja ul. 36
- ◆   Turist, ul. 672039 Tshita, ul. Babushkina 42a
- ⊕   Turfirma Kruiz (Круиз), c/o Hotel Daurija ("Даурия"), ul. Prof-sojusnaja 17, ☎ 3022/324150 bzw. ☎ 321312, ✆ kruizchita@mail.ru. Führt z.B. Busreisen nach Ulan-Bator (Mongolei) via Ulan-Ude durch, wobei die Distanz zwischen Tshita und Ulan-Ude per Zug zurückgelegt wird. Die Visabestimmungen und z.T. besondere Reglungen für Nichtrussen erfordern eine rechtzeitige Kontaktaufnahme.

♦   Turfirma Rus-Tur (Русь-тур), 672000 Tshita, ul. Lenina 90/4,
      ☎ 3022/264547, FAX 267789, 🖳 www.rustur.chita.ru,
      ✏ rustur@mail.chita.ru, Kontaktpartner in Moskau: ☎ 495/6286864,
      ✏ rus-tur2006@mail.ru

🛈   Internet-Website: Cityportal von Tshita: 🖳 www.chita.ru/

Die Gegend vor Tshita ist geprägt vom Jablonowy-Gebirge, im gebirgigen Teil der Bahnstrecke existiert ein ca. 200 m langer Tunnel. Längere Zeit verläuft bei der später folgenden Fahrt gen Osten die Bahnstrecke in unmittelbarer Nähe des Flusses **Ingoda** (р. Ингода).

Nach Tshita erreicht die Bahn bei Transsib-km 6312 die Station **Tarskaja** (Тарская), wo die Transmandschurische Bahn nach China abzweigt (verläuft über China (via Harbin) nach dem russischen Ussurijsk/Wladiwostok.

Chabarovsk (Хабаровск)   von Prof. Dr. Berthold Kühn

Geografie

Die Stadt Chabarovsk liegt am Amur (р. Амур) etwa 35 km unterhalb der Mündung des Ussuri nicht weit von der chinesischen Grenze, die von dem Ussuri und dem Oberlauf des Amur gebildet wird. Der Amur ist zusammen mit seinem Quellfluss, dem Argun, mit 4.400 km der zweitlängste Fluss Russlands. Er entwässert ein riesiges Gebiet, das fast bis nach Ulan Bator in der Mongolei reicht. Bei Chabarovsk durchfließt er ein breites Becken, das ihm gestattet, zahlreiche Flussarme auszubilden und stark zu mäandern.

Im November 2005 kam es zu einer bedeutsamen Vergiftung des Amur durch nahe Harbin (China) in das Flusswasser des Songhua gelangte Benzolverbindungen aus einer explodierten chinesischen Chemiefabrik.

Im Stromgebiet entstanden zahllose Altwässer und Sümpfe und im Strom selbst viele Sandbänke und Inseln. Einen Eindruck von dieser völlig unregulierten Flusslandschaft erhält man beim Landeanflug vom Flugzeug aus.

Der Amur fließt von der Ussurimündung aus im Wesentlichen in nordöstlicher Richtung und mündet bei Nikolajewsk am Amur gegenüber dem Nordende der Insel Sachalin in den Tatarensund. Bei der Stadt windet sich der Fluss s-förmig vom Westen nach Norden und dann nach Osten. Das Ufer erhebt sich hier um

10 bis 15 m über den Normalwasserstand und besteht z.T. aus felsigen Klippen.

Vor der Stadt vereinigen sich zwei große Flussarme, der Hauptarm und der Amurski Protok, der z.T. vom Ussuri gespeist wird. Die Breite der Wasserfläche variiert an dieser Stelle zwischen 1½ und 2½ km. Südwestlich der Stadt, noch vor dem Ussuri, erhebt sich ein kleiner Gebirgszug, der Chechzir, der eine Höhe von 950 m erreicht und nach Westen steil zum Ussuri abfällt.

Das Klima von Chabarovsk wird einerseits durch die riesige Landmasse des asiatischen Kontinents und andererseits durch den Monsum bestimmt, der von den Meeren im Süden bis in das Amurbecken vordringt. Infolgedessen sind die Winter kalt, trocken und lang. In der Regel dauert der Winter von Anfang November bis Ende März. Die mittlere Januartemperatur beträgt -22°C. Die tiefsten Temperaturen können -40°C erreichen.

Die Sommer, Anfang Juni bis Anfang September, werden stark durch den Monsun beeinflusst, der feuchte Meeresluft heranbringt. So fallen in den Sommermonaten die Hälfte der Jahresniederschläge. Damit verbunden sind die fast alljährlichen Sommerhochwasser des Amur. Die mittleren Julitemperaturen betragen +21°C und die Spitzentemperaturen über 35°C.

Im Stromgebiet des Amur herrschen feuchte Wiesen mit Weiden- und Pappelgebüsch vor. In der Umgebung der Stadt wird intensiv Landwirtschaft betrieben. Die Berge und die Gebiete weiter südlich vom Amur sind mit Mischwald bedeckt, der aus Tannen, Fichten, Lärchen, Sibirischen Zedern, Birken, Linden und Eichen besteht. Die verschiedenen Landschaftszonen um Chabarovsk beherbergen eine vielfältige Tierwelt. In den Wäldern kommen der Braune und der Himalayabär vor. Auch Tiger werden gelegentlich gesichtet. Daneben gibt es Sibirische Hirsche, Zobel, Dachse, Luchse, Schildkröten, Otter und zahlreiche Vogelarten. In der Flussniederung leben viele Wasservogelarten, u.a. Enten und Reiher. Der Fluss ist mit seinem Fischreichtum ein Eldorado für Angler und Fischer. Es können wertvolle Speisefische wie Hecht, Amur-Stör, Lachse, Wels u.a. gefangen werden.

Die Stadt

Am 31. Mai 1858 gründete eine Militäreinheit auf den Felsen des Steilufers einen Militärsstützpunkt und nannte ihn Chabarowka. An dieses Ereignis erinnert ein Relief an dem sogenannten Utjos, der "Klippe", dem höchsten Punkt des Ufers am Stadtzentrum, der heute von einem zinnengeschmückten Turm gekrönt wird. Benannt wurde die neue Ansiedlung nach Jerofeij Chabarow, einem der bekanntesten russischen Entdeckungsreisenden aus dem 17. Jahrhundert, der mit einer Expedition in den Jahren 1650 und 1651 Ober- und Mittellauf des Amurs erkundete und in seinem Bericht die günstigen Möglichkeiten für die Besiedlung des Amurbeckens hervorhob. Er gründete die ersten russischen Siedlungen am mittleren Amur.

Die Gründung des Stützpunktes hängt mit dem Vertrag von Aigun zusammen, durch den 1858 die Grenze zwischen China und Russland längs des Amur und des Ussuri festgelegt wurde. In dieser Zeit begann die Besiedlung des Fernen Ostens, darunter auch des Amurbeckens durch russische Bauern und Kosaken.

Die vorteilhafte geografische Lage der neuen Ansiedlung begünstigte eine schnelle Entwicklung. 1872 entstand ein Hafen, und 1880 wurde Chabarowka zur Stadt erklärt und wird seitdem Chabarovsk genannt. Das Territorium der Stadt dehnte sich zunächst über drei Hügel aus, die am Amur beginnen und im rechten Winkel zum Ufer landeinwärts führen. Zwischen den Hügeln liegen zwei Bachtäler.

Auf den Hügeln wurden drei zueinander parallele Hauptstraßen angelegt und dazu rechtwinklig in regelmäßigen Abständen Nebenstraßen. Dieser Stadtplan wurde 1872 festgelegt und bis heute ist diese Struktur erhalten. Die Hauptstraße auf dem mittleren Hügel heißt heute Karl-Marx-Straße (ул. Маркса) und ist die Magistrale der Stadt mit den wichtigsten kulturellen Einrichtungen, z.B. drei Theatern, und vielen Geschäftshäusern. Die Straße auf dem südlichen Hügel heißt Leninstraße und die auf dem nördlichen Seryschewstraße.

Die Bachtäler verwandelten sich in lange, schmale Parkanlagen. Das südliche Bachtal heißt heute Ussuriboulevard und das nördliche Amurboulevard. Letzterer beginnt nicht weit von der "Klippe" und endet am Bahnhof. Der erstere beginnt an den Anlegestellen, dem Flussbahnhof, und endet im Dynamopark.

Ursprünglich bestand die Stadt aus einer locker gebauten Siedlung mit einzelnen Holzhäusern in Gärten. Diese Struktur hat sich in einigen Nebenstraßen am Rande der Boulevards erhalten. Die alten Holzhäuser zeichneten sich durch reiches Schnitzwerk an den Dachtraufen und den Fensterrahmen aus. Die schönsten von ihnen stehen heute unter Denkmalschutz. In der Zeit des stürmischen ökonomischen Aufschwungs um 1900 entstanden längs der Magistralen auf den Hügeln reiche Bürgerhäuser im historisierenden russischen Ziegelstil und später im Jugendstil. Nach der Revolution baute man zahlreiche öffentliche Gebäude in dem sachlichen Bauhausstil.

Bis zum Zweiten Weltkrieg lebten rund 200.000 Einwohner in Chabarovsk - heute ist die Einwohnerzahl auf etwa 600.000 gewachsen. Die neuen Wohnviertel und Industrieanlagen erstrecken sich jetzt über fast 30 km am Amur entlang. Chabarovsk ist neben Wladiwostok das größte und wichtigste Verkehrs-, Industrie-, Kultur- und Verwaltungszentrum des russischen Fernen Ostens.

Bei Chabarovsk überquert die Transsib auf einer drei Kilometer langen Brücke, die 1916 fertiggestellt wurde, den Amur. 8.533 km misst die Strecke von Moskau bis Chabarovsk. Fünf Tage dauert die Reise. Noch fast 800 km sind es bis Wladiwostok. Am Nordufer des Amur zweigt eine Linie nach Komsomolsk (Комсомольск на Амуре) ab, die dort auf die Baikal-Amur-Magistrale (BAM) und eine Strecke nach Sowjetskaja Gawan (Сов.-Гавань) am Tatarensund trifft.

In den letzten Jahrzehnten gewann der Luftverkehr immer größere Bedeutung. Chabarovsk hat Flugverbindungen zu allen größeren russischen Städten. Von hier aus besteht auch eine große Zahl von "örtlichen" Flugrouten, die z.T. über mehr als tausend Kilometer in entfernte Gebiete im Norden des Fernen Ostens führen. Die Fluglinien nach Peking, Pjöngjang, Niigata (Japan) und Hanoi verbinden Chabarovsk auch mit dem internationalen Flugnetz.

Die Schifffahrt verkehrt nicht nur auf einigen Tausend Kilometern des Amur und seiner Nebenflüsse. Von Chabarovsk fahren auch seetüchtige Schiffe zu den Städten und Siedlungen am Ochotskischen Meer und zu den Inseln im Stillen Ozean.

Als Industriezentrum beherbergt Chabarovsk wichtige Betriebe des Maschinenbaus, der Metall- und Holzverarbeitung, der Baustoffproduktion und der Leicht- und Lebensmittelindustrie. Ein großes Wärmekraftwerk und eine Erdölraffinerie bilden die energetische Grundlage der Wirtschaft in der Region. Vorhandene Braunkohlenlagerstätten harren noch der Ausbeutung.

Drei Theater, die Philharmonie, verschiedene Spezialhochschulen, wissenschaftliche Forschungsinstitute, Museen, Bibliotheken, Sportstätten und zahlreiche Kulturhäuser machen die Stadt zum Mittelpunkt des kulturellen Lebens für die Fernostregion.

Schließlich ist Chabarovsk die Hauptstadt des Chabarovsker Kreises (Kraj), der eine Fläche von 825.000 km² mit 1,8 Mio. Einwohnern umfasst. Zu dem Kreis gehört ein weites Gebiet am West- und Nordufer des Ochotskischen Meeres bis fast nach Magadan. Die Grenze im Norden liegt bei 62°. Etwa 150 km südlich des Amur verläuft die Grenze zum Primorskij Krai.

Sehenswürdigkeiten

Zweifellos gibt der mächtige **Amurstrom** Chabarovsk das Gepräge. Der Blick vom Steilufer über die breite Wasserfläche mit den vielen Schiffen und der großen Brücke mit ihren 20 Bögen fasziniert jeden Besucher. Niemand sollte einen Ausflug mit dem Schiff versäumen. Fährt man den Amurski Protok aufwärts, passiert man vor allem den industriellen Teil der Stadt.

Vor der Silhouette des **Chechzirgebirges** qualmt und dampft ein großes Kraftwerk. An den Ufern der Inseln liegen zwischen Weiden und Pappeln Dörfer und Datschensiedlungen. Weitläufige Sandstrände laden zum Baden ein.

Die Anlegestellen der städtischen Schiffslinien und der Ausflugsdampfer befinden sich am Ende des Ussuri-Boulevards.

Auf dem Steilufer oberhalb der Anlegestellen wurde in den 1970er Jahren für den XIV. Internationalen Wissenschaftlichen Kongress über den Stillen Ozean ein Kongresszentrum gebaut. In ihm befindet sich ein einzigartiges 12 m² großes Mosaik aus einheimischen farbigen Steinen, das wie ein wundersames Fenster in die Natur und Tierwelt des Fernen Ostens wirkt.

Auf der höchsten Klippe, dort, wo die Keimzelle der Stadt war, gibt es ausgedehnte Parkanlagen mit Blick über den Amur und eine Reihe von Denkmälern zur Geschichte der Stadt, u.a. den **Obelisken** "Ladja", das Boot, das den Erforschern des Fernen Ostens gewidmet ist. In den Resten einer alten Bastion stehen historische Kanonen. Auf einigen von ihnen prangt die Fabrikmarke von Krupp.

⌘   In unmittelbarer Nachbarschaft, in der Schewtschenkostraße, befindet sich das **Heimatmuseum**. Hier werden umfangreiche ethnografische Sammlungen über die Kultur der Völker des Fernen Ostens, über das Leben der ersten Ansiedler und der Entwicklung der bürgerlichen Kultur in der Stadt und über die Ereignisse im Zusammenhang mit der Revolution und dem Bürgerkrieg gezeigt. Sehenswert ist z.B. die Ausstellung von Teilen der alten Holzarchitektur.

Neben diesem Museum steht das Gebäude der Philharmonie. In der Schewtschenkostraße kann man außerdem das ehemalige Wohnhaus des Schriftstellers und Erforschers des Fernen Ostens **V.K. Arsenjew** besichtigen, der auch bei uns als Autor des Romans und Films "Dersu Usala" bekannt ist. Auch die Exponate in diesem Haus erzählen viel über die Kultur und das Leben der einheimischen Völker.

✝   Die **Christusgeburtskirche** (*zerkov rozhdestva khristova*) ist sehenswert, erreichbar zu Fuß von der Bahnstation, sie befindet sich auf der ul. Leningradskaja 65.

Im Zentrum der Stadt sind eine große Zahl von Häusern und Bauwerken zu Denkmälern erklärt worden. Dazu gehören die schon erwähnten alten Holzhäuser. In einem der ehemaligen Bürgerhäuser an der Leninstraße ist heute das Geologische Museum (ul. Lenina 15) untergebracht.

🏬   Für den Touristen sind der zentrale Markt und die umliegenden Ladenstraßen bestimmt von Interesse. Der Markt liegt an der Kreuzung des Amurboulevards mit der Puschkinstraße. Hier pulsiert ständig das Volksleben. Angeboten werden nicht nur die örtlich üblichen Produkte des Gartenbaus und der Landwirtschaft, sondern auch Souvenirs und Kunsthandwerk sowie Folklore der Völker des Nordens und Ostens, Schmuck aus einheimischen Steinen und vor allem Pelzwaren aller Art.

Zur Organisation des Aufenthaltes

Für Touristen ist ein Besuch in Chabarovsk in der Regel Zwischenstation einer größeren Fernostreise. Zum Kennenlernen der Stadt und zum Sammeln von Informationen über Land und Leute der Region reichen drei bis vier Tage.

Als Quartier empfiehlt sich das Intourist-Hotel (ul. Amurskij bulvar 2) am unteren Ende des Amurboulevards in den Parkanlagen nur wenige Min. von der "Klippe". In unmittelbarer Nachbarschaft befinden sich die Anlagen des zentralen Leninstadions und der Kultur- und Erholungspark. Am gleichen Boulevard, 10 Min. vom Hotel entfernt, hat die Aeroflot ihre Agentur. Den Boulevard aufwärts, erreicht man nach einigen Kilometern den Bahnhof.

Wer die Weite des Landes zwischen Baikalsee und dem Stillen Ozean erleben möchte, der sollte unbedingt wenigstens eine Wegstrecke nach oder von Chabarovsk mit der Bahn zurücklegen. Dabei sollte man den Zug so auswählen, dass man bei Tageslicht am Baikalsee vorbeifährt. Das bedeutet, wenn man Richtung Osten fahren will, muss man zeitig am Morgen von Irkutsk aufbrechen. In der umgekehrten Richtung muss man es so einrichten, dass man abends in Irkutsk ankommt.

Wer von Chabarovsk Ausflüge in die Umgebung unternehmen möchte, kann mit der Vorortbahn z.B. zur Station Korfowski fahren und dort Spaziergänge in die Taiga am Chechzir oder in die dortigen Steinbrüche unternehmen.

Am Südufer des Amur führt eine Überlandstraße nach Komsomolsk am Amur, auf der regelmäßig Reisebusse verkehren. Der zentrale Busbahnhof liegt an der Woroneschskaja Straße gleich hinter der Kreuzung mit der Eisenbahn, in der Nähe des Bahnhofs. Die örtlichen Fahrgastschiffe steuern verschiedene Punkte in der ausgedehnten Flusslandschaft an. Eine Passagierlinie verkehrt auch bis nach Nikolajewsk am Tatarensund.

Der Flughafen liegt nordöstlich der Stadt an der Matwejewsker Straße, rund 10 km vom Stadtzentrum entfernt. Das Hotel erreicht man von dort am bequemsten mit einem Taxi.

Anreise   von Hermann Zöllner

🚂 Mit der Transsib aus dem Westen von Moskau oder aus dem Osten von Wladiwostok aus. Von der BAM kommend, kann man in Komsomolsk am Amur mit dem Zug nach Süden fahren und Chabarowsk erreichen.

♦ Bahnstation (ж/д вокзал), ul. Leningradskaja 58, ☎ 383530

✈ Flugverbindungen von/nach Moskau täglich, mehrmals in der Woche mit zahlreichen weiteren Städten in Russland, Japan (Niigata). Die Flugzeit zwischen Moskau und Chabarowsk beträgt ca. 8 Std. ⧖ Zeitzonenunterschied zur Moskauer Zeit: plus 7 Std.

♦ Aeroport Chabarowsk Novy ist der internationale Airport (IATA-Code: KHV), ☎ 4012/372577, FAX 649039. Er ist 30 Min. vom Stadtzentrum entfernt (Taxi). Auskünfte: ☎ 006.

♦ Der in der Nähe befindliche kleine Airport (Малый аэропорт, ☎ 335660) wickelt die Regionalflüge ab.

🚌 Überlandbusse von/nach Chabarovsk in die umliegenden Ortschaften, Fernbusse nach Komsomolsk am Amur und Wladiwostok (täglich).

♦ avtovokzal, ul. Voronezhskaja 19 (nur 15 Min. von der Bahnstation entfernt, Straßenbahn-Anbindung)

Allgemeine Orientierung Chabarovsk

☽ 4212, GSM-Netze: Megafon, MTS und BeeLine

🚗 Hier registrierte Kfz haben den Code "27" auf dem Kennzeichen.

🅰 Administration der Stadt 680000 Chabarovsk, ul. Marksa 66, ☏ 315346

◆ 🖳 http://khabarovsk.kht.ru/

◆ Notruf: Miliz ☏ 02, Feuerwehr/МЧС ☏ 01

✚ Medizinische Hilfe ☏ 03 (Notruf)

◆ Zentrum d. Traditionellen chinesischen Medizin, ul. Dikopolzeva 19

🛏 Inturist *** (Интурист), Amurskij bulvar 2, erbaut 1977, das größte Hotel der Stadt, ☏ 327634

◆ Ametist ****(гостиница Аметист), ul. L. Tolstovo 5a, ☏ 420760. Im Zentrum und auch relativ nahe (2 km) zur Bahnstation.

◆ Amur, ul. Lenina 29, ☏ 221223

🏦 Alpha-Bank, ul. Marksa 60

◆ Bank Moskvy, ul. Kalinina 83a

CD Chinesisches Generalkonsulat, 680028 Chabarovsk, am Lenin-Stadion, Consular-Office ☏ 328390, Verwaltung ☏ 306163, FAX 649094, 🖳 www.chinaconsulate.khb.ru

🏬 Einkaufszentrum (Univermag Chabarovskij), ul. Muravjeva-Amurskovo 23

◆ Dom Knigi (Buchgeschäft), ul. Pushkina 56 - mit etwas Glück sind in diesem Geschäft Stadtplan/Landkarten erhältlich.

◆ Die Hauptgeschäftsstraßen sind der Amurskij Bulvar, die ul. K. Marksa und der Ussuriskij Bulvar.

◆ Vorverkaufskasse für Flugtickets und Bahnfahrscheine: ul. Muravjeva-Amurskovo 27 (siehe auch 🖳 www.airagency.ru/Passenger).

🚢 Der Schiffsanleger liegt nahe des Beginns des Ussuriskij bulvar. Schiffsverkehr nach Komsomolsk am Amur (Ticket ca. € 20), Weiterfahrt nach Nikolajewsk am Amur (€ 50) sowie regionale Ziele in der Umgebung.

Weitere nützliche Adressen:

❀ Botshinskij Naturpark, Chabarovskij Kraj, 682030 Sowjetskaja Gawan, ul. Sowjetskaja 28, ☏ und FAX 42138/46990

◆ Burejnskij Naturpark, Chabarovskij Kraj, 682030 Tshegomyn, ul. Ljesnaja 3, ☏ 42149/52951. Das Naturreservat wurde 1987 gegründet und umfasst ca. 360.000 ha Fläche. Tshegomyn liegt an der BAM.

◆   Es gibt noch 4 weitere Naturparks im Chabarovskij Kraj, z.B. bei Komsomolsk am Amur oder in der Nähe der Stadt Amursk.

◆   Regionale Abteilung des PSO (*Dalnjevostotshnij regionalnij poiskovo- spasatjelnij otrjad*, russ. für regional zuständige Such- und Rettungsdienst-
Abteilung der Region (des Bezirkes) Fernost (= Dalnij Vostok): Chabarovsk,
ul. Krasnodarskaja 23B

Weiterfahrt mit der Transsib:

Von Chabarovsk geht es weiter mit der Transsib in Richtung Süden, nach ca. 13
bis 14 Std. wird Wladiwostok erreicht. Größere Stationen und Haltepunkte unterwegs sind z.B. Wjasemskaja (Transsib-km 8651), Bikin (8756 km), Spask-Dalny
(9048 km) und Ussurijsk (9178 km). Unweit Ussurijsk zweigt die nach China
(Harbin) führende Bahnstrecke ab.

Den überwiegenden Teil verläuft die Bahnstrecke in Nähe der russisch-chinesischen Grenze. Bei Bikin verlässt der Zug den Chabarovskij Kraj und erreicht den
Primorskij Kraj (Gebietshauptstadt Wladiwostok).

Wladiwostok (Владивосток)   von Prof. Dr. Berthold Kühn

Geografische Lage

Wladiwostok, am Japanischen Meer gelegen, ist die Metropole des südlichen Teils
des russischen Fernen Ostens. Der Name bedeutet "Beherrscher des Ostens".
Diese Bezeichnung gilt in mehrfacher Hinsicht. Ursprünglich war wohl die militärische Bedeutung als wichtigster Stützpunkt der Flotte im Fernen Osten die
herausragende. Inzwischen sind Stadt und Hafen Dreh- und Angelpunkte der See-
fahrt, des Handels, der Industrie und der Kultur in diesem fern von Russlands Zentrum gelegenen Gebiet - das Tor zu den Nachbarländern Japan, China und Korea
und zur Westküste von Nordamerika, Stützpunkt der Handelsflotte für den Verkehr
mit den übrigen fernöstlichen Gebieten Russlands und den vorgelagerten Inseln.

Die Stadt und der Hafen haben eine ideale strategische Lage. Sie wurden auf
der Spitze einer Halbinsel zwischen der Ussuribucht im Osten und der Amurbucht im Westen angelegt. Die Namen der beiden Buchten haben mit den beiden
Flüssen geografisch nichts zu tun. Keiner von beiden mündet bei Wladiwostok ins
Meer.

Die Halbinsel ist ca. 35 km lang und ca. 12 km breit. Die Buchten auf beiden Seiten sind 15 bis 20 km breit. Das Gelände der Halbinsel ist hügelig mit vielen felsigen Bergkuppen, die bis in das Stadtgebiet reichen, und war ursprünglich mit Taiga bedeckt. In die Südspitze der Halbinsel ist eine weitere Bucht tief eingeschnitten, das sogenannte "Goldene Horn". Sie hat tatsächlich die Form eines gebogenen und immer spitzer werdenden Horns. Diese Bucht bildet einen idealen natürlichen Hafen. Sie ist groß genug für ausgedehnte Kaianlagen und für das Manövrieren der Schiffe. Vor dem Eingang zur Bucht liegt eine große Insel, die Russische Insel. Dadurch entsteht vor dem Hafen eine vor allen Stürmen bestens geschützte Reede, und gleichzeitig bietet die Insel ausgezeichnete Möglichkeiten der Verteidigung von Hafen und Stadt.

Die Russische Insel (Russki Ostrow) ist die erste und größte einer Kette von weiteren Inseln, zu denen die Popowinsel (Ostrow Popowa), die Reinekeinsel (Ostrow Reineke), die Rikordinsel (Ostrow Rikorda) und noch einige kleine felsige Eilande gehören, die in Fortsetzung der Halbinsel noch etwa 50 km in die See hinausreichen.

Die mittlere Monatstemperatur im Juli beträgt 16 bis 20°C und im Januar -8 bis -12°C mit tiefsten Werten bei -31°C.

Die kalten Winter werden durch die vorherrschenden westlichen Winde aus Zentralasien verursacht. Diese Winde sind trocken und führen im Winter zu vorwiegend sonnigem Wetter. Das Meer ist im Winter in der Regel mit einer relativ dünnen Eisschicht bedeckt, die auch gewöhnliche Schiffe noch leicht durchbrechen können, sodass der Hafen das ganze Jahr über genutzt werden kann. In der ersten Hälfte der warmen Jahreszeit herrschen warme und feuchte Winde aus dem Gebiet des Japanischen und des Gelben Meeres vor. Das führt häufig zu trübem und regnerischem Wetter. Dafür gibt es in der Regel einen langen sonnigen Herbst.

Das Meer erwärmt sich im Sommer bis über 20°C und ist auch im September noch angenehm warm. Nicht selten überqueren die Ausläufer von Taifunen das Küstengebiet um Wladiwostok.

Der Bezirk, dessen Hauptstadt Wladiwostok ist, erstreckt sich etwa 500 km nach Nordosten und heißt Primorskij Kraj (der "am Meer gelegene Kreis"). Er ist bis auf die schmale Talaue des Ussuri im Westen an der chinesischen Grenze mit einem Mittelgebirge, den Sichota Alin-Bergen, bedeckt, das Gipfelhöhen um

1.800 m erreicht (die höchste Erhebung ist die Oblatshnaja (Wolkengipfel) mit 1.855 m ü. NN), hauptsächlich aber unter 1.000 m hoch ist. In diesem Bergland entspringen die Quellflüsse des Ussuri, weshalb der Gebirgswald als Ussuritaiga bezeichnet wird.

Das Ufer am Japanischen Meer ist fast durchweg Steilküste und sehr dünn besiedelt. Die Bevölkerungsdichte im Primorskij Kraj, die Großstadt Wladiwostok mitgerechnet, beträgt 10,4 Ew./km², im Sichota Alin nur etwa 2 Ew./km².

Das günstige Klima lässt eine reiche Vegetation gedeihen. Die Ussuritaiga besteht aus einem dichten Mischwald mit Laubbäumen wie Amurkorkeichen, Ahorn, Eschen, Mongolischen Eschen, Linden, Tannen, Ulmen, Fichten und Zirbelkiefern (Sibirische Zeder) mit viel Unterholz und Lianen, z.T. wildem Wein.

Erst in höheren Lagen überwiegt Nadelwald aus Tannen und Fichten. Oberhalb der Waldgrenze (1.300 bis 1.500 m) trifft man eine der Tundra ähnliche Vegetation an.

Das Klima ist günstig für den Acker- und Gartenbau, besonders dort, wo das Bodenprofil es gestattet, wie in der breiten Flussaue nördlich von Wladiwostok in der Gegend bei Artem bis an den Chanka-See (оз. Ханка), wo sogar Reisanbau betrieben wird. Viele Sträucher und Kräuter im Unterholz der Taiga werden wegen ihrer Heilwirkung geschätzt. Dazu gehört z.B. der Ginseng.

Die Tierwelt ist ähnlich reich. Zahlreiche Arten sind nur hier heimisch. Dazu zählt vor allem der stattliche Ussuri-Tiger, aber auch eine Lederschildkröte oder die auf Bäumen lebende Amur-Natter, die bis zu 2 m lang wird. Daneben trifft man häufig Bären, Pelztiere verschiedener Arten, die Amur-Antilope und viele Vogelarten, u.a. die bunte Mandarinente. Die Ussuritaiga im Sikhota Alin ist weithin so gut wie unberührt und für Touristen völlig unerschlossen.

Die Stadt

Wladiwostok war wegen seiner strategischen Bedeutung als wichtigster Stützpunkt der Fernostflotte der UdSSR bis 1991 für Ausländer gesperrt. Darum wurde etwa 100 km östlich an der Bucht Nachodka der gleichnamige Hafen für den internationalen Handelsverkehr angelegt.

Von dort verkehren in den Sommermonaten auch Passagierschiffe nach Japan. Der einzige internationale Flughafen des Fernen Ostens war Chabarovsk. Ende der 90er Jahre des vergangenen Jahrhunderts begann man auch den Flughafen

Artem bei Wladiwostok für den grenzüberschreitenden Verkehr auszubauen. Er ist mit dem Flugzeug von allen größeren russischen Städten direkt zu erreichen.

Die Stadt ist noch verhältnismäßig jung. Sie wurde erst 1860 gegründet, als der Flottentransporter "Mandschur" in der Bucht des Goldenen Horns anlegte und die Mannschaft an dieser Stelle die russische Flagge hisste. Die günstige Lage des Naturhafens sorgte für eine rasante Entwicklung der Stadt.

Bereits um 1900 war sie ein blühendes Handelszentrum mit vielen Niederlassungen ausländischer Firmen und wichtigster Stützpunkt der russischen Flotte. Als im Jahre 1916 die Transsibirische Eisenbahn fertiggestellt war, wurde ihr ein riesiges Territorium als Hinterland erschlossen. Wladiwostok wurde zum Tor Russlands nach Asien und zum Westen des amerikanischen Kontinents.

Heute hat Wladiwostok ca. 700.000 Einwohner. Haupterwerbszweige sind die Hafenwirtschaft, die Schifffahrt und alle mit Schiffbau und Wartung von Schiffen verbundene Gewerbe. Dazu kommen Fischfang und -verarbeitung. Als weitere Industriezweige sind der Maschinenbau, die keramische Industrie und die Lebensmittelindustrie vertreten. Nördlich von Wladiwostok in der Gegend von Ussurisk gibt es Braun- und Steinkohlengruben. Im Sichota-Alin-Gebirge bei Dalnegorsk wird Bergbau nach Blei, Zink, Zinn und Bormineralien betrieben.

Wladiwostok besitzt eine Universität, mehrere Hochschulen und Institute der Akademie der Wissenschaften.

Die Hauptstraße der Stadt ist die Leninstraße (ul. Leninskaja, ул. Ленина bzw. ул. Ленинская), die oberhalb des Nordufers des Goldenen Horns das Stadtzentrum von Ost nach West durchquert und an der Amurbucht am Yachthafen endet. An ihr liegen das Hochhaus des Stadtsowjets, der zentrale Platz, Kaufhäuser und Restaurants. Sie wird von dem Ozeanprospekt (Okeanskij prospekt, океанский пр) und der Straße des 25. Oktober (ул. 25-ого октября) gekreuzt. Letztere beginnt am Bahnhof. Diesem gegenüber befindet sich das Hauptpostamt.

Fährt man den Ozeanprospekt nach Norden, trifft man auf den pr. "100 Jahre Wladiwostok" (пр. 100 лет Владивостока). Diese Magistrale führt parallel zum Ufer der Amurbucht durch zahlreiche neue Wohnviertel und weiter nach Norden zum Flughafen.

Im Stadtzentrum sind noch zahlreiche Gebäude aus der Gründerzeit um die Jahrhundertwende erhalten. Auf einigen der Hügel stehen auch noch alte Holzhäuser in romantischen Gärten. Geprägt wird die Stadt aber hauptsächlich von modernen Wohnvierteln mit vielen Hochhäusern, die seit den 1960er Jahren auf den Hängen der Hügel nördlich des Zentrums entstanden und die ganze Breite der Halbinsel einnehmen. Von der See aus gesehen ergibt das eine imposante Silhouette.

Das beste Hotel ist das "Wladiwostok". Es steht über der Steilküste etwas südlich des Westendes der Leninstraße an der Uferstr. (Nabereshnaja ul., набережная ул.). Von ihm hat man einen herrlichen Blick über die Amurbucht bis zu den gegenüberliegenden Bergen, die schon zu China gehören und hinter denen die Sonne untergeht. Vom Hotel sind es nur wenige Min. hinab zum Ufer, wo man je nach Laune morgens oder abends baden kann. Das Wasser in der Amurbucht ist sehr klar.

Die Reise mit der Transsib von Moskau erstreckt sich über 9.300 km und dauert heute sechs Tage. Sie endet im Zentrum der Stadt direkt am Westufer des Goldenen Horns und kann von dort unmittelbar mit dem Schiff fortgesetzt werden.

Sehenswürdigkeiten   in Zusammenarbeit mit Hermann Zöllner

Zweifellos ist der **Hafen** im Goldenen Horn die größte Touristenattraktion. Der Passagierkai am Bahnhof ist für jedermann zugänglich. Dort werden ständig Schiffe mit Altautos aus Japan entladen, und bereits auf dem Kai findet ein lebhafter Handel statt. Die Berge in der Nähe des Hotels Wladiwostok bieten eine schöne Aussicht auf verschiedene Teile des Hafens.

Der beste Aussichtspunkt ist aber das sogenannte **Adlernest** auf einem der Berge nördlich des Goldenen Horns. Man gelangt dorthin mit einer Drahtseilbahn, deren Talstation sich in der Puschkinstraße (ул. Пушкина), nur wenige Schritte oberhalb der Leninstraße, befindet. Vom Adlernest (mit einem großen Restaurant) kann man das ganze Panorama des Hafens und der umliegenden Stadtteile genießen.

⌘ Interessant ist das **Schifffahrtsmuseum**. Außerdem wurde ein U-Boot der Seekriegsflotte für Besucher zugänglich gemacht. Von Wladiwostok aus kann man Fahrten mit kleinen Fährbooten auf die nahe gelegenen Inseln oder das gegenüberliegende Festland unternehmen.

⌘ An der Kreuzung der Leninstraße mit der Straße des 25. Oktober steht das **Stadtmuseum**. Es informiert über die Geschichte der Stadt, über das Leben und die Kultur der Ureinwohner des Fernen Ostens und über die Tier- und Pflanzenwelt der Region. Besonders interessant ist die Ausstellung der Meeresfauna aus dem Japanischen Meer mit vielen Muschel- und Schneckenarten und wunderbaren Korallenbildungen.

◆ Primorskij **Kunstmuseum**, ul. Aleutskaja 12 (Mo geschlossen)

✟ In Wladiwostok gibt es eine kleine **evangelische Kirche**, deren Gemeinde heute wieder etwas mehr als hundert Mitglieder hat. Der letzte deutsche Pastor W. Reichwald wurde 1935 in den Zeiten des Terrors verschleppt, die Kirche diente später als Museum der Kriegsflotte. Die Gemeinde funktionierte in den sowjetischen Zeiten im Untergrund, seit 1992 ist wieder ein deutscher Pastor tätig. Nachdem eine Orgel aus den USA gespendet wurde, sammelt man seit 2006 Geld für eine neue Glocke.

🐋 Man sollte auf jeden Fall auch das **Ozeanarium** besuchen. Es ist in der Nähe des Yachthafens am Ufer der Amurbucht. In dem eigenwillig gestalteten Gebäude wird in Aquarien, Dioramen und in Einzelexponaten die Tierwelt des Meeres demonstriert. In den Aquarien kann man außer vielen Fischarten auch Tintenfische, Kraken und Krabben beobachten.

Die Dioramen stellen Robben- und Walrossbuchten dar, die an den Gestaden des Fernen Ostens und auf den zahlreichen Inseln anzutreffen sind. Von den sonstigen Exponaten beeindrucken vor allem die ausgestellten Schwertfische mit ihren zum Teil bis zu 2 m langen Sägen, mit denen sie den Meeresgrund aufreißen und nach Weichtieren durchwühlen.

◆ Ozenarium, 690600 Wladiwostok, ul. Batareijnaja 4, ☎ 254977 und 255965, 🕐 10:00 bis 17:15, im Sommer bis 19:00. Montag ist Ruhetag.

Vielleicht bekommt der Besucher die vom Aussterben bedrohte Dorschart **Mintai**, die im Ochotskischen Meer lebt, irgendwann nur noch im Aquarium zu Gesicht. Die Mintaibestände wurden innerhalb der letzten Jahre durch unkontrollierten Fischfang sehr stark reduziert. 1993 beschlossen Russland, die USA und Japan ein Fangverbot. Mit der Umsetzung ist es aber schwierig, zumal das Verbot von China bislang nicht akzeptiert wurde.

🐋   In der Nähe befinden sich ein kleineres **Delphinarium** mit täglichen Vorführungen, ein Segelyachthafen, eine Schwimmbucht mit Duschen sowie Sportstadien (*sportivnaja gawan*).

⊛   Empfehlenswert ist auch der **Botanische Garten**. Er befindet sich weit im Norden der Stadt an der Straße zum Flughafen. Dort gibt es ein mehrere Hektar großes Gelände aus Ussuri-Taiga in ihrem natürlichen Zustand.

🚢   Wer Wladiwostok besucht, sollte sich auf keinen Fall einen **Schiffsausflug** auf eine der vorgelagerten Inseln entgehen lassen. Dafür muss man sich einen ganzen Tag reservieren. Viele Anbieter führen solche Exkursionen mit kleinen Motorschiffen durch. Die Fahrt geht zunächst durch den Hafen, dann über die Reede und schließlich an einer Mole mit Leuchtturm vorbei in die Amurbucht. Die Inseln haben zum großen Teil hoch aufragende felsige Ufer. Dazwischen laden aber auch romantische Buchten zum Baden und Sonnen ein. Im Wasser kann man nach Seesternen und Seeigeln suchen. Neben dem Angeln ist der Fang von Muscheln ein beliebter Sport. Zum Picknick werden die Muscheln im Lagerfeuer gebraten. Auf den Inseln wächst eine interessante Flora mit einer Reihe von Blumen, die bei uns als Zierpflanzen bekannt sind.

🎯   In Wladiwostok entstanden in den letzten 5 Jahren mehrere Casinos, sie werden überwiegend von reichen Chinesen besucht, da in China Casinobetriebe nicht erlaubt sind.

Zur Organisation des Aufenthalts

Wie überall in Russland benötigt man für Wladiwostok eine Einladung und am Ziel den entsprechenden Registrierungsvermerk im Visum. Touristische Firmen bzw. deren lokale Partner im Primorskij Kraj in Russland bemühen sich zunehmend, attraktive Unterkünfte und Restaurants für ihre Gäste zu organisieren. In dieser Hinsicht hat Wladiwostok schon einiges zu bieten. Das hat aber auch seinen Preis. Eine Rundumbetreuung schließt auch die Organisation des Transports mit ein.

Wie auch in vielen europäischen Städten ist das Straßennetz oft stark überlastet und man muss für den Fall von Staus erhebliche Zeitreserven einplanen. Für den öffentlichen Nahverkehr sollte man sich an einem Zeitungskiosk, im Buchladen oder im Hotel einen Stadtplan mit dem Bus- und Straßenbahnnetz besorgen.

Im Primorskij Kraj und in ganz Ostsibirien dominieren rechtsgelenkte Gebraucht-Fahrzeuge aus Japan und Südkorea im Straßenverkehr. Der Import von Altautos hat sich zu einem eigenen Wirtschaftszweig entwickelt, so werden allein über den Hafen in Wladiwostok 160.000 Pkw pro Jahr umgeschlagen und nach der Verzollung eingeführt.

Der größte Auto-Basar hat gut 10.000 Stellplätze. Zusätzlich ergießt sich die Flut der Gebrauchtwagen auch über andere Häfen von Nachodka, Magadan, Sachalin bis Kamtschakta. Sehr gewöhnungsbedürftig ist das Fahren mit einem rechtsgelenkten Kfz im Rechtsverkehr - nicht zuletzt wegen fehlender Sicht bei Überholmanövern.

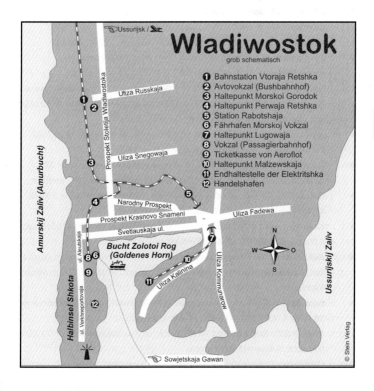

Wladiwostok
grob schematisch

❶ Bahnstation Vtoraja Retshka
❷ Avtovokzal (Bushbahnhof)
❸ Haltepunkt Morskoi Gorodok
❹ Haltepunkt Perwaja Retshka
❺ Station Rabotshaja
❻ Fährhafen Morskoj Vokzal
❼ Haltepunkt Lugowaja
❽ Vokzal (Passagierbahnhof)
❾ Ticketkasse von Aeroflot
❿ Haltepunkt Malzewskaja
⓫ Endhaltestelle der Elektritshka
⓬ Handelshafen

Ussurijsk /

Uliza Russkaja
Prospekt Stoletija Wladiwostoka
Uliza Snegowaja
Amurskij Zaliv (Amurbucht)
Narodny Prospekt
Prospekt Krasnovo Snameni
Uliza Fadewa
Svetlauskaja ul.
Bucht Zolotoi Rog
(Goldenes Horn)
ul. Aleutskaja
ul. Verkhneportovaja
Halbinsel Shkota
Uliza Kalinina
Uliza Kommunarow
Ussurijskij Zaliv
Sowjetskaja Gawan

© Stein Verlag

☽   4232

🚗   Region-Code auf den Kfz-Kennzeichen: "25" bzw. "125"

⧖   Zeitunterschied zu Moskau: plus 7 Std.

ℹ️   Administration, 690000 Wladiwostok, Okeanskij prospekt 20, ☏ 229800

♦   Informationen 🖥 www.fegi.ru/

♦   Bevölkerung: 90 % Russen, 4 % Ukrainer, 0,5 % Bjelorussen, jeweils 1 % Koreaner und Tataren und wenige Angehörige fernöstlicher Völker.

♦   Eine der Partnerstädte von Wladiwostok ist Harbin in China.

🛏   Gawan *** (Гавань, 1993 eröffnet), 690065 Wladiwostok, ul. Krygina 3 (Lage etwa 2 km vom Stadtzentrum)

♦   Ostrowok (Островок), 690011 Wladiwostik, ul. Borisjenko 35

♦   Primorje, 690003 Wladiwostok, ul. Posjetskaja 20

➕   Städtische Klinik, 690075 Wladiwostok, ul. Sadowaja 23, ☏ 258663

♦   Kinderklinik, 690000 Wladiwostok, Okeanskij prosp. 35, ☏ 400482

♦   Eine Infektionsklinik befindet sich in Ussurijsk (692500 Ussurijsk, ul. Pushkinskaja 5, ☏ 42341/341282.

CD   Deutsches Honorarkonsulat, 690000 Wladiwostok, c/o Hotel Versailles, ul. Swetlanskaja 10, ☏ 411853, FAX 411853, bei dringenden Fällen ☏ 221454 und 269025, ✉ deutschkonsul@mail.primorye.ru

♦   Japanisches Konsulat, ul. Verkhneportovaja 46, ☏ 267481 und 267502, FAX 267541, 🖥 www.vladivostok.ru.emb-japan.go.jp

♦   Generalkonsulat der USA, 690001 Wladiwostok, ul. Pushkinskaja 32, ☏ 300070, FAX 499372 und 300091. Das Konsulat wurde 1992 eröffnet.

♦   Consulat du Canada, 600003 Wladiwostok, ul. Verkhneportovaja 306-46, ☏ 451458, 491188, FAX 491188, ✉ cbcrfe@mail.ru

♦   Konsulat von Großbritannien/UK, ul. Swetlanskaja 5, ☏ 410516 und 411291, FAX 410643, ✉ tiger@ints.vtc.ru

♦   Außerdem noch Handelsmissionen und Konsulate von Frankreich, Australien, Neuseeland, Indien, Bangladesh, Philippinen, Thailand, Südkorea und Vietnam

♦   Büro des WWF: WWF-Russia, 690003 Wladiwostok, ul. Verkhneportovaja 18 A, ☏ 414868, FAX 414863, ✉ office@wwfrfe.ru

🏦   Asian-Pacific Bank, 690001 Wladiwostok, ul. Svetlanskaja 165, ☏ 600500, hier auch Western-Union-Service

♦   Geldwechsel ist auch in den größeren Hotels möglich.

🚌 *Avtovokzal* im *Rayon Vtoroj retshki* in Höhe der ul. Russkaja, Auskunft
☎ 323378. Die Busstation liegt leider nicht sehr zentral, Nahverkehrszüge
benötigen ca. 25 Min. bis zum *avtovokzal* (Station Вторая речка). In der
Nähe befindet sich ein größerer chinesischer Markt.

Anreise   von Hermann Zöllner

🛬 Flugverbindungen von/nach Bratsk, Irkutsk, Chabarovsk, Magadan, Moskau, Niigata (Japan), Nowosibirsk, Petropawlowsk-Kamtchatskij, St. Petersburg,
Ufa, Jakutsk und Jushno-Sachalinsk. Der Flughafen von Wladiwostok befindet sich
in Artjem (г. Артем), 35 km vom Stadtzentrum entfernt. Man erreicht ihn mit
der Elektrishka-Bahn vom Bahnhof (man steigt an der Station Ugolnaja um und
fährt bis zu Artjem-1 weiter) oder durch Zubringerbusse vom avtovokzal (ca.
1 Std.).

Die Flugzeit von Moskau nach Wladiwostok beträgt etwa 9 Std. Von Moskau
geht der Flug SU-719 (Boeing 767) nach Wladiwostok (Rückflug SU-720), der
Ticketpreis liegt bei mindestens € 600 zzgl. Taxe (2006). Der Zeitunterschied
zu Moskau beträgt plus 7 Std.

♦   Wladiwostok-Knevitshi (IATA-Code: VVO), ☎ 307333, FAX 307123

🚆 Transsib (alle Züge der Kursbuchrichtung "410"). Der Zug Nr. 1/2
(Express "Rossija") verkehrt täglich von Moskau nach Wladiwostok. Zug Nr. 2 in
Moskau fährt um 14:05 ab und kommt pünktlich um 14:32 in Wladiwostok an.
Verspätungen gibt es auf der über 9.000 km langen Strecke nur sehr selten. Dies
gilt im Übrigen auf den gesamten Strecken der Transsib. Der Express benötigt 6
Tage und 7 Nächte.

♦   Der Zug 7/8 ("Sibir") verkehrt zwischen Wladiwostok und Nowosibirsk.

♦   Zugverbindung von/nach Sowjetskaja Gawan täglich (u.a. Züge 351/352).
     Sow.-Gawan ist Ausgangspunkt für die Insel Sachalin (Fähre).

♦   Express Nr. 5/6 ("Okean") kursiert zwischen Chabarovsk und Wladiwostok.
     Die Bahnlinie von Chabarovsk nach Wladiwostok verläuft etwa bis zum gro-
     ßen See Chanka unmittelbar parallel zum Fluss Ussuri und damit ebenfalls
     an der russisch-chinesischen Grenze. 1969 kam es am Ussuri zu bewaff-
     neten Grenzauseinandersetzungen zwischen beiden Staaten. Auch heute
     noch sollen in dieser sensiblen Grenzregion viele Armee-Einheiten statio-
     niert sein.

♦   Ticket-Vorverkauf in Wladiwostok z.B. auf der ul. Swetlanskaja 41 (Post-amt) oder pr. 100 let Wladiwostoku 35

♦   Der Bahnhof liegt sehr zentral an der ul. Aleutskaja 2, ☎ 491005. Gegen-über befinden sich Telegraf/Post, Agenturen verschiedener Fluggesell-schaften sowie in der Nähe der *Morskoij Vokzal*, dem See-Hafen (wörtlich "See-Bahnhof"), d.h. dem Schiff-Terminal auf der Straße ul. Nizhneportova-ja 1, ☎ 497358. Vom Seehafen gehen u.a. auch Passagierschiffe ab, hier kann man auch Fracht aufgeben.

🚗   Anfahrt mit eigenem Fahrzeug über Nachodka auf der A-188 über Bols-haja Kamjen und Schkotowo nach Wladiwostok, etwa 180 km. Aus dem Norden erreicht man Wladiwostok von Chabarovsk kommend über die M-60 (Strecke etwa 800 km).

🚢   Zwischen Wladiwostok und Petropawlowsk auf Kamtschatka besteht eine Schiffsverbindung (2.400 km), ebenso nach Magadan (2.700 km).

Nach Niigata und Fushiki in Japan verkehren ebenfalls Fährschiffe, Überfahrt-zeit ca. 72 Std. Die Preise variieren je nach Klasse und Art der Kabine.

♦   Das Schiff hat Bar, Restaurant, Videosaal, Bibliothek, Souvenirshop, Frisör und Fitnessraum. Frachtkosten für ein Fahrrad € 40, für Autos unter 750 kg Gewicht 100, bis 1.250 kg etwa € 150. Motorräder kosteten 2005 ca. € 80 bis 100. Regelmäßiger Schiffsbetrieb von Juni bis September. Der Hafen ist im Winter nicht eisfrei, was den Einsatz von Eisbrechern erforderlich macht. Die mittlere Januartemperatur liegt bei -13°C.

Ausflüge in die Umgebung:

🏵   **Naturpark Zapovednik Lazowskij**, Primorskij Kraj, 692890 Lazo, ul. Zen-tralnaja 56, ✉ lazovzap@mail.primorye.ru. Dieses Reservat liegt an der Küste des Japanischen Meeres, nordöstlich von Wladiwostok, es ist kleiner als das bekannte Sikhota-Alinskij Gebiet.

♦   **Biosphären-Reservat Sikhota-Alinskij**, Verwaltung: 692150 Primorskij Kraj, Terneijskij Rayon, Ternej, ul. Partisanskaja 46, Kontakt über ✉ sixote@vld.global-one.ru. Hier sollen ca. 25 sibirische Tiger leben. Die Fläche des Reservates beträgt ca. 3.440 km². Nach Ternej (Терней) gelangt man mit dem Überlandbus Nr. 215 von Wladiwostok (nicht täglich, € 15).

◆ **Zapovednik Dalnjevostotshnij morskoj**, 690041 Wladiwostok, ul. Palts-hevskovo 17, ✍ aisa@vld.global-on.ru

◆ **Ussurijskij-Nationalpark**, 692519 Ussurijsk, а/я 34, ul. Nekrasova 19

◆ **Chanka-See**, Lage 235 km nördlich von Wladiwostok. Ein ideales Ziel zur Vogelbeobachtung (mehr als 300 Arten). Von Wladiwostok fährt man mit der Bahn bis Spask-Dalnij, von dort individuell weiter. Da der See im Grenz-gebiet zu China liegt, sollte man auf Kontrollen gefasst sein. Es empfiehlt sich, die Hilfe lokaler Organisationen in Anspruch zu nehmen.

Literatur/Film:

📖 *Tiger im Schnee*, Peter Matthiessen - Ein Plädoyer für den Sibirischen Tiger, ISBN 978-3442711932, National Geographic Press im Goldmann Verlag, München, 2003.

Im Buch wird zum Teil auch auf das **Sikhota-Alinskij Reservat** Bezug genom-men, zudem wird das 1989 ins Leben gerufene Sibirische Tigerprojekt dargestellt. Der überwiegende Teil der verbliebenen Sibirischen Tiger lebt im Primorskij Kraj, ein weitaus kleinerer Teil im Gebiet Chabarovsk sowie fraglich im russisch-korea-nischen Grenzgebiet und in China. Die Erhaltung der Art des Sibirischen Tigers (*Panthera tigris altaica*) ist nach wie vor außerordentlich ungewiss. Angesichts der geringen Tigerpopulation besteht die Gefahr von Inzucht. Die Bejagung von potentiellen Beutetieren des Tigers (vor allem wildlebende Huftiere, Elche, Wild-schweine) durch den Menschen bedingt zeitweise Futterknappheit und reduziert die Überlebenschancen der Tiger weiter, besonders im strengen Winter. Proble-matisch ist vor allem die ständige Verkleinerung des Lebensraumes infolge des zunehmenden Holzeinschlages durch ausländische Konzerne im Ussurij-Gebiet. Es gab auch in den letzten Jahren immer wieder Berichte über von Dorfbewoh-nern oder Jägern zur Strecke gebrachte Tiger, welche Tierherden oder Menschen angefallen hatten. Ein anderes Problem sind Wildererbanden.

Neben den Tigerfellen sind für die Wilderer auch bestimmte Materialien (z.B. Tigerknochen, Tigerhirn) von Interesse, die in China und Korea zu traditionellen Heil- und Potenzmitteln verarbeitet werden. Obschon seit 1995 der Handel mit Tigerknochen offiziell verboten wurde, geht er mancherorts heimlich weiter. Dank der Unterstützung ausländischer Organisationen (BUND, National Geographic Society, WWF u.a.) können bewaffnete Ranger bezahlt werden, welche in den

Nationalparks für den Schutz der Tiger sorgen. Das Verbreitungsgebiet des Sibirischen Tigers erstreckte sich in vergangenen Zeiten vom Baikalsee und der Mongolei bis über die gesamte koreanische Halbinsel und ganz Nordost-China.

◆ In dem Buch *Dersu the Trapper* berichtet Wladimir K. Arsenjew über die zwischen 1902 bis 1908 durchgeführten Erkundungsreisen des russischen Geografen und Offiziers Arsenjew, der damals den Primorskij Kraj erstmals kartografierte, ISBN 978-0929701493.

☺ Der im Ussurij-Gebiet spielende meisterhafte und tragisch endende Film *Dersu Uzala* des japanischen Regisseurs Akira Kurosawa nimmt Bezug auf diese Erkundungsreisen und auf den lokalen Führer von Arsenjew, den tungusischen Jäger Dersu. Der Sibirische Tiger wurde von vielen indigenen Völkern in Ostsibirien als Gottheit verehrt.

Nachodka (Находка)

① 4236 (bzw. 42366)

🛈 Telefonauskunft ☎ 640909

◆ Stadt-Administration, Nakhodkinskij pr. 16, ☎ 42366/56708

◆ Informationen zu Nachodka und dem Primorskij Kraj 🖥 www.nakhodka.ru, 🖥 www.fegi.ru/, 🖥 www.mir1.ru/ (auf Russisch).

🛏 Dialouge Invit, Perwaja Sovietskaja ul. 1a, verfügt über ein gutes Restaurant nebst angenehmer Bar, ☎ 640761.

◆ Pyramid, Wladiwostokskaja ul. 2, 692900 Nachodka, ☎ 42366/57760. Die Ausstattung des "Pyramid" ist sehr komfortabel (neuere Bauart, ***). Exchange-Schalter im Hotel. Hotelrestaurant mit gutem Ruf. Zentrale Lage.

◆ Gorizont, ul. Leningradskaja 12, ☎ 623607

🎰 In Nachodka kann man abends u.a. das Casino Spartak aufsuchen.

CD Nordkoreanisches Konsulat (DPR Korean Consulate General), ul. Sedowa 8, Werktags 08:00 bis 18:00, ☎ 42366/55720, 58158, FAX 59108

✚ Medizinische Hilfe: Klinik auf Potschtovij Pereulok 3

☎ Telegraf, Pereulok Nizmenny

🌐 Intourist Nachodka, Nakhodkinskij pr. 51, ☎ 631963

- Ticketverkaufsstelle, ul. Portovaja 3-4, ☎ 42366/57225
- *avtovokzal*, Nakhodkinskij pr. 7, ☎ 643495
- Bahnhof, ☎ 42366/56825

Nachodka (171.000 Einwohner, Hauptwirtschaftszweige: Handelshafen, Schiffsinstandsetzung, Fischverarbeitung, Export von Holz und Kohle) liegt sehr schön an einer Bucht des Japanischen Meeres und verfügt über einen größeren Hafen. Bis nach Sydney (Australien) sind es 9.400 km. Der Hafen (reguläre Frachtlinien von/nach Yokohama, Kobe, Hongkong, Singapur, Bangkok, in der Vergangenheit auch Passagierlinie nach Yokohama) ist ein wesentlicher Umschlagplatz für Waren aus Ostasien, die per Transsib in Richtung Europa transportiert werden (das ist billiger und geht schneller als per Schiff). Hier wird ein großer Teil des russischen Öl umgeschlagen, welches in Waggons (erkenntlich an dem Schriftzug **Транснефть**) mit der Transsib aus Westsibirien herantransportiert wird. Um den Transport noch rascher zu gewährleisten, wurde 2006 mit dem Bau einer neuen Erdölpipeline begonnen, welche nördlich des Baikalsees verlaufen soll und den Fernen Osten zum Ziel hat. Neben Öl wird Metallschrott aus Russland nach China exportiert, auch der Holzexport nimmt zu. An nach Russland importierten Gütern spielen vor allem die Gebrauchtautos aus Südkorea und Japan eine große Rolle.

Der Bau des bedeutenden Hafens begann erst kurz vor dem Zweiten Weltkrieg. 1941 gegründet, erhielt Nachodka erst 1950 den Stadt-Status. Die junge Stadt wächst auch heute noch. Mit ausländischem Kapital (Japan, China) wurden mehrere größere Hotels errichtet. Nachodka hat auch einige japanische Partnerstädte, und man wird beim Gang durch die Stadt einigen Denkmälern und japanischen Pavillons mit Gedenktafeln und Kunstwerken begegnen.

Die Gegend im Norden von Nachodka ist etwas bergig bis etwa 1.800 m ü. NN Höhe (Sikhota-Alin-Kette). Kleinere Orte am Ufer des Japanischen Meeres sind Olga, **Rudnaja Pristan** sowie Ternej (Sikhota-Alinskij Naturreservat).

Das Klima bietet einige Besonderheiten. Im Herbst kann es zu Taifunen kommen. Der Winter ist an der Küste weniger streng als z.B. in Mittelsibirien.

Mit dem Bus kann man nach **Port Vostochny** fahren, um den schönen Anblick zu genießen. Sehr sehenswert in der Umgebung sind die Natur, die Buchten, das

Meer. Ein interessantes Ziel für botanisch Interessierte ist auch die **Petrov-Insel**, da hier mehrere seltene Pflanzen endemisch vorkommen, z.B. Orchideen. Auch seltene Aralien-Arten und Ginseng (*Panax ginseng*, russ. **Женьшень**) wachsen hier. Die Ginseng-Wurzel ist in der chinesischen Medizin hoch angesehen. Natürliche Vorkommen der raren Pflanze gibt es u.a. auch in den Bergen des Sikhota-Alin-Gebirges. Die Wurzel der natürlich gewachsenen Pflanze steht bei den Chinesen viel höher im Kurs, als künstlich in Plantagen kultivierte (Pflanze steht unter Schutz).

Anreisemöglichkeiten Nachodka

- Anreise mit der Bahn von Wladiwostok oder
- mit eigenem Fahrzeug über die Straße A-188. Für die Strecke sind ca. 3 Std. nötig.
- Es gibt auch eine Busverbindung von Wladiwostok, Fernbuslinie Nr. 206 (in der Kernzeit tagsüber alle 1½ Std., Ticket € 4).

Sachalin und Kurilen

Die Insel Sachalin (о. **Сахалин**) liegt zwischen dem Japanischen und dem Ochotskischen Meer, der Tatarensund trennt sie vom Festland, dem Chabarovskij Kraj. Sachalin ist etwa 77.000 km² groß, die Länge der Insel liegt bei ca. 900 km. Gebietshauptstadt der **Sachalinskaja Oblast**, welche neben Sachalin auch die Kurilen-Inseln und einige andere kleinere Eilande beinhaltet, ist Juschno-Sachalinsk. Weitere Städte auf der lang gestreckten Insel sind z.B. Kholmski, Korsakov, Nevelsk, Okha und Alexandrovsk Sakhalinskij. Eine Fähre (Kholmsk - Vanino) stellt die Anbindung zum Festland her.

Bevölkerung: 84 % Russen, 5 % Koreaner, 1,5 % Tataren, restliche Anteile Ukrainer, Bjelorussen und Angehörige von nördlichen Minderheiten. Die Einwohnerzahl (2006) liegt bei ca. 530.000 (ca. 80 % leben in den Städten) und zeigt eine deutliche regrediente Tendenz (1994: 690.000).

Hauptfaktor der nicht gerade blühenden Wirtschaft ist derzeit noch der Fischfang (neben Fisch haben auch Krabben, Garnelen und Muscheln Bedeutung) und die Fischverarbeitung. Halblegale Firmen fischen auch heute noch am Zoll vorbei und verkaufen oftmals noch auf dem offenen Meer die für das japanische Sushi benötigten Meeresprodukte an japanische Abnehmer. Dabei spielt die Einhaltung von vereinbarten Fangquoten oder Schutzzeiten für bestimmte Fischarten eher eine untergeordnete Rolle. Weniger bedeutend sind Landwirtschaft (Anbau von Kohl und Kartoffeln, Futterpflanzen, alle anderen Obst- und Gemüsesorten werden teuer importiert; Viehwirtschaft im Norden: Rentierhaltung) und Forst- und Holzwirtschaft (Möbelfabrikation) sowie Schiffsbau- und reparatur (mehrere Seehäfen), nur von geringem Einfluss der Tourismus (z.B. Gorjatshij Pljazh auf der Insel Kunashir).

Ab 1855 bis 1875 wurde die Insel von Russland und Japan genutzt, ab 1875 nur vom Russischen Reich. Juschno-Sachalinsk wurde 1881 (damals Wladimirowka genannt) gegründet. Infolge der Niederlage im Russisch-Japanischen Krieg (in dem es u.a. um Sachalin, die Kurilen und die Region Primorje ging) musste ein großer Teil Sachalins 1905 wie auch die Kurilen-Inseln an Japan abgetreten werden. Seit 1945 ist es wieder Bestandteil von Russland. Die gesamte Insel ist von bergigem Charakter und reichlich bewaldet. Bekannt sind die Institute für Meeresbiologie, Meeresgeologie und Geophysik in Juschno-Sachalinsk.

Auf Sachalin gibt es Kohlevorkommen. Unmittelbar vor Sachalin befinden sich auch sehr umfangreiche Erdgas- und Erdölvorkommen unter dem Meer. Entsprechende Transportleitungen verbinden schon seit den 1980er Jahren Okha mit Komsomolsk am Amur auf dem Festland. Man vermutete weitere ca. 150 Mio. Tonnen Öl und gut 500 Mrd. m³ Erdgas. Das Projekt Sachalin-2 soll ab dem Jahr 2008 Öl und Gas liefern, anfangs ist der Weitertransport nicht mittels einer Pipeline vorgesehen, vielmehr soll das Gas nach Abkühlung und Verflüssigung mit Tankern transportiert werden. Bereits seit ca. 1996 sind größere ausländische Konzerne mit im Geschäft, u.a. Shell und Mitsubishi aus Japan, wobei der russische Konzern Gazprom alles daran setzt, die anderen Mitbewerber auszubooten. Schon seit einiger Zeit regten sich auch Umweltproteste, u.a. wegen dem geplanten Bau einer ca. 800 km langen Pipeline. Presseberichten zufolge sollen jetzt auch Gerichtsprozesse gegen Shell wegen Umweltschäden angestrengt werden, wie die russische Umweltbehörde Rosprirodnadzor Ende 2006 mitteilen ließ. Insider meinen, dass die zu erwartenden hohen Strafgelder für Shell und Co.

hauptsächlich das eine Ziel haben, die in den 1990er Jahren billig veräußerten Ressourcen wieder unter russische Kontrolle zu bringen.

☽   Juzhno-Sachalinsk: ☎ 42422

▭   Post-Index 693000

🚗   Region-Code auf den hiesigen Kfz-Kennzeichen: "65"

🏢   Regionale Administration auf Kommunistitscheskij pr. 39, ☎ 36111

♦   OVIR und Amtstelle des MWD: ul. Lenina 149, ☎ 292375

♦   FSB (ФСБ России), pr. Pobedy 63a, ist zuständig für die Ausfertigung des Propusks/Passierscheines (Sachalin liegt im Grenzgebiet), welcher für einige Gebiete (Halbinsel Krilon, Ortschaft Shebunino, Halbinsel Aniva, alle Kurilen-Inseln) obligat ist.

♦   Sakhalinskaja oblastnaja PSS, 693000 J.-Sachalinsk, ul. Dzerzhinskovo 15, ☎ 36182

✚   Med.Hilfe: Klinik ul. Mira Nr. 430, ☎ 55341

☎   Telegraf, ul. Lenina 220

✈   Aeroflot-Agentur auf der ul. Lenina 198, ☎ 35688

♦   Sakhalin-Airlines, 693015 Jushno-Sachalinsk, c/o Airport

🌐   Nur wenige Touristen-Agenturen, evtl.:

♦   Turservice, ul. Popvicha 112, ☎ 31089

♦   Sakhalin-Tourist, ul. Sakhalinskaja 2, ☎ 36105

♦   Touristenclub "Bumerang", ul. Sakhalinskaja 23, ☎ 421591

♦   ZAO Inturist-Sachalin, 693007 J.-Sachalinsk, ul. Dzerzhinskovo 36/207, ☎ 4242/727343, 🖥 www.intourist-sakhalin.ru

🛏   Santa Resort, ul. Venskaja 3, ☎ 59015

♦   Lada mit Restaurant und Casino, ul. Komsomolskaja 154

🏦   Exchange: Banken und Wechselstuben finden sich auf dem Kommunistitscheskij pr. sowie an der Dzerzkinskovo 40.

🍴   Fast alle Waren und Lebensmittel werden teuer importiert (zum Teil aus Japan), deswegen sind die Lebenshaltungskosten auf Sachalin ähnlich teuer wie im hohen Norden. Nur Kohl, Kartoffeln, Rind- und Rentierfleisch werden lokal erzeugt. Erschwinglich sind auch Fischprodukte.

Anreise

✈   Moskau Sheremetjewo - Juzhno-Sachalinsk, neuerdings zumeist mit neuen ИЛ-96 Maschinen, außerdem gibt es Flüge von/nach Chabarovsk.

- ◆ Der Flughafen liegt 8 km von J.-Sachalinsk entfernt (IATA-Code: UUS), ☎ 42422/34878, FAX 51874.
- ◆ Eine Ticketvorverkaufskasse (Flugscheine, Bahntickets) befindet sich in der Stadt Korsakov (Корсаков), ul. Sowjetskaja 8.
- 🚢 Schiffpassage von Wladiwostok - Korsakov
- ◆ Außerdem Fähre von Vanino (Ванино) nach Kholmsk (Холмск). Im Fährhafen Vanino werden die Tickets für die Überfahrt verkauft, die Preise liegen je nach Kajüte zwischen € 45 bis 70 pro Person. Die Überfahrt dauert etwa 18 bis 20 Std. Die Fähren verkehren bei Unwetter nicht. Besonders im Herbst und Winter können im Primorskij Kraj Taifune und Zyklone auftreten.
- 🚗🚌 Straßennetz: Am bedeutungsvollsten ist die Nord-Süd-Verbindung, die *Transsakhalinskaja Magistral*, welche J.-Sachalinsk im Süden mit Okha (Oxa) im Norden verbindet (Länge etwa 865 km). Die Straße ist allerdings nicht durchgängig asphaltiert. Busse verbinden J.-Sachalinsk mit den wichtigsten Städten auf der Insel.
- 🚂 Per Eisenbahn ist Juschno-Sachalinsk mit einigen der Städte auf der Insel verbunden, dabei handelt es sich um schmalspurige Bahnlinien mit 750 mm Spurweite, welche noch aus japanischer Zeit stammen. Auf der Teilstrecke von Juschno-Sachalinsk bis Nogliki (Ноглики) findet Passagierverkehr statt, auch nach Kholmsk (Холмск). Informationen: ☎ 714381.

  Einige Teilstrecken wurden in der Vergangenheit abgebaut oder sind in nicht benutzbarem Zustand (z.B. Shebunino - Nevelsk). Nach russischen Informationen findet sich mitunter die Möglichkeit, auf Strecken mit reinem Güterbetrieb nach Rücksprache mit dem Lokführer eine (nicht legale) Mitfahrmöglichkeit auf einem der Züge zu erhalten.

Sehenswürdigkeiten

In J.-Sachalinsk gibt es ein **Heimatmuseum** (Kommunistitsheskij pr.) sowie ein kleines **Kunstmuseum**, welches Anton Tschechows Buch *Die Insel Sachalin* (1895) gewidmet ist (ul. Kurilskaja 42).

Das Theater der Stadt trägt Tschechows Namen. Tschechow verbrachte lange Zeit (freiwillig) auf der Insel. Nachdem er eine lange Reise quer durch Asien unternommen hatte, schrieb er über seinen Sachalin-Aufenthalt sein Buch, was einen Protest gegen die unmenschlichen Lebensbedingungen der dorthin Verbannten darstellte.

Auch heute ist es immer noch schwer, als Tourist nach Sachalin oder gar auf die **Kurilen-Inseln** zu gelangen. Eine amtlich bestätigte Einladung mit Befürwortung durch die Militärkommandantur oder eine Einladung vom Außenministerium (Moskau) sind sinnvoll, bei Reisen auf die Kurilen oder die Halbinsel Aniva ist eine Genehmigung des FSB nötig, die man vor Ort in J.-Sachalinsk beantragen (und mitunter auch erhalten) kann. Japaner können die Inseln auch ohne Visum besuchen, wenn sie oder ihre Vorfahren früher nachweislich auf den Kurilen lebten, wobei nur Gruppen zugelassen sind. Auf der Insel Kunashir besuchen sie die Reste des japanischen Friedhofs.

Von der Südspitze der Halbinsel Kamtschakta bis fast in Sichtweite der Insel Hokkajdo erstrecken sich etwa 30 größere und 6 kleine Inseln, welche das Ochotskische Meer vom Stillen Ozean trennen. Die größten Inseln sind Paramushir, Simushir, Urup, Kunashir, Iturup und Shikotan. Von 1940 bis 1945 waren die Inseln Paramushir und Iturup größere japanische Militärstützpunkte. Die südlichen Kurileninseln sind seit Jahren Streitgegenstand zwischen Japan und Russland. Die Inseln haben nicht nur strategische Bedeutung, sondern stellen auch einen wirtschaftlichen Faktor dar (Fischfanggründe), zum Teil werden auch Bodenschätze (Metallerze) vermutet. Die Kurileninseln sind derzeit nur per Schiff zu erreichen (ausgehend von Wladiwostok oder vom Hafen Korsakov auf Sachalin), planmäßige Hubschrauberverbindungen gibt es zurzeit nicht. Auf **Kunashir** gibt es einen kleinen Flughafen (Mendelejewo), in der Vergangenheit gab es auch (unregelmäßige) Flüge mit der AN-24 von Sachalin ausgehend (Ticket ca. € 125). Ohne Passierschein der Grenzorgane bzw. des FSB (siehe oben) nützt das beste Flugticket nach Kunashir wenig, da man unter Umständen nicht aussteigen darf und mit der Maschine gleich wieder zurückfliegen muss. Rayonzentrum auf Kunashir ist die Stadt Juzhno-Kurilsk.

✺   Zapovednik (Naturpark) von J.-Kurilsk, ul. Zaretshnaja 5, ☏ 42455/21558

Die in der Nähe liegende Kurileninsel **Shikotan** ist per Schiff von Kunashir zu erreichen. Kunashir liegt nur wenig nördlich von der japanischen Insel Hokkajdo. Auf Kunashir finden sich viele heiße Quellen sowie der aktive Vulkan Tjatja. Das bis zu 70°C heiße Quellwasser wird zum Teil zum Baden genutzt. Es ist sehr mineralhaltig und größere Mengen sollte man möglichst nicht davon konsumieren. Überraschend vielfältig für Vulkaninseln sind Flora und Fauna. Die Inseln befinden sich in einer seismisch aktiven Region. Das letzte größere Beben fand 1994 statt. Kleinere Beben sind an der Tagesordnung. Auch 2005 waren die Folgen des über 10 Jahre zurückliegenden Erdbebens immer noch an der nicht vollständig wieder aufgebauten Infrastruktur auszumachen. Die im Oktober 1994 dem Erdbeben nach etwa einer halben Stunde folgende Tsunami-Welle hat viele Schiffe weit vom Ufer entfernt auf die Insel getragen, sodass sich hier und da auch noch Fischkutter (z.T. auch mit japanischer Beschriftung) an Land finden.

Die drei größten Ängste der Bevölkerung auf Kunashir sind zurzeit (in dieser Reihenfolge): die Abgabe der Inseln an Japan, ein erneuter Tsunami oder ein plötzlicher Vulkanausbruch des Tjatja.

Hauptarbeitgeber sind die Armee und die Fischfangindustrie. Einen beachtlichen ökonomischen Faktor stellt der Schwarzhandel dar: Schiffe voller Fisch (besonders Mintaj) und Garnelen im Tausch gegen billige, gebrauchte Altautos aus Japan, die dann weiter westwärts ins Land verhökert werden.

In den Bergen dominiert Nadelwaldtaiga (Tannen und Fichten), in den Ebenen treten vor allem Lärchenwälder auf. Neben der typischen Taiga kommen viele Pflanzen vor, die sich sonst nur in Japan oder Nordkorea finden, z.B. Bambus. Etwa 230 verschiedene Vogelarten wurden bislang erfasst, darunter z.B. auch Seeadler, Riesenfischuhu und andere Greifvögel. Braunbären gibt es hier natürlich ebenfalls. Interessant ist die Meeresfauna (Robben, Seeotter, Seehunde, Orca-Schwertwale).

⊛ Naturpark Poronaijskij, 694220 Poronaijsk (Поронайск), ul. Naberezhnaja 15, ✆ zapovednik@sakhalin.ru

📖 Im Buch *Wildnis am Rande der Welt* (Books on Demand, ISBN 978-3833431616, erschienen 2005) beschreibt der deutsche Abenteurer Siggi Sawall neben Alaska, Kamtschakta und den Aleuteninseln auch einige der nördlichen Kurilen- inseln.

♦ Informationen auch unter: 💻 www.sakhalin.ru

♦ Digitalisiertes Kartenmaterial: 💻 http://sakhalin.al.ru/atlas.html

Kamtschatka (Камчатка)

Kamtschatka ist der östlichste Bezirk Russlands. Das ungefähr schwedengroße Gebiet (ca. 472.000 km²) erstreckt sich vom 51. bis zum 65. Breitengrad; begrenzt wird es im Westen vom Ochotskischen Meer und im Osten vom Stillen Ozean. Zudem gibt es keine praktisch nutzbare Straßenverbindung zwischen dem Festland und der Halbinsel, welche im Norden ebenfalls sehr gebirgigen Charakter aufweist. Deswegen wirkt die von zwei Meeren umspülte Halbinsel Kamtschatka fast wie eine Insel. Von den ca. 440.000 Einwohnern Kamtschatkas (Verwaltungsregion Kamtschatka und Korjakischer Bezirk) leben rund 360.000 in den wenigen Städten. Die Bevölkerung setzt sich aus Russen, Korjaken, Itelmenen, Tschuktschen, Ewenen und wenigen Aleuten zusammen.

Hauptstadt des Verwaltungsgebietes Kamtschatka ist Petropawlowsk-Kamtschatskij (Петропавловск-Кам.), gelegen am Ufer der Awatsha-Bucht im Südosten der Halbinsel. Das autonome Gebiet der Korjaken (Korjakija), 1930 gegründet - es umfasst allein ca. 300.000 km² der Fläche Kamtschatkas - ist in vier Kreise aufgeteilt: Tigilksi, Penschinski, Oljutorski und Karaginski (ca. 82.000 Einwohner). Es grenzt im Norden am Festland an das Gebiet Magadan. Gebietshauptstadt ist Palana (Палана), gelegen an der Westküste. Schon seit einiger Zeit wird die geplante Vereinigung des Gebietes Kamtschatka mit dem Anfang der 1990er Jahre abgetrennten autonomen Korjaken-Bezirk in Form eines Kamtschatskij Kraj diskutiert.

Von der sog. zivilisierten Welt wurde Kamtschatka in der Mitte des 17. Jahrhunderts entdeckt. Nach Literaturangaben (z.B. *Geografische Beschreibung der Sowjetunion* in 22 Bänden, hrsg. von der Akademie der Wissenschaften, Moskau 1971) wird der Name der Halbinsel Kamtschatka übereinstimmend von der Benennung der Itelmenen durch die Kojarken ("Chontschalo") abgeleitet - woraus die Russen "Kamtschadalen" gemacht haben und das Land entsprechend "Kamtschatka" nannten. Die ersten Russen kamen auf dem Landweg (über Anadyr) nach Kamtschatka und durchquerten dabei das Gebiet der Kojarken. Der erste Russe, von dem Kunde über das Land kam, soll Fedot Alexejew gewesen sein, er war um 1648 dort.

Die sprachliche Ableitung des Namen "Chontschale" wird erstmals von Stepan Kraschenikow (1711 bis 1755) erwähnt. Er war der erste wissenschaftliche Erforscher Kamtschatkas. Der Name "Kamtschatka" taucht das erste Mal auf einer 1667 in Tobolsk gedruckten russischen Landkarte auf.

1697 gelangte Wladimir Atlassow mit seinen Kosaken nach Kamtschatka, durch ihn gehörte es fortan zum Russischen Reich. Bei der Unterdrückung der kamtschadalischen Ureinwohner wurde von Atlassow und seinen Kosaken ganze Arbeit geleistet; als Kulturen gingen diese Völker einen ähnlichen Weg wie die "First Nations" in Nordamerika (das ist nicht die einzige Gemeinsamkeit; die Verwandtschaft der Kamtschadalen mit den nordamerikanischen Völkern ist offensichtlich).

Eng verwoben mit der Geschichte Kamtschatkas ist der Name **Vitus Bering**; der dänische Seefahrer leitete zwei Kamtschkaexpeditionen. Die erste Reise von 1725 bis 1728 brachte zwar viele neue Erkenntnisse, jedoch keine Antwort auf die vom Zaren gestellte Frage nach einer Meerenge zwischen Nordamerika und Russland.

Die zweite Expedition bestand aus zwei Schiffen, der *St. Peter* und der *St. Paul*. Sie erreichte 1740 die Avatshinsker Bucht und legte dort den Grundstein für den späteren Hafen und die Stadt, die ihren Namen nach den beiden Schiffen erhielt: Petropawlowsk. Bei der Weiterreise im Juni 1741 gerieten die Schiffe in Nebel und Sturm und wurden voneinander getrennt. Sie führten beide einzeln die Aufträge der Expedition aus. Ihnen wird die Entdeckung des Inselbogens der Aleuten zugeschrieben. Das Schiff unter Kapitän Tschirikow erreichte am 10.10.1741 wieder Petropawlowsk. Das zweite Schiff unter Kapitän Bering erlitt Anfang November am Ufer der größten der Kommandeurinseln Schiffbruch.

Nur ein Teil der Seeleute überstand die Monate auf der Insel. Auch Bering sah das Festland nicht wieder; im Dezember 1741 starb er an Skorbut. Die Insel erhielt seinen Namen.

1787 legte das Schiff von J.F. La Perouse in Petropawlowsk an. Auf seiner Reise entdeckte er die Verbindung vom Ochotskischen zum Japanischen Meer. Denkmale von Bering, Tschirikow und La Perouse findet man in Petropawlowsk.

📖 *Beringia-Hundeschlittenrennen*, In: Outdoor 1, 1994, S. 84 bis 89. Über das bisher längste Hundeschlittenrennen der Welt. Auf 2.044 km Gesamtlänge führt der Trail von Zentralkamtschatka bis hinauf nach Markowo.

- *Abfahren im Land der Feuerberge.* Das sibirische Kamtschatka ist auch ein Abenteuerplatz für Skifreaks. In: stern Nr. 45, 02.11.2006, im inliegenden Extrajournal Wintersport, S. 4-10.

- *Russia's Land of Fire and Ice* - Kamchatka. In: National Geographic Ausgabe Nr. 4/94.

- *Камчатка, полуостров* медведей, von Andreij Netshaew (zweisprachige Ausgabe russisch/englisch, 2005, ISBN 978-5-900858-33-3).

- *Kamtschatka,* Wadim Gippenreiter, Leipzig 1985, ISBN 978-3806720723. Eine anschauliche Beschreibung des Lebens auf Kamtschatka.

- *Kamtschatka entdecken*, A. v. Hessberg, Trescher-Reihe Reisen, ISBN 978-3897940840, ☞ 🖳 www.trescherverlag.de. Der Schwerpunkt des Buches (350 S.) liegt auf umweltverträglichem Trekkingtourismus. Es ist sehr praxisrelevant und enthält mehrere Reisereportagen aus verschiedenen Gebieten Kamtschatkas.

Klima

Im zentralen Teil Kamtschatkas herrscht **Kontinentalklima**. Im Sommer steigen die Temperaturen teilweise über 30°C, fallen im Gegensatz dazu im Winter unter -30°C (es wurden auch schon Temperaturen unter -50°C gemessen).

Hervorzuheben ist, dass in der Hauptsaison (Juli bis August) die Differenz zwischen Tages- und Nachttemperaturen oftmals sehr groß ist; man sollte also auch im August auf leichte Nachtfröste eingestellt sein. Ab Oktober ist mit dem ersten Schnee zu rechnen, der Frühling stellt sich im April ein. Während der Schneeschmelze ist das gesamte Land schwer zugänglich. Oft mussten schon ganze Ortschaften z.B. dem Kamtschatkafluss weichen.

Die Jahressummen des Niederschlags betragen im Mittel 500 mm, nur an der äußersten südlichen Spitze liegen sie bei 2.500 mm. Oft ändert sich das Wetter unter dem Einfluss von Zyklonen sehr schnell.

Geologie Kamtschatkas   von Prof. Berthold Kühn

Kamtschatka gehört zu dem "Feuerring", der den ganzen Stillen Ozean umgibt. Damit ist die Kette der zahlreichen Vulkane gemeint, die von Feuerland über die Anden, Mittelamerika, die Rocky Mountains, Alaska, die Aleuten-Inseln, Kamtschatka, die Kurilen, Japan, die Philippinen, Indonesien bis nach Neuseeland reicht.

Im Rahmen dieser globalen Verteilung des Vulkanismus ist Kamtschatka eines der aktivsten Gebiete. Das geologische Alter der Halbinsel ist relativ jung. In der Epoche des frühen Tertiärs (vor ca. 40 Mio. Jahren) bildete sich zuerst der westliche Teil mit der westlichen Bergkette, die von vielen heute erloschenen Vulkanen gekrönt ist. Später, vor 20 bis 25 Mio. Jahren, wurde der östliche Teil aus dem Ozean herausgehoben und hebt sich ständig weiter. Mit dieser tektonischen Bewegung sind die zahlreichen tätigen Vulkane in der östlichen Bergkette und die häufigen Erdbeben verbunden.

Dieser Werdegang und die heutigen Erscheinungen werden auf der Basis der Plattentektonik erklärt. Kamtschatka ist ein Teil des Ostrandes der großen eurasischen Festlandsplatte. Diese stößt an die Platte des Ozeanbodens. Im Zuge der globalen Kontinentalverschiebungen schiebt sich der Ozeanboden unter die Festlandsplatte.

Dort, wo sich der Kamtschatka vorgelagerte Tiefseegraben befindet, biegt sich der Ozeanboden nach unten. Mit einer Neigung von etwa 45° versinkt er unter Kamtschatka. Die Reibung bei den gegenseitigen Bewegungen löst zahlreiche Erdbeben aus.

Vulkan Avatshinskij

Mit seismografischen Methoden stellt man eine Häufung der Erdbebenherde unter dem Abbruch des Schelfsockels auf zwei um 45° geneigte Flächen fest, die einen Abstand von etwa 40 km haben. Aus diesen Beobachtungen wird auf das Absinken der Ozeankruste und auf ihre Dicke geschlossen. Die Geschwindigkeit der Bewegung wird mit 8 bis 10 cm pro Jahr angegeben. In Tiefen von 150 bis 200 km schmilzt die Kruste, und das entstehende Magma wird teils durch den herrschenden Druck, teils durch Auftriebskräfte (es ist spezifisch leichter als das umgebende Material) in Schloten nach oben geführt und bildet auf der Erdoberfläche die Kette der Vulkane.

🔲   Informationen zu seismologischen Messungen werden von der Abteilung Geophysik der Akademie der Wissenschaften der RF im Internet unter der Seite 🖥 http://data.emsd.iks.ru veröffentlicht, ✆ ssl@emsd.iks.ru. Alle registrierten Beben sind mit Lokalisation, Tiefe des Herdes und Angabe der Magnitude aufgeführt.

◆   🖥 http://kbgs.kscnet.ru oder 🖥 www.emsd.ru (Kamtschatka-Abteilung des Geophysikalischen Instituts der Akademie d. Wissenschaften RF)

◆   Auch auf den amerikanischen Websites finden sich Meldungen zur aktuellen Erdbebensituation in Kamtschatka (Earthquake-Locator unter 🖥 http://earthquake.usgs.gov).

📖   *Vulkane erleben*, Lothar Fritsch, Conrad Stein Verlag Basiswissen für draußen, Band 176, ISBN 978-3-89392-576-6, € 7,90

Die Landschaft Kamtschatkas ist in erster Linie durch den **Vulkanismus** geprägt. Einen majestätischen Anblick bieten die vielen, fast ideal geformten Vulkankegel. Ca. 160 Vulkane befinden sich auf Kamtschakta, 29 aktive Vulkane werden gezählt. Der einzige aktive Vulkan in der Westkette (западный хребет) ist der Itshinskij.

Bei den aktiven Vulkanen variiert die Höhe naturgemäß, da bei Eruptionen ein Teil des Kegels weggesprengt werden kann bzw. durch Auflagerungen von Asche oder erstarrter Lava ein Höhenzuwachs zu verzeichnen ist. Auch die Höhenangaben auf den russischen Karten verschiedenen Erscheinungsdatums variieren aus diesem Grund.

Es sind dies von Norden nach Süden (unter Einschluss einiger erloschener) folgende **Vulkane**:

Shiwelutsh	(2.800 m, letzter Ausbruch 2003, 56°39´N, 161°21´E)
Kljutschewskoi	(4.750 m, letzter Ausbruch 2003, 56° 03´N, 160° 39´E)
Uschkowski	(3.943, letzter Ausbruch 1890)
Kamen	(4.575 m, erloschen),
Bezymjannij	(2.869 m, letzter Ausbruch 2003)
Ploskij Tolbatschik	(3.085 m, Ausbruch 1976)
Nowi Tolbatschik	(bestehend aus einer Serie kleinerer neuer Vulkankegel)
Itshinskij	(3.621 m, letzter Ausbruch unbekannt)
Kisimen	(2.375 m, 1928 ausgebrochen)
Gamtshen	(2.576 m, letzter Ausbruch unbekannt)
Komarowa	(2.050 m, letzter Ausbruch unbekannt)
Kronozki	(3.521 m, Ausbruch 1923, 54°44´N, 160°43´E)
Krascheninnikowa	(Caldera, 1.856 m)
Kichpinytsch	(1.552 m, letzter Ausbruch unbekannt)
Uzon	(Caldera, 1.617 m, gigantischer Einsturzkrater)
Bolschoi Semjatschik	(Caldera, 1.500 bis 1.739 m)
Mali Semjatschik	(1.563 m, letzter Ausbruch 1854)
Karmskij	(1.468 m, Ausbruch 2003, 54°03´N, 159°27´E)
Dsensurskij	(2.154 m)
Zhupanowski	(2.923 m, Ausbruch 1956/57)
Korjakski	(3.456 m, Ausbruch 1957, 53°19´N, 158°43´E)
Avatshinskij	(2.751 m, letzter Ausbruch 1991, 53°15´N, 158°51´E)
Wiljutschinskij	(erloschen, Höhe 2.173 m, letzter Ausbruch unbekannt)
Opala	(2.460 m, letzter Ausbruch 1894)
Goreli	(Caldera und Kegel, 1.829 m, Ausbruch 1986)
Mutnowskij	(2.323 m, 1960/61 und 2001 ausgebrochen)
Asatscha	(1.909 m, erloschen)
Sholti	(1.885 m, erloschen)
Chodutka	(2.089 m, erloschen)
Ksudatsch	(Caldera, 900 bis 1.079 m, Ausbruch 1907)
Zheltowskij	(1.957 m, letzter Ausbruch 1923)
Iljinskij	(1.578 m, letzter Ausbruch 1901)
Koscheljowa	(1.853 m, letzter Ausbruch wahrscheinlich 1690)
Kambalni	(2.161 m)

Im Süden setzt sich die Kette der Vulkane in dem Inselbogen der Kurilen fort. Ein Teil dieser Vulkane sind große Calderen, d.h. Explosionstrichter. Bei ihrer Entstehung wurden viele Kubikkilometer Gestein, Asche und Staub in die Atmosphäre geschleudert. Andere sind wegen seitlicher Explosionen auf ihren Hängen nur noch sogenannte Ruinen.

Die meisten dieser Berge tragen ganzjährig Schneedecken und z.T. auch größere Gletscher. Von dieser Landschaft ist auch der erste Eindruck bei der Landung in Petropawlowsk geprägt. Nur 30 km nördlich der Stadt ragen die ebenmäßigen Kegel des Korjakskij- und des Avatshinskij-Vulkans in die Höhe. Jenseits der Avatshinsker Bucht in etwa gleicher Entfernung steht der schlanke Kegel des Wiljutschinskij-Vulkans.

Die zahlreichen Eruptionen, vor allem die großen Explosionen in den vergangenen Jahrtausenden, haben das Land immer wieder mit dicken Aschedecken überzogen. So liegen zwischen den Vulkanbergen z.T. weite Plateaus aus Asche, Bimsstein oder Auswürflingen, die die Vegetation noch nicht besiedelt hat. Lavaflüsse sind in der Hauptsache auf die Hänge der Vulkankegel beschränkt. Größere Basaltplateaus gibt es nicht.

Die Bergketten im mittleren Teil der Halbinsel erreichen vielerorts Gipfelhöhen über 1.000 m. Die Berghänge sind meist steil und die Täler scharf eingeschnitten. An einigen Stellen treten Massive jüngerer und älterer Granite und sogar einige Formationen aus dem Proterozoikum zu Tage, in denen auch Erzvorkommen erkundet wurden, deren Ausbeutung allerdings noch kaum begonnen hat.

Im Ostteil der Halbinsel gibt es im Zusammenhang mit dem aktiven Vulkanismus eine große Zahl von heißen Quellen, die oft von besonderem Interesse für Touristen sind. In der Nähe der Hauptstadt, an der Straße von Elizowo (**Ели-зово**) nach Paratunka (**Паратунка**), entstand eine Reihe von Erholungsheimen, die alle Schwimmbecken besitzen, die aus solchen Quellen gespeist werden. Berühmt ist das Tal der Geysire. Es befindet sich ca. 125 km nördlich von Petropawlowsk in Nähe des Kraters Uzon.

Weitere heiße Quellen, die ein Baden gestatten, finden sich u.a. in der Caldera des Vulkans Ksudatsch, am Vulkan Chodutka, im Tal der Wiljutscha südlich des Vulkans Wiljutschinskij. Heiße Quellen und kleine Schlammvulkane kann man am Nordhang des Vulkans Mutnowskij in unmittelbarer Nähe der dortigen geothermischen Station beobachten.

Das Tal der Geysire

Zum Jahreswechsel 2006/2007 zeigten die im Norden Kamtschatkas gelegenen Vulkane Shiwelutsh und Bezymjannij erneut erhöhte Aktivität mit Ascheausstößen bis in 11 km Höhe und Ascheregen (пеплопад) in der Gegend um die Ortschaft Kljutshi. Der Wind trug die Aschewolken zum Pazifik und in Richtung der Kommandeursinseln, was zu Korrekturen und Einschränkungen im Flugverkehr führte, da viele Flugrouten diesen Bereich frequentieren. Nach Ansicht der Vulkanologen zeigen diese beiden Vulkane ca. alle 2 bis 3 Jahre Aktivität. Man nimmt an, dass explosive Ausbrüche katastrophalen Ausmaßes einmal alle hundert Jahre vorkommen, sodass dies eigentlich erst in 50 Jahren wieder zu erwarten wäre.

Flora und Fauna   von Prof. B. Kühn und Uwe Zierke

Die klimatischen Bedingungen und die Abgeschiedenheit vom kontinentalen Teil des Fernen Ostens haben auf Kamtschatka eine **eigenständige Flora** hervorgebracht. Hochwälder gibt es nur im Längstal. Hier wachsen vor allem Lärchen. Der typische Baum Kamtschatkas ist die **Steinbirke** mit ihrem steingrauen Stamm.

Dort, wo sie Wind und Schnee ungeschützt ausgesetzt ist, wächst sie in sehr verkrüppelter bis strauch- oder latschenartiger Gestalt, oft von vielen Flechten behangen.

Weit verbreitet sind auch latschenartig wachsende **Erlen**. Sie bedecken die Berghänge mit kaum zu durchdringendem Gestrüpp. In höheren Lagen werden sie durch Knieholz aus Zirbelkiefern, Wacholder, arktischen Weiden und Rhododendren abgelöst. Schon in Höhen von 500 bis 600 m besteht die Flora nur noch aus Tundra und subalpinen Wiesen mit nur wenigen Ensembles aus Knieholz.

Noch höher und auf den Feldern vulkanischer Aschen finden sich nur noch einzeln stehende Pflanzen und Polster, die noch im August herrlich blühen. In den höheren Flusstälern stehen reichlich blaue Iris, Eisenhut und Weidenröschen sowie viele andere Pflanzen in Blüte.

In den Niederungen findet man das für Kamtschatka charakteristische Dickicht aus mehr als mannshohen Kräutern und Gräsern, durch das man oft nur auf Bärenfährten vorwärts kommt.

Zu einem großen Teil ist Kamtschatka mit einem dichten **Misch-Urwald** bewachsen. Oft überwiegen Birken bzw. Steinbirken. Nördlich von Milkowo (**Мильково**) gibt es ausgedehnte Nadelwälder. Sie sind Grundlage der kamtschadalischen Holzindustrie. Die Orientierung im Urwald fällt schwer, hinzu kommen teilweise magnetische Erscheinungen in der Erdkruste, die den Nutzen eines Kompasses erheblich einschränken können.

Eine willkommene Abwechslung zur Urlaubs-Fertignahrung stellen die schier unerschöpflichen Vorkommen an Pilzen und Beeren in den Sommermonaten dar.

Unbestrittener Herrscher der **Tierwelt** ist der **Braunbär**, der auf Kamtschatka noch in großer Zahl lebt. Überall kann man auf seine Fährten treffen. Dazu gesellen sich Wölfe, Rentiere, Füchse, Zobel, Hasen, Ziesel, Eichhörnchen und Hermeline. Außerdem finden sich verschiedene Murmeltierarten und das Schneeschaf, seltener sind Elch, Luchs und Biber. In den Küstenregionen bzw. auf den Inseln leben Polarfuchs, Walross, Seebär und Seehund.

Die von Georg Steller während des unfreiwilligen Aufenthaltes der Bering-Expedition auf der gleichnamigen Insel 1741 beschriebene Seekuh (Hydrodamalis gigas) ist seit ca. 1770 ausgestorben, nur noch ein Skelett kann im Zoologischen Museum in St. Petersburg bzw. eine Nachbildung in Dresden besichtigt werden. Auch im Museum des Hauptortes der Beringinsel sind entsprechende traurige Relikte ausgestellt.

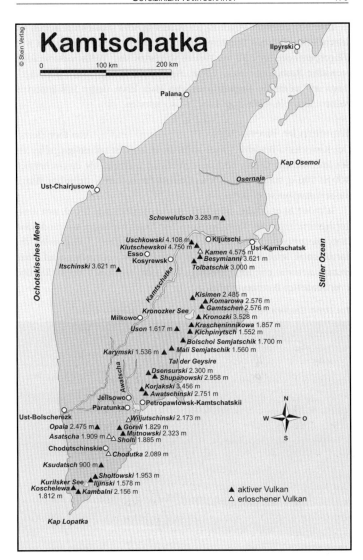

Kamtschatka

© Stein Verlag

0   100 km   200 km

Ilpyrski

Palana

Kap Osemoi

Osernaja

Ust-Chairjusowo

Ochotskisches Meer

Stiller Ozean

Schewelutsch 3.283 m ▲

Uschkowski 4.108 m ▲   Kljutschi
Klutschewskoi 4.750 m   Ust-Kamtschatsk
Esso   △ Kamen 4.575 m
Kosyrewsk   ▲ Besymianni 3.621 m
Tolbatschik 3.000 m

Itschinski 3.621 m ▲

Kamtschatka

Kisimen 2.485 m
▲ Komarowa 2.576 m
▲ Gamtschen 2.576 m
Kronozker See   ▲ Kronozki 3.528 m
Milkowo   ▲ Krascheninnikowa 1.857 m
Uson 1.617 m ▲   ▲ Kichpinytsch 1.552 m
▲ Bolschoi Semjatschik 1.700 m
Karymski 1.536 m ▲ ▲ Mali Semjatschik 1.560 m

Tal der Geysire
▲ Dsensurski 2.300 m
▲ Shupanowski 2.958 m
Korjakski 3.456 m
▲ Awatschinski 2.751 m
Jelisowo   Petropawlowsk-Kamtschatskii
Paratunka
Ust-Bolscherezk   △ Wiljutschinski 2.173 m
Opala 2.475 m ▲   ▲ Goreli 1.829 m
Asatscha 1.909 m △ ▲ Mutnowski 2.323 m
△ Sholti 1.885 m
Chodutschinskie
△ Chodutka 2.089 m

Ksudatsch 900 m ▲

Sholtowski 1.953 m
Kurilsker See ▲ Iljinski 1.578 m
Koschelewa ▲ ▲ Kambalni 2.156 m
1.812 m

Kap Lopatka

Awatscha

N
W   O
S

▲ aktiver Vulkan
△ erloschener Vulkan

Der König unter den Vögeln ist der **Stellersche Adler** (*Haliaetus pelagicus*) mit seinen weiß gefiederten Schultern, der auch als Riesenseeadler bezeichnet wird (Flügelspannweite bis 2,70 m). Weitere Vogelarten sind: Weißschwanzseeadler, Steinadler, Rebhühner, Enten, Gänse, Auerhühner, Haselhühner, Krähenvögel, Eulen und zahlreiche Singvogelarten. Am Meer leben riesige Schwärme von Möwen, Tauchern, Gelbschopf-Lund und Kormoranen.

Wandern im Bärengebiet   von Uwe Zierke

Der Kamtschatka-Braunbär (*Ursus arctos beringianus*) ist um einiges größer als der amerikanische Grizzly oder der europäische Braunbär. Mit durchschnittlich 400 bis 500 kg bringt ein männliches Exemplar fast doppelt so viel auf die Waage wie sein amerikanischer Verwandter.

Trotzdem ist er wendig und schnell, aber im Vergleich zum Grizzly weit weniger aggressiv gegenüber Menschen, fast scheu. Durch ungünstige Umstände kann es jedoch immer zur Attacke kommen. Solche sind zum Beispiel: Gegenwind, der Bär bekommt keine Witterung vom Menschen, somit Konfrontation auf kurze Distanz; weiterhin eine Bärin, die Junge führt, oder ein Mensch, der in die Nähe einer bewachten Bärenbeute gerät.

Im Uzon Caldera (Einsturzkrater) leben viele Bären

Beim Einhalten einiger **Verhaltensregeln** ist ein vertretbares Maß an Sicherheit erreichbar:

▷ Möglichst in Gruppen wandern. Erfahrungsgemäß greift ein Bär eher Einzelpersonen oder kleinere Gruppen von zwei bis drei Personen an.

▷ Nicht zu leise verhalten, beim Wandern auf die Windrichtung achten, bei Gegenwind ruhig einmal Hundegebell nachahmen!

▷ Bei Sichtkontakt mit dem Bären nicht weglaufen (Fangreflex!), dem Bären nicht direkt in die Augen sehen, eventuell lärmen, jedoch nicht in zu schrillen Tönen.

▷ Eine Alternative zur Abwehr ist z.B. das Falschfeuer (фальшфейр, dieses Wort wird auch im Russischen so ausgesprochen) - ein handliches Gerät mit Reißleine. Nach dem Zünden gibt es eine beachtliche rote Stichflamme, die meist auch den Bären beeindruckt. Leider erhält man Falschfeuer nicht offiziell, aber "for a few Dollars more"...

▷ Als letzte Rettung bei einer Bärenattacke kann ein Reizgas mit dem Wirkstoff Capsaicin hilfreich sein. Der Nachteil ist: Es wirkt nur auf kurze Entfernung und in Abhängigkeit von der Windrichtung. Die Mitnahme im Flugzeug ist außerdem verboten.

▷ In stark frequentiertem Bärengebiet (z.B. an Flüssen, in denen Lachse steigen) ist ein Lagerfeuer sehr zu empfehlen (Bären besitzen sehr empfindliche Geruchsorgane); notfalls sollte man nachts Holz nachlegen.

▷ Geht das Feuer aus und ein Bär treibt sich in Zeltnähe herum: Feuerzeug und Birkenrinde bereithalten als biologische Brandbombe.

▷ Als Bewaffnung ist ein großkalibriges Gewehr am sichersten, aber nicht jeder fühlt sich als Old Shatterhand und mag so eine Waffe - außerdem benötigt man einen Waffenschein.

Allgemein ist noch einmal ausdrücklich zu bemerken: Die Wahrscheinlichkeit eines Angriffes ist sehr gering. Man sollte die Gefahr trotzdem niemals unterschätzen und sich nicht zu leichtsinnigen Alleingängen ohne Abwehrmittel hinreißen lassen.

📖 Wer sich besser informieren möchte, der lese Stephen Herreros Buch *Bären*. Es beschreibt zwar hauptsächlich den Grizzly, der aggressiver als der Kamtschatka-Bär ist; das Grundverhalten ist aber analog zu betrachten.

Wenn die Lachse steigen ...   von Hermann Zöllner

Große wirtschaftliche Bedeutung hat der Fischreichtum, besonders die verschiedenen Lachsarten, die in der warmen Jahreszeit die Flüsse aufwärts streben, um an ihre Laichplätze zu gelangen. Das rote Fleisch des Keta (Кета) und sein Rogen, der rote Kaviar, werden in aller Welt als Delikatessen geschätzt. Neben dem Keta gibt es eine ganze Reihe anderer Lachsarten. Touristen können sich unterwegs vielerorts von selbst gefangenen Fischen ernähren. Praktische Erfahrungen zeigten, dass der Fang von angemessenen Mengen Fisch zur Selbstversorgung mehr oder weniger überall toleriert wird. Die Inspektoren sind eher auf die illegalen Händler/Fischer aus.

Vor der Küste werden Hering, Flunder, Barsch, Saira und andere Arten gefangen. Fischkonserven aus Kamtschatka werden überall in Russland verkauft. Der Fischfang wird ergänzt durch den Fang von Garnelen, Muscheln, Krabben und Tintenfischen. Man findet auf Kamtschatka keine Schlangen, Frösche oder Kröten, welche aufgrund des gebirgigen Reliefs im Norden die arktische Schwelle zur Halbinsel nicht überwinden konnten und deshalb hier nicht einwanderten.

Städte   von Prof. B. Kühn und Hermann Zöllner
Petropawlowsk-Kamtschatskij

Die 1740 gegründete Stadt liegt vor dem Meer geschützt am Nordufer der Awatsha-Bucht. Sie besitzt einen lang gestreckten Hafen. Er ist der Hauptumschlagplatz für Millionen Tonnen Fisch. Hinter der Stadt thront der Vulkan Korjakskaja Sopka gemeinsam mit seinem kleinen Bruder Awatschinskaja Sopka. Petropawlowsk-Kamtschatskij ist die größte Stadt der Halbinsel und das Verwaltungszentrum. Im Stadtgebiet eingeschlossen befinden sich einige unbesiedelte Berge mit schöner Aussicht. Beliebt ist der Mishenaja (Мишенная) mit 381 m ü. NN, auf den eine serpentinenartige Piste bis fast zum Gipfel führt und der auch die Sendeantenne des lokalen Fernsehens trägt. Von der Erhebung in Ufernähe hat man einen guten Blick auf die Seroglazka-Bucht (Бухта Сероглазка) mit dem Fischereihafen und auf den Rest der Awatsha-Bucht. Öfters nutzen den Berg auch lokale Sportler zum Abheben mit Delta- bzw. Paraplan-Gleitschirmen.

☏   4152 (einige Anschlüsse benötigen noch die Vorwahl 41522)

◆   Mobiltelefonieren ist auch mit deutscher SIM-Karte möglich, z.B. über russ. Anbieter BeeLine oder MTS. Man fasse sich kurz, da für 1 Min. bis zu € 3 anfallen können, bei längeren Aufenthalten ist der Kauf einer russischen SIM-Karte vor Ort sinnvoll.

⧖ Zeitdifferenz zu Moskau: plus 9 Std.

🛈 Die Administration findet sich in 683000 Petropawlowsk-Kamtschatskij, ul. Leninskaja 14, ☎ 112100 und 91909.

♦ Informationen zur Stadt z.B. auf den folgenden Seiten:
💻 www.petropavlovsk.ru oder 💻 http://kamchatka.mutnovka.ru bzw. auch 💻 www.kamcity.ru

✚ Bezirksklinik, ul. Leningradskaja 112-114

℟ Apotheken auf ul. Leninskaja 36 sowie mehrere im Bereich des pr. Pobedy und der ul. 50 let Oktjabrja im Stadtzentrum

Petropawlowsk-Kamchatsky

1 Hotel Edelweiss
2 Institut für Vulkanologie
3 Hotel Geyzer
4 Kunstmuseum
5 Hotel Awatsha
6 Hotel Neptun
7 Hotel Oktybr'skaya
8 Gedenkstätte
9 Heimat- und Geschichtsmuseum
10 Milizverwaltung UWD
11 Zollverwaltung

© Stein Verlag

🛏 Es gibt mehrere Hotels. Alle Hotels haben Restaurants oder Cafés.

◆ Geysir, ul. Toporkowo 10, ☎ 41522/58595. Das Hotel steht auf einem Berg nördlich der Avatshinsker Bucht und bietet einen herrlichen Blick über diese und auf die umliegenden Vulkankegel.

◆ Oktjaberskaja, 683001 P.-K., ul. Sowjetskaja 51, ☎ 412684. Erbaut 1960. Sauna, Bar. Alle Zimmer mit Telefon.

◆ Petropawlowsk, 683031 P.-K., pr. K. Marksa 31, ☎ 41522/50374, ✉ info@petropavlovsk-hotel.ru. Erbaut 1988. Guter Blick vom Hotelzimmer auf die "Hausvulkane" der Stadt, Avatshinskij und Korjakskij. Geldautomat im Erdgeschoss

◆ Russ (Русь), Hotelkomplex, ul. Swesdnaja 11/2, ☎ 4152/417478, ✉ hotelrus@mail.iks.ru

◆ Awatscha, 683003 P.-K., ul. Leningradskaja 61, ☎ 427331 und 410808, 🖷 410808, 🖵 www.avacha-hotel.ru, ✉ info@avacha-hotel.ru; dieses Hotel ist besonders gut zu erreichen.

◆ Edelweiß (Эдельвейс), pr. Pobedy 27, ☎ 41522/53324, 53919, 🖷 57119, ✉ hotel@idelveis.ru. Ein kleines, gemütliches Hotel.

⌘ Die beiden interessantesten Museen sind das Geologische Museum in der ul. Beringa 117 (diese Straße befindet sich etwas am Stadtrand, zu erreichen mit dem Bus Nr. 10) und das Museum im Vulkanologischen Institut (Bulvar Pijpa 9, erreichbar vom pr. Pobedy zu Fuß).

◆ Sehenswert ist auch das Heimatmuseum ul Lenina 20 (Mo/Di geschlossen), welches auch eine ethnografische Ausstellung über die Ureinwohner vorhält. In der Stadt gibt es noch mehrere Verkaufsausstellungen lokaler Kunst.

◆ In den Räumen einer Fabrik befindet sich das Lachs-Museum (ФГУ Севвострыбвод, ул. Королева 58), man frage nach der Leiterin Frau Kulakova, ☎ 235835, ✉ m.kulakova@kamchatkasalmon.ru.

✕ Gelobt wird das Restaurant Korea-House auf der ul. Lenina 26.

◆ Eine Pizzeria gibt es im Erdgeschoss des Einkaufzentrums "Planeta" (ul. Lukashevskovo, Bus 2, 3, 17, 20) im Zentrum. Hier gibt es auch einen Geldautomaten.

🏦 Sparkassen-Filiale auf ul. Lukashevskovo 5, ☎ 266531

◆ Geldautomaten z.B. im Erdgeschoss des "Planeta" und an mehreren Stellen im Zentrum (von außen durch Schriftzug "Банкомат" gekennzeichnet), VISA- und Master-Card wird fast immer akzeptiert.

✦ Miliz (UWD), ul. Solnetshnaja 1a

📞 Postamt/Telegraf, ul. Lenina 56

📖 Buchladen "Dom Knigi", ul. 50 let Oktjabrja 7/1, ☎ 260526

◆ Buchladen "Biblio-Globus", ul. Tushkanowa 17

🏬 Großmarkt-Zentrum der Kette Шамса z.B. pr. Pobedy 67, Filiale Шамса-Горизонт, ul. Kosmitsheskij Projesd 3A

◆ ZUM-Kaufhaus, an der Kreuzung ul. Batutina/ul. 50 let Oktjabrja, ein weiteres Kaufhaus befindet sich im Eckgebäude ul. Lenina 54 unweit des Hauptpostamtes.

◆ Jagdausstatter Магазин "Оружейник", 683032 Petropawlowsk-Kamtschatskij, ul. Tundrowaja 45a, ☎ 4152/191370

☺ Magazin "Сервис", ul. Akademika Koroleva 69 (Novy Rynok), ☎ 261719 (touristische Servicedienstleistungen, Reparaturen, Ausrüstungen, Verkauf von reißfesten Planen, Daunen)

◆ Im Geschäft Alpindustrija (Альпиндустрия), ul. 50 let Oktjabrja 22 (es liegt verborgen in einem Hinterhof!), kann man nicht nur Zelte, Schlafsäcke, Wetterjacken etc. erwerben (im Sortiment befinden sich z.B. Schlafsäcke polnischer Fabrikation (Scout®) mit Kunstfaserfüllung ab ca. € 40), hier besteht auch die Möglichkeit der Ausleihe.

Blick auf Petropawlowsk-Kamtschatskij

Elizowo (Елизово)

liegt 30 km entfernt von Petropawlowsk-Kamtschatskij und könnte als großer Vorort bezeichnet werden. 41.000 Einwohner, gegründet 1848, Bezeichnung bis 1924 Zawoijko, damals benannt nach dem Gouverneur Kamtschatkas, der sich 1854 Verdienste in der Verteidigung gegen die anglofranzösische Flotte erwarb, die Umbenennung 1925 geht auf den roten Partisan G. Elizowa zurück, Stadt seit 1975. Bedeutend ist **Elizowo** vor allem als Verkehrsknotenpunkt. Hier landen die Maschinen aus russischen Großstädten. Die Entfernung zwischen dem Flughafen und Petropawlowsk beträgt ca. 28 km. Kurzflüge verbinden wichtige Ziele auf der Halbinsel. Ein separates **Hubschrauber-Aerodrom** für Regionalflüge existiert. Wichtig sind außerdem der Fischfang und die Fischverarbeitung.

- ☼ 41531
- ⇔ Gästehaus "Арт-Отель" (5 Fahrminuten vom Flughafen entfernt, am Ufer des Flusses Awatsha), kleines und gemütliches Gästehaus, ☏ 71443, ▭ www.arthotel.ru.
- ☏ Fernsprecher/Telegraf: ul. Zawoijko 9
- ✚ Kreiskrankenhaus, ul. Pogranitshnaja 18; Poliklinik ul. Zawoijko 12
- ⊞ Nationalparkverwaltung des Nalytshevo-Nationalparks, 684000 Elisowo, ul. Zawoijko 19, ☏ 411710 (bis 2006 befand sich das Büro in Petropawlowsk-Kamtschatskij) ▭ www.park.kamchatka.ru
- ◆ Verwaltung des Kronozkij-Biosphärenreservates, 684010 Elizowo, ul. Rjabikowa 48, ☏ 4153/121754, ✉ zapoved@mail.kamchatka.ru
- ◆ In Elizowo hat die Firma Kretshet (Кречет) ihren Sitz, welche den Großteil aller touristischen Hubschrauberflüge abwickelt. Projesd Izlutshina 4, ☏ 243-47 und -48, ✉ crech@mail.kamchatka.ru
- ◆ Flughafen Elizowo (IATA-Code: PKC), ☏ 4152/111660 und 411736 oder 41531/99133. Hubschrauber-Aerodrom liegt an der Straße von Elizowo nach Paratunka kurz nach Ortsende links.

Milkowo (Мильково, gegründet 1765)

liegt im Zentrum der Halbinsel am Fluss Kamtschatka. Der Ort ist ein wichtiger Punkt auf dem Weg nach Norden. Regelmäßige Überlandbusverbindung mit Petropawlowsk. Der fast schon dörfliche Kleinstadtcharakter, der Mangel an kulturellen Einrichtungen und die hohe Arbeitslosigkeit sind sicher Gründe für den enormen Alkoholkonsum im Ort.

Seit der Arbeit Kegels 1844/45 in Milkowo hat sich eigentlich nichts Grundlegendes verändert. Es hat ca. 9000 Einwohner.

Johann Karl Ehrenfried Kegel (1784 bis 1863) war ein deutscher Agronom aus Halberstadt und einer der wichtigsten Erforscher von Kamtschatka. 1826 ging er nach Russland, 1841 wandte er sich Kamtschatka zu. In seinen Berichten beschrieb er die Flora, Fauna und Geologie der Halbinsel sowie deren Bewohner. Er entdeckte auch mehrere Bodenschatzvorkommen und wandte sich gegen die Ausbeutung der Einheimischen, was ihm nicht nur Freunde einbrachte. Er kehrte nicht nach Deutschland zurück, sondern starb 1863 in Odessa.

Unbedingt empfehlenswert sind Besuche im ethnografischen Museum, einem Gebäude im Stil einer alten Kirche, sowie in der nahe liegenden Gemäldegalerie (ul. Naberezhnaja 48). Die Rekonstruktion einer alten kamtschadalischen Siedlung geht langsam voran, ist aber jetzt schon sehenswert.

Kljutshi (Ключи)

liegt im Ust-Kamtshatskij Rayon. Erste Erwähnung bereits 1741. Die Siedlung (56° 19´N, 160° 51´E) hat einen Bevölkerungsrückgang stärkeren Ausmaßes zu verzeichnen, während 1991 hier noch 11.500 Einwohner lebten, wurden 2004 nur noch 6.500 gezählt. Der Status der Stadt, den Kljutshi 1979 erhielt, wurde 2004 aberkannt. Es gibt eine kleine Poststelle und einen Telegrafen (☎ 41541). In Kljutshi existiert bereits seit 1935 eine Außenstelle des Institutes für Vulkanologie.

ℹ 🖥 http://kluchy.kws.ru/

Ust-Kamtschatsk (Усть-Камчатск)

liegt - wie der Name schon sagt - an der Mündung des Kamtschatka-Flusses in die Kamtschatka-Bucht am Pazifik. Das Rayonzentrum verfügt über einen kleinen Flughafen. Bis zur Einführung des Flugverkehrs (1934 wurde erstmals ein Wasserflugzeug in Dienst gestellt, in den 1970er Jahren übernahmen ЯК-40 den Dienst) benötigte man mehrere Tage bis Ust-Kamtschatsk, es ist die im Verwaltungsbezirk Kamtschatka am weitesten von Petropawlowsk entfernt liegende Siedlung (4.600 Einwohner). Hundeschlitten, die in vergangenen Zeiten im Winter eingesetzt wurden, benötigten für die 910 km ca. 7 bis 8 Tage. Seit 1994 ist Ust-Kamtschatsk über eine Straßenverbindung von Kljutshi (Ключи) erreichbar, in Kljutshi Autofähre über den Kamtschatka-Fluss. An der Fähre werden gelegentlich Pässe und Registrierungsvermerke geprüft.

Die Siedlung Ust-Kamtschatsk ist Ausgangspunkt für Exkursionen in den nördlichen Teil der östlichen Gebirgskette Kamtschatkas, insbesondere zum Vulkan Shiwelutsh. Von hier kann man auch mit einem Kleinflugzeug zu den Kommandeursinseln gelangen, welches von Petropawlowsk kommend hier zwischenlandet. Ust-Kamtschatsk hat nach Petropawlowsk-Kamtschatskij den zweitgrößten Seehafen. Im Ort gibt es Post und Telegraf.

Palana (Палана), Zentrum des Korjakischen Gebietes
(Fläche 301.500 km², aufgeteilt in 4 Rayons)

im nördlichen Teil der Halbinsel Kamtschatka, ist am praktikabelsten auf dem Luftweg von Petropawlowsk-Kamtschatskij erreichbar, eine Straßenverbindung aus dem Süden gibt es ebenso wenig wie eine befahrbare Verbindung vom Festland (Gebiet Magadan) her, obschon es hier und da lokale *zimniki* (**зимники**, winters befahrbare Trassen bzw. Nutzung zugefrorener Flussläufe) gibt. Mitunter verkehren Schiffe auf dem Ochotskischen Meer zwischen Magadan und den Häfen der westlichen Küste Kamtschatkas.

Palana (59°05´N, 159°56´E) befindet sich am rechten Ufer des Palana-Flusses, ca. 8 km vor der Mündung in das Ochotskische Meer. Die Siedlung städtischen Typs (пгт) hat lediglich 4.000 Einwohner.

- 🛈   Administration, 684620 Palana, Kamtschatskaja Oblast, Korjakskij AO, ul. Portowa 22, ☎ 41543/31001 bzw. 32482, FAX 31370

- ♦   Uprawlenie für Fischfang, Jagd, Tourismus: ☎ 31588

- ✰   *Uprawlenie vnutrenykh del* (UWD) Miliz, ul. Tshubarova 1a, ☎ 31552

- 🝫   Apotheke auf der ul. Lenina

- ✚   Krankenhaus, ul. Obukhowa 12

- ♦   Die meisten Geschäfte und Kioske liegen auf der ul. Lenina, ul. Bekkerewa und ul. Portowa.

- ♦   Informationen zu Korjakija im Internet: 🖥 http://koryak.ru/, 🖥 http://duma.koryak.ru/, zu Palana: 🖥 www.palana.ru

Die Bevölkerung besteht hier im Norden Kamtschatkas nur zu 50 % aus Russen, den Rest stellen Korjaken (27 %), Tschuktschen (6 %), Itelmenen (5 %) sowie Ewenen und andere Angehörige kleiner Völkerschaften Sibiriens. Die Bevölkerungsdichte ist sehr niedrig und liegt bei 0,1 E./km².

- 🛈   Informationen zur korjakischen Sprache und Kultur 🖥 www.koryaks.net/

Im nördlichen Teil der Halbinsel herrscht ein fast unwirtliches **subarktisches Klima**, die Winter sind kalt (mittlere Temperatur im Januar -25°C) und lang dauernd. In Korjakija fällt weniger Schnee als in Südkamtschatka. Der Sommer ist sehr kurz, die mittlere Temperatur im Juli liegt nur bei 12 bis 14°C. Auch im Norden Kamtschatkas herrscht seismische Aktivität, das letzte größere Beben ereignete sich am 21.04.2006, viele Einwohner mussten nach den Zerstörungen evakuiert und in andere Regionen umgesiedelt werden. Von wirtschaftlicher Bedeutung sind neben dem Fischfang die hier lokalisierten Bodenschätze, deren Abbau bereits begann (Platin, verschiedene Erze, Steinkohle).

Zum Korjakskij AO gehört auch die Insel **Karaginskij** (о. Карагинский), die gegenüber der an der Ostküste befindlichen Orte **Ossora** (Оссора) und **Karaga** (Карага) liegt und vom Festland durch das Proliv Litke getrennt ist. Einen eindrucksvollen Bericht von Lisa Strecker über das Leben auf der Karaginskij-Insel enthält das Buch *Kamtschatka entdecken* vom Trescher-Verlag (☞ Buchempfehlungen).

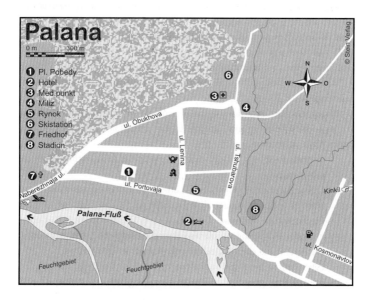

Palana

0 m   300 m

© Stein Verlag

❶ Pl. Pobedy
❷ Hotel
❸ Med.punkt
❹ Miliz
❺ Rynok
❻ Skistation
❼ Friedhof
❽ Stadion

ul. Obukhova

ul. Lenina

ul. Tshubarova

ul. Portovaja

Naberezhnaja ul.

Palana-Fluß

Kinkil

ul. Kosmonavtov

Feuchtgebiet

Feuchtgebiet

Die fast unbewohnte bergige (Erhebungen bis 600 m ü.NN) Insel ist 110 km lang, die Fläche umfasst immerhin 2.400 km². In der Nähe der Insel kommen sehr viele Wale vor, deren Knochen sich auch am Ufer finden lassen.

Planung

Wer nach Kamtschatka reisen möchte, sollte sich zuerst darüber klar werden, welchen Charakter seine Reise tragen soll: Organisierter Tourismus oder Reisen auf eigene Faust; beides birgt Vor- und Nachteile.

Günstig ist in jedem Falle, die russische Sprache wenigstens etwas zu sprechen und zu verstehen. Da viele der Touristenbüros auf Englisch sprechende Kundschaft eingestellt sind, genügt bei einer organisierten Reise auch Englisch.

Hin und wieder trifft man auf Leute, die etwas Deutsch sprechen, meist ehemalige Offiziere und Soldaten, die in der DDR stationiert waren, oder deren Ehefrauen.

📖 Als Überblick sind die **Luftfahrtkarten** der TPC-Serie 1:500.000 (TPC = Tactical Pilotage Chart) empfehlenswert. Diese Karten sind in Deutschland erhältlich und für die grobe Planung ausreichend. Für die wichtigsten Gebiete Kamtschatkas benötigt man die Karten der TPC-Serie: E 10 B, E 10 D, E 11 A, D 9 A, D 9 D. Die originalrussischen Generalstabskarten bekommt man in Deutschland bisher nur im Maßstab 1:1.000.000. Wer vor Ort Karten im Maßstab 1:200.000 bekommt, darf als Glückspilz bezeichnet werden. (☞ Karten/Unternehmungen)

Wegen fehlender guter Landkarten muss oft ein ortskundiger Führer für Touren ins Landesinnere engagiert werden. Es gibt demzufolge vier Möglichkeiten, Kamtschatka zu bereisen:

▷ In einem Reisebüro in Deutschland die komplette Reise buchen. Nachteil: relativ teuer.

▷ Eigene Anreise nach Kamtschatka, dort buchen einer organisierten Route. Nachteil: evtl. noch teurer als in Deutschland.

▷ Eigene Anreise, mit etwas Glück Kontakt zu Privatpersonen (z.B. Geologen oder Vulkanologen), die als Führer für erträgliche Summen arbeiten. Nachteil: Risiko eines schlechten oder unzuverlässigen Führers.

▷ Alles "auf eigene Faust", somit am preiswertesten und mit den meisten Erlebnissen angereichert (evtl. nicht nur mit angenehmen). Nachteil: hohes

Risiko, ohne gute Landkarten unmöglich, nur für Leute, die schon in ähnlich extremen Gegenden Erfahrungen gesammelt haben (Kamtschatka ist nicht unbedingt mit Skandinavien zu vergleichen; eine Übungstour auf dem Kungsleden ist also nicht zu hoch einzustufen). Ausreichende Erfahrungen mit GPS-Navigation sind von Vorteil.

Das Visum sollte rechtzeitig beantragt werden, ungefähr 6 Wochen vor Reiseantritt. Als Zielort ist Petropawlowsk-Kamtschatskij anzugeben.

Ausrüstung

Eine solide Ausrüstung trägt in großem Maße zum Gelingen einer derartigen Reise bei. Wer sich Kamtschatka zum Ziel erwählt, sollte ausreichend Kenntnisse über eine solche besitzen. In europäischen Ländern fällt es weniger schwer, sich Ersatzteile oder Reparatursets während des Urlaubs zu beschaffen; auf Kamtschatka ist es fast nicht möglich.

Hier nur ein paar spezielle Tipps zur Ausrüstung: In der Hauptsaison ist das Klima nicht allzu kompliziert; es genügt die übliche winddichte, wasserdichte und atmungsaktive Wanderkleidung. Es ist nötig, sowohl für heiße Tage ausgerüstet zu sein als auch für kalte Nächte.

Die Kleidung muss im kamtschadalischen Urwald reißfest sein. Festes Schuhwerk ist unerlässlich. Gummistiefel sind selten eine Hilfe; meist sind die Flüsse tiefer als die Stiefel hoch. Für die zahlreichen Flussdurchquerungen sind gute Wandersandalen ein echter Gewinn. Ein Paar Teleskopstöcke rundet das Ganze ab. Zum Kochen haben sich Benzinkocher bewährt, denn Benzin ist meistens zu bekommen. Der Kocher sollte aber das einfache Autobenzin möglichst gut vertragen. Passende Gaskartuschen für in Europa verbreitete Kocher sind vor Ort nicht erhältlich und dürfen auch per Flugzeug nicht transportiert werden. Es gibt - gemessen an deutschen Preisen - erschwingliche chinesische Gaskartuschen anderer Größe, wobei sich in diesem Fall der Kauf des dazugehörigen Kochers vor Ort anbietet. Man kann das Gerät ja vor der Rückreise weiterverschenken.

Anreise

Für jeden Besucher ist Petropawlowsk-Kamtschatskij das Einreisetor nach Kamtschatka. Die einzigen Verbindungen stellen die Fluglinien dar. Petropawlowsk wird von Moskau aus zweimal täglich, von Wladiwostok und Chabarowsk einmal täglich, von Nowosibirsk zweimal wöchentlich und von Krasnojarsk einmal wöchentlich angeflogen. Es bestehen weitere Flugverbindungen von St. Petersburg. In der Vergangenheit gab es Flüge von/nach Magadan. Viele Flüge sind nur saisonal auf dem Plan, so gibt es von Juni bis September mitunter auch Flüge von/nach Irkutsk Zum Einsatz kommen Maschinen vom Typ IL-62/86, zunehmend auch modernere IL-96 und A-310. Flüge aus Chabarovsk erfolgen mit TU-154.

Menschen mit viel Zeit und wenig Geld fahren mit der Eisenbahn nach Chabarovsk und fliegen von dort nach Kamtschatka. Leute mit unüberwindbarer Flugangst und viel Zeit fahren mit der Transsib bzw. BAM bis zur Endstation und können versuchen, eine Schiffspassage von Wladiwostok oder Sowjetskaja Gawan nach Kamtschatka zu finden.

In Deutschland kann man die Flugreise hin und zurück bei den Aeroflot-Agenturen oder auf Russland spezialisierten Reisebüros buchen. Für Reisegruppen gewährte Aeroflot Deutschland in der Vergangenheit Rabatt. Der Ticketpreis ist u.a. auch vom Zeitpunkt der Buchung abhängig. Im Sommer 2006 kostete ein Economy-Ticket von Moskau nach Kamtschatka und zurück mit Aeroflot € 830. Der Preis bei Direktkauf in Moskau unterscheidet sich bei rechtzeitiger Reservierung und Kauf vor Ort um ca. 10 %.

✋   Zu beachten ist, dass die Einreise nach Russland in Moskau über den Flughafen Sheremetjewo 2 erfolgt, die Weiterreise aber abhängig von der Fluggesellschaft von Sheremetjewo 1 (bisher Flug SU826) oder vom Flughafen Domodedowo (z.B. UN118) auf der entgegengesetzten Seite von Moskau. Aeroflot vermittelt den Transfer mit Bus oder Pkw. Man kann diesen Transfer sowohl für die Hin- als auch die Rückreise zusammen mit den Flugtickets von Deutschland aus buchen, Kosten: € 40 für beide Richtungen. Dieser Service funktioniert zuverlässig. Aufgrund der nie genau kalkulierbaren Geschwindigkeit der Abfertigung bei der Einreise/Passkontrolle, möglichen Staus auf den Straßen und den verschärften Sicherheitskontrollen beim erneuten Einchecken beim Weiterflug achte man auf einen ausreichend langen Zeitabstand. 3 Std. Zwischenzeit können zu wenig sein. Es lohnt sich also, den ersten LH-Flieger nach Moskau zu nehmen. Kommt man erst gegen Ende der Check-In-Zeit, sind nur noch einzeln verstreute Plätze in der Maschine übrig und auch zusammen Reisende können dann nur auf den guten Willen russischer Passagiere zum Platztausch rechnen. Die Flugdauer beträgt ca. 9 Std. (Flug 825), Aeroflot serviert während des Fluges 2 warme Mahlzeiten.

Unterwegs auf Kamtschatka

In Elizowo angekommen, sollte man unbedingt erst nach **Petropawlowsk** fahren, um sich dort registrieren zu lassen sowie Informationen über den derzeitigen Stand der Dinge zu erhalten.

Gleich am Ortseingang in Petropawlowsk befindet sich der Fernbusbahnhof. Von dort gelangt man in die wichtigsten Orte Kamtschatkas wie Elizowo, Ust-Bolsherezk, Milkowo und Esso.

Kleinere örtliche Busverbindungen bestehen z.B. zwischen Elizowo - Korjaki, Ust-Bolsherezk - Oktjabrskij oder Milkowo - Atlassowo. Teilweise floriert das Geschäft mit dem Schwarztaxi gut (meist Kleinbusse). Fast alle Fahrzeuge in Kamtschatka sind japanischen oder koreanischen Ursprungs, der Import von Gebrauchtwagen aus dem Ausland hat praktisch alle russischen Pkw verdrängt.

W50 auf Kamtschatka: Das wohl östlichste Verbreitungsgebiet des Lkw

Eine Alternative für kleinere Gruppen ist auf jeden Fall Trampen (*avtostop*), an der Hauptpiste nach Norden holt man sich kaum einen Schnupfen.

🚗 Fahrzeuge aus dem Autonomen Gebiet Korjakija tragen den Regioncode "82" auf dem Kfz-Kennzeichen, der Regioncode "41" weist auf das Verwaltungsgebiet Kamtschatka hin.

Verkehrsverbindungen auf Kamtschatka

Entsprechend der geringen Bevölkerungsdichte besteht das Verkehrsnetz praktisch nur aus zwei Überlandstraßen. Die eine führt von Petropawlowsk im Tal der **Awatsha** aufwärts über einen Pass in das Tal der Plotnikowa, folgt diesem bis zur Bolschaja Bystriza und an dieser entlang bis nach Ust-Bolsherezk (Усть-Большерецк) an der Westküste. Von dort führt eine mit Jeep befahrbare Piste weiter bis Oktjabrskij (Октябрьский).

Die zweite Straße zweigt von der Plotnikowa in das große Längstal des Flusses Kamtschatka ab und geht bis Ust-Kamtschatsk an der Ostküste. Vom Busbahnhof in Petropawlowsk verkehren Reisebusse auf diesen Straßen nach Ust-Bolsherezk, Milkowo (am Mittellauf der Kamtschatka) und nach Esso (Эссо) in der Bergen der westlichen Kette.

Außerdem gehen von Petropawlowsk noch einige unbefestigte Straßen (Trassen) aus, die nur mit geländegängigen Fahrzeugen zu benutzen sind. Eine führt ca. 20 km im Tal der **Awatsha** aufwärts. Von dort ist die Bergwelt der östlichen Kette zwischen dem Vulkan Korjakskij und der Kamtschatka bis nach Norden zum Vulkan Bakening (û 2.276 m) zugänglich. Eine zweite geht von Paratunka aus nach Süden bis zu der geothermalen Station am Vulkan Mutnowskij mit einer Abzweigung in das Tal der Wiljutscha, das bis an den Stillen Ozean geht.

Wer größere Entfernungen schnell überbrücken will oder muss und nicht jeden Euro zählt, nutze die Kurzflüge auf Kamtschatka. Mit diesen gelangt man zügig nach Nikolskoje, Kljutshi, Palana, Ust-Kamtschatsk und Esso.

🛩 Regionale Flugverbindungen bestehen zu folgenden Orten:
♦ Nikolskoje (Beringinsel), Flüge via Ust-Kamtschatsk, Flugdauer gesamt ca. 3 Std., wöchentlich ein Flug.
♦ Palana, wöchentlich ein- bis zweimal (am Ochotskischen Meer).

◆   Ust-Kamtschatsk, früher täglich, derzeit wöchentlich einmal.

◆   Ust-Chairjusowo (am Ochotskischen Meer), selten.

◆   Weiterhin gelegentliche Flugverbindungen von/nach Soboljewo, Tigil, Ozernaja und Esso. Die Preise lagen 2006 bei ca. € 90 (Ust-Kamtschatsk) bzw. € 140 (Nikolskoje).

🛈   Informationen zu Fluglinien 🖥 www.solar-wind.ru.

◆   Ticketverkauf z.B. in Petropawlowsk an der Aviakasse, ul.Morskaja 1, ☎ (4152) 421230 oder direkt im Airport in Elizowo, Kasse Nr. 10, ☎ (4152) 411736 oder (41531) 99133.

◆   Im korjakischen Tigil (Тигиль) befindet sich die Ticketkasse auf der ul. Gagarina 2, im Gebäude der Sparkasse.

🚁   Es gibt in Petropawlowsk die Möglichkeit, Hubschrauber zu mieten. Mit dem Hubschrauber kann man fast jeden beliebigen Punkt erreichen. Deshalb hat dieses Verkehrsmittel hier besondere Bedeutung. Die Maschinen vom Typ Mi-8 können bequem ca. 15 bis 20 Personen mit Gepäck befördern. In einer Stunde legen sie ca. 200 bis 250 km zurück. Die Kabinen haben Luken, die sich (zumeist bei den vorderen Sitzreihen) öffnen lassen, sodass man ordentliche Luftaufnahmen machen kann. Zu beachten ist, dass der Hubschrauberverkehr sehr wetterabhängig ist, weil die Maschinen trotz heutzutage vorhandenem GPS immer nur per Sicht gesteuert werden. Deswegen starten die Hubschrauber auch erst, wenn der Morgennebel sich aufgelöst hat.

Die Flüge sind leider nicht mehr so preiswert wie noch vor einigen Jahren, mit € 750 bis 1.000 pro Hubschrauberstunde muss man rechnen, wobei der Preis bei einem vollbesetzten Mi-8 Hubschrauber dann ca. € 70 pro Person/h beträgt. Der kleinere Mi-2 fasst nur 4 bis 5 Personen (€ 450 bis 500 pro Std.). Die meisten Flüge werden von den Firmen **Бел-Кам-Тур** oder **Кречет** durchgeführt. Mögliche preisliche Alternativen hängen immer von der Anzahl der Teilnehmer, dem aktuellen Valutakurs und dem Reiseziel ab, nicht zuletzt kann man bei größeren Teilnehmeranzahlen auch etwas über den Preis verhandeln.

Zu guter Letzt gibt es noch die typisch russische Methode, ins Landesinnere zu gelangen. Man nehme das Größte, was sich finden lässt, also einen Lkw Marke "Ural", "KamAz" oder "GAZ", und fahre über Stock und Stein ins Gebirge hinein. Merke: Wenig komfortabel, aber preiswert!

An der Straße zwischen Elizowo und Paratunka befindet sich eine Reihe von Erholungsheimen (*basy otdycha*) und Freizeitzentren, die ebenfalls Touristen beherbergen. Oftmals sind sie in der Sommersaison von Juli bis Anfang September aber recht voll belegt.

Mitunter ist es aber möglich, ein Zelt aufzustellen. Alle Heime haben Schwimmbecken mit geothermalem Wasser.

🖙   Touristenkomplex "Голубая лагуна" (Blaue Lagune), 684032 Gebiet Kamtschatka, Elizowskij Rayon, Siedlung Paratunka, ul. Newelskovo 6, ☎ 4152/424718, ⌨ www.bluelagoon.ru.

◆   Die Namen der anderen Einrichtungen, welche alle in der Nähe von Paratunka (Паратунка) liegen sind zum Teil recht phantasievoll: Ogonjek, Stroitjel, Voskhod, Solhjetsnaja, Raduga, Zolotoj Hektar, Metallist, Kamtshatrosintur, Sputnik, Rosinka, Khutorok u.a.

Karten/Unternehmungen

📖   In einem russischen Handbuch für Touristen über Kamtschatka werden eine Reihe von Routen für Fuß- und Wasserwanderungen beschrieben, Länge zwischen drei Tagen bis drei Wochen. Im Winter besteht die Möglichkeit von Skiwanderungen oder Touren mit Hundeschlitten.

Mit einigem Glück kann man in Petropawlowsk in Buchläden das erwähnte Handbuch und topografische Karten im Maßstab 1:500.000 kaufen. Es sind auch All-Aufnahmen bestimmter Gebiete im Maßstab 1:100.000 erhältlich. Für die Umgebung von Petropawlowsk ist die Karte "Маршруты выходного дня - туристская карта-схема" (M 1:200.000) ganz brauchbar, es wird vom Avatshinskij und Korjakskij im Norden über die gesamte Awatshabucht bis zur Ortschaft Wiljutshinsk (Вилючинск), der Halbinsel Krasheninnkowa und den oberen Paratunsker Thermalquellen (верхне-паратунские источники) südlich von Paratunka (Паратунка) ein überschaubares Gebiet abgedeckt. Die Karte ist an Kiosken, auf der Post und im Buchladen erhältlich.

📖   In Russland wird in Buchgeschäften eine geografische Karte von Kamtschakta und den Kommandeursinseln (M 1:1.000.000; diverse kleinere Ausschnitte 1:200.000) verkauft. Man frage nach den "Общегеографические карты Российской Федерации - Камчатская область и Корякский АО".

📖 Eine Alternative ist der Atlas des Gebietes Kamtschatka, welcher 76 gute Blätter im Maßstab 1: 200.000 und einen Stadtplan von Petropawlowsk enthält. Alle Straßen und irgendwie befahrbaren Pisten sind dargestellt. Man achte auf eine aktuelle Ausgabe (2004 oder später). Wir fanden den Atlas im

◆ Магазин "Оружейник", 683032 Petropawlowsk-Kamtschatskij, ul. Tundrowaja 45a, ☎ 4152/191370, ✆ orugeinik@mail.kamchatka.ru.

📖 In Deutschland erhältlich ist die Karte "Kamchatka" von International Travel Maps (M 1:800.000 und 1:1,2 Mio.), welche von ITMB Publishing in Vancouver (Kanada), siehe auch 🖥 www.itmb.com, stammt. Der Preis betrug 2006 ungefähr € 10, ISBN 978-1553415565.

Für die Planung einer bestimmten Route sollte man sich auf jeden Fall mit einer Touristenorganisation beraten. Am kompetentesten sind dafür Folgende:

◆ Kamtschatski Klub Turistow i Puteschestwennikow im. G. Trawina, 683000 Petropawlowsk-Kamtschatskij, ul. Sowjetskaja 50a, ☎ 28742 oder ul. Bokhnjaka 10, ☎ 41522/53561 und 41522/51021

◆ Uprawlenie Turisma Administrazii Oblasti, 683004 Petropawlowsk-Kamtschatskij, pl. Lenina. 1, ☎ 4152/112355, FAX 120822, Leiterin des Tourismus-Ressorts Frau Tutushkina Tamara Iwanowna.

Für Hilfe in extremen Situationen ist der Such- und Rettungsdienst PSS zuständig. Es versteht sich von selbst, dass man seine Route vorher dort anmeldet und sich abstimmt, umso schneller kann gegebenenfalls Hilfe erfolgen.

◆ *Kamtschatskaja oblastnaja poiskowo-spasatelnaja Slushba* (PSS/ПСС) Rossii, Petropawlowsk-Kamtschatskij, Khalatyrskoe scho. 5, а/я 23, ☎ 41522/76097. Man frage nach Herrn Berezin Albert Aleksandrowitsh oder Herrn Putjatin Aleksandr Borisowitsh.

◆ Die Adresse der FSB-Dienststelle (ФСБ) lautet: ul. Sowjetskaja 34 (graues Betongebäude), ☎ 112578 (Bus 15/16). Man könnte mit dieser Behörde in Kontakt kommen, wenn es um Genehmigungen zum Betreten der Grenzzone oder sonst schwierig zugänglicher Gebiete geht.

Für die Organisation von selbstständigen touristischen Unternehmungen gilt folgende obligatorische Ordnung:

▷ Selbstständige sportliche Wanderungen, Exkursionen und Besteigungen in- und ausländischer Gruppen bedürfen einer Lizenz: Passport Puteschestwennika.

▷ Für die Durchführung von selbstständigen Wanderungen ist eine Registrierung beim Kamtschatsker Klub Turistow oder den örtlichen Behörden obligatorisch.

▷ Selbstständige Touristen auf kommerziellen Wanderrouten sind verpflichtet, die Forderungen der Eigentümer dieser Routen zu befolgen, d.h. unter anderem nur an dafür vorgesehenen Plätzen zu biwakieren und für gewährte Dienstleistungen zu bezahlen.

▷ Selbstständige sportliche Gruppen von Touristen und Alpinisten, die nicht beim Such- und Rettungsdienst (Adresse ☞ oben) registriert sind, tragen naturgemäß die Verantwortung für ihre Sicherheit selbst und haben die Kosten für eventuell notwendige Rettungsmaßnahmen aus eigener Tasche zu bezahlen.

▷ Bei allen touristischen Unternehmungen ist der empfindliche Charakter des Ökosystems zu beachten und das Verhalten auf den umfassenden Schutz der Natur zu richten.

Organisation von Touren

◆ Gorodski Klub Turistow imeni Trawina, 683031 Petropawlowsk-Kamtschatskij, ul. Bokhnjaka 10-11, ☎ 41522/51021, ✉ kamtur@mail.ru

◆ Pacific Network bietet Schiffsausflüge in die Umgebung der Awatsha-Bucht sowie zu einigen der kleinen vorgelagerten Inseln an, unterwegs besteht die Möglichkeit zum Fischfang. Auf dem Schiff Verpflegung. Mit motorbetriebenen Schlauchbooten können Brutplätze der Seevögel erkundet werden.

◆ Pacific Network, 683000 P.-K., PO Box 185, Büro im Hafengelände (mit Bus 1, 9 oder 20 bis ul. Ozernowskaja Kosa, Haltestelle ПСРМ3 fahren oder 5 Min. zu Fuß vom Pl. Lenina, 🖳 www.siberianadventures.com, ☎ 4152/114441 bzw. 112254 (Frau Nadjezhda Ostryk)

◆ In der Winterzeit werden auch Fahrten mit Hundeschlitten organisiert, Infos siehe: 🖳 www.kamchatkahuskies.com.

◆ Firma Kamtschatka-Tour (Камчатка-Тур), Kosmitsheskij Projesd 3A/201, ☎ und FAX 4152/466128, 466357, ✉ info@kamchatka-tour.com, führt organisierte Touren auf ganz Kamtschakta durch, z.B. Tagesexkursionen zum Wasserfall am Vulkan Wiljutshinskij oder längere Touren zum Vulkan Tolbatshik. Auch geführte Exkursionen in das Tal der Geysire inkl. der Hubschrauberflüge können hier gebucht werden. Wie bei allen Firmen muss man aber auch hier auf rasche änderungen gefasst sein, z.B. wenn die Mindestteilnehmerzahl nicht zusammenkommt. Man kann Zelte/Rucksäcke ausleihen.

- Firma Gorod-1, ul. Lukashevskovo 11, ☎ 266366, FAX 233617, 🖳 www.gorod1.ru, ✏ gorod1@mail.iks.ru

- Firma Polus M, ☎ 265410, FAX 415011, 🖳 http://polusm.com, Seite in russischer und englischer Sprache, ✏ polus@mail.iks.ru bietet z.B. einen 14-tägigen Aufenthalt im Nalytshevo-Nationalpark an.

- Kamtschatintur, ul. Leningradskaja 124/Б, ☎ 41522/71034, 🖳 www.kamchatintour.ru, ✏ inform@kamchatintour.ru organisiert Touren zu den Vulkanen Avatshinskij, Mutnowskij und Gorelij.

- Vostok-Tour (Восток-Тур), ul. Kljutshesvskaja 56/208, ☎ 420101, ☎ und FAX 420919, 🖳 www.vostok-tour.ru (unweit von der ul. Leningradskaja und dem Hotel Awatsha).

- Vorwiegend auf englischsprachige Klienten eingestellt ist die Firma "The lost World Ltd." Kamchatka Travel Company, 683002 P.-K., ul. Frolova 4/1-4, ☎ 4152/498328 und 481852, 🖳 www.travelkamchatka.com, ✏ lostworld@mail.iks.ru (geführte Touren in den Kronozkij-Nationalpark, zum Kurilskoje Ozero, Fischfangtouren u.a.). Die Firma besteht seit 1993.

- Бел-Кам-Тур, ☎ 4152/134270, 🖳 www.belkamtour.ru, betreibt auch ein Hotel gleichen Namens in Paratunka

- Бел-Кам-Тур (****), in der Ortschaft Paratunka, ul. Elizowa 39, Pool mit Thermalwasser, ☎ 469129 und 169128, 🖳 www.hotel.belkamtour.ru. bzw. 🖳 www.belkamtour.ru

Diese Gesellschaften bieten Hilfe bei der Durchführung von touristischen Unternehmungen folgender Art an: Organisation von Hotels und Transport, Bestellungen von Flugkarten und Hubschraubern, Verpflegung, Organisation von Wander- und Wassertouren, Touren für Kinder und Jugendliche, alpine Routen, Stadtexkursionen, wissenschaftliche (geologische, vulkanologische, ornithologische) Exkursionen, Fischfang und Jagd, Extremtouren, Touren mit Hundeschlitten, alpine Skiwanderungen.

Viele der genannten Firmen sind noch jung und einige wird es vielleicht in 1 bis 2 Jahren nicht mehr geben. Ortskundige Mitarbeiter werden zur Verfügung gestellt. Inzwischen ist man auch auf ausländische Touristen eingestellt. Ausrüstungen, die sie zur Verfügung stellen wie z.B. Zelte und Schlafsäcke, sind in der Regel importiert.

Wer auf Kamtschatka eine längere Wanderung plant, muss sich darüber im Klaren sein, dass er in der weiten Landschaft u.U. für viele Tage vollkommen auf sich allein gestellt ist. Darin besteht natürlich der Reiz. Das macht aber auch eine umsichtige Planung und das Mitnehmen alles Lebensnotwendigen erforderlich. In der Natur kann man höchstens hoffen, Fische, Beeren, Pilze und Feuerholz zu finden. Die Wechselhaftigkeit und Unvorhersehbarkeit der Witterung erfordert entsprechende Kleidung für nasses und kaltes Wetter und wasserfestes Schuhwerk.

Auf Kamtschatka wurden eine Reihe von Naturschutzgebieten und zoologischen Schutzzonen eingerichtet. Das größte **Naturschutzgebiet** ist das **Kronozker**. Es liegt nördlich von Petropawlowsk an der Ostküste und umfasst etwa 10.000 km². Zu ihm gehört auch das Tal der Geysire. Das zweitgrößte Naturschutzgebiet umfasst die Südspitze der Halbinsel (Kap Lopatka) bis ca. 80 km nach Norden. Zu ihm gehört der **Kurilsker See** (о. Курильское). Des Weiteren existieren zahlreiche Objekte (Seen, Buchten, Berge, Vulkane, Thermalquellen), die zu Naturdenkmälern erklärt wurden. Es versteht sich von selbst, dass Touristen die Vorschriften zum Schutz dieser Gebiete und Objekte beachten sollten.

📖　*National Geographic*, 8/2001, S. 90-107, enthält einen gut bebilderten Übersichtsartikel über die Sehenswürdigkeiten Kamtschatkas.

Leidige Bürokratie

Die allseits bekannte und verwünschte russische Bürokratie trifft man auch auf Kamtschatka an. Wer vorbildlich ist, lässt sein Visum ordnungsgemäß registrieren. Die Registrierung wird von jeder Hoteladministration über Nacht organisiert. Wenn man auf private Einladung reist, muss man zusammen mit dem/der Einladenden zur Miliz, wobei neben der Entrichtung einer Gebühr wirklich sehr viel Papierkram zu erledigen ist, einen Kopierer gibt es nicht, weswegen die Papiere in mehrfacher Ausfertigung auszufüllen sind. So muss der/die Einladende z.B. neben dem eigenen Pass auch noch einen Nachweis über den vorhandenen Wohnraum vorlegen. Man muss sich - wenn man diese mehrstündige Prozedur im

ОВИР der Miliz zusammen mit den Gastgebern überstanden hat - ernsthaft fragen, ob man bei weiteren Besuchen nicht doch pro forma einige Übernachtungen im billigsten Hotel bucht, um die Registrierung vom Hotel übernehmen zu lassen. Wer sich nicht registrieren lässt, muss Probleme beim Reisen auf Kamtschatka und später bei der Ausreise aus Russland in Kauf nehmen. Während der Bearbeitungszeit ist es wahrscheinlich, dass man ohne jegliche Papiere umherläuft. Deshalb empfiehlt es sich, immer eine Kopie von Pass, Visum und vielleicht auch Tickets eingesteckt zu haben.

Teilweise wird verlangt, bei einer bestimmten Dienststelle vorzusprechen, wo man erfährt, bis zu welchen Gebieten Kamtschatkas vorzudringen erlaubt ist. Grund dafür ist vermutlich die U-Boot-Flotte.

Für das Betreten von Nationalparks benötigt man spezielle Genehmigungen. Die größten Reservate sind der Kronotzkij-Nationalpark und die Kommandeursinseln. Naturschutzgebiete gibt es um die zwanzig. Für einige Nationalparks wird stellenweise auch eine Fotoerlaubnis verlangt. Um größeren Ärger mit den Behörden zu vermeiden (sich unwissend zu stellen, bringt auch nicht immer den gewünschten Erfolg), sollte man sich als Tourist an die Bestimmungen halten, letztlich hoffen wir doch, dass zumindest ein Teil der durch die Genehmigungen eingenommenen Gelder zur Erhaltung der Infrastruktur in den Reservaten verwendet wird.

Strenger kontrolliert wird das Fischfangverbot. Der Lachsfang bedarf einer besonderen Lizenz. An einigen Tagen in der Woche herrscht auch "Schonzeit". Die Fischereiinspektion arbeitet mit Hubschraubern, zum Teil mit Geländewagen. Die Inspekteure sind schwer bewaffnet, doch weniger, um Touristen zu erschrecken, sondern um schießwütige Schwarzangler zu beeindrucken. Während der Lachszeit werden auch örtlich wechselnde mobile Straßenposten aufgebaut, welche besonders bei Kleinbussen und Jeeps den Kofferraum auf unerlaubt gefangene Lachse kontrollieren.

Lohnende Reiseziele auf Kamtschatka

Für das eintönige Grau russischer Städte wird man in der freien Natur reichlich entschädigt. Die unzähligen Vulkane, die Geysire und heißen Seen, öde Lavalandschaften, ausgedehnte Urwälder und die Einsamkeit in der Wildnis, aber auch die Gastfreundschaft vieler Menschen werden zum unvergesslichen Erlebnis.

Im Folgenden sind einige der aufregendsten und gewiss auch schönsten Landschaften der Halbinsel genannt. Natürlich erhebt die Aufzählung keinerlei
Anspruch auf Vollständigkeit und ist keine "Hitliste", zumal es sicherlich noch
zahlreiche andere wunderbare Ziele dort zu entdecken gibt.

▷   Schon beim Landeanflug schließt man Bekanntschaft mit den bei Petropawlowsk stehenden Vulkanen Awatschinskaja und **Korjakskaja Sopka**. Eine
Besteigung des 2.741 m hohen **Awatschinskaja Sopka** bietet sich an. Wenn man
Glück mit dem Wetter hat, stellt der Avatshinskij nur eine mittelmäßige Herausforderung dar. Ausgangspunkt ist das am Fuße des Berges befindliche Lager oder
die Turbasa (т/б три вулкана, ⇑ ca. 900 m), welche aus drei hölzernen
Gebäuden mit Sauna und Stromgenerator besteht. Man kann neben den Häusern
sein Zelt aufbauen, was man aber immer dicht verschlossen halten muss, da die
kleinen Zieselmäuse (суслик) und Murmeltiere sehr neurgierig sind. Bei Beginn
des Aufstieges trifft man am Wegrand zwei Gedenksteine für am Avatshinskij ums
Leben gekommene Bergsteiger an. Insgesamt empfiehlt sich der Aufstieg nur in
der Gruppe und mit russischem Bergführer. Auf dem letzten Stück machen sich
Steigeisen und feste Schuhe bezahlt. Mitunter müssen Sie kurz nach dem
жандарм (russ. = Gendarm, hier ist eine spitze Felsennadel gemeint, die
(angeblich) an eine Pickelhaube erinnern soll) umkehren, wenn die Sicht wegen
Nebel oder Eisregen kein sicheres Vorwärtskommen zulässt. Beim Abstieg orientiert man sich an dem markanten zweihöckrigem Felsen верблюд (Kamel). Der
Bergrettungsdienst des МЧС betreibt eine kleine Station in der Nähe des Avatshinskij.

▷   Nördlich von Elizowo liegt **Pinatschewo**. Von dort gibt es mehrere Möglichkeiten, in Richtung Korjakskaja Sopka (⇑ 3.456 m) oder zum Avatsha-Fluss
zu wandern. Für den Korjakskij benötigt man fundierte alpinistische Erfahrung und
die entsprechende Ausrüstung.

▷   Einen Tagesausflug von Petropawlowsk-Kamtschatskij wert sind die **Thermalquellen von Malki** (Малки). Die Fahrt mit einem Pkw geht über Elizowo und
Korjaki nach Sokotch (Сокоч, hier kleiner Markt und Imbiss) und Dalnij
(Дальний, von Petropawlows bis Dalnij sind es ca. 100 km). Eine Zeit lang
begleitet der Fluss Plotnikova (р. Плотникова) noch die Straße, welche bis

kurz nach Dalnij auch asphaltiert ist. 12 km nach Dalnij geht es an der Kreuzung nach rechts Richtung Malki bzw. Milkowo ist angezeigt, (linker Hand geht es nach Ust-Bolsherezk bzw. Apatsha) ab, welches nach ca. 16 km erreicht wird. Die kleine Ortschaft Malki (km 123) ist bekannt durch das Mineralwasserwerk (🖳 www.malki.ru, med. Empfehlung bei Ulkuskrankheit, Gastritis, Colitis, Pankreatitis u.a.) und seine Thermalquellen. Im Ort gibt es auch eine Aufzuchtstation für Lachse (für нерка und чавыча, ☞ Glossar, Lachs). Das Areal der Thermalquellen (Schild: **Малкинские горячие источники**) liegt im Ort rechter Hand, an einem Schlagbaum entrichtet man eine Gebühr (2006: pauschal 200 Rubel pro Pkw, entsprechend ca. € 6). Es gibt Stellflächen für Zelte und Pkw. Mehrere Quellen unterschiedlicher Temperatur laden zum Baden ein, in einigen sollte man der hohen Temperatur wegen nicht länger als 5 Min. verweilen. Das Wasser riecht schwefelig, Gasblasen perlen vom Grund auf. In die in Flussnähe gelegenen Quellen kann man durch Zumischen von kaltem Flusswasser angenehme Temperaturen herstellen, mit Steinen regelt bzw. blockiert man den Zulauf des kalten Wassers. Denken Sie an adäquaten Sonnenschutz. Mücken gibt es hier praktisch keine. Die nur gering vorhandene Infrastruktur wirkt nicht störend (im Gegenteil), dennoch besteht zu befürchten, dass irgendwann auch hier eine Kommerzialisierung und ein Ausbau erfolgen werden.

▷   Südlich von Petropawlowsk befinden sich die bekannten Vulkane **Gorelij** (соп. Горелая, ⇧ 1.829 m) und **Mutnowskij** (соп. Мутновская, ⇧ 2.322 m). Charakteristisch für den Letztgenannten ist sein zur Seite offener Krater. Um zum Mutnowskij zu gelangen, fährt man bis Paratunka; von da kommt man vielleicht mit Geologen oder Vulkanologen weiter voran. Noch weiter südlich liegen der **Ksudatsch**-Vulkan und die heißen Quellen von Chodutschinskie. Man kann auch bei touristischen Firmen in Petropawlowsk Fahrten zum Mutnowskij buchen, wobei der Umfang der Betreuung (Bergführer) und der Service (Zeltausleih, Verpflegung etc.) unterschiedlich gehandhabt wird.

✋   Erkundigen Sie sich, wie weit der Lkw fährt! Leider mussten wir 2006 schlechte Erfahrungen in der Form machen, dass der gemietete LKW die Gruppe nur bis in die Nähe eines Schneefeldes 5 km nordwestlich des Skalistaja (⇧ 1.413 m) brachte, und sich dann gut 12 km Fußmarsch durch Schneematsch, Eis und Tundra bei furchtbarem kalten Wind und Eisregen anschlossen. Leider war vorher nicht bekannt, dass der Lkw 12 km vor dem Ziel anhält. Wie zufällig fand sich dann auch ein Defekt am Motor, sodass er auch nicht weiter "konnte". Für 12 km kann man unter den geschilderten Bedingungen auch mal 6 bis 8 Std. benötigen.

Auf einer Tundrenwiese bei 52° 30,255′N, 158° 06,942′E (î ca. 1.000 m) ist ein geeigneter Platz, um sein Zeltlager aufzubauen. Ca. 2 km davon entfernt befindet sich auch eine kleine baufällige Holzhütte. Den Vulkan wird man am nächsten Morgen angehen. Auf dem Gletscher kommt man mit Steigeisen besser voran, ansonsten ist ein langes Seil Pflicht und auch Eispickel wären ratsam, denn wenn man einmal auf dem abschüssigen Eis ins Abrutschen kommt, könnte dies tragisch enden. Am Ende des Gletschers befindet sich nämlich ein Wasserfall. Der Weg führt durch den Canyon "Opasnij" (russ. = gefährlich). Der Vulkankrater ist durch eine offene Lücke betretbar, zwischen den Kraterwänden befindet sich ein Gletscher, an verschiedenen Stellen kocht und brodelt es, wir finden zahlreiche Fumarolen, gelb leuchtet uns der elematare Schwefel (сера) entgegen, beißender Schwefelwasserstoffgeruch lähmt fast. Dampf und Nebel behindern stellenweise die Sicht. Bei guter Sicht kann man einen hellbläulich schimmernden Kratersee erkennen.

Auch der Gorelij, den man sich am besten für den nächsten Tag vornimmt, erfordert Anstrengungen beim Aufstieg, der zwar kurz, dafür aber steil ist. Mit 5 bis 6 Std. muss man für Auf- und Abstieg am Gorelij rechnen. Die Natur besteht hier aus Tundrenwiesen, welche auf asche- und lavahaltigen Böden wachsen. Bäume gibt es keine, zum Kochen empfiehlt sich die Mitnahme von ausreichend Gasflaschen für den Kocher, da das Sammeln des stellenweise vorkommenden kleinfingerdicken erlenähnlichen Gesträuchs sehr zeitaufwendig ist. Für die Rückreise am Folgetag kann man einen Besuch in den Thermalquellen im Tal der Paratunka einplanen oder die oberhalb von Paratunka gelegenen heißen Naturquellen besuchen (Verkhnije paratunskije istotshniki), welche sich in Fahrtrichtung Paratunka links an einem Berghang befinden.

🖐 Versuchen Sie, möglichst wenig von den toxischen schwefelwasserstoffhaltigen Gasen im Krater des Mutnowskij (gilt bei allen Vulkanen) einzuatmen. Vorsichtige Fortbewegung ist angesagt, damit niemand in der nebulösen Umgebung einen falschen Schritt tut. Es soll schon Todesopfer gegeben haben. Rettungsmöglichkeiten bestehen praktisch keine, wenn man in eine Fumarole oder einen

tiefen und heißen Schlammtopf fällt. Teure Fotoobjektive sind durch aufschraub-
bare Filter zu schützen. Die optischen Gläser werden von den Spitzern und dem
Dampf mitunter angegriffen. Von den Kraterrändern halte man sich fern, da Gefahr
durch Steinschlag oder herunterbrechende Eis- und Schneemassen droht.

▷   Am besten mit dem Hubschrauber zu erreichen ist das **Tal der Geysire** im
Kronotzki-Nationalpark. Es wurde erst 1941 entdeckt, war den Itelmenen aber
schon seit Urzeiten bekannt, sie betrachten das Tal als heilig. Will man es erwan-
dern, sind vom Kamtschatkafluss rund 180 km zu überwinden, ohne Wege, ohne
Brücken. Im Tal angekommen, sind Dutzende von Geysiren zu beobachten. Die
meisten befinden sich am linken Ufer der Geysernaja (**р. Гейзерная**). Wir finden hier eine spezifische Vegetation mit wärmeliebenden Pflanzen, die außerhalb
des Tales der Geysire nicht vorkommen.

▷   Einen Tagesmarsch oder wenige Hubschrauberminuten entfernt liegt die
Uzon Caldera, ein Einsturzkrater. Durch vulkanische Aktivität ausgesprengt,
beträgt der Durchmesser dieser Senke ca. 10 km, ihre Tiefe 300 bis 400 m. Sie
ist geprägt von heißen Quellen, Fumarolen und Solfataren (Ausströmung vulkanischer Gase und Dämpfe). Auch hier leben viele Bären.

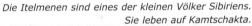

Die Itelmenen sind eines der kleinen Völker Sibiriens.
Sie leben auf Kamtschakta.

▷   Der **Kljutschewskaja Sopka** ist der höchste Vulkan Eurasiens (⇧ 4.750 m). Der letzte Ausbruch fand im September 1994 statt. Zu erreichen ist die Kljutschewskaja-Vulkangruppe am besten aus dem Ort Kljutschi.

▷   Der Weg zu den beiden Gipfeln des Tolbatschik beginnt in **Kosyrewsk**. Von dort kann man nah an den Vulkan heranfahren. In dieser Gegend befindet sich auch das Tumrokski-Thermalgebiet, es ist zu Fuß vom Tolbatschik in ca. vier bis fünf Tagen erreichbar.

▷   Westlich des Flusses Kamtschatka überragt der **Itschinskaja Sopka** (⇧ 3.621 m) die Berge. Auf dieser Seite findet man außerdem den erloschenen Vulkan **Changar** (⇧ 2.000 m) mit seinem wunderschönen Kratersee.

▷   Der **Nalytshevo-Nationalpark** liegt nordöstlich von Elizowo und beinhaltet neben den Vulkanen Korjakskij, Avatshinskij, Dsensurskij und Zhupanowski eine Fläche von ca. 31.000 ha überwiegend vulkanisch geprägter Landschaft. Der Park ist seit 1996 auf der Unesco-Welterbe-Liste registriert. Neben Wanderungen zu Fuß und Pferdetouren bietet sich der Fluss Nalytshevo zum Befahren mit Kajaks oder Schlauchbooten an. Im Parkgelände befinden sich mehrere Schutzhütten.

Nähere Informationen: 🖥 www.park.kamchatka.ru, Anfahrt über Elizowo in Richtung Rasdolnij (**Раздольный**) mit dem Jeep. Der Eintritt in den Park und die Übernachtung in den Hütten ist kostenpflichtig.

▷   In der Nähe von **Sosnovka** (**Сосновка**), einem Dorf zwischen Elizowo und Paratunka, befindet sich am Fluss **Topolowij** (**р. Топольовый**) eine original aufgebaute Winter- und Sommer-Behausung der **Itelmenen**. Im Ort Sosnovka biegt man kurz nach landwirtschaftlichen Fachschule (rechter Hand) in die links abgehende ul. Zentralnaja ein. Vorbei an Stallungen und Garagen erreicht man nach 7 km (anfangs Straße, später Feldweg) das kleine Museumsdorf. Man ist auf Ortskundige angewiesen, Wegweiser gibt es (noch) nicht. Das Winterquartier besteht aus einer Erdhöhle, welche zwei Eingänge hat und im Inneren ziemlich realistisch nachempfunden wurde. Zu Beginn der Schneeschmelze zogen die Itelmenen dann in das Sommerhaus um, ein auf hölzernen Pfählen stehendes Gebäude in Flussnähe. Von den vor Ort lebenden Itelmenen kann man sich die Sitten und Bräuche des Volkes erklären lassen. Interessant, dass die Itelmenen schon vor langer Zeit den Stand bestimmter Sterne für eine Art Kalender nutzten. Metall und Salz waren anfangs nicht bekannt, gelangten erst später durch Handel zu den Itelmenen. Fisch und Kaviar wurde getrocknet. Die Itelmenen lebten immer in der Nähe des Flusses oder Meeres. Aus dem Holz der Pappeln wurden Kanus hergestellt. Ein kleines Museum mit Kunstgegenständen und Fotos ist vor Ort vorhanden. Es handelt sich hier um einen Versuch, die itelmenische Kultur zu erhalten. Die itelmenische Sprache beherrschen vielleicht noch 40 oder 50 Menschen, vorwiegend der älteren Generation. Ethnografen aus Deutschland, u.a. Kasten und Dürr (FU Berlin) haben dankenswerterweise mit Unterstützung der DFG in Russland ein historisch-ethnografisches Lehrbuch der itelmenischen Sprache herausgebracht. Für Europäer ist diese Sprache aufgrund vieler kaum auszusprechender Konsonantenverbindungen schwierig, vieles wird nur leicht "gehaucht".

Die meisten Beschreibungen über das Leben der Itelmenen sind dem deutschen Reisenden Steller zu verdanken. Vor Ort werden gelegentlich Aufführungen nationaler Tänze durchgeführt, besonders, wenn Reisegruppen aus Japan zu Gast sind. Aber es kommt schon mal vor, dass ein Korjake mit guter Stimme bei den Gesängen der Itelmenen mit aushelfen muss.

📖 Von den indigenen Völkern Kamtschatkas wird die russischsprachige Zeitung "Абориген Камчатки" herausgegeben, welche monatlich seit 1995 erscheint (INN 4101082737, ✆ aborigen@mail.iks.ru bzw. ✆ aborkam@yandex.ru), hier kommen auch die Aleuten und Korjaken u.a. zu Wort.

💻 Ähnlich der deutschen Gesellschaft für bedrohte Völker (GfbV) gibt es in Kamtschatka ein ethno-ökologisches Zentrum (ЭЭИЦ «Лач»). Es hat seinen Sitz auf der ul. Korolewa 11/2 in 683009 Petropawlowsk-Kamtschatskij, ☎ 4152/190132, 🖥 http://raipon.grida.no/russian_site/raipon/ic_network/lach.html, ✆ lach@mail.kamchatka.ru

▷ Ein noch relativ einfach zugänglicher Orte an der Westküste ist **Oktjabrskij**, von Petropawlowsk ca. 6 Std. mit dem Jeep. Auf dem Weg quert man Sokotsh und Dalnij, biegt dann nach links ab (Richtung Apatsha und Ust-Bolsheretsk). In Ust-Bolsherezk (Усть-Большерецк) gibt es eine Fischfabrik, der gefangene Lachs wird filetiert und in großen Kühlcontainern bis zum Transport gelagert. Zahlreiche

Dieselgeneratoren erzeugen Strom für die Kühlhallen. Auf dem weiteren Weg zum Meer gelangt man nach Oktjabrskij (Октябрский). Durch Trümmeranhäufungen eingestürzter Häuser und gewaltige Müllansammlungen hat man in Oktjabrskij fast den Eindruck, sich in einem Kriegsgebiet zu befinden, nur noch wenige Häuser sind in gutem Zustand. Man muss diese Orte durchqueren, wenn man sich z.B. zur Mündung des Flusses Opala (р. Опала) begeben will. Nach Oktjabrskij muss man an einer Stelle mit einer Fähre über den Fluss Bolshaja übersetzen, zum Teil dient ein abenteuerliches schwimmfähiges Vesdjekhod (panzerähnliches Kettenfahrzeug) als Fähre.

An der Mündung der Opala in das Meer kann man Robben beobachten und dem Treiben der Fischer zusehen (Lachsfang). Die Opala fließt hier ein ganzes Stück parallel zur Uferlinie, sodass zwischen Ochotskischem Meer und den Binnengewässern (Opala, verschiedene Flussarme und Seen, Fluss Golygino u.a.) eine sehr schmale sandige Landzunge entstand. Die Robben halten sich im Gebiet der Mündung auf, um ohne viel Aufwand an die in den Fluss einwandernden Lachse zu kommen.

Auf der dem Fluss gegenüberliegenden Seite befindet sich der Zakaznik "Jugo-Sapadnij Tundrowij", hier kommen auch Bären vor.

Vesdjekhod

▷ Zur Grenze zwischen dem Stillen Ozean und dem Beringmeer können die Kommandeursinseln gerechnet werden (Ausläufer der Aleuten). Zu ihnen gehören die Beringinsel (о. Беринга), die Insel Medny (о. Медный, Kupferinsel), die Insel Toporkow sowie Ari Kamen, letztere zwei Inseln wurden nach den in Massen auf ihnen brütenden Vögeln genannt. Nördlich dieser Inselkette liegt das Beringmeer. Der Hauptort **Nikolskoje (Никольское)** auf der Beringinsel ist von Petropawlowsk bzw. Ust-Kamtschatsk mit dem Flugzeug zu erreichen.

♦ Die Verwaltung des Nationalparks der Kommandeursinseln befindet sich unter folgender Adresse: 684500 Kamtshatskaja Oblast, Aleutskij Rayon, Nikolskoje, ul. Beringa 18.

Die Inseln sind Grenzgebiet, eine besondere Genehmigung zum Betreten ist erforderlich. Auskünfte über die Beschaffung des пропуск kann man von den Turfirmen in Petropawlowsk versuchen zu erhalten. Informationen über organisierte Reisen z.B. auf der russischen Site: 🖳 http://beringisland.ru.

📖 *Командорские острова*, Ю.Б.Артюхин, ein sehr interessantes Buch über die Kommandeursinseln, erschienen 2005 bei "Nowaja Kniga" (ISBN 978-5-87750-004-4, auf Russisch). Der Biologe/Ornithologe Artjukhin lebt seit 1990 auf Kamtschakta und hat ein sehr informatives und gut bebildertes Buch vorgelegt.

♦ *Comandor - Leben am Ende der Welt*, Ullrich Wannhoff, Karen Törmer, 184 Seiten, ISBN 978-3931684556, © Edition DD (Dresden)1994, ein wunderschönes Buch, nicht nur der reichen Bebilderung wegen.

Spezielle Gesundheitsrisiken

♦ **Fumarolen** - Schwefelwasserstoffhaltige Gase (H_2S), konzentrationsabhängig sehr toxisch. Nach einiger Zeit nimmt man den Schwefelwasserstoffgeruch nicht mehr wahr, worin eine große Gefahr liegt.

♦ **Schlammvulkanen** nicht zu nah kommen, der Schlamm kann spritzen und heiß sein (Verbrühungen). Überall in Kamtschatka werden zudem die Geschichten von überneugierigen Besuchern erzählt, welche zu nah an den Rand eines Schlammvulkanes gerieten und dann im zähen Schlamm nicht mehr gerettet werden konnten. Nicht umsonst gilt auch hier die Regel, dass man sich - wenn schon Wege vorhanden sind wie im Tal der Geysire - auch an diese zu halten hat. Kraterseen können Schwefelsäure

(H_2SO_4) enthalten und nur einige lebensmüde Russen haben darin gebadet. Die Säurekonzentration verursacht im mildesten Fall zumindest Hautschäden. Wer so verwegen ist, auf einem dieser säurehaltigen Kraterseen mit dem Schlauchboot zu fahren, beachte, dass sich die Nähte des Bootes lösen können, wenn nicht entsprechende Schutzmaßnahmen (Umhüllen des Bootes mit säurefester Spezialfolie) getroffen werden.

♦ Im Gegensatz zum Primorskij Kraj gibt es hier keine durch **Zecken** übertragene Enzephalitis. Es gibt hier auch keine Berichte über das Auftreten von Japan-B-Enzephalitis wie z.B. in Primorje.

♦ Aufgrund des Inselcharakters keine eigentliche **Tollwut-Risikozone**, Gefahr höchstens durch eingeschleppte Schlittenhunde aus dem Norden.

♦ Es kommen keine **Giftschlangen** vor.

♦ Bei **Tsunami-Alarm** (russ. цунами) suche man rasch höhergelegene Bereiche auf und entferne sich vom Ufer oder Flussmündungen. Von Bedeutung in allen ufernahen Gebieten ohne Steilküste sowie in der Nähe großer freier Buchten (Ust-Kamtschatsk, Kamchatskij Zaliv, Kap Nalytshevo) bzw. auf Inseln im Meer (Beringinsel). Ein in Höhe der Mündung des Nalytshevo-Flusses gelegenes Dorf wurde in den 1950er Jahren durch einen Tsunami komplett zerstört. Man kann sich nicht immer am Verhalten der Einheimischen orientieren, denn als unlängst ein Tsunami-Alarm ausgelöst wurde, hielten sich die Bewohner nicht an die Empfehlungen, welche per Lautsprecherwagen bekannt gegeben wurden, sie suchten vielmehr bewaffnet mit Videokameras den Strand auf, um die Tsunamiwellen (die dann aber zum Glück relativ niedrig blieben) auf Video zu bannen.

♦ Auf Kamtschatka gibt es mehrere **militärische Sperrgebiete**, das Betreten ist streng verboten. Man muss sich als ausländischer Tourist unbedingt daran halten. Es finden hier auch Raketentests statt, über die zuweil auch im russischen Fernsehen berichtet wird. Es ist wahrscheinlich auch nicht zu empfehlen, sich in einem der unbewohnten Gebiete aufzuhalten, in welchem der kontrollierte Einschlag einer militärischen Rakete beobachtet wird, die von einem Kosmodrom (z.B. Plezetsk) auf dem Festland gestartet wurde.

♦ Kamtschatka ist (neben Anadyr) sicher der Ort in Russland, zu dem man per Flugzeug mit am längsten unterwegs ist. Man rechnet von Moskau ca. 9 Std. Flugzeit. Wer zu **Thrombosen** (Venenentzündungen) neigt oder an

einer **Varikosis** (Krampfadern) erkrankt ist, kann das persönliche Thrombo-
serisiko mindern, indem er sich 2 Std. vor Abflug prophylaktisch eine
Heparin-Fertigspritze (z.B. Clexane®-Fertigspritzen) injiziert oder injizie-
ren lässt. Man kontaktiere daher rechtzeitig den Hausarzt. Wer auf die
Injektion verzichten will, sollte zumindest versuchen, öfters in den Gängen
auf und ab zu gehen und reichlich Wasser/Tee zu trinken.

Randnotiz zum Schluss

Wie im hohen Norden oder auf Sachalin, werden auch nach Kamtschatka der
überwiegende Teil der Waren und Produkte vom Festland importiert. Manches
stammt auch aus Japan, China und Korea. Insgesamt schlägt sich das in deutlich
höheren Preisen nieder, als man sie z.B. in Sibirien auf dem Festland kennt. Dagegen sind Fischprodukte, roter Lachskaviar, Krabben und Muschelprodukte viel
preiswerter als im übrigen Russland.

Mit welchen Preisen muss man etwa rechnen (Stand 2006/2007)?

	Rubel	€
1 Dose gesüßte Kondensmilch	ab 22	0,65
1 Becher Fruchtjoghurt, 230 g	40	1,18
1 Tafel Schokolade	ab 23	0,68
C41-Farbnegativfilm 200 ASA	ab 110	3,20
1 Liter Diesel	21	0,62
1 Liter Benzin (93er)	24	0,70
1 Auslandsluftbrief (20 g)	20	0,58
1,5 l Mineralwasser Essentuki	38	1,12
1 Fl. Bier 0,5 l	ab 15	0,45
1 Fl. Wodka 0,5 l	ab 100	2,95
Roter Lachskaviar, 1 kg	ab 600	17,50
Ukrainisches Graubrot, 1 kg	ab 16	0,48
Geräucherter Fisch, 1 kg	ca. 170	5,00
Mittagessen im Restaurant	ca. 250	7,35
3-gängiges Menue (Hotelrestaurant)	ca. 1000	31,00
Taxi 1 Std., Stadt u. Umgebung	ca. 300	8,80
1 Min. Telefonat nach Moskau	10	0,29

GLOSSAR

Vulkanlandschaft mit Kratersee (Kamtschakta). Die blaue Farbe des Sees entsteht durch die Schwefelsäure und deren Salze. (Baden verboten)

Ail (A-il)
Jurte als Behausung, teils mit religiöser Bedeutung (bei Turkvölkern in Sibirien).

Airan
ist eine mit Wasser angerührte Dickmilch, die kühl getrunken wird, im Süden Sibiriens und bei den Turkvölkern mehr verbreitet.

Altgläubige
Die Abtrennung der Altgläubigen von der russisch-orthodoxen Kirche erfolgte im 17. Jahrhundert aufgrund der von Patriarch Nikon eingeführten Reformen. Die Altgläubigen zogen es aus religiösen Gründen vor, getrennt von der übrigen Gesellschaft zu leben. Armeedienst, Geld und Gesetzte wurden abgelehnt. Sie verzichteten auch später z.B. auf Neuerungen wie elektrischen Strom, Benzin und Tabak. Manche von ihnen lebten in der Taiga völlig ohne Kontakt zur Außenwelt. Bekannt wurde in den 1970er Jahren die authentische Geschichte der "Vergessenen der Taiga" aus dem Gebiet Khakasija. Heute gibt es in bestimmten Regionen Sibiriens Dörfer, welche nach wie vor von Elementen der Altgläubigen (russ. Staroverka) geprägt sind.

Amur-Tiger
Der vom Aussterben bedrohte Amur-Tiger lebt in der Ussurigegend im Fernen Osten. Nur noch wenige Exemplare der Art leben in freier Wildbahn. Trotzdem wird die seltene Raubkatze von Wilderern erbarmungslos gejagt: die Felle sind auf dem Schwarzmarkt sehr beliebt. Wissenschaftler vertreten die Meinung, dass der Amur-Tiger wahrscheinlich innerhalb der nächsten 10 Jahre aussterben könnte, wenn nicht die bereits eingeleiteten Maßnahmen umgehend ausgedehnt werden.

Armenischer Kognak
erfreut sich allgemeiner Beliebtheit, wird meist zu besonderen Anlässen getrunken. Die besten Kognaksorten kommen bekanntlich aus Armenien ("Ararat") und Georgien. Üblich sind 3, 5, 12 und über 20 Jahre gelagerte Abfüllungen.

Avtostajanka
(bewachte Autoabstellplätze). In Sibirien bzw. generell in Russland ist es nicht ratsam, sein Fahrzeug einfach an der Straße abzustellen. Die Fahrzeuge sollten über

Nacht auf bewachten Autoabstellplätzen geparkt werden. Wer das nicht tun möchte, riskiert die Beschädigung oder den Verlust des Fahrzeugs.

Baikalrobbe

Die Baikalrobbe (*Phoca sibirica*) existiert nur im Baikalsee (☞ Nerpa; Mittelsibirien, Baikalsee) und ist die einzige Süßwasserrobbe.

Baikalsee

Er gehört zweifellos mit 1.637 m Tiefe zu den schönsten Seen der Welt. Der Baikal ist Teil eines uralten Grabenbruchsystems. Er weist noch viele weitere Rekordmarken auf (☞ Mittelsibirien).

BAM (БАМ)

(Baikal-Amur-Magistrale) ist eine parallel zur Transsib verlaufende Bahnlinie von Taishet über 3.500 km bis an die Häfen des Pazifiks - erbaut 1974 bis 1984.

Bistro (бистро)

In Russland geläufige Bezeichnung für Schnellimbiss oder kleines Restaurant. Das Wort stammt nicht aus dem Französischen, wie vielfach vermutet. Es kommt aus dem Russischen (vom Wort bystro = schnell) und gelangte 1813 mit den russischen Truppen nach Napoleons Niederlage nach Frankreich.

Borschtsch

Bekannteste, sehr schmackhafte Suppe, die ursprünglich aus der Ukraine stammt. Enthält u.a. Rindfleisch (wird mit den Knochen zugegeben), Kartoffeln, Kohl, Rüben, Smetana sowie verschiedene Gewürze.

Burjaten

Das Volk der Burjaten lebt in Sibirien südöstlich des Baikalsees, hauptsächlich in der Republik Burjatien, der ehemaligen Burjatischen Autonomen Sowjetrepublik (Hauptstadt ist Ulan-Ude) (☞ Land und Leute, Kultur der Ureinwohner).

Cholmogory

Stadt an der Mündung der Dwina nahe Archangelsk. Von dort kamen und kommen berühmte Schnitzereien aus Mammutelfenbein.

Datscha
Zumindest in Ostdeutschland auch bekannte Bezeichnung für ein Sommer- oder Wochenendhaus in gewisser Entfernung von der Stadt.

Datzang
Bezeichnung für ein buddhistisches Lamakloster. Das bekannteste in Sibirien befindet sich bei Ivolginsk (Nähe Ulan-Ude).

Dekabristen
Teilnehmer des 1825 in St. Petersburg niedergeschlagenen Aufstandes von Offizieren und fortschrittlichen Kräften. Der Zar ließ die Teilnehmer des im Dezember (*dekabr*) stattgefundenen Aufstandes hinrichten oder nach Sibirien verbannen.

Deshurnaja
meint eigentlich die Etagenfrau im Hotel, wird aber auch synonym für die diensthabende Frau hinter dem Fenster an der Tankstelle, dem Bahnhof, der Gepäckaufbewahrung oder dem Kassenschalter für irgend etwas verwendet. Die deshurnaja ist meist bestens über alles informiert und übt gewisse Macht aus, von den Russen wird ihr auch meist entsprechend Respekt gezollt.

Duma
Allg. Bezeichnung einer staatlichen Behörde (Amt). Historischer Begriff ist die sog. "Bojarskaja Duma" (Rat der Bojaren, eine Vertretung von Reichen und Adligen). Heute: "Staatsduma" als gesetzgebende Versammlung, gab es bereits im Russland der Zeit 1906 bis 1917. Neben der Staatsduma gibt es noch die "Gorodskaja Duma", eine Art Stadtparlament.

Ewenken und Ewenen
gehören zu den Völkern des sib. Nordens. Man rechnet sie wie die Jukagiren und Jakuten u.a. zu den Turkvölkern (☞ Land und Leute, Kultur der Ureinwohner).

GAI (ГАИ)
Offiziell liegt ihre Funktion zwischen Abschleppdienst, Pannenhilfe, Verkehrsüberwachung und normaler Straßenpolizei. Die Polizisten der GAI beschränken sich aber meist darauf, Strafe zu kassieren.

Wer zu schnell gefahren ist, sollte auf jeden Fall die Anzeige auf der altertümlichen Radarpistole überprüfen. Oft ist die Anzeige noch vom Vorgänger. Im Allgemeinen ist die GAI zu Ausländern höflich und korrekt. Für den Reisenden ist es aber besser, wenn er nicht alles versteht. Vor allem Schmiergeldforderungen sollte man einfach überhören.

Man sollte aber auf jeden Fall freundlich und höflich sein. Die Stoppzeichen der GAI sind immer zu beachten! Der Ärger ist sonst vorprogrammiert. Die Kontrolleure erkennt man am Schlagstock und an einer roten Armbinde, wenn sie keine Uniform tragen. Man muss sich damit abfinden, ständig kontrolliert zu werden. Vorsicht mit den Dokumenten! Sind sie erst einmal aus der Hand, bekommt man sie oft erst gegen Bares oder kleine "Geschenke" zurück.

Giftschlangen

Von Bedeutung ist die Kreuzotter, die von Europa bis nach Sachalin durchgängig vorkommt. Die bis zu 80 cm lange Schlange kommt in Gebirgslagen bis zu 3.000 m Höhe vor. Es gibt auch ganz schwarze Kreuzottern.

Im Fernen Osten ist die Halysotter, eine Grubenotter, zu nennen, die stellenweise auch im südlichen Sibirien und im Transkaukasus anzutreffen ist. Von den anderen Schlangen wie z.B. der östlichen Unterart der Vierstreifennatter, der Äskulapnatter, der Steppennatter (in Steppengebieten, Gebirgsgegenden, Ural bis Fernost) und der Amurnatter (Ferner Osten) geht keine besondere Gefahr aus. Nördlich des 65. Breitengrades gibt es in Sibirien keine Schlangen.

Gretschikha

(Gretschka) entspricht dem in Europa fast in Vergessenheit geratenen Buchweizen (Heidekorn). Dieses nicht zum Getreide gehörende nahrhafte Gewächs wird in Sibirien häufig angebaut. Das Korn ist sehr reichhaltig an Vitamin C und B-Vitaminen sowie Lysin, Rutin und Lecithin.

Gekocht und gut gewürzt lässt sich ein schmackhafter Brei herstellen. Es eignet sich auch zum Mitnehmen für längere Wandertouren. Vor dem Kochen empfiehlt sich ein trockenes Rösten im Topf.

Gulag (ГУЛАГ)

Allg. Bezeichnung für Arbeitsstraflager. Im engeren Sinne ist "GULAG" die russische Abkürzung für "glavnoje pravlenje lagerij" (die Hauptverwaltung der

Lager). Man bezeichnete mit "Gulag" auch das flächendeckende Netz der Konzentrationslager in der Sowjetunion zurzeit der stalinistischen Massenrepressionen.

Ikonen

Die Ikonen entstanden als Kultbild der orthodoxen Kirche und stellen meist heilige Ereignisse und Personen dar. Es handelt sich in der Regel um Tafelbilder auf Holzuntergrund. Die ältesten erhaltenen Ikonen stammen aus der byzantinischen Zeit (7. und 8. Jahrhundert) und können in Kiew besichtigt werden. Um 726 wurden Ikonen in großen Bildervernichtungs-aktionen beseitigt. Etwa ab 950 finden sie Einzug in der russisch-orthodoxen Kirche.

Ikra (икра)

heißt auf russisch Kaviar. Roter Kaviar, Krasnaja Ikra, vom Lachs und Schwarzer Kaviar, Tshjornaja Ikra, vom Beluga und anderen Stör-Fischarten, z.B. auch von Osjotr oder Sevruga. Ikra kommt in kleinen, runden Metalldosen in den Handel.

Der Schwarze Kaviar stammte traditionell aus dem Kaspischen Meer, heute teilweise auch aus Fischzuchtanlagen. Kaviar vom Beluga ist am teuersten.

In Russland verzehrt man schwarzen Kaviar zu besonderen Anlässen - z.B. mit Blini oder als Vorspeise. Roter Kaviar wird auch auf Butterbroten als Belag verwendet.

Itelmenen

Bei den Itelmenen handelt es sich um ein kleines nordpazifisches Küstenvolk (1300 Angehörige), welches auf Kamtschatka lebt.

Irkulyen

Ein sagenhafter Riesenbär Kamtschatkas, über dessen Vorkommen Zoologen und Kryptozoologen streiten. Noch ist unbekannt, ob es sich um eine Kreuzung zwischen Eis- und Braunbär handelt oder ob einzelne Exemplare von Arctodus simus vom Pleistozän bis heute in Kamtschatkas Wildnis überlebten?

Izba (изба)

bezeichnet ein aus Holz errichtetes Bauernhaus (oder auch hölzernes Wohnhaus in kleinstädtischer Umgebung). Die typische Farbgebung ist blau-grün (Fensterläden und Türen) sowie weiß (Fensterrahmen, Kanten). Nach sehr altem Glauben soll die blaue Farbe böse Geister fernhalten. Anderenfalls handelt es sich bei blaugrün um Farben der orthodoxen Kirche.

Jukagiren

Das Volk der Jukagiren rechnet man zu den kleinen Völkern des sibirischen Nordens. Gemeinsam mit den Ewenen, Ewenken und Jakuten gehören die Jukagiren zu den Turkvölkern. In der Republik Jakutien leben laut offiziellen Angaben noch etwa 600 Jukagiren.

Kalashnikow

Auch bekannt als AK47, russische Maschinenpistole, die es in verschiedensten Ausführungen gibt und 1949 in der Roten Armee eingeführt wurde. Wird auch heute noch in über 50 Ländern verwendet. Seit Ersteinführung wurden 70 Mio. Stück gebaut.

Der Konstrukteur Michail Kalashnikow (geb. 10. Nov. 1919) stammt aus dem kleinen Altaidorf Kurisk. Die größte Waffenfabrik befindet sich in der Stadt Ishevsk.

Kolchose

Landwirtschaft, im Kollektivbetrieb zusammengefasste frühere Einzelbetriebe; umfasst meist mehrere Dörfer.

Kolyma (р. Колыма)

Fluss im hohen Norden, mündet in der Nähe der Bäreninseln in die Ostsibirische See. Entspringt nahe des Tshersker Gebirges und durchfließt das Jukagirenplateau. Bis 1987 befanden sich an den Ufern der Kolyma mehrere Straflager. Hier schürften Strafgefangene unter menschenunwürdigen Bedingungen in eisiger Kälte nach Gold. Die Straflager befanden sich nördlich von Magadan.

Komi

Name eines Volkes und einer Republik westlich des Ural. Die Komi gehören zur finnougrischen Sprachfamilie. In die Negativschlagzeilen rückte die Republik Komi 1994 wegen der Ölpest, die wahrhaft gigantische Ausmaße angenommen hatte und von den Behörden verschwiegen wurde.

Komsomol

hieß die ehemalige Jugendorganisation der KPdSU in Sowjetzeiten. Wurde inzwischen aufgelöst. Die ehemaligen Funktionäre haben aber immer noch viel Macht, Einfluss und Beziehungen.

Kosaken

Die Bezeichnung Kosak stammt aus einer der turk-tatarischen Sprachen. Je nach Herkunft unterscheidet man Don-, Kuban-, Terek- und Sibir-Kosaken. Die Anfänge der Kosakenbewegung liegen inzwischen mehr als 600 Jahre zurück. Hervorgegangen sind die Kosaken aus bewaffneten Bauern, die im südrussischem Raum siedelten. Stets kämpften sie um eigenes Land und Autonomie. Die jeweils Herrschenden nutzten dies durch falsche Versprechungen aus.

Der Kosak Jermak begann im 16. Jahrhundert auf Befehl des Zaren mit der Eroberung Sibiriens. Die Gier nach Gold, wertvollen Pelzen, Salz und Erzen war Antrieb genug. Im Dienste des Zaren unterwarfen die Kosaken später auch die Kaukasusvölker und waren an der Eroberung der mittelasiatischen Gebiete beteiligt. Unter der Zarin Katharina der Großen kämpften sie gegen die Türken. Später terrorisierten Pugatschows Reiterheere das eigene Land.

Im Ersten Weltkrieg wurden die Kosakenverbände im Gebiet Ostpreußen eingesetzt. Mit Pferd und Säbel konnten sie nicht viel gegen die Maschinengewehre der Gegner ausrichten. Nach der Revolution 1917 und der Einigung der Kosaken (1918) kämpften sie gegen die Sowjetmacht auf Seite der Weißen Garden und verloren erneut.

Im Zweiten Weltkrieg glaubten viele Kosaken, eine Chance gegen Stalin zu sehen und Tausende liefen zur deutschen Wehrmacht über (Kosakenverbände, Wlasow- bzw. Krasnow-Armee unter deutscher Anleitung und Führung emigrierter ehemaliger zaristisch-weißgardistischer Militärs), wo sie gegen die Rote Armee kämpften.

Man hatte ihnen einen eignen Staat Kosakija im Süden Russlands als Gegenleistung versprochen. Auf dem Rückzug gelangten etwa 40.000 von ihnen über den Balkan nach Norditalien und dann im Mai 1945 nach Österreich/Kärnten. Bereits in Jalta war von den Großmächten im Februar 1945 die totale Liquidierung der Kosaken beschlossen worden.

Einige Tausend Kosaken-Offiziere wurden auch gleich nach der Waffenabgabe in Österreich von den Amerikanern niedergemetzelt, viele der Frauen und Kinder ertranken beim Queren in den Fluten der Trau. Die überlebenden Kosaken wurden in die UdSSR ausgeliefert und dort zum überwiegenden Teil hingerichtet. Seit Anfang der 1990er Jahre befinden sie sich wieder auf dem Vormarsch. Das alte und neue Zentrum der Kosakenbewegung ist Nowotscherkask in Südrussland. Inzwischen werden in Erinnerung an die historische Tradition wieder neue Kampfverbände zusammengestellt, deren baldiger Einsatz bereits diskutiert wird.

Kumys
ist ein in Sibirien weit verbreitetes Getränk, das aus vergorener Stutenmilch hergestellt wird. Markanter Geruch.

Kurgan
(курган) bedeutet russ. = Hügel, es handelt sich um ein aus den Turksprachen stammendes Lehnwort (Hügelgrab). Ein Kurgan besteht aus einem künstlich durch Erde und Steine aufgeschütteten Grabhügel, der im Inneren eine oder mehrere Grabkammern enthält. Über die Jahrtausende wurden viele der Kurgane beraubt, aber gelegentlich fördern archäologische Grabungen auch heute noch Funde zu Tage.

In Russland finden sich Kurgane häufig im Südural, dem Hochaltai und im Gebiet Abakan, aber auch in anderen Regionen und Steppengebieten, welche z.B. in der Vergangenheit von Skythen bevölkert waren. Kurgan ist auch die Ortsbezeichnung einer Stadt am Fluss Tobol in Sibirien.

Kurilen
Kleinere Inselgruppe zwischen Kamtschatka und Hokkaido (Japan), die vulkanisch aktiv ist. Schon seit langer Zeit erhebt Japan territorialen Anspruch auf einige südliche Inseln der Gruppe.

Kwaß
Üblicherweise wird das erfrischende, leicht alkoholhaltige Getränk in der warmen Jahreszeit auf der Straße aus kleinen Tankwagen verkauft. Kwaß hat eine mehr als tausendjährige Geschichte mit Hunderten von Rezepten. Je nach Grundstoff unterscheidet man Kwaß auf der Basis von Getreide, Brot, Gewürzen, Hopfen oder Kräutern. Eine große Rolle spielten bei der Entwicklung auch die Klöster, wo das Getränk während der Fastenzeit auch als Nährmittel diente. Bekannt ist in

Sibirien die Okroschka-Suppe, die aus gegartem Gemüse mit Kwaß hergestellt wird. Das Gärungsprodukt Kwaß hat nachgewiesenermaßen günstige Effekte auf das Verdauungssystem ähnlich dem Kefir. Leider liefen Coca Cola & Co. in letzter Zeit dem Kwaß den Rang ab.

Lachs (лосось)

wird oft auch als "roter Fisch" bezeichnet. Wenn man Kamtschatka im Sommer besucht, stellt man fest, dass es "den" Lachs nicht gibt, vielmehr kommen mehrere Salmoniden-Arten (Lachsfische/*Oncorhynchus spec.*) vor. Lachse können nur in Wasser mit einer Temperatur < 17°C leben. Hauptmerkmal ist außerdem, dass sie nach einem artabhängig mehrere Jahre dauernden Aufenthalt im Meer zurück in ihre Ursprungsflüsse wandern, um zu laichen. Die Weibchen sterben nach dem Laichen sofort, die Männchen überleben noch einige Tage, um die Eier in den ersten Tagen vor anderen Fischen oder Krebsen zu schützen.

Neben dem bekannten Keta (кета, dt. Hundslachs) gibt es weitere Arten wie z.B. Gorbusha (Buckellachs) oder Nerka (нерка, Kirschlachs). Am größten wird der чавыча (dt. Königslachs, bis 17 kg, liefert bis zu 3 kg Kaviar). Weniger bekannt sind Sima und Kizhutsh.

Die Lachse steigen (artspezifisch) zu bestimmten Zeiten und legen eine prächtige Färbung an. So beginnt die чавыча bereits im Juni, während кета hauptsächlich im Juli/August wandert. Manche Lachse steigen erst im September/Oktober.

Steht man am Flussufer, glaubt man, die Lachse fast mit den Händen greifen zu können. Ganz Kamtschatka konzentriert sich von Juli bis September auf nichts anderes. Trotz Bestimmungen und Gesetzen gibt es eine weit verbreitete Schwarzfischerei. Ein Großteil des Lachs wird exportiert, z.B. nach Korea und Japan. In Japan gibt es schon seit mehr als einhundert Jahren keinen Naturlachs mehr, nur noch industriell gefertigte Nachzuchten aus Fabriken.

Zum Angeln muss man prinzipiell eine Lizenz erwerben, zum Fischfang mit dem Netz bedarf es einer Sondergenehmigung. An bestimmten Tagen (etwa Mo und Mi, Regelung örtlich verschieden) darf kein Fisch gefangen werden. Auch auf Kamtschatka wird in mehreren Fischzuchtanstalten für ausreichend Nachwuchs gesorgt und dieser in die Flüsse ausgesetzt, denn auch hier sind die Bestände zurückgegangen und es gibt bereits mehrere Flüsse, wo der Lachs ausgestorben ist. Inzwischen sind bereits 70 bis 80 % der in die Avatsha-Bucht zurückkehrenden Lachse industriell aufgezogene Fische. Die Aufzucht in den Stationen dauert etwa 3 Monate. Lachse kommen natürlicherweise auch auf den Kurilen und auf Sachalin vor.

Lena (p. Лена)

Großer Fluss, entspringt im Baikalgebirge und fließt in nördlicher Richtung ab (durch Jakutien). In Ust-Kut befindet sich ein Kreuzungspunkt mit der BAM.

Mafia

Die Mafia ist die Organisation in Russland, die am besten organisiert ist. Sie funktioniert besser als alle staatlichen Organisationen. Manche Mafiosi bekleiden auch öffentliche Ämter, d.h. die Grenzen zwischen Staat und Verbrechen verwischen immer mehr. Wer mit dem eigenen Fahrzeug nach Sibirien einreist, hat oft Kontakte zur Mafia. Meist bemerkt man es erst später. Im Allgemeinen werden Touristen in Sibirien von der Mafia nicht geschädigt - anders als in Großstädten wie Moskau oder in der Ukraine.

Motorradreisende brauchen keine große Angst um ihr Motorrad zu haben. Motorradfahren ist hier eher etwas für Arme, jeder, der etwas auf sich hält, fährt Auto. Daher ist es für Autofahrer schwerer, denn vor allem Westautos sind begehrt (höhere Diebstahlgefahr).

Im Falle eines Verlustes hat man größere Chancen, wenn man sich direkt an die Mafia wendet und nicht an die Polizei. Die örtlichen Mafiosi kennt fast jeder. Wer z.B. mit dem Fahrzeug aus Wladiwostok ausreisen möchte, kommt nicht darum herum, die Mafia zu bezahlen, sonst wird das Fahrzeug erst gar nicht verladen.

Manty

Eine Speise: mit Fleisch gefüllte Teigtaschen, die über Dampf zubereitet werden. Ähnlich wie pelmeni, aber größer.

Metro

bezeichnet die U-Bahn. In Sibirien gibt es eine U-Bahn in Nowosibirsk, die ganz modern ist. Die größte und auch am meisten befahrene Metro befindet sich in Moskau. Sie hat 122 Haltestationen auf 240 km Streckenlänge. Eine Fahrt über alle Stationen dauert fast 10 Std.

Mirnyj
Stadt in Jakutien, etwa 1.000 km westlich von der Hauptstadt Jakutsk. Bei Mirnyj
wurden die reichsten Diamantenvorkommen entdeckt.

Naushkij
Grenzbahnhof zwischen Russland und der Mongolei, liegt an der Transmongolischen Bahn, Ableger der Transsib, erst in den 1950er Jahren erbaut.

Neft
Russische Bezeichnung für Erdöl. Sibirien hat sehr reiche Erdöl- und Erdgasvor-
kommen. Die Entdeckung der Ölfelder in Westsibirien erfolgte erst Mitte des
20. Jahrhunderts. 1952 wies eine bei Bohrungen entstandene riesige Gasfontäne
bei Tjumen den weiteren Weg für das Gebiet. Das Erdöl war in Sibirien schon seit
Langem bekannt. In Jakutien kannten die Ureinwohner schon seit langen Zeiten
natürliche Ölaustrittsstellen am Fluss Viljui. Es gab auch Berichte über "brennen-
de Berge" und "Gasvulkane". Ende des vorigen Jahrhunderts begann dann die
zielgerichtete Suche mit Bohrungen.

Nerpa
Als Nerpa oder Tjulen bezeichnet man die nur im Baikalsee lebende Baikalrobbe.
Sie lebte ursprünglich im Nördlichen Eismeer und gelangte vor langen Zeiten
über den Jeniseij und die Angara in den Baikal.

Oblast
Gebietliche Verwaltungseinheit, Region. Steht über dem Rajon (Kommune,
Bezirk), aber unter der Republik.

Omul
Der sehr gut schmeckende Fisch (*Coregonus autumnalis migratorius georgy*)
kommt weltweit nur im Baikalsee vor. Seine Hauptnahrungsquelle sind Fische der
Art Golomjanka (Fettfisch) und kleine Wasserkrebse.

Pekarnaja
Bäckereiladen in ländlicher Gegend in Sibirien. Möchte man prüfen, ob die im
Regal gestapelten Graubrote frisch oder weich genug sind, dann keinesfalls mit

den bloßen Fingern. Man verwendet speziell dafür ausgelegte Metallhaken oder fühlt durch ebenfalls ausliegendes Papier die Weiche des Brotes. In der Stadt bezeichnet man die Bäckereigeschäfte als Bulotshnaja.

Pelmeni
Fast eine Nationalspeise in Sibirien. Es handelt sich um mit Fleisch, Zwiebeln und Gewürzen gefüllte Teigtaschen. In der Machart erinnern sie an Ravioli, sind aber weitaus schmackhafter - ihre ursprüngliche Herkunft ist die Mongolei.

Perestroika
Umbau der Gesellschaft, Schlagwort in Gorbatschows Reformpolitik, wie auch Glasnost (neue Offenheit).

Permafrost
Sinngemäß Dauerfrostboden - bedeutet, dass ständig über das ganze Jahr der Erdboden mehrere Meter tief gefroren ist. Dabei kann die gefrorene Schicht unter Umständen auch mehrere Hundert Meter mächtig sein (nördlich des Polarkreises).

Nur im Sommer taut die oberste Schicht auf, das Schmelzwasser kann aber nicht abfließen, da die tieferen Schichten gefroren bleiben. Dadurch verwandelt sich die gesamte Tundra in Sumpf. Probleme bereitet der Permafrost beim Bau von Ölleitungen, Straßen und Häusern. Baut man die Häuser nicht auf Pfählen, so versinken sie jedes Jahr ein Stück weiter im Schlamm. Die dickste Permafrostschicht fanden Geologen am Fluss Wilgui mit fast 1.400 m Tiefe.

Provodnik
Provodnik und *provodniza* sind die Zugbegleiter in russischen Waggons. Sie sind nicht identisch mit dem *konduktor* (Schaffner). In jedem Reisezugwaggon sind zwei provodniks beschäftigt. Sie sind für die Reisenden ihres Waggons verantwortlich, geben Bettwäsche aus und haben dafür zu sorgen, dass der Samowar immer heiß bleibt und möglichst wenig Reisende bei Zwischenhalten verloren gehen.

Rajon
Rayon, Kommune, Bezirk, Verwaltungseinheit.

Rerich

Rerich, Nikolai Konstantinovitsch (1874 bis 1947); Künstler, Reisender, Archäologe, Autor und als Ethnograf auch Initiator der Bestrebungen zum Schutz der Kulturgüter. Seine bekannten Gemälde hängen in Paris, New York und Nowosibirsk.

Seit dem Jahr 1926 beschäftigte er sich intensiv mit der Natur und den Legenden des Altai. In seinem Haus im Dorfe Werkh-Ujmon (Republik Gorno-Altai) wurde 1974 ein Museum eingerichtet.

Russisch-Amerika

Ab etwa 1740 wurde das heutige Alaska von russischen Expeditionen und Pelzjägern aufgesucht, neue Gebiete wurden erschlossen. Bodenschätze und Pelztiere lockten viele Abenteurer aus Sibirien an die amerikanische Nordküste. Durch Kaufleute wurde die Russisch-Amerikanische Gesellschaft gegründet, deren Machtbereich nicht nur Alaska und die Aluten betraf, sondern sich auch auf Teile Kaliforniens und Hawaii erstreckte. Allerdings waren die Transportwege zu weit und die Erschließung zu schwierig.

Im Jahre 1867 wurde Alaska für 7 Mio. Dollar an die USA verkauft. Noch heute allerdings erinnern viele geografische Bezeichnungen, Namen von Siedlungen und Städten in Alaska an diese Zeit, ebenso wie die alten russisch-orthodoxen Kirchen in Orten entlang der Küste des "Panhandle".

Samowar

Der praktische metallene Kessel zur Teebereitung, dessen genaue Herkunft strittig ist (die Russen nehmen die Erfindung des Gerätes natürlich für sich in Anspruch). Die Beheizung erfolgt heute i.d.R. elektrisch, bei den musealen Exemplaren noch mit Holzkohle oder Spiritus. Es gibt Samoware in verschiedensten Größen bis hin zu 30-Liter-Kesseln.

In den russ. Haushalten hat unterdessen ein Verdrängungsprozess zugunsten neuerer, moderner importierter Tefal-Wasserkocher begonnen. Russlands bekannteste Samowarfabrik steht in Tula (Samowar-Museum), die ersten Samoware wurden hier 1778 gegossen.

Samoware stellte man aus Kupfer oder Neusilber, mitunter auch aus Gold her, das gebräuchlichste Material ist aber Messing. Die Geräte sind auch als Souvenir bei Touristen begehrt. Beim Kauf beachte man, dass die güldenen und oft reich verzierten Souvenir-Samoware oft nicht viel für den Einsatz im Haushalt taugen, lieber erwerbe man einen handelsüblichen Gebrauchs-Samowar. Die Ausfuhr eines der historischen, kohlebeheizbaren Exemplare ist aufgrund der Zollbestimmungen schwierig.

Severnoje Sijanije

ist die russische Bezeichnung für das Polarlicht, auch als Nordlicht bekannt. Es handelt sich um eines der eindrucksvollsten Naturerscheinungen am arktischen Nachthimmel in verschiedensten Farbnuancen. Das Polarlicht entsteht in den oberen Schichten der Atmosphäre durch Teilchenstrahlung, die von der Sonne ausgeht. Als "Severnoje Sijanije" bezeichnet man auch ein berühmt-berüchtigtes Mixgetränk, das aus Wodka und Schampanskoje besteht und innerhalb kurzer Zeit einen Rauschzustand erzeugt. Das Getränk wurde und wird vor allem dazu benutzt, um naive Mädchen "gefügig zu machen" ... - also Vorsicht!

Shtschi

heißt eine spezielle russische Suppe, die neben Kartoffeln viel Gemüse und Lorbeerblätter beinhaltet.

Sib-Ir

Vom Namen des ehem. tatarischen Khanats Sib-Ir soll sich die Bezeichnung Sibirien herleiten. Sib-Ir bedeutet auf tatarisch so viel wie "Schlafende Erde", in anderen verwandten Sprachen bedeutest es einfach nur "Land".

Sjelo

Bezeichnet ein größeres russisches Dorf (im Gegensatz zum kleineren "Derewnja"). Früher bezeichnete man alle Dörfer, die eine Kirche hatten, als "Sjelo", die ganz kleinen dörflichen Siedlungen ohne Kirche hießen "Derewnja".

Neben den beiden Begriffen gibt es im Russischen noch "Posjolok" (eine kleinere stadtähnliche Siedlung) und "Chutor" (im Prinzip nicht mehr als ein einzelnes Gehöft mit Nebengebäuden).

Smetana

Eine dicke, sehr fetthaltige, wohlschmeckende Sahne, die auch zu Kuchen oder Eierspeisen gegessen wird. Im Englischen auch als "sour cream" bekannt. Das bei uns in Deutschland als "Schmand" bekannte Sauerrahmprodukt kommt der Smetana am nächsten. Smetana wird auch verwendet zum Verfeinern von Soljanka, als Creme zu Preiselbeeren oder einfach als Nachtisch und erfreut sich in Russland großer Beliebtheit.

Sowchose
Landwirtschaftlicher Staatsbetrieb, umfasst meist mehrere Dörfer. Alle Produktionsmittel gehören dem Staat. Heutzutage leider oft brachliegend.

Spirt (спирт)
ist absoluter Alkohol (95,5 %ig) und wird von manchen Russen entweder pur heruntergewürgt oder mit Wasser verdünnt als Wodkaersatz konsumiert.

Stolowaja
Eine kantinenartige große Volksküche. Meint meist Gaststätte (oder an Landstraßen Raststätte), in der man billig essen kann. Die Auswahl der Gerichte ist aber gering.

Stschjoty
Das historisches Rechenbrett (Abakus) mit verschiebbaren Holzkugeln auf Metallstäben, die Einer, Zehner, Hunderter usw. symbolisieren. In vielen Geschäften wird in Russland noch heute so gerechnet. Die vorhandenen elektronischen Kassen werden dann lediglich zum Ausdrucken des Kassenbons benutzt.

Taranta
ist die altrussische Bezeichnung für einen von Pferden gezogenen Holzwagen, dessen Chassis mit Lederriemen als eine primitive Art der Federung befestigt ist. Heute nur noch im Museum - vor 100 Jahren noch Haupttransportmittel.

Trakt
bezeichnet einen befahrbaren Weg, eine schlechte Straße. Der Sibirski Trakt, eine schlecht passierbare Poststraße, verband vor dem Bau der Transsib Moskau mit Irkutsk. Man war mehrere Wochen unterwegs. Gefahr drohte durch Plünderer und Wegelagerer. Im Frühjahr war der Trakt praktisch nicht befahrbar, da durch die Schneeschmelze alles in einen riesigen bodenlosen Sumpf verwandelt wurde. Im Winter wurden Pferdeschlitten mit drei bis sechs Pferden eingesetzt.

Trojka

Die Trojka ist das traditionelle russische Dreigespann, die mit Einführung des Postwesens im 18. Jahrhundert Verbreitung fand. Die wichtigsten Poststrecken waren damals Moskau - St. Petersburg und der sibirische Trakt. In gewissen Abständen gab es Pferdewechselstellen. Man hörte das Herannahen der Trojka durch die Bronzeglöckchen bereits von Weitem. Heute sieht man traditionelle Trojkas auf Hochzeiten in dörflicher Gegend und auf Volksfesten.

Tshai (чай)

Russische Bezeichnung für Tee. Tee trinken hat in Russland eine große Tradition, mitunter ist es fast ein Ritual. Dabei ist Tee als Getränk erst seit etwa 300 Jahren in Russland bekannt. Die erste Teelieferung gelangte im Jahre 1638 aus der Mongolei an den Zarenhof. Tee wurde anfangs nur als Heilmittel bei Krankheiten eingesetzt, erst später als Getränk. Erst Ende des 17. Jahrhunderts erfolgte auf der Basis von Handelsverträgen eine Belieferung Russlands mit Tee aus China. Überall im Lande verbreitete sich das Getränk. Mit der Zeit entstand der Brauch, z.B. das Mittagessen mit einer Tasse guten Tees abzuschließen.

Traditionell süßte man den Tee mit Warenije oder Zucker bzw. Honig oder reichte zum Tee süßes Gebäck. Das ist auch heute noch so. Sehr beliebt in Russland ist Schwarzer Tee aus Indien. Es gibt unzählige Tee-Rezepte, so z.B. auch Tee mit Kognak (Schwarzer Tee mit Zitrone und Kognak) oder Tee mit Salz (und ggf. Sahne) wie in den südlichen Gebieten, z.B. in Kasachstan, Usbekistan oder im Altai üblich. In den südlichen Gebieten ist Grüner Tee die Nummer 1.

Tscheka

Die Tscheka, aus der viel später der KGB hervorging, wurde nach der Oktoberrevolution von dem Polen Felix Dzhershinskij als sowjetische Geheimpolizei (politische Polizei in Form einer außerordentlichen Kommission mit Sondervollmachten) 1918 gegründet. Auch heute tragen noch viele Plätze, Straßen und sogar eine Stadt den Namen von Felix.

Tschuktschen

Kleines Volk des Nordens, lebt auf der gleichnamigen Halbinsel im äußersten Nordosten Sibiriens. Das Volk hat nur wenige Hundert Angehörige und ist in seiner Existenz bedroht.

Tshutshvara

Speise, ähnlich den Manty, aber noch größer und sehr scharf (enthalten Pfeffer und Zwiebeln).

Tundra

heißt der nördliche, baumlose, arktische Teil Sibiriens.

Tunguska-Meteorit

Am 30. Juni 1908 ereignete sich in Sibirien eine extrem starke Explosion. Es existieren viele Augenzeugenberichte, die eine sehr helle Feuerkugel beschreiben, die mit einem lauten Knall explodierte. Luftdruckwellen waren davon noch in Europa messbar, Seismografen registrierten, dass die Druckwelle zweimal die Erde umlief. Außerdem führte die Explosion in Sibirien und Teilen Europas für einige Wochen zu den eigentlich nur im Norden bekannten "Weißen Nächten". Berechnungen ergaben, dass die rätselhafte Explosion in 5 km Höhe über der Taiga stattgefunden haben muss. Man vermutete einen Meteoriten.

Erst 1921 wurde eine Expedition losgeschickt, die dann 500 km nördlich von Bratsk, etwa in Höhe des 60. Breitengrades am Fluss Steinige Tunguska, das Gebiet des Niederganges fand. Auch 13 Jahre nach der Explosion von 1908 waren hier etwa 2.000 km² Taiga zerstört, die Bäume verbrannt und umgeknickt. Es wurde aber kein Krater aufgefunden, der für Meteoriten üblich ist. Auch Reste von Meteoritenmaterial gab es nicht. Dafür gibt es viele Anomalien im Gebiet: Kompass und GPS-Navigationsgerät verweigern den Dienst, bei Flora und Fauna sind seltene Mutationen zu beobachten. Diese rätselhafte Naturkatastrophe ist bis heute ungeklärt. Auch eine im Jahre 2000 ausgesandte deutsche Expedition konnte das Rätsel nicht lösen. Hypothesen zum Hergang gibt es viele, die einen sprechen von einer thermonuklearen Explosion, andere glauben an aus dem Weltall stammende Antimaterie oder einen Meteoriten aus Eis, der in der Atmosphäre explodierte. Das Objekt müsste etwa 300 m Durchmesser gehabt haben, so die Ergebnisse von Simulationen. Die Steinige Tunguska ist ein Nebenfluss des Jeniseij.

Ural

Der Ural ist ein geologisch altes Gebirge, das die Grenze zwischen Europa und Asien bildet. Auf über 2.000 km zieht sich der Ural von den südlichen Steppenregionen bis in die polaren Tundren im hohen Norden an der Kara-See. Die höchste Erhebung des Gebirges ist die Narodnaja (⇧ 1.895 m) im Nordural. Ural ist auch die Bezeichnung eines Flusses, der in den Kaspi-See mündet. Die ersten Hinweise auf eine menschliche Besiedlung des Gebirges reichen bis in die Altsteinzeit zurück. Prähistorische Steinwerkzeuge und Höhlenzeichnungen belegen dies ebenso wie Skelettfunde der damaligen Jäger und Knochenreste ihrer Beutetiere (Mammut, Höhlenbär, Wisent, Rentier u.a.).

Urmanij
ist das weltgrößte zusammenhängende Sumpfgebiet in Sibirien, das sich vom Ural bis zum Jeniseij erstreckt. In dieser sumpfigen Taigazone befinden sich die reichsten Erdölfelder Russlands.

Warenije
Eine Art Konfitüre wird aus Früchten aller Art mit sehr reichlich Zucker (1:1) durch Kochen hergestellt. Durch den hohen Zuckergehalt entsteht eine natürliche Konservierung. Wird als Süßungsmittel im Tee verwendet.

Werchojansk
gilt offiziell als der Kältepol Russlands, da hier die Temperaturen zeitweise unter -70°C sinken. Im Sommer steigt auch hier die Temperatur auf 35°C. Das sind 105°C Temperaturunterschied zwischen Sommer und Winter!

Wodka (водка)
Aus Kartoffeln oder Getreide gewonnener Alkohol, ist das Getränk Nr. 1 neben dem russischen Tee. Wodka wird in Sibirien in dörflichen Gegenden auch gern als Zahlungsmittel verwendet. Ausländischer Wodka ist aufgrund der Steuerbefreiung billiger als der original russische Wodka.

Man sollte die Trinksitten des "kultivierten" Wodkatrinkens beachten! Eine Vorspeise (*zakuska*) vor dem Wodka ist unbedingt erforderlich. Außerdem trinkt man nur nach einem Toast, nie allein und man kann die 100 g Wodka gern mit etwas Leichterem nachspülen.

Wolga
Die Wolga entspringt in den Waldaihöhen bei Moskau und mündet bei Astrachan in das Kaspische Meer. Der 3.531 km lange Strom ist sehr stark mit der

Geschichte Russlands verknüpft. Seit über 3.000 Jahren gibt es hier Schifffahrt. Durch Anlage der Wolgastauseen und Bau von Kanälen konnte der Fluss an fünf Meere angeschlossen werden. Über die Wolga erreicht man das Schwarze Meer, das Kaspische Meer, die Ostsee, das Asovsche Meer und das Weiße Meer. In Russland verfügt man über 140.000 km Binnenwasserstraßen.

Woltshekhwostik (волчехвостик)

In Westsibirien, besonders im Gebiet Chanty-Mansijnsk, soll dieses Untier in der Taiga vorkommen. Es wird einmal als blutrünstiges Fabelwesen beschrieben, andere Beschreibungen besagen nur, dass die Bezeichnung auf keinen Fall den schrecklichen Charakter des Tieres wiedergäbe. Für den Fall, dass der Woltshekhwostik existiert, dürfte es sehr schwierig sein, ein Tier zu finden, welches noch schrecklicher wäre - so die Überlieferungen. Es gibt mehrere Einzelfallberichte von Jägern und Waldarbeitern. Das Tier scheint als Einzelgänger aufzutreten und konnte in allen Fällen durch Gewehrschüsse vertrieben werden. Es soll einem Wolf ähneln, nur größer und angriffslustiger sein. Einige glauben auch nur, dass es sich um ein sibirisches Pedant zum Schneemenschen handle. Wissenschaftliche Beweise gibt es für dieses Untier bislang keine.

Zabaikalsk

ist die Bahngrenzstation zwischen Russland und China, auf der chinesischen Seite hält der Zug in Manz-Houly.

Zapovednik

Russische Bezeichnung für Naturschutzgebiet bzw. Nationalpark. Bekannt sind in Sibirien u.a. der Nationalpark bei Ust-Barguzin (Baikal) und das Gebiet Stolby (Felsennationalpark bei Krasnojarsk) sowie das Biosphärenreservat im Sajan (Sajano-Shushenskij biosfernij zapovednik) bzw. die im Süden der Republik Tuwa (nahe der mongolischen Grenze und des Sees Tore-Khol) gelegene Schutzzone Ubsunurskaja Kotlovina.

Kleiner Sprachführer

Lachsfang: Über 100 Lachse pro Korb.

Russisch ist neben Englisch und Chinesisch die am häufigsten gesprochene Weltsprache. Es ist auch als Sprache der UNO anerkannt. Russisch ist eine der Hauptgeschäftssprachen in Osteuropa. Etwa 200 Mio. Menschen auf dem Gebiet der ehem. UdSSR sprechen Russisch.

Die große Verbreitung dieser Sprache begann nach der Oktoberrevolution 1917 und der Gründung der Sowjetunion. In den Republiken der Sowjetunion wurde Russisch als Amtssprache eingeführt und zum Pflichtfach an den Schulen erklärt. In dem ehemaligen Riesenreich sprechen die Menschen ca. hundert Sprachen und Dialekte - mit Russisch kann man sich aber praktisch überall verständigen. Sehr empfehlenswert zur Auffrischung der Sprachkenntnisse ist:

📖 *Grund- und Aufbauwortschatz Russisch*, Karlovka/Rauch, Klett-Verlag für Wissen und Bildung, Stuttgart/Dresden, ISBN 978-3125198203

Wer Grundkenntnisse in Russisch hat und diese vertiefen will dem sei das entsprechende Buch aus der Reihe *Fremdsprech* empfohlen. Von Entstehen der russischen Sprache bis zu Humor po-russkij finden sich mehrere lesenswerte Themen. Ein Abschnitt ist der Vielzahl deutscher Lehnwörter im Russischen gewidmet.

📖 *Oh, dieses Russisch!*, Hermann Zöllner, Conrad Stein Verlag, Fremdsprech Band 6, 1. Auflage 2005, 64 Seiten, ISBN 978-3-89392-406-6, € 4,90

Für diejenigen, die kein Russisch sprechen, kann die sprachliche Barriere zum Problem werden, denn Englisch, Französisch oder Deutsch sind wenig verbreitet - einmal vom europäischen Teil abgesehen. Bei organisierten und gebuchten Reisen wird meist ein Reiseleiter/Dolmetscher gestellt. Für Individualreisen durch das Land sind zumindest sprachliche Grundkenntnisse angeraten, die sich im Kontakt mit den Menschen sehr schnell verbessern und ausbauen lassen.

Russisch zu lernen, lohnt sich daher immer - auch wegen der wirtschaftlichen Expansion Europas in Richtung Osten. Russisch zu lernen bedeutet aber auch, den Geist zu öffnen für eine vom Deutschen absolut abweichende slawische Sprache, was in der Tat eine Bereicherung darstellen kann.

Obwohl es mehrere Dialekte sowie eine territoriale Einteilung der Sprache in Nord-, Mittel- und Südrussisch gibt, sind die Abweichungen relativ gering. Des Weiteren existieren neben der Umgangssprache mehrere soziale Dialekte und Slangs wie z.B. Fenja oder der Lagernij Jargon der Strafgefangenenlagerinsassen und Kriminellen und der Russkij Mat, eine Art Fluch-Sprache, deren Wortschatz aus nur wenigen obszönen, derben Worten zu bestehen scheint.

Im Russischen verwendet man das kyrillische Alphabet mit 33 Buchstaben. Das alte russische Alphabet hatte noch mehr Buchstaben, wurde aber durch Peter den Großen vereinfacht. Zu Zeiten der Sowjetunion wurde für mehr als 50 kleine Völker eine auf dem Kyrillischen basierende eigene Schriftsprache eingeführt, viele Sprachen wurden bis dahin nur gesprochen. Heute schreibt man z.B. in Jakutien oder Burjatien ebenfalls mit kyrillischen Lettern.

Das kyrillische Alphabet

In leicht abgewandelter Form wird das kyrillische Alphabet auch im Ukrainischen, Bulgarischen und Serbischen verwendet. Es wurde bereits im Altertum durch Cyrill in Griechenland geschaffen und Mitte des 10. Jh. während der Christianisierung des südrussischen Raumes übernommen.

Buchstabe	deutscher Lautwert	russ. Benennung
А а	a	a
Б б	b	be
В в	w	we
Г г	g	ge
Д д	d	de
Е е	e oder je	e
Ё ё	jo	jo
Ж ж	sh oder j (z.B. Journal)	she
З з	z	ze
И и	i	i
Й й	meist wie j	i kratkoje
К к	k	ka
Л л	l	el
М м	m	em
Н н	n	en
О о	o	o
П п	p	pe
Р р	r	er
С с	s oder ss	es

Т т	t	te
У у	u	u
Ф ф	f	ef
Х х	ch, angehauchtes h	cha
Ц ц	ts	ze oder Tse
Ч ч	tsch	tsche
Ш ш	sch (z.B. Schnee)	schå
Щ щ	sch-tsch, wie schnell-tschüß	sch-tscha
ъ	Härtezeichen	twjordy znak
Ы ы	y oder i (z.B. Tisch)	(je'ry)
ь	Weichheitszeichen	mjagky znak
Э э	e oder ae oder ä	e obo'rotnoje
Ю ю	ju	ju
Я я	ja	ja

Das Härtezeichen hat keinen Lautwert, es dient zur Silbentrennung vor weichen Vokalen. Das sogenannte Weichheitszeichen dient zur Erweichung des vorhergehenden Konsonanten. Zur genauen Transkription russischer Buchstaben in das Deutsche sind mitunter mehrere deutsche Buchstaben nötig. Im Russischen muss man auf die richtige Betonung bei der Aussprache achten, da sonst Missverständnisse vorprogrammiert sind. Das russische G wird in den Wortendungen -ogo und -ego stets als W ausgesprochen.

Zahlen, Maße, Zeit- und Ortsangaben

Zahlen

ноль	0	девять	9	восемнадцать	18
один- одна- одно-	1	десять	10	девятнадцать	19
два- две	2	одиннадцать	11	двадцать	20
три	3	двенадцать	12	двадцать один	21
четыре	4	тринадцать	13	тридцать	30
пять	5	четырнадцать	14	сорок	40
шесть	6	пятьнадцать	15	пятьдесят	50
семь	7	шестнадцать	16	шестьдесят	60
восемь	8	семнадцать	17	семьдесят	70

восемьдесят	80	пятьсот	500	три тысячи	3.000
девяносто	90	шестьсот	600	четыре тысячи	4.000
сто	100	семьсот	700	пять тысяч	5.000
сто один	101	восемьсот	800	десять тысяч	10.000
двести	200	девятьсот	900	сто тысяч	100.000
триста	300	тысяча	1.000	миллион	1.000.000
четыреста	400	две тысячи	2.000		

четверть	¼	раз	einmal
половина	½	два раза	zweimal
нуль и пять десятых	0,5	три раза	dreimal
триста семь тысячных	0,307	четыре раза	viermal
		пять раз	fünfmal

Maßeinheiten

Millimeter	миллиметр
Zentimeter	сантиметр
Meter	метр
Kilometer	километр, км
Gramm	грамм
Kilogramm	килограмм, кг
Tonne	тонна
Liter	литер
Prozent	процент

Zeitangaben

Sekunde	секунда
Minute	минута
Stunde	час (часа, часов)
Tag	день
Woche	неделя
Monat	месяц
Jahr	год
Jahrhundert	век/ столетие

nach einer Woche	через одну неделю
für drei Jahre	на три года
ein Uhr	один час
2, 3, 4 Uhr	2, 3, 4 часа
5-20 Uhr	5-20 часов
halb eins	половина первого/ полпервого
halb zwei	половина второго/ полвторого
halb vier usw.	половина четвёртого/ полчетвёртого
Es ist 5 Min. nach acht (8:05)	сейчас пять минут девятого
Es ist 5 Min. vor zwei (1:55)	сейчас без пяти минут два
Es ist sieben Uhr zweiundzwanzig	сейчас семь часов двадцать две минуты
2 Uhr nachts	два часа ночи

Altersangaben

ein Jahr	1 год
2-4 Jahre	2-4 года
5-20 Jahre	5-20 лет
Ich bin 23 Jahre alt(25, 31 Jahre)	Мне 23 года (25 лет, 31 год)
Er ist etwa 60 Jahre	Ему лет шестьдесят
Er ist über 40	Ему за сорок
Sie ist unter 50	Ей под пятьдесят

Wichtige Fragewörter

Wo?	Где?
Woher?	Откуда?
Wohin?	Куда?
Wie viel kostet das?	Сколько это стоит?
Wer?	Кто?
Was?	Что?
Wie?	Как?

Ortsangaben

überall	везде
dort	там
hier	здесь
im Wald	в лесу
im Gebirge	в горах
am Seeufer	на берегу озера
aus Berlin	из Берлина
nach Moskau	в Москву
zum Fluss Angara	к реке Ангара
nach Süden	на юг
leben (wohnen)	жить
Ich lebe (wir leben) in Dresden	Я живу в (мы живём) в Дрездене
Haus	дом
Wohnung	квартира
Miete	квартплата
Fahrstuhl	лифт
Balkon	балкон
Zimmer	комната
Küche	кухня
Toilette	туалет
Adresse	адрес
Stadt	город
Straße	улица
Telefonnummer	номер телефона
Haus Nr. 110	номер дома 110
Gebäudeteil	корпус/ часть здания

Eisenbahnreisen, Verkehr und Auto

fahren (wohin?)	поехать/ ехать куда-то
ankommen (wo?)	прибывать/прибыть на ...(вокзал)
Passagier	пассажир

Bahnhof	вокзал
Eisenbahnwaggon	вагон
Zugfahrkarte (Ticket)	билет на поезд
nach Nowosibirsk	до Новосибирска
für morgen	на завтра
für den 07. Juli	на седьмое июля
Gepäckaufbewahrungskammer	камера хранения
Kasse	касса
Auskunftsbüro	справочное бюро
Zugfahrplan	расписание поездов
Imbiss	буфет
Wo befindet sich der Bahnhof?	Где находится вокзал?
Bahnpolizei	железнодорожная дорога
Unterführung	туннель
Der Zug hat 10 Min. Aufenthalt.	Стоянка поезда десят минут

☺ Die Weiterfahrt wird nicht immer durch Signale angezeigt, deshalb sollte man sich bei Zwischenstopps stets nach der Aufenthaltsdauer erkundigen: Fahrplantafel im Wagen oder beim Schaffner/ provodnik).

Der Zug kommt um 10:02	Поезд прибывает в десять часов две минуты
abends (morgens) an	вечера/ утра
bestellen (ich bestelle)	заказать (я закажу)
ein Hotelzimmer	номер в гостинице
zwei Fahrkarten	два билета
fünf Fahrkarten	пять билетов
Autobus	автобус
Oberleitungsbus	троллейбус
Metro (U-Bahn)	метро
Straßenbahn	трамвай
Taxi	такси
Linientaxi	маршрутное такси = маршрутка

Wo befindet sich	Где находится
die Autobushaltestelle	остановка автобуса
die Straßenbahn	трамвая
der Trolleybus	троллейбуса
das Taxi?	Такси?

Ist das Taxi frei?	Такси свободно?
Ich nehme ein Taxi.	Я возьму такси
Ich bestelle ein Taxi	Я закажу такси
für fünfzehn Uhr.	На пятнадцать часов
Sagen Sie bitte, wie gelange	Скажите пожалуйста
(komme) ich zum Bahnhof	как мне доехать до вокзала
zum Postamt?	до почтамта?

Wie viele Haltestellen sind es	Сколько остановок
noch bis zum Bahnhof?	ещё до вокзала?
Steigen Sie auch aus?	Вы тоже выходите?

Wo befindet sich die Autovermietung?	Где находится прокат машин?
mieten	брать на прокат/ арендовать

Nicht einsteigen!	Посадки нет!
Eingang	вход
Ausgang	выход
Ausgang zur Stadt	выход в город
Übergang	переход
Parkverbot (Hinweisschild)!	Стоянка запрещается!
Stopp-Zeichen	стоп-сигнал
Baustelle	ремонт дороги
Umleitung	объезд
Sackgasse	тупик
Benzin	бензин
Havarie (Defekt, Panne)	авария (поломка)
Öl	масло
Scheinwerfer	фара

Scheibenwischer	дворники
Stoßstange	буфер
Autoreifen	автомобильные покрышки
Kühler	радиатор
Ölwechsel	смена масла
instandsetzen/reparieren	отремонтировать/ремонтировать
Anlasser	стартер
Bremse	тормоз
Handbremse	ручной тормоз = ручник
Vergaser	карбюратор
Gas geben	давать газ
abbremsen	нажать на тормоза = притормо-зить
Auto fahren (ich fahre Auto)	водить машину (я вожу машину)
Führerschein (Fahrerlaubnis)	права водителя = водительские права

Gesundheit / Medizinische Hilfe

Da mit Russland kein Sozialversicherungsabkommen besteht, muss medizinische Hilfe, die über den Rahmen einer Notfallbehandlung hinausgeht, bezahlt werden. Das betrifft z.B. Krankenhausbehandlung, Medikamente, Operationen, Transport usw. - man sollte auf einer Quittung bestehen (für Reisekrankenversicherung wg. Kostenerstattung). Verständlich machen kann man sich mit folgendem Satz:

Дорогие врачи!
Убедительно просим Вас выписать счёт с указанием следующих данных: 1.Фамилия и Имя пациента; 2. Диагноз; 3.срок лечения; 4. подробный перечень медицинских услуг.
Благодарим Вас.

Sinngemäß: "Sehr geehrte Ärzte!
Im Interesse unserer Patienten bitten wir Sie eine Rechnung auszustellen, die die folgenden Punkte enthält: 1. Familienname, 2. Vorname, 3. Diagnose, 4. Dauer der Behandlung, 5. ausführliche Angabe der ausgeführten medizinischen Dienste (Maßnahmen). Danke!"

Gesundheitliches Befinden und Krankheiten

Mir schmerzt der Kopf	У меня болит голова/ головная боль
das Bein	нога
der Arm	рука
der Hals	горло
der Bauch	живот
der Rücken	спина
das Herz	сердце
Fieber	высокая температура
Übelkeit	тошнота
Erbrechen	рвота
Blut	кровь
Verletzung	рана
Angina	ангина
Husten	кашель
Schnupfen	насморк
Sonnenstich	солнечный удар
Herzanfall	сердечный приступ
Bewusstlosigkeit	бессознательное состояние
betrunken	пьяный
wahnsinnig	безумный
Schock	шок
Kolik	колики
Lähmung	паралич
Geschwür	язва
Geschwulst	опухоль
Ausschlag	сыпь
Durchfall	понос
Knochenbruch	перелом костей
Anfall (Krise)	приступ
Juckreiz	зуд
Erschöpfung	истощение
Ich habe (hohes) Fieber.	Меня лихорадит.
Mir ist kalt.	Меня знобит.

ersticken	удушье
Vergiftung	отравление
erkranken	заболеть
Krankheit	болезнь
Schmerz	боль
Grippe	грипп
Gefahr	опасность
Gift	яд
Pilzvergiftung	отравление грибами
Infektion	инфекция
Wundstarrkrampf	столбняк
Diphtherie	дифтерия
Tuberkulose	туберкулёз
Aids	спид
Tollwut	бешенство
Windpocken	ветрянка
Seuche	зараза
Masern	корь
Mumps	свинка
Cholera	холера
Röteln	краснуха
Pest	чума
Atemnot	одышка
Seekrankheit	морская болезнь
Nervenkollaps	нервный срыв
Verbrennung	ожог
Keuchhusten	коклюш
Schwangerschaft	беременность
Blinddarmentzündung	аппендицит
Depression	депрессия
heilbar	излечимый
halbtot	полумёртвый
tödlich	смертельно
sterben	умирать
Sterbedatum	дата смерти

Medizinische Behandlungsinstitutionen

Klinik	клиника/ поликлиника
Ambulatorium	амбулатория
Zahnarzt	зубной врач
Chirurg	хирург
Schnelle Medizinische Hilfe	скорая помощь

Medizinische Behandlung

Untersuchung	осмотр
Behandlung	лечение
Medikament	медикамент = лекарство
Antibiotikum	антибиотик
Salbe	мазь
Gips	гипс
Röntgen	рентген
Narkose	наркоз
Amputation	ампутация
Operation	операция
Sie müssen im Bett liegen bleiben	Вам надо лежать/У Вас постельный режим.
Wo ist die Apotheke	Где находится аптека
... der Medpunkt	медпункт
... der Arzt ?	врач ?

☺ Auf Bahnhöfen in Russland befinden sich meist kleinere Anlaufpunkte für Erste medizinische Hilfe ("Medpunkt").

Tablette	таблетка
Spritze	шприц = укол
Pflaster	пластырь
Verband	перевязка
verbinden	перевязать
Schmerzmittel	болеутоляющее средство
Antibabypille	противозачаточное средство
Desinfektionsmittel	дезинфекционное средство

Diagnose	диагноз
Diät	диета

☺ Das russische Wort «средство» wird synonym für "Medikament" und "Mittel" auch für Ressourcen verwendet.

Notfälle und Polizei

Wo befindet sich	Где находится
die Polizeidienststelle?	полицейский участок?
die Miliz?	Милиция?
das Milizrevier?	Отделение милиции?
Milizionär (Polizist)	милиционер
Verkehrspolizei	ГАИ und/ oder ДПС (die Abkürzung)
Verkehrsunfall	дорожно-транспортная авария
Verkehrszeichen	дорожный знак
Strafgeld	денежный штраф
Polizei	полиция
Hilfe	помощь
Diensthabender	дежурный
Dolmetscher	переводчик
übersetzen	переводить
Pass	паспорт
Wo befindet sich die	Где находится
deutsche Botschaft?	немецкое посольство?
verlieren	терять
finden	находить
Fundbüro	бюро находок
Raubüberfall	разбойное нападение
rauben	грабить
Räuber	грабитель
Formular	бланк = справка
ein Formular ausfüllen	заполнить бланк
Unterschrift	подпись
unterschreiben	подписывать
Rechtsanwalt	адвокат

Gefängnis	тюрьма

Postamt

Postamt	почтамт
Hauptpostamt	главпочтамт
postlagernd	до востребования
Postleitzahl	почтовый индекс
per Luftpost	авия
Briefmarken	почтовые марки
Einschreibbrief	заказное письмо
Wertbrief	ценное письмо
Postkarte (Ansichtskarte)	почтовая открытка
per Post	по почте/ почтой
Telegramm	телеграмма
telegrafieren	телеграфировать
Telefon	телефон
telefonieren (anrufen)	звонить по телефону
Vorwahlnummer	код города
Paket (ein größeres Paket)	посылка / пакет
Paketannahme	приём посылок
Paketausgabe	выдача посылок
verschicken	отправлять
nach:	в
Deutschland	Германию
Schweiz	Швейцарию
Österreich	Австрию
Russland	Россию
Ukraine	Украину
USA	США / Америку

Nahrungsmittel

kaufen (ich kaufe, du kaufst)	покупать: я покупаю, ты покупаешь
besorgen (ich besorge, beschaffe)	достать = позаботиться (я достану, я позабочусь)

Anzahl	количество
Wie viel kostet ... ?	Сколько стоит ... ?
Haben Sie ... ?	У Вас есть ... ?
Zeigen Sie mir bitte	Покажите мне пожалуйста ...
Cola	кола
Tee	чай
Milch	молоко
Saft	сок
Sirup	сироп
Bier	пиво
Kognak	коньяк
Brot	хлеб
Zucker	сахар
Kefir	кефир
Butter (Öl)	масло
Fett	жир
Reis	рис
Ei	яйцо
Speck	сало = шпик
Wurst	колбаса
Kaviar	икра
Fleisch	мясо
Hühnchen	курица
Rindfleisch	говядина
Schweinefleisch	свинина
Ente	утка
Lachs	красная рыба
Karpfen	карп
Schaschlik	шашлык
Schweinebraten	жареная свинина
Pelmeni	пельмени
Kartoffel	картофель = картошка
Tomaten	помидоры = томаты
Obst (Früchte)	фрукты
Apfel	яблоки

Erdbeere	клубника
Pfirsich	персики
Birne	груша
Mohn	мак
Beeren	ягоды
Kuchen	пирог
Pastete	паштет
Torte	торт
Pirogge	пирожок
Speiseeis	мороженое
Eingesalzenes	соленья
Dessert	десерт
Süßes	сладости
Mahlzeit (Mittagessen)	обед
essen	кушать = есть
trinken	пить
austrinken (Wodka)	выпить = выпивать
Kost/Nahrung	питание
Küche	кухня

Unterwegs in Sibirien/in der Taiga

Norden	север = норд
Osten	восток
Süden	юг
Westen	запад
Land	страна
Fluss	река
Ufer	берег
See	озеро
Berg	гора
Gebirge	горы
Wald	лес
Taiga	тайга
Sumpf	болото
Dickicht	чаща

dunkel	темно
Pfad	тропинка
Weg	дорога = путь
Moosbeere	клюква
Preiselbeere	брусника
Blaubeere	черника
Johannisbeere	смородина
Himbeere	малина
Sanddornbeere	облепиха
Brombeere	ежевика
Pilze	грибы
Fliegenpilz	мухомор
Butterpilz	маслёнок
Marone	моховик
Pfifferling	лисичка
Champignon	шампиньон
Zapfenfrüchte der sib. Zeder	шишки
Haselnuss	лесной орех
Honig	мёд
Fisch	рыба
Forelle	форель
Lachs	лосось
sibirischer Lachs	кета
Hecht	щука
Barsch	окунь
Plötze	плотва
Stör	осётр
Angel	удочка
Angelschnur	леска
Angelhaken	рыболовный крючок
Köder	приманка
Fischfang	рыбалка
Fischsuppe	уха

Goldfelder	золотые россыпи
Gold	золото
Erz	руда
Sand	песок
Wildnis	дикая местность
Wolf	волк
Bär	медведь
Wildschwein	кабан
Tiger	тигр
Luchs	рысь
Adler	орёл
Eule	сова
Fledermaus	летучая мышь
Mücken	комары
Wespe	оса
Biene	пчела
Bienenschwarm	пчелиный рой
Ameise	муравей
Ameisenhaufen	муравейник
Kreuzotter	гадюка
Birke	берёза
Buche	бук
Ulme	вяз
Tanne	ёлка/ ель
Kastanie	каштан
Kiefer	сосна
Pappel	тополь
Ast	сук
Schilfrohr	камыш
Gras	трава
Wind	ветер
Luft	воздух

Wetter	погода
Temperatur	температура
Bewölkung	облачность
Wetterprognose	прогноз погоды
starke Hitze	жара
windiger Tag	ветреный день
Hagel	град
Eis	лёд
Schnee	снег
es schneit	снег идёт
Frost	мороз
Regen	дождь
Nebel	туман
Regenbogen	радуга
Höhle	берлога
Hütte (klein)	избушка
Zelt	палатка
zelten (wörtl. im Zelt leben)	жить в палатке
Holzfäller	лесоруб
Jäger	охотник
Lagerfeuer	костёр
Jagdgewehr	охотничье ружьё
Jagdschein	охотничий билет
Jagdverbot (Schonzeit)	запрет на охоту = охота запрещена
Jagdzeit	охотничий сезон
Pferd	лошадь / конь
reiten	ездить верхом
Reiter	всадник
Sattel	седло
Peitsche	плеть / кнут
tränken (Vieh, Pferd)	напоить (скот, лошадь)

Alpinist	альпинист
reisen	путешествовать
Rucksack	рюкзак
Marschroute	маршрут
übernachten	переночевать
Camping	кемпинг

Wichtige Verben

ankommen	прибыть
arbeiten	работать
bringen	приносить
denken	думать = мыслить
essen	кушать = есть
fahren	ехать = водить
fliegen	летать = полететь
gehen	идти = ходить
hassen	ненавидеть
helfen	помогать
heraufklettern	подниматься наверх
herkommen	приходить
hören	слушать
jagen	охотиться
kämpfen	бороться
kaufen	покупать
kennen	знать
kleben	клеить
kochen	варить
küssen (sich küssen)	целовать / целоваться
leben	жить
lernen	учить / учиться
lieben	любить
machen	делать
nehmen	брать
sagen	говорить
säubern	чистить

schärfen	острить
schlafen	спать
schneiden	резать
schreiben	писать / написать
sehen	видеть / смотреть
sich verabschieden	прощаться
stechen	уколоть
suchen	искать
tanzen	танцевать
tauchen	нырять
toben	бушевать
träumen	мечтать
treffen (Ziel)	попадать
sich treffen	встречаться / встречать
trinken	пить
trocknen	сушить
überleben	пережить
überreden	уговорить/ уговаривать
überschreiten	переходить/ пересечь
verbessern	исправить/ улучшить
wechseln (Geld)	разменять деньги
weinen	плакать
zählen	считать
zerhacken	разрубить
zerreißen	разорвать/ разрывать
zurückkommen	возвращаться

Pronomen

ich - я   mein - мой; meine - моя; meines - моё; meine (Pl.) - мои
du - ты   dein - твой; deine - твоя; deines - твоё; deine - твои
er - он   sein(e) - его
sie - она ihr(e) - её
es - оно
wir - мы   unser - наш; unsere-наши; unseres - наше; unsere - наша
ihr - вы   eure - ваши

sie - они ihre - ваши

Wie fühlst du dich?	Как ты себя чувствуешь?
Wie ist Ihr Name (Familienname)?	Как ваша фамилия?
Sie kennen sich gut	Они хорошо знают друг друга.
Sie sprachen miteinander	Они говорят друг с другом.
In welchem Haus wohnst du?	В каком доме ты живёшь?

irgendwer	кто-нибудь
irgendwas	что-нибудь
irgendein	какой-нибудь

Redewendungen, Begrüßung, Abschied

Sprechen Sie Deutsch?	Говорите ли вы по-немецки?
Englisch?	по английски ?
Ich bin aus Deutschland	Я из Германии.
Guten Morgen	Доброе утро!
Guten Tag	добрый день!
Guten Abend	добрый вечер!
Gute Nacht	доброй ночи!

Привет! (ungezwungene Begrüßung - oft unter Jugendlichen).

Как жизнь? Как твои дела? Что нового?

Ungezwungene, umgangssprachliche Fragen nach dem Befinden, meist an Freunde/Bekannte gerichtet.

Die Antwort lautet oft: нормально, хорошо. Так себе. Ничего. Помаленьку.

oder bei schlechtem Befinden: Неважно. bzw. Плохо.

Danke	Спасибо
Vielen Dank	Большое спасибо.
Ich danke euch (dir)	Благодарю Вас (тебя).
Bitte	Пожалуйста.

Freundliche Antwort auf einen Dank   Было приятно помочь Вам (тебе).

Herzlich willkommen	Добро пожаловать! (С приездом!)
Glückliche Reise	Счастливого пути!
Trinken wir auf … !	Давайте выпьем за … !
Guten Appetit!	Приятного аппетита!
Auf Wiedersehen!	До свидания!

(Bei längerer Trennung)	Прощайте!
(Alles Gute,	Всего хорошего! oder auch:
Wünsche beim Verabschieden).	Всего доброго!
Tschüß! Mach's gut!	Пока!

"Kuss" meist am Telefon oder am Briefende unter guten Freunden bzw. praktische	
Ausführung bei Verabschiedung.	Целую. Обнимаю.

So eine Gemeinheit!	Безобразие!
Warum zum Teufel, … !	На кой чёрт … !
Ruhe!	Тихо!
He! Verschwinde!	Эй! Убирайся! Исчезни!
Lass mich in Ruhe!	Оставь меня в покое!
Mir reichts!	С меня хватит!

Dummkopf	дурак
Idiot	идиот
Trottel	простофиля
Blödmann	придурок
Unsinn!	Ерунда!

Slang für bestechen, Schmiergeld - Давать взятку, взятка .
grober Slang für Mädchen, Frau - Коза, тёлка
Slang für absoluten Unsinn, Unwahres - Ерунда, ложь, ложная информация
Verwendung etwa für: Ruhe! Still! Gib' endlich Ruhe! - Спокойно! (Спакуха!)
im Jargon z.T. als хороший oder отличный im Gebrauch - шоколадный
Nie im Leben, niemals! - Никогда в жизни! Хоть убей!
Das Maß ist voll! - Это уже слишком!

Oft gebrauchte Redewendungen

Seien Sie doch so gut und ...	Будьте добры ...
Könnten Sie mir sagen, ... ?	Не могли бы Вы сказать ... ?
Ja! Gut. Na gut! (sg.)	Да! Хорошо. Ну да ладно!
Nein! Gar nicht. Ausgeschlossen!	Нет! Вообще нет. Исключено!
Können Sie mir bitte sagen, ... ?	Скажите пожалуйста ...?
Verzeihung! Entschuldigung!	Простите! Извините!
Anrede für Jugendliche.	Девушка! Молодой человек!
Ausdruck des Einverständnisses, sg. wie Gehen wir! oder Los!	Согласен. Пойдём. Пошли. Давай.
Abschlagen einer Bitte, eines Wunsches.	Я не могу! Я никак не могу!
Höfliches Bedauern, abschlägig.	К сожалению я не могу
Das ist mir völlig gleich/egal.	Мне без разницы. Мне всё равно.

In die russische Sprache wurden und werden viele Fremdwörter aus dem europäischen Raum übernommen. Sehr viele Wörter kamen aus dem Französischen oder Deutschen, eine gewisse Anzahl leitet sich vom Latein oder Englisch ab.

Es sind nicht nur Begriffe aus dem Bereich der Technik (мотор, машина, дефект, дизель usw.) oder dem Militär (z.B. диверсант, шлагбаум, граната, батальон, пост), sondern auch eine Vielzahl von Alltagsbegriffen wie z.B.: театр, паркет, рюкзак, ландшафт, гастарбайтер, лагерь, лампа, фейерверк,.кучер, цейтнот, кофе).

Zusätzlich finden wir eine Menge von Internationalismen, wie: такси, метро, телефон, какао, авто.

Literatur & Karten

Nach den beiden Aposteln Peter und Paul ist die Stadt Petropawlowsk-Kamtschatskij benannt.

Bücher über Russland und Sibirien

- Alexejew, W.: *Sibirien*, Verlag der Presseagentur Nowosti, Moskau 1989. Best.Nr. 0605010401. APN-Verlag, 107082 Moskau, B. Potschtowaja 7

- Andrew/Gordiewsky: *KGB*, Bertelsmann, ISBN 978-3570062647

- Andreyev, Boris: *Around Karelia - a guide*, 1991 bei Moscow Novosti erschienen, ISBN 978-5-7020-0322-1. Guter Touristenführer mit reicher Bebilderung und Übersichtskarte für Karelien.

- APA-Guide *Russland*, ISBN 3-575-21433-6. Überblick über Russland, Ukraine, Bjelorussland. Sibirien und Transsib

- Azulay, E.: *The Russian Far East*. Hippocrene Books, New York, 1995, ISBN 978-0781803250. Das Buch beschreibt auf Englisch die Gebiete Primorskij Kraj, Khabarowsk, Amurskaja Oblast, Tshitinskaja und Magadanskaja Oblast sowie Burjatija, Sakha, Kamtschatka und Sachalin mit Übersichtsplänen zu größeren Städten. Es liegen zwar umfangreiche Kapitel vor, jedoch wird Burjatija auf nur 5 bis 6 Seiten abgehandelt.

- *Berega Baikala* - 18-blättrige Kartenzusammenstellung vom Baikalsee mit Angaben zu Wassertiefen, Windrichtungen etc. 1991. Bezug evtl. über lokale Tourismusbüros oder über 664026 Irkutsk, ul. Dekab. Sobytij 47, Gosudarstwenij Baikalo-Lenskij Zapowednik

- Beyrau, D.: *Petrograd*, 25. Oktober 1917 - Die russische Revolution und der Aufstieg des Kommunismus. dtv-Verlag 2001, ISBN 978-3423306027, € 10

- *Die Völker Russlands* (Enzyklopädie in russischer Sprache), erschienen 1994 im Moskauer Wissenschaftsverlag, Hauptautor B.A. Tischkow, ISBN 978-5-85270-082-7. Sehr informativ und außerdem noch gut bebildert.

- Dotzauer, Gregor: *Jenseits von Kreml und Rotem Platz*, Verlag Schirmer/Mosel, München 2002, ISBN 978-3888147715. Geradezu phantastisch gute Aufnahmen über Russland und die dortige Gesellschaft, Foto-Bildband.

- Eberlein, Werner: *Geboren am 9. November*. Autobiografisches Werk, welches u.a. die Verbannung des Deutschen Eberlein während der Kriegsjahre nach Mogotshino im Tomsker Gebiet (Sibirien) beschreibt, ISBN 978-3360009272.

- Eichenberger, Peter, *Mit Väterchen Frost unterwegs*, in: "Terra" (Heft 01/2001, Tecklenburg Verlag, 48565 Steinfurt). Der schweizerische Reisende beschreibt die Transsib im Winter, seinen Aufenthalt bei Rentierzüchtern sowie die Überquerung des Baikal u.a., sehr eindrucksvolle Aufnahmen untermalen die Schilderungen.

♦ Engberding, H., B. Thöns: *Transsib-Handbuch*, Trescher-Verlag, 2001, 450 Seiten, € 20, ISBN 978-3897940529. Wer bei Lernidee eine Transsib-Reise bucht, erhält es vom Reiseveranstalter billiger.

♦ Fisher-Ruge: *Überleben in Russland*, Knaur (Nr. 80003, über den Alltag in Russland), 1991, ISBN 978-3426800034

♦ Flint, Boeme, Kostin: *A Field Guide to the Birds of USSR*, ca. € 35. Eines der besten Bücher zur Vogelbestimmung. Bezug über Internationale Buchhandlung (englisch).

♦ Galazij, G.I.: *Baikal*. Gesamter Wissensstand über den Baikal. Herausgegeben vom damaligen Direktor des Limnologischen Institutes. Russische Ausgabe, 380 S., farbige Abb. Ost-Sibirischer Buchverlag 1987.

♦ Heid, Klaus: *Kuzha - Ein Mythos in Sibirien*. Heidelberger Kunstverein, ISBN 978-3925521324, überwiegend über die Baikal-Insel Olchon, die schon im Neolithikum vom burjatischen Stamm der Kuzha besiedelt wurde).

♦ Hintzsche, Wieland / Nickol, Thomas (Hrsg.): *Die Große Nordische Expedition*. Georg Wilhelm Steller - Ein Lutheraner erforscht Sibirien und Alaska. 350 Seiten umfassende Informationen über die Entdeckungsgeschichte Sibiriens mit vielen Fotos und Karten. Verlegt von Franckesche Stiftungen zu Halle, Justus Perthes Verlag Gotha (1996), ISBN 978-3623003009. Anmerkung: W. Hintzsche aus Halle hat das Original des Steller-Tagebuches in einem St. Petersburger Archiv "ausgegraben" (☞ National Geographic 8/2001 auf S. 108-111).

♦ Horender, M.: *Russland*, Artcolor, Hamm 1993, ISBN 978-3892611035

♦ Imetniki, A.B.: *Naturdenkmäler des Baikals*, 1991, Nauka-Nowosibirsk, ISBN 978-5-02-029523-0, sehr detaillierte Informationen über das Baikalgebiet.

♦ Imherr, Edmund: *Verschollene Heimat an der Wolga*, herausgegeben 2000 von der Landsmannschaft der Deutschen aus Russland, Stuttgart. Der 1916 geborene Autor beschreibt die wechselvolle Geschichte einer wolgadeutschen Kolonie, 255 Seiten.

♦ *Insider's Guide Russland* von Gleb Uspensky, Kümmerly & Frei, Bern 1993, ISBN 978-0861903948. Mit Karte. Breite Informationen über Russland, wobei Sibirien nur kurz behandelt wird.

- Knystautas, A.: *The birds of the USSR*, ISBN 978-0712629966 Vogelbestimmungsbuch für Russland (sehr gute Fotos)

- Kozák, Jan: *Als Jäger in der Taiga,* Reihe Basar, Verlag Neues Leben 1975, ISBN 978-3768422345, Titel der tschechischen Originalausgabe "Lovcem v tajze", beschreibt in 2 Teilen (Burjatien und Transbaikalien) den authentischen Bericht eines Journalisten, der mehrere Monate größtenteils allein in der Taiga überwintert. Lesenswert, deswegen lohnt sich das Kramen im Antiquariat.

- Kulagina, T. (Hrsg.): *Enzeklopädie Altaiskij Kraij.* In zwei Ausgaben (russisch-sprachig). 1995, Barnaul, ISBN 978-5-7405-0234-2.

- Kurtschanowa, Nathalie, S. Tschöpe-Scheffler: *Zwischen Samowar und Kaffeemaschine - Alltagserfahrungen in Russland und Deutschland.* Anton-Tschechow-Verlag, Bochum 1994, ISBN 978-3930867165

- Malia, M.: *Vollstreckter Wahn Russland 1917-1991 - Die sowjetische Tragödie*, Verlag Klett-Cotta, ISBN 978-3608916522

- McGowan, Neil: *Tuva and Southern Sibiria*, Verlag Trailblazer, ISBN 1-873756-615, Preis 20 $ (2003), englischsprachig

- Medvedjev, Vladimir: *Zemlja sibirskaja*, ISBN 978-5-85250-533-0, aufgelegt 1993 bei Planeta Publishers, Moscow Izdatelstwo Planeta (der hervorragende Textbildband bietet einen schönen Überblick über das geheimnisvolle Land Sibirien - russisch/englisch).

- Morath, Inge: *Russisches Tagebuch 1965-1990*, Verlag Christian Brandstätter Wien, 1991, ISBN 978-3854474012. Reich bebildertes Reisetagebuch.

- Mstislawski, S.: *Die Krähe ist ein Frühlingsvogel - über das zaristische Russland am Vorabend der Revolution von 1905*, ISBN 978-3932636172, 404 Seiten

- Nerlich, Günter: *Sibirien.* Bild-Textband, VEB F.A. Brockhaus Leipzig 1961, reich bebildert Farbe/Schwarz-Weiß, 163 Seiten. In Antiquariaten.

- Peskow, Wassili: *Die Vergessenen der Taiga,* Verlag Hoffmann und Campe, 1994, ISBN 978-3455085778 (über den Überlebenskampf der russischen Altgläubigen in der sibirischen Wildnis).

- Pifferi, E.: *Trans Sibirien, Auf der längsten Bahn der Welt*, Orell Füssli Verlag, 1982 (Fotoband), ISBN 978-3280014684 bzw. Lizenzauflage bei Weltbild-Verlag GmbH. Augsburg 1996, ISBN 978-3893509201

- Polewoi, Boris: *Am wilden Ufer.* Roman, Vlg. Kultur und Fortschritt Berlin, 1964, russ. Originaltitel "Na dikom berege", beschreibt die Erschließung Sibiriens in der Nachkriegsära. Sozialistischer antiquarischer Roman.

- Renovanz, Hans Michel (Reval, 1788): *Mineralogisch-geografische und andere vermischte Nachrichten von den Altaischen Gebürgen Russisch Kayserlichen Antheils.* Das erste Buch mit einer für die damalige Zeit umfassenden Beschreibung des Altai (in Bibliotheken).

- *Russland*, Munzinger Länderhefte, Munzinger Archiv, ca. € 5

- Rytcheu, Juri: *Unter dem Sternbild der Trauer* (über die grandiose Natur Sibiriens und das harte Leben im hohen Norden). Übersetzung aus dem Russischen, Unionsverlag, Zürich, ISBN 978-3293200852.

- Sänger, M.: *Sowjetunion - Wandern im Wilden Osten*, Verlag Andrea Sänger, Bonn, ISBN 978-3926992048

- Schleusing, Georg Adam (Jena 1690): *Neu entdecktes Sibyrien.* Das nur noch in wenigen Bibliotheken vorhandene, über 300 Jahre alte Buch stellt im deutschen Schriftraum wohl eine der ersten Reisebeschreibungen Sibiriens dar.

- Scholz, L.: *Im Namen von Marx - Engels - Lenin - Stalin.* Eine eindrucksvolle Autobiografie über die achtjährige Haft des Autors in sibirischen Straflagern am Polarkreis zur Sowjetzeit (1947-1955). Verlagsgesellschaft Berg, 240 Seiten, ISBN 978-3861180920, € 18

- Schtscheglow, I.W.: *Chronologischer Überblick über wichtige historische Daten Sibiriens im Zeitraum 1032-1882.* Verlag Sewernij Dom, Surgut, Russland, 1993, 463 Seiten (russisch)

- Stark, Meinhard: *Frauen im Gulag. Alltag und Überleben 1936 bis 1956*, Dtv 2005, 978-3423342131, ca. € 20. Eine historische Dokumentation unter Einbeziehung bisher geheimer NKWD-Akten.

- Thubron, Colin, *Sibirien: Schlafende Erde - Erwachendes Land*, Klett-Cotta Verlag, aus dem Englischen übers., ISBN 978-3608940053

- Tin/Rasmussen: *Perestroika mit dem Motorrad - Vom Roten Platz zum Baikalsee*, Fredering & Thaler, München 2. Aufl. 1991, ISBN 978-3894050542

- Vernet: *Die UdSSR*, Verlag interconnections, Freiburg, ISBN 978-3924586973

- Wannhoff, Ullrich, Törmer, Karen: *Comandor - Leben am Ende der Welt.* Mehrere Monate auf Stellers Spuren auf den Kommandeursinseln. Knapp 200 S. Text, Fotos, Grafiken, ISBN 978-3930398010

♦   Wenderoth, Andreas: *Mit Ach und Krach nach Wladiwostok.* Transsibirische Reise, Picus Verlag, Wien, ISBN 978-3854527244.

♦   Wosnessenskaja, Julia: *Was Russen über Deutsche denken*. Ullstein-Sachbuch Nr. 34755 (1991) bzw. ISBN 978-3548347554. Im Buchtitel müsste es besser Westdeutsche anstelle von Deutsche heißen; ansonsten ist das Taschenbuch aber informativ und soll Berührungsängste abbauen.

Bücher über Kamtschatka

♦   Butze, H.: *Lavaströme und Ascheregen*, VEB Brockhaus, Leipzig 1955

♦   Dodwell, C.: *Jenseits von Sibirien,* Frederking & Thaler, München 1994, ISBN 978-3894053284

♦   Gippenrejter, W.: *Kamtschatka (Bildband)*, VEB Brockhaus, Leipzig 2. Auflage 1985, ISBN 978-3797201386

♦   Gippenrejter, W.: *Kamtschatka - Land aus Feuer und Eis,* Vlg. Gebr. Gerstenberg, 1993, ISBN 978-3806720723

♦   Gülden, Werner Friedrich (Hg.): *Forschungsreise nach Kamtschatka, Reisen und Erlebnisse des Johann Karl Ehrenfried Kegel von 1841 bis 1847*, Böhlau Verlag, 1992, ISBN 978-3412110918

♦   Herrero, Stephen: *Bären, Jäger und Gejagte in Amerikas Wildnis*, Müller Rüschlikon Verlags-Ges. AG, Cham 1992, ISBN 978-3275010301

♦   Kalesnik, S.W.: Sowjetski Sojus, Rossiskaja Federazija, Bd. *Dalny Wostok*, Vlg. Mysl, Moskau 1971 (in Russisch)

♦   Kooperazia "MIK": *Kamtschatka, Sprawotschnik Turista*, PIO-KOT Petropawlowsk-Kamtschatskij 1994 (in Russisch)

♦   Meri, Lennart: *Es zog uns nach Kamtschatka*, VEB Brockhaus, Leipzig 1969

♦   Netschajew, A.: *Kamtschatka - geheimnisvolles Land im russischen Osten,* Verlagsgem. Quadrat, Moskau und Disentis (Schweiz) 1994

♦   von Hessberg, A.: *Kamtschatka entdecken*, Trescher-Verlag, 1. Auflage 2006, ISBN 978-3897940840

Zeitschriften und Zeitschriftenartikel

♦   *Wostok* - Informationen aus dem Osten für den Westen. Erscheint monatlich, Einzelheft ca, € 3,50. Sehr informativ. ISSN 0942-1262. Wostok-Verlag, V. Groote Straße 54, 50968 Köln

- Reisebericht *Zeltlager auf Olchon* sz (Dresden) vom 2.7.2005, S. M11 (Informativer Bericht über die Insel Olchon, die auch durch die ZDF-Serie *Sternenflüsstern* bekannt wurde.)
- GEO 2/2005 mit gut bebilderten Special zu *Sibirien,* S. 100 bis 138
- Russland-Special in der Zeitschrift *Motorrad* vom November 1994, großer Infoteil (S. 70-92), aus der Bibliothek oder beim Verlag. Motorrad, Leuschnerstraße 1, 70174 Stuttgart
- Im Magazin *Outdoor* erscheinen in unregelmäßigen Abständen auch Beiträge zu Russland/Sibirien, zum Beispiel Heft 5/92 (Altai und Karelien), Heft 1/94 (Kamtschatka)
- Im *National Geographic Deutschland* 2/2000 findet sich ein 28-seitiger Artikel "Amur - Fluss des Schwarzen Drachen", im Heft 11/2000 "Weit draußen in Sibirien" auf 20 Seiten und im Heft 8/01 liest man auf 18 Seiten über "Russlands eisiges Inferno" (Kamtschatka) und auf 4 Seiten über den deutschen Entdecker Georg Wilhelm Steller.
- Im *Geo-Magazin* 1/2000 ist auf 18 Seiten das "Mammutunternehmen" über den Mammutfund im Eis nachzulesen.
  Im Heft 12/99 wird auf 13 Seiten unter der leicht irreführenden Überschrift "Frieren in Miami" über den Bau einer Eisenbahnstrecke über die Halbinsel Jamal berichtet, während das Heft 12/94 sich auf 22 Seiten mit dem "Streit um das heilige Meer Sibiriens - Baikal" beschäftigt.
  Ein 21-seitiger Artikel befasst sich in Heft 8/93 mit den Völkern Sibiriens "Aufbruch aus dem Abseits".

Sprachführer, Wörterbücher

- Langenscheidts Universal-Wörterbuch Russisch-Deutsch / Deutsch-Russisch, ISBN 978-3468182914 (handliches Hosentaschenformat)
- Wörterbuch Grund- und Aufbauwortschatz Russisch, Klett-Verlag für Wissen/Bildung, Stuttgart/Dresden, ISBN 978-3125198203 (sehr praktisch)
- In puncto russische Umgangssprache ist unbedingt zu empfehlen: *Russkij retschewoi etiket* von A.A. Akischina und N.I. Formanowskaja (in russischer Sprache mit deutschen Erläuterungen). Verlag Russische Sprache Moskva. Erhältlich in internationalen Buchhandlungen oder Bibliotheken.
- Jargon-Wörterbuch von A. Sidorow, Hermes-Verlag, Rostov am Don 1992, ISBN 978-5-87022-015-4 (russisch)

◆   Im Conrad-Stein Verlag erschien 2005 in der Reihe Fremdsprech das Buch *Oh, dieses Russisch!*, das schmale Büchlein wiegt fast nichts und passt in jeden vollen Rucksack rein, ISBN 978-3-89392-406-6.

Karten

◆   freytag & berndt Russland/GUS, AK 37, Übersicht in 1:8 Mio., westl. Teil, 1:2 Mio., ISBN 978-3850842372

◆   Hallwag GUS, gesamte GUS in 1:7 Mio. (gute Übersichtskarte), ISBN 978-3828300958

◆   Shell Eurokarte GUS, Übersicht in 1:10 Mio., westl. Teil, 1:2 Mio, ISBN 978-3875045970

◆   Hildebrands Urlaubskarte, Übersicht in 1:15,7 Mio., westl. Teil, 1:3,5 Mio.

◆   RV Russland Westlicher Teil (mit Westsibirien), 1:4 Mio. (Straßennetz, Entfernungen, Reliefandeutungen), ISBN 978-3575338075

◆   Bertelsmann Russland West, 1: 4 Mio. (wie RV, zusätzlich mit Ortsregister), ISBN 978-3575021137

◆   Bertelsmann Russland Ost, 1:4 Mio. (beste Übersichtskarte für Ostsibirien, mit Ortsregister), ISBN 978-3575021120

Die in den USA herausgegebenen **Pilotenkarten** sind auch für Russland erhältlich, komplett auch für Sibirien in zwei Maßstäben (Verkehrsnetz, Höhenschichten, Höhenlinien, Höhenpunkte, Städte, Gewässer und natürlich Fluginformationen).

◆   ONC-Karten, 1:1 Mio. (für Sibirien ca. 18 Blätter), je ca. € 10

◆   TPC-Karten, 1:500.000 (für Sibirien ca. 72 Blätter), je ca. € 10

Topografische Karten von Russland sind durchaus beschaffbar, allerdings sind sie teuer. Die Ortsnamen sind in kyrillischer Schrift.

◆   1:1 Mio. in ca. 125 Blättern (Sibirien nicht flächendeckend erschienen)

◆   1:500.000 in ca. 540 Blättern (nur für kleine Teile Sibiriens erhältlich)

◆   1:200.000 in ca. 4.300 Blättern (nur für kleine Bereiche erschienen)

Für die Regionen Baikal und Sajan gibt es topografische Sonderkarten, die aber nicht das Gesamtgebiet darstellen, sondern aus dieser Region einen kleinen Teil. Wenn Sie möglichst detaillierte Karten einer Region Sibiriens brauchen, sollten Sie die TPC-Karten wählen; wenn Sie die kyrillische Schrift lesen können, die topografischen Karten 1:1 Mio.

... und zu guter Letzt: Survival

Die Lektüre dieses Buches vor einer Russlandreise macht sich in jedem Fall bezahlt, denn es ist eigentlich auf kein Land zugeschnitten. Rüdiger Nehberg spricht aber so viele Themen an, die in Russland zum Alltag gehören - sei es das Bestechen von Beamten, Verhalten bei Verhaftung, in Extremsituationen, bei Raubüberfällen, Überleben im Wald, Spezialtipps für alleinreisende Frauen usw., sodass dieses Buch nicht nur für Rucksackreisende interessant ist.

♦   Rüdiger Nehberg, *Survival*, Kabel-Verlag, ISBN 978-3492226226

Wenn man die Kurzgeschichte "Der Fußtritt" von Rewas Mischweladse gelesen hat und sich auf ähnliche Verhältnisse einstellt, kann einen nicht mehr viel in Russland überraschen.

📖   Erschienen im Sammelband *ad libitum* Nr. 12, Verlag Volk und Welt (1989), S. 372-386

Der Autor Traugott von Stackelberg, ein gebürtiger Balte, wurde 1914 während des 1. Weltkrieges wegen Spionageverdachts nach Sibirien verbannt, wo er mit den Völkern der Tungusen und Tsheldonen Bekanntschaft schloss. Auch in der heutigen Zeit hat der Ausspruch des 1920 nach Sibirien verbannten deutschen Arztes noch seine Berechtigung: "Wenn man eine Fahrt in Sibirien beginnt, weiß man nie, ob man von ihr zurückkommen wird. Darum macht man kein Aufhebens davon".

📖   T. v. Stackelberg, *Geliebtes Sibirien*, Büchergilde Gutenberg 1958, antiquarisch, Nachdruck Klett-Cotta 2001, ISBN 978-3608932386

Für Reisen mit der Transsib sollte man sich mit Lektüre eindecken. Zum Üben der russischen Sprache gibt es sehr gute Bücher der Reihe "dtv zweisprachig". Die Geschichte *Träume auf der oberen Pritsche* ist in dem Buch gleichen Titels erschienen (ISBN 978-3423093422, dtv) und steht im Zusammenhang mit einer Bahnreise.

Index

В ПАРКАХ
МУЗЕЯ-ЗАПОВЕДНИКА
ЗАПРЕЩАЕТСЯ:

Verbotsschild im Park: Es ist praktisch alles verboten ...

Primus was here!

AORAKI MOUNT COOK, NYA ZEALAND
"Mit 220 steilen Höhenmetern hinter uns und dem Geschmack von Blut im Mund erreichen wir den Pass. Das Unwetter kommt schnell näher. Jetzt heißt es, schleunigst das Zelt aufbauen und Essen machen, bevor es losgeht!"!"

NEU!
PRIMUS Eta Power EF
Unser sparsamster
Kocher überhaupt!

PRIMUS EtaPower EF ist ein vollständiger Kocher mit Brenner und einer neuen Generation Kochtöpfe mit Wärmetauscher. Der Wirkungsgrad des Kochers beträgt 80 %. Das sorgt für ein schnelles Erwärmen bei einem extrem niedrigen Energieverbrauch. Ein perfekter Kocher für alle, die nicht so viel Brennstoff mit sich herumschleppen möchten. **www.primus.se**

Buchtipp

Pia Thauwald
<u>Russland: Flusskreuzfahrt
Moskau - Sankt Petersburg</u>
OutdoorHandbuch Band 173
Der Weg ist das Ziel
Conrad Stein Verlag
170 Seiten
26 farbige und
44 sw. Abbildungen
5 Kartenskizzen und
2 farbige Übersichtskarten
ISBN 978-3-86686-173-2

Hermann Zöllner
<u>Oh, dieses Russisch!</u>
Band 6
Fremdsprech
Conrad Stein Verlag
64 Seiten
6 Illustrationen
ISBN 978-3-89392-406-6

Buchtipp

Manuela Danz
Wenn Kinder fliegen
Tausend tolle Tipps für die Flugreise mit und ohne Eltern
OutdoorHandbuch
Band 147
Basiswissen für draußen
Conrad Stein Verlag
137 Seiten, 23 Abbildungen,
10 Illustration
ISBN 978-3-89392-548-3

▷ Vorwort
▷ Flugreise gemeinsam
  mit der Familie
▷ Allein reisende Kinder
▷ Reisebüro-Spezial

Alle Bücher aus dem Conrad Stein Verlag

OutdoorHandbücher - Basiswissen für draußen

OutdoorHandbücher - Der Weg ist das Ziel

Band		€	Band		€
17	Schweden: Sarek	14,90	71	Nordsp.: Jakobsweg-Küstenweg	14,90
18	Schweden: Kungsleden	12,90	74	Nordirland: Coastal Ulster Way	10,90
19	Kanada: Yukon - Kanu- und Floßtour	12,90	76	Pfälzerwald-Vogesen-Weg	9,90
23	Spanien: Jakobsweg	14,90	78	Polen: Pisa-Narew (Kanuroute)	9,90
26	Schottland: West Highland Way	12,90	79	Bolivien: Choro Trail	10,90
27	John Muir Trail (USA)	10,90	80	Peru: Inka Trail u. Region Cusco	12,90
28	Island: Trekking Klassiker	14,90	81	Chile: Torres del Paine Circuito	12,90
29	Kanada: West Coast Trail	9,90	82	Norwegen: Jotunheimen	12,90
32	Polen: Radtouren in Masuren	12,90	83	Neuseeland: Stewart Island	9,90
33	Trans-Alatau (GUS)	10,90	84	USA: Route 66	9,90
37	Kanada: Bowron Lakes	9,90	85	Finnland: Bärenrunde	9,90
38	Polen: Kanutouren in Masuren	12,90	87	F/CH/I: Montblanc-Rundweg - TMB	9,90
40	Trans-Korsika: GR 20	14,90	88	Griechenland: Trans-Kreta E4	12,90
41	Norwegen: Hardangervidda	12,90	89	Schweden: Skåneleden	9,90
42	Nepal: Annapurna	9,90	90	Mallorca: Serra de Tramuntana	9,90
43	Schottland: Speyside Way	14,90	91	Italien: Trans-Apennin	9,90
44	Tansania: Kilimanjaro	14,90	92	England: Themse-Ring	9,90
49	USA: Grand Canyon Trails	9,90	93	Spanien: Sierra Nevada	12,90
50	Kanada: Rocky Mount. Tageswand.	12,90	95	Norwegen: Nordkap-Route	12,90
51	Tasmanien: Overland Track	12,90	96	Polen: Czarna Hancza/Biebrza-Kanu	9,90
52	Neuseeland: Fiordland	10,90	98	Wales: Offa's Dyke Path	9,90
53	Irland: Shannon-Erne	12,90	107	F: GR 5 - Genfer See - Nizza	12,90
54	Südafrika: Drakensberge	10,90	109	Mecklenb. Seenplatte Kanurundtour	9,90
55	Spanien: Pyrenäenweg GR 11	12,90	112	Norwegen: Telemark-Kanal	9,90
56	Polen: Kanutouren in Pommern	12,90	113	Thüringen: Rennsteig	9,90
57	Kanada: Great Divide Trails	9,90	114	Alpen: Dreiländerweg (CH/A/I)	9,90
59	Kanada: Wood Buffalo NP (Kanu)	9,90	115	Tschechien: Freundschaftsweg	12,90
60	Kanada: Chilkoot Trail	9,90	116	Spanien: Jakobsweg - Vía de la Plata	14,90
61	Kanada: Rocky Mountains-Radt.	10,90	117	Schweiz: Jakobsweg	12,90
62	Irland: Kerry Way	12,90	118	Rund Australien	14,90
63	Schweden: Dalsland-Kanal	12,90	119	Schwäb. Alb: Hauptwanderweg	12,90
64	England: Pennine Way	12,90	121	Italien: Dolomiten-Rundweg	9,90
66	Alaska Highway	12,90	122	D/CH: Schwarzwald-Jura-Weg	9,90
67	Kanada: Rocky Mountains Rundtour	16,90	127	Uganda: Ruwenzori	14,90

OutdoorHandbücher - Fernweh-Schmöker

Band		€	Band		€
46	Blockhüttentagebuch	12,90	126	Kilimanjaro-Lesebuch	7,90
47	Floßfahrt nach Alaska	10,90	130	1.000 Tage Wohnmobil	14,90
75	Auf nach Down Under	7,90	153	Jakobsweg - Lesebuch	7,90
105	Südsee-Trauminsel	9,90	158	Inselfieber	9,90
110	Huskygesang-Hundeschlittenfahrt	7,90	182	Als Frau allein auf der	7,90
111	Liebe - Schnaps - Tod	7,90		Via de la Plata	
123	Pacific Crest Trail	9,90	193	Weites Grünes Land	8,90
124	Zwei Greenhorns in Alaska	6,90	205	Als Frau allein durch Afrika	16,90
125	Auf dem Weg zu Jakob	9,90			

ReiseHandbücher

Antarktis	24,90	Rumänien	14,90
Grönland	14,90	Schweiz	18,90
Iran	22,90	Sibirien	24,90
Kiel	12,90	Spitzbergen-Handbuch	24,90
Kiel von oben - Luftbildband	9,90	Tansania Sansibar	22,90
Kurs Nord	24,90		

Fremdsprech

Band		€	Band		€
1	Oh, dieses Dänisch	4,90	7	Oh, dieses Norwegisch	4,90
2	Oh, dieses Schwedisch	4,90	8	Oh, dieses Niederländisch	4,90
3	Oh, dieses Spanisch	4,90	9	Oh, dieses Chinesisch	4,90
4	Oh, dieses Englisch	4,90	10	Oh, dieses Österreichisch	4,90
5	Oh, dieses Französisch	4,90	11	Oh, dieses Polnisch	4,90
6	Oh, dieses Russisch	4,90	12	Oh, dieses Schweizerdeutsch	4,90

☺ **Weitere Bücher in Vorbereitung.**
Fordern Sie unseren aktuellen Verlagsprospekt an:

Conrad Stein Verlag GmbH
☎ 02384/963912 FAX 963913
🖳 www.conrad-stein-verlag.de
📧 info@conrad-stein-verlag.de